D1997867

Recht der Nachhaltigen Entwicklung

herausgegeben von

Wolfgang Kahl

16

Nachhaltigkeit durch Organisation und Verfahren

herausgegeben von

Wolfgang Kahl

Mohr Siebeck

Wolfgang Kahl, geboren 1965; Studium der Rechts- und Politikwissenschaft in Augsburg und München; 1992 Promotion; 1999 Habilitation; Professor für Öffentliches Recht und Direktor der Forschungsstelle für Nachhaltigkeitsrecht an der Ruprecht-Karls-Universität Heidelberg.

ISBN 978-3-16-153646-5
ISSN 1862-0426 (Recht der Nachhaltigen Entwicklung)

Die Deutsche Nationalbibliothek verzeichnet diese Publikation in der Deutschen Nationalbibliographie; detaillierte bibliographische Daten sind im Internet über *http://dnb.dnb.de* abrufbar.

© 2016 Mohr Siebeck Tübingen. www.mohr.de

Das Werk einschließlich aller seiner Teile ist urheberrechtlich geschützt. Jede Verwertung außerhalb der engen Grenzen des Urheberrechtsgesetzes ist ohne Zustimmung des Verlags unzulässig und strafbar. Das gilt insbesondere für Vervielfältigungen, Übersetzungen, Mikroverfilmungen und die Einspeicherung und Verarbeitung in elektronischen Systemen.

Das Buch wurde von Laupp & Göbel in Gomaringen gesetzt, auf alterungsbeständiges Werkdruckpapier gedruckt und von der Buchbinderei Spinner in Ottersweier gebunden.

Vorwort

Die Umsetzung der Nachhaltigkeitsziele ist auf allen Ebenen von Politik und Rechtsetzung ins Stocken geraten. Die Steuerungsfähigkeit des bislang geltenden Nachhaltigkeitsrechts scheint an ihre Grenzen zu stoßen. Vorschläge, die deshalb auf einen Ausbau der materiellen Nachhaltigkeitsverfassung durch Aufnahme eines Staatsziels „Nachhaltigkeit" bzw. „Generationengerechtigkeit" in das Grundgesetz (Art. 20b n. F.) setzen, werden – jedenfalls alleine – kaum eine wesentliche Änderung dieses Befundes herbeiführen können. Dies zeigen beispielhaft das Staatsziel Umweltschutz oder das Sozialstaatsprinzip, deren konkrete Wirkungen unter dem Grundgesetz eher gering blieben. Umso stärker rückt damit ein Ansatz in den Vordergrund, der auf „Nachhaltigkeit durch Organisation und Verfahren" setzt. Dieser Ansatz ist im deutschen Staats- und Verwaltungsrecht aus der Grundrechtsdogmatik vertraut (wenngleich auch dort die praktischen Erträge bislang hinter einem Theorieüberschuss deutlich zurückbleiben), im Übrigen aber noch wenig erforscht. Dies gilt insbesondere für eine Effektivierung der Transformation von Staatsaufgaben und Staatszielen, wie etwa der Nachhaltigkeit (formelle Nachhaltigkeitsverfassung). Der vorliegende Band versteht sich daher als Grundlagenbeitrag, der dieses „große" Thema naturgemäß nicht erschöpfend behandeln kann (und will), der aber einige in diesem Zusammenhang besonders wichtige Einrichtungen und Instrumente erläutern, differenziert auf ihr Leistungspotential hin „abklopfen" sowie mit perspektivischen Anregungen für Wissenschaft und Praxis (insbesondere Gesetzgebung) verbinden will. Hierfür werden zunächst die aktuellen Konzepte, Prinzipien und Leitbilder einer Nachhaltigen Entwicklung („Sustainable Governance") sowie die besonders wesentlichen Bezüge zwischen Nachhaltigkeit und Demokratie in den Blick genommen. Darauf aufbauend wendet sich der Band Möglichkeiten zur Operationalisierung von Nachhaltigkeit in Gesetzgebung und Verwaltungsverfahren durch Integration und Prozeduralisierung zu.

Dank gebührt meinem wissenschaftlichen Mitarbeiter, Herrn *Torben Ellerbrok*, der sich sehr engagiert und zuverlässig der Gesamtredaktion dieses Buches angenommen und die Verzeichnisse erstellt hat.

Heidelberg, im Februar 2016 Wolfgang Kahl

Inhaltsübersicht

Kapitel 4: Nachhaltigkeit und Verwaltungsverfahren

Inhaltsverzeichnis

Kapitel 2

Nachhaltigkeit und demokratisches System

Kapitel 3

Nachhaltigkeit und Gesetzgebung

Kapitel 4

Nachhaltigkeit und Verwaltungsverfahren

Einleitung: Nachhaltigkeit durch Organisation und Verfahren

Wolfgang Kahl

I. Nachhaltigkeit: Zwischen banalisiertem Modewort und rechtlichem Schlüsselbegriff

„Nachhaltigkeit" gilt nicht wenigen als zwar populäres, aber inhaltsarmes Modewort. Sein inflationistischer, dabei häufig unreflektierter Gebrauch in allen möglichen passenden und – überwiegend – unpassenden Kontexten der Alltags- und Politiksprache[1] hat zu einer teilweisen Sinnentleerung des Nachhaltigkeitsbegriffs sowie in der Folge zu einem um sich greifenden Nachhaltigkeitsüberdruss geführt. „Nachhaltigkeit", so könnte man die Kritik überspitzt resümieren, stehe heute für eine geistige Vergiftung von Sprache, Denken und Diskurs. Gerade in der deutschen Rechtswissenschaft überwiegt diese Skepsis bzw. Ablehnung gegenüber der Idee der Nachhaltigkeit.[2] Nachhaltigkeit ist für die einen eine dem Zeitgeist verhaftete[3] Worthülse mit unklarem, chamäleonhaftem Inhalt[4] und für die anderen ein wachstums- und technikfeindlicher Romantizismus, in dem sich noch der alte, längst obsolete Glaube an Einheitsvorstellungen ausdrücke[5].

---

[1] Berichtend und mit kritischer Tendenz *M. Bauchmüller*, APuZ 31–32/2014, S. 3 (3 f.); *I. Pufé*, Nachhaltigkeit, 2. Aufl. 2014, S. 19 ff.; *L. Krämer*, EU Environmental Law, 7. Aufl. 2012, Rn. 1–11 f. Speziell zur floskelhaften Verwendung in der Werbesprache mit Recht sehr kritisch („schädlicher" Begriff; „verschleiert die komplexen Zusammenhänge") *A. Bojanowski*, APuZ 31–32/2014, S. 7 (7 f.). Mehr als 100.000 Nachhaltigkeits-Einträge allein im deutschsprachigen Internet registrierte bereits 2002 *G. Ketteler*, NuR 2002, S. 513 (514). Die Zahl dürfte sich mittlerweile noch deutlich erhöht haben. Allgemein zum Problem einer „Rechtsschwäche durch Sprachschwäche" *P. Kirchhof*, Deutschland im Schuldensog, 2012, S. 50 ff.

[2] Berichtend zur Kritik *E. Frenzel*, Nachhaltigkeit als Prinzip der Rechtsentwicklung?, 2004, S. 44 ff.; *W. Kahl*, in: ders. (Hrsg.), Nachhaltigkeit als Verbundbegriff, 2008, S. 1 (1 ff.).

[3] So mit Blick auf ein Staatsziel Generationengerechtigkeit *G. Deter*, ZUR 2012, S. 157 (162): Dieses sei „aus einem dem Zeitgeist verhafteten, idealistischen Überschwang geboren".

[4] In diesem Sinne *W. Berg*, in: W. Kahl (Hrsg.), Nachhaltigkeit als Verbundbegriff, 2008, S. 425 (432): „höchst schillernde(r) und in seiner Ambivalenz nicht ungefährliche(r)" Begriff; *C. Felber*, in: I. Pufé, Nachhaltigkeit, 2. Aufl. 2014, S. 5: „gleichsam schillernden wie ungreifbaren Leitbegriff der Postmoderne"; *C. Hagist/S. Moog/B. Raffelhüschen*, ZSE 2014, S. 529 (546): „typisches Wieselwort: Die Verpackung mag schön sein, der Begriff ist jedoch meist inhaltsleer".

[5] *U. Di Fabio*, UTR 109 (2011), S. 95 (96 f.).

Dies ist freilich nur die eine Seite der Medaille: Nachhaltigkeit ist zugleich auch ein traditionsreicher, rückblickend vor allem mit der sächsischen Forstwirtschaftslehre des frühen 18. Jahrhunderts (*Hans Carl von Carlowitz*)[6] verbundener, historisch aber weit dahinter zurück reichender,[7] inhaltlich bestechend einfacher und in seiner Anwendbarkeit längst weit über die forstwirtschaftlichen Wurzeln hinaus reichender Gedanke des Maßhaltens im Interesse der langfristigen Ressourcenschonung: Es soll von den Zinsen gelebt werden, während das Kapital unberührt bleiben soll.[8]

Es verwundert daher nicht, dass die Idee der Nachhaltigkeit gerade in den letzten 30 Jahren auf eine Erfolgsgeschichte zurückblicken kann, die als „einzigartig"[9] gilt: Mitte der achtziger Jahre des vergangenen Jahrhunderts erfuhr der Nachhaltigkeitsbegriff unter sprachlicher Fortentwicklung (Nachhaltige Entwicklung;[10] engl.: sustainable development; franz.: développement durable) und in teilweiser inhaltlicher Neuausrichtung, in der nunmehr eine primär entwicklungs- und umweltpolitische Zielrichtung sowie eine prononcierte Wendung ins Globale („Nord-Süd-Konflikt")[11] und Zukünftige (Generationengerechtigkeit)[12] zum Ausdruck kommen,[13] eine bemerkenswerte, bis heute anhaltende

---

[6] Vgl. zum *Carlowitz*'schen Nachhaltigkeitskonzept als Waldbewirtschaftungsprinzip und dessen Rezeption *C. Mauch*, Mensch und Umwelt, 2014, S. 21 ff.; *Pufé* (Fn. 1), S. 34 ff.; *M. Vogt*, Prinzip Nachhaltigkeit, 3. Aufl. 2013, S. 114 ff.

[7] Eingehend zur Begriffs- und Ideengeschichte *D. Klippel/M. Otto*, in: W. Kahl (Hrsg.), Nachhaltigkeit als Verbundbegriff, 2008, S. 39 ff.; *U. Grober*, Die Entdeckung der Nachhaltigkeit, 2. Aufl. 2013; *Mauch* (Fn. 6), passim. Vgl. ferner *W. Kahl*, in: H. Bauer et al. (Hrsg.), Umwelt, Wirtschaft und Recht, 2002, S. 111 (116 ff.); *F. Uekötter*, APuZ 31–32/2014, S. 9 ff.; *A. Windoffer*, Verfahren der Folgenabschätzung als Instrument zur rechtlichen Sicherung von Nachhaltigkeit, 2011, S. 10 ff.

[8] *A. Glaser*, Nachhaltige Entwicklung und Demokratie, 2006, S. 43.

[9] So zuletzt *H. A. Wolff*, BayVBl. 2015, S. 397 (398), im Anschluss an *Kahl* (Fn. 2), S. 1 und *W. Köck*, Die Verwaltung 40 (2007), S. 419 (420 f.). Vgl. auch *K. Meßerschmidt*, Europäisches Umweltrecht, 2011, § 3 Rn. 37 („Begriffskarriere").

[10] Die Begriffe werden zumeist, so auch hier, synonym verwendet, vgl. nur *H. A. Wolff*, BayVBl. 2015, S. 397 (397); *H.-J. Menzel*, ZRP 2001, S. 221 (223).

[11] Vgl. *U. Beyerlin/T. Marauhn*, International Environmental Law, 2. Aufl. 2011, S. 83.

[12] Danach sind den „künftigen Generationen" (zum Begriff: *M. Kleiber*, Der grundrechtliche Schutz künftiger Generationen, 2014, S. 11 ff.; *J. Tremmel*, Eine Theorie der Generationengerechtigkeit, 2012, S. 35 ff.) angemessene (nicht: identische) Handlungsspielräume zu belassen, dürfen diese also, mit anderen Worten, nicht zu „bloßen Bewältigern von Folgelasten" (z. B. Staatsverschuldung) degradiert werden, so *A. Glaser*, in: W. Kahl (Hrsg.), Nachhaltigkeit als Verbundbegriff, 2008, S. 620 (633) unter Hinweis auf *R. Schmidt*, in: Liber Amicorum f. Luzius Wildhaber, 2007, S. 1085 (1092). Zum langfristigen, generationenübergreifenden Denken als einer der beiden zentralen Perspektiven von Nachhaltigkeit (neben der Ressourcenschonung) *M. Kotzur*, BayVBl. 2007, S. 257 (258); vgl. auch *Windoffer* (Fn. 7), S. 50 ff. Kritisch *M. Ronellenfitsch*, NVwZ 2006, S. 385 (386 f.).

[13] *K. F. Gärditz*, in: W. Kahl (Hrsg.), Nachhaltigkeit als Verbundbegriff, 2008, S. 137 (141 f., 142 f., 143 f.): Globale Zukunftsverantwortung, Ressourcenbewirtschaftung, Entwicklung. Ähnlich *Berg* (Fn. 4), S. 434 ff.: Nachhaltigkeit als „‚Weltziel' des Umweltschutzes"; *I. Pufé*, APuZ 31–32/2014, S. 15 (16).

„zweite Blütephase". Ausgehend von dem Bericht der „Brundtland-Kommission" (1987)[14], dem „Weltgipfel" von Rio de Janeiro (1992)[15] und dem anschließenden sogenannten „Rio-follow-up"-Prozess[16] einschließlich der Millennium-Entwicklungsziele (2000)[17] wurde es ein zentraler Begriff des internationalen, europäischen und nationalen Rechts[18] sowie der Politik[19].[20]

„Nachhaltigkeit" im *integrativen (dreidimensionalen)*[21] Sinne (Drei-Säulen-Konzept)[22] der Brundtland-Kommission[23] ist heute zum Teil Verfassungsprin-

---

[14] *World Commission on Environment and Development*, Our Common Future, 1987; hierzu *J. H. Jans/H. H. B. Vedder*, European Environmental Law, 4. Aufl. 2012, S. 8; *Kahl* (Fn. 2), S. 6 f.; *H.-J. Koch*, in: W. Heun et al. (Hrsg.), Evangelisches Staatslexikon, 2006, Sp. 1567 (1567). Vgl. auch die rückblickenden, bilanzierenden Beiträge von *H. C. Bugge* und *G. Winter*, in: H. C. Bugge/C. Voigt (Hrsg.), Sustainable Development in International and National Law, 2008, S. 3 ff. und 25 ff.

[15] Siehe zu den dort beschlossenen, nachhaltigkeitsrelevanten Dokumenten, insbesondere der Rio-Declaration on Environment and Development (UN-Dokument A/Conf. 151/Rev. 1) sowie der Agenda 21 (UN-Dokument A/Conf. 151/4 Part I–IV); *C. Calliess*, Rechtsstaat und Umweltstaat, 2001, S. 141 ff.; *Pufé* (Fn. 1), S. 48 ff., 53 ff.

[16] Die bislang wichtigsten Stationen dieses (noch nicht beendeten) Prozesses sind: Die sog. Millennium-Entwicklungsziele von 2000 (dazu *Pufé* [Fn. 1], S. 56 ff.), der Weltgipfel Rio+10 in Johannesburg 2002 und dessen Abschlusserklärung UN Doc. A/CONF. 199/20 (dazu *K. Gehne*, Nachhaltige Entwicklung als Rechtsprinzip, 2011, S. 59 ff.; *N. Wolff*, NuR 2003, S. 137 ff.) sowie der Weltgipfel Rio+20 2012 und dessen Abschlusserklärung „The Future We Want", Doc. A/CONF. 216/L. 1, von der Generalversammlung der UN angenommen als Resolution A/RES/66/288 vom 27.7.2012 (dazu *F. de Andrade Correa*, AVR 50 [2012], S. 500 ff.). Zum Ganzen *Beyerlin/Marauhn* (Fn. 11), S. 13 ff., 23 ff.; siehe auch den knappen, tabellarischen Überblick bei *Pufé* (Fn. 1), S. 59 ff.

[17] Berichtend *Pufé* (Fn. 1), S. 56 ff.

[18] Zur Normativität von „Nachhaltigkeit" siehe nur *V. Bärenbrinker*, Nachhaltige Stadtentwicklung durch Urban Governance, 2012, S. 117 ff.; *Gehne* (Fn. 16), S. 179 ff., 217 ff.; *Glaser* (Fn. 8), S. 51 ff., m. w. N.

[19] Dies spiegelt sich auch in den Programmen der politischen Parteien wider. So taucht der Begriff der Nachhaltigkeit allein 68 mal und keineswegs nur mit Ökologiebezug, sondern in einem breit gefächerten thematischen Kontext, im aktuellen Koalitionsvertrag von CDU/CSU/SPD auf, in dem ihm sogar ein eigenes Unterkapitel gewidmet ist. Vgl. auch *J. Kersten*, Nachhaltigkeit und Parteiendemokratie (in diesem Band).

[20] Instruktive zusammenfassende Darstellung bei *Gärditz* (Fn. 13), S. 137 ff.; *Gehne* (Fn. 16), S. 12 ff. (insb. S. 34 ff.).

[21] *Enge (eindimensionale)* Nachhaltigkeitsbegriffe (ökologische, soziale bzw. wirtschaftliche Nachhaltigkeit; vgl. hierzu *Gärditz* [Fn. 13], S. 144 ff.; *Glaser* [Fn. 8], S. 64 ff.; *Kahl* [Fn. 2], S. 16 ff., jeweils m. w. N.), von denen auch die (insbesondere Umwelt-)Gesetze zum Teil ausgehen, werden hierdurch nicht ausgeschlossen, sondern stehen vielmehr in einem funktionalen Ergänzungsverhältnis zu dem vorherrschenden weiten (integrativ-dreidimensionalen) Nachhaltigkeitsbegriff, vgl. *W. Kahl*, in: R. Streinz (Hrsg.), EUV/AEUV, 2. Aufl. 2012, Art. 11 AEUV Rn. 22; *Bärenbrinker* (Fn. 18), S. 113 ff.

[22] Zum Streit um die Auslegung des Nachhaltigkeitsbegriffs, der hier im Einzelnen nicht erneut ausgetragen werden soll, zumal er auf theoretischer Ebene zugunsten eines weiten Verständnisses entschieden ist, sich aber normativ letztlich nur rechtsebenen- und bereichsspezifisch mit Blick auf die jeweilige Rechtsordnung und das jeweilige Gesetz bestimmen lässt, vgl. stellvertretend für die ganz h. M. *Glaser* (Fn. 8), S. 44 ff., 56 ff.; *Gehne* (Fn. 16), S. 107 ff.; *Kahl* (Fn. 2), S. 8 ff., 12 ff.; *J. Kersten*, Das Anthropozän-Konzept, 2014, S. 45 f.; *Meßerschmidt* (Fn. 9),

zip (EU,[24] einzelne ausländische Verfassungen[25])[26], jedenfalls aber (bereichsspezifisches) Rechtsprinzip auf einfach-gesetzlicher Ebene (Deutschland)[27] sowie allgemeiner Rechtsgrundsatz im Werden (Völkerrecht)[28]. Das deutsche

---

§ 3 Rn. 39; *Pufé* (Fn. 1), S. 98 ff., 104 ff.; *A. Willand*, Nachhaltigkeit durch Rechtsgestaltung, 2005, S. 12 ff.; a. A. *F. Ekardt*, Das Prinzip Nachhaltigkeit, 2. Aufl. 2010, S. 27 ff.; *S. R. Laskowski*, Das Menschenrecht auf Wasser, 2010, S. 117 ff., 125 ff.; *D. Murswiek*, NuR 2002, S. 641 (642 f.).

[23] Danach ist eine Entwicklung nachhaltig, wenn sie den Bedürfnissen der heutigen Generationen entspricht, ohne die Möglichkeiten künftiger Generationen zu gefährden, ihre eigenen Bedürfnisse zu befriedigen, vgl. *V. Hauff*, Unsere gemeinsame Zukunft, 1987, S. 46. Hieran anknüpfend und mit gleichsinniger Stoßrichtung kann Nachhaltigkeit (Nachhaltige Entwicklung) definiert werden als die in internationaler Perspektive zu erzielende Herstellung einer stets auch und gerade die Interessen künftiger Generationen beachtenden Balance zwischen dem Recht auf wirtschaftliche Entwicklung und soziale Sicherheit auf der einen Seite sowie der Begrenztheit der (insbesondere ökologischen) Ressourcen und Tragfähigkeit des Ökosystems Erde als äußerste „Leitplanken" (vgl. dazu *Wissenschaftlicher Beirat der Bundesregierung Globale Umweltveränderungen [WBGU]*, Zivilisatorischer Fortschritt innerhalb planetarischer Leitplanken, 2014) jeder ökonomisch-sozialen Entwicklung auf der anderen Seite. Bei erheblichen Zielkonflikten soll auf diese Weise ein (relativer) Vorrang des langfristigen Erhalts der natürlichen Lebensgrundlagen als vitale Basis jeder gesellschaftlichen Entwicklung sichergestellt werden, vgl. zutreffend *Koch* (Fn. 14), Sp. 1567 f.; *E. Rehbinder*, in: K. Hansmann/D. Sellner (Hrsg.), Grundzüge des Umweltrechts, 4. Aufl. 2012, Kap. 3 Rn. 78; für „relative und moderat ausgestaltete Präferenzregeln" zugunsten des Umweltschutzes im Interesse der „generationenübergreifende(n) wirtschaftliche(n) Entwicklung und soziale(n) Stabilität" zutreffend *K. F. Gärditz*, Die Verwaltung 40 (2007), S. 203 (234 f.). Zum hiermit thematisch verknüpften Streit über eine „schwache" oder „starke" Nachhaltigkeit berichtend und m. w. N. *Glaser* (Fn. 8), S. 65 ff.; *M. von Hauff/A. Kleine*, Nachhaltige Entwicklung, 2009, S. 24 ff. Zusätzlich die kulturelle Nachhaltigkeit als „vierte Dimension" mit einbeziehend *Gärditz* (Fn. 13), S. 140 f., 155 ff. Zu weit und damit zu Konturlosigkeit neigend dagegen der Nachhaltigkeitsbegriff bei *H. A. Wolff*, BayVBl. 2015, S. 397 (399 f.), wenn dieser auch noch die „gleichartigen Lebensverhältnisse" und die Freiheitsgrundrechte (Art. 1–19 GG) unter die Nachhaltigkeit fassen will.

[24] Vgl. Art. 3 Abs. 5 S. 2 EUV, Art. 11 AEUV, Art. 37 GRCh.

[25] Vgl. stellv. für das französische Verfassungsrecht Art. 6 Charte de l'environnement: „Les politiques publiques doivent promouvoir un développement durable. A cette effet, elles concilient la protection et la mise en valeur de l'environnement, le développement économique et le progrès social." Vgl. ferner Art. 2 Abs. 2 (daneben: Art. 2 Abs. 4, Art. 54 Abs. 2, Art. 73, Art. 104 Abs. 1) Schweizerische Bundesverfassung, hierzu *Glaser* (Fn. 8), S. 74 ff. (82 ff.), 364 f.

[26] Vgl. *P. Häberle*, in: W. Kahl (Hrsg.), Nachhaltigkeit als Verbundbegriff, 2008, S. 180 ff.; *Kahl* (Fn. 21), Art. 11 AEUV Rn. 19 ff.; *ders.* (Fn. 2), S. 13 ff.; *Meßerschmidt* (Fn. 9), § 3 Rn. 34 ff.; *Windoffer* (Fn. 7), S. 74 ff.

[27] Vgl. § 1 Abs. 2 S. 1, § 2 Abs. 1 ROG; § 1 Abs. 5 S. 1 BauGB. Aus dem Schrifttum: *K. F. Gärditz*, Die Verwaltung 40 (2007), S. 203 (215 ff.); *Kahl* (Fn. 2), S. 15 f.; *Willand* (Fn. 22), S. 25 ff., 28 ff. (34); speziell für das Städtebaurecht *J. Kersten*, in: W. Kahl (Hrsg.), Nachhaltigkeit als Verbundbegriff, 2008, S. 396 ff.; für das Raumordnungsrecht *K. Goppel/J. Maier*, in: W. Kahl, ebd., S. 369 ff. Ausnahmsweise (z. B. § 11 BWaldG, § 17 Abs. 2 BBodSchG) ist die Nachhaltigkeit nicht nur Grundsatz, sondern Regel; genauer zum Ganzen *Rehbinder* (Fn. 23), Kap. 3 Rn. 81 ff. Zu restriktiv *C. Waldhoff*, in: W. Kahl (Hrsg.), Nachhaltige Finanzstrukturen im Bundesstaat, 2011, S. 167 (168).

[28] Vgl. zu den (umstrittenen) Einzelheiten *Beyerlin/Marauhn* (Fn. 11), S. 73 ff.; *Gärditz* (Fn. 13), S. 167 ff.; *J. Monien*, Prinzipien als Wegbereiter eines globalen Umweltrechts?, 2014, S. 155 ff., 189 ff. (194), jeweils m. w. N. auf den Meinungsstand. In Teilbereichen wie dem Welthandelsrecht gilt das Prinzip der Nachhaltigen Entwicklung dagegen aufgrund seiner erhöhten Präsenz im maßgeblichen völkerrechtlichen Vertrag (GATT) und im case law bereits als Rechtsprin-

Grundgesetz kennt mit der ökologischen Nachhaltigkeit einschließlich der auf intergenerationelle Gerechtigkeit[29] gerichteten Zukunfts- bzw. Langzeitverantwortung[30] (vgl. Art. 20a GG: „Der Staat schützt auch in Verantwortung für die künftigen Generationen die natürlichen Lebensgrundlagen")[31] und der sogenannten Schuldenbremse (Art. 109 Abs. 3, 115 Abs. 2 GG)[32] als ein[33] Element finanzieller Nachhaltigkeit zumindest wesentliche Einzelausprägungen der Nachhaltigkeit, ohne dabei jedoch den Nachhaltigkeitsbegriff explizit zu erwähnen. Insbesondere kennt es kein Staatsziel der integrativen (dreidimensionalen) Nachhaltigkeit (s. II.1.).[34]

Gleichwohl bestehen hinsichtlich der Transformation der Nachhaltigkeit in „konkrete Politik" nach wie vor erhebliche Defizite. Soll Deutschland zum „Nachhaltigkeitsstaat"[35] werden, der seiner Langzeitverantwortung[36] gerade mit

---

zip; vgl. *M. Schurmans*, European Energy and Environmental Law Review 2015, S. 28 ff.; vgl. auch *Gärditz*, ebd., S. 162 ff. Zum Ganzen auch die Beiträge von *M.-C. Cordonier Segger*, *A. Boyle* und *N. Schrijver*, in: H. C. Bugge/C. Voigt (Hrsg.), Sustainable Development in International and National Law, 2008, S. 87 ff.; 203 ff.; 223 ff.

[29] *K.-P. Sommermann*, Staatsziele und Staatszielbestimmungen, 1997, S. 190 ff., m. w. N.; zur Schnittmenge mit dem Nachhaltigkeitsgedanken *W. Frenz*, UTR 49 (1999), S. 37 (40 f.); *A. Epiney/M. Scheyli*, Strukturprinzipien des Umweltvölkerrechts, 1998, S. 36 ff.; für eine verstärkte Zukunftsgerichtetheit der Politik insbesondere an den Grundrechten (Schutzpflichten) und am Demokratieprinzip („Sicherung der demokratischen Selbstgestaltungsfähigkeit des Verfassungsstaats") ansetzend *H. Kube*, Nachhaltigkeit und parlamentarische Demokratie (in diesem Band V.1., 3.; VI.).

[30] *J. Brehme*, Privatisierung und Regulierung der öffentlichen Wasserversorgung, 2010, S. 332; *Calliess* (Fn. 15), S. 118 ff., 121 f., 132 f.; *K. F. Gärditz*, in: M. Beckmann et al. (Hrsg.), Landmann/Rohmer, Umweltrecht, Bd. I, Stand: Mai 2015, Art. 20a GG Rn. 13; *M. Kloepfer*, DVBl. 1996, S. 73 (78); eingehend *K. F. Gethmann/M. Kloepfer/H. G. Nutzinger*, Langzeitverantwortung im Umweltstaat, 1993.

[31] BVerfGE 118, 79 (110); *T. Brönneke*, Umweltverfassungsrecht, 1999, S. 196 f., 201 ff.; *D. von Bubnoff*, Der Schutz der künftigen Generationen im deutschen Umweltrecht, 2001, S. 62 ff.; *A. Epiney*, in: H. von Mangoldt/F. Klein/C. Starck (Hrsg.), GG, 6. Aufl. 2010, Art. 20a Rn. 103; *Gärditz* (Fn. 30), Art. 20a GG Rn. 2; *D. Murswiek*, in: M. Sachs (Hrsg.), GG, 7. Aufl. 2014, Art. 20a Rn. 32, 37 f.

[32] Vgl. dazu *W. Kahl*, in: ders. (Hrsg.), Nachhaltige Finanzstrukturen im Bundesstaat, 2011, S. 1 (13 ff.); *P. Kirchhof* (Fn. 1), S. 93 ff.; *M. Möstl*, in: W. Kahl (Hrsg.), Nachhaltigkeit als Verbundbegriff, 2008, S. 569 (587 ff.); *H. Neidhardt*, Staatsverschuldung und Verfassung, S. 355 ff.; *M. Koemm*, Eine Bremse für die Staatsverschuldung?, 2011; *E. Reimer*, in: W. Kahl (Hrsg.), Nachhaltige Finanzstrukturen im Bundesstaat, 2011, S. 147 ff.; *C. Ryczewski*, Die Schuldenbremse im Grundgesetz, 2011; *J. Wieland*, in: W. Kahl (Hrsg.), Nachhaltige Finanzstrukturen im Bundesstaat, 2011, S. 229 (235 ff., 239 ff.). Vgl. auch BVerfGE 135, 317 (404 f.): keine „irreversible rechtliche Präjudizierung künftiger Generationen" (ebd., S. 405).

[33] Dazu, dass die finanzielle Nachhaltigkeit daneben aber auch noch eine Reihe sonstiger verfassungsrechtlicher Fragen berührt, siehe *Kahl* (Fn. 32), S. 6 ff.

[34] *Kahl* (Fn. 2), S. 15.

[35] Zu Begriff und Ziel: *W. Kahl*, ZRP 2014, S. 17 (18). Terminologisch Pate steht insoweit der „Umweltstaat"; vgl. hierzu *M. Kloepfer* (Hrsg.), Umweltstaat als Zukunft, 1995; *Calliess* (Fn. 15), S. 30, 250 ff.; die Diskussion hierzu resümierend (mit eigener skeptischer Position) *Berg* (Fn. 4), S. 426 f., 432 ff., 441; *ders.*, in: Festschr. f. Klaus Stern, 1997, S. 422 ff.

[36] Zur Langzeitverantwortung des Staates, die den rechtlichen Umgang mit (insbesondere irreversiblen) Langzeitfolgen technischer Entwicklungen betrifft, siehe *I. Appel*, Staatliche Zu-

Blick auf künftige Generationen (besser) gerecht wird, ist deshalb eine grundlegendere und weiterreichende, insbesondere verfassungsrechtliche, aber – in Konkretisierung hiervon – auch einfach-gesetzliche Ausrichtung von Staat und Gesellschaft[37] auf das Ziel einer Nachhaltigen Entwicklung notwendig, die über die aktuell geltenden Nachhaltigkeitsnormen[38] und -strategien („soft law")[39] hinaus geht.

Für einen Umbau des deutschen Verfassungsstaates zum Nachhaltigkeitsstaat bedarf es zunächst eines *materiellen* Ansatzes, sprich der Aufnahme eines Staatsziels „Nachhaltigkeit und Generationengerechtigkeit" in das Grundgesetz (Art. 20b GG n. F.). Der Ansatz einer *materiellen* Steuerung[40] stößt dabei allerdings auch auf ernst zu nehmende Bedenken (dazu unten II.). In Ergänzung des materiellen Ansatzes bedarf es daher als – praktisch noch bedeutsamere – zweite Säule des Nachhaltigkeitsstaates eines *formellen* Ansatzes *institutioneller*[41]

---

kunfts- und Entwicklungsvorsorge, 2005, S. 57 ff.; *Kleiber* (Fn. 12), S. 4; *M. Kloepfer*, in: K. F. Gethmann/ders./H. G. Nutzinger, Langzeitverantwortung im Umweltstaat, 1993, S. 22 (26 ff.); *P. Henseler*, AöR 108 (1983), S. 489 (490 ff.); *P. Saladin/C. A. Zenger*, Rechte künftiger Generationen, 1988, S. 24 f.

[37] Für die Nachhaltigkeit gilt ebenso wie für den Umweltschutz, dass sie eine Gemeinschaftsaufgabe von Staat *und* Gesellschaft darstellt, deren Umsetzung gleichwohl weiterhin primär auf staatlicher Steuerung beruht, welche punktuell im Interesse der Einbringung von Sachverstand, der Verantwortungsteilung und der Akzeptanzförderung durch Verfahren der Kooperation zwischen Staat und Bürger ergänzt werden kann; vgl. bezogen auf den Umweltschutz *Berg* (Fn. 4), S. 438 ff., 441 f.

[38] Nachweise dazu bei *Willand* (Fn. 22), S. 21 ff., 25 ff.

[39] Vgl. die Nationale Nachhaltigkeitsstrategie der Deutschen Bundesregierung: *Bundesregierung* (Hrsg.), Perspektiven für Deutschland. Unsere Strategie für eine nachhaltige Entwicklung, 2002, abrufbar unter: www.bundesregierung.de/Content/DE/_Anlagen/Nachhaltigkeit-wiederhergestellt/perspektiven-fuer-deutschland-langfassung.pdf?__blob=publicationFile&v=2 (zuletzt abgerufen am 8.1.2016); dazu *Windoffer* (Fn. 7), S. 39 ff. Für die Unionsebene berichtend *S. Lindemann/M. Jänicke*, ZfU 2008, S. 355 (358 ff., 384 f.); *Kahl* (Fn. 21), Art. 11 AEUV Rn. 42, 47. Zu typischen Merkmalen von Nachhaltigkeitsstrategien vgl. *Willand* (Fn. 22), S. 56 ff. sowie den Beitrag von *A. Ingold*, Strategien und Leitbilder Nachhaltiger Entwicklung (in diesem Band).

[40] Zum Zusammenhang von Nachhaltigkeit und Steuerung(stheorie) eingehend *M. Schubert*, Nachhaltigkeit und Steuerungstheorie (in diesem Band).

[41] Die Begriffe „Institution" bzw. „institutionell" werden hier in einem engeren Sinne verstanden, nämlich als Synonym für Organisationen und die hierfür geltenden (insbesondere verfassungsrechtlichen) Normen. In der Neuen Institutionenökonomik dominiert – bei aller Uneinheitlichkeit – dagegen zumeist ein weiteres Begriffsverständnis, das auch den – vorliegend eigenständig erfassten – Bereich des „Prozeduralen" (Verfahren) unter den Institutionenterminus, verstanden als Summe aller verhaltensstrukturierend wirkenden Rahmenbedingungen (Verträge, Regeln), fasst; vgl. *M. Erlei/M. Leschke/D. Sauerland*, Neue Institutionenökonomik, 2. Aufl. 2007, S. 22 ff. In der (Staats)Rechtswissenschaft ist der Begriff der Institution – abgesehen von der Grundrechtstheorie (prominent – im Anschluss an *M. Hauriou* – vor allem *P. Häberle*, Die Wesensgehaltgarantie des Art. 19 Abs. 2 Grundgesetz, 3. Aufl. 1983, S. 73 ff., 104 ff.) und der verfassungsrechtlichen Garantie bestimmter öffentlich-rechtlicher Rechtsinstitute, wie etwa Berufsbeamtentum und kommunale Selbstverwaltung (institutionelle Garantien; grundlegend *C. Schmitt*, in: ders./P. Gieseke et al. [Hrsg.], Rechtswissenschaftliche Beiträge zum 25jährigen

(organisationsrechtlicher) und *prozeduraler (verfahrensrechtlicher)*[42] Steuerung („Nachhaltigkeit durch Organisation und Verfahren"[43]). Der zweitgenannte – in der Rechtswissenschaft[44] bislang mit Blick auf das Nachhaltigkeitsthema noch selten in der Tiefe beleuchtete – Ansatz[45] soll im Mittelpunkt dieses Sammel-

---

Bestehen der Handels-Hochschule Berlin, 1931, S. 1 ff.; *ders.*, in: G. Anschütz/R. Thoma [Hrsg.], Handbuch des deutschen Staatsrechts, Bd. 2, 1932, S. 572 ff.; *F. Klein*, Institutionelle Garantien und Rechtsinstitutsgarantien, 1934; *U. Mager*, Einrichtungsgarantien, 2003) – bislang noch kaum etabliert; hier sind eher die Begriffe „Organisation" und „Verfahren" dominant; vgl. nur den in Vorlesungs- und Lehrbuchtiteln verwendeten Begriff des Staats"organisations"rechts (nicht: Institutionenrecht o. dgl.).

[42] Grundlegend für das rechtliche Konzept der Prozeduralisierung am Beispiel des Umweltrechts *E. Hagenah*, Prozeduraler Umweltschutz, 1996; *dies.*, in: D. Grimm (Hrsg.), Staatsaufgaben, 1994, S. 487 ff.; vgl. auch *Appel* (Fn. 36), S. 173 ff.; *ders.*, in: S. Korioth/T. Vesting (Hrsg.), Der Eigenwert des Verfassungsrechts, 2011, S. 289 (307 ff., 314); *A. Voßkuhle*, NVwZ 2013, S. 1 (8); *R. Schmidt/W. Kahl/K. F. Gärditz*, Umweltrecht, 9. Aufl. 2014, § 3 Rn. 38. Zur Anwendung des Prozeduralierungskonzepts auf das Nachhaltigkeitsziel *Kahl* (Fn. 7), S. 140 ff.; *K. F. Gärditz*, Die Verwaltung 40 (2007), S. 203 (217 f., 232 f.); für den transnationalen Bereich *Beyerlin/Marauhn* (Fn. 11), S. 227 ff.

[43] Die Terminologie knüpft an die in Grundrechtstheorie und -dogmatik bewährte Begrifflichkeit vom „Grundrechtsschutz durch Organisation und Verfahren" an; vgl. statt vieler nur BVerfGE 53, 30 (55), 56, 216 (236); 65, 76 (94); *P. Häberle*, VVDStRL 30 (1972), S. 43 (86 ff.; „status activus processualis"); *K. Hesse*, EuGRZ 1978, S. 427 (434 ff.); *F. Hufen*, Staatsrecht II, 4. Aufl. 2014, § 5 Rn. 11 ff., 16; *H. H. Rupp*, in: Festschr. f. Walter Schmitt Glaeser, 2003, S. 307 ff.; *E. Schmidt-Aßmann*, in: D. Merten/H.-J. Papier (Hrsg.), Handbuch der Grundrechte in Deutschland und Europa, Bd. II, 2006, § 45. Hier wird vorgeschlagen, diese Wendung verstärkt auch auf den Bereich des Staatsorganisationsrechts (konkret: Nachhaltigkeit, Rechtsstaat, Demokratie) zu übertragen; in diesem Sinne bereits *Kahl* (Fn. 7), S. 140 ff. sowie bezogen auf den Umweltschutz, dabei aber zu einseitig auf das Verfahren setzend, *R. Steinberg*, Der ökologische Verfassungsstaat, 1998, S. 141 f., 303 ff., 418 ff., 426 ff., 446, passim.

[44] Anders wesentliche Teile der Politik- und Wirtschaftswissenschaft; vgl. nur *G. Fülgraff*, in: H. von Köller (Hrsg.), Umweltpolitik mit Augenmaß, 2000, S. 149 ff.; *M. Leschke*, in: W. Kahl (Hrsg.), Nachhaltigkeit als Verbundbegriff, 2008, S. 297 ff.; *H. Majer*, in: H.-W. Lorenz/B. Meyer (Hrsg.), Evolutorische Makroökonomik, Nachhaltigkeit und Institutionenökonomik, 2001, S. 117 ff.; *J. Minsch et al.*, Institutionelle Reformen für eine Politik der Nachhaltigkeit, 1998; *H. Rogall*, Akteure der nachhaltigen Entwicklung, 2003; *H. Zilleßen*, APuZ B 50/98, S. 3 (4 ff.). Aufschlussreich zuletzt auch der zwar nicht auf Nachhaltigkeit, aber auf Gemeinwohl bezogene integrativ-prozeduralistische Ansatz bei *C. Blum*, PVS 2013, S. 662 (664 ff., 675 ff., 682 f.).

[45] Gleichsinniger Befund bei *Glaser* (Fn. 12), S. 635, demzufolge die juristische Debatte über Nachhaltigkeit durch Organisation und Verfahren „noch am Anfang" steht; eine „Institutionentheorie der Nachhaltigkeit" fordernd *Ekardt* (Fn. 22), S. 153. Wertvolle Vorüberlegungen finden sich z. B. bei *G. Beaucamp*, Das Konzept der zukunftsfähigen Entwicklung im Recht, 2002, S. 191 ff.; *Calliess* (Fn. 15), S. 122, 132 f.; *ders.*, in: M. Ruffert (Hrsg.), Recht und Organisation, 2003, S. 73 ff.; *F. Ekardt*, ebd., S. 153 ff., 159 f., 171 ff.; *Epiney* (Fn. 31), Art. 20a Rn. 79 ff. (86); *Gärditz* (Fn. 30), Art. 20a GG Rn. 63 f.; *Glaser* (Fn. 8), S. 70 ff.; *Kloepfer* (Fn. 36), S. 35 ff.; *Schmidt* (Fn. 12), S. 1099 ff.; *ders.*, in: Festschr. f. Walter Leisner, 1999, S. 437 (444 ff.); *Steinberg* (Fn. 43), S. 216 ff., 344 ff. Vgl. ferner *W. Kahl* (Fn. 2), S. 267 ff.; *Rat von Sachverständigen für Umweltfragen*, Umweltgutachten 2000, BT-Drs. 14/3363, S. 98 ff.; *H. A. Wolff*, BayVBl. 2015, S. 397 (399 ff.) sowie zu Einzelfragen (Nachhaltigkeit und Parlament) *O. Lepsius*, in: W. Kahl (Hrsg.), Nachhaltigkeit als Verbundbegriff, 2008, S. 326 ff. oder (finanzielle Nachhaltigkeit und Bundesstaat) die Beiträge von *W. Kahl, C. Calliess, C. Gröpl, C. Waldhoff, S. Korioth* und *C. Ohler*, in: W. Kahl (Hrsg.), Nachhaltige Finanzstrukturen im Bundesstaat, 2011, S. 1 ff.; 25 ff.; 125 ff.; 167 ff.; 188 ff. und 208 ff.

bandes stehen und hier in einigen besonders wesentlichen, keineswegs abschließenden Facetten grundlegend theoretisch elaboriert sowie rechtsdogmatisch ausbuchstabiert werden. Der dabei zugrunde gelegte besondere Fokus auf der institutionell-prozeduralen rechtlichen Perspektive zieht die Konsequenz aus Erkenntnissen der neueren Politikwissenschaft (Policy-Analyse, Neo-Institutionalismus)[46] und Wirtschaftswissenschaft (Neue Institutionenökonomik),[47] die übereinstimmend gerade die Bedeutung der Entscheidungsstrukturen und -rahmenbedingungen in Relation zu Faktoren wie Parteidifferenz, sozioökonomische Verhältnisse oder materielle Steuerung hervorheben.[48]

II. Nachhaltigkeit durch materielle Steuerung

1. Der Vorschlag eines neuen Art. 20b GG (Staatsziel „Nachhaltigkeit und Generationengerechtigkeit")

Ein *explizites* Staatsziel der Nachhaltigkeit im dreidimensionalen Sinne kennt das Grundgesetz bislang nicht.[49] Eine fraktionsübergreifende Gruppe von 105 Abgeordneten brachte am 9.11.2006[50] beim Deutschen Bundestag den Entwurf eines „Generationengerechtigkeitsgesetzes"[51] ein, mit dem ein neuer, mit „Generationengerechtigkeit" überschriebener Art. 20b in das Grundgesetz aufgenommen werden sollte.[52] Dieser Vorschlag fand zwar vereinzelt grundsätzliche Zustimmung,[53]

---

[46] Vgl. statt vieler *J. Faust/H.-J. Lauth*, in: M. Mols/H.-J. Lauth/C. Wagner (Hrsg.), Politikwissenschaft: Eine Einführung, 4. Aufl. 2003, S. 289 (293 ff.); *H. Naßmacher*, Politikwissenschaft, 5. Aufl. 2004, S. 136; *M. G. Schmidt*, in: A. Mohr (Hrsg.), Grundzüge der Politikwissenschaft, 2. Aufl. 1997, S. 567 (578, 582, 584 f.).

[47] Vgl. *R. Richter/E. G. Furubotn*, Neue Institutionenökonomik, 3. Aufl. 2003, S. 585.

[48] Zusammenfassend *Glaser* (Fn. 8), S. 28 ff., m. w. N.

[49] Siehe dazu die Nachw. bei *W. Kahl*, DÖV 2009, S. 2 (3 Fn. 8; 5 Fn. 40 f.).

[50] Vorbereitend wirkte die effektive Lobby-Arbeit der Stiftung für die Rechte zukünftiger Generationen, vgl. z. B. *J. Tremmel*, APuZ 8/2005, S. 18 ff.; *ders.*, ZRP 2004, S. 44 ff.; *ders.*, in: Stiftung für die Rechte zukünftiger Generationen (Hrsg.), Handbuch Generationengerechtigkeit, 2003, S. 349 (364 ff.). In der Rechtswissenschaft frühzeitig richtungweisend *P. Häberle*, in: Festschr. f. Hans F. Zacher, 1998, S. 215 ff.

[51] Entwurf eines Gesetzes zur Änderung des Grundgesetzes zur Verankerung der Generationengerechtigkeit (Generationengerechtigkeitsgesetz), BT-Drs. 16/3399; zur Entstehungsgeschichte: *J. Tremmel*, APuZ 8/2005, S. 18 (26 f.).

[52] Der vorgeschlagene Art. 20b GG sollte folgenden Wortlaut haben: „Der Staat hat in seinem Handeln das Prinzip der Nachhaltigkeit zu beachten und die Interessen künftiger Generationen zu schützen."

[53] Im Grundsatz zustimmend etwa, wenngleich mit abweichender Formulierung, *W. Kahl*, DÖV 2009, S. 2 (9): „Der Staat hat in seinem Handeln auch mit Blick auf die Interessen künftiger Generationen das Prinzip der Nachhaltigkeit zu beachten." Wiederum mit leichter Abwandlung sodann *ders.*, ZRP 2014, S. 17 (18): „Der Staat hat bei seinem Handeln, insbesondere zum Schutz der Interessen künftiger Generationen, das Prinzip der Nachhaltigkeit zu beachten." Grundsätzlich positiv zu dem Vorschlag eines Art. 20b GG auch *Glaser* (Fn. 12), S. 648 f.; *ders.* (Fn. 8),

überwiegend stieß er aber in Politik[54] und Wissenschaft[55] auf Ablehnung und fiel sodann mit dem Ende der 16. Legislaturperiode dem Diskontinuitätsgrundsatz zum Opfer.

2. Wirkungen

Um die Frage nach dem Sinn und Nutzen einer Staatszielbestimmung „Nachhaltigkeit/Generationengerechtigkeit" beantworten zu können, bedarf es zunächst einer Betrachtung der Rechtsnatur sowie der (positiven) rechtlichen Wirkungen von Staatszielen im Allgemeinen unter besonderer Berücksichtigung des vorgeschlagenen Art. 20b GG.

Staatszielbestimmungen stellen eine eigene Kategorie von Verfassungsnormen dar, „die der Staatstätigkeit die fortdauernde Beachtung oder Erfüllung bestimmter Aufgaben – sachlich umschriebener Ziele – vorschreiben"[56]. Sie konkretisieren verbindlich den staatlichen Gemeinwohlauftrag und setzen damit Orientierungspunkte für die staatliche Politik.[57] Dabei handelt es sich nicht nur um politische Programmsätze, sondern auch um Rechtsnormen mit einer engen Verwandtschaft zu Rechtsprinzipien. Staatszielbestimmungen sind besonders geeignet, um elementare und langfristige Gemeinwohlbelange bzw. Werte von Staat und Gesellschaft auf Verfassungsebene zu heben und diese damit am Vorrang der Verfassung (Art. 20 Abs. 3 GG) teilhaben zu lassen; „sie erweisen sich insofern als ideale Mitte, um Notwendigkeiten Rechnung zu tragen, die sich aus den modernen Problemveränderungen ergeben"[58]. Im Rahmen der Abwägung mit anderen Zielen kommt dem durch die Staatszielbestimmung geschützten Ziel weder ein absoluter noch ein relativer abstrakt-genereller Vorrang zu.[59] Nach dem Prinzip der Einheit der Verfassung müssen die verschiedenen, im Einzelfall kollidierenden Staatsziele und Grundrechte vielmehr so zu einem Ausgleich gebracht werden, dass sie idealiter alle Wirksamkeit entfalten

---

S. 364 f.; *T. Hebeler*, Generationengerechtigkeit als verfassungsrechtliches Gebot in der sozialen Rentenversicherung, 2001, S. 23 ff.; *Leschke* (Fn. 44), S. 318 f.; *J. Kersten*, Die Verwaltung 40 (2007), S. 309 (315); *Pufé* (Fn. 1), S. 250; *J. Tremmel*, ZRP 2004, S. 44 (46); differenziert *J. H. Klement*, in: W. Kahl (Hrsg.), Nachhaltigkeit als Verbundbegriff, 2008, S. 99 (133 f.); ablehnend dagegen die h. M., vgl. nur *Appel* (Fn. 36), S. 298; *S. Mückl*, in: Festschr. f. Josef Isensee, 2007, S. 183 (203); *U. Steiner*, NZS 2004, S. 505 (508); *Wieland* (Fn. 32), S. 234; *H. A. Wolff*, BayVBl. 2015, S. 397 (400).

[54] BT-Drs. 16/3399, S. 3. Berichtend *G. Deter*, ZUR 2012, S. 157 (162), m. w. N.

[55] Berichtend *W. Kahl*, DÖV 2009, S. 2 (2 Fn. 4), m. w. N.

[56] *Bundesminister des Innern/Bundesminister der Justiz* (Hrsg.), Bericht der Sachverständigenkommission „Staatszielbestimmungen/Gesetzgebungsaufträge", 1983, S. 13.

[57] Grundlegend *U. Scheuner*, in: Festschr. f. Ernst Forsthoff, 1972, S. 325 ff.; im Anschluss an diesen *Appel* (Fn. 36), S. 94 f. (95): „Als staatsaufgabenlegitimierende Elemente [...] tragen sie durch ihre Zielvorgaben [...] zur Konstituierung des modernen Staates bei [...]."

[58] *Appel* (Fn. 36), S. 95.

[59] Vgl. *D. Murswiek*, NVwZ 1996, S. 222 (227); *R. Scholz*, in: T. Maunz/G. Dürig (Begr.), GG, Stand: September 2015, Art. 20a Rn. 16.

können (praktische Konkordanz).[60] Nur dort, wo dies im Einzelfall nicht möglich ist, kommt ein konkret-individueller Vorrang des einen oder anderen Ziels in Betracht. Schließlich zeichnen sich Staatszielbestimmungen auch durch ihre große Unbestimmtheit (Abstraktion) aus; sie sind zwingend auf stufenweise, insbesondere legislative Konkretisierung angelegt.

Staatszielbestimmungen adressieren alle drei staatlichen Gewalten, wobei hinsichtlich der *Wirkungen*[61] im Einzelnen zu differenzieren ist:

– Eine Staatszielbestimmung beinhaltet in erster Linie einen Gestaltungsauftrag, der sich wiederum in erster Linie an den *Gesetzgeber* wendet.[62] Dieser Auftrag ist schon allgemein aufgrund des Finalcharakters einer Staatszielbestimmung zukunftsgerichtet. In noch größerem Maße gilt dies für eine Staatszielbestimmung „Nachhaltigkeit", ist doch Zukunftsgerichtetheit und -sicherung ein Kernelement jeder Nachhaltigen Entwicklung.[63] Aufgrund der dynamischen Wirkung von Staatszielbestimmungen aktualisiert sich die Bindung des Gesetzgebers immer wieder neu. Dies kann – insbesondere bei neuartigen Risiken – zu Beobachtungs-, Evaluations- und ggf. Nachbesserungspflichten führen, um die rechtlichen Vorgaben kontinuierlich an veränderte Lebensbedingungen oder wissenschaftliche Erkenntnisse anzupassen. Die Staatszielbestimmung entfaltet ihre volle Wirksamkeit erst, wenn der Gesetzgeber das jeweilige konkrete Nachhaltigkeitsziel selbst sowie den Weg zu dessen Erreichung durch einfaches Gesetz ausgestaltet hat.[64] Hierbei verfügt der Gesetzgeber über einen weiten Einschätzungs- und Gestaltungsspielraum. Aus der Staatszielbestimmung ergeben sich grundsätzlich keine justiziablen Handlungspflichten, sofern nicht ausnahmsweise das verbindliche Minimum an Schutz betroffen ist.[65] „Von maßgebender Bedeutung für die Effektivität von Staatszielbestimmungen ist allerdings, daß auch der ausgestaltende Gesetzgeber – ungeachtet seiner Bewertungs- und Entscheidungsprärogative – wesentlichen prozeduralen Anforderungen im Hinblick auf Ermittlung, Bewertung und Abwägung unterworfen wird, um begründete, nachvollziehbare und damit auch kontrollierbare Entscheidungen zu gewährleisten."[66]

---

[60] *M. Kloepfer*, in: W. Kahl/C. Waldhoff/C. Walter (Hrsg.), Bonner Kommentar zum Grundgesetz, Stand: Dezember 2015, Art. 20a Rn. 26; *Sommermann* (Fn. 29), S. 360 f.

[61] Guter Überblick zu den Wirkungen von Staatszielbestimmungen bei *H. Maurer*, Staatsrecht I, 6. Aufl. 2010, § 6 Rn. 10 ff.

[62] *H. D. Jarass*, in: ders./B. Pieroth, GG, 13. Aufl. 2014, Art. 20 Rn. 125; *Murswiek* (Fn. 31), Art. 20a Rn. 60; *K. Stern*, Staatsrecht, Bd. I, 2. Aufl. 1984, § 21 III 3.

[63] Zu Intergenerationalität und Langfristigkeit als Kernelemente von Nachhaltigkeit: *Appel* (Fn. 36), S. 329 ff.; siehe zur intertemporären Bedeutung von Nachhaltigkeit auch *Kahl* (Fn. 2), S. 25 ff.

[64] Vgl. *Appel* (Fn. 36), S. 95; *D. Hahn*, Staatszielbestimmungen im integrierten Bundesstaat, 2010, S. 417.

[65] *G. Robbers*, in: W. Kahl/C. Waldhoff/C. Walter (Hrsg.), Bonner Kommentar zum Grundgesetz, Stand: Dezember 2015, Art. 20 Rn. 1455; *K.-P. Sommermann*, in: H. von Mangoldt/F. Klein/C. Starck (Hrsg.), GG, Bd. II, 6. Aufl. 2010, Art. 20 Rn. 120.

[66] *Appel* (Fn. 36), S. 96 unter Berufung u. a. auf *Steinberg* (Fn. 43), S. 145 f.

– Für die *Exekutive* entfalten Staatszielbestimmungen Wirkungen im Rahmen der Gesetzesausführung, insbesondere bei gesetzlich eingeräumten Entscheidungsspielräumen.[67] Solche bestehen im Bereich der gesetzesfreien (Leistungs-)Verwaltung, im Rahmen von Ermessens- und Beurteilungsspielräumen, bei der Interpretation unbestimmter Rechtsbegriffe und bei planerischen Gestaltungsspielräumen.[68] Zudem gilt für die rechtsetzende Exekutive, z.B. beim Erlass von Rechtsverordnungen und Verwaltungsvorschriften, das oben zur Gesetzgebung Ausgeführte. Staatsziele stellen wegen des Vorbehalts des Gesetzes (Art. 20 Abs. 3 GG) aber keine hinreichende Ermächtigungsgrundlage für eingreifendes Handeln staatlicher Organe gegenüber dem Einzelnen dar.[69]

– Auch die *Judikative* ist nach Art. 20 Abs. 3, 97 Abs. 1 GG an Staatszielbestimmungen gebunden. Es bleibt ihr verwehrt, eigene Vorstellungen anstelle der verfassungsrechtlichen Wertentscheidungen durchzusetzen.[70] Eine hinreichende Effektivität von Staatszielbestimmungen setzt die Möglichkeit gerichtlicher Kontrolle voraus. Die Judikative muss die Staatszielbestimmung daher im Rahmen der verfassungskonformen Auslegung und Anwendung des einfachen Rechts sowie bei der Ausfüllung von Kontrollspielräumen im Rahmen der Überprüfung von Ermessensentscheidungen der Verwaltung beachten.[71] Auch die Grundrechte sind dabei im Lichte der Staatszielbestimmung zu interpretieren (Einheit der Verfassung).[72] Eine objektive verfassungsgerichtliche Kontrolle wird vor allem durch die abstrakte (Art. 93 Abs. 1 Nr. 2 GG) und die konkrete Normenkontrolle (Art. 100 Abs. 1 GG) ermöglicht.[73] Wie erwähnt ist dabei die gesetzgeberische Entscheidung grundsätzlich nicht nachprüfbar. Die Kontrollpflicht der Gerichte beschränkt sich auf offensichtliche Verstöße bzw. schlechterdings unvertretbare Maßnahmen (Evidenzkontrolle).[74]

– Der *Bürger* ist kein unmittelbarer Adressat von Staatszielbestimmungen. Ihn betrifft in erster Linie deren appellativer und edukativer Charakter.[75] Überdies setzt eine effektive Integrationswirkung der Verfassung voraus, dass sich die Bürger mit ihren wesentlichen Anliegen und Erwartungen an die staatliche

---

[67] *J. Isensee*, in: ders./P. Kirchhof (Hrsg.), Handbuch des Staatsrechts der Bundesrepublik Deutschland, Bd. IV, 3. Aufl. 2006, § 73 Rn. 18; *M. Sachs*, in: ders. (Hrsg.), GG, 7. Aufl. 2014, Art. 20 Rn. 49.

[68] *Murswiek* (Fn. 31), Art. 20a Rn. 61.

[69] *Isensee* (Fn. 67), § 73 Rn. 21; *Sommermann* (Fn. 29), S. 359.

[70] Vgl. für den Umweltschutz *Scholz* (Fn. 59), Art. 20a Rn. 58.

[71] Vgl. *Jarass* (Fn. 62), Art. 20 Rn. 126; *Robbers* (Fn. 65), Art. 20 Rn. 1452.

[72] *Robbers* (Fn. 65), Art. 20 Rn. 1452; *K.-P. Sommermann*, Der Staat 32 (1993), S. 430 (436).

[73] *Kloepfer* (Fn. 60), Art. 20a Rn. 60 f.; *Steinberg* (Fn. 43), S. 87.

[74] *W. Kahl*, DÖV 2009, S. 2 (8); *N. Müller-Bromley*, Staatszielbestimmung Umweltschutz im Grundgesetz?, 1990, S. 123; *Murswiek* (Fn. 31), Art. 20a Rn. 57; *Sommermann* (Fn. 29), S. 437 f.

[75] Zur Bedeutung der edukatorischen Funktion von Staatszielen am Beispiel des Art. 20a GG *Murswiek* (Fn. 31), Art. 20a Rn. 25; *H. Schulze-Fielitz*, in: H. Dreier (Hrsg.), GG, Bd. II, 3. Aufl. 2015, Art. 20a Rn. 25; vgl. auch *Kloepfer* (Fn. 60), Art. 20a Rn. 95 sowie für die Nachhaltigkeit *Kahl* (Fn. 7), S. 148.

Gemeinschaft in der Verfassung wiedererkennen können,[76] wozu ein Staatsziel Nachhaltigkeit grundsätzlich beizutragen vermag. Dennoch gewähren Staatszielbestimmungen grundsätzlich keine subjektiven öffentlichen Rechte, sind also nicht unmittelbar einklagbar.[77] So folgt weder aus dem Sozialstaatsprinzip (Art. 20 Abs. 1, 28 Abs. 1 S. 1 GG) ein an den Staat gerichtetes Gebot, soziale Leistungen in einem bestimmten Umfang bereitzustellen, noch ergibt sich aus dem Staatsziel Umweltschutz (Art. 20a GG) ein Anspruch des Einzelnen auf konkrete Umweltschutzmaßnahmen bzw. -leistungen des Staates.[78] Für ein Staatsziel Nachhaltigkeit würde Entsprechendes gelten. Vermittelt über den Grundrechtsschutz[79] kann es aber zu einer mittelbaren Einklagbarkeit (Subjektivierung) der aus den Staatszielbestimmungen abzuleitenden (rein objektiv-rechtlichen) Verpflichtungen kommen.[80] Die Reichweite grundrechtlicher Gewährleistungen wie das Recht auf Leben und körperliche Unversehrtheit, die Eigentumsgarantie und subsidiär die allgemeine Handlungsfreiheit wird erweitert, indem ein Eingriff nicht nur mit den betroffenen Grundrechten übereinstimmen, sondern auch sonst (objektiv) verfassungsmäßig sein muss.[81] Der Einzelne kann somit auch einen Verstoß gegen eine Staatszielbestimmung verwaltungsgerichtlich (vgl. § 42 Abs. 2, 47 Abs. 2 S. 1 VwGO), aber auch im Wege der Verfassungsbeschwerde (Art. 93 Abs. 1 Nr. 4a GG) rügen, wenn er hierdurch möglicherweise in einem Grundrecht verletzt ist.[82]

3. *Einwände und Leistungsgrenzen*

Freilich begegnet eine materielle „Aufladung" des Grundgesetzes durch (weitere) Staatsziele im Allgemeinen wie durch ein neues Staatsziel Nachhaltigkeit (bzw. Generationengerechtigkeit[83]) im Besonderen auch einer Reihe von

---

[76] Vgl. das Konzept des sog. „Verfassungspatriotismus", dazu BT-Drs. 12/6000, S. 65 (78); *K.-P. Sommermann*, Der Staat 32 (1993), S. 430 (440); *Steinberg* (Fn. 43), S. 404.

[77] *Scholz* (Fn. 59), Art. 20a Rn. 33; *K.-P. Sommermann*, Der Staat 32 (1993), S. 430 (436).

[78] *Robbers* (Fn. 60), Art. 20 Rn. 1455; *Stern* (Fn. 62), § 21 III 3; *A. Uhle*, DÖV 1993, S. 947 (951); *Steinberg* (Fn. 43), S. 322.

[79] Sog. Freiheit von verfassungswidrigem Zwang; vgl. BVerfGE 9, 83 (88); 19, 253 (257); 42, 20 (27 f.); 65, 297 (303), st. Rspr.; *Calliess* (Fn. 15), S. 305 f., 417 f., 494; *C. Hillgruber*, in: D. C. Umbach/T. Clemens (Hrsg.), GG, 2002, Art. 2 Abs. 1 Rn. 20 ff.; *W. Kahl*, in: D. Merten/H.-J. Papier (Hrsg.), Handbuch der Grundrechte in Deutschland und Europa, Bd. V, 2013, § 124 Rn. 58.

[80] Vgl. *D. Murswiek*, NVwZ 1996, S. 222 (229); *Sommermann* (Fn. 65), Art. 20 Rn. 130; *Stern* (Fn. 62), § 21 IV 4 a.

[81] *Jarass* (Fn. 62), Art. 20a Rn. 16; *D. Murswiek*, NVwZ 1996, S. 222 (230).

[82] *Müller-Bromley* (Fn. 74), S. 189; *Murswiek* (Fn. 31), Art. 20a Rn. 74; *R. Steinberg*, NJW 1996, S. 1985 (1992).

[83] Die Generationengerechtigkeit ist nach zutreffender Ansicht ein Teil- bzw. Unteraspekt der weiteren Nachhaltigkeit und weist der Nachhaltigkeit die primär temporäre Stoßrichtung (im Sinne einer Langzeit- bzw. Zukunftsperspektive). Ihre Erwähnung in einem Staatsziel Nachhaltigkeit ist daher, genau genommen, nur deklaratorisch, aus Gründen der Klarstellung und Akzentuierung aber dennoch zu befürworten.

Einwänden.[84] Diese Einwände können zwar regelmäßig (zumindest teilweise) entkräftet oder relativiert werden (was hier aus Raumgründen im Einzelnen allerdings nicht geschehen kann), sie sollten aber als solche weiterhin ernst genommen werden, da sie auf tendenziell zutreffende Grundprobleme eines (allein oder überwiegend) auf eine materiale Nachhaltigkeitsverfassung setzenden Ansatzes hinweisen.

In geraffter Form lauten die wesentlichsten Kritikpunkte bzw. Bedenken:

– *Überforderung des Rechts:* Mit abstrakten Staatszielen und wertungsabhängigen, juristischen „Großbegriffen" wie Nachhaltigkeit und Gerechtigkeit ist die Gefahr verbunden, dass sich das Recht (weiter) in eine „Komplexitätsfalle" hineinbegibt[85] und dabei im Strudel vielschichtiger, teilweise jahrhundertealter philosophischer Debatten[86] „untergeht" oder jedenfalls die für seine Anwendung im praktischen Einzelfall notwendige Präzision und Operationalisierbarkeit einbüßt. Schon der Begriff der „Generation" für sich genommen ist ein schwieriger. Im Terminus der „Generationengerechtigkeit" werden dann sogar zwei umstrittene und voraussetzungsvolle Begriffe miteinander kombiniert.[87]

– *Entindividualisierung der Verfassungsordnung:* Durch den für das Staatsziel Nachhaltigkeit zentralen Begriff der „Generation" wird auf ein soziales Kollektiv abgestellt, wenn auch nicht als Träger von Rechten, so doch zumindest als „Träger" von Interessen (Belangen), die berücksichtigt werden sollen. Diese Rücksichtnahmepflicht steht tendenziell in einem Konflikt mit der Individualzentriertheit der geltenden deutschen Verfassungsordnung, in deren Zentrum

---

[84] Vgl. hierzu allgemein die bündige Zusammenfassung bei *Appel* (Fn. 36), S. 95 f., m. w. N. Ausf. zur Debatte um Sinn und Nutzen von Staatszielbestimmungen *P. Saladin/C. A. Zenger*, AöR 104 (1979), S. 345 (368 ff.).

[85] Hierauf hinweisend *K. F. Gärditz*, Die Verwaltung 40 (2007), S. 203 (216). Allgemein zum Problem der mit dem integrativen Nachhaltigkeitskonzept verbundenen Komplexität *I. Pufé*, APuZ 31–32/2014, S. 15 (15); *R. Sparwasser/R. Engel/A. Voßkuhle*, Umweltrecht, 5. Aufl. 2003, § 2 Rn. 23.

[86] Vgl. für einen Überblick: *Appel* (Fn. 36), S. 79 ff.; *von Hauff/Kleine* (Fn. 23), S. 101 ff.; auf Ebene der Verfassungstheorie inspirierend *P. Häberle*, in: Festschr. f. Peter Lerche, 1993, S. 189 (206 ff.); *ders.* (Fn. 50), S. 228 ff.; *G. Haverkate*, Verfassungslehre, 1992, S. 249 ff., 319 ff.; aus jüngerer Zeit zum Ganzen *W. Kluth* (Hrsg.), Facetten der Gerechtigkeit, 2010; *A. Strack*, Intergenerationelle Gerechtigkeit, 2015; *Vogt* (Fn. 6), S. 374 ff., 456 ff.; speziell zur Umwelt- bzw. Nachhaltigkeitsgerechtigkeitsdebatte: *K. Bosselmann*, The principle of sustainability, 2009, S. 79 ff.; *A. Epiney*, APuZ 24/2007, S. 31 ff.; *M. Kloepfer*, Umweltgerechtigkeit, 2006; *Rehbinder* (Fn. 23), Kap. 3 Rn. 98 ff.; *H. Diefenbacher*, Gerechtigkeit und Nachhaltigkeit, 2001 sowie zuletzt umfassend *B. Gesang*, Klimaethik, 2011; *Tremmel* (Fn. 12), S. 65 ff., 119 ff., 213 ff., 289 ff. Für eine „universalistische (diskurs-rationale) Gerechtigkeitstheorie als Grundbedingung einer transdisziplinären Nachhaltigkeitstheorie" *F. Ekardt*, Theorie der Nachhaltigkeit, 2011, S. 108 ff.

[87] Vgl. hierzu – dabei von einer Konkretisierbarkeit des Begriffs ausgehend – *J. Kersten*, Das Klonen von Menschen, 2004, S. 340, 359; *Kleiber* (Fn. 12), S. 11 ff.; *H. Unnerstall*, Rechte zukünftiger Generationen, 1999, S. 29, 34; den Begriff dagegen als rechtlich untauglich abl. *S. Baer*, VVDStRL 68 (2009), S. 290 (306, 353 [These 3]); *Lepsius* (Fn. 45), S. 334 f.

der heute lebende Einzelne (vgl. nur Art. 1–3 GG), nicht ein zukünftig lebendes menschliches Kollektiv steht.[88]

– *Begrenzte Steuerungskraft:* Ausgehend von der rechtstheoretischen Natur von Staatszielbestimmungen und hinweisend auf die bisherigen Erfahrungen, etwa mit dem Sozial- (Art. 20 Abs. 1, 28 Abs. 1 S. 1 GG)[89] und dem Umweltstaatsziel (Art. 20a GG)[90], ist davon auszugehen, dass die direktive Wirkung einer – jedenfalls isolierten, das heißt nicht durch sonstige Normen arrondierten und konkretisierten – Aufnahme einer Staatszielbestimmung Nachhaltigkeit in das Grundgesetz begrenzt bleiben dürfte,[91] was die Frage eines stimmigen Verhältnisses von Aufwand (der Verfassungsänderung) und Ertrag aufwirft.

– *Einengung des Gesetzgebers*: Auch und gerade ein Staatsziel Nachhaltigkeit wäre – wie jede Staatszielbestimmung – ein auf nähere Konkretisierung, insbesondere gesetzliche Ausgestaltung, angewiesener[92] Relationsbegriff.[93] Das Parlament – nicht ein Gericht, die Wissenschaft oder ein Expertengremium – ist grundsätzlich der verfassungsrechtlich vorgesehene und aufgrund seiner kognitiven Leistungsfähigkeit erkenntnistheoretisch primär „geborene"[94] Ort, um die Einzelausprägungen der Nachhaltigkeit durch Relation handhabbar zu machen und die notwendigen politischen Prognose-, Abwägungs- und Priorisierungs-

---

[88] In diesem Sinne die Skepsis bei *U. Steiner*, in: Festschr. f. Eduard Picker, 2010, S. 1343 (1352); *Schulze-Fielitz* (Fn. 75), Art. 20a Rn. 35.

[89] Vgl. *E. Schmidt-Aßmann*, in: Festschr. f. Reinhard Mußgnug, 2005, S. 33 (35 ff.).

[90] Bislang wurde von den Gerichten noch in keinem Fall eine Unterschreitung der von Art. 20a GG gebotenen Mindestanforderungen durch den Gesetzgeber festgestellt. Zur sehr begrenzten normativen Direktionswirkung des Art. 20a GG gerade im Bereich von Vorsorge und Risiko, die mit den gleichfalls nur begrenzten Wirkungen grundrechtlicher Schutzpflichten des Staates im Umweltschutz (siehe hierzu stellv. nur *Gärditz* [Fn. 30], Art. 20a GG Rn. 79 ff., m. w. N.) vergleichbar ist, siehe *I. Appel*, in: S. Korioth/T. Vesting (Hrsg.), Der Eigenwert des Verfassungsrechts, 2011, S. 293 ff., 300 ff.; *K. F. Gärditz*, ebd., Art. 20a GG Rn. 4, 40 f.; *Schmidt/Kahl/Gärditz* (Fn. 42), § 3 Rn. 11, 35; *Wieland* (Fn. 32), S. 234. Vgl. aber auch – mit Blick auf Klimaschutz und Erneuerbare Energien – *T. Groß*, ZUR 2009, S. 364 ff.; *ders.*, NVwZ 2011, S. 129 ff.

[91] Eingehend hierzu der Beitrag von *I. Appel*, Staatsziel Nachhaltigkeit in das Grundgesetz? (in diesem Band). Vgl. auch *R. Breuer*, in: E. Schmidt-Aßmann/F. Schoch (Hrsg.), Besonderes Verwaltungsrecht, 14. Aufl. 2008, 5. Kap. Rn. 34; mit Blick auf die soziale Nachhaltigkeit *Wieland* (Fn. 32), S. 244; etwas optimistischer dagegen hinsichtlich der Generationengerechtigkeit *M. Schuler-Harms*, DVBl. 2008, S. 1090 (1098).

[92] *Willand* (Fn. 22), S. 35 f.

[93] *C. Calliess*, Stellungnahme zur Anhörung des Parlamentarischen Beirats für nachhaltige Entwicklung zum Thema „Generationengerechtigkeit" vom 15.10.2008, S. 29, abrufbar unter: www.umweltrat.de/SharedDocs/Downloads/DE/06_Hintergrundinformationen/2008_10_Schriftliche_Stellungnahme_Generationengerechtigkeitsgesetz.pdf?_blob=publicationFile (zuletzt abgerufen am 8.1.2016).

[94] In diesem Sinne grds. mit Recht, wenngleich dabei zu unkritisch bzw. parlamentseuphorisch, *Lepsius* (Fn. 45), S. 336 ff. sowie allgemein (ohne Bezug zur Nachhaltigkeit) *ders.*, in: M. Bertschi et al. (Hrsg.), Demokratie und Freiheit, 1999, S. 123 ff.; zustimmend *H. A. Wolff*, BayVBl. 2015, S. 397 (400); mit Recht differenzierter dagegen *H. Kube*, Nachhaltigkeit und parlamentarische Demokratie (in diesem Band, III. einerseits und IV. andererseits).

entscheidungen zu treffen.[95] Vor allem das mit der Langzeitperspektive[96] von Nachhaltigkeit verbundene kognitive Problem kann nach dem Verständnis, das dem geltenden Regierungssystem des Grundgesetzes zugrunde liegt, vom Parlament besser gelöst werden als von jeder anderen Institution (z. B. Gerichte, Expertengremien, Bundespräsident o. a.).[97] Aufgrund der Bindung (auch) des Gesetzgebers an das Staatsziel (s. o. II.2.) kommt es jedoch nicht nur deshalb zu unauflöslichen Spannungslagen, weil der demokratische Prozess anderen (kürzeren) Zeitrhythmen unterliegt, als sie die weit in die Zukunft ausgreifende Idee der Nachhaltigkeit fordert,[98] sondern auch zu einer (weiteren) Einengung der Volksvertretung und deren politischen Gestaltungsspielraums. Letztere sollte aber stets nur äußerst zurückhaltend und im Interesse überragend wichtiger, ansonsten nicht hinreichend zu gewährleistender Gemeinwohlanliegen erfolgen.[99] Das Nachhaltigkeitsprinzip steht damit in einem strukturellen Spannungsverhältnis zu dem Prinzip parlamentarischer Demokratie, das auf der zwingenden Prämisse kontingenter, prinzipiell jederzeit – bei entsprechenden Mehrheiten – revidierbarer Entscheidungen „auf Zeit" basiert;[100] dieses Spannungsverhältnis kann im Einzelfall zum konkreten Konflikt werden. Dieser Konflikt ist umso größer, je geringer der Abstraktionsgrad des Staatsziels ist, das heißt je mehr konkrete Vorgaben es für die Legislative macht.[101] Daher ist a pri-

---

[95] BVerfGE 118, 79 (110); 128, 1 (37); *Lepsius* (Fn. 45), S. 329 ff., 335 f., 344, 349; *I. Appel*, in: Festschr. f. Rainer Wahl, 2011, S. 463 (469, 475); *Gärditz* (Fn. 30), Art. 20a GG Rn. 32, 34 ff.; *H. A. Wolff*, BayVBl. 2015, S. 397 (401); vgl. auch *B. Guggenberger*, in: ders./A. Maier (Hrsg.), Der Souverän auf der Nebenbühne: Essays und Zwischenrufe zur deutschen Verfassungsdiskussion, 1994, S. 241 (254); S. auch allgemein vor dem Hintergrund der Funktionen des Parlaments u. a. für Demokratie, Legitimation, Gesetzgebung, Repräsentation, Öffentlichkeit und Haushalt *U. Schliesky*, in: M. Morlok/ders./D. Wiefelspütz (Hrsg.), Parlamentsrecht, 2016, § 5, insb. Rn. 7 ff., 18 ff., 27 ff., 35 ff., 45 ff., 105 ff. sowie bereits grundlegend zum Parlament als „Mitte der Demokratie" *P. Kirchhof*, in: Festschr. f. Peter Badura, 2004, S. 237 ff.

[96] Für die Nachhaltigkeit sozialer Sicherungssysteme sind dies Zeiträume von mehreren Jahrzehnten, für die ökologische Nachhaltigkeit, beispielsweise die Frage der atomaren Endlagerung, Zeiträume von bis zu mehreren zehntausend Jahren.

[97] So *Lepsius* (Fn. 45), S. 349.

[98] Hierzu – und daher gegen die Idee „nachhaltigen Entscheidens", die „zu schlicht" sei, „um die Zeitprobleme der Demokratie zu lösen", – *C. Möllers*, Demokratie – Zumutungen und Versprechen, 2008, S. 60 f.

[99] *H. A. Wolff*, BayVBl. 2015, S. 397 (400). Zu weitgehend aber das Konzept eines „doing constitutionalism", dem jede Einhegung der Demokratie zuwider sei, bei *S. Baer*, VVDStRL 68 (2009), S. 290 (308 ff.).

[100] *Lepsius* (Fn. 45), S. 333 ff., 335 f., 344 f.; ähnlich *U. Di Fabio*, in: UTR 109 (2011), S. 95 (103); *K. F. Gärditz*, Der Staat 54 (2015), S. 113 (134); *ders.*, EurUP 2013, S. 1 (9 ff.); *Meßerschmidt* (Fn. 9), § 3 Rn. 46; *A. Voßkuhle*, in: Festschr. f. Klaus Tolksdorf, 2014, S. 585 (590).

[101] Daher für eine möglichst weitgehende Befreiung der „Nachhaltigkeit" von Zielvorgaben und stattdessen eine Reduktion auf den bloßen zeitlichen Aspekt (Langfristigkeit) *Klement* (Fn. 53), S. 120 f., 122, 124, 133 (formaler Nachhaltigkeitsbegriff); zum Gegenstück eines – seiner Ansicht nach höchstens für das Umweltrecht geeigneten – materialen Nachhaltigkeitsbegriffs, dem es um „intertemporale gerechte Wertschöpfung aus den Ressourcen gehe", *Klement*, ebd.,

ori von einer zu kleinteilig-detaillierten[102] Formulierung (auch) eines Staatsziels Nachhaltigkeit abzuraten.[103]

– *Entwicklung zum „Jurisdiktionsstaat"*: Nicht zuletzt aufgrund der Unbestimmtheit der Begriffe Nachhaltigkeit und Generationengerechtigkeit wird die Sorge geäußert, die Aufnahme eines Nachhaltigkeitsstaatsziels werde zwangsläufig zu einer abschließenden Konkretisierung der Begriffe durch das Bundesverfassungsgericht und damit zur Verstärkung von Tendenzen in Richtung eines „Jurisdiktionsstaates" führen.[104]

III. Nachhaltigkeit durch institutionelle und prozedurale Steuerung

1. Das funktionale Ergänzungsverhältnis zwischen materieller und institutionell-prozeduraler Nachhaltigkeitsverfassung

Insgesamt begegnen somit (insbesondere zu viele und zu konkret gefasste) Staatszielbestimmungen im Grundgesetz einer Reihe von gewichtigen Bedenken, vor allem unter dem Aspekt des Demokratie- (Gefährdung der Autonomie des Parlaments) und des Rechtsstaatsprinzips (Gefährdung der Offenheit von Abwägungen). Auch sind die tatsächlichen Wirkungen von Staatszielbestimmungen in der Verfassungspraxis bislang, wie gesehen (s. o. II.3.), eher gering geblieben, und es ist nicht zu erwarten, dass dies bei einem Staatsziel Nachhaltigkeit wesentlich anders sein würde.

Mithin ist von der *isolierten* Aufnahme eines Art. 20b GG in das Grundgesetz abzuraten. Sofern man das Ziel verfolgt, ein Nachhaltigkeitsverfassungsrecht mit optimaler Steuerungswirkung zu etablieren, bedarf das *materielle* Nachhaltigkeitsverfassungsrecht (Staatsziel Nachhaltigkeit) vielmehr der Arrondierung

---

S. 100, vgl. auch ebd., S. 131 ff. Die Komponenten der Dauerhaftigkeit (formal) und Ressourcenschonung (material) miteinander verbindend dagegen *H. A. Wolff*, BayVBl. 2015, S. 397 (397 ff.).

[102] Negativbeispiel insoweit der Vorschlag von *J. Tremmel/M. Laukemann/C. Lux*, ZRP 1999, S. 432 (434), der sich nach Art und Maß seiner Formulierungen weder sprachlich-stilistisch in das Grundgesetz einfügt noch wegen der mit dem hohen Detailliertheitsgrad verbundenen „Fesselungswirkung" gegenüber dem Parlament mit dem Grundsatz parlamentarischer Demokratie vereinbar wäre. Positivbeispiel demgegenüber der Vorschlag von *C. Calliess*, in: Festschr. f. Meinhard Schröder, 2012, S. 515 (527), der weitaus knapper gefasst ist und somit mehr dem Charakter des Grundgesetzes entspricht; vgl. auch Dialog über die Zukunft Deutschlands – Ergebnisbericht der Expertinnen und Experten des Zukunftsdialogs der Bundeskanzlerin 2011/2012 (Kurzfassung), S. 89.

[103] In der Tendenz wie hier *Appel* (Fn. 36), S. 298; *J. Menzel*, ZRP 2000, S. 308 (308).

[104] In diesem Sinne *U. Steiner*, NZS 2004, S. 505 (508 f.): „Wer Verfassungsrecht sät, wird Verfassungsrechtsprechung ernten." (ebd., 509); *H. H. Klein*, DVBl. 1991, S. 729 (737); vgl. auch bereits *O. Depenheuer*, DVBl. 1987, S. 809 (813 f.). Allgemein aus diesem Grund kritisch gegenüber Staatszielen *D. Merten*, DÖV 1993, S. 368 (376); differenzierter dagegen mit Blick auf das Umweltstaatsziel *R. Steinberg*, NJW 1996, S. 1985 (1992).

und Absicherung durch Steuerungselemente aus den Bereichen Organisation und Verfahren (*formelles* bzw. *institutionell-prozedurales* Nachhaltigkeitsverfassungsrecht).[105]

Eine Steuerung der tatsächlichen Politikgestaltung durch Organisation und Verfahren ist gerade im Bereich der Nachhaltigkeit entscheidend, weil es sich bei der Nachhaltigkeit um ein nur in besonders engen Grenzen justiziables[106] und damit praktisch weitgehend nicht sanktionsfähiges Prinzip (Optimierungsgebot)[107] handelt. Dieses Prinzip ist aus den erwähnten demokratischen Gründen zwangsläufig[108] von hoher Abstraktheit und Ergebnisoffenheit[109] und erhebt einen komplexen, da ressortübergreifenden, grundsätzlich „totalen" Anspruch mit langfristigem Planungs- und Finalprogrammcharakter. Je weniger materiell determiniert und determinierbar der Inhalt politischer Entscheidungen jedoch ist, desto höheres Gewicht kommt den den Entscheidungsrahmen strukturierenden Verfahrens- und Organisationsregeln und deren Beachtung zu,[110] um auf diese Weise „holistische"[111] Problemlagen durch eine gestufte Reduktion von

---

[105] Wie hier *Beaucamp* (Fn. 45), S. 191; *Gehne* (Fn. 16), S. 101 ff.; *Glaser* (Fn. 8), S. 27 ff., 70 ff., 341 ff.; *M. Kloepfer*, Umweltrecht, 3. Aufl. 2004, § 3 Rn. 15 f.; *E. Rehbinder*, NVwZ 2002, S. 657 (664); ebenso mit Blick auf das Umweltschutzziel *Calliess* (Fn. 15), S. 122, 125, 132 f., 513; *Epiney* (Fn. 31), Art. 20a Rn. 79, 86; zurückhaltend aber *W. Köck*, Die Verwaltung 40 (2007), S. 419 (429 f.).

[106] *Kahl* (Fn. 7), S. 146 f.; *Epiney* (Fn. 31), Art. 20a Rn. 87; optimistischer *Gehne* (Fn. 16), S. 221 ff.; zu eng dagegen *Scholz* (Fn. 59), Art. 20a Rn. 48 f.

[107] Zum Prinzipien- und nicht Regelcharakter der Nachhaltigkeit vgl. *Glaser* (Fn. 8), S. 54 ff.; *Willand* (Fn. 22), S. 28 ff.

[108] Die notwendigerweise große Abstraktionshöhe von Staatszielen und die dem Gesetzgeber, der Verwaltung und den Gerichten im Zusammenwirken mit der Wissenschaft zukommende Aufgabe der stufenweisen, ebenenspezifischen Konkretisierung und Verdichtung mit Recht betonend *Appel* (Fn. 36), S. 298; *M. Schröder*, WiVerw 1995, S. 65 (76 f.); *H. A. Wolff*, BayVBl. 2015, S. 397 (400); vgl. auch *J. Schwind*, Zukunftsgestaltende Elemente im deutschen und europäischen Staats- und Verfassungsrecht, 2008, S. 242 ff., 464 f.; *Sommermann* (Fn. 29), S. 375 f., 397 f.

[109] Dazu, dass Nachhaltigkeit in der Regel auf einem Ausgleich kollidierender Interessen im Wege von Abwägung und nicht auf schlichter Subsumtion beruht, *Ekardt* (Fn. 86), S. 302 ff.; *Koch* (Fn. 14), Sp. 1568; *H. A. Wolff*, BayVBl. 2015, S. 397 (397). In dieser „normativen Nachgiebigkeit" (*Kersten* [Fn. 22], S. 46 f.; *ders.*, in: H. Trischler [Hrsg.], Anthropocene, Rachel Carson Center Perspectives 3/2013, S. 39 [44]; vgl. auch *M. Krautzberger/B. Stüer*, DVBl. 2004, S. 914 [924]) liegt zugleich der große strukturelle Schwachpunkt des (integrativen) Nachhaltigkeitskonzepts, vgl. *Kahl* (Fn. 7), S. 124 f.; *ders.* (Fn. 2), S. 22 f.; ferner *Klement* (Fn. 53), S. 132 f. sowie für die völkerrechtliche Ebene *Gärditz* (Fn. 13), S. 170 f.

[110] So mit Blick auf das Konzept der Nachhaltigen Entwicklung zutreffend der Abschlussbericht der Enquete-Kommission „Schutz des Menschen und der Umwelt – Ziele und Rahmenbedingungen einer nachhaltig zukunftsverträglichen Entwicklung", BT-Drs. 13/11200, S. 209; *Beaucamp* (Fn. 45), S. 67 (vgl. auch ebd., S. 31); *A. Epiney*, RDAF 2001 I, S. 235 (236); *Glaser* (Fn. 8), S. 70 f.; *ders.* (Fn. 12), S. 634 f.; *Kahl* (Fn. 7), S. 140; *Minsch et al.* (Fn. 44), S. 16, 18; allgemein *H. H. von Arnim*, Gemeinwohl und Gruppeninteressen, 1977, S. 48. Siehe auch unten die Nachw. in Fn. 129 sowie für das Sozialstaatsprinzip *Glaser* (Fn. 12), S. 640 f.

[111] Zur Ganzheitlichkeit als prägender sachlich-inhaltlicher Dimension von Nachhaltigkeit *Windoffer* (Fn. 7), S. 59 ff.

Komplexität[112] zu absorbieren und Rationalität der Entscheidung zu gewährleisten.[113] Dies gilt noch einmal verstärkt im Bereich der staatlichen Entscheidung über (Hoch-)Risikotechnologien (z. B. Atomenergie,[114] Gentechnik, CCS, Fracking),[115] bei der materielle Antworten aufgrund von Komplexität, Langzeitperspektive (Prognosecharakter), Wertungsabhängigkeit sowie Begrenztheit des Wissens und Urteilsvermögens der Entscheider wie der beratenden Experten[116] nur in engen Grenzen möglich sind,[117] sodass es umso mehr auf prozedurale Lösungen und das institutionelle „Setting" ankommt.[118] Geht man zutreffend davon aus, was vor allem durch das Unionsrecht verbindlich vorgegeben ist,[119] dass Nachhaltigkeit in erster Linie „Integrationspolitik" darstellt[120] („Nachhaltigkeit durch Integration")[121], so rückt das Konzept einer „Nachhaltigkeit durch

---

[112] Vgl. zur deren Notwendigkeit für das Rechtssystem allgemein *N. Luhmann*, Das Recht der Gesellschaft, 1995, S. 225 f., 565 f.; *ders.*, Legitimation durch Verfahren, 4. Aufl. 1997, S. 23 ff., 51 f., 203 f.

[113] *Gärditz* (Fn. 13), S. 172. Damit erfolgt hier ausdrücklich keine Positionierung in der Frage des – sehr umstrittenen – Konzepts prozeduraler Rationalität als (vermeintliche) Verfassungspflicht des Gesetzgebers; vgl. dazu nur *M. Cornils*, DVBl. 2011, S. 1053 (1058 ff.); *K. Meßerschmidt*, Gesetzgebungsermessen, 2000, S. 817 ff., 875 ff. einerseits (negativ) und *U. Smeddinck*, Integrierte Gesetzesproduktion, 2006, S. 214 ff. andererseits (positiv).

[114] Auch insoweit ist das Ergebnis sub specie der Nachhaltigkeit zwar nicht eindeutig oder gar durch schlichte „Subsumtion" zu ermitteln (vgl. daher die im Ausgangspunkt mit Recht differenzierte Beurteilung bei *J. Gundel*, in: W. Kahl [Hrsg.], Nachhaltigkeit als Verbundbegriff, 2008, S. 443 [448]), letztlich überwiegen bei wertender Abwägung gerade unter Nachhaltigkeitsaspekten im konkreten Fall aber offensichtlich die erheblichen negativen Langzeitwirkungen der Atomenergie, weshalb der Ausstieg aus dieser Technologie ein dezidiertes Nachhaltigkeitsprojekt darstellt, zumal die Ereignisse u. a. von Three Miles Island, Tschernobyl und Fukushima die Menschheit auch empirisch gelehrt haben, dass es sich bei der Kerntechnologie nicht nur – wie bislang von der h. M. angenommen – um ein Risiko, sondern um eine veritable Gefahr handelt, welche auch und sogar insbesondere von der „Endlagerung" atomarer Abfälle ausgeht; wie hier *Kersten* (Fn. 22), S. 47 ff. (48); ausf. *ders.*, in: ders./F. Uekötter/M. Vogt, Europe after Fukushima, Rachel Carson Center Perspectives 1/2012, S. 51 ff.

[115] Siehe hierzu auch *Kleiber* (Fn. 12), S. 16 ff.

[116] Speziell zur Rolle von Politikberatung und Experten für die Konkretisierung nachhaltiger Politik *G. Schröder*, in: W. Kahl (Hrsg.), Nachhaltigkeit als Verbundbegriff, 2008, S. 351 ff. sowie der Beitrag von *T. Wischmeyer*, Nachhaltige Gesetzgebung und Sachverständigenberatung (in diesem Band).

[117] Zu den hohen Anforderungen, die die Vorgabe „Nachhaltigkeit" an den Entscheidenden stellt, *Klement* (Fn. 53), S. 126 ff.

[118] *Glaser* (Fn. 8), S. 51; *Minsch et al.* (Fn. 44), S. 17; *H. Theisen*, Zukunftspolitik, 2000, S. 21.

[119] Vgl. Art. 11 AEUV, Art. 37 GRCh; *C. Calliess*, in: K. Hansmann/D. Sellner (Hrsg.), Grundzüge des Umweltrechts, 4. Aufl. 2012, Kap. 2 Rn. 89 ff., 102 ff., 152 ff.; *C. Nowak*, in: ders. (Hrsg.), Konsolidierung und Entwicklungsperspektiven des Europäischen Umweltrechts, 2015, S. 25 (41 ff., 46 ff.).

[120] *Kahl* (Fn. 2), S. 20; ebenso bereits *C. Calliess*, DVBl. 1998, S. 559 (564 ff.); *ders.* (Fn. 15), S. 200 ff. Mit Blick auf die Wirtschaft *M. von Hauff/V. Lingnau/K. J. Zink* (Hrsg.), Nachhaltiges Wirtschaften, 2008.

[121] Vgl. *Kahl* (Fn. 21), Art. 11 AEUV Rn. 24; *ders.* (Fn. 7), S. 130 ff.; ferner *Gehne* (Fn. 16), S. 75 ff.; *S. Lindemann/M. Jänicke*, ZfU 2008, S. 355 (364 ff., 371 f.); *Windoffer* (Fn. 7), S. 66 ff. sowie ausf. dazu der Beitrag von *A. Epiney*, Nachhaltigkeitsprinzip und Integrationsprinzip (in die-

Organisation und Verfahren" umso mehr in den Mittelpunkt, stellen Organisation und Verfahren doch besonders wichtige Instrumente zur Operationalisierung des Integrationsprinzips dar.[122]

Die institutionell-prozedurale Nachhaltigkeitssicherung, vor allem von Gesetzgebungsakten, erfolgt bereits gegenwärtig durch eine Reihe von Einrichtungen und Verfahren der Nachhaltigkeitssicherung, die an anderer Stelle im Einzelnen dargelegt worden sind.[123] Für den Bund sind insoweit besonders der Staatssekretärsausschuss für nachhaltige Entwicklung[124] (Regierungsebene) sowie der Parlamentarische Beirat für nachhaltige Entwicklung[125] (Parlamentsebene) hervorzuheben.[126] Der Status quo der vorhandenen Nachhaltigkeitsgremien und -verfahren erweist sich dabei aber als in verschiedener Hinsicht defizitär[127] und folglich weiterer – primär rechtspolitischer (de lege ferenda)[128] – Optimierung bedürftig, aber auch fähig,[129] um eine stärkere Umsetzung von Nachhaltigkeit in tatsächliche Politik und geltendes Recht zu forcieren, an der es empirisch weiterhin erheblich mangelt.[130] Eine solche Opti-

---

sem Band). Zu den theoretischen Problemen des Konzepts *H. Reiger/M. Egger-Steiner*, ZfU 2007, S. 411 ff.

[122] *Glaser* (Fn. 12), S. 635; *E. Rehbinder*, NVwZ 2002, S. 657 (664); mit Blick auf das EU-Recht *Calliess* (Fn. 119), Rn. 157 ff., 175.; *ders.*, in: M. Ruffert (Hrsg.), Recht und Organisation, 2003, S. 73 ff.

[123] *Kahl* (Fn. 2), S. 268 ff.

[124] Siehe www.bundesregierung.de/Webs/Breg/DE/Themen/Nachhaltigkeitsstrategie/2-der-Staatssekretaersausschuss/aufgaben/_node.html (zuletzt abgerufen am 8.1.2016).

[125] Siehe www.bundestag.de/nachhaltigkeit (zuletzt abgerufen am 8.1.2016); *Kahl* (Fn. 2), S. 271 ff. Dieser ist nicht zu verwechseln mit dem „Rat für Nachhaltige Entwicklung", zu diesem *Kahl*, ebd., S. 269 ff.; eher kritisch *Epiney* (Fn. 31), Art. 20a Rn. 86.

[126] Siehe zu diesen auch die bündige Darstellung bei *T. Schomerus*, NuR 2011, S. 1 (3 f.), m. w. N.

[127] Näher zu diesem Befund und den Gründen hierfür *W. Kahl/A. Glaser*, in: K. Lange (Hrsg.), Nachhaltigkeit im Recht, 2003, S. 9 (17 ff.); ebenso *Epiney* (Fn. 31), Art. 20a Rn. 86.

[128] Hierbei vermag erneut die Rechtsvergleichung interessante Anregungen zu geben; vgl. mit Blick auf die Nachhaltigkeitsräte etwa *T. Schomerus*, NuR 2011, S. 1 (3).

[129] Grundl. für den Zusammenhang von Politikveränderung einerseits und (Reform der) Institutionen andererseits *H. H. von Arnim*, ZRP 1999, S. 326 ff.; *Glaser* (Fn. 8), S. 30, 70 ff., passim; *G. Kirsch/K. Mackscheidt*, in: Festschr. f. Hans Herbert von Arnim, 2004, S. 121 (122); *R. Wassermann*, NJW 2003, S. 331 ff.; a. A. *B. Grzeszick*, JZ 2003, S. 647 (653); *Lepsius* (Fn. 45), S. 340; tendenziell auch *H. A. Wolff*, BayVBl. 2015, S. 397 (400). Mit Recht die permanente Überprüfung der Sachdienlichkeit der aktuellen Verfahren der Zukunftsbewältigung fordernd *P. Häberle*, in: Festschr. f. Günter Dürig, 1990, S. 3 (19); allg. zur Krise der repräsentativen Demokratie und möglichen Reformoptionen in Deutschland *H. Pünder*, GLJ 2015, S. 713 ff. Plädoyer für ein „Finden innovativer Verfahren" bei *Glaser* (Fn. 12), S. 635; siehe zum Zusammenhang von Nachhaltigkeit und Innovation auch *von Hauff/Kleine* (Fn. 23), S. 41 ff. sowie den Beitrag von *M. Eifert*, Nachhaltigkeit durch Innovation und Wissensgenerierung (in diesem Band). Die Reformfrage dagegen zu sehr auf den Bundesstaat verengend und die parlamentarische Demokratie in ihrer gegenwärtigen Ausgestaltung unter dem Grundgesetz ohne Grund von vornherein ausklammernd *Waldhoff* (Fn. 27), S. 170 f.

[130] Der Befund eines evidenten Umsetzungsdefizits ist mit Blick auf die Nachhaltigkeit weitgehend unbestritten; vgl. statt vieler *Epiney* (Fn. 31), Art. 20a Rn. 86 f.; *I. Pufé*, APuZ 31–32/2014,

mierung, für die sich – gerade im Falle der Nachhaltigkeit – der interdisziplinäre Dialog (insbesondere der Staatsrechtslehre mit der Politikwissenschaft, Wirtschaftswissenschaft und Philosophie)[131] sowie die Verfassungs- und politische Systemvergleichung[132] als erkenntnisfördernd erweisen, kann grundsätzlich auf unterschiedlichen Wegen erreicht werden, von denen einige in den nachfolgenden Einzelbeiträgen dieses Bandes näher beleuchtet werden.

2. Grundbausteine institutionell-prozeduraler Nachhaltigkeit

a) Gesetzgebung

Diese Einleitung kann naturgemäß nicht die Funktion haben, das Generalthema bereits erschöpfend vorwegzunehmen oder die nachfolgenden Einzelbeiträge gar „überflüssig" zu machen. Es können an dieser Stelle vielmehr nur einige skizzenhafte und stichwortartige Anmerkungen zu möglichen Grundbausteinen einer institutionell-prozeduralen Nachhaltigkeitsverfassung erfolgen.

aa) Institutionelle Nachhaltigkeit

– *Elemente direkter Demokratie:* Auf der institutionellen Ebene ist zunächst ernsthaft in Erwägung zu ziehen, in Ergänzung (nicht: Ersetzung)[133] der reprä-

---

S. 15 (19), unter Hinweis auf entsprechende Kritik des Rates für Nachhaltige Entwicklung, zit. nach SZ vom 3.6.2014 („Ruf nach mehr Mut zu nachhaltiger Politik"); für die europäische Ebene *Kahl* (Fn. 21), Art. 11 AEUV Rn. 50 ff. Umfassend zum Ganzen *Wissenschaftlicher Beirat der Bundesregierung Globale Umweltveränderungen (WBGU)*, Welt im Wandel, 2011, S. 1 ff.; für die öffentlichen Haushalte (Staatsverschuldung) weiterhin eine Nicht-Nachhaltigkeit der Politik konstatierend *C. Hagist/S. Moog/B. Raffelhüschen*, ZSE 2014, S. 529 (547 f.); *Kahl* (Fn. 32), S. 4; eingehend *P. Kirchhof* (Fn. 1), S. 15 ff., 35 ff., 101 ff., 105 ff.

[131] Vgl. etwa die nicht-juristischen Nachhaltigkeitstexte von *R. Schüßler, L. Schick, V. Ulrich, E. Nagel/M. Ebert, M. Leschke, G. Schröder, M. Hauhs, J. Sigloch, B. Herz, P. Oberender/J. Zerth, A. Brink* in: W. Kahl (Hrsg.), Nachhaltigkeit als Verbundbegriff, 2008, S. 60 ff.; 80 ff.; 207 ff.; 229 ff.; 297 ff.; 351 ff.; 471 ff.; 496 ff.; 535 ff.; 554 ff.; 593 ff.; programmatisch *Kahl* (Fn. 2), S. 24 f. Ferner *M. von Hauff* (Hrsg.), Nachhaltige Entwicklung aus der Perspektive verschiedener Disziplinen, 2014.

[132] Vgl. *Glaser* (Fn. 8), S. 31 ff. (35 ff.); siehe auch *E. Göll/S. L. Thio*, Nachhaltigkeitspolitik in EU-Staaten, 2004. Positive Beispiele finden sich für die soziale Nachhaltigkeit (Deutschland/Japan) bei *M. Ohta*, in: M. Gebauer et al. (Hrsg.), Alternde Gesellschaften im Recht, S. 149 (156 ff.); für die finanzielle Nachhaltigkeit (Deutschland/Italien) bei *A. D'Atena*, in: W. Kahl (Hrsg.), Nachhaltige Finanzstrukturen im Bundesstaat, 2011, S. 66 ff.; (Deutschland/Österreich) *P. Bußjäger*, in: W. Kahl, ebd., S. 86 ff. und (Deutschland/Schweiz) *G. Biaggini*, in: W. Kahl, ebd., S. 106 ff. Grundlegend zur Bedeutung der Verfassungsvergleichung im Öffentlichen Recht *P. Häberle*, Rechtsvergleichung im Kraftfeld des Verfassungsstaates, 1992; *ders.*, in: D. Merten/H.-J. Papier (Hrsg.), Handbuch der Grundrechte in Deutschland und Europa, Bd. I, 2004, § 7; *K.-P. Sommermann*, DÖV 1999, S. 1017 ff.; *C. Starck*, JZ 1997, S. 1021 ff.; *R. Wahl*, in: Festschr. f. Helmut Quaritsch, 2000, S. 163 ff.

[133] Grundl. *E.-W. Böckenförde*, in: J. Isensee/P. Kirchhof (Hrsg.), Handbuch des Staatsrechts der Bundesrepublik Deutschland, Bd. III, 3. Aufl. 2005, § 34 Rn. 23: „Balancierungs- und Korrek-

sentativen Demokratie und zur Schließung von dessen „Nachhaltigkeitslücken" das Potenzial direktdemokratischer Elemente, das bislang in Deutschland auf Bundesebene noch so gut wie nicht ausgeschöpft worden ist,[134] zu aktivieren, gerade um die gesetzliche Steuerung des Nachhaltigkeitsziels institutionell zusätzlich abzusichern und auf diese Weise zu optimieren. Insbesondere vergleichende wissenschaftliche Untersuchungen (Schweiz, Österreich, Kalifornien u. a.) haben die grundsätzliche Eignung von Instrumenten direkter Demokratie spezifisch für die Entscheidung von Nachhaltigkeitsfragen unterstrichen. Sie haben damit zugleich dazu beigetragen, einige Bedenken zu relativieren oder zu entkräften, welche in der deutschen Staatsrechtslehre mit Blick auf die „Volksgesetzgebung" lange vorherrschten und noch immer weit verbreitet sind,[135] auch wenn die Skepsis in jüngerer Zeit insgesamt zurückgegangen und vielfach vorsichtiger Öffnung[136] gewichen ist. Diese Öffnungstendenz ist sehr zu begrüßen,

---

turfunktion" von Volksentscheid und Volksbegehren. Darauf, dass es nur um ein Ergänzungsverhältnis zur repräsentativen Demokratie und zum parlamentarischen Gesetz gehen kann, gleichfalls mit Recht hinweisend und insgesamt abgewogen *K. F. Gärditz*, in: K. H. Friauf/W. Höfling (Hrsg.), Berliner Kommentar zum Grundgesetz, Stand: Dezember 2015, Art. 20 (6. Teil), Rn. 219 ff. (222); *H. Kube*, Nachhaltigkeit und parlamentarische Demokratie (in diesem Band, V., vor 1.); *Schmidt* (Fn. 12), S. 1090 f. Insbesondere soll hier nicht in das Horn einer angeblich angebrochenen Ära der „Postdemokratie" (vgl. *S. Crouch*, Postdemokratie, 2008; *A. Benz*, in: M. T. Greven [Hrsg.], Demokratie – eine Kultur des Westens?, 1998, S. 201 ff.) gestoßen werden. Das Gegenteil ist richtig: Gerade im internationalen Kontext ist die parlamentarische Demokratie alternativlos und daher auf allen hierfür in Betracht kommenden Ebenen zu stärken; vgl. *W. Kahl*, in: H.-H. Trute et al. (Hrsg.), Allgemeines Verwaltungsrecht – zur Tragfähigkeit eines Konzepts, 2008, S. 71 ff.; *ders.*, in: J. Isensee/P. Kirchhof (Hrsg.), Handbuch des Staatsrechts der Bundesrepublik Deutschland, Bd. X, 3. Aufl. 2011, § 253 Rn. 75, passim.

[134] Zu den – trotz der gleichberechtigten Erwähnung der „Abstimmungen" neben den „Wahlen" in Art. 20 Abs. 2 S. 2 GG – abgesehen von praktisch irrelevanten Sonderfällen (Neugliederung des Bundesgebiets, Ablösung des Grundgesetzes [Art. 29, 146 GG]) aus historisch-genetischen Gründen (dazu *H. Dreier*, in: ders. [Hrsg.], GG, Bd. II, 3. Aufl. 2015, Art. 20 [Demokratie] Rn. 19 ff.; *A. Guckelberger*, VerwArch 106 [2015], S. 1 [4 ff.]) und wegen des Scheiterns späterer wiederholter Verfassungsreformbemühungen (dazu *Dreier*, ebd., Rn. 23; *Guckelberger*, ebd., S. 7 ff., jeweils m. w. N.; letzte grundl. Debatte im Bundestag am 14.6.2013, BT-Plenarprotokoll 17/247, 31711 D-3170 C, abrufbar unter: http://dipbt.bundestag.de/doc/btp/17/17247.pdf [zuletzt abgerufen am 8.1.2016]) nach wie vor nicht vorhandenen direktdemokratischen Elementen und dem folglich insoweit fortbestehenden erheblichen direkt-demokratischen Entwicklungspotenzial des Grundgesetzes (de constitutione ferenda) s. *Maurer* (Fn. 61), § 7 Rn. 39 ff. Auch die Ausrichtung der aktuellen Politik auf die Demoskopie stellt insofern kein funktionales Äquivalent dar, so aber *U. Volkmann*, Merkur 2011, S. 381 (390).

[135] Vgl. statt vieler nur *J. Isensee*, DVBl. 2001, S. 1161 ff.; *ders.*, in: P. M. Huber (Hrsg.), Das Grundgesetz zwischen Stabilität und Veränderung, 2007, S. 1 (19 ff.); *S. Müller-Franken*, Der Staat 44 (2005), S. 19 ff.; zurückhaltend mit Blick auf die Zulassung von Großvorhaben *K. F. Gärditz*, ZSE 2015, S. 4 (28 f.) bzw. die Nachhaltigkeit *Wieland* (Fn. 32), S. 233. Metakritik bei *H. H. von Arnim*, Vom schönen Schein der Demokratie, 2000, S. 179 ff.; *H. Dreier/F. Wittreck*, in: L. P. Feld et al. (Hrsg.), Jahrbuch für direkte Demokratie 2009, 2010, S. 11 (21 ff.); *O. Jung*, Grundgesetz und Volksentscheid, 1994; *Maurer* (Fn. 61), § 7 Rn. 50 ff.

[136] Ähnlicher Befund bei *D. Wiefelspütz*, in: M. Morlok/U. Schliesky/ders. (Hrsg.), Parlamentsrecht, 2016, § 51 Rn. 37. Vgl. stellvertretend für den aktuellen Meinungsstand in der deut-

auch und gerade im vorliegenden Kontext. Bestimmten direktdemokratischen Instrumenten (Volksbefragung,[137] Volksinitiative,[138] fakultatives Referendum) wohnt bei bestimmter Ausgestaltung sowie unter bestimmten – auch politisch-kulturellen – Rahmenbedingungen nämlich ein nicht zu unterschätzendes Potenzial zur Effektivierung der Nachhaltigkeitsverfassung inne.[139]

Direktdemokratische Entscheidungsmechanismen sind in einem repräsentativen politischen System, das so stark von den Parteien[140] und deren grundsätzlich[141] dominanten Wiederwahlinteresse sowie vom Einfluss von (wirtschaftlichen und sozialen[142]) Interessengruppen geprägt ist wie das der Bundesrepublik Deutschland und das u. a.[143] deshalb tendenziell unter strukturell bedingter Gegenwartspräferenz bei kehrseitiger Nachhaltigkeitsvernachlässigung leidet,[144] vor allem

---

schen Staatsrechtslehrervereinigung die (differenziert-positiven) Berichte auf der Kieler Staatsrechtslehrertagung 2012 von *M. Möstl* und *M. Schuler-Harms*, VVDStRL 72 (2012), S. 355 ff.; 417 ff. sowie die Aussprache hierzu (ebd., S. 471 ff.). Vgl. ferner die zwar kritischen, aber vorsichtig offenen Überlegungen bei *R. Steinberg*, Die Repräsentation des Volkes, 2013, S. 247 ff. In jedem Fall zwingend ist eine Differenzierung zwischen „Volksgesetzgebung“ und anderen Formen der direkten Demokratie; vgl. *F. Decker*, in: T. Mörschel/M. Efler (Hrsg.), Direkte Demokratie auf Bundesebene, 2013, S. 11 (19 f.); ähnlich *S. Müller-Franken*, in: T. Baus/T. Montag (Hrsg.), Perspektiven und Grenzen „direkter Demokratie“, 2012, S. 51 (53 ff.).

[137] Vgl. insoweit jüngst für die Landesebene das Beispiel Bayerns, das mit einfachem Gesetz vom 23.2.2015 (GVBl. S. 18) die Möglichkeit eingeführt hat, (unverbindliche) Volksbefragungen zu Vorhaben des Staates mit landesweiter Bedeutung durchzuführen. Zur umstrittenen Frage, ob dies ohne Änderung der BayVerf. möglich war, siehe einerseits (verneinend) *M. Möstl*, BayVBl. 2015, S. 217 ff. sowie andererseits (bejahend) *M. Burgi*, ZG 2015, S. 34 ff.; *C. Thum*, BayVBl. 2015, S. 224 ff.

[138] Zu den (positiven) nachhaltigkeitsbezogenen Erfahrungen der Schweiz mit dem Instrument der Volksinitiative *Glaser* (Fn. 8), S. 147 ff.; *ders.* (Fn. 12), S. 645 f.

[139] Grundl. dazu auf der Basis eines aufschlussreichen, empirisch fundierten Verfassungsrechtsvergleichs mit der Schweiz (in den Schlussfolgerungen aber sehr weit gehend) *Glaser* (Fn. 8), S. 121 ff., 365 ff.; vgl. auch bereits *Kahl/Glaser* (Fn. 127), S. 32 ff.; ferner *Beaucamp* (Fn. 45), S. 191 ff.; *P. Häberle*, DÖV 1985, S. 611 (614); *W. Wieland/W. Albin*, ZRP 2006, 76 ff.; differ. *F. Wittreck*, Nachhaltigkeit und direkte Demokratie (in diesem Band). A. A. *J. Rux*, in: M. Bertschi et al. (Hrsg.), Demokratie und Freiheit, 1999, S. 301 (321); *H. A. Wolff*, BayVBl. 2015, S. 397 (401).

[140] Dazu näher der Beitrag von *J. Kersten*, Nachhaltigkeit und Parteiendemokratie (in diesem Band) sowie allg. *U. Volkmann*, in: M. Morlok/U. Schliesky/D. Wiefelspütz (Hrsg.), Parlamentsrecht, 2016, § 4 Rn. 4 ff.

[141] Es gibt freilich – löbliche – Ausnahmen (z. B. „Agenda 2010“ des früheren Bundeskanzlers *G. Schröder*), in denen Gemeinwohlerfordernis und Langzeitperspektive über kurzfristiges Wiederwahlinteresse gestellt werden.

[142] Näher hierzu *M. Leschke*, Nachhaltige Gesetzgebung und Interessengruppen (in diesem Band).

[143] Hinzu kommen weitere Ursachen, wie etwa die mangelnde institutionelle Repräsentation der Interessen künftiger Generationen im demokratischen Willensbildungs- und Entscheidungsprozess; vgl. zum Ganzen auch *Appel* (Fn. 36), S. 85 ff.; *Glaser* (Fn. 8), S. 265 ff.; *E. Göll*, ZParl 2004, 68 ff.; *Kahl* (Fn. 2), S. 276 ff. (278 ff.); *Kahl/Glaser* (Fn. 127), S. 10 ff.; *P. Graf Kielmansegg*, Merkur 2003, S. 583 ff.; *H. Kube*, Nachhaltigkeit und parlamentarische Demokratie (in diesem Band, IV.1.); a. A. *Lepsius* (Fn. 45), S. 341 ff.

[144] Vgl. BT-Drs. 16/3399, S. 2; *Appel* (Fn. 36), S. 75; *H. H. von Arnim*, ZRP 1999, S. 326 (328); *Calliess* (Fn. 15), S. 132; *Epiney* (Fn. 31), Art. 20a Rn. 86; *Kahl* (Fn. 2), S. 277 f.; *P. Graf Kielmansegg*, in: H. Geißler (Hrsg.), Optionen auf eine lebenswerte Zukunft, 1979, S. 37 (41 ff.); *Kleiber* (Fn. 12),

als eine Art Gegenlager oder Korrektiv aufzufassen, das Anstöße an den (untätigen) parlamentarischen Gesetzgeber geben oder dessen Entscheidungen abändern kann.[145] Auf diese Weise kann die Implementierung der die Nachhaltigkeit prägenden Langzeitperspektive (Stichworte: Schutz künftiger Generationen und Ressourcenschonung) wirksamer erfolgen, als in einer an – zudem vergleichsweise kurze – Legislaturperioden gebundenen[146] rein repräsentativen Demokratie, in deren Funktionslogik es liegt, dass die maßgeblichen Akteure (Abgeordnete) maßgeblich von Wahl zu Wahl denken und Entscheidungen daher nicht zuletzt mit Blick auf die soziologische Zusammensetzung des Wahlvolkes, sprich die tatsächlich zur Wahl gehende Bürgerinnen und Bürger[147] und deren Interessen treffen.[148] Der der parlamentarischen Demokratie somit strukturell immanenten Tendenz zur sozialen Besitzstandswahrung oder -mehrung sowie zur einseitigen Priorisierung „harter" ökonomischer Ziele (z.B. Wachstum, Infrastruktur, Wohnungsbau, Arbeitsplätze) unter Inkaufnahme eines erheblichen, auch irreversiblen Verbrauchs natürlicher Ressourcen (z.B. Artensterben,[149]

S. 5 f.; *M. G. Schmidt*, ZParl 2006, S. 812 (819 f.); *ders.*, in: Festschr. f. Peter Graf Kielmansegg, 2004, S. 377 ff.; *R. Schmidt* (Fn. 12), S. 1088 f.; *Saladin/Zenger* (Fn. 36), S. 99; *Steinberg* (Fn. 43), S. 340 f.; *M. Wulff*, Das liberaldemokratische Regierungssystem, 2005, S. 409 ff., 416 ff., 419 ff.; frühzeitig bereits allg. für die parlamentarische Demokratie *A. de Tocqueville*, Über die Demokratie in Amerika (1835/1840), dtv 1976, S. 258, 263 f. A. A. *Lepsius* (Fn. 45), S. 342 ff., 349 f. sowie grds. auch, wenngleich einschränkend („birgt einen Funken Wahrheit"), *H. A. Wolff*, BayVBl. 2015, S. 397 (400).

[145] *Dreier/Wittreck* (Fn. 135), S. 35; *Glaser* (Fn. 12), S. 643 ff.; *Schmidt* (Fn. 12), S. 1088 ff.; vgl. zum Ganzen auch *F. Wittreck*, JöR N.F. 53 (2005), S. 111 ff.; für die schweizerische Demokratie *B. Ehrenzeller/R. Nobs*, in: B. Ehrenzeller et al. (Hrsg.), Die Schweizer Bundesverfassung, 2. Aufl. 2008, Vorb. Art. 136–142 Rn. 22; *A. Glaser/A. Kley*, in: Biaggini et al. (Hrsg.), Staatsrecht, 2. Aufl. 2015, § 3 Rn. 54, 71 ff.

[146] Dazu, dass die Idee der Nachhaltigen Entwicklung notwendigerweise einem Denken in Legislaturperioden oder anderen, vergleichsweise kurzen Zyklen fremd ist und fremd sein muss, da ihr Bezugsrahmen grds. zeitlich unbegrenzt ist, sprich alle künftigen Generationen umfasst, vgl. *A. Epiney*, RDAF 2001 I, S. 235 (237); *Epiney/Scheyli* (Fn. 29), S. 55; *Glaser* (Fn. 8), S. 48 ff. (49); *Kahl* (Fn. 2), S. 25; *Kloepfer* (Fn. 60), Art. 20a GG Rn. 78; *H.-J. Menzel*, ZRP 2001, S. 221 (223); deutlich einschränkend aber *Gärditz* (Fn. 30), Art. 20a GG Rn. 16; *ders.*, EurUP 2013, S. 1 (11 f., 12 f.).

[147] Ein Stichwort in diesem Kontext ist etwa die statistisch nachgewiesene weit überproportionale „Wahlfreudigkeit" von Rentnerinnen und Rentnern (und deren Angehörigen), sodass sich ein Politiker, der (wieder)gewählt werden möchte, mit den (Versorgungs-)Interessen alter Menschen im Zweifel eher nicht „anlegen" wird. Dagegen machen junge Erwachsene von ihrem Wahlrecht zu wenig Gebrauch und schwächen damit noch zusätzlich das Gewicht von Nachhaltigkeits-, insbesondere Zukunftsbelangen in der Politik. Die deutlich divergierende Wahlbeteiligung alter und junger Menschen wirkt sich auch in der Sache aus: Risiko- und Reformbereitschaft nehmen mit steigendem Alter signifikant ab, Angst vor jeder Veränderung kehrseitig signifikant zu (vgl. *Petersen*, FAZ Nr. 22 v. 27.1.2016, S. 8), was zu entsprechenden Präferenzen bei der Wahlentscheidung (im Übrigen auch bei der Partizipation im Rahmen von Genehmigungsverfahren oder bei der Ausübung von „Volksrechten") führt (Überwiegen defensiver, auf den unmittelbaren individuellen Nahbereich konzentrierter „Besitzstandswahrungsinteressen").

[148] Vgl. zum Ganzen auch *Calliess* (Fn. 15), S. 132 f.

[149] Eindringlich: *Kersten* (Fn. 22), S. 47; *ders.*, UPR 2012, S. 15 ff.

Flächenverbrauch[150]) und Belastung der Umwelt (z. B. Klimawandel,[151] Atomenergie[152])[153] kann auf diese Weise ein Stück weit entgegengewirkt werden.[154] Zumindest aber, dies räumen selbst Autoren ein, die direktdemokratischen Instrumenten eher zurückhaltend gegenüberstehen,[155] können Volksentscheide oder Volksbefragungen dazu beitragen, zu überprüfen, ob hinter bestimmtem Protestverhalten (z. B. „Stuttgart 21") tatsächlich der mehrheitliche Volkswille oder nur eine gut organisierte, lautstarke Minderheit („Wutbürger") mit ihren Partikularinteressen[156] steht, die ein Nachhaltigkeitsanliegen (z. B. Ausbau des öffentlichen Schienenverkehrs) zu verhindern trachtet, sowie Befriedung und Akzeptanz substantiell zu fördern[157].[158]

– *Nachhaltigkeitsräte:* Auf institutioneller Ebene sollte des Weiteren in Ergänzung der Selbstkontrollrechte des Gesetzgebers in Sachen Nachhaltigkeit (z. B. Parlamentarischer Beirat für nachhaltige Entwicklung; Nachhaltigkeitsprüfung) über einen Ausbau der Fremdkontrolle der Nachhaltigkeitspolitik durch einen neu zu schaffenden Nachhaltigkeitsrat nachgedacht werden. Die dahinter stehende Idee der personellen Verkörperung eines im politischen Entscheidungsprozess ansonsten über keine hinreichende „Stimme" bzw. Lobby verfügenden und daher eher durchsetzungsschwachen Interesses (Umwelt, zukünftige Generationen) ist alt und wurde in der Vergangenheit in unterschiedlichsten, teilweise auch zu radikalen, mit dem Grundgesetz (insbesondere Demokratieprinzip) unvereinbaren Varianten[159] vertreten. Unter den zahlreichen differenzierten

---

[150] Ausf. hierzu *B. M. Risch*, Neue Instrumente zur Begrenzung des Bodenverbrauchs, 2005; *C. Schimansky*, Die Problematik des Freiflächenverbrauchs in Deutschland, 2003; vgl. auch *Willand* (Fn. 22), S. 49 ff., 105 ff.

[151] Siehe stellv. *Beyerlin/Marauhn* (Fn. 11), S. 159 ff.; *C. Fischer*, Grundlagen und Grundstrukturen eines Klimawandelanpassungsrechts, 2013, S. 1 ff.; *W. Kahl/M. Schmidtchen*, Kommunaler Klimaschutz durch Erneuerbare Energien, 2013, S. 1 ff.

[152] Siehe dazu oben Fn. 114.

[153] Dazu, dass die der Nachhaltigkeit immanente Langzeitperspektive besonders bei langfristigen und (faktisch) irreversiblen Festlegungen zu größter Vorsicht mahnt, siehe *H. Bode*, Der Planungsgrundsatz der nachhaltigen Raumentwicklung, 2003, S. 30; *Glaser* (Fn. 8), S. 50 f.; *H.-J. Menzel*, ZRP 2001, S. 221 (227).

[154] Zur Notwendigkeit statt vieler: *D. Meadows/D. Meadows/J. Randers*, Die neuen Grenzen des Wachstums, 5. Aufl. 2001. Zum unverändert geltenden Befund: *D. Meadows/J. Randers*, Grenzen des Wachstums – Das 30-Jahre-Update, 2011.

[155] Vgl. *Möstl* (Fn. 136), S. 370 f.; zustimmend *H. A. Wolff*, BayVBl. 2015, S. 397 (401 f.).

[156] Generell zur – wiederum als Tendenzaussage zu verstehenden – Überrepräsentation partikularer und Vernachlässigung allgemeiner Interessen im deutschen politischen System *H. H. von Arnim*, ZRP 1999, S. 326 (327 f.). Dazu, dass direktdemokratische Instrumente geeignet sind, dem entgegen zu wirken, *von Arnim*, ebd., S. 333 f.

[157] Nicht richtig daher die gegenteilige Behauptung bei *U. Volkmann*, Merkur 2011, S. 381 (390).

[158] Vgl. zum Ganzen *T. Groß*, DÖV 2011, S. 510 ff.; *F. Wittreck*, ZG 2011, S. 209 ff.

[159] Vgl. etwa *R. Bahro*, Logik der Rettung, 1987, S. 490 ff.; *K. Bosselmann*, Im Namen der Natur, 1992, S. 379 ff.; *Rux* (Fn. 139), S. 323 ff.; mit Recht kritisch ggü. Vorschlägen für einen Ökologischen Rat mit Mitentscheidungsrechten („Dritte Kammer") *Steinberg* (Fn. 43), S. 341 f.

und im Einzelnen diskussionsbedürftigen Vorschlägen[160] finden sich u. a.[161] solche für Umwelt- und Nachwelträte[162] bzw. eine Ombudsperson (Zukunfts- oder Nachweltbeauftragter)[163], wobei allen Vorschlägen, sieht man einmal von dem – praktisch aber wenig einflussreichen – Sachverständigenrat für Umweltfragen ab, bislang jedoch kein Umsetzungserfolg beschieden war.[164]

Wichtig bei der Schaffung eines solchen neuen und zusätzlichen Nachhaltigkeitsgremiums ist die kompetentielle und organisatorische Abgrenzung vom bereits bestehenden Rat für Nachhaltige Entwicklung, der jedoch abgesehen vom Namen wenig mit der hier befürworteten Einrichtung gemein hat.[165] Als Grundlage für die Konzeptionierung eines zukünftigen Nachhaltigkeitsrates eignen sich vor allem ein Vorschlag von *Christian Calliess*[166] sowie eine Erwähnung im „Zukunftsdialog der Bundeskanzlerin 2011/2012"[167], die beide dem Rat ein suspensives Vetorecht im Gesetzgebungsverfahren zuerkennen wollen.[168] Wichtig wäre in der Tat, das Gremium einerseits nicht auf eine

---

160 Vgl. hierzu – mit eigener abl. Haltung und w. Nachw. auf den Meinungsstand – *H. A. Wolff*, BayVBl. 2015, S. 397 (401).

161 Weitere Vorschläge lauten in Stichworten (näher dazu: *Kahl* [Fn. 2], S. 282 ff.) u. a.: Einführung eines Kinder- oder Familienwahlrechts; Verlängerung der Legislaturperiode des Bundestages; Flexibilisierung des Wahlrechts; Ausschluss der Wiederwahl von Abgeordneten; Verringerung der Mitspracherechte der Länder.

162 Siehe die primär auf Politikberatung (gegenüber der Bundesregierung) setzenden, hinsichtlich der Kompetenzausstattung aber eher zurückhaltenden Vorschläge (mit Unterschieden im Detail) von *Beaucamp* (Fn. 45), S. 205 ff.; *M. Kloepfer*, in: ders. (Hrsg.), Umweltstaat als Zukunft, 1994, S. 3 (20 ff.); *Minsch et al.* (Fn. 44), S. 270 ff.; *Steinberg* (Fn. 43), S. 346 f. Eher vage die Idee eines Nachhaltigkeitsrates bei *F. Ekardt*, in: ders. (Hrsg.), Generationengerechtigkeit und Zukunftsfähigkeit, 2006, S. 83 (105).

163 Referierend zur Debatte (m. Nachw.) *Calliess* (Fn. 15), S. 520 f.; *Kloepfer* (Fn. 60), Art. 20a Rn. 79; *Steinberg* (Fn. 43), S. 347 f. In jüngerer Zeit wieder hierfür *Wissenschaftlicher Beirat Globale Umweltveränderungen* (Fn. 130), S. 10, 223; *B. Gesang*, SZ Nr. 122 v. 28./29.5.2014, S. 2.

164 Die Einführung eines Ökologischen Rates wurde (hierfür im Schrifttum etwa *B. Guggenberger/U. Preuß/W. Ullmann* [Hrsg.], Eine Verfassung für Deutschland. Manifest – Text – Plädoyers, 1991, S. 66) wurde zwar im Rahmen der Gemeinsamen Verfassungskommission von Bundestag und Bundesrat beraten, aber unmissverständlich verworfen (BT-Drs. 12/6000, S. 96), weshalb die Debatte in der Folge – bis auf vereinzelte Ausnahmen (vgl. *Calliess* [Fn. 15], S. 515 ff.; *J. Rux*, in: Stiftung für die Rechte zukünftiger Generationen [Hrsg.], Handbuch Generationengerechtigkeit, 2. Aufl. 2003, S. 471 ff.) wieder verstummte, auch weil sich in der Staatsrechtslehre kaum Gefolgschaft für die Idee fand; vgl. stellv. für die kritische h. M. *Steinberg* (Fn. 43), S. 339 ff. (341); *H. A. Wolff*, BayVBl. 2015, S. 397 (401).

165 Dessen Rechtsgrundlage, Organisation sowie rein konsultative Aufgaben ergeben sich aus § 1 Geschäftsordnung des Rates für Nachhaltige Entwicklung, i. d. F. v. 2.7.2013, abrufbar unter: www.nachhaltigkeitsrat.de/uploads/media/20130702_Geschaeftsordnung_RNE_Juli_2013.pdf (zuletzt abgerufen am 8.1.2016); vgl. dazu auch *Beaucamp* (Fn. 45), S. 202 ff.; *T. Schomerus*, NuR 2011, S. 1 (2 f.).

166 *Calliess* (Fn. 102), S. 530. Vgl. auch bereits *ders.* (Fn. 15), S. 515 ff. sowie nunmehr *ders.*, Nachhaltigkeitsräte (in diesem Band).

167 Dialog über Deutschlands Zukunft, Ergebnisbericht der Expertinnen und Experten des Zukunftsdialogs der Bundeskanzlerin 2011/2012 (Kurzfassung), 2012, S. 84 ff. (90).

168 Vgl. *W. Kahl*, ZRP 2014, S. 17 (20 f.).

reine Konsultationsfunktion zu beschränken (mehr oder weniger einflusslose Konsultationsgremien auch mit Nachhaltigkeitsbezug gibt es auf Bundesebene bereits genug!), ihm aber andererseits auch keine Entscheidungsgewalt im Sinne von Art. 20 Abs. 2 S. 1 GG zu übertragen, was zwangsläufig zu einem Verstoß gegen den Grundsatz demokratischer Legitimation führen würde. Wichtig ist ferner eine größtmögliche kommunikative und informatorische Rückkoppelung des Gremiums an die Öffentlichkeit (Transparenz), damit der Rat durch seine Arbeit und im Zusammenwirken mit anderen Akteuren (Opposition im Parlament, Medien, NGO) einen wirksamen Beitrag zur notwendigen Intensivierung und Verbreiterung des gesellschaftlichen Nachhaltigkeitsdialogs[169] und -diskurs,[170] insbesondere zum Einbau von retardierenden Reflexionsschleifen[171] und „Verstetigungsmechanismen"[172], leistet. Mit anderen Worten: Auch die Aktivität eines Nachhaltigkeitsrates wäre ein Baustein zu einer Nachhaltigen Entwicklung als umfassender, langfristiger „gesellschaftlicher Such-, Lern- und Gestaltungsprozess"[173].

– *Nachhaltigkeitsprüfung:* Eine Weiterentwicklung der einen Teil der Gesetzesfolgenabschätzung[174] bildenden Nachhaltigkeitsprüfung[175] kann sich positiv

[169] *Kahl* (Fn. 7), S. 141, 148. Normativ richtungweisend hierfür auf unionaler Ebene Art. 11 (Abs. 2) EUV. Das Demokratiekonzept auf EU-Ebene mit seinen stärker partizipativen und assoziativen Elementen wirkt als Reformanstoß auch auf das tradierte deutsche Modell demokratischer Legitimation ein und fördert dessen Ausdifferenzierung und Modifizierung; so zutreffend *C. Calliess*, in: M. Heinig/J. P. Terhechte (Hrsg.), Postnationale Demokratie, Postdemokratie, Neoetatismus, 2013, S. 77 (86 ff.); *J. Kersten*, in: Festschr. f. Hans-Jürgen Papier, 2013, S. 103 ff.; vgl. ferner *K. F. Gärditz*, in: Festschr. 200 Jahre Carl Heymanns Verlag, 2015, S. 3 ff.; umfassend *C. Calliess/M. Hartmann*, Zur Demokratie in Europa: Unionsbürgerschaft und europäische Öffentlichkeit, 2014.

[170] Dabei geht es auch insoweit nicht um eine Ersetzung der parlamentarischen durch eine deliberative Demokratie (dagegen mit Recht *U. Volkmann*, Merkur 2011, S. 381 [389 f.]), sondern nur um eine Ergänzung der parlamentarischen Demokratie durch einzelne Elemente deliberativer Demokratie. Zum Konzept der deliberativen Demokratie siehe die Nachw. bei *S. Augsberg*, in: M. Heinig/J. P. Terhechte (Hrsg.), Postnationale Demokratie, Postdemokratie, Neoetatismus, 2013, S. 27 (27 f. Fn. 3).

[171] Dazu *M. Lendi*, UPR 2001, S. 321 (323); zust. *Glaser* (Fn. 8), S. 71.

[172] *Glaser* (Fn. 12), S. 649.

[173] *Umweltbundesamt*, Nachhaltige Entwicklung in Deutschland, 2002, S. 1 f.; ebenso *G. Fülgraff*, in: H. von Köller (Hrsg.), Umweltpolitik mit Augenmaß, 2000, S. 149 (153); *Glaser* (Fn. 8), S. 72; *E. Rehbinder*, NVwZ 2002, S. 657 (662); *Minsch et al.* (Fn. 44), S. 18.

[174] Vgl. zu dieser (Begriff, Erscheinungsformen, Aufgaben, Möglichkeiten und Grenzen) im Überblick *W. Köck*, VerwArch 93 (2002), S. 1 (8 ff.); *Windoffer* (Fn. 7), S. 121 ff., jeweils m. w. N.

[175] § 44 Abs. 1 S. 4 GGO: „Es ist darzustellen, ob die Wirkungen des Vorhabens einer nachhaltigen Entwicklung entsprechen, insbesondere welche langfristigen Wirkungen das Vorhaben hat." Näher hierzu – mit Unterschieden im Einzelnen – *K. Jacob/S. Veit/J. Hertin*, Gestaltung einer Nachhaltigkeitsprüfung im Rahmen der Gesetzesfolgenabschätzung, 2009; *W. Kahl*, in: W. Kluth/G. Krings (Hrsg.), Gesetzgebung, 2014, § 13; *A. Windoffer*, VerwArch 102 (2011), S. 343 ff.; *ders.* (Fn. 7), S. 203 ff. sowie *ders.*, Nachhaltigkeit und Gesetzesfolgenabschätzung (in diesem Band). Zum verwandten Instrument des Impact Assessment auf EU-Ebene *W. Kahl/P. Hilbert*, in: Festschr. f. Michael Kloepfer, 2013, S. 399 ff.; übergreifend *Gehne* (Fn. 16), S. 89 ff.; umfassend die Beiträge in: *M. Sedlacko/A. Martinuzzi* (Hrsg.), Governance by Evaluation

auf die bessere Umsetzung der Nachhaltigkeit in tatsächliches politisches Handeln auswirken. Die verwendeten Indikatoren und Managementregeln müssen in der Praxis mit vertretbarem Aufwand handhabbar sein, aber zugleich eine Abbildung der komplexen Probleme der Nachhaltigkeit ermöglichen. Verbesserungsbedarf besteht insbesondere noch bei der Vernetzung von Indikatoren[176] sowie bei der Vermeidung eines bloßen „Abhakens" einzelner Indikatoren. Um die Nachhaltigkeitsprüfung zumindest für Gesetze zum allgemeinen Prüfmechanismus werden zu lassen, ist sie auf sämtliche Gesetzentwürfe, auch solche aus der Mitte des Bundestags sowie des Bundesrats, zu erstrecken.[177] Für die Vorlagen des Bundestags könnte die Nachhaltigkeitsprüfung auch dem Parlamentarischen Beirat für nachhaltige Entwicklung übertragen werden,[178] wobei dies nicht nur dessen durch die Kontrolle Dritter erworbene Kenntnisse synergetisch für eigene Prüfungen nutzbar machen, sondern überdies auch den Blick für die Bewertung fremder Nachhaltigkeitsprüfungen schärfen würde, um so eine effektivere Kontrolle des Regierungshandelns durch das Parlament[179] zu ermöglichen.[180] Um diesem Ziel gerecht zu werden, bedarf der Parlamentarische Beirat für nachhaltige Entwicklung aber weiterer, vor allem institutioneller Verstetigung, was eine dauerhafte, nicht an Wahlperioden und erneute Einsetzung durch das Parlament gebundene Stellung bedeutet.[181] Unabhängig von dem genauen „Wie" der Fortentwicklung der Nachhaltigkeitsprüfung ist jedenfalls das Ziel zu verfolgen, diese nicht als lästige Pflicht in der Konzeptionsphase von Gesetzen anzusehen, sondern als notwendigen Schritt hin zur Verwirklichung des Nachhaltigkeitsstaates im Bereich der Gesetzgebung.

bb) Prozedurale Nachhaltigkeit

– *Nachhaltigkeitsprüfung:* Wendet man den Blick auf die prozedurale Ebene, so gerät vor allem die Gesetzesfolgenabschätzung in den Blick. Bereits exis-

---

for Sustainable Development, 2012; vgl. ferner *J. Ziekow/A. G. Debus/A. Piesker*, Planung und Durchführung von Gesetzesevaluationen, 2013; *J. Krüper*, in: M. Morlok/U. Schliesky/D. Wiefelspütz (Hrsg.), Parlamentsrecht, 2016, § 38 Rn. 11, 35 ff.

[176] Allgemein zur Bedeutung präziser, rechtlich fixierter Nachhaltigkeitsziele und -indikatoren *Willand* (Fn. 22), S. 120 ff.

[177] So auch der Parlamentarische Beirat für nachhaltige Entwicklung in seinem Bericht über die Nachhaltigkeitsprüfung in der 17. Wahlperiode, BT-Drs. 17/6680, S. 5; anders zur Gesetzesfolgenabschätzung aufgrund befürchteten zu hohen Aufwands *C. Sicko*, in: J. Scharrer et al. (Hrsg.), Risiko im Recht – Recht im Risiko, 2011, S. 187 (222). Weitgehend *Windoffer* (Fn. 7), S. 515 ff., der eine allgemeine Verfahrensordnung für Folgenabschätzungen vorschlägt und inhaltlich konturiert.

[178] In einer zentralen Rolle bei der Nachhaltigkeitsprüfung sehen den Parlamentarischen Beirat *Jacob/Veit/Herlin* (Fn. 175), S. 172 f.

[179] Grds. dazu *Schliesky* (Fn. 95), § 5 Rn. 66 ff.

[180] Vgl. *G. Krings*, ZG 2009, S. 237 (242).

[181] *Kahl* (Fn. 175), § 13 Rn. 57.

tent, aber noch offen für Verbesserungen ist die (präventive) Selbstkontrolle des Gesetzgebers vor Erlass eines Gesetzes in Form der Nachhaltigkeitsprüfung („Sustainability Assessment"). Eine optimierte Nachhaltigkeitsprüfung stellte freilich einen wesentlichen Beitrag zur verbesserten Umsetzung der Nationalen Nachhaltigkeitsstrategie der Deutschen Bundesregierung[182] dar. Das Verhältnis der Nachhaltigkeitsprüfung zur Nationalen Nachhaltigkeitsstrategie ist von wechselseitiger Beeinflussung geprägt: Die Nationale Nachhaltigkeitsstrategie spielt auf der einen Seite eine erhebliche Rolle bei der Nachhaltigkeitsprüfung von Gesetzentwürfen.[183] In die entgegengesetzte Richtung beeinflusst die Nachhaltigkeitsprüfung aber auch die Nationale Nachhaltigkeitsstrategie, indem sie das Bindeglied zwischen deren rechtlich unverbindlichem Inhalt und der zu ihrer Umsetzung erlassenen Rechtsetzung herstellt.[184] Die Nachhaltigkeitsprüfung ermöglicht die planmäßige Einbeziehung von Inhalten der Nationalen Nachhaltigkeitsstrategie in den Vorgang der Gesetzgebung und schärft zugleich den Blick von Regierung und Parlament für die Ziele der Nachhaltigkeitsstrategie.[185] Zeitlich ist die Nachhaltigkeitsprüfung einerseits möglichst früh in der Entwurfsphase von Gesetzen zu beginnen (prospektive Nachhaltigkeitsprüfung), um noch nicht mit einem bereits in den Köpfen der Verantwortlichen verfestigten Entwurf konfrontiert zu werden und Handlungsalternativen weitgehend unvoreingenommen vergleichen zu können.[186] Andererseits bedingt eine substantiierte Prüfung zumindest eine bereits einigermaßen konkretisierte Grundidee der späteren Regelung, soll sich die Prüfung nicht in Vagheiten und Eventualitäten verlieren. Eine rein prospektive Nachhaltigkeitsprüfung ist mithin nicht anzustreben.[187]

---

[182] Siehe oben Fn. 39.

[183] Siehe die Arbeitshilfe der Bundesinnenministeriums zur Gesetzesfolgenabschätzung, *Bundesministerium des Innern* (Hrsg.), Arbeitshilfe zur Gesetzesfolgenabschätzung, 2009, S. 11, 12, 14, 16; diesbezüglich kritisch der Dialog über Deutschlands Zukunft – Expertenbericht des Zukunftsdialogs der Bundeskanzlerin 2011/2012 (Langfassung), S. 256. Abgesehen von dieser Arbeitshilfe ist die Implementierung der Nachhaltigkeitsstrategie bislang jedoch eher defizitär; vgl. *A. Grunwald/J. Kopfmüller*, Nachhaltigkeit. Eine Einführung, 2. Aufl. 2012, S. 170 f.

[184] *G. Krings*, ZG 2009, S. 237 (244).

[185] *A. Grunwald/J. Kopfmüller*, Die Nachhaltigkeitsprüfung, 2007, S. 18.

[186] Wie hier *J. Mayer-Ries*, in: S. Hensel et al. (Hrsg.), Gesetzesfolgenabschätzung in der Anwendung, 2010, S. 285 (288); vgl. auch den Bericht des Parlamentarischen Beirats für nachhaltige Entwicklung, BT-Drs. 16/12560, S. 5.

[187] *A. von Raggamby*, Stellungnahme zur öffentlichen Anhörung des Parlamentarischen Beirats für nachhaltige Entwicklung zum Thema „Nachhaltigkeitsprüfung" vom 28.2.2007, S. 15, http://webarchiv.bundestag.de/cgi/show.php?fileToLoad=4094&id=1134 (zuletzt abgerufen am 8.1.2016), die mit Recht eine bereits hinreichend verfestigte Grundlage fordert. Zur Notwendigkeit einer möglichst konkreten Prüfung siehe auch *J. Mayer-Ries* (Fn. 186), S. 289.

b) Regierung und Verwaltung

Staatliche Nachhaltigkeitsverantwortung ist auch auf administrativer Ebene durch entsprechende Reformen von Organisation und Verfahren[188] zu institutionalisieren, wobei bestehende Einrichtungen und Verfahren im Interesse der Nachhaltigkeit genutzt oder neu einzurichtende Stellen mit der Wahrnehmung von Nachhaltigkeitsinteressen betraut werden können.[189]

aa) Organisation

– *Staatssekretärsausschüsse für Nachhaltigkeit:* Im organisationsrechtlichen Bereich ließe sich – dem entsprechenden Vorbild auf Bundesebene[190] folgend – daran denken, soweit noch nicht geschehen, auch auf Länderebene Staatssekretärsausschüsse für Nachhaltigkeit als regierungsinterne Gremien zur Koordinierung, Förderung und Weiterentwicklung der Nachhaltigkeitspolitik der jeweiligen Landesgubernative zu institutionalisieren.

– *Nachhaltigkeitsabteilungen auf der mittleren und unteren Stufe der Verwaltung des Innern:* Gleichsam „in Verlängerung" der Staatssekretärsausschüsse für Nachhaltigkeit sollte in Betracht gezogen werden, Nachhaltigkeitsbeauftragte oder Nachhaltigkeitsabteilungen auch auf den staatlichen Verwaltungsstufen des Innern, sprich in den Regierungspräsidien und Landratsämtern, einzurichten und diesen Vorschlags-, Beratungs- und suspensive Vetokompetenzen zu übertragen.

– *Nachhaltigkeitsbeiräte auf Länderebene:* Dem Vorbild mehrerer Länder[191] (z. B. Baden-Württemberg, Brandenburg, Thüringen[192]) folgend könnten auch andere Länder einen Nachhaltigkeitsbeirat einrichten, der als externes, unabhängiges (Experten-)Gremium die Landesregierung in Fragen des Ressourcenschutzes und der Generationengerechtigkeit berät.

– *Nachhaltigkeitsräte als beratende Ausschüsse auf kommunaler Ebene:* In „Umsetzung" der internationalen „Vorgaben" der Agenda 21 von Rio de Janeiro (1992) (vgl. deren Kap. 28, insbes. 28.1) und der auf der Aalborg-Charta (1994)[193] beruhenden sogenannten Aalborg-Commitments (2004)[194] haben einige deutsche Kommunen (z. B. Freiburg i. Br., Moers) als Teil der Lokale-

---

[188] Nicht vertieft werden sollen vorliegend Fragen des Verwaltungsprozessrechts. Hier liefert etwa die Verbandsklage interessante Anknüpfungspunkte für eine Intensivierung (ökologischer) Nachhaltigkeit.

[189] Ebenso bezogen auf den Umweltschutz *Calliess* (Fn. 15), S. 513.

[190] Siehe oben Fn. 124.

[191] Für einen Überblick vgl. www.nachhaltigkeit.info/artikel/laender_1512.htm (zuletzt abgerufen am 8.1.2016); *T. Schomerus*, NuR 2011, S. 1 (4).

[192] Etwas anders gelagert, da nicht spezifisch auf Nachhaltigkeit hin ausgerichtet, sondern in seinem Mandat thematisch genereller ausgreifend, ist der sog. „Zukunftsrat" in Bayern.

[193] Siehe www.apug.de/archiv/pdf/aalborg_charta.pdf (zuletzt abgerufen am 8.1.2016).

[194] Siehe www.sustainablecities.eu/fileadmin/content/aalborg_commitments_german_final_1_pdf (zuletzt abgerufen am 8.1.2016).

Agenda-21-Prozesse[195] u.a. Nachhaltigkeitsräte als beratende Ausschüsse ins Leben gerufen, die Gemeinderat und Stadtverwaltung bei der Umsetzung von Nachhaltigkeitszielen und -projekten auf lokaler Ebene innovativ beraten sollen.[196] Diesem Beispiel sollten in dieser oder ähnlicher Form noch möglichst zahlreiche weitere Kommunen folgen, da gerade die gemeindliche Ebene noch ein erhebliches Potenzial für die Umsetzung nachhaltiger Politik birgt, das bislang sowohl mit Blick auf die Frage der Institutionen wie auch sonst bei weitem noch nicht gehoben worden ist.[197] Die Gemeindeordnungen lassen es ganz überwiegend zu, derartige freiwillige (beratende) Ausschüsse einzusetzen,[198] denen im Falle der Nachhaltigkeitsausschüsse nicht nur Ratsmitglieder (die aber stets die Mehrheit im Ausschuss haben müssen), sondern auch sachkundige Bürgerinnen und Bürger angehören sollten. Diesen Ausschüssen „kann die Aufgabe übertragen werden, nachhaltigkeitsrelevante Angelegenheiten, die in die Zuständigkeit des Rates fallen, bis hin zur Beschlussvorlage vorzubereiten. Ihnen können sogar einzelne Angelegenheiten zur Beschlussfassung anstelle des Rates übertragen werden."[199] Insgesamt kann so ein flächendeckendes (vertikales und horizontales) Netzwerk[200] von Nachhaltigkeitsräten auf Bundes-, Länder- und Kommunalebene geschaffen werden.[201] Diese Netzwerke sollten dabei auch in horizontaler Richtung, also zwischen den Nachhaltigkeitseinrichtungen der Länder und der Kommunen jeweils untereinander angestrebt werden. Auf kommunaler Ebene arbeiten bereits jetzt Initiativen wie vor allem ICLEI (Local Governments for Sustainability), aber auch „Transition Towns" in die Richtung einer (grenzüberschreitenden) Vernetzung im Interesse von Koordinierung, Informations- und Erfahrungsaustausch zwischen den beteiligten Städten und Gemeinden.[202]

bb) Verfahren

– *Nachhaltigkeitsverträglichkeitsprüfung:* Hinsichtlich des Verfahrens wäre zunächst rechtspolitisch zu überlegen, die bestehenden Umweltprüfungen (UVP, SUP) um eine spezifische Nachhaltigkeits- und Langzeitkomponente –

---

[195] Dazu: *Windoffer* (Fn. 7), S. 46 ff.

[196] Berichtend *T. Schomerus*, NuR 2011, S. 1 (5), m. w. N.

[197] *T. Schomerus*, NuR 2011, S. 1 (5 f.).

[198] Vgl. *D. Ehlers*, in: T. Mann/G. Püttner (Hrsg.), Handbuch der kommunalen Wissenschaft und Praxis, 3. Aufl. 2007, S. 459 (496 ff.).

[199] *T. Schomerus*, NuR 2011, S. 1 (7).

[200] Zur Bedeutung von Netzwerken im Verwaltungsrecht *W. Kahl*, in: M. Holoubek/M. Lang (Hrsg.), Verfahren der Zusammenarbeit von Verwaltungsbehörden in Europa, 2012, S. 15 ff.; *E. Schmidt-Aßmann*, Verwaltungsrechtliche Dogmatik, 2013, S. 137 ff. sowie speziell mit Blick auf die Nachhaltigkeit *O. Dilling/ T. Markus*, ZUR 2016, 3 (8 f.); *I. Augsberg*, Nachhaltigkeit durch Netzwerke (in diesem Band).

[201] *T. Schomerus*, NuR 2011, S. 1 (7).

[202] Berichtend *T. Schomerus*, NuR 2011, S. 1 (4), m. w. N.

einschließlich einer Pflicht zur Alternativenprüfung[203] – zu erweitern und zu einer (auch) Nachhaltigkeitsverträglichkeitsprüfung (NVP) mit dem Fokus auf den Zielen der Ressourcenschonung und Dauerhaftigkeit fortzuentwickeln.[204] Ein solcher Ansatz würde sich besonders zur Unterstützung des Gedankens „Nachhaltigkeit durch Integration" eignen,[205] ist doch die UVP bzw. SUP ein Integrationsinstrument par excellence.[206] Ein Problem ist insoweit freilich zum einen die ganz erhebliche, fast uferlose thematische und finale Breite einer Nachhaltigkeitsprüfung als Folge des erwähnten integrativen (dreidimensionalen) Nachhaltigkeitsbegriffs. Zum anderen werden wesentliche Aspekte einer solchen „NVP", namentlich die ökologische und kulturelle Nachhaltigkeit, schon vom geltenden Umweltbegriff des UVPG (vgl. § 2 Abs. 1 S. 2 UVPG) erfasst.

– *Konzentrationswirkung und integrierte Vorhabengenehmigung:* Im Grundsatz positive Effekte für das Ziel der Nachhaltigen Entwicklung können in prozeduraler Hinsicht den bereits verschiedentlich (z. B. § 13 BImSchG) angeordneten konzentrierten Verfahren[207] zuerkannt werden. In rechtspolitischer Perspektive gilt Selbiges nach hier vertretener, freilich umstrittener Ansicht auch für die im Zusammenhang mit dem Projekt eines Umweltgesetzbuchs (UGB)[208] diskutierte Integrierte Vorhabengenehmigung (IVG).[209]

– *Evaluation:* Nachhaltige Politik bedeutet im Regelfall das Treffen von (zum Teil sehr weit in die Zukunft ausgreifenden) Prognoseentscheidungen. Angesichts der Begrenztheit menschlichen Wissens (auch des Wissens des Gesetz-

[203] Zutreffend *Epiney* (Fn. 31), Art. 20a Rn. 82; vgl. auch mit Blick auf den Umweltschutz *K.-P. Sommermann*, in: I. von Münch/P. Kunig (Hrsg.), GG, 6. Aufl. 2012, Art. 20a Rn. 23.

[204] Ähnlich im Sinne einer „Nachweltprüfung" *Calliess* (Fn. 15), S. 513; *Kloepfer* (Fn. 36), S. 37 f.; *Saladin/Zenger* (Fn. 36), S. 109, 115 f.

[205] Vgl. zu den Bezügen der Umweltprüfungen zum Nachhaltigkeitskonzept auch *Windoffer* (Fn. 7), S. 442 ff. sowie den Beitrag von *S. Schlacke*, Nachhaltigkeit durch Umweltprüfungen (in diesem Band).

[206] Vgl. *K. F. Gärditz*, Die Verwaltung 40 (2007), S. 203 (221 ff.); *Rehbinder* (Fn. 23), Kap. 3 Rn. 124.

[207] Dazu der Beitrag von *W. Durner*, Nachhaltigkeit durch Konzentration und Integration von Verfahren (in diesem Band).

[208] Vgl. dazu nur *M. Kloepfer*, UPR 2007, S. 161 ff.; *A. Scheidler*, VR 2009, S. 81 ff.

[209] Umfassend dazu und befürwortend *B. Welke*, Die integrierte Vorhabengenehmigung, 2010; vgl. auch positiv *K. F. Gärditz*, Die Verwaltung 40 (2007), S. 203 (218 ff.); *W. Kahl/B. Welke*, DVBl. 2010, S. 1414 ff.; *C. Sangenstedt*, ZUR 2007, S. 505 ff.; *A. Scheidler*, WiVerw 2008, S. 1 ff. Kritisch dagegen *B. Weber/D. Riedel*, NVwZ 2009, S. 998 ff.; *C. Schrader*, ZRP 2008, S. 60 ff.; zurückhaltend auch *W. Durner*, Nachhaltigkeit durch Konzentration und Integration von Verfahren (in diesem Band). Grds. auf die Gefahr der Überforderung des Rechts infolge integrierter Ansätze hinweisend *J. Masing*, DVBl. 1998, S. 549 (554, 558); *U. Volkmann*, VerwArch 89 (1998), S. 363 ff. (385 ff.). Zu beachten ist, dass Integrationslösungen jedenfalls nicht eine Verwässerung „harter" ordnungsrechtlicher Steuerungsinstrumente durch Überführung in eher „weiche" planungsrechtliche Gesamtabwägungspostulate zur Folge haben dürfen; hiervor mit Recht warnend und insgesamt überzeugend differ. am Beispiel eines in ökologischer Perspektive optimalen Zusammenwirkens von Wasser- und Naturschutzrecht *K. F. Gärditz*, W+B 2015, S. 65 (72, 77, passim).

gebers),[210] das einem permanenten Wandel aufgrund neuer Erkenntnisse und Entwicklungen unterliegt, empfiehlt sich die verstärkte gesetzliche Verankerung von Evaluations- und Nachbesserungspflichten, um eine ständige Prüfung der Wirksamkeit der getroffenen Maßnahmen und ggf. – als materielle Pflicht – deren Nachbesserung zu gewährleisten. Hierbei muss der jeweilige Stand von Wissenschaft und Technik zugrunde gelegt werden, was in einem diesem Ziel dienenden formalisierten Verfahren zu regeln ist.[211]

– *Partizipation:* Häufig genannt im Zusammenhang mit einer Verbesserung der Nachhaltigkeitsfähigkeit der politischen Ordnung wird auch das Stichwort der „Partizipation". Es stellt sich freilich die Frage, ob es einen Kausalzusammenhang zwischen Partizipation (im Sinne von Beteiligung der [betroffenen] Öffentlichkeit)[212] und Nachhaltigkeit gibt und, wenn ja, ob dieser – wie zumeist behauptet – ein positiver[213] oder möglicherweise sogar – im Gegenteil – ein negativer ist, weil eine überschießende Betroffenenbeteiligung dazu neigen könnte, Gemeinwohl- und Nachhaltigkeitsbelange tendenziell auszublenden oder zurückzustellen[214]. Anders gewendet: Führen mehr Beteiligungsrechte der Zivilgesellschaft bzw. der betroffenen Öffentlichkeit insbesondere auf lokaler Ebene möglicherweise dazu, dass es zu einer defensiven Verhinderungspolitik hinsichtlich von Infrastrukturprojekten[215] kommt, die im Einzelfall durchaus auch der Nachhaltigkeit (z. B. Energiewende[216]) dienen können (z. B. Stromtrassen), weil die Betroffenen sich primär von ihren egoistischen Privatinteressen leiten lassen[217] (Stichworte: „not in my backyard [NIMBY]-Syndrom",

---

210 Grds. zum Zusammenhang von Nachhaltigkeit und Wissen(sgenerierung) *M. Eifert*, Nachhaltigkeit durch Innovation und Wissensgenerierung (in diesem Band).

211 In diesem Sinne mit Recht für das Umweltstaatsziel *Epiney* (Fn. 31), Art. 20a Rn. 83.

212 Vgl. *Pufé* (Fn. 1), S. 179 ff.; für die internationale und europäische Ebene *Kahl* (Fn. 2), S. 34. Allg. zum Partizipationsbegriff und dessen demokratischer bzw. rechtsstaatlicher Verortung vgl. *K. F. Gärditz*, GewArch 2011, S. 273 ff.; *ders.*, ZSE 2015, S. 4 (21 ff.), m. w. N., auch auf Gegenansichten.

213 In diesem Sinne *W. Bückmann/H. Rogall*, UPR 2001, S. 121 (129); *M. Opielka*, Generationengerechtigkeit 2003, S. 18 (19); *Willand* (Fn. 22), S. 73 f.; für den Umweltschutz auch *Epiney* (Fn. 31), Art. 20a Rn. 85; *R. Steinberg*, NJW 1996, S. 1985 (1992 ff.).

214 So *J. Kersten*, Transformationen der Demokratie, 2014, S. 13.

215 Siehe hierzu auch *G. F. Schuppert*, in: J. Kersten/ders. (Hrsg.), Politikwechsel als Governance-Problem, 2012, S. 45 (65 ff.).

216 Dazu: *F. Ekardt*, Jahrhundertaufgabe Energiewende, 2014; *ders./F. Valentin*, Das neue Energierecht, 2015, S. 13 ff.; *W. Kahl/J. Bews*, JURA 2014, S. 1004 ff.; 1094 ff.

217 In diese Richtung weist eine neuere Umfrage des privaten Marktforschungsinstituts Rheingold (zit. nach FAZ Nr. 214 v. 15.9.2015, S. 16), derzufolge es bei den deutschen Bürgerinnen und Bürgern eine große Diskrepanz (genauer: Widersprüchlichkeit) zwischen bekundeter (gemeinwohlorientierter) Meinung und praktiziertem (eigennutzgeleitetem) Verhalten gibt und sich die öffentliche Meinung zudem rasant wandelt. „Die Konsequenz des gespaltenen Verbraucher- und Wählerverhaltens ist laut der Studie Entwicklungsstillstand. Rheingold sieht eine saturierte Gesellschaft, die egoistisch auf Besitzstandswahrung und Befindlichkeiten fixiert sei und damit Entscheidungen blockiere, Veränderung und Modernisierung verhindere. Es herrsche eine fatalistische Grundhaltung." (FAZ, ebd.).

auch „St. Florians-Prinzip“ genannt) oder kann angenommen (und empirisch validiert) werden, dass die abstimmenden Bürger als primär vom öffentlichen Interesse geleitete, mit Langzeitperspektive und umfassend sachlich abwägende „Hüter des Gemeinwohls“ agieren? Insoweit besteht noch dringender (vor allem sozialwissenschaftlicher) Forschungsbedarf.[218] Dabei können auch Erkenntnisse aus der Rechtsvergleichung[219] erneut hilfreich sein.

IV. Fazit

„Nachhaltigkeit“ als Begriff bzw. Konzept trifft heute im Grundsatz auf einen so weitgehenden, disziplinenübergreifenden und globalen Konsens,[220] dass sie als unumstößliche historische, politische, rechtliche und ethische Realität bezeichnet werden kann. In Anbetracht dieses Befundes erscheint die eingangs referierte Fundamentalkritik an der Idee der Nachhaltigkeit wenig hilfreich. Weiterführend und konstruktiv sind stattdessen allein Ansätze, die sich um eine Fundierung, Konkretisierung und Implementierung der Nachhaltigkeit als politisches Leitbild[221] und teilweises Rechtsprinzip bemühen.[222] Der vorliegende Band versteht sich als ein Ansatz in diesem Sinne und fokussiert dabei besonders einen institutionell-prozeduralen Zugang zur Nachhaltigkeit bzw. zu deren Optimierung als Konzept.

Nach Ansicht des Verfassers dieser Einleitung bietet sich hierfür folgende Basisannahme an: Eine wirksame Nachhaltigkeitsverfassung muss (zusätzliche) materielle, aber auch und nicht zuletzt (zusätzliche) formelle, sprich institutionell-prozedurale Steuerungselemente sinnvoll, das heißt mit größtmöglicher Verzahnung und Synergieeffekten, miteinander kombinieren.[223] Sie muss

---

[218] Vgl. aber bereits *H. Heinrichs/K. Kuhn/J. Newig* (Hrsg.), Nachhaltige Gesellschaft. Welche Rolle für Partizipation und Kooperation?, 2011. Aus rechtswissenschaftlicher Sicht weiterführend *K. F. Gärditz*, GewArch 2011, S. 273 ff. sowie *ders.*, Nachhaltigkeit durch Partizipation der Öffentlichkeit (in diesem Band); vgl. ferrner noch *A. Schink*, ZG 2011, S. 226 ff.

[219] Aufschlussreich etwa zu Erfahrungen mit Betroffenenpartizipation bei kontroversen Großprojekten in der Schweiz *A. Glaser/P. Hunkemöller*, EurUP 2015, S. 12 ff.

[220] Vgl. stellv. *H. A. Wolff*, BayVBl. 2015, S. 397 (398 m. Fn. 17).

[221] Zu dieser unumstrittenen Funktion der Nachhaltigkeit *Lepsius* (Fn. 45), S. 328 ff.; *H. Rogall*, Akteure der nachhaltigen Entwicklung, 2003, S. 195. Zu Begriff und Funktionen von Leitbildern allgemein *Bärenbrinker* (Fn. 18), S. 73 ff.; *U. Volkmann*, Grundzüge einer Verfassungslehre der Bundesrepublik Deutschland, 2013, S. 85 ff.

[222] Ähnlich *Kersten* (Fn. 21), S. 48. Vgl. auch *G. Zollner*, in: I. Pufé, Nachhaltigkeit, 2. Aufl. 2014, S. 7: „Die Auseinandersetzung mit dem Konzept der Nachhaltigkeit aber ist unverzichtbar: […] vor allem wegen des Gestaltungs- und Orientierungswissens, das es in Sachen Überlebensfähigkeit bietet“.

[223] Treffend spricht *H. Kube*, Nachhaltigkeit und parlamentarische Demokratie (in diesem Band, IV., a. E.; V.), von der Notwendigkeit weiterer „rechtlicher Einhegungen“ des deutschen parlamentarisch-demokratischen Systems im Interesse einer verbesserten Nachhaltigkeit der Politik.

möglichst präzise Ziele und Strategien bzw. Maßnahmenprogramme sowie leistungsfähige Indikatoren[224] zu deren Monitoring (Evaluation) und Revision[225], aber gleichermaßen auch Instrumente der Organisation und des Verfahrens auf allen Ebenen (EU, Bund, Länder, Gemeinden) und bezogen auf alle Staatsgewalten bereithalten, um aktuelle Probleme möglichst bereits hier und heute zu einem dauerhaften, konsensfähigen Ausgleich zu bringen, ohne die Problemlösung in die Zukunft zu verschieben und damit den künftigen Generationen aufzubürden. Dem Recht als dem zentralen Steuerungsmittel des politischen Gemeinwesens kommt dabei eine Schlüsselrolle zu.[226]

Einen *ersten Schritt* zur weiteren Verrechtlichung und damit optimierten Transformation der Nachhaltigkeit in eine entsprechende Politik würde ein neu zu schaffender Art. 20b GG darstellen. Sein Gegenstand, das Staatsziel Nachhaltigkeit, wäre im Verhältnis zu den sonstigen Staatszielen des Grundgesetzes (insbesondere Sozialstaat, gesamtwirtschaftliches Gleichgewicht) gleichrangig. Insbesondere könnte eine grundgesetzliche Aufwertung der Nachhaltigkeit im weiten (dreidimensionalen) Sinne keine Bedeutung über die Abwägung mit anderen Staatszielen und Strukturprinzipien hinaus in Anspruch nehmen, würde aber alle öffentliche Gewalt mit Vorrang gegenüber dem einfachen Gesetz auf den Handlungsauftrag „Nachhaltigkeit" verpflichten (Art. 20 Abs. 3 GG). Sie brächte zum Ausdruck, dass es sich bei der Nachhaltigen Entwicklung um eine Aufgabe des Staates, aber gleichermaßen auch der Gesellschaft handelt, wovon – gerade vor dem Hintergrund der hohen Autorität, die das Grundgesetz im Volk genießt[227] – mit Blick auf die Bürgerinnen und Bürger auch eine – nicht zu bagatellisierende – symbolisch-erzieherische Wirkung ausginge.[228] Aus dem vielfach gegeißelten „Modewort" (s. o. I.) würde so ein Verfassungsbegriff mit direktiver Bedeutung für die Auslegung des gesamten Rechts sowie die Ausübung von Ermessen und Beurteilungsspielräumen. Die Offenheit des demokratischen Prozesses steht derartigen inhaltlichen Bindungen, die in der Sache materielle Selbstbeschränkungen der Demokratie darstellen, nicht entgegen,[229] zumal der

---

[224] Zu Konkretisierung und Umsetzung der Nachhaltigkeit durch Ziele, Indikatoren, Strategien, Maßnahmenprogramme und Instrumte siehe *Willand* (Fn. 22), S. 120 ff., 128 ff.; ferner auch *Rehbinder* (Fn. 21), Kap. 3 Rn. 93 ff.

[225] Speziell zur Bedeutung von Monitoring und Revision *Willand* (Fn. 22), S. 68 ff., 142 ff.

[226] Zutreffend für eine (weitere) zukünftige „Verrechtlichung" der Nachhaltigkeit *Pufé* (Fn. 1), S. 249 f.

[227] So bezeichnen 91 Prozent der Befragten in einer aktuellen Umfrage des Instituts für Demoskopie Allensbach ihr Vertrauen in das Grundgesetz als „ziemlich hoch" oder „sehr hoch", vgl. *IfD Allensbach*, Das Grundgesetz als eine der größten Errungenschaften der Bundesrepublik, Allensbacher Kurzbericht vom 21.5.2014, S. 2, abrufbar unter: www.ifd-allensbach.de/uploads/tx_reportsndocs/PD_2014_09.pdf (zuletzt abgerufen am 8.1.2016).

[228] Zur symbolischen Gesetzgebung s. *J. H. Klement*, Verantwortung, 2006, S. 533 ff. Das Ziel ist eine Steigerung der Sensibilität der Bürgerinnen und Bürger für Nachhaltigkeit beim alltäglichen (Konsum-)Verhalten („edukatorische Wirkung").

[229] *Gärditz* (Fn. 30), Art. 20a GG Rn. 6, 13.

Weg über eine Staatszielbestimmung gegenüber der Alternative einer Verortung von zukunftsschützenden Aspekten in den Grundrechten dem Gesetzgeber den größeren Gestaltungsspielraum belässt und verhindert, dass eine Geltendmachung über den Weg der gerichtlichen Kontrolle zum Regelfall wird.[230]

Eine Staatszielbestimmung ohne institutionelle und prozedurale Einrahmung bliebe jedoch in ihre praktischen Wirksamkeit begrenzt und wäre der Mühen eines – vorhersehbar schwierigen, da kontroversen – Verfassungsänderungsprozesses kaum Wert (Kosten-Nutzen-Relation). Sie beschränkte sich – wie Art. 20a GG – weitgehend auf eine politisch-programmatische Appell-, Erziehungs- und Symbolfunktion, ohne hinreichenden greifbaren normativen Ertrag im Sinne einer tatsächlichen „Sustainability Policy" der Politik. Daher bedarf es in einem *zweiten Schritt* zwingend der Ergänzung und Absicherung durch das in diesem Band in einigen ausgewählten Facetten beleuchtete Konzept einer „Nachhaltigkeit durch Organisation und Verfahren" (so deshalb auch der Titel dieses Buches). Auf den Punkt gebracht, lässt sich sogar noch weiter gehen und vorhersagen: Nachhaltigkeit wird in hinreichend effektiver institutionalisierter und prozeduralisierter Form mit den richtigen Instrumenten[231] erfolgen – oder sie wird de facto nicht erfolgen. Institutionalisierung und Prozeduralisierung sollten dabei – gerichtet auf optimierte Zielformulierung, Konkretisierung, Transformation sowie Kontrolle – möglichst umfassend auf allen Ebenen (EU,[232] Bund, Länder, Gemeinden) und in allen Bereichen staatlichen Handelns (vor allem Parlament, Regierung, Verwaltung) erfolgen.[233] Vertikale und horizontale Vernetzung von Akteuren, Aktionen und Wissen zum Zwecke des abgestimmten, kohärenten Handels sowie des Wissens- und Erfahrungsaustauschs spielen hierfür eine ebenso wesentliche Rolle wie die – gesetzliche – Bestimmung der „richtigen" (zentralen oder dezentralen) Entscheidungsebene (insbesondere bei gestuften Planungsprozessen und Regulierungsentscheidungen).[234]

Die in dieser Einleitung lediglich *beispielhaft* für eine gelungene institutionell-prozedurale Einhegung des Nachhaltigkeitszieles in die Diskussion gebrachten[235] Maßnahmen weisen verschiedene *Gemeinsamkeiten* auf:

---

[230] Diese Gefahr sieht im Falle einer Verortung des Schutzes künftiger Generationen in den Grundrechten auch *Kleiber* (Fn. 12), S. 297 f., der sich gleichwohl – auf der Basis der Prinzipientheorie von *R. Alexy* – grds. für einen grundrechtlichen Schutzansatz ausspricht (ebd., S. 145 ff., 285 ff., passim).

[231] Die Aufgabe der „Gestaltung" einer Politik der Nachhaltigkeit durch die Wahl geeigneter Instrumente mit Recht hervorhebend *Umweltbundesamt* (Fn. 173), S. 392 ff.

[232] Zur Nachhaltigkeit im EU-Gesetzgebungsverfahren siehe den Beitrag von *K. Meßerschmidt*, Nachhaltigkeit im EU-Gesetzgebungsverfahren (in diesem Band).

[233] Ähnlich *T. Schomerus*, NuR 2011, S. 1 (7).

[234] Vgl. hierzu näher *E. Hofmann*, Nachhaltigkeit und prozedurale Entscheidungsebene (in diesem Band).

[235] Naturgemäß konnte hier schon aus Raumgründen, aber auch weil es zu einigen der vorstehend behandelten Fragen noch kaum verlässliche Forschung gibt, zu den unterbreiteten

– *Erstens* wirken sie auf einen Diskurs in und zwischen den Gesetzgebungsorganen, aber auch in der – staatliche Entscheidungsprozesse interessiert beobachtenden und in diese partizipativ (Betroffene) oder assoziativ[236] (NGO und NGO-Netzwerke[237]) involvierten – Öffentlichkeit (Zivilgesellschaft) und zwischen dieser und den Staatsorganen hin. Gerade der Staat-Bürger-Diskurs hat dabei freilich den Transformationen von Demokratie und Rechtsstaat, insbesondere den im dynamischen Wandel begriffenen Funktionsbedingungen von Öffentlichkeit (Stichworte: Soziale Medien, Internet, Netzwerke, Digitalisierung, Schwarmeffekte etc.),[238] Rechnung zu tragen. Er hat daher etwa auf den Umgang einer emergenten, vernetzten Öffentlichkeit mit Nachhaltigkeitsfragen hinreichend Rücksicht zu nehmen. Dieser eröffnet einerseits neue Chancen zu politischer Artikulation und damit demokratischer Teilhabe,[239] wirft aber andererseits auch Probleme demokratischer Zurechnung und Verantwortlichkeit (Repräsentationsprinzip),[240] der Gewährleistung des freien Mandats und der Gleichheit auf.[241] Außerdem ist bislang (mangels hinreichender – sozialwissenschaftlicher – Erforschung) noch längst nicht ausgemacht, ob dieser Dis-

---

Vorschlägen zumeist nicht abschließend Stellung genommen werden. Dies war auch nicht die Intention dieser Einleitung. Die Vorschläge verstehen sich vielmehr in erster Linie als Denkanstöße, auch wenn sie nicht selten eine zumindest vorläufige positive Grundtendenz erkennen lassen, was die persönliche Haltung des Verfassers angeht. Es muss aber – auch vom Verfasser – über manches noch weiter nachgedacht werden! Im Übrigen verfügt der Gesetzgeber natürlich über einen sehr weiten Einschätzungs- und Beurteilungsspielraum, ob und welche der zahlreichen, rechtspolitisch in der Diskussion befindlichen Maßnahmen er umsetzen will; vgl. für die parallele Situation bei Art. 20a GG nur BVerfGE 119, 79 (110); 128, 1 (51); BVerfGK 16, 370 (378); *Gärditz* (Fn. 30), Art. 20a GG Rn. 40. Er müsste nur – falls Art. 20b GG zur Verwirklichung käme – überhaupt irgendwelche Organisationsformen und Verfahren vorsehen, die eine hinreichend effektive Einbeziehung von Nachhaltigkeitsbelangen bei staatlichen Entscheidungen vertretbar gewährleisten, insbesondere nicht evident untauglich sind; vgl. in diesem Sinne auch *Epiney* (Fn. 31), Art. 20a Rn. 86.

[236] Siehe dazu bereits *G. F. Schuppert*, in: A. Klein/R. Schmalz-Bruns (Hrsg.), Politische Beteiligung und Bürgerengagement in Deutschland, 1997, S. 114 ff.

[237] Beispiel: Der Zukunftsrat in Hamburg, der ein Netzwerk von über 100 Vereinen, Initiativen, Kammern, Instituten und Unternehmen ist, die im Bereich der Nachhaltigen Entwicklung tätig sind.

[238] Näher hierzu *K. F. Gärditz*, Der Staat 54 (2015), S. 113 (114 ff.); *Schliesky* (Fn. 95), § 51 Rn. 65 ff., 76 ff.; grundlegend *Kersten* (Fn. 214), S. 15 ff.; *ders.*, JuS 2014, S. 673 (677 ff.), der mit Recht ausführt, dass und wie sich eine „Schwarmdemokratie“ auf alle demokratischen Legitimationsmodi (repräsentativ, plebiszitär, partizipativ, assoziativ) – unterschiedlich – auswirkt; ferner *Gärditz*, ebd., S. 129 ff. sowie aus schweizerischer Perspektive *A. Glaser*, ZSR 2015, S. 259 ff. Speziell zum Wandel von Staatlichkeit unter dem Einfluss der Digitalisierung *H. Hill/U. Schliesky* (Hrsg.), Auf dem Weg zum Digitalen Staat – auch ein besserer Staat?, 2015, insb. den Beitrag von *Schliesky*, ebd., S. 9 (16 ff.).

[239] *K. F. Gärditz*, Der Staat 54 (2015), S. 113 (133); *M. Nettesheim*, Bitburger Gespräche, Jahrbuch 2013, S. 5 (6 f.); *C. Thimm*, Bitburger Gespräche, Jahrbuch 2013, S. 21 (22 ff.).

[240] Siehe hierzu auch – am Beispiel von öffentlichen Großvorhaben – *K. F. Gärditz*, ZSE 2015, S. 4 (15 ff., 24 ff.).

[241] Vgl. *K. F. Gärditz*, Der Staat 54 (2015), S. 113 (135 f., 136 ff.); vgl. auch *M. Seckelmann*, DÖV 2014, S. 1 (7 f.).

kurs gerade in seinen neuartigen Formen in seinen Konsequenzen für eine auf Reform und Ausgleich angelegte (sachorientierte) Nachhaltigkeitspolitik überhaupt dienlich ist oder ob er nicht – im Gegenteil – eher zur Forcierung radikaler egoistischer Partikularinteressen beiträgt und sich insoweit als (auch oder sogar überwiegend) kontraproduktiv erweist.

– *Zweitens* ist eine kooperative Prägung erkennbar, die eine gemeinsame Förderung Nachhaltiger Entwicklung möglichst durch ein Zusammenwirken von Staat und Gesellschaft sowie durch ein breites Engagement auf gesamtgesellschaftlicher Ebene anstrebt. Zur optimierten Kooperation zwischen Volk und Staatsorganen vermögen nicht zuletzt die hier vorgeschlagenen direktdemokratischen Instrumente beizutragen, die das geltende System rein repräsentativer Demokratie behutsam ergänzen, nicht aber das Parlament funktional ersetzen sollen.[242]

– *Drittens* liegt allen Instrumenten direkter Demokratie auch ein Kontrollaspekt zugrunde. Käme es zu einer Verankerung solcher Instrumente im Grundgesetz, wie hier vorgeschlagen, so würde vom Volk Kontrolle ausgeübt werden gegenüber Regierung und Parlament mittels Volksbefragung, Volksinitiative und fakultativem Referendum. Hinzukommen müssten aber zwingend noch andere Kontrollmittel, die erst in der Gesamtschau ein hinreichendes Kontrollniveau hinsichtlich der Erfüllung der Nachhaltigkeitsziele gewährleisten könnten. So sollte ein – neu einzuführender, unabhängiger und aus Experten pluralistisch zusammengesetzter – Nachhaltigkeitsrat eine kooperative Kontrolle des Parlaments ausüben, ohne wiederum dessen Rolle als zentrales Entscheidungsorgan und Herzstück der Demokratie mit Selbstkontrollmöglichkeiten (z. B. Parlamentarischer Beirat für nachhaltige Entwicklung; zukünftig möglicherweise erweiterte Nachhaltigkeitsprüfung, wie hier vorgeschlagen) in Frage zu stellen. Auch mit der Selbstkontrolle der Regierung mittels Nachhaltigkeitsprüfung besteht ein Ergänzungs-, kein Verdrängungsverhältnis. Die gubernative Selbstkontrolle kann dazu beitragen, etwaige Konflikte zu antizipieren und zu lösen, noch bevor die anderen Kontrollmechanismen eingreifen müssen. Der neue Nachhaltigkeitsrat hätte neben seiner Kontrollfunktion auch die Funktion, zusammen mit den bereits bestehenden nachhaltigkeitsrelevanten Gremien[243] wissenschaftlichen Sachverstand für die politischen Akteure und Entschei-

242 Dabei bleibt zu hoffen, dass die verbreiteten „Ängste vor dem Volk" und dessen – angeblich defizitären – kognitiv-intellektuellen Beurteilungs-, Einschätzungs- und Entscheidungsfähigkeiten auch in Deutschland noch weiter abgebaut werden, wozu nicht zuletzt die überwiegend positiven Erfahrungen auf Länder- und Gemeindeebene sowie die Rechtsvergleichung mit dem Ausland beitragen können, und die politischen Akeure auch in Deutschland auf längere Sicht zu einem ähnlich gelassenen Umgang mit der direkten Demokratie gelangen, wie etwa in Österreich oder der Schweiz.

243 Insb. dem Rat von Sachverständigen für Umweltfragen, dem Rat der Sachverständigen für Wirtschaftsfragen (Rat zur Begutachtung der gesamtwirtschaftlichen Entwicklung) und dem Rat für Nachhaltige Entwicklung.

dungsprozesse zu mobilisieren, der gerade nicht sektoral, sondern übergreifend (integrativ) ausgerichtet ist.

Alles in allem sollten die institutionell-prozeduralen Reformen vom dem Motiv getragen sein, Nachhaltigkeit noch stärker als bisher zu dem *Leitprinzip* vor allem für „Gute Gesetzgebung" bzw. „Bessere Rechtsetzung" („Better Regulation"),[244] aber auch für „Gute Verwaltung"[245], allgemein gesprochen also für eine *„Gute Regierungsführung" („Good Governance")*,[246] fortzuentwickeln. Die Operationalisierung und Konkretisierung dieses Leitprinzips sollte an den Ko-Prinzipien Öffentlichkeit bzw. Transparenz, Kooperation, Partizipation, Kontrolle, Innovation, Wissen und Expertise ausgerichtet werden, die ihrerseits in einem wechselseitigen Verstärkungsverhältnis zueinander stehen. Gemeinsam bilden sie die Prinzipiengrundlage der institutionell-prozeduralen Seite einer (zukünftigen) formellen Nachhaltigkeitsverfassung.

Allgemeine Richtschnur für die Gestaltung der formellen Nachhaltigkeitsverfassung ist deren Kompatibilität mit und Einpassung in die bestehenden Strukturen des geltenden Verfassungsrechts. Von vornherein abzulehnen sind daher alle Forderungen nach einem radikalen „Paradigmenwechsel" bzw. einer Umgestaltung des politischen Systems in Deutschland zum „totalen" Nachhaltigkeitsstaat (Nachhaltigkeits-Diktatur)[247] oder – mit dem Grundgesetz ebenso unvereinbar – zur Expertokratie oder zum Richterstaat.[248] Abzulehnen sind aber nicht nur radikale Systemwechsel, sondern auch eine Verdrängung der parlamentarischen durch eine vorrangig plebiszitäre Demokratie. Auch dies würde zu weit gehen und „das Kind mit dem Bade ausschütten". Parlamentarische Demokratie, Gewaltenteilung und Rechtsstaatsprinzip sind vielmehr unaufgebbare Strukturprinzipien und Rahmenbedingungen auch für alle Maßnahmen zur Stärkung von Nachhaltigkeit und – mehr noch – sogar positive Gelingensfaktoren für das Ziel „Nachhaltigkeitsstaat".[249] Nachhaltigkeit kann diese grund-

---

[244] Vgl. *S. Lindemann/M. Jänicke*, ZfU 2008, S. 355 (379 ff.). Allg. für Deutschland *J. Ennuschat*, DVBl. 2004, S. 986 ff.; *K. Redeker*, NJW 2002, S. 2756 ff.; für die europäische Ebene *C. Brown/C. Scott*, EPL 2001, S. 467 ff.; *M. Pfeifer*, Bessere Rechtsetzung als Leitbild europäischer Gesetzgebung, 2011; *H. Schulze-Fielitz*, in: Festschr. f. Dieter H. Scheuing, 2011, S. 165 ff.

[245] Art. 41 GRCh.

[246] Näher zum Inhalt dieses (globalen), von der Weltbank angestoßenen Konzepts und seinen deutlichen Schnittmengen mit der Idee der Nachhaltigkeit *Gehne* (Fn. 16), S. 44 ff., 51, 58; vgl. ferner *Bosselmann* (Fn. 86), S. 175 ff. sowie den Beitrag von *E. Reimer*, Nachhaltigkeit und „Good Governance" (in diesem Band). Für einen guten allgemeinen Überblick über die Governance-Debatte vgl. *Bärenbrinker* (Fn. 18), S. 222 ff.; *Schmidt-Aßmann* (Fn. 200), S. 19 f., 147 ff.

[247] Zur im Vergleich mit autokratischen Systemen ingesamt, wenngleich mit Differenzierungen, besseren Nachhaltigkeits-„Performance" demokratischer Systeme auf der Basis einer eingehenden empirischen Untersuchung *S. Wurster*, ZSE 2011, S. 538 ff. (Fazit: ebd., 557 f.).

[248] Tendenzen in diese Richtung aus ökologischen Gründen bei *Bosselmann* (Fn. 159), S. 374 ff., passim; ebenso bei *Bahro* (Fn. 159), S. 473 ff.

[249] Wie hier *Ekardt* (Fn. 22), S. 153 ff.; *Glaser* (Fn. 8), S. 71; für den Umweltschutz *Gärditz* (Fn. 30), Art. 20a GG Rn. 15, 30.

legenden Prinzipien nur ergänzen, aber nicht in ihren prägenden Merkmalen und schon gar nicht in ihrem Kern verändern.[250]

Da das Bedürfnis der heute Lebenden an der freien Entfaltung ihrer Persönlichkeit im Mittelpunkt des vom autonomen Individuum ausgehenden Wertesystems des Grundgesetzes steht, ist es verfassungsrechtlich ausgeschlossen, Freiheitsrechte der Lebenden zugunsten der – als solches legitimen und fortan stärker berücksichtigungsbedürftigen – Interessen künftiger Generationen, etwa an intakten natürlichen Lebensgrundlagen, „Nicht-Erdrosselung" durch Schuldenberge oder funktionsfähigen sozialen Sicherungssystemen, unverhältnismäßig einzuschränken. Anderenfalls würde man die auch gegenwartsbezogene Seite Nachhaltiger Entwicklung verkennen, die eben auch ein Recht auf Entwicklung der heute lebenden Generationen, insbesondere in den Entwicklungs- und Schwellenländern, aber auch in den Industrieländern, beinhaltet.

Damit zeigt sich: Der Entwurf einer Nachhaltigkeitsverfassung hat stets ein *demokratisch-rechtsstaatlicher* Entwurf zu sein, der die Herstellung eines angemessenen Ausgleichs zwischen den (notwendigen) Korrekturen zugunsten einer stärkeren Langzeitperspektive im Recht einerseits und dem auf Schutz und Ermöglichung von Freiheit gerichteten Grundanliegen des Verfassungsstaates des Grundgesetzes andererseits zur Grundbedingung für sein Gelingen hat.

---

[250] Ähnlich das sog. „Adaptionsmodell" bei *Sommermann* (Fn. 29), S. 195 f. Insbesondere zielen die hier unterbreiteten Vorschläge nicht auf eine Schwächung, sondern auf eine Stärkung und Aktivierung des Nachhaltigkeitspotenzials des – ohnehin schon von verschiedener Seite (z. B. Internationalisierung/Europäisierung, Informalisierung der Politik) Schwächungstendenzen ausgesetzten (vgl. *Schliesky* [Fn. 95], § 5 Rn. 14 ff.) – Parlaments und dessen Organen (insb. Parlamentarischer Beirat für nachhaltige Entwicklung) durch Unterstützung und Zusammenwirken mit anderen Institutionen und Instrumenten; vgl. bereits *Kahl* (Fn. 2), S. 286. Allg. zur Anpassungsnotwendigkeit und -fähigkeit der parlamentarischen Demokratie *S. Augsberg* (Fn. 170), S. 37 ff.

Kapitel 1

„Sustainable Governance" – Konzepte, Prinzipien und Leitbilder

Nachhaltigkeit und „Good Governance“

Franz Reimer

I. Einleitung

Während der übergreifende Leitgedanke der Nachhaltigkeit dank intensiver Bearbeitung im rechtswissenschaftlichen Diskurs der letzten fünfundzwanzig Jahre[1] inzwischen als bekannt vorausgesetzt werden kann und an dieser Stelle nicht mehr aufgefächert werden muss[2] (es genüge die Klarstellung, dass Nachhaltigkeit in diesem Beitrag im weiten Sinne, nämlich als „magisches Dreieck“ verstanden wird, das auf ökonomische, soziale und ökologische Entwicklung sowohl der Staaten als auch der Menschen zielt[3]), bedarf die Formel der „Good Governance“ ausführlicherer Vorstellung. Sie ist ein gleichermaßen politischer wie politikwissenschaftlicher, positivrechtlicher wie rechtswissenschaftlicher Begriff. Daher überrascht nicht, dass die Wendung, sofern überhaupt terminologisch gebraucht,[4] in unterschiedlichen, zum Teil aber auch in identischen Kontexten mit unterschiedlichen Bedeutungen verwendet wird.[5] Daher soll die Formel „Good Governance“ zunächst in ihrer Genese (II.) und dann in ihren konzeptionellen Kernaussagen (III.) skizziert werden. In einem weiteren Schritt ist ihre Nachhaltigkeitsrelevanz zu untersuchen (IV.), bevor der abschließende Abschnitt nach einem sinnvollen Anwendungsbereich und Verständnis von „Good Governance“ in nachhaltigkeitsrelevanten Feldern fragt (V.).

---

[1] Vgl. aus dem deutschen Schrifttum neben den Bänden der Reihe „Recht der Nachhaltigen Entwicklung“ – und statt vieler mehr – *G. Beaucamp*, Das Konzept der zukunftsfähigen Entwicklung im Recht, 2002; *K. Lange* (Hrsg.), Nachhaltigkeit im Recht, 2003; *E. M. Frenzel*, Nachhaltigkeit als Prinzip der Rechtsentwicklung? Beitrag zu einer praktischen Gesetzgebungslehre, 2005; *M. Kotzur*, Nachhaltigkeit im Völkerrecht, JöR 57 (2009), S. 503 ff.; *F. Ekardt*, Theorie der Nachhaltigkeit, 2011 (2. Aufl. 2016 i. E.).

[2] Hierzu insbes. die Beiträge in *W. Kahl* (Hrsg.), Nachhaltigkeit als Verbundbegriff, 2008, Kap. 6, S. 425 ff.

[3] Vgl. statt aller *W. Kahl*, Einleitung: Nachhaltigkeit als Verbundbegriff, in: ders. (Hrsg.), in: Nachhaltigkeit als Verbundbegriff, S. 1 (8 ff.).

[4] Nicht terminologisch wohl vor allem im Kontext der politischen Philosophie, vgl. etwa *S. Benhabib*, Borders, Boundaries, and Citizenship, Political Science and Politics 38 (2005), S. 673; ferner in der Verfassungsvergleichung, vgl. bspw. *D. Ehlers*/*H. Glaser*/*P. Kittisak* (Hrsg.), Constitutionalism and Good Governance, 2014.

[5] Aus entwicklungspolitischer Sicht *S. Schmidt*, Good Governance als Entwicklungsvoraussetzung, in: H. Ihne/J. Wilhelm (Hrsg.), Einführung in die Entwicklungspolitik, 3. Aufl. 2013, S. 284: „Begriffswirrwarr“.

II. Aufstieg der „Good Governance“

1. Entwicklungspolitische Ursprünge

„Governance“, ein gegenüber „government“ als archaisch eingestuftes Wort,[6] bedeutet ursprünglich „(t)he manner in which power is exercised in the management of a country's economic and social resources for development“.[7] In der Kombination „Good Governance“ avancierte der Begriff zunächst zum Grundsatz der Entwicklungspolitik,[8] wo er zum Teil kurz als „Transparenz der Regierungsführung“ definiert,[9] zum Teil mit „gute Regierungsführung“ übersetzt wurde bzw. wird.[10] Der Beginn des unaufhaltsamen Aufstiegs des Begriffs wird meist im Bericht der Weltbank „Sub-Saharan Africa. From Crisis to Sustainable Growth“ aus dem Jahre 1989 gesehen, in dem die wirtschaftliche Situation Afrikas auch auf das Versagen öffentlicher Institutionen zurückgeführt wurde:

> „A root cause of weak economic performance in the past has been the failure of public institutions. Private sector initiative and market mechanisms are important, but they must go hand-in-hand with good governance – a public service that is efficient, a judicial system that is reliable, and an administration that is accountable to its public.“[11]

Hier erscheint „Good Governance“ als Oberbegriff über Zustand und Tätigkeit der beiden Staatsgewalten Exekutive (einschließlich Gubernative) und Judikative, oder auch allgemeiner als die Ausübung politischer Macht auf nationalstaatlicher Ebene.[12] Das Konzept zielt „auf die Verbesserung der Qualität und der Effektivität des Regierens, vornehmlich verstanden als administrative Leis-

---

[6] Vgl. *N. Maldonado Pyschny*, Good Governance: Begriffe, Inhalt und Stellung zwischen allgemeinem Völkerrecht und Souveränität, 2013, S. 38; verwendet wird es u. a. im Titel von *F. Neumanns* Londoner Dissertation „The Governance of the Rule of Law“ (1936); näher zu „Governance“ vs. „Government“ *T. Fuster*, Die „Good Governance“ Diskussion der Jahre 1989 bis 1994, 1998, S. 67 ff.

[7] So unter Verweis auf Webster's New Universal Unabridged Dictionary *Maldonado Pyschny* (Fn. 6), S. 39. Zu den vielen Bedeutungsfacetten, die angesichts des terminologischen Eigenstands von „Good Governance“ hier nur beschränkte Relevanz haben, vgl. die Beiträge in *G. F. Schuppert* (Hrsg.), Governance-Forschung, 2. Aufl. 2006.

[8] *Fuster* (Fn. 6), S. 5 ff.; eingehend ferner *K. Nowrot*, Das Republikprinzip in der Rechtsordnungengemeinschaft, 2014, S. 569 ff.

[9] So die Klammerdefinition in *Europäische Kommission*, Bericht der Kommission an den Rat und das Europäische Parlament über die 1993 erfolgte Durchführung der Entschließung des Rates und der im Rat vereinigten Vertreter der Regierungen der Mitgliedstaaten über Menschenrechte, Demokratie und Entwicklung v. 28. November 1991, KOM (94) 42 endg., S. 4.

[10] Vgl. jetzt *B. Herz*, Nachhaltigkeit und Entwicklungspolitik, in: W. Kahl (Hrsg.), Nachhaltigkeit als Verbundbegriff, 2008, S. 535 (536).

[11] *The World Bank*, Sub-Saharan Africa. From Crisis to Sustainable Growth. A Long-Term Perspective Study, 1989, S. XII; hierzu *Fuster* (Fn. 6), S. 5 ff.; *P. Dann*, Entwicklungsverwaltungsrecht, 2012, S. 102 ff.; *Maldonado Pyschny* (Fn. 6), S. 27 ff.

[12] „By governance is meant the exercise of political power to manage a nation's affairs“: *World Bank* (Fn. 11), S. 60.

tung staatlicher Institutionen.“[13] Insoweit zeigt sich bereits hier – an den Anfängen der terminologischen Verwendung der Wortkombination – „Governance als Reformstrategie“.[14]

Dass die Karriere des Begriffs bei der Weltbank beginnt, ist folgenreich, weil deren Statut die Weltbank auf unpolitisches Handeln festlegt.[15] Dem trägt die Wahl des Begriffs „Governance“ als der *Art und Weise*, wie Macht ausgeübt wird, Rechnung: Er setzt das Bestehen von Macht bei einem bestimmten Akteur voraus und betrifft – jedenfalls explizit – nur modale Aspekte („manner“), weicht mit anderen Worten Fragen der Machtzuteilung, Machtlegitimation und Machtausrichtung aus. Folgerichtig ist der Rekurs auf Management-Terminologie[16] zur Ausfüllung von „Good Governance“ „Ausdruck eines bewusst technokratischen Begriffszugangs“,[17] und diese Apolitizität haftet dem Begriff der „Good Governance“ im Guten wie im Schlechten bis heute an (V.). Von der Weltbank übernahmen IWF, Development Assistance Committee (DAC) der OECD und die UN das Konzept, so dass „Good Governance“ heute ein „zentrales Element auf der entwicklungspolitischen Agenda aller bi- und multilateralen Geber“ ist,[18] und zwar als Ziel und Mittel[19] – ohne dass es freilich eine konsensuale Begriffsverwendung gäbe. Vielmehr ist festzuhalten, dass „die Bedeutsamkeit von Good Governance überall anerkannt ist, jedoch so gut wie jeder Akteur etwas Unterschiedliches darunter versteht.“[20]

Wenn aber jenseits einiger Kernelemente – wie einem Mindestmaß an Effektivität und Korruptionsfreiheit der Verwaltung(en) – die Konturen des Konzepts verschwimmen, erscheint fraglich, ob es sich zur Juridifizierung eignet. Zwar geht die Literatur inzwischen zum Teil so weit, diese nicht nur als „das internationale Leitbild für Staatlichkeit“ zu bezeichnen, sondern auch „von einer völkergewohnheitsrechtlichen Geltung des Leitbilds“ auszugehen.[21] Unabhängig davon, in welchem Sinne (vor allem mit welchen Rechtsfolgen) hier von der völkerrechtlichen Geltung eines *Leitbilds* gesprochen wird, überzeugt die

---

13 *Schmidt* (Fn. 5), S. 284 (285).

14 Vgl. den gleichnamigen Beitrag von *W. Jann*, Governance als Reformstrategie, in: G. F. Schuppert (Hrsg.), Governance-Forschung, 2. Aufl. 2006, S. 21 ff.

15 Näher *Dann* (Fn. 11), S. 168 ff.; *Maldonado Pyschny* (Fn. 6), S. 90 ff.

16 Vgl. *Fuster* (Fn. 6), S. 100: „Verbessertes Management des öffentlichen Sektors“ als Aspekt des administrativen Kernbereiches von „Good Governance“.

17 *Schmidt* (Fn. 5), S. 284. – Zur Gratwanderung der Weltbank zwischen technisch-administrativem Verständnis und politisch aussagekräftiger, aber statutenüberschreitender Interpretation des Statuts *Fuster* (Fn. 6), S. 349 f.

18 *Schmidt* (Fn. 5), S. 284.

19 *Dann* (Fn. 11), S. 210.

20 *T. Conzelmann*, Auf der Suche nach einem Phänomen: Was bedeutet Good Governance in der europäischen Entwicklungspolitik?, Nord-Süd aktuell 3/2003, S. 468.

21 Beide Zitate: *Maldonado Pyschny* (Fn. 6), S. 182; ähnlich *C. Tietje*, in: ders. (Hrsg.), Internationales Wirtschaftsrecht, § 1 Rn. 77, 81 f.: Rechtsprinzip im Internationalen Wirtschaftsrecht; *Nowrot* (Fn. 8), S. 577: „Norm des Völkergewohnheitsrechts im Werden“.

Annahme völkergewohnheitsrechtlicher Geltung jedenfalls dann nicht, wenn damit universelles Gewohnheitsrecht gemeint ist. Denn die „Idee von Good Governance entspricht der westlichen Gedanken- und Erfahrungswelt: Der Kern von Good Governance ist eine bürokratisch rationale Politik, mit *Max Weber* Teil der ‚Entzauberung der Welt' und die damit einhergehende Trennung zwischen privater und öffentlicher Sphäre und eine als Folge davon nach rationalen Kriterien und am Gemeinwohl orientierte Politik."[22] Insoweit wäre die Ausrufung von „Good Governance" zu universellem Völkerrecht eher Ausdruck westlicher Blickfeldverengung als nüchterner völkerrechtlicher Analyse.[23] Die Frage, ob das Konzeptbündel beispielsweise in Europa die Qualität partikularen Völkergewohnheitsrechts hat, bedürfte näherer Untersuchung, könnte aber dem Paradox begegnen, dass bejahendenfalls die Geltung des Maßstabs gerade dort bekräftigt wird, wo er ohnehin nicht im Streit steht.

2. Europarechtliche Adaption

Auch die Europäische Gemeinschaft machte sich den Begriff der „Good Governance" früh zu eigen. Von disparaten Erwähnungen abgesehen,[24] taucht er zum ersten Mal Ende 1991 in einem offiziellen Gemeinschaftsdokument auf, als der Rat der Entwicklungsminister ihn in einem Bericht vom 28. November 1991 prominent verwendete.[25] Meist stehen hierbei die Anforderungen Rechtsstaatlichkeit, Menschenrechte, Demokratie und „Good Governance" nebeneinander,[26] was Überschneidungen nicht ausschließt (wie insgesamt bei den Verwendungen des Wortes „Good Governance" keine allzu große begriffliche Präzision zu beobachten ist), aber doch nahegelegt, dass die Hauptstoßrichtungen in der Effektivität und/oder Effizienz der Verwaltung einerseits und in der Verantwortlichkeit der Regierungsführung andererseits liegen. Schnell avancierte die Wen-

[22] *Schmidt* (Fn. 5), S. 284 (288 f.); nachdrücklich auch *H. Glaser*, Multiple Constitutionalizations – ‚Constitutionalism and Good Governance in European-Asian Perspectives', in: D. Ehlers/ders./P. Kittisak (Hrsg.), Constitutionalism and Good Governance, 2014, S. 13 (27).

[23] Eher zurückhaltend auch *Dann* (Fn. 11), S. 210: „Teil eines Struktur-, wenngleich nicht Rechtsprinzip[s] Entwicklung"

[24] Bspw. Written Question 1417/86 by Mr lb Christensen (ARC-DK) to the Commission (18 September 1986) (86/C 315/32), OJ No. C 315 v. 8.12.1986, S. 10: „democratic governance"; Resolution [of the European Parliament] on human rights in the world for the years 1989 and 1990 and Community human rights policy, OJ No. C 267 v. 14.10.1991, S. 165 (166): „human rights and good governance in Africa".

[25] Vgl. *Europäische Kommission*, Mitteilung der Kommission an den Rat und das Europäische Parlament: Bericht über die Durchführung der Entschließung des Rates und der im Rat vereinigten Vertreter der Regierungen der Mitgliedstaaten über Menschenrechte, Demokratie und Entwicklung v. 28. November 1991, SEK(92) 1915 endg.; ferner *Europäische Kommission* (Fn. 9).

[26] Vgl. statt aller *Europäische Kommission* (Fn. 25), S. 1 (in englischer Fassung): „initiatives to promote human rights, democracy and good governance".

dung zum Begriff des Sekundärrechts[27] und des Vertragsrechts (nämlich zum fundamentalen Bestandteil des Cotonou-Abkommens 2000),[28] dann auch des Primärrechts: Art. 21 Abs. 2 lit. h EUV macht es der Union bei ihrem auswärtigen Handeln zur Pflicht, „eine Weltordnung zu fördern, die auf einer verstärkten multilateralen Zusammenarbeit und einer verantwortungsvollen Weltordnungspolitik (*good global governance/une bonne gouvernance mondiale*) beruht“.[29]

Der zunächst in den Außenbeziehungen genutzte Grundsatz kann aber auch zur Analyse und Verbesserung der inneren Verhältnisse gebraucht werden; in diesem Sinne wird er zum Teil schlicht als „Gute Verwaltung“[30] oder „Gutes Regieren“[31] verstanden. So spricht das Weißbuch „Europäisches Regieren“ aus dem Jahre 2001 von „Governance“ als „die Regeln, Verfahren und Verhaltensweisen, die die Art und Weise, wie auf europäischer Ebene Befugnisse ausgeübt werden, kennzeichnen“.[32] Kennzeichnend für „Good Governance“ in diesem Sinne sind die fünf Grundsätze (1) Offenheit, (2) Partizipation, (3) Verantwortlichkeit (auch i. S. genauer Zuständigkeiten), (4) Effektivität und (5) Kohärenz.[33]

Im Kielwasser des Weißbuchs hat es dieses Begriffsverständnis der „Good Governance“ durch den Vertrag von Lissabon jedenfalls indirekt zu den Wei-

---

27 Vgl. Art. 5 VO (EWG) 443/92, ABl.EG 1992 L Nr. 52, S. 1 (in englischer Fassung): „Aid should accordingly be allocated, inter alia, to specific projects for the spread of democracy, good governance and human rights“.

28 Vgl. insbes. Art. 9 Abs. 3 des Partnerschaftsabkommens zwischen den Mitgliedern der Gruppe der Staaten in Afrika, im Karibischen Raum und im Pazifischen Ozean einerseits und der Europäischen Gemeinschaft und ihren Mitgliedstaaten andererseits, ABl.EG 2000 L Nr. 317, S. 3.

29 Die deutsche Übersetzung („Weltordnungspolitik“) erscheint durch den Anklang an eine bestimmte wirtschaftspolitische Konzeption (Ordnungspolitik im gängigen Sinne der Freiburger Schule) als missverständlich. Für die Zwecke dieser Untersuchung kommt es darauf nicht an; anzumerken ist vielmehr, dass sich ein näheres Konzept von „Good Governance“ für die Steuerung auf globaler Ebene noch nicht erkennbar eingebürgert hat. Zu Fragen der *global governance* vgl. etwa *M. Ruffert*, Die Globalisierung als Herausforderung an das Öffentliche Recht, 2004, S. 24 ff.; *G. F. Schuppert* (Hrsg.), Global Governance and the Role of Non-State Actors, 2006.

30 *W. Hoffmann-Riem*, Methoden einer anwendungsorientierten Verwaltungsrechtswissenschaft, in: E. Schmidt-Aßmann/ders. (Hrsg.), Methoden der Verwaltungsrechtswissenschaft, 2004, S. 9 (25); klarzustellen ist, dass das „Recht auf gute Verwaltung“ nach Art. 41 GRCh („Right to Good Administration“) terminologisch und inhaltlich von „Good Governance“ abzusetzen ist (näher unten III).

31 So schwankt die deutsche Fassung des Weißbuchs *Europäische Kommission*, Europäisches Regieren – Ein Weißbuch, KOM(2001) 428 endg. dazwischen, „Governance“ mit „Regieren“ zu übersetzen (bspw. „Principles of Good Governance“/„Grundsätze des guten Regierens“) oder aber unübersetzt zu lassen.

32 *Europäische Kommission* (Fn. 31), S. 10 Fn. 1.

33 *Europäische Kommission* (Fn. 31), S. 13 f. („Grundsätze des guten Regierens“, vgl. Fn. 31); näher *R. Hayder*, Das Weißbuch „Europäisches Regieren“ der EU-Kommission, ZG 2002, S. 49 ff.; *M. Ruffert*, Demokratie und Governance in Europa, in: H. Bauer/P. M. Huber/K.-P. Sommermann (Hrsg.), Demokratie in Europa, 2005, S. 319 (329 ff.) mit positivem Fazit hinsichtlich der Demokratiekompatibilität und -förderlichkeit von „Governance“ (S. 347 f.).

hen des Primärrechts gebracht. Art. 15 Abs. 1 AEUV lautet in seiner deutschen Fassung:

„Um eine verantwortungsvolle Verwaltung zu fördern und die Beteiligung der Zivilgesellschaft sicherzustellen, handeln die Organe, Einrichtungen und sonstigen Stellen der Union unter weitestgehender Beachtung des Grundsatzes der Offenheit."

Die englische Fassung dagegen formuliert:

„In order to promote good governance and ensure the participation of civil society, the Union's institutions, bodies, offices and agencies shall conduct their work as openly as possible."

Der Wortlaut dieser und anderer Sprachfassungen[34] legt ebenso wie das Telos der Norm nahe, dass die Übersetzung mit „Verwaltung" zu eng gefasst ist, zielt die Regelung doch „nicht allein auf das administrative Handeln im engeren und technischen Sinne, sondern umfasst sämtliche ‚gubernative' Tätigkeiten der Union, zu denen auch die Rechtsetzung zu zählen ist."[35] In dieser indirekten Verpflichtung aller Unionsorgane auf „Good Governance" dürfte eine Reaktion auf den Vorwurf des Demokratiedefizits liegen.[36] Sie ist übrigens rechtlich nicht folgenlos: Auch wenn die Anrufung der „Good Governance" lediglich eine erläuternde Zielvorstellung und der rechtliche Normgehalt von ihr (im Hs. 2) separiert zu sein scheint, kann sie im Einzelfall normative Relevanz erlangen: Um das Telos und damit im Einzelfall die Konturen des allgemeinen Transparenzgebots nach Art. 15 Abs. 1 AEUV zu ermitteln, ist ein Rückgriff auf den Schleusenbegriff der „Good Governance" möglich und geboten. Kaum relevant dürfte dagegen „Good Governance" für die Auslegung von Art. 41 GRCh sein: Es handelt sich um ein Recht auf gute Verwaltung im engen Sinne („Right to Good Administration"),[37] so dass dessen Auffüllung mit Elementen, die für die Regierungsführung postuliert worden sind, nur sehr zurückhaltend erfolgen darf.[38]

---

34 Frz.: „Afin de promouvoir une bonne gouvernance", ital.: „Al fine di promuovere il buon governo".

35 *M. Krajewski/U. Rösslein*, in: E. Grabitz/M. Hilf/M. Nettesheim, EUV/AEUV, Art. 15 AEUV Rn. 10 (Stand: 2013).

36 Zum Verhältnis von Demokratie und Governance in Europa näher *Ruffert* (Fn. 33), S. 319 ff.

37 Näher (auch zu Art. II-101 EuVerfV) *H. Goerlich*, Good Governance und Gute Verwaltung, DÖV 2006, S. 313 ff.

38 Auch der Europäische Kodex für gute Verwaltungspraxis (engl. „European Code of Good Administrative Behaviour") des Europäischen Bürgerbeauftragten nimmt nicht auf „Good Governance" Bezug.

3. *„Good Governance“ als Corporate Governance*

Gegenüber der nationalstaatlich orientierten Ursprungskonzeption der Weltbank hat sich bereits in den 1990er Jahren der mögliche Adressatenkreis von „Good Governance“ erheblich erweitert (wie überhaupt der Begriff der „Governance“ spätestens seit der zweiten Hälfte der 1990er Jahre – in der Formulierung *Philipp Danns* – der Weltbank „entwachsen“ ist[39]). Das wird deutlich, wenn „Good Governance“ als „die Qualität der Zusammenarbeit und Entscheidungsfindung zwischen staatlichen und gesellschaftlichen Gruppen in Angelegenheiten von öffentlichem Interesse“[40] definiert wird. Private Akteure kommen damit nicht nur als Berechtigte von „Good Governance“ (etwa qua Partizipation oder Transparenz), sondern potentiell auch als Verpflichtete in den Blick, jedenfalls soweit es um sozial mächtige Verbände wie Unternehmen, Gewerkschaften oder auch große Stiftungen geht.[41] Hiervon wiederum zu unterscheiden ist die systeminterne Formulierung von Anforderungen an Unternehmen: Diese werden nicht nur wegen ihrer Gemeinwohlrelevanz adressiert, sondern aus wirtschaftlicher Eigenrationalität heraus Verhaltensanforderungen unterworfen, die unter der Flagge der „Corporate Governance“, zum Teil aber auch unter „Good Governance“ segeln. Insoweit ist vom entwicklungsbezogenen sowie vom verwaltungsbezogenen Begriff der „Good Governance“ ein unternehmensbezogener, wohl im Kern betriebswirtschaftlicher Begriff von „Good Governance“ als erfolgreicher Unternehmensführung zu unterscheiden,[42] der weniger auf externe Anforderungen zur Gemeinwohlsicherung als vielmehr auf interne Anforderungen zur Erfolgssicherung zielt (auch wenn diese wiederum von Gemeinwohlverträglichkeit abhängig gemacht werden kann), sowie der Inbegriff der rechtlichen oder rechtsrelevanten Anforderungen von Corporate Governance.[43] Auch diese Fragen der Corporate Governance sind aber „Fragen gesellschaftlicher Auseinandersetzung und politischer Gestaltung. Wie in der politischen Verfassungsdiskussion geht es um die Frage ‚who governs – to what ends?‘“[44]

---

[39] *Dann* (Fn. 11), S. 104.

[40] *H. Hill*, Über Binnenmodernisierung zu Good Governance, VOP 12/2000, S. 9 (11); *ders.*, Von Good Governance zu Public Leadership, in: ders. (Hrsg.), Gute Staats- und Verwaltungsführung – Konzepte und Standards (Speyerer Arbeitshefte Nr. 181), 2006, S. 1.

[41] Vgl. den Beitrag von *O. Schöller-Schwedes*, Governance durch Stiftungen, in: S. Botzem et al. (Hrsg.), Governance als Prozess, 2009, S. 171 ff.

[42] Vgl. z. B. *J. Scherer*, Good Governance und ganzheitliches strategisches und operatives Management: Die Anreicherung des „unternehmerischen Bauchgefühls“ mit Risiko-, Chancen- und Compliancemanagement, CCZ 2012, S. 201 (211).

[43] In diese Richtung wohl der britische Combined Code/Principles of Good Governance and Code of Best Practice (www.ecgi.org/codes/documents/combined_code.pdf [zuletzt abgerufen am 29.10.2015]).

[44] *U. Jürgens*, Corporate Governance – Anwendungsfelder und Entwicklungen, in: G. F. Schuppert (Hrsg.), Governance-Forschung, 2. Aufl. 2006, S. 47 (68).

4. Zwischenergebnis

In ihrer entwicklungs- und verwaltungsbezogenen Verwendung kann man die Formel „Good Governance“ mit gemeinwohlorientierter Steuerung übersetzen; sie findet primär Anwendung auf Staaten, die EU und internationale Organisationen. Im unternehmensbezogenen Sinne bedeutet sie dagegen meist „erfolgreiche Unternehmensführung“. Die vorstehend skizzierten Bereiche der Verwendung von „Good Governance“ sind indes keineswegs die einzigen, in denen die Wendung und eine mit ihr in Verbindung stehende Hintergrundvorstellung zum Einsatz kommen. Vergegenwärtigt man sich, dass auch der Sport mit der Erwartung von „Good Governance“ konfrontiert wird,[45] so wird man sagen können, dass es kaum einen gesellschaftlich relevanten Bereich gibt, der nicht früher oder später Good-Governance-Anforderungen unterworfen wird.

Dieser Befund und das damit verwobene „Begriffswirrwarr“[46] zwingen nicht zu Fatalismus, sondern zunächst nur zur Kontextualisierung der jeweiligen Verwendung. Dabei zeigt sich allen Unschärfen zum Trotz, dass „Good Governance“ nicht einfach jede Form von Governance ist, die für einen definierten Zweck tauglich und in diesem Sinne „gut“ ist;[47] vielmehr handelt es sich um eine Formel mit einem gewissen terminologischem Selbststand. Stets geht es um einen verantwortungsvollen, d. h. reflektierten und strukturierten Umgang mit Macht und Ressourcen.[48] Was dies näherhin bedeutet, ist im Folgenden herauszuarbeiten.

III. „Good Governance“ revisited

Angesichts der unterschiedlichen Verwender und Verwendungskontexte fällt es nicht leicht, einen Kern oder auch nur eine einheitliche Funktion oder Stoßrichtung von „Good Governance“ auszumachen. Die Wendung bezeichnet kein gemeinsames Rechtsinstitut oder ähnlich dichtes und konturiertes Konzept. In disparate Begriffsverständnisse zerfällt die Hintergrundvorstellung des „Good Governance“ indes ebenso wenig, so dass einige Gemeinsamkeiten und Merkmale herausgearbeitet werden können.

---

[45] Als Überblick aus Sicht der EU vgl. http://ec.europa.eu/sport/policy/organisation_of_sport/good_governance_en.htm (zuletzt abgerufen am 1.11.2015); rechtsnormativ Art. 16 Abs. 1 lit. b VO (EU) Nr. 1288/2013 des Europäischen Parlaments und des Rates vom 11.12.2013 zur Einrichtung von „Erasmus+“, dem Programm der Union für allgemeine und berufliche Bildung, Jugend und Sport, ABl.EU 2013 L Nr. 347, S. 50.

[46] *Schmidt* (Fn. 5).

[47] Etwa im Sinne formaler Qualitätstheorien, die Qualität als „fitness for purpose“ definieren: *C. Ball*, What the Hell is Quality?, in: *ders.*, Fitness for Purpose, 1985, S. 96 (96, 102); der Sache nach ähnlich DIN EN ISO 9000:2005, Zf. 3.1.1.: „Grad, in dem ein Satz inhärenter Merkmale … Anforderungen erfüllt“.

[48] Aus staatsbezogener Sicht *Bundesministerium für wirtschaftliche Zusammenarbeit und Entwicklung (BMZ)*, Good Governance, BMZ spezial 44 (2002): „verantwortungsvoller Umgang des Staates mit politischer Macht und öffentlichen Ressourcen“.

1. Wirkungs- bzw. Wirksamkeitsperspektive

Festhalten lässt sich erstens, dass mit der Verwendung des Governance-Begriffs eine Ausweitung von expliziten Strukturen und formalen Arrangements („Government“) auf Modalitäten, Prozeduren und informale Arrangements intendiert sein dürfte.[49] Insofern interessiert nicht der Firnis des *law in the books*, sondern das *law in action*, die tatsächliche Wirksamkeit von Recht und Verwaltung. „Good Governance“ kann daher nie nur auf der Basis eines Normenbestandes definiert und beurteilt werden, sondern erfordert ein Bewusstsein der realen, insbesondere kulturellen Umfeldbedingungen.

2. Kombination formaler und materialer Anforderungen

Deutlich ist zweitens, dass der zunächst analytische[50] Begriff der „Governance“ – als Inbegriff von Regeln, Verfahren und Verhaltensweisen einer Institution oder eines Systems[51] – durch das vorangestellte Adjektiv ins Normative gewendet wird. Die an eine Governance gestellten Anforderungen sind dabei aber nicht beliebig; mit „gut“ dürfte eine Governance gemeint sein, die über die Beachtung geltenden Rechts hinausgeht und in modaler und/oder materialer Weise gemeinwohlorientiert ist.[52] So rechnet die UN Economic Commission for Europe sechs Kernprinzipien zur „Good Governance“:

a) Participation: the degree of involvement of all stakeholders;
b) Decency: the degree to which the formation and stewardship of the rules is undertaken without harming or causing grievance to people;
c) Transparency: the degree of clarity and openness with which decisions are made;
d) Accountability: the extent to which political actors are responsible to society for what they say and do;
e) Fairness: the degree to which rules apply equally to everyone in society; and
f) Efficiency: the extent to which limited human and financial resources are applied without waste, delay or corruption or without prejudicing future generations.[53]

---

[49] Vgl. statt aller *J. N. Rosenau*, Globalisation and Governance: Sustainability between Fragmentation and Integration, in: U. Petschow/ders./E. U. von Weizsäcker, Governance and Sustainability, 2005, S. 20 (22).

[50] Vgl. statt aller *W. Köck*, Governance in der Umweltpolitik, in: G. F. Schuppert (Hrsg.), Governance-Forschung, 2. Aufl. 2006, S. 322 (323).

[51] Der zum Teil gebrauchte Begriff der „Regelungsstruktur“ erscheint unglücklich, insofern „Regelung“ die Setzung von Rechtsfolgen suggerieren mag; eher ließe sich von „Governance“ auch als „Inbegriff der – formalen oder informalen – Steuerungsstrukturen“ sprechen.

[52] Ähnlich *Schmidt* (Fn. 5), S. 284 (285).

[53] *UN Economic Commission for Europe (UNECE)*, Guidebook on Promoting Good Governance in Public-Private Partnerships, 2008, S. 13 f.

Da immer wieder entweder Effektivität[54] oder Effizienz[55] oder beides[56] als Kriterium von „Good Governance" genannt wird, muss man Wirksamkeit und/oder Leistungsvermögen wohl als eine ihrer Voraussetzungen betrachten. Allerdings geht das Konzept über derartige formale Anforderungen hinaus; zu seinem Kern gehören „materiell aufgeladene Inhalte wie Accountability, Transparenz, Korruptionsbekämpfung, Partizipation und die ‚rule of law' ebenso wie der enge Bezug zu den Menschenrechten".[57] Insofern ergibt sich der normative Gehalt von „Good Governance" sowohl aus formalen wie aus materialen Elementen.

3. *Offenheit des Fluchtpunkts*

Dass einige dieser Elemente benannt werden können oder gar feststehen (wie die Abwesenheit von Ineffizienz und Korruption), erübrigt nicht die Frage, was mit der übergreifenden Anforderung „gut" als Bezugspunkt aller dieser Einzelelemente gemeint ist. Damit ist zugleich die Frage „gut für wen?" aufgestellt, die meist nur implizit beantwortet wird. Der naheliegende Verweis auf das Gemeinwohl hilft hier nur dann weiter, wenn Klarheit und Einigkeit darüber besteht, wer die maßgebliche Allgemeinheit bildet. Viel spricht dafür, dass es unter dem Einfluss der Globalisierung die Weltgesellschaft und des Nachhaltigkeitsgedankens auch die künftigen Generationen sind, die diese normativ vorausgesetzte Allgemeinheit bilden. Wie das Beispiel der Corporate Governance zeigt, ist das aber nicht zwingend. Ferner könnte man den Vorwurf des Speziesismus auch gegen die „Good Governance" bisheriger Provenienz wenden und eine gleichberechtigte Einbeziehung von Tieren und Pflanzen fordern. Mit anderen Worten kann die Qualität einer Governance nur bei vorheriger Beantwortung der Frage „cui bono?" (im normativen Sinne des „Wem soll sie nützen?") geklärt werden, also auf der Basis der politischen Entscheidung in einem Interessenkonflikt.

4. *Überschießende Tendenz der Anforderungen*

Festzuhalten ist viertens, dass sich „Good Governance" nicht in der Erfüllung positivrechtlich geltender Anforderungen (bzw. umgekehrt formuliert: in der Vermeidung rechtlicher Fehler erschöpft[58]), sondern einen darüber hinaus gehenden Erwartungsgehalt hat („good"). So werden Konzepte der „Good

---

[54] Bspw. *Europäische Kommission* (Fn. 31), S. 13.

[55] Vgl. soeben Fn. 53.

[56] Zusammenfassend *Maldonado Pyschny* (Fn. 6), S. 142.

[57] Ebenfalls resümierend *Maldonado Pyschny* (Fn. 6), S. 181.

[58] So explizit *Hoffmann-Riem* (Fn. 30), S. 9 (25): „Konzeption, die … auf mehr ausgeht als nur auf die Vermeidung rechtlicher Fehler".

Governance“ – trotz des bewusst technokratischen Ursprungs (oben II.1) – nicht selten in einer ethisch gefärbten Semantik präsentiert („Decency“, „Fairness“), so dass sich die erwünschten Strukturen, Modalitäten und Verhaltensweisen gegen die „bloße“ Legalität abheben. Das ist verständlich, wenn es um genuin politische Anforderungen geht, etwa entwicklungspolitische Außenanforderungen an fremde Rechtsordnungen, weil hier meist kein einschlägiges übergeordnetes Recht (etwa ein spezieller völkerrechtlicher Maßstab) bereitsteht; innerhalb einer ausdifferenzierten Rechtsordnung, deren *raison d'être* die Trennung von Recht und Moral ist, und als diesbezügliche Gesetzesbegriffe sind solche Anforderungen aber problematisch. Mit anderen Worten können sich die Good-Governance-Anforderungen aus ganz unterschiedlichen Norm- und Motivationssystemen speisen.

5. *Weiter Adressatenkreis*

Schließlich ist zu konstatieren, dass „Good Governance“ im zwischenzeitlich gewachsenen Begriffsverständnis nicht nur Entwicklungs- und Schwellenländer, sondern auch die Industriestaaten,[59] ferner die Union und in der Regel auch gesellschaftliche Akteure adressiert.[60] Sie ist begrifflich nicht mehr auf staatliche bzw. hoheitliche Akteure beschränkt, sondern drängt im Gegenteil im Interesse der Gemeinwohlverwirklichung über diese hinaus auf eine Beachtung auch durch gesellschaftliche Akteure. Damit trägt sie der Erkenntnis Rechnung, dass weder nur Staaten noch umgekehrt ausschließlich gesellschaftliche Akteure steuern, sondern hoheitliche und private (zivilgesellschaftliche) Akteure sozietale und globale Wirkungsmacht haben.[61] Dass eine Inpflichtnahme Privater immer auch Legitimations- und Freiheitsfragen aufwirft,[62] versteht sich von selbst. Das Konzept der „Good Governance“ rückt jedenfalls auch die Probleme der Handlungskoordination unterschiedlicher Akteure in den Gesichtskreis.[63]

---

[59] Zusammenfassend *Nowrot* (Fn. 8), S. 576 f.

[60] Vgl. die Beiträge in *Petschow/Rosenau/von Weizsäcker* (Fn. 49), insbes. S. 153 ff.; ferner in: *D. L. Levy/P. J. Newell* (Hrsg.), The Business of Global Environmental Governance, 2005, bspw. *J. Clapp*, the Privatization of Global Environmental Governance: ISO 14000 and the Developing World, S. 223 (225 ff.).

[61] Zur Kontrastierung von Theorien staatsbasierter Steuerung und Theorien gesellschaftlicher Selbststeuerung sowie mit Plädoyer für eine Kombinationstheorie vgl. *G. Winter*, Zur Architektur globaler Governance des Klimaschutzes, ZaöRV 72 (2012), S. 103 (108 ff.).

[62] Etwa wenn den Akteuren der Zivilgesellschaft abverlangt wird, selber die Grundsätze guten Regierens, „insbesondere Verantwortlichkeit und Offenheit“ zu beachten, so *Europäische Kommission* (Fn. 31), S. 20.

[63] So begreift *Hoffmann-Riem* (Fn. 30), S. 25, „Good Governance“ geradezu als Konzeption, die auf diese Handlungskoordination „besonderes Augenmerk“ richtet.

IV. Untrennbarkeit von Nachhaltigkeit und „Good Governance"?

Explizit war Nachhaltigkeit ursprünglich weder Teil des Konzepts der „Good Governance",[64] noch umgekehrt „Good Governance" Teil des Nachhaltigkeitskonzepts.[65] Dass enge Zusammenhänge zwischen Nachhaltigkeit und „Good Governance" bestehen, wird man indes kaum in Abrede stellen können. Die *Kofi Annan* zugeschriebene These „Gute Regierungsführung und Nachhaltige Entwicklung lassen sich nicht trennen"[66] ist freilich so zustimmungsfähig wie deutungsbedürftig. Zustimmungsfähig, weil Ausübung politischer Macht, will sie das Prädikat „gut" für sich in Anspruch nehmen, sicher nicht über die Erfordernisse Nachhaltiger Entwicklung hinwegsehen und hinweggehen darf; deutungsbedürftig, weil fraglich ist, ob und in welchem Sinne das auch für „Good Governance" in dem angedeuteten terminologischen Sinne gilt, und weil der Klärung bedarf, ob auch umgekehrt Nachhaltige Entwicklung „Good Governance" voraussetzt.[67]

1. Nachhaltigkeit als Voraussetzung von „Good Governance"

Die erste Frage ist im Grundsatz zu bejahen: Von „Good Governance" im staatsbezogenen Sinne als gemeinwohlorientierter Steuerung von Gesellschaften kann nur in einem System gesprochen werden, das den künftigen Generationen nicht die ökologischen, ökonomischen oder sozialen Lebensgrundlagen entzieht.[68] Denn Gemeinwohl ist das Wohl der jetzigen und der künftigen Generationen. In diesem Sinne definiert Art. 9 Abs. 3 des Cotonou-Abkommens:

„... good governance is the transparent and accountable management of human, natural, economic and financial resources for the purposes of equitable and sustainable development. It entails clear decision-making procedures at the level of public authorities,

---

[64] Vgl. bspw. den Überblick bei *R. Dolzer*, Good Governance – Genese des Begriffs, konzeptionelle Grundüberlegungen und Stand der Forschung, in: ders./M. Herdegen/B. Vogel (Hrsg.), Good Governance. Gute Regierungsführung im 21. Jahrhundert, 2007, S. 13 ff.

[65] Vgl. insbes. Rio Declaration on Environment and Development (www.un.org/documents/ga/conf151/aconf15126-1annex1.htm) sowie Agenda 21 (https://sustainabledevelopment.un.org/content/documents/Agenda21.pdf) (jeweils zuletzt abgerufen am 17.11.2015).

[66] Bspw. *Bundesministerium für wirtschaftliche Zusammenarbeit und Entwicklung (BMZ)*, Gute Regierungsführung und nachhaltige Entwicklung lassen sich nicht trennen, abrufbar unter: www.bmz.de/de/was_wir_machen/themen/goodgovernance/index.html (zuletzt abgerufen am 30.10.2015).

[67] Bejahend bereits *Europäische Kommission* (Fn. 25) (in englischer Fassung), S. 2: „respect for human rights, democratic and pluralist structures and good governance are the prerequisites for equitable and sustainable development".

[68] Es fällt auf, dass die Weltbank, die – wie gesehen – ab 1989 das Konzept der „Good Governance" propagiert hat, zugleich „Vorreiter in der rechtlichen Niederlegung von Umweltschutzaspekten [war]. Bereits 1989 führte sie eine Umweltverträglichkeitsprüfung für alle von ihr finanzierten Projekte ein": *Dann* (Fn. 11), S. 92 (Fn. 275).

transparent and accountable institutions, the primacy of law in the management and distribution of resources and capacity building for elaborating and implementing measures aiming in particular at preventing and combating corruption.“

Leitgesichtspunkt der „Good Governance“ (oder emphatischer: ihr Leitstern) ist damit ein „equitable and sustainable development“. Die dem Konzept eingeschriebene Gemeinwohlvoraussetzungen – nach der (zitierten) treffenden Beschreibung der UN Economic Commission for Europe *participation, decency, transparency, accountability, fairness* und *efficiency*[69] – sind im Lichte dieses Leitgesichtspunkts zu lesen. So bezieht sich *decency* als „degree to which the formation and stewardship of the rules is undertaken without harming or causing grievance to people“ nicht nur auf bereits lebende Menschen, sondern auch auf kommende Generationen. Gleiches gilt für den Gesellschaftsbegriff, der der Beschreibung von *fairness* („the degree to which rules apply equally to everyone in society“) zugrunde zu legen ist. Ferner dürfte sich *accountability* als „the extent to which political actors are responsible to society for what they say and do“ nicht als bloße Pflicht zur Rechenschaftslegung, als Kontrollierbarkeit und/oder als Haftung verstehen, sondern hat auch die materialen Aspekte von Verantwortung und Verantwortlichkeit; insofern müssen Kontroll- und Haftungsmaßstäbe bereitstehen. Dabei ist „society“ wiederum territorial und temporal weit zu verstehen. Es kann daher offenbleiben, ob das letzte prägende Merkmal, das der Effizienz, neben Verschwendungsfreiheit, Verzögerungsfreiheit und Korruptionsfreiheit auch Generationengerechtigkeit impliziert.[70] „Good Governance“ impliziert damit eine raumzeitliche Öffnung.

Dies alles gilt freilich bislang nur für die staatsbezogene „Good Governance“. Im Bereich der Corporate Governance stellt sich die Situation anders dar; so spricht der Deutsche Corporate Governance Kodex nur im Zusammenhang mit Unternehmensentwicklung und Wertschöpfung von Nachhaltigkeit,[71] und auch im Übrigen ist nicht ersichtlich, dass ökologische und soziale Nachhaltigkeit (derzeit) als Anforderungen an Good Corporate Governance anerkannt wären.[72] Es liegt nahe, von diesem Befund aus ein „Greening of Corporate

[69] *UN Economic Commission for Europe* (Fn. 53).

[70] So ebenfalls *UN Economic Commission for Europe* (Fn. 53), S. 13 f.: „the extent to which limited human and financial resources are applied without waste, delay or corruption or without prejudicing future generations“.

[71] Präambel: „Der Kodex verdeutlicht die Verpflichtung von Vorstand und Aufsichtsrat, im Einklang mit den Prinzipien der sozialen Marktwirtschaft für den Bestand des Unternehmens und seine nachhaltige Wertschöpfung zu sorgen (Unternehmensinteresse).“; Zf. 4.1.1: „Der Vorstand leitet das Unternehmen ... mit dem Ziel nachhaltiger Wertschöpfung“; Zf. 4.2.3 (ähnlich 5.4.6.): „Die Vergütungsstruktur ist auf eine nachhaltige Unternehmensentwicklung auszurichten“.

[72] So kommt in *Europäische Kommission*, Grünbuch Europäischer Corporate Governance-Rahmen v. 5.4.2011, KOM(2011) 164 endg., die Umwelt, soweit ersichtlich, nur als Gegenstand des Risikomanagements vor, vgl. S. 11.

Governance" (d.h. eine Ökologisierung der Unternehmensführungsstandards) zu betreiben. Dem stünden aber Bedenken gegenüber, wie sie gleich näher auch für die entwicklungs- und verwaltungsbezogene „Good Governance" zu diskutieren sind.

2. *„Good Governance" als Voraussetzung von Nachhaltigkeit?*

Zu klären bleibt, ob Nachhaltige Entwicklung „Good Governance" voraussetzt.[73] Legt man die fünf Maximen des Weißbuchs (Offenheit, Partizipation, Verantwortlichkeit – auch i.S. genauer Zuständigkeiten – Effektivität und Kohärenz[74]) zugrunde, so spricht viel dafür, dass die Wahrung dieser Gedanken (ebenso wie Rechtsstaatlichkeit, Menschenrechte und Demokratie) eine Nachhaltige Entwicklung zwar nicht garantiert, aber wahrscheinlicher macht und erleichtert. So können Individuen und Verbände mit den Mitteln der Transparenz ihren Willen besser bilden und mit den Mitteln der Partizipation besser in die hoheitliche oder auch private Meinungsbildung einbringen (was ein Gegengewicht zur Durchsetzung von Kurzfristinteressen, aber auch ein Instrument für sie sein kann). Insgesamt dürfte die Verbesserung der Kommunikation in einer Gesellschaft – jedenfalls der Tendenz nach – die Entscheidungen auf eine breitere und rationalere Grundlage stellen. Insofern überzeugt es *cum grano salis*, wenn „Good Governance" als „Abbreviatur politischer Rahmenbedingungen zukunftsverantwortlicher Ressourcenbewirtschaftung" gedeutet wird.[75]

3. *„Good Governance" als vierte Säule von Nachhaltigkeit?*

Neben einem Verständnis von „Good Governance" als Voraussetzung von Nachhaltigkeit (2.) oder als Folge von Nachhaltigkeit (1.) ließe sich „Good Governance" auch als vierte Säule der Nachhaltigkeit denken.[76] Sie wäre dann eine zusätzliche begriffliche Anforderung bzw. Facette von Nachhaltigkeit. Diese Überlegung überzeugt aus einem doppelten Grunde nicht: Erstens unterschätzt sie die Pfadabhängigkeit, die gerade für komplexe Begriffe gilt. Diese lassen sich nicht ohne erhebliche Kosten für Verständlichkeit und Wirksamkeit kurzerhand modifizieren. Das Konzept der Nachhaltigkeit dürfte inzwischen mit seinen drei Säulen in der Breite bekannt sein und wirksam werden; eine Umstellung auf vier Säulen brächte Verwirrung, die umso unnötiger wäre, weil „Good Governance"

---

[73] So *Europäische Kommission* (Fn. 25); ferner *United Nations*, Plan of Implementation of the World Summit on Sustainable Development, 2002, para 4; hier zit. n. *Nowrot* (Fn. 8), S. 573.

[74] *Europäische Kommission* (Fn. 31), S. 13 f.

[75] So *K. F. Gärditz*, Nachhaltigkeit und Völkerrecht, in: W. Kahl (Hrsg.), Nachhaltigkeit als Verbundbegriff, 2008, S. 137 (143).

[76] So (referierend) *B. Herz* (Fn. 10), S. 535 (536 f.) unter Hinweis auf *D. Eisermann*, Die Politik der nachhaltigen Entwicklung, 2003, S. 21.

ja ohnehin Katalysator für Nachhaltigkeit ist. Zweitens läge der neue (vierte) Aspekte der Nachhaltigkeit auf einer anderen Ebene als die ersten drei: Während diese Dimensionen der Langfristverantwortung bezeichnen, stellt „Good Governance“ keinen eigenen Lebensbereich und auch kein gesellschaftliches Subsystem, sondern den Inbegriff der die Lebensbereiche (oder Subsysteme) querschnittsartig betreffenden Steuerungsstrukturen dar. Am bisherigen Verständnis von Nachhaltigkeit kann daher festgehalten werden; „Good Governance“ ist gleichermaßen begünstigender Faktor und Wirkung, aber keine eigenständige Dimension von Nachhaltigkeit.

4. Nachhaltigkeit und „Good Governance“ – zweieiige Zwillinge?

Angesichts der Tatsache, dass die politischen Konzepte der Nachhaltigkeit und der „Good Governance“ (im entwicklungsbezogenen Sinne) annähernd gleichaltrig sind, könnte man sie für zweieiige Zwillinge halten. Von den gleichen Eltern stammend, wäre „Good Governance“ dann im Lichte des Nachhaltigkeitsgedankens zu lesen, also von vornherein auf Zukunftsfähigkeit ausgerichtet, und Nachhaltigkeit im Lichte von „Good Governance“, also auch struktur- und verfahrensorientiert. Jedenfalls gibt es keinen Grund, das Gemeinwohl lediglich auf eine bestimmte Gesellschaft und auf eine bestimmte Generation (unter Ausschluss zukünftiger Generationen) zu beziehen. Vielmehr verbieten es die Maximen der *decency*, *accountability*, *fairness* und *efficiency*, statt einer Problemlösung eine Problemverschiebung in die Zukunft vorzunehmen. Man kann daher den Konzepten der entwicklungsbezogenen und der verwaltungsbezogenen „Good Governance“ ein Kostenexternalisierungsverbot (Verlagerungsverbot) bzw. ein Internalisierungsgebot entnehmen: Die Lösung der hier und jetzt entstehenden Probleme darf nur ausnahmsweise in Zeit und Raum verschoben werden. Zugleich ist zuzugeben, dass sich in der Regel weder aus dem Nachhaltigkeitsgrundsatz noch aus den Anforderungen guter Regierungsführung konkrete Folgen ableiten lassen: So ist und bleibt es eine politisch zu treffende und politisch zu verantwortende Entscheidung, ob Nachhaltigkeit durch schuldenfinanzierte Infrastrukturinvestitionen oder aber durch Absehen von Investitionen zugunsten einer Haushaltskonsolidierung verwirklicht wird. Ebenso bleibt die Auflösung der Binnenkonflikte zwischen den ökologischen, den ökonomischen und den sozialen Aspekten der Nachhaltigkeit eine eminent politische Frage, die sich weder durch Techniken und Expertise (Technokratie) noch durch eine Juridifizierung (Nomokratie) befriedigend beantworten lässt.

V. Fazit und Ausblick

1. „Good Governance" als Chamäleon

„Governance" – das Gesamt der Steuerungsstrukturen und der Modus der Steuerung in einem bestimmten Bezugssystem – ist ein Begriff der analytischen Erweiterung, der auf die Entgrenzungen in der Welt und in den Wissenschaften reagiert. Er kann neben formalen auch informale Arrangements, neben dem Nationalstaat auch zwischen- und überstaatliche Organisationen, neben hoheitlichen auch private Akteure erfassen. Diese Vielfalt teilt die Formel „Good Governance". Aus ihr bezieht sie zugleich ihren Reiz und ihre Chamäleonhaftigkeit. Sie hat im entwicklungs-, verwaltungs- und unternehmensbezogenen Kontext je unterschiedliche Bedeutungen.

Mag die Formel also auch wechselnde Farben haben – konturenlos ist das mit ihr Bezeichnete freilich nicht: Festhalten lässt sich, dass „Good Governance" als *governance* Steuerungsstrukturen erfasst, die nicht nur material, sondern auch formal definiert sind, insbesondere Vorgaben modaler, prozeduraler Art: die Art und Weise („manner") der Ausübung von Kompetenzen und Befugnissen. Dabei geht es um reale Bewirkung. Bei der Bestimmung des Attributs „good" ist der terminologische Selbststand der Wortkombination zu beachten. Qualitativer Bezugspunkt ist ein – wie auch immer bestimmtes – Gemeinwohl. Durch Globalisierung und Nachhaltigkeitsgedanken ist es territorial und temporal geöffnet, umfasst also die globale und auch die zukünftige Allgemeinheit (bzw. Allgemeinheiten). Strukturen, die ökologischen, ökonomischen oder sozialen Raubbau systematisch erlauben, erleichtern oder anreizen, können daher nicht „Good Governance" sein. Sie erfordert vielmehr die systematische Berücksichtigung der Belange aller Betroffenen und insbesondere künftiger Generationen. In quantitativer Hinsicht kann als „gut" ein Zustand oder Verhalten in der Regel einerseits nicht schon dann bezeichnet werden, wenn die positivrechtlichen Anforderungen (als eine Art sozialethisches Minimum) erfüllt sind; vielmehr geht es um deren Überbietung, um eine Verbesserung des *status quo*. Wie die Rede von „Governance" ist auch das Propagieren von „Good Governance" eine Reformstrategie (so dass jeweils der Klärung bedarf, ob es eher Basis oder eher Surrogat von Reformen ist[77]). Andererseits fordert sie keine *best practice*. Vielmehr zielt „Good Governance" – realistisch, nicht maximalistisch – auf die Überbietung geltender Rechtsnormen im Sinne verantwortlichen, nicht bestmöglichen Handelns.

Der vermeintlich unpolitische Ursprung der Formel bei der Weltbank und ihr scheinbar unpolitischer Charakter schlagen sich freilich nach wie vor im

[77] Instruktiv zu diesem Problem in der Staats- und Verwaltungsmodernisierung *Jann* (Fn. 14), S. 21 (37 ff.).

Attribut „gut“ nieder, so als ob klar wäre, was für das jeweilige Bezugssystem (die entgrenzt gedachte Allgemeinheit) gut, was gemeinwohldienlich ist. In dieser Optik reduzieren sich Probleme auf instrumentelle Fragen und Effizienzfragen; Interessenkonflikte und Machtfragen tauchen nicht auf, sondern werden invisibilisiert. Was im Sinne der Formel „Good Governance“ also „gut“ ist, steht nicht von vornherein fest, wird allerdings auch nicht den politischen Entscheidungsorganen überlassen, sondern kraft überlegenen Wissens oder kraft Ethisierung der Diskussion vorgegeben. Insofern behalten die Good-Governance-Konzepte eine apolitische Anmutung.[78] Das mag zusätzlich an der Akteursvielfalt liegen, die durch die Governance-Perspektive in den Blick kommt: Wo viele für eine Wirkung verantwortlich sind, ist am Ende niemand verantwortlich.[79] Damit bleibt auch die Frage nach einer effektiven Kontrolle der Akteure letztlich unbeantwortet.[80] Die Propagierung von „Good Governance“ darf also nicht darauf hinauslaufen, sie als eine Form der *output*-Legitimation zu verstehen und so Aufmerksamkeit von Fragen der *input*-Legitimation, insbesondere demokratischer Legitimation, wegzulenken.[81]

Mit der implizierten Akteursvielfalt ist eine Adressatenvielfalt verbunden: „Good Governance“ stellt jedenfalls potentiell Anforderungen nicht nur an Hoheitsträger auf, sondern auch an Private. Damit kann und wird sie deren Freiheit schmälern. Das ist unanstößig, wenn der Freiheitseingriff nicht eskamotiert, sondern nach den jeweils geltenden Anforderungen demokratisch legitimiert wird. Es wäre dagegen anstößig, wenn der Eindruck erweckt würde, dass sich Good-Governance-Vorgaben gewissermaßen von selbst, „aus der Sache“ rechtfertigten.[82] Die vielfältigen Bewertungen, vor allem die zur Auflösung von

[78] Good Governance kann im Extremfall als Technokratie dann auch Expertokratie sein: „When a matter is largely scientific or technical, having designated supranational experts address the problem may be uncontroversial“: *D. C. Esty*, Good Governance at the Supranational Scale: Globalizing Administrative, Law Yale L. J. 115 (2006), S. 1490 (1511), zust. *A. Fisher*, From Diagnosing Under-immunization to Evaluating Health Care Systems, in: K. E. Davis et al. (Hrsg.), Governance by Indicators, 2012, S. 217 (242).

[79] „Ohne [...] die Differenzierung zwischen denjenigen, die verantwortlich sind, und denen, die es nicht sind“, ergibt Verantwortung schlechthin „keinen Sinn“: *A. Voßkuhle*, Gesetzgeberische Regelungsstrategien der Verantwortungsteilung zwischen öffentlichem und privatem Sektor, in: G. F. Schuppert (Hrsg.), Jenseits von Privatisierung und „schlankem“ Staat, 1999, S. 47 (54).

[80] Vgl. zu diesem bei Einnehmen der Governance-Perspektive nicht seltenen Phänomen *W. Kahl*, Rechts- und Sachkontrolle in grenzüberschreitenden Sachverhalten, in: J. Isensee/P. Kirchhof (Hrsg.), Handbuch des Staatsrechts der Bundesrepublik Deutschland, Bd. XI, 3. Aufl. 2013, § 253 Rn. 10: „Insbesondere auf die ... Kontrollfragen liefern die Governance-Modelle bislang kaum Antworten, sondern neigen ... eher zu deren Vernachlässigung“.

[81] Zum Teil wird gerade ein Mangel an demokratischer Legitimation und Transparenz derjenigen Institutionen kritisiert, die besonders intensiv „Good Governance“ einfordern (wie Weltbank und IWF), so durch *Benhabib* (Fn. 4), S. 676.

[82] Insoweit zutreffend *Glaser* (Fn. 22), S. 13 (26): „Good governance appears as a naturally given, universal aim whose necessary conditions just have to be fulfilled and which itself is put out of discussion claiming to be substantially approachable solely via its procedural conditions

Binnenkonflikten unter dem Dach der Nachhaltigkeit notwendigen, können nicht anders als politisch in den davor vorgesehenen rechtlichen Formen und Verfahren entschieden werden.

Der rechtsnormative Status von „Good Governance“ ist uneinheitlich. Zunächst ein politisches Konzept, steht die Formel, obwohl unscharf, der Positivierung (und zumal der Nutzung im Völkervertragsrecht) offen, die im Bereich des Entwicklungshilferechts auch vielfach erfolgt ist. Bedenken mit Hinblick auf hinreichende Bestimmtheit bestünden, wo „Good Governance“ als ordnungsrechtliche Anforderung oder Tatbestandsvoraussetzung für hoheitliche Eingriffe genutzt würde; als Anknüpfungspunkt oder Bedingung im Leistungsrecht erscheint die Formel durch ihre Kontextualisierbarkeit bestimmt genug. Partikulares, geschweige denn universelles Völkergewohnheitsrecht bezeichnet sie nach hier vertretener Auffassung bislang nicht. Neben diesen rechtsnormativen Dimensionen steht ihre Funktion als „Ordnungsidee“,[83] d. h. als von allen beteiligten Akteuren (einschließlich der Wissenschaften) ausgeformtes und weiter auszuformendes Konzept.

2. Ausblick

Welche Richtung sollte eine solche Ausformung annehmen? Ist eine Vereinheitlichung der „Good Governance“ in den verschiedenen Verwendungsgebieten anzustreben? Die Maxime des guten Regierens könnte dann zu einem Modul werden, das überall dort zum Einsatz bereit steht, wo Macht ausgeübt wird. Dagegen spricht aber, dass die Funktionen im Einzelnen so unterschiedlich sind, dass eine Vereinheitlichung dem nicht gerecht würde. So wird man jedenfalls im entwicklungs- und im verwaltungsbezogenen Good-Governance-Begriff sehr unterschiedliche Grade von Partizipation und Transparenz fordern müssen. Auch kann man die durch „Good Governance“ an Gemeinwesen gerichteten Anforderungen nicht umstandslos auf Unternehmen übertragen; dies würde Grundrechtsverpflichtete und Grundrechtsberechtigte, Freiheitsgaranten und Freie gleichschalten.

Sollte dann nicht wenigstens eine weitere Vernachhaltigung der Begriffe des „Good Governance“ betrieben werden? Auch hier erscheint Zurückhaltung angebracht. Erstens wäre damit die Herausforderung verbunden, eine Verbesserung gegenüber dem tatsächlichen *status quo* zu definieren und zu implemen-

---

which itself are supposed to form a universal standard. In fact, good governance according to this concept is not value-neutral or reinforcing universally accepted values and policies at all. It has, on the contrary, been very much an instrument to achieve a particular political vision, namely a (neo-) liberal one. As such it is only at the surface solely an economic approach but effectively represents a distinct, fully-fledged worldview“.

[83] So die treffende Formulierung bei *Nowrot* (Fn. 8), S. 576 und öfter.

tieren, nicht lediglich eine Verbesserung der geschriebenen Rechtslage.[84] Zweitens bedarf es der sorgfältigen Vergewisserung über die Implikationen. Denn je gehaltvoller der Begriff und damit je weitreichender die Anforderungen der „Good Governance“ an Institutionen oder Organisationen sind, desto intrusiver wird das Konzept – mit allen Konsequenzen.[85] Zu diesen Konsequenzen müsste insbesondere zählen, dass sich „Good Governance“ weit intensiver als bisher Fragen nach ihren Legitimationsquellen ausgesetzt sähe. Auch sänke die Chance, dass das Konzept als Völkergewohnheitsrecht theoretische Anerkennung und praktische Beachtung fände.

Die Ordnungsidee „Good Governance“ ist damit in mehrfacher Hinsicht eine Herausforderung für die Rechtswissenschaften: Als vielgebrauchte Wendung mit terminologischem Charakter muss sie kontextorientiert ausgeformt werden. Auf Hoheitsträger wie Private angewendet und die Grenzen von Öffentlichem und Privatrecht überschreitend, dürfte sie ein (weiteres[86]) Beispiel für neu entstehendes Gemeinrecht darstellen. Als werbende Formel bedarf sie behutsamer Konkretisierung zwischen der Skylla aussageschwacher Sprachspiele, die allseitigen Konsens spiegeln (anstatt herzustellen), und der Charybdis weitreichender Forderungen ohne Akzeptanz- oder Implementationschancen. Als Inbegriff gemeinwohlorientierter Steuerungsstrukturen und Steuerungsmodalitäten sichert sie Nachhaltigkeit, und zwar gerade auch durch Organisation und Verfahren, ohne dass damit die Lösung der unausweichlichen Binnenkonflikte vorgezeichnet wäre. Als Dachkonzept mit technokratisch-instrumenteller Anmutung setzt sie auf die List der Vernunft, darf die politischen Dimensionen der Einzelgehalte aber nicht vergessen lassen: „Good Governance“ ist nicht legitimationsstiftend, sondern legitimationsbedürftig.

---

[84] Unter Umständen wird ein klareres, konturierteres theoretisches Konzept mit Verlusten in der Implementationsphase erkauft; so im Verhältnis der EU zu den AKP-Staaten *Conzelmann* (Fn. 20), S. 468 (473 f.): „Good Governance“ als „das, was sich in den Verhandlungen … als kompromissfähig und … machbar herausstellt“.

[85] Vgl. zu diesem Zusammenhang in der Entwicklungshilfe *Dann* (Fn. 11), S. 107.

[86] Zum Beispiel Qualitätssicherung und Qualitätsmanagement *F. Reimer*, Qualitätssicherung, 2010, S. 458.

Nachhaltigkeit und Steuerungstheorie

Mathias Schubert

I. Einleitung

Will man ergründen, wie eine Umsetzung des Nachhaltigkeitsprinzips *durch* Organisation und Verfahren – und folglich durch ihre rechtliche Ausgestaltung – möglichst effektiv gelingen kann, liegt es nahe, sich um einen steuerungstheoretischen Anschluss zu bemühen. Das in der übergeordneten Fragestellung angelegte Verständnis von Organisation(s-) und Verfahren(srecht) als Mittel zu dem Zweck, Nachhaltigkeit zu fördern, verweist auf dasjenige, was unter dem steuerungswissenschaftlichen Ansatz als „Bewirkungsdimension des Rechts“[1] bezeichnet wird. Hinter diesem Topos steht die Vorstellung von Recht als „Instrument zur Bewirkung von erwünschten und zur Vermeidung von unerwünschten Wirkungen, also zur Beeinflussung von Ereignisabläufen“[2]. Die Steuerungswissenschaft sucht demnach Ausmaß und Möglichkeiten der Zweckverwirklichung durch Recht (auch im Zusammenwirken mit außerrechtlichen Steuerungsfaktoren) zu ergründen; sie fragt nach der Eignung von Rechtsinstrumenten, den mit ihnen angestrebten Zustand tatsächlich zu erreichen oder ihm zumindest näher zu kommen.[3] Angesichts der berechtigten Forderung, die Erkenntnisse der intensiv und auf hohem Abstraktionsniveau geführten steuerungswissenschaftlichen Diskussion für die Rechtspraxis fruchtbar zu machen,[4]

---

[1] *A. Voßkuhle*, Neue Verwaltungsrechtswissenschaft, in: W. Hoffmann-Riem/E. Schmidt-Aßmann/ders. (Hrsg.), Grundlagen des Verwaltungsrechts, Band I, 2. Aufl. 2012, § 1 Rn. 17; siehe auch *A. Scherzberg*, Das Allgemeine Verwaltungsrecht zwischen Praxis und Reflexion, in: H.-H. Trute et al. (Hrsg.), Allgemeines Verwaltungsrecht – zur Tragfähigkeit eines Konzepts, 2008, S. 837 (863).

[2] *W. Hoffmann-Riem*, Organisationsrecht als Steuerungsressource, in: E. Schmidt-Aßmann/ders. (Hrsg.), Verwaltungsorganisationsrecht als Steuerungsressource, 1997, S. 355 (358); *ders.*, Rechtsformen, Handlungsformen und Bewirkungsformen, in: ders./E. Schmidt-Aßmann/A. Voßkuhle (Hrsg.), Grundlagen des Verwaltungsrechts, Band II, 2. Aufl. 2012, § 33 Rn. 16.

[3] *S. Meyer*, Fordert der Zweck im Recht wirklich eine „Neue Verwaltungsrechtswissenschaft“?, VerwArch 101 (2010), S. 351 (352); siehe auch *K. F. Gärditz*, Hochschulorganisation und verwaltungsrechtliche Systembildung, 2009, S. 172.

[4] *W. Kahl*, Diskussionsbeitrag, VVDStRL 67 (2008), S. 335 f.; *F. Schoch*, Gemeinsamkeiten und Unterschiede von Verwaltungsrechtslehre und Staatsrechtslehre, Die Verwaltung, Beiheft 7, 2007, S. 177 (206); *W. Durner*, Die Wissenschaft vom Öffentlichen Recht in Verwaltung und Wirtschaft, Die Verwaltung 48 (2015), S. 203 (221 ff.).

ist im vorliegenden Zusammenhang die Frage nach der Verwertbarkeit für die Umsetzung des Nachhaltigkeitsprinzips aufgeworfen; denn wenig wäre gewonnen, würde die hierauf gerichtete, schon seit Längerem währende Diskussion lediglich unter einem neuen Etikett – eben demjenigen der Steuerung – weitergeführt. Inwieweit vermag also der steuerungstheoretische Ansatz die Diskussion um eine wirksamere Nachhaltigkeitspolitik und daraus fließende Rechtsetzung voranzubringen? Oder kürzer: Kann die Steuerungsdiskussion die Nachhaltigkeitsdiskussion befruchten?

Vor diesem Hintergrund soll es im Folgenden darum gehen, die Leistungsfähigkeit wesentlicher *rechtlicher Steuerungskonzepte* sub specie des Ziels zu ergründen, die Umsetzung des Nachhaltigkeitsprinzips zu effektivieren. Zu diesem Zweck sei zunächst der steuerungstheoretische Ansatz einschließlich des ihm zugrunde liegenden Steuerungsbegriffs umrissen (II.). Auf dieser Grundlage kann sodann der rechtlichen Steuerung im Dienst der Nachhaltigkeit nachgegangen werden (III.).

II. Steuerungstheoretischer Ansatz

Die Vorstellung von der „(Verhaltens-)Steuerung durch Recht" bringt im Grunde Selbstverständliches zum Ausdruck: „Alles Recht zielt auf Wirksamkeit"[5].[6] Gleichwohl ist in den 1970er Jahren eine intensive sozialwissenschaftliche Debatte über die Steuerungsfähigkeit des Rechts entbrannt, die spätestens zu Beginn der 1990er Jahre die Verwaltungsrechtswissenschaft ergriffen hat und dort nicht minder engagiert – unter den Vorzeichen einer angestrebten Verwaltungsrechtsreform[7] – geführt worden ist. Ihren Kulminationspunkt erreichte die Diskussion in der zweiten Hälfte der 2000er Jahre; in dieser Zeit zog das methodische Konzept der so genannten „Neuen Verwaltungsrechtswissenschaft" erhebliche Aufmerksamkeit auf sich, dies vor allem deshalb, weil es als eines seiner konstituierenden Elemente eine steuerungstheoretische Perspektive auf das Recht verstanden wissen will: Verwaltungsrechtswissenschaft als Steuerungswissenschaft[8]. Damit war

---

[5] *E. Schmidt-Aßmann*, Das Allgemeine Verwaltungsrecht als Ordnungsidee, 2. Aufl. 2006, Erstes Kap., Rn. 33.

[6] Damit geht nicht zwangsläufig ein ausschließlich instrumentelles Verständnis des (Verwaltungs-)Rechts einher – Letzteres ist und bleibt vielmehr zugleich Ausdruck der verfassungsrechtlich angelegten materialen Wertordnung, *E. Schmidt-Aßmann*, Verwaltungsorganisationsrecht als Steuerungsressource, in: ders./W. Hoffmann-Riem (Hrsg.), Verwaltungsorganisationsrecht als Steuerungsressource, 1997, S. 9 (18 f.); *Voßkuhle* (Fn. 1), Rn. 18.

[7] Dazu etwa *A. Voßkuhle*, Die Reform des Verwaltungsrechts als Projekt der Wissenschaft, Die Verwaltung 32 (1999), S. 545; kritisch *R. Schmidt*, Die Reform von Verwaltung und Verwaltungsrecht, VerwArch 91 (2000), S. 149 (167 f.).

[8] Dazu *C. Bumke*, Relative Rechtswidrigkeit, 2004, S. 259 ff.; *Schmidt-Aßmann* (Fn. 5), Rn. 33 ff.; *G. F. Schuppert*, Verwaltungsrechtswissenschaft als Steuerungswissenschaft, in: W. Hoff-

eine in der Folgezeit lebhaft umstrittene, weil an das disziplinäre und methodische Selbstverständnis der Jurisprudenz rührende Frage aufgeworfen[9], nämlich diejenige nach dem Verhältnis der Steuerungswissenschaft – als originär sozialwissenschaftlicher (Sub-)Disziplin – zur (Verwaltungs-)Rechtswissenschaft als Normwissenschaft[10].[11]

Ungeachtet des Streits um die Verortung steuerungsorientierten Denkens in der Rechtswissenschaft dürfte allerdings weitgehend Einigkeit darüber bestehen, dass ein solches Denken bei der wissenschaftlichen Betrachtung des Verwaltungsrechts eine wichtige *Perspektivenerweiterung* mit sich bringt.[12] Es schärft das Bewusstsein für die rechtlichen wie außerrechtlichen Bedingungen, unter denen möglichst wirksames und gestaltungsmächtiges – folglich auch zukunftstaugliches – Recht erzeugt werden kann.[13] Als methodische Werkzeuge fungieren dabei die Analyse des Realbereichs,[14] d.h. der betreffenden „Wirklichkeitsausschnitte", auf die steuernd Einfluss genommen werden soll, ferner die prospektive wie retrospektive Rechtswirkungsforschung[15]. All dies bedingt offenkundig eine „inter-, trans- oder zumindest multidisziplinäre Auseinandersetzung mit den Erkenntnissen anderer Wissenschaftsdisziplinen"[16]. Zu begrüßen ist ins-

---

mann-Riem/E. Schmidt-Aßmann/ders. (Hrsg.), Reform des Allgemeinen Verwaltungsrechts, Grundfragen, 1993, S. 65; *Voßkuhle* (Fn. 1), Rn. 17.

[9] *E. Schmidt-Aßmann*, Verwaltungsrechtliche Dogmatik, 2013, S. 22.

[10] Siehe dazu die Berichte von *I. Appel* und *M. Eifert* zum Beratungsgegenstand „Das Verwaltungsrecht zwischen klassischem dogmatischen Verständnis und steuerungswissenschaftlichem Anspruch", VVDStRL 67 (2008), S. 226, 286.

[11] Im Näheren geht es um die Frage, ob die Verwaltungsrechtswissenschaft der Aufnahme disziplinfremder Gegenstände und Methoden zugänglich ist, sie demnach von einer „anwendungsbezogenen Interpretationswissenschaft zu einer auch rechtsetzungsorientierten Handlungs- und Entscheidungswissenschaft" fortentwickelt und in der Konsequenz ihrerseits als Steuerungswissenschaft begriffen werden kann und (reformbedingt) muss, bejahend *Voßkuhle* (Fn. 1), Rn. 15; *Schmidt-Aßmann* (Fn. 5), Rn. 45 f.; *W. Kahl*, Parlamentarische Steuerung der internationalen Verwaltungsvorgänge, in: H.-H. Trute et al. (Hrsg.), Allgemeines Verwaltungsrecht – zur Tragfähigkeit eines Konzepts, 2008, S. 71 (71); kritisch etwa *S. Haack*, Läuterung der Verwaltungsrechtstheorie, Rechtswissenschaft 2013, S. 418; *Meyer* (Fn. 3), S. 356 ff.; zur Deeskalation des Disziplinen- resp. Methodenstreits im Wege der Befreiung des Steuerungsgedankens von seiner sozialwissenschaftlichen Einkleidung und seiner Reduktion auf einen „reinen Begriffs- und Kategorienapparat mit normativem Gehalt" *Bumke* (Fn. 8), S. 263 f.

[12] *Kahl* (Fn. 11), S. 72; *ders.*, Über einige Pfade und Tendenzen in Verwaltungsrecht und Verwaltungsrechtswissenschaft, Die Verwaltung 42 (2009), S. 463 (491); *C. Franzius*, Modalitäten und Wirkungsfaktoren der Steuerung durch Recht, in: W. Hoffmann-Riem/E. Schmidt-Aßmann/A. Voßkuhle (Hrsg.), Grundlagen des Verwaltungsrechts, Band I, 2. Aufl. 2012, § 4 Rn. 1; siehe auch *Eifert* (Fn. 10), S. 308, dem zufolge der „entscheidende Zugewinn des steuerungswissenschaftlichen Ansatzes" in einem „systematischen, theoretisch angeleiteten Abgleich der Leistungen des Verwaltungsrechts mit seinen normativen Ansprüchen" besteht.

[13] *Franzius* (Fn. 12), Rn. 1; *Kahl* (Fn. 12), S. 490.

[14] *Voßkuhle* (Fn. 1), Rn. 29 ff.

[15] Dazu *Voßkuhle* (Fn. 1), Rn. 32 ff. m. w. N.

[16] *Voßkuhle* (Fn. 1), Rn. 39; *Gärditz* (Fn. 3), S. 96 f.

besondere die „Wiederbelebung“ der Gesetzgebungswissenschaft, deren engere Anbindung an die Verwaltungsrechtswissenschaft zu Recht gefordert wird.[17]

Im rechtswissenschaftlichen Kontext findet sich ein handlungsorientierter, d.h. an die Akteursperspektive gekoppelter Steuerungsansatz[18] rezipiert.[19] Steuern meint hiernach zunächst – in durchaus betonter Anlehnung an alltagssprachliche Verwendungszusammenhänge[20] – das gezielte Einwirken auf ein „System“, vor allem in dem Sinn, es von einem Zustand in einen anderen zu versetzen.[21] Andernorts wird das Begriffsverständnis dahin gehend präzisiert, dass ein „absichtsvolles, konzeptionell orientiertes ‚Einwirken auf Organisationen – insbesondere auf ihre Umwelt, ihre Entscheidungssituation, ihre Entwicklungsabläufe – zur Erreichung vorgegebener oder selbst gesetzter Ziele, namentlich durch Zielsetzung, Planung, Information, Motivation und Kontrolle‘“ gemeint sei.[22] An Anschaulichkeit gewinnt der Steuerungsgedanke, wenn man die ebenfalls sozialwissenschaftlich fundierte[23] und im rechtswissenschaftlichen Zusammenhang vielfach aufgegriffene[24] „Architektur des Steuerungsbegriffs“[25] nachzeichnet: Danach setzt Steuerung notwendig ein (individuelles oder korporatives) *Steuerungssubjekt* voraus, welches mittels bestimmter *Steuerungsmaßnahmen*[26] auf ein *Steuerungsobjekt* einwirkt, um – autonom oder heteronom gesetzte – *Steuerungsziele* zu erreichen. Erfolgreiche Steuerung bedingt ferner ein hohes Maß an *Steuerungswissen* um die Wirkungsbeziehun-

---

17 *R. Wahl*, Herausforderungen und Antworten: Das Öffentliche Recht der letzten fünf Jahrzehnte, 2006, S. 90; dies aufgreifend *Franzius* (Fn. 12), Rn. 106, mit dem Plädoyer für einen „Brückenbau“; ähnlich bereits *U. Smeddinck*, „Gesetzesproduktion“ als interdisziplinärer Verbundbegriff, ZG 2004, S. 382.

18 Grundlegend *R. Mayntz*, Politische Steuerung und gesellschaftliche Steuerungsprobleme (1987), in: dies., Soziale Dynamik und politische Steuerung, 1997, S. 186 (190 ff.); zur Relevanz dieses Beitrags für die Neuausrichtung des Verwaltungsrechts anhand der Steuerungsidee *H. Treiber*, Verwaltungsrechtswissenschaft als Steuerungswissenschaft – eine „Revolution auf dem Papier“? (Teil 1), KJ 40 (2007), S. 328 (343 ff.).

19 Dazu *Schuppert* (Fn. 8), S. 68; *Voßkuhle* (Fn. 1), Rn. 20; zur Eigenständigkeit dieses Ansatzes gegenüber dem sozialwissenschaftlichen Modell *Schmidt-Aßmann* (Fn. 5), Rn. 38 f.

20 Dazu *Mayntz* (Fn. 18), S. 190, mit dem Verweis auf technische Zusammenhänge (Steuern eines Fahrzeugs); zur „erkenntnisfördernde[n], heuristische[n] Funktion der Metapher“ mit Blick auf den „Schlüsselbegriff“ der Steuerung *H. Treiber*, Verwaltungsrechtswissenschaft als Steuerungswissenschaft – eine „Revolution auf dem Papier“? (Teil 2), KJ 41 (2008), S. 48 (55 ff.).

21 *Mayntz* (Fn. 18), S. 190.

22 *Kahl* (Fn. 12), S. 72, im Anschluss an *A. von Mutius*, Die Steuerung des Verwaltungshandelns durch Haushaltsrecht und Haushaltskontrolle, VVDStRL 42 (1984), S. 147 (153). Aus normativ gewendeter Sicht wird Steuerung bündig als „etwas zur Folge haben sollen“ verstanden, siehe *Bumke* (Fn. 8), S. 264; dem folgend *Eifert* (Fn. 10), S. 294.

23 *Mayntz* (Fn. 18), S. 190 f.; *R. Voigt*, Politische Steuerung aus interdisziplinärer Perspektive, Post-Diskussions-Papiere Nr. 1, 1991, S. 16.

24 Siehe nur *Schuppert* (Fn. 8), S. 68 ff.; *Voßkuhle* (Fn. 1), Rn. 20; *Kahl* (Fn. 12), S. 72; *J. Martin*, Das Steuerungskonzept der informierten Öffentlichkeit, 2012, S. 26 f.

25 *Voigt* (Fn. 23), S. 16; aufgegriffen von *Schuppert* (Fn. 8), S. 69.

26 *Kahl* (Fn. 12), S. 72, spricht von „Steuerungsintervention“.

gen zwischen Steuerungsmaßnahmen und -ergebnissen.[27] Die den Steuerungssubjekten allgemein zur Verfügung stehenden „Mittel", aus welchen sie konkrete Steuerungsmaßnahmen(bündel) generieren können, sind von denkbar großem Variantenreichtum[28]; sie entziehen sich bislang einer konsentierten begrifflichen Ordnung.[29] Ohne dass an dieser Stelle ein Systematisierungsvorschlag unterbreitet werden soll, empfiehlt es sich, auf einer höheren Ordnungsebene von *Steuerungsmedien*[30] zu sprechen und als solche Recht, Markt, Budget, Personal und Organisation zu bezeichnen;[31] auf einer nachgeordneten Ebene erscheint der Begriff der *Steuerungsinstrumente* adäquat, von denen vorliegend solche rechtlicher Art im Zentrum der Betrachtung stehen sollen.[32]

Das vorstehend skizzierte Grundmodell der Steuerung kommt als solches recht simpel, ja trivial daher;[33] als umso vielgestaltiger und komplexer erweisen sich indes die *Wirkungszusammenhänge* zwischen den einzelnen „Bausteinen". Es sind diese Relationen, die den zentralen Erkenntnisgegenstand der zutreffend als analytisches Konzept verstandenen Steuerungsperspektive ausmachen.[34] Dem steuerungswissenschaftlichen Ansatz geht es also im Kern darum, Wege aufzuzeigen, wie Steuerungswissen gewonnen, stetig erweitert und zugunsten „besserer" Entscheidungen fruchtbar gemacht werden kann.[35] Komplexitätssteigernd wirkt dabei zum einen die „Doppelstellung der Exekutive"[36], die zu einem kaskadenartigen Verbund mehrerer, interdependenter Steuerungsbe-

---

[27] Näher *Schuppert* (Fn. 8), S. 68 f. m. w. N.; *Gärditz* (Fn. 3), S. 164.

[28] Ein Blick in die im Schrifttum vorfindlichen Steuerungstypologien bzw. -klassifikationen offenbart die beträchtliche Vielfalt an Interventionsmöglichkeiten, aus denen staatliche Steuerungsakteure schöpfen und die sie miteinander zu komplexen Arrangements verbinden können, siehe etwa *K. König/N. Dose*, Klassifikationsansätze zum staatlichen Handeln, in: dies. (Hrsg.), Instrumente und Formen staatlichen Handelns, 1993, S. 13 ff.; partiell daran anknüpfend *Schuppert* (Fn. 8), S. 71 ff.

[29] So finden sich im Schrifttum Begriffe wie Steuerungsmedien, -instrumente, -ebenen, -strukturen, -konzepte, -modi u. v. m., mit zum Teil gleichem Bedeutungsgehalt.

[30] Gleichbedeutend: Steuerungsmittel.

[31] *Schmidt-Aßmann* (Fn. 5), Rn. 37; anders *G. F. Schuppert*, Verwaltungswissenschaft, 2000, S. 456 f., der, allerdings mit partiell abweichender Zuordnung, von „Steuerungsebenen" spricht.

[32] Die verbreitete Reihung jener Steuerungsmedien erscheint allerdings insoweit fragwürdig, als auch die vorgeblich außerrechtlichen Faktoren bereits rechtlich erfasst und umhegt sind, zutreffend *Gärditz* (Fn. 3), S. 170 f.

[33] Siehe *Treiber* (Fn. 20), S. 49 in Fn. 107; auch *Kahl* (Fn. 12), S. 490 in Fn. 204; Gleiches gilt für dessen schlichte „Zurichtung" für rechtswissenschaftliche Zwecke, zumal wenn sie sich damit begnügt, als Steuerungssubjekt „den parlamentarischen Gesetzgeber", als Steuerungsobjekt „die Verwaltung" und als Steuerungsmedium „das Allgemeine und Besondere Verwaltungsrecht" einzusetzen, siehe ebenfalls *Treiber* (Fn. 20), S. 64, mit Kritik an *Schuppert* (Fn. 8), S. 69 f.

[34] *Schmidt-Aßmann* (Fn. 5), Rn. 35 ff.; *ders.* (Fn. 9), S. 20 f.; *Schmidt* (Fn. 7), S. 152; *Voßkuhle* (Fn. 1), Rn. 22 ff.; zu weiteren Funktionen des Steuerungsbegriffs siehe etwa *Gärditz* (Fn. 3), S. 166 ff.

[35] *Voßkuhle* (Fn. 1), Rn. 24; *Gärditz* (Fn. 3), S. 164 f.

[36] *Schmidt-Aßmann* (Fn. 5), Rn. 36; *Schmidt* (Fn. 7), S. 152; dazu auch *A. Windoffer*, Verfahren der Folgenabschätzung als Instrument zur rechtlichen Sicherung von Nachhaltigkeit, 2011, S. 533 f.

ziehungen führt.[37] Die Verwaltung tritt einerseits als Objekt legislativer Steuerung in Erscheinung[38], andererseits ist sie dort selbst Steuerungssubjekt, wo sie, Steuerungsimpulse des Gesetzgebers aufnehmend und umsetzend, eigenständig steuert, insbesondere im Rahmen administrativer Entscheidungs- resp. Gestaltungsspielräume.[39] Als Steuerungsobjekte sind folglich regelmäßig auch *gesellschaftliche Akteure* (Bürger, Wirtschaftsunternehmen, Verbände)[40] in den Blick zu nehmen, und zwar nicht nur in der Steuerungsrelation zur Verwaltung, sondern auch unmittelbar im Beziehungsfeld Gesetzgebung – Private[41]. Nicht übersehen werden darf freilich, dass auch die Parlamentsgesetzgeber eine entsprechende Doppelstellung einnehmen, sofern sie ihrerseits mittels höherrangigen Rechts – durch den Verfassungs- oder Unionsgesetzgeber – gesteuert werden.[42]

Zur Komplexität von Steuerungsbeziehungen trägt ferner bei, dass die staatlichen Steuerungssubjekte und -objekte keine monolithischen Einheiten sind[43]; so müssen etwa die arbeitsteiligen, interaktiven Willensbildungsprozesse im Rahmen der Gesetzgebung ebenso in Rechnung gestellt werden wie die Pluralität der Verwaltung als „Entscheidungssystem“[44]. Schließlich wird zu Recht betont, dass sich die Wirkungsbeziehungen zwischen Steuernden und Gesteuerten nicht in linearen Kausalzusammenhängen erschöpfen; Steuerungsprozesse vollziehen sich vielmehr regelmäßig – der Vielschichtigkeit der durch sie erfassten Wirklichkeitsausschnitte entsprechend – innerhalb komplexer Strukturen aus unterschiedlich ansetzenden, dabei wechselbezüglichen, einander unterstützenden, bisweilen aber auch hemmenden Wirkpfaden.[45] Angesichts dessen ist völlig zu Recht auf die Leistungsgrenzen steuerungstheoretischer Analysen

---

[37] *Schmidt-Aßmann* (Fn. 5), Rn. 35 ff.

[38] Diese Steuerungsrelation steht bislang im Vordergrund der steuerungswissenschaftlichen Bemühungen im Kontext des Verwaltungsrechts, siehe nur *Schuppert* (Fn. 8), S. 69; deutlich *ders.* (Fn. 31), S. 455.

[39] *Schmidt-Aßmann* (Fn. 5), Rn. 36; bereits *ders.*, Zur Funktion des Allgemeinen Verwaltungsrechts, Die Verwaltung 27 (1994), S. 137 (151); *U. Smeddinck*, Integrierte Gesetzesproduktion, 2006, S. 243; eingehend dazu *Appel* (Fn. 10), S. 260 ff., der von „Rechtserzeugungsräumen“ spricht (S. 262).

[40] Siehe *Voßkuhle* (Fn. 1), Rn. 23.

[41] Hierauf weist ebenfalls *Appel* (Fn. 10), S. 246 f. zutreffend hin: „Wirkungen des Verwaltungsrechts können offenbar auch unabhängig vom Akteur Verwaltung eintreten – und tun dies in Zeiten von Privatisierung und Deregulierung umso mehr“.

[42] Vgl. *T. Siegel*, Entscheidungsfindung im Verwaltungsverbund, 2009, S. 20; *F. Reimer*, Das Parlamentsgesetz als Steuerungsmittel und Kontrollmaßstab, in: W. Hoffmann-Riem/E. Schmidt-Aßmann/A. Voßkuhle (Hrsg.), Grundlagen des Verwaltungsrechts, Band I, 2. Aufl. 2012, § 9 Rn. 106: „Gesetz als Teil eines Steuerungsverbundes“.

[43] Siehe *Mayntz* (Fn. 18), S. 191; zustimmend *Voßkuhle* (Fn. 1), Rn. 20, mit dem Begriff des „multiple self“.

[44] *Schuppert* (Fn. 31), S. 455; kritisch gegenüber der insoweit „mitunter erstaunlich differenzierungslos“ vorgehenden Steuerungsperspektive *Franzius* (Fn. 12), Rn. 1.

[45] Vgl. *Schmidt-Aßmann* (Fn. 5), Rn. 39; *C. Franzius*, Funktionen des Verwaltungsrechts im Steuerungsparadigma der Neuen Verwaltungsrechtswissenschaft, Die Verwaltung 39 (2006), S. 335 (338).

hingewiesen worden:[46] Sie vermögen Steuerungsvorgänge kaum jemals in ihren komplex- und prozesshaften Dimensionen vollständig zu erfassen und müssen sich daher ihrer mehr oder minder selektiven Wahrnehmung stets bewusst sein.

III. Rechtliche Steuerung im Dienst der Nachhaltigkeit

1. Konzepte der Nachhaltigkeit

Der Begriff der Nachhaltigkeit, sein Herkommen, seine rechtlichen wie außerrechtlichen Bedeutungsgehalte und Ausprägungen sind inzwischen vielfach untersucht und dargelegt worden.[47] Die für die Zwecke der nachfolgenden Betrachtungen bedeutsamen Aspekte seien daher nur stichwortartig umrissen: Zu unterscheiden sind ein weiter und ein enger, umweltrechtlicher Nachhaltigkeitsbegriff.[48] Dem *weiten Nachhaltigkeitsbegriff* liegt im Sinne eines Drei-Säulen-Konzepts der ganzheitlich-integrative Anspruch zugrunde, Umweltgüter, ökonomische und soziale Entwicklungschancen einem gerechten Ausgleich zuzuführen, dies in interstaatlicher, intergenerativer und interindividueller Hinsicht.[49] Ökologische, wirtschaftliche und soziale Belange sind dabei a priori gleichrangig und im Fall von Zielkonflikten gegeneinander abzuwägen.[50] Nachhaltigkeit in diesem Sinne versteht sich vor allem als ein *entwicklungspolitisches Leitbild*, welches indes aufgrund der Konturenschwäche des Begriffs[51] und der

---

[46] *Voßkuhle* (Fn. 1), Rn. 26 f.; *Schmidt-Aßmann* (Fn. 46), S. 18 f.

[47] Aus dem umfangreichen Schrifttum siehe etwa *I. Appel*, Staatliche Zukunfts- und Entwicklungsvorsorge, 2001, S. 242 ff.; *G. Beaucamp*, Das Konzept der zukunftsfähigen Entwicklung im Recht, 2002; *C. Calliess*, Der Grundsatz der nachhaltigen Entwicklung, in: Festschr. f. Meinhard Schröder, 2012, S. 515; *F. Ekardt*, Theorie der Nachhaltigkeit, 2011; *W. Erbguth*, Konsequenzen der neueren Rechtsentwicklung im Zeichen nachhaltiger Raumentwicklung, DVBl. 1999, S. 1082; *E.-M. Frenzel*, Nachhaltigkeit als Prinzip der Rechtsentwicklung?, 2004; *K. Gehne*, Nachhaltige Entwicklung als Rechtsprinzip, 2008; *W. Kahl*, Der Nachhaltigkeitsgrundsatz im System der Prinzipien des Umweltrechts, in: H. Bauer et al. (Hrsg.), Umwelt, Wirtschaft und Recht, 2002, S. 111; *W. Köck*, Nachhaltigkeit im Verwaltungsrecht, Die Verwaltung 40 (2007), S. 419; *H.-J. Menzel*, Das Konzept der „nachhaltigen Entwicklung“, ZRP 2001, S. 221; *E. Rehbinder*, Das deutsche Umweltrecht auf dem Weg zur Nachhaltigkeit, NVwZ 2002, S. 657; *ders.*, Nachhaltigkeit als Prinzip des Umweltrechts: konzeptionelle Fragen, in: K.-P. Dolde (Hrsg.), Umweltrecht im Wandel, 2001, S. 721; *M. Schröder*, „Nachhaltigkeit“ als Ziel und Maßstab des deutschen Umweltrechts, WiVerw 1995, S. 65; *P. Sieben*, Was bedeutet Nachhaltigkeit als Rechtsbegriff?, NVwZ 2003, S. 1173; *Windoffer* (Fn. 36), S. 9 ff.; siehe ferner aus interdisziplinärer Perspektive die Beiträge in: *W. Kahl* (Hrsg.), Nachhaltigkeit als Verbundbegriff, 2008.

[48] Siehe dazu nur *Kahl* (Fn. 47), S. 122 ff.

[49] *W. Kahl*, in: R. Streinz (Hrsg.), EUV/AEUV, 2. Aufl. 2012, Art. 11 AEUV Rn. 20.

[50] *A. Glaser*, Nachhaltige Entwicklung und Demokratie, 2006, S. 46 f.; *M. Wrase*, Direkte Demokratie und Nachhaltigkeit, in: L. P. Feld et al. (Hrsg.), Jahrbuch für direkte Demokratie 2011, 2012, S. 103 (110).

[51] Dazu und zugleich zum Konkretisierungsbedarf *Rehbinder*, Nachhaltigkeit (Fn. 47), S. 730 ff.

in der Sache kaum weiterführenden, Macht- und Interessenkonflikte eher verschleiernden Vereinigung konfligierender Agenden unter einem gemeinsamen Oberbegriff[52] kaum juristisch operationalisierbar ist, jedenfalls aber nicht die Qualität eines bindenden Rechtsprinzips im materiellen Sinne besitzt.[53]

Eine demgegenüber engere, sektorale Perspektive liegt dem *eindimensionalen Nachhaltigkeitskonzept* zugrunde, das sich in seiner ökologischen Variante[54] allein auf das Ziel eines optimalen Umweltschutzes im Sinne der langfristigen Sicherung natürlicher Ressourcen durch vorausschauende Planung, Pflege und Bewirtschaftung richtet.[55] Es handelt sich anerkanntermaßen um ein eigenständiges, verfassungsrechtlich in Art. 20a GG zum Ausdruck kommendes[56] *Rechtsprinzip des Umweltrechts*, das sich in der Sache als Ausschnitt des weiter gefassten politischen Nachhaltigkeitskonzepts darstellt und das wie jedes Rechtsprinzip der bereichsspezifischen, problembezogenen und anwendungsorientierten Umsetzung bedarf.[57] Auch insoweit spielt der integrative Ansatz als „dienendes Prinzip" eine tragende Rolle,[58] hier freilich im ökologieinternen Sinne eines Verständnisses der Umwelt als komplexes Wirkungsgefüge,[59] ferner im externen Sinne der Berücksichtigung in (allen) anderen Politikfeldern („Querschnittsklausel")[60]. Im Kern geht es dem Konzept darum, den Schutz der natürlichen Ressourcen einerseits und ihre vielfach unverzichtbare Nutzung andererseits zu einem Ausgleich zu bringen, der den Ressourcenbestand langfristig sichert.[61] Als Leitprinzip verstanden,[62] ist die Nachhaltigkeit im engeren Sinne der näheren normativen Ausformung durch alle Staatsgewalten gleichermaßen bedürftig wie zugänglich. In erster Linie soll gesetzgeberischem Handeln eine bestimmte Richtung gewiesen werden;[63] im Rahmen der exekutiven Rechtsanwendung kommt dem Grundsatz vor allem auslegungs-, ermessens-

---

[52] Siehe zur Kritik an dem weiten Nachhaltigkeitsbegriff *Glaser* (Fn. 50), S. 56 ff.

[53] Näher *Kahl* (Fn. 47), S. 122 ff.

[54] Zu weiteren eindimensionalen Nachhaltigkeitskonzepten, etwa denjenigen ökonomischer und sozialer Ausprägung *Glaser* (Fn. 50), S. 64 ff.

[55] *Kahl* (Fn. 47), S. 126; *Appel* (Fn. 47), S. 347 f.

[56] *Appel* (Fn. 47), S. 295 ff.; *Beaucamp* (Fn. 47), S. 18 ff.; *W. Berg*, Nachhaltigkeit und Umweltstaat, in: W. Kahl (Hrsg.), Nachhaltigkeit als Verbundbegriff, 2008, S. 425 (430 ff.); *W. Kahl*, Staatsziel Nachhaltigkeit und Generationengerechtigkeit, DÖV 2009, S. 2 (2 f.); *Schmidt-Aßmann* (Fn. 5), Sechstes Kap., Rn. 67; *Windoffer* (Fn. 36), S. 93 ff.; *K. F. Gärditz*, in: R. von Landmann/G. Rohmer, Umweltrecht, Art. 20a GG, Rn. 2 m. w. N. (Stand: 2013).

[57] *Rehbinder*, Nachhaltigkeit (Fn. 47), S. 739; *Kahl* (Fn. 47), S. 128.

[58] *C. Calliess*, Die neue Querschnittsklausel des Art. 6 ex 3c EGV als Instrument zur Umsetzung des Grundsatzes der nachhaltigen Entwicklung, DVBl. 1998, S. 559 (564 ff.); *Kahl* (Fn. 49), Art. 11 AEUV Rn. 24.

[59] Dazu etwa *R. Sparwasser/R. Engel/A. Voßkuhle*, Umweltrecht, 5. Aufl. 2003, § 2 Rn. 38.

[60] Zu Letzterem anhand Art. 11 AEUV *I. Appel*, in: H.-J. Koch (Hrsg.), Umweltrecht, 4. Aufl. 2014, § 2 Rn. 43; *Kahl* (Fn. 49), Art. 191 AEUV Rn. 103.

[61] *Appel* (Fn. 47), S. 348.

[62] *Kahl* (Fn. 47), S. 128.

[63] *A. Voßkuhle*, Das Kompensationsprinzip, 1999, S. 388.

und abwägungsleitende Kraft zu.[64] Zutreffend ist angesichts dessen die „direktive Funktion" des Nachhaltigkeitsprinzips betont worden, das „als programmatische Orientierungshilfe dem Umweltschutz die generelle Stoßrichtung" weise.[65]

2. *Nachhaltigkeit in der Steuerungsperspektive*

Vor diesem Hintergrund lässt sich die Nachhaltigkeit zwanglos im Steuerungskonzept verorten, wobei sich die nachfolgenden Überlegungen auf die ökologische Nachhaltigkeit beziehen. Das Nachhaltigkeitsprinzip kann als *(verfassungs)-rechtliches Steuerungsinstrument* verstanden werden, das – zunächst ganz allgemein – der Verwirklichung des Steuerungsziels eines bestmöglichen Umweltschutzes[66] zu dienen bestimmt ist, welches seinerseits durch Unterziele (i.S. von Qualitäts- und Handlungszielen) konkretisiert werden muss (und bereits worden ist).[67] Kraft seiner direktiven Funktion entfaltet das Nachhaltigkeitsprinzip zwar aus sich heraus *Steuerungswirkung*; diese ist freilich – infolge der Abstraktheit und Offenheit des Prinzips, der damit einhergehenden weitreichenden Gestaltungsprärogativen der Gesetzgeber und der korrespondierenden Grenzen gerichtlicher Umsetzungskontrolle – nicht sonderlich stark ausgeprägt.[68] Damit rücken die stufenweise Konkretisierung, inhaltliche Ausdifferenzierung und instrumentelle Ausstattung des Nachhaltigkeitsprinzips als Steuerungsaufgaben und zugleich Steuerungsprozesse in den Mittelpunkt des Erkenntnisinteresses[69] – sie sind primär dem parlamentarischen Gesetzgeber[70], ferner der Verwaltung als Steuerungssubjekten aufgetragen. In diesen Steuerungsrelatio-

---

[64] *R. Schmidt/W. Kahl/K. F. Gärditz*, Umweltrecht, 9. Aufl. 2014, § 4 Rn. 30.

[65] *Kahl* (Fn. 47), S. 138.

[66] Entwicklung dieses Grundsatzes durch *M. Zuleeg*, Vorbehaltene Kompetenzen der Mitgliedstaaten der Europäischen Gemeinschaft auf dem Gebiete des Umweltschutzes, NVwZ 1987, S. 280 (283 f.); aufgegriffen und fortentwickelt von *W. Kahl*, Umweltprinzip und Gemeinschaftsrecht, 1993, S. 10 ff., 69 ff.; siehe dazu ferner *B. Wiegand*, Bestmöglicher Umweltschutz als Aufgabe der Europäischen Gemeinschaften, DVBl. 1993, S. 533; *I. Appel*, Staatliche Zukunfts- und Entwicklungsvorsorge, 2005, S. 211 ff.

[67] Dazu etwa *Rehbinder*, Nachhaltigkeit (Fn. 47), S. 733.

[68] Zutreffend *Rehbinder*, Nachhaltigkeit (Fn. 47), S. 728, 738; *Kahl* (Fn. 47), S. 140 sowie – mit Blick auf ein „Staatsziel Nachhaltigkeit und Generationengerechtigkeit" de constitutione ferenda – *ders.*, „Soziale Gerechtigkeit" oder Generationengerechtigkeit?, ZRP 2014, S. 17 (20); der Befund gilt auch, freilich in weitaus stärkerem Maße, für die Steuerungskraft des politischen Leitbilds der Nachhaltigkeit im weiteren Sinne, zur Steuerung durch Leitbilder allgemein *Franzius* (Fn. 12), Rn. 23 ff.

[69] Vgl. *Kahl* (Fn. 68), S. 20; siehe auch *Rehbinder*, Nachhaltigkeit (Fn. 47), S. 729: „Dem Nachhaltigkeitspathos auf der programmatischen Ebene steht selten eine ausreichende instrumentelle Ausstattung gegenüber, die für die Steuerungswirkung von wesentlicher Bedeutung ist."

[70] BVerfG, NVwZ 2012, S. 1313 Rn. 208; dazu *Gärditz* (Fn. 56), Rn. 34; zur Rolle des Gesetzes als zentrales Steuerungsinstrument *Franzius* (Fn. 45), S. 336 ff.; *Reimer* (Fn. 42), Rn. 84 ff.; *G. F. Schuppert* (Hrsg.), Das Gesetz als zentrale Steuerungsressource des Rechtsstaates, 1998.

nen geht es – aus der Akteursperspektive – vor allem (prospektiv) um die Auswahl, Entwicklung und Zusammenstellung[71] von Steuerungsinstrumenten nach Maßgabe einer Wirkungs- und Folgenprognose sowie (begleitend bzw. retrospektiv) um die Beobachtung, Bewertung und ggf. Nachsteuerung[72]. Das Nachhaltigkeitsprinzip erweist sich in diesen Steuerungsrelationen als handlungsleitender rechtlicher *Steuerungsmaßstab*[73]. Aufgabe der (Rechtswissenschaft als) Steuerungswissenschaft muss es auch in diesem Kontext letztendlich sein, den Steuerungssubjekten Steuerungswissen[74] zur Verfügung zu stellen und konkrete, umsetzbare Steuerungsvorschläge zu unterbreiten.[75]

3. *Leistungsfähigkeit zentraler Steuerungsansätze*

Aufgerufen ist nunmehr die Frage nach der Leistungsfähigkeit verschiedener Steuerungsansätze zur effektiven Umsetzung des Nachhaltigkeitsprinzips. Eine auch nur annähernd erschöpfende Darstellung und Bewertung kann im Rahmen dieses Beitrags freilich nicht geleistet werden; es sollen vielmehr nur die wesentlichen Grundkategorien des steuernden Zugriffs durch den Gesetzgeber betrachtet werden, namentlich die materielle Programmsteuerung (a)), die Steuerung durch Verfahren (b)) sowie diejenige durch Organisation (c)).

a) Materielle Programmsteuerung

Die normative Steuerung durch materielle Gesetzesprogramme begegnet – wie es referenzartig vor allem im Umweltrecht zutage tritt – in vielfältigen Erscheinungsformen und Ausprägungen.[76] Als Grundtypus gelten ordnungsrechtliche Ge- und Verbotsnormen mit dem Anspruch direkter Verhaltenssteuerung; von Bedeutung sind ferner indirekt steuernde Anreizprogramme, mittels deren die Adressaten veranlasst werden sollen, sich im eigenen, regelmäßig wirtschaftlichen Interesse steuerungszielkonform zu verhalten.[77] Hinzu treten etwa Planungspflichten, deren Wahrnehmung (auch) materiell-rechtlichen Determinanten unterworfen ist. Nachhaltigkeitsorientierte Steuerung ist auf den Einsatz

---

[71] Zum „Instrumentenmix" *L. Michael*, Formen- und Instrumentenmix, in: W. Hoffmann-Riem/E. Schmidt-Aßmann/A. Voßkuhle (Hrsg.), Grundlagen des Verwaltungsrechts, Band II, 2. Aufl. 2012, § 41.

[72] Dazu etwa *Franzius* (Fn. 12), Rn. 88 ff.

[73] Zur Kategorie der Maßstäbe im Kontext des Verwaltungshandelns und zu den Schwierigkeiten der Abgrenzung von Zielen und Grundsätzen *M. Fehling*, Das Verhältnis von Recht und außerrechtlichen Maßstäben, in: H.-H. Trute et al. (Hrsg.), Allgemeines Verwaltungsrecht – zur Tragfähigkeit eines Konzepts, 2008, S. 461 (463 f.).

[74] Dazu oben II.

[75] Anhand der Gesetzgebungswissenschaft *Franzius* (Fn. 12), Rn. 105 ff.

[76] Siehe dazu den Überblick bei *Franzius* (Fn. 12), Rn. 42 ff.

[77] *U. Ramsauer*, in: H.-J. Koch (Hrsg.), Umweltrecht, 4. Aufl. 2014, § 3 Rn. 60.

materieller Gesetzesprogramme nicht nur angewiesen, sondern von Verfassungs wegen verpflichtet, denn eine im Sinne des Art. 20a GG wirksame Sicherung der natürlichen Lebensgrundlagen bedingt die Normierung materieller Schutzkonzepte[78]. Die Entscheidung über Art und Maß materiell-rechtlicher Umsetzung des Nachhaltigkeitsprinzips ist hingegen, jenseits des verfassungsrechtlich Gebotenen,[79] dem Gestaltungsspielraum des Gesetzgebers anheim gegeben[80] – dies ist der Raum für steuerungsperspektivische Überlegungen.[81]

Soll das Potenzial materiell-rechtlicher Steuerungsansätze zur Effektivierung des Nachhaltigkeitsprinzips verallgemeinernd beurteilt werden,[82] gerät zunächst die Diskussion über die Zukunftstauglichkeit des „regulativen Rechts" und dessen vermeintliche „Krise"[83] in das Blickfeld, als deren Hauptsymptome Vollzugsdefizite (vor allem im Umweltrecht) und ein verbreitetes Ausweichen in informale Kooperationsbeziehungen zwischen Verwaltung und Privaten beklagt worden sind.[84] Das mag auch im hier interessierenden Kontext eine gewisse Rolle spielen, vermag aber keine allgemeine Steuerungsschwäche des materiellen Rechts zur Umsetzung des Nachhaltigkeitsprinzips zu begründen.

Die Produktion nachhaltigkeitssichernden materiellen Rechts unterliegt indes einem anderen Problem, das dessen Steuerungspotenzial entscheidend schmälert: Gemeint ist das „Wissensproblem", das hier nur grob angedeutet werden soll:[85] Die das Nachhaltigkeitsprinzip tragende Zukunftsverpflichtetheit begegnet beträchtlichen Ungewissheiten über die künftigen Auswirkungen menschlichen Handelns auf die natürlichen Lebensgrundlagen. Diese Unsicherheiten resultieren einerseits aus dem unvollständigen Wissen über die Wirkungszusammenhänge des ebenso komplexen wie dynamischen Systems „Umwelt"; andererseits sorgt der beständige wissenschaftliche und technische Fortschritt mit immer kürzeren Innovationszyklen dafür, dass nicht nur das Wissen, sondern auch das Nichtwissen um langfristige, vor allem kumulative Wirkungen

---

[78] *Gärditz* (Fn. 56), Rn. 55.

[79] Dazu etwa *Gärditz* (Fn. 56), Rn. 56 ff.; *Windoffer* (Fn. 36), S. 549 ff.

[80] *Sparwasser/Engel/Voßkuhle* (Fn. 59), § 2 Rn. 209.

[81] So bildhaft *Appel* (Fn. 10), S. 260 ff., mit Blick auf Steuerungsfreiräume der Verwaltung jenseits der Gesetzesbindung („Rechtserzeugungsräume") – für die Steuerung durch den Gesetzgeber jenseits der Verfassungsbindung gilt Entsprechendes.

[82] Zur Schwierigkeit der „Leistungsmessung" im Kontext der Steuerung *Franzius* (Fn. 12), Rn. 37.

[83] Dazu *K. Günther*, Der Wandel der Staatsaufgaben und die Krise des regulativen Rechts, in: D. Grimm (Hrsg.), Wachsende Staatsaufgaben – sinkende Steuerungsfähigkeit des Rechts, 1990, S. 51.

[84] Dazu *Voßkuhle* (Fn. 1), Rn. 10.

[85] Siehe dazu etwa *Appel* (Fn. 47), S. 47 ff.; *ders.*, Methodik des Umgangs mit Ungewissheit, in: E. Schmidt-Aßmann/W. Hoffmann-Riem (Hrsg.), Methoden der Verwaltungsrechtswissenschaft, 2004, S. 327 (327 ff.); *A. Scherzberg*, Wissen, Nichtwissen und Ungewissheit im Recht, in: C. Engel/J. Halfmann/M. Schulte (Hrsg.), Wissen – Nichtwissen – Unsicheres Wissen, 2002, S. 113; *Windoffer* (Fn. 36), S. 535 ff.

und Folgen der Technik ständig anwächst.[86] Damit stößt schon die „Realbereichsanalyse“ als unverzichtbare Grundlage erfolgreicher Steuerung[87] rasch an ihre Grenzen, und auch die Wissenschaft vermag dem in vielen Bereichen kaum (rechtzeitig) abzuhelfen.[88] Diese Ungewissheit infiziert die Vorhersagbarkeit der Wirkungen von Steuerungsmaßnahmen;[89] kurzum: Es fehlt weithin an dem notwendigen (Steuerungs-)Wissen, dessen es bedarf, um mit hinreichend konkreten materiell-rechtlichen Konzepten wirksam zu steuern.[90] Angesichts dessen erweist sich, dass die materielle Programmsteuerung im Dienst der Nachhaltigkeit nur bis zu einer bestimmten Abstraktionsebene wirksam einsetzbar ist. Sie entfaltet ihr Steuerungspotenzial vor allem bei der bereichsspezifischen Formulierung stufenweise konkretisierender und verdichtender Zielvorgaben sowie bei der Herstellung möglichst wirksamer Zielbindung mit Blick auf nachfolgende Entscheidungsebenen.[91] Materielle Programmsteuerung ist daher unverzichtbar, soweit es um die Aufgabe geht, „abgestufte Ziel- und Planungssysteme“[92] zu schaffen, um „den weiten Weg von den übergeordneten Zielen zu den konkreten Handlungsanforderungen zurückzulegen“.[93] Als leistungsfähig erweist sich jener Ansatz in seiner Ausprägung als finale Steuerung durch offene Zielvorgaben,[94] welche sich ihrerseits – als „rechtsetzungsorientiertes Recht“ – nicht vorrangig auf die Rechtsanwendungsebene richten, sondern den weiteren Rechtsetzungsprozess vorstrukturieren.[95] Zu Recht wird freilich betont, dass sich die Einrichtung extensiver Planungspflichten nur auf einem stabilen Fundament inhaltlicher Imperative, sprich: hinreichend konkreter Nachhaltigkeitsziele, als wirksame Steuerung erweisen kann.[96]

b) Steuerung durch Verfahren

In dem Maß, in dem materiell-rechtliche Steuerung zur Umsetzung des Nachhaltigkeitsprinzips an nicht überwindbare Grenzen stößt, müssen sich Steue-

---

[86] *Appel* (Fn. 47), S. 48.

[87] Siehe oben II.

[88] *J. Newig/J.-P. Voß*, Steuerung nachhaltiger Entwicklung, in: R. Steurer/R. Trattnigg (Hrsg.), Nachhaltigkeit regieren, 2010, S. 239 (239); *Appel* (Fn. 47), S. 47: „Gewissheitsverluste als entscheidendes Rahmendatum für die moderne Staatstätigkeit“.

[89] *Newig/Voß* (Fn. 88), S. 239.

[90] In diesem Sinne bereits *Kahl* (Fn. 47), S. 140.

[91] Dazu eingehend *Appel* (Fn. 47), S. 348 ff., 377 ff., 524.

[92] *Appel* (Fn. 47), S. 386 ff.

[93] *Appel* (Fn. 47), S. 387.

[94] Dazu *K. Lange*, Staatliche Steuerung durch offene Zielvorgabe im Lichte der Verfassung, VerwArch 82 (1991), S. 1; *R. Breuer*, Konditionale und finale Rechtsetzung, AöR 127 (2002), S. 523; grundlegend *N. Luhmann*, Recht und Automation in der öffentlichen Verwaltung, 1966; in der Steuerungsperspektive *Franzius* (Fn. 12), Rn. 13 ff.; mit Blick auf das Nachhaltigkeitsprinzip *Kahl* (Fn. 47), S. 139; *Glaser* (Fn. 50), S. 56.

[95] *Appel* (Fn. 47), S. 394.

[96] *Kahl* (Fn. 47), S. 146.

rungspraxis und -wissenschaft um eine Kompensation des hierdurch drohenden Steuerungsdefizits bemühen und insbesondere die Steuerungspotenziale des formellen Rechts erschließen.[97] Geht es zunächst[98] um den diesbezüglichen Einsatz von Verwaltungsverfahren und das ihnen geltende Recht, so finden entsprechende Überlegungen ihren Ausgangspunkt in dem Paradigma von der „*Prozeduralisierung des Rechts*“[99], auf welches sich das Erkenntnisinteresse steuerungstheoretischer Ansätze in besonderem Maße richtet.[100] Aus deren Perspektive geht es vornehmlich darum, den Ausfall materieller Steuerungskraft durch die Bereitstellung von Verfahren, insbesondere solchen der Kooperation und Kommunikation, zu kompensieren.[101] Derartigen Verfahren wird folgerichtig ein hoher „Eigenwert als Rechtserzeugungsverfahren unter Unsicherheitsbedingungen“[102] attestiert. Treffend ist in diesem Zusammenhang von einer „produktiven Funktion“ des Verfahrens die Rede:[103] Verfahren wird nicht mehr nur als Verwirklichungsmodus[104] zur Umsetzung abstrakt-genereller Vorgaben des materiellen Rechts im konkreten Einzelfall begriffen; vielmehr sollen materielle Normgehalte im Verfahrenswege selbst erst erzeugt werden.[105] Nur graduell unterscheiden sich hiervon Prozeduralisierungsansätze in Konstellationen administrativer Prognose- und Abwägungsspielräume, in denen Verfahren zum Einsatz kommen, um die – wiederum unsicherheitsbedingte – geringe inhaltli-

---

[97] In diesem Sinne *Appel* (Fn. 47), S. 173; *Franzius* (Fn. 12), Rn. 50, mit Hinweis auf die Alternativlosigkeit eines solchen Vorgehens; auf die hohe Verfahrensabhängigkeit des Nachhaltigkeitsprinzips weist auch *Schmidt-Aßmann* (Fn. 5), Sechstes Kap., Rn. 70, hin.

[98] Zur Steuerung durch Organisation siehe nachfolgend unter c).

[99] Dazu etwa *K. Eder*, Prozedurales Recht und Prozeduralisierung des Rechts, in: D. Grimm (Hrsg.), Wachsende Staatsaufgaben – sinkende Steuerungsfähigkeit des Rechts, 1990, S. 155; *K.-H. Ladeur*, „Prozedurale Rationalität“ – Steigerung der Legitimationsfähigkeit oder Leistungsfähigkeit des Rechtssystems, ZfR 1986, S. 265; *ders.*, Selbstorganisation sozialer Systeme und Prozeduralisierung des Rechts, in: D. Grimm (Hrsg.), Wachsende Staatsaufgaben – sinkende Steuerungsfähigkeit des Rechts, 1990, S. 187; *E. Hagenah*, Neue Instrumente für eine neue Staatsaufgabe: Zur Leistungsfähigkeit prozeduralen Rechts im Umweltschutz, in: D. Grimm (Hrsg.), Staatsaufgaben, 1994, S. 487; anhand des Rundfunkrechts *T. Vesting*, Prozedurales Rundfunkrecht, 1997; im Kontext der Nachhaltigkeit *Appel* (Fn. 47), S. 173 ff., 498 ff.; *Windoffer* (Fn. 36), S. 528 ff.

[100] Siehe *Franzius* (Fn. 12), Rn. 54a, dort auch zur Verklammerung dogmatischer und steuerungswissenschaftlicher Ansätze durch die „Prozeduralisierungsthese“.

[101] *Appel* (Fn. 47), S. 173; *W. Hoffmann-Riem*, Eigenständigkeit der Verwaltung, in: ders./ E. Schmidt-Aßmann/A. Voßkuhle (Hrsg.), Grundlagen des Verwaltungsrechts, Band II, 2. Aufl. 2012, § 10 Rn. 100; siehe dazu bereits *R. Wolf*, Der ökologische Rechtsstaat als prozedurales Programm, in: A. Roßnagel/U. Neuser (Hrsg.), Reformperspektiven im Umweltrecht, 1996, S. 57 (57 f.).

[102] *Franzius* (Fn. 12), Rn. 54b, im Anschluss an *Appel* (Fn. 10), S. 273.

[103] *Hoffmann-Riem* (Fn. 101), Rn. 100.

[104] Begriffsprägend *R. Wahl*, Verwaltungsverfahren zwischen Verwaltungseffizienz und Rechtsschutzauftrag, VVDStRL 41 (1983), S. 151 (153).

[105] *Wolf* (Fn. 101), S. 59; *Voßkuhle* (Fn. 63), S. 63 ff., dort auch zu den zugrunde liegenden theoretischen Konzepten insbesondere der Systemtheorie, des „reflexiven Rechts“ und der „Kontextsteuerung“, jeweils m. w. N.

che Normierungsdichte aufzufangen.[106] Dem Verfahren kommt hier eine entscheidungsstrukturierende Funktion zu.[107]

Schon frühzeitig sind indes grundsätzliche Bedenken gegenüber einem allzu großen Prozeduralisierungsoptimismus erhoben und ist namentlich die Vorstellung als Illusion zurückgewiesen worden, unsicherheits- und komplexitätsbedingte Defizite materiellen Rechts ließen sich durch Verfahren verlustfrei kompensieren und grundlegende Zielkonflikte auf diesem Wege umfassend bewältigen.[108] Das wird sich in dieser Absolutheit kaum bestreiten lassen, doch führt die Entgegensetzung allzu einseitiger und vor allem allzu pauschaler Urteile über die Leistungsfähigkeit prozeduraler Steuerungskonzepte nicht weiter. Aus allgemeiner Sicht dürfte klar sein, dass die Prozeduralisierung kein Allheilmittel sein kann, mit dem sämtliche Steuerungsschwächen materiellen Rechts vollen Umfangs ausgeglichen werden können;[109] von vornherein kann es daher stets nur um eine Teilkompensation[110] gehen, die – fachspezifisch und kontextabhängig – unterschiedlich weit trägt.[111]

Auch die Perspektive einer auf die Sicherung von Nachhaltigkeit gerichteten prozeduralen Steuerung ist indes noch zu weit, als dass sie aussagekräftige Effektivitätsurteile zuließe.[112] Gleichwohl können einige Prämissen herausgestellt werden: Die Leistungsfähigkeit prozeduraler Steuerungsansätze steht – erstens – in Abhängigkeit von der Dichte und dem Konkretisierungsgrad materieller Programmierung, kehrseitig also von der Weite der von der höheren Ebene jeweils belassenen Gestaltungsspielräume: In dem Maße, in dem inhaltliche Determinierung unsicherheitsbedingt zurückgenommen ist, steigen die Anforderungen an die gesetzliche Ausgestaltung und administrative Durchführung kompensierender, d.h. rechtsproduzierender Verfahren, zumal dort, wo es um den Ausgleich mehrpoliger Interessenkonflikte geht[113]; tendenziell dürfte damit zugleich die Anfälligkeit gegenüber Steuerungsdefiziten zunehmen. Das bedeutet: Vorrangig sind die Potenziale materieller Programmsteuerung zur Umsetzung des

---

[106] *Voßkuhle* (Fn. 63), S. 65 f.; *Vesting* (Fn. 99), S. 99 f.; *Appel* (Fn. 47), S. 500 f.

[107] *Appel* (Fn. 47), S. 174 f.; *Franzius* (Fn. 12), Rn. 55.

[108] *Appel* (Fn. 47), S. 175; skeptisch auch *M. Böhm*, Möglichkeiten und Grenzen einer Prozeduralisierung des Umweltrechts, in: A. Roßnagel/U. Neuser (Hrsg.), Reformperspektiven im Umweltrecht, 1996, S. 193 (196 f.); *Hagenah* (Fn. 99), S. 487 ff.

[109] *Appel* (Fn. 47), S. 175; *Voßkuhle* (Fn. 63), S. 65 f.; *Franzius* (Fn. 12), Rn. 54.

[110] *Appel* (Fn. 10), S. 272.

[111] Gegen eine „zu großzügig zugeschnittene Debatte um Prozeduralisierung des Rechts" überzeugend *C. Möllers*, Materielles Recht – Verfahrensrecht – Organisationsrecht, in: H.-H. Trute et al. (Hrsg.), Allgemeines Verwaltungsrecht – zur Tragfähigkeit eines Konzepts, 2008, S. 489 (497).

[112] Das rührt nach zutreffender Sicht vor allem aus dem Umstand, dass gerade „handlungsermöglichendes" Recht die Motivation der Adressaten beeinflusst und deren Handeln einen Rahmen setzt, aber keine durchgehend exklusive Steuerungsfunktion beanspruchen kann, *Franzius* (Fn. 12), Rn. 38.

[113] *Franzius* (Fn. 12), Rn. 52, mit Verweis auf den auch politischen Charakter von Verfahren.

Nachhaltigkeitsprinzips voll auszuschöpfen[114] und ist der Inhalt der zu generierenden Entscheidungen durch das Arrangement des Kontextes möglichst weitgehend zu determinieren.[115] Von selbst versteht sich, dass die Steuerungskraft des Verfahrens – zweitens – maßgeblich von dessen konkreter Ausgestaltung abhängt. Die Prozeduralisierungsthese beruht auf der Erwartung, dass Entscheidungen, die der Gesetzgeber unsicherheits- und/oder komplexitätsbedingt selbst nicht oder nur unzureichend treffen kann, auf der Ebene der Verwaltung unter Einbeziehung gesellschaftlicher sachverständiger Kräfte (besser) getroffen werden können. Dann aber muss der auf wirksame Steuerung bedachte Verfahrensgesetzgeber dafür sorgen, dass die vorhandenen Wissens- und Erkenntnispotenziale optimal ausgeschöpft werden, indem sichergestellt wird, dass „der stetige Informationsfluss unter den Beteiligten, ihre Eigeninitiative, Lernfähigkeit und Innovationskraft unmittelbar in den Prozess der Rechtskonkretisierung einfließen“[116] können. Auf Nachhaltigkeit gerichtetes Verfahren(srecht) ist also umso kompensationsstärker und folglich leistungsfähiger, je mehr es dazu beiträgt, Kommunikationsprozesse so zu ordnen, zu befördern und zu vernetzen, dass diese ihrerseits die Erzeugung „nachhaltiger Entscheidungen“ begünstigen.[117] Drittens hängt die Leistungsfähigkeit des Verfahrens im Nachhaltigkeitskontext von seiner Einbettung in organisatorische Steuerungskonzepte ab, worauf nachfolgend unter c) eingegangen werden soll. Nur hingewiesen sei schließlich – viertens – darauf, dass prozedurale Steuerungskonzepte um ihrer Leistungsfähigkeit willen auf eine effektive Sanktionierung von Verfahrensverstößen und damit letztlich auf eine wirksame gerichtliche Kontrolle angewiesen sind.[118]

c) Steuerung durch Organisation

In engem Zusammenhang mit der Steuerung durch Verfahren steht die Steuerung durch Organisation.[119] Ihr wird ebenfalls eine Kompensationsfunktion im Hinblick auf die – vor allem unsicherheitsbedingten – Grenzen materiell-

---

[114] Zutreffend *Appel* (Fn. 47), S. 176.

[115] *Hagenah* (Fn. 99), S. 492; daran anknüpfend *Voßkuhle* (Fn. 63), S. 64 und *Appel* (Fn. 47), S. 500.

[116] *Voßkuhle* (Fn. 63), S. 64 f.; zur Partizipation als „Schlüsselstrategie der Steuerung für nachhaltige Entwicklung“ aus Governance-Perspektive *Newig/Voß* (Fn. 88), S. 248 ff.

[117] In diesem Sinne *Kahl* (Fn. 47), S. 140; siehe auch *Appel* (Fn. 47), S. 501, in Anknüpfung an *Voßkuhle* (Fn. 63), S. 66 f.: „Je besser es gelingt, alle relevanten Akteure in den Prozess der schichtenweisen Zielkonkretisierung und -verwirklichung einzubeziehen und zugleich die übergeordneten Ziele des Nachhaltigkeitskonzepts zu wahren, um so näher liegen dessen Steuerungsideale und jene der Prozeduralisierung beieinander.“

[118] *Hoffmann-Riem* (Fn. 101), Rn. 100; *Franzius* (Fn. 12), Rn. 54b; *Appel* (Fn. 47), S. 176.

[119] Im Schrifttum werden „Organisation und Verfahren“ ganz überwiegend gemeinsam als Steuerungsmittel behandelt, siehe etwa *Appel* (Fn. 10), S. 271; *Franzius* (Fn. 12), Rn. 50 ff.; *Kahl* (Fn. 47), S. 140 ff.; eine differenzierende wissenschaftliche Analyse unter Betonung ihrer Selbständigkeit anmahnend *Möllers* (Fn. 111), S. 491.

rechtlicher Steuerung zugewiesen,[120] nicht zuletzt im Dienste effektiver Nachhaltigkeitspolitik.[121] Das Nachhaltigkeitsprinzip selbst veranlasst – als Steuerungsinstrument[122] – dazu, seinem ressourcenbezogenen Querschnittsansatz, seiner Langfristorientierung und seinem ebenenübergreifenden Koordinationsanspruch auch in organisatorischer Hinsicht Rechnung zu tragen, indem strukturbedingte Unzulänglichkeiten der vorhandenen, ausdifferenzierten und gegliederten Verwaltungsorganisation ausgeglichen und ggf. neue Ebenen organisatorischer Verflechtung geschaffen werden.[123]

Zentrale Gegenstände des Organisationsrechts und zugleich Stellschrauben des steuernden Zugriffs sind die innere Ordnung, das Beziehungsgeflecht sowie die internen und externen Kompetenzen der Verwaltungsträger einschließlich der Binnendifferenzierung unselbständiger Einheiten innerhalb größerer Verwaltungsorganisationen, ferner die Einbindung gesellschaftlicher Akteure.[124] Auch insoweit eröffnet sich der Raum für einen steuernden Zugriff des Gesetzgebers jenseits verfassungsrechtlicher Bindungen, hier des Staatsorganisationsrechts;[125] und auch hier gilt, dass der steuerungswissenschaftliche Ansatz wichtige Impulse für eine Perspektivenerweiterung vermittelt: Verwaltungsorganisation und das auf sie bezogene Recht[126] werden in ihrer Funktion als „Steuerungsressourcen" wahrgenommen, die auf die Effektivität staatlicher Aufgabenwahrnehmung von nicht zu unterschätzendem Einfluss sind.[127] Dementsprechend erlaubt es der steuerungswissenschaftliche Ansatz, die Leistungsfähigkeit des Organisationsrechts zu ergründen und zu optimieren, indem – unter Einbeziehung organisationswissenschaftlicher Erkenntnisse[128] – der Blick

---

[120] *Schmidt-Aßmann* (Fn. 5), Fünftes Kap., Rn. 9; *Franzius* (Fn. 12), Rn. 63.

[121] *Kahl* (Fn. 47), S. 140.

[122] Siehe oben III. 1.

[123] Zutreffend *Appel* (Fn. 47), S. 396 f.

[124] Vgl. *J.-P. Schneider*, Das Neue Steuerungsmodell als Innovationsimpuls für Verwaltungsorganisation und Verwaltungsrecht, in: E. Schmidt-Aßmann/W. Hoffmann-Riem (Hrsg.), Verwaltungsorganisationsrecht als Steuerungsressource, 1997, S. 103 (104 f.); *E.-H. Ritter*, Organisationswandel durch Expertifizierung und Privatisierung im Ordnungs- und Planungsrecht, in: E. Schmidt-Aßmann/W. Hoffmann-Riem (Hrsg.), Verwaltungsorganisationsrecht als Steuerungsressource, 1997, S. 207 (207).

[125] *Schneider* (Fn. 124), S. 105; siehe auch *R. Pitschas*, Organisationsrecht als Steuerungsressource in der Sozialverwaltung, in: E. Schmidt-Aßmann/W. Hoffmann-Riem (Hrsg.), Verwaltungsorganisationsrecht als Steuerungsressource, 1997, S. 151 (154 f.).

[126] Zum Komplementaritätsverhältnis beider Ressourcen *Pitschas* (Fn. 125), S. 155 f.

[127] Siehe dazu die Beiträge in: *E. Schmidt-Aßmann/W. Hoffmann-Riem* (Hrsg.), Verwaltungsorganisationsrecht als Steuerungsressource, 1997; *G. F. Schuppert*, Verwaltungsorganisation und Verwaltungsorganisationsrecht als Steuerungsfaktoren, in: W. Hoffmann-Riem/E. Schmidt-Aßmann/A. Voßkuhle (Hrsg.), Grundlagen des Verwaltungsrechts, Band I, 2. Aufl. 2012, § 16; *ders.* (Fn. 31), S. 544 ff.; *Schmidt-Aßmann* (Fn. 5), Fünftes Kap., Rn. 9 ff.; *M. Schmidt-Preuß*, Steuerung durch Organisation, DÖV 2001, S. 45.

[128] Dazu *T. Groß*, Grundzüge der organisationswissenschaftlichen Diskussion, in: E. Schmidt-Aßmann/W. Hoffmann-Riem (Hrsg.), Verwaltungsorganisationsrecht als Steuerungsressource, 1997, S. 139.

insbesondere auf Zweckmäßigkeits- und Wirksamkeitserwägungen im Zuge der Ausübung des Organisationsermessens gelenkt wird. Das Interesse des steuerungstheoretischen Ansatzes gilt dabei zugleich der spezifischen Komplexität von Organisationen, die insbesondere aus dem Zusammenwirken zahlreicher formeller wie informeller Faktoren rührt (z. B. Personal, Arbeitstechniken, Motivation etc.). Zu Recht ist angesichts dessen darauf hingewiesen worden, dass das Organisationsrecht seine Steuerungsansprüche „mediatisiert" zur Geltung bringt, indem es dem Verwaltungshandeln – rahmenartig – Prämissen setzt, ohne es inhaltlich genau zu determinieren.[129] Insofern handelt es sich bei der „organisationsschaffenden Steuerung"[130] ebenso wie bei der Verfahrenssteuerung um ein weiteres Stück „Struktursteuerung".[131]

Vor diesem Hintergrund offenbart sich das hohe Potenzial der Organisationssteuerung, sofern es um die Effektivierung des Nachhaltigkeitsprinzips geht. Um dieses Potenzial zu entfalten, bedarf es vor allem einer *aufgabenadäquaten Organisation*, die der Komplexität des Nachhaltigkeitsauftrags entspricht;[132] hinzu tritt der Maßstab der *Steuerungseignung*, d. h. „die Organisationssteuerung muss der Eigenart der Sachmaterie folgen, wenn sie erfolgreich und effektiv sein will".[133] Daraus ergibt sich Folgendes:

Eine zentrale Organisationsaufgabe zur Umsetzung des Nachhaltigkeitsprinzips besteht darin, dem externen Integrationsprinzip als „instrumentellem Subprinzip der Nachhaltigkeit"[134] zur Durchsetzung zu verhelfen,[135] d. h. insbesondere Nachhaltigkeitsbelange in die sektoralen Aufgabenfelder der Fachverwaltungen einzubringen. Erstreckt sich die „Bereitstellungsfunktion" des Rechts hierbei insbesondere auf die Ermittlung, Bewertung und Gewichtung von Interessen und die Herstellung eines angemessenen Ausgleichs zwischen ihnen,[136] so entfällt auf die Organisationssteuerung die Aufgabe, den (insbesondere in ihrer intergenerationellen Dimension) latent durchsetzungsschwachen Nachhaltigkeitsbelangen durch Institutionalisierung eine verbesserte Ausgangsposition in Abwägungsprozessen zu verschaffen. Hierzu sind bereits zahlreiche Vorschläge unterbreitet worden;[137] beispielhaft genannt sei die Einrichtung von besonderen Verwaltungsstellen zur Überprüfung und Bewertung sektoraler Maßnahmen

---

[129] *Schmidt-Aßmann* (Fn. 6), S. 20; *Ritter* (Fn. 124), S. 208; *H.-H. Trute*, Funktionen der Organisation und ihre Abbildung im Recht, in: E. Schmidt-Aßmann/W. Hoffmann-Riem (Hrsg.), Verwaltungsorganisationsrecht als Steuerungsressource, 1997, S. 249 (256 f.).

[130] *Schmidt-Preuß* (Fn. 127), S. 48.

[131] *Schuppert* (Fn. 127), Rn. 10; *Trute* (Fn. 129), S. 256.

[132] Vgl. *Pitschas* (Fn. 125), S. 180 f., anhand des Sozialrechts.

[133] *Pitschas* (Fn. 125), S. 181.

[134] *Kahl* (Fn. 56), S. 6 in Fn. 60.

[135] *Kahl* (Fn. 47), S. 140.

[136] *Windoffer* (Fn. 36), S. 557.

[137] Siehe dazu etwa *Kahl* (Fn. 47), S. 140 ff.; *Calliess* (Fn. 47), S. 527 ff., anhand des Gesetzgebungsverfahrens.

und Entscheidungen „ihrer" Behörden auf deren Nachhaltigkeitsrelevanz;[138] hervorzuheben ist ferner die organisatorische Einbindung von privaten Sachwaltern (z. B. Umweltverbänden). In diesem Punkt zeigt sich zugleich die enge Verwobenheit und wechselseitige Abhängigkeit von Organisations- und Verfahrenssteuerung: Ein an und für sich steuerungsstark ausgeprägtes Verfahren büßt durch eine ihm nicht adäquate Organisation ebenso an Leistungsfähigkeit ein, wie umgekehrt nachhaltigkeitsbefördernde Organisationsstrukturen wirkungslos bleiben müssen, wenn keine entsprechenden Verfahrensinstrumente zur Verfügung stehen.

Weiterhin muss sich Organisationsteuerung als *Koordinationsaufgabe* verstehen. Nachhaltigkeit als Querschnittsauftrag führt zu einer Vielzahl von Steuerungsakteuren mit jeweils eigenen sektoralen Perspektiven, Interessen und Strategien.[139] Das zieht übergeordnete Abstimmungsnotwendigkeiten nach sich, die auch und insbesondere durch Bereitstellung und organisatorische Ausformung geeigneter, d. h. insbesondere fachlich neutraler Institutionen gesteuert werden müssen.

Schließlich verlangt die erwähnte Steuerungsaufgabe einer stufenweisen *Konkretisierung der Nachhaltigkeitsziele* auf der Verwaltungsebene einen aufgabenadäquaten organisatorischen Rahmen. Dessen Funktion besteht vornehmlich darin, *Wissen* in die Verfahren einzuspeisen, um es dort verwerten zu können. Entscheidend kommt es folglich darauf an, Organisationsstrukturen zu schaffen, die eine optimale Informationsaufnahme und -verarbeitung, Kommunikation und Kooperation, auch und gerade mit Privaten, ermöglichen und befördern.[140]

IV. Schlussbetrachtung

Dem steuerungswissenschaftlichen Ansatz wohnt nach alldem ein beachtliches Potenzial inne, die Bemühungen um eine rechtliche Umsetzung des Nachhaltigkeitsprinzips zu befördern. Er eröffnet eine Perspektive, die es ermöglicht, verschiedene Ingerenzpfade einerseits selektiv, andererseits in ihrem Zusammenwirken zu analysieren und die es ferner erlaubt, die Interdependenzen zwischen rechtlichen und außerrechtlichen Wirkungsfaktoren zu untersuchen. Gewiss mangelte es bisher auch ohne explizit eingenommene Steuerungsperspektive nicht an überzeugenden rechtspolitischen Vorschlägen materieller wie prozeduraler Art, um dem Nachhaltigkeitsgrundsatz zur Durchsetzung zu verhelfen. Der steuerungswissenschaftliche Ansatz eröffnet allerdings deren systematische,

[138] Siehe *Calliess* (Fn. 47), S. 527.
[139] *Newig*/ *Voß* (Fn. 88), S. 239 f.
[140] Vgl. *Pitschas* (Fn. 125), S. 158.

methodisch angeleitete Analyse zu dem Zweck, ihre Wirksamkeit prognostisch wie retrospektiv zu bewerten, dies nicht nur isoliert, sondern im wechselseitigen Verbund. Damit verbindet sich die Hoffnung, dass den solcherart abgesicherten Vorschlägen eine größere politische Realisierungschance zuteil wird.

Aussagekräftige Urteile über das Leistungsvermögen verschiedener Steuerungsansätze und ihrer Arrangements setzen freilich ein gewisses Maß an Konkretheit voraus. Allgemein lässt sich nur festhalten, dass die Konkretisierungsleistungen der materiell-rechtlichen Programmsteuerung zur Umsetzung des Nachhaltigkeitsprinzips zwar unverzichtbar, aufgrund unzureichenden Wissens indes begrenzt sind. Auf die Kompensationsfunktion prozeduraler Ansätze kann daher nicht verzichtet werden; die entscheidende steuerungswissenschaftlich zu beantwortende Frage ist diejenige nach Art, Maß und Verknüpfung verfahrens- und organisationsrechtlicher Steuerungskonzepte zu einem möglichst wirkmächtigen Steuerungsverbund im Dienst der Nachhaltigkeit.

Staatsziel Nachhaltigkeit in das Grundgesetz?

Steuerungsschwächen eines materiellen Nachhaltigkeitsverfassungsrechts und Möglichkeiten zu deren Kompensation durch Organisation und Verfahren

Ivo Appel

Mit der Ausgewogenheit von ökologischen, ökonomischen und sozialen Zielsetzungen und der Idee eines gerechten Ausgleichs zwischen heute lebenden und künftigen Generationen sind die Ziele der Nachhaltigkeit denkbar weit gehalten. Sie sind darauf gerichtet, Ressourcen nur in dem Maße für Nutzungen zu öffnen, wie sie durch Maßnahmen zu ihrer Wiederherstellung dauerhaft reproduziert werden können. Angesprochen werden soziale, ökologische und ökonomische Dimensionen sowie die Idee der Generationengerechtigkeit. Generell soll mit materiellen und immateriellen Ressourcen so umgegangen werden, dass nachfolgende Generationen keine schlechteren Voraussetzungen für die Gestaltung ihrer Lebensbedingungen vorfinden als die gegenwärtige. Der mit diesen weit gefassten Zielen zwangsläufig verbundene gesteigerte Steuerungsbedarf hat zu einer wachsenden inhaltlichen, räumlichen und zeitlichen Ausweitung der staatlichen Verantwortung geführt.[1] Dem Staat wird die Organisation und Abstimmung der verschiedenen Entwicklungsstränge mit ihren strukturellen Begrenztheiten anvertraut.[2] Er soll Maßnahmen zur Verhinderung oder für den Umgang mit unerwünschten Fortschrittsfolgen treffen, sie auf eine sozial- und umweltverträgliche Weise bewältigen und damit auch den Interessen künftiger Generationen angemessen Rechnung tragen.[3] Mit der staatlichen Verantwortung wird vorausgesetzt, dass der Staat Ansätze und Instrumente, jedenfalls aber einen strukturierenden Rahmen gewährleistet, um trotz Ungewissheiten, ver-

---

[1] Der vorliegende Beitrag stützt sich auf einzelne Überlegungen in *I. Appel*, Staatliche Zukunfts- und Entwicklungsvorsorge, 2005, und knüpft an diese an. Nähere Ausführungen zur gesteigerten Verantwortung des Staates für Nachhaltigkeit und langfristige Entwicklungen finden sich a.a.O. auf S. 82 ff.

[2] *C. Böhret*, Nachweltschutz, 1991, S. 94 f.; vgl. auch *H. Theisen*, Zukunftsvorsorge als Staatsaufgabe, StWStP 1995, S. 111 ff.; *P. Badura*, Langzeitrisiko und Verfassung, UTR 43 (1998), S. 43 (44 ff.).

[3] *V. Eichener/R. Heinze/H. Voelzkow*, Techniksteuerung im Spannungsfeld zwischen staatlicher Intervention und verbandlicher Selbstregulierung, in: R. Voigt (Hrsg.), Abschied vom Staat – Rückkehr zum Staat?, 1993, S. 393.

bleibenden Unsicherheiten und hoher Komplexität eine langfristig tragfähige, kalkulierbare und in ihren Folgen eingrenzbare Entwicklung zu ermöglichen.

I. Staatsziel Nachhaltigkeit

Ein maßgebender Baustein, durch den die gesteigerte staatliche Verantwortung zum Ausdruck gebracht werden soll, ist die verfassungsrechtliche Hervorhebung der Nachhaltigkeit. Primärer Ansatzpunkt ist die Verankerung der Nachhaltigkeit oder einzelner ihrer Ausprägungen als Staatsziel in der Verfassung. Der mit der Fassung der Nachhaltigkeit als Staatsziel angestrebte Gewinn an Steuerungskraft tritt jedoch nicht von selbst ein, sondern bedarf hinreichend klarer und handhabbarer Ausformung und Absicherung. Die damit verbundene Problematik zeigt sich anschaulich am Beispiel der Staatszielbestimmung des Art. 20a GG: Sofern sich ihr ein Konzept objektiver Pflichten der Menschen gegenüber den natürlichen Lebensgrundlagen entnehmen lässt, hat das damit verbundene Prinzip des nachhaltigen Umgangs mit natürlichen Ressourcen zwar die Natur gegenüber Belangen der sozialen Wohlfahrt und der wirtschaftlichen Entwicklung stärker bewusst gemacht.[4] Nach herrschendem Verständnis besteht Nachhaltigkeit als objektives Prinzip aber nur aus einer Abwägungsdirektive, die inhaltlich offen ist.[5] Hinzu kommt, dass das Grundgesetz nur einzelne Aspekte der Nachhaltigkeit aufgreift, in Art. 20a GG die soziale, die wirtschaftliche und nicht zuletzt die finanzpolitische Säule der Nachhaltigkeit aber nicht ausdrücklich berücksichtigt. Dementsprechend ist die verfassungspolitische Forderung erhoben worden, Nachhaltigkeit und Generationengerechtigkeit im Grundgesetz auf eine breitere Grundlage zu stellen, weiter zu stärken und den Staat in einem Art. 20b GG allgemein dazu zu verpflichten, in seinem Handeln auch mit Blick auf die Interessen künftiger Generationen das Prinzip der Nachhaltigkeit zu beachten.[6] Die Vorteile und Erträge eines in der Verfassung normierten Staatsziels Nachhaltigkeit sind jedoch unsicher und umstritten. Vorbehalte knüpfen an die allgemeinen Probleme an, die mit Staatszielbestimmungen verbunden sind. Sie gelten aber auch generell der Komplexität

---

[4] *G. Winter*, Ökologische Verhältnismäßigkeit, ZUR 2013, S. 387.

[5] *Winter* (Fn. 4), S. 387; vgl. zuvor bereits *Rat von Sachverständigen für Umweltfragen*, Umweltgutachten 2002, 2002, Kap. 1.3; *K. Ott/R. Döhring*, Theorie und Praxis starker Nachhaltigkeit, 2004, S. 97 ff.; *G. Winter*, Natur ist Fundament, nicht Säule, GAIA 2007, S. 255 ff.; *ders.*, A fundament and two pillars. The concept of sustainable development 20 Years after the Brundtland Report, in: *H. C. Bugge/C. Voigt* (Hrsg.), Sustainable Development in International and National Law, 2008, S. 25 ff.

[6] Vgl. dazu nur *W. Kahl*, „Soziale Gerechtigkeit" oder Generationengerechtigkeit, ZRP 2014, S. 17 (18); *G. Deter*, Generationengerechtigkeit und Nachhaltigkeit als Staatsziele – Ein gescheitertes Projekt der Verfassungsänderung, Jahrbuch der Juristischen Zeitgeschichte Bd. 12 (2011), S. 300 ff.

des Themas Generationengerechtigkeit und der tendenziellen Offenheit des Nachhaltigkeitsbegriffs, die eine effektive Verrechtlichung erschweren. Insofern besteht aller Anlass, nach dem Steuerungspotential und den Steuerungsschwächen eines materiellen Nachhaltigkeitsverfassungsrechts (II.1. und 2.), nach den Gründen für die Steuerungsschwächen (II.3.) sowie nach Möglichkeiten zu fragen, ob und gegebenenfalls wie sich diese Schwächen durch Organisation und Verfahren kompensieren lassen (III.).

II. Materielles Nachhaltigkeitsverfassungsrecht

Das Grundgesetz weist eine Reihe von Regelungen auf, die sich direkt oder indirekt auf Nachhaltigkeit beziehen, in ihrer Reichweite und ihrem Steuerungsgehalt aber unsicher sind. Umso mehr gilt es sich des vorhandenen Grundbestandes an Nachhaltigkeitsverfassungsrecht und seiner Reichweite zu versichern.

1. Regelungsgehalte materiellen Nachhaltigkeitsverfassungsrechts

Mit der generationenübergreifenden Langfristperspektive und dem ausgeprägten Ressourcenbezug weist Art. 20a GG zentrale Elemente des Nachhaltigkeitskonzepts auf, wie es auf völker- und europarechtlicher Ebene ausgeprägt worden ist. Das Konzept ist dem Wortlaut von Art. 20a GG zwar nicht ausdrücklich zu entnehmen, wohl aber sind zentrale Teilelemente benannt. Nicht ausdrücklich angesprochen ist die Abstimmung der ökologischen Belange mit wirtschaftlichen und sozialen Nutzungsbelangen, die auf den langfristigen Schutz der natürlichen Lebensgrundlagen zurückwirken. Auch eine ausdrückliche Querschnittsklausel, die die Umweltbelange als integralen Bestandteil in alle anderen Sachbereiche hineinträgt, fehlt in Art. 20a GG.[7] Dass dieser den Schutzauftrag auch mit Blick auf künftige Generationen formuliert, gibt ihm allerdings einen auf die allgemeine Gestaltung der zukünftigen Lebensverhältnisse zielenden Gehalt,[8] der in weitem Umfang als Bekenntnis zu den Leitlinien des Nachhaltigkeitskonzepts der Rio-Deklaration gelesen werden kann.[9]

Trotz aller Schwierigkeiten im Detail besteht kein Zweifel, dass Art. 20a GG zu einer erheblichen Öffnung des Zeithorizonts der Verfassung beiträgt. Probleme bereitet vor allem die genauere Bestimmung des Schutzniveaus.[10] In der Sache soll die Staatszielbestimmung ein Appell vor allem, aber nicht allein an

---

[7] Wie hier *Appel* (Fn. 1), S. 295 f.

[8] Vgl. den Bericht der Gemeinsamen Verfassungskommission, BT-Drs. 12/6000 vom 5.11.1993, S. 68.

[9] *N. Bernsdorff*, Positivierung des Umweltschutzes im Grundgesetz, NuR 1997, S. 328 (330).

[10] Zur Problematik nur *H. Schulze-Fielitz*, in: H. Dreier (Hrsg.), GG, Bd. II, 2. Aufl. 2006, Art. 20a Rn. 39 ff., m. w. N.

den Gesetzgeber sein.[11] Sie soll durch die verfassungsrechtliche Normierung integrierend wirken, Vorrang vor (nur) politischen Zielsetzungen haben, im Falle von Zielkonflikten im Rahmen der erforderlichen Abwägungs- und Optimierungsprozesse zwingend zu berücksichtigen sein, Handlungsaufträge für die Verwaltung sowie Auslegungs- und Gewichtungshinweise für Verwaltung und Rechtsprechung enthalten.[12] Trotz dieser zahlreichen ihr zugeschriebenen Funktionen ist die praktische Wirkung der Staatszielbestimmung „Schutz der natürlichen Lebensgrundlagen" jedoch denkbar gering. Ein Grund mag darin liegen, dass ihre Wirkungen stärker als bei anderen Verfassungsbestimmungen ungewiss und davon abhängig sind, dass sie vom Gesetzgeber aufgegriffen und in gesetzliche Regelungen umgesetzt werden.[13] Der Gesetzgeber ist aber weitestgehend frei, ohne eine enge verfassungsrechtliche Bindung über das jeweilige Maß an Schutz der natürlichen Lebensgrundlagen zu entscheiden.[14] Die Staatszielbestimmung begründet keinerlei Rechte Einzelner – insbesondere auch kein „ökologisches Existenzminimum"[15] – und gewährt keinen Zugang zu den Gerichten. Aus der partiell missglückten Formulierung[16] wird geschlossen, dass Art. 20a GG ein noch breiteres gesetzgeberisches Ermessen vorsieht als andere Staatszielbestimmungen.[17] Er gibt weder ein präzises Ziel vor noch werden spezifische Mittel vorgezeichnet. Die Offenheit besteht im Vergleich mit anderen Staatszielbestimmungen umso mehr, als die natürlichen Lebensgrundlagen und die sie beeinflussenden Faktoren sich ständig und vergleichsweise dynamisch fortentwickeln, so dass auch der Konkretisierungsauftrag auf Dauer angelegt ist.[18] Dementsprechend ist die Ernüchterung regelmäßig groß, wenn das Verfassungsrecht in Form der Staatszielbestimmung des Art. 20a GG tatsächlich in Anschlag gebracht wird. Denn die auf diese Weise erzielten Ergebnisse bleiben oft weit hinter den Erwartungen zurück.

---

[11] *K.-P. Sommermann*, in: I. von Münch/P. Kunig (Hrsg.), GG, 6. Aufl. 2012, Art. 20a Rn. 10; *A. Epiney*, in: H. von Mangoldt/F. Klein/C. Starck (Hrsg.), GG, 5. Aufl. 2005, Art. 20a Rn. 32; *Schulze-Fielitz* (Fn. 10), Art. 20a Rn. 14 ff.; *C. Calliess*, Rechtsstaat und Umweltstaat, 2001, S. 104 ff.; *Appel* (Fn. 1), S. 119 ff.

[12] Zusammenfassend wie hier *Appel* (Fn. 1), S. 295.

[13] Dazu und zum Folgenden *I. Appel*, Eigenwert der Verfassung im Umweltrecht, in: T. Vesting/S. Korioth (Hrsg.), Der Eigenwert des Verfassungsrechts, 2011, S. 289 (293 f.).

[14] *Schulze-Fielitz* (Fn. 10), Art. 20a Rn. 58; zum Vergleich mit den Umweltschutzbestimmungen in den Verfassungen der übrigen EU-Mitgliedstaaten, *D. Thym*, Umweltschutz in den Verfassungen der EU-Mitgliedstaaten, NuR 2000, S. 557 ff.; *E. Orth*, Umweltschutz in den Verfassungen der EU-Mitgliedstaaten, NuR 2007, S. 229 ff.

[15] *Epiney* (Fn. 11), Art. 20a Rn. 39.

[16] Kritik bei *D. Murswiek*, Staatsziel Umweltschutz (Art. 20a GG), NVwZ 1996, S. 222; weit. Nachw. bei *Epiney* (Fn. 11), Art. 20a Fn. 30.

[17] *Schulze-Fielitz* (Fn. 10), Art. 20a Rn. 58; *Bernsdorff* (Fn. 9), S. 332 f.

[18] *R. Scholz*, in: T. Maunz/G. Dürig (Begr.), GG, Art. 20a Rn. 35, spricht von einer weitgehend offenen Verfassungsgewährleistung. Zusammenfassend wie hier *Appel* (Fn. 13), S. 293 f.

Auch die Schutzpflichtdiskussion hat durch die Nachhaltigkeitsdiskussion bislang kaum entscheidende Impulse erhalten. Obwohl Art. 20a GG die Ausdehnung des Schutzhorizonts auf künftige Generationen bestätigt und bestärkt hat, lassen die Rechtsprechung des Bundesverfassungsgerichts und die Schutzpflichtdogmatik[19] bislang keine maßgebenden Einflüsse des Nachhaltigkeitskonzepts erkennen. Vereinzelt wird der Nachhaltigkeitsgedanke mit einem verstärkten, subjektiv-rechtlich abgeleiteten Grundrechtsvoraussetzungsschutz in Verbindung gebracht, der zur Schutzdimension zählen soll.[20] Selbst wenn man die Prämissen dieser Konzeption nicht in Frage stellt, ist damit jedoch das Grundproblem der Schutzpflichten mit Blick auf den Schutz der natürlichen Lebensgrundlagen nicht erfasst. Dies gilt umso mehr, als der von der verfassungsgerichtlichen Rechtsprechung hervorgehobene weite Gestaltungsspielraum des Gesetzgebers bei der Umsetzung und Ausfüllung der Schutzpflichten unangetastet bleiben soll.[21] Das entscheidende Problem der Effektivierung der Schutzpflichten besteht nicht darin, dass der Gesetzgeber nicht handeln und unter Berufung auf Schutzpflichten andere abwehrrechtlich gesicherte Belange zurückdrängen könnte. Die verfassungsrechtliche Rechtfertigungsfunktion der Schutzpflichten ist insoweit anerkannt und bietet dem Gesetzgeber weitreichende, verfassungsrechtlich begründete Handlungsmöglichkeiten. Problematisch ist nicht die Rechtfertigungs-, sondern die Auftragsdimension der Schutzpflichten und mit ihr die Frage, an welchem Maßstab das Tätigwerden, Nichthandeln oder nicht ausreichende Tätigwerden des Gesetzgebers angesichts einer etwaigen Schutzpflicht gemessen werden sollte und welchen verfassungsrechtlichen Anforderungen diese Frage unterliegt.[22]

Im Ergebnis unterscheiden sich Schutzpflichten und Staatszielbestimmungen, was die Schutzperspektive, den Schutzinhalt und die notwendige Reichweite des Schutzkonzepts anbetrifft, trotz des unterschiedlichen Ansatzpunktes kaum voneinander.[23] Die Verfassung überlässt es primär dem Gesetzgeber und dessen Gestaltungsfreiheit, die vielfältigen Inhalte der Staatszielbestimmungen ebenso wie das Niveau des geforderten Schutzes zu konkretisieren und dabei auch die Kapazität des Staates zur Problembewältigung angemessen zu berücksichtigen. Damit wird das diffizile Verhältnis von Aufgabenlegitimierung und Aufgabenerledigung zwar weitgehend offen gehalten. Ein Untermaß der Nach-

---

[19] Zusammenfassend *D. Murswiek*, Umweltrecht und Grundgesetz, Die Verwaltung 33 (2000), S. 241 ff.

[20] *W. Frenz*, Nachhaltige Entwicklung nach dem Grundgesetz, UTR 49 (1999), S. 37 (67 ff.); *F. Ekardt*, Umweltverfassung und Schutzpflichten. Zugleich zu Nachhaltigkeit, Recht, Verhältnismäßigkeit und Abwägung, NVwZ 2013, S. 1105 (1106 ff.); vgl. auch *M. Kleiber*, Der grundrechtliche Schutz künftiger Generationen, 2014.

[21] Vgl. *Frenz* (Fn. 20), S. 68 f.

[22] So bereits *Appel* (Fn. 1), S. 97 ff., 112 ff.

[23] Dazu und zum Folgenden *Appel* (Fn. 13), S. 294.

haltigkeit, das konkrete Belastungsschwellen im Sinne untolerierbarer Entwicklungen oder Beeinträchtigungen festlegen würde, ist dann aber praktisch nicht bestimmbar.[24] Eine pflichtwidrige Verletzung der sich aus dem Nachhaltigkeitsverfassungsrecht ergebenden materiellen Anforderungen kann regelmäßig nicht angenommen werden. In der Sache lässt die Verfassung die Nachhaltigkeit bislang in weitem Maße schutzlos.[25]

Umso mehr scheint die Forderung berechtigt, ein allgemeines Staatsziel Nachhaltigkeit in das Grundgesetz aufzunehmen. An dem vergleichsweise ernüchternden Befund würde aber auch ein spezifisch auf Nachhaltigkeit und Generationengerechtigkeit ausgerichtetes Staatsziel in einem neu zu schaffenden Art. 20b GG wenig ändern. Denn auch wenn verfassungsrechtlich normiert würde, dass der Staat in seinem Handeln insbesondere mit Blick auf die Interessen künftiger Generationen das Prinzip der Nachhaltigkeit zu beachten habe,[26] bliebe der materielle Steuerungsgehalt gering. Auch hier würden vor dem Hintergrund der herrschenden Dogmatik die Ansätze zur Konkretisierung und Präzisierung der Inhalte des Staatsziels Nachhaltigkeit und Generationengerechtigkeit auf weite Beurteilungs-, Einschätzungs-, Prognose- und Konkretisierungsspielräume des Gesetzgebers hinauslaufen.

2. Steuerungsschwächen materiellen Nachhaltigkeitsverfassungsrechts

Damit lässt sich als Zwischenfazit festhalten, dass sich mit der Aufnahme der Nachhaltigkeit in die Verfassung zwar eine hohe Symbolkraft verbindet. Was den materiellen Gehalt anbetrifft, ist Nachhaltigkeit als Staatsziel angesichts ihrer Mehrdimensionalität und Multifunktionalität aber von einer grundsätzlichen Deutungsoffenheit geprägt und auf eine in den jeweiligen Zusammenhängen nötige Konkretisierung angelegt. Wie anderen umwelt- und sozialstaatlichen Prinzipien kommt der Nachhaltigkeit die klassische Funktion einer Orientierungsmarke zu, die ohne weitere Präzisierung nur schwer handhabbar ist. Dementsprechend lässt sich auch für die Bereiche, in denen Nachhaltigkeit verfassungsrechtlich normiert ist, aus der Verfassung allenfalls ein „Ob“ des staatlichen Handelns herleiten. Bei allen Fragen des „Wie“, des Grades und des Inhalts der Nachhaltigkeit tritt demgegenüber die Konkretisierungsbedürftigkeit durch den Gesetzgeber hervor.[27] Der viel beschriebene Prozess der Kons-

---

[24] Zum Untermaßverbot in der umweltrechtsrelevanten Literatur nur *R. Sparwasser/ R. Engel/A. Voßkuhle*, Umweltrecht, 5. Aufl. 2003, § 1 Rn. 158 f.; *K. Waechter*, Umweltschutz als Staatsziel, NuR 1996, S. 321 (325); *W. Hoffmann-Riem*, Vom Staatsziel Umweltschutz zum Gesellschaftsziel Umweltschutz, Die Verwaltung 28 (1995), S. 425 (426); *O. Klein*, Das Untermaßverbot – Über die Justiziabilität grundrechtlicher Schutzpflichterfüllung, JuS 2006, S. 960 ff.

[25] Bezogen auf die natürlichen Lebensgrundlagen ebenso *Epiney* (Fn. 11), Art. 20a Rn. 12.

[26] *Kahl* (Fn. 6), S. 18.

[27] Bezogen auf den verfassungsrechtlichen Umweltschutz ebenso *Appel* (Fn. 13), S. 292.

titutionalisierung[28] ist für Nachhaltigkeit und Generationengerechtigkeit daher nicht ohne weiteres ergiebig. Zwar kann sich daraus eine erhebliche Rechtfertigungs- bzw. Legitimationsfunktion für gesetzgeberisches Handeln ergeben. Ob und wie weitgehend der verfassungsrechtliche Appell an den Gesetzgeber[29] von diesem aber gehört werden muss oder weitgehend ungehört verhallen darf, ist verfassungsrechtlich praktisch nicht vorgegeben. Daher enden die Überlegungen regelmäßig bei weiten gesetzgeberischen Beurteilungs-, Prognose-, Konkretisierungs- und Gestaltungsspielräumen, denen sich kaum greifbare Maßstäbe entnehmen lassen. Im Ergebnis ist der Steuerungsgehalt des materiellen Nachhaltigkeitsverfassungsrechts gering.

3. Gründe für Steuerungsschwächen des materiellen Nachhaltigkeitsverfassungsrechts

Die tieferen Gründe für die vergleichsweise geringe Durchschlagskraft des materiellen Nachhaltigkeitsverfassungsrechts sind vielschichtig und nicht immer eindeutig, lassen sich jedoch zu einigen Tendenzaussagen bündeln, aus denen Rückschlüsse auf den Stellenwert der Nachhaltigkeit gezogen werden können:

– *Begrenztheit der verfassungsrechtlichen Anknüpfungspunkte:* Ein erster Grund für die Steuerungsschwächen des materiellen Nachhaltigkeitsverfassungsrechts liegt in der Begrenztheit der verfassungsrechtlichen Anknüpfungspunkte. Der nachhaltigkeitsrelevante Normenbestand des Grundgesetzes ist nach wie vor vergleichsweise gering. Das Grundgesetz kennt kein ausdrückliches Nachhaltigkeitsprinzip. Es schützt mit dem Staatsziel Umweltschutz (Art. 20a GG) sowie der Schuldenbremse (Art. 109 Abs. 3, 115 Abs. 2 GG) nur Teilbereiche dessen, was unter dem Begriff Nachhaltigkeit diskutiert wird.[30] Einzelne Elemente sozialer Nachhaltigkeit können zudem dem Sozialstaatsprinzip in Art. 20 Abs. 1, 28 Abs. 1 S. 1 GG zugeordnet werden. Insgesamt ist „soziale Nachhaltigkeit" aber kein gesicherter Kernbestandteil, sondern höchstens akzidentielle und nachrangige Nebenfolge des Sozialstaatsprinzips, das die Weiterentwicklung dem einfachen Gesetzgeber überlässt.[31] Auch wenn damit einzelne Postulate sozialer Nachhaltigkeit aufgegriffen werden,[32] stellen Nachhaltigkeit und Generationengerechtigkeit nach geltender Rechtslage keine übergreifenden materiellen Verfassungsprinzipien oder Staatsziele des Grundgesetzes dar.[33]

---

[28] Eingehend dazu *G. F. Schuppert/C. Bumke*, Die Konstitutionalisierung der Rechtsordnung, 2000, S. 9 ff.; *R. Wahl*, Konstitutionalisierung – Leitbegriff oder Allerweltsbegriff, in: Festschr. f. W. Brohm, 2002, S. 191 ff.

[29] *Appel* (Fn. 1), S. 293.

[30] *Kahl* (Fn. 6), S. 19.

[31] *Kahl*, Staatsziel Nachhaltigkeit und Generationengerechtigkeit, DÖV 2009, S. 3.

[32] *Kahl* (Fn. 31), S. 3; *ders.* (Fn. 6), S. 19.

[33] *Kahl* (Fn. 31), S. 5.

Hinzu kommt, dass sich Nachhaltigkeit – jedenfalls in den klassischen Grenzen des Verfassungsrechts – nur begrenzt für eine verfassungsrechtliche Normierung eignet. Der in der Sache (auch) geforderte langfristige Systemschutz ist mit den traditionellen verfassungsrechtlichen Mitteln kaum zu erreichen. Die Grundrechte beziehen sich auf das Verhältnis des Menschen zum Staat und zu anderen Menschen, nicht aber des Menschen zu den Systemen Umwelt, Wirtschaft und Gesellschaft. Das Staatsziel in Art. 20a GG ist zwar genuin auf die natürlichen Lebensgrundlagen bezogen, trägt jedoch bereits im Ansatz maßgebende Relativierungen in sich. Anknüpfungspunkte für eine Skalierung oder eine daran anknüpfende weitergehende Verrechtlichung sind daraus nicht zu entnehmen.

– *Entstehungsgeschichtlich bedingte Tendenz zu Offenheit und Überfrachtung:* Ein weiterer Grund für die geringe Steuerungskraft liegt in der entstehungsgeschichtlich bedingten Offenheit und Vagheit des Nachhaltigkeitskonzepts.[34] Nach der ursprünglichen Fassung des modernen Konzepts der Nachhaltigen Entwicklung im Brundtland-Bericht kam den natürlichen Lebensgrundlagen eine grundlegende, die Tragfähigkeit der Entwicklung begrenzende Bedeutung zu, auf deren Grundlage und in deren Rahmen die Bedürfnisse von Wirtschaft und Gesellschaft zu befriedigen waren.[35] Beide sind auf die natürlichen Lebensgrundlagen als langfristig tragfähige Basis angewiesen. Im Zuge der Nachhaltigkeitsdiskussion hat sich demgegenüber das Drei-Säulen-Konzept als dominant erwiesen. Mit ihm verbunden ist ein veränderter Bedeutungsgehalt der Nachhaltigen Entwicklung. Die natürlichen Lebensgrundlagen sollen gleichberechtigt mit sozialen und wirtschaftlichen Gesichtspunkten zu berücksichtigen sein.[36] In Konfliktfällen bedarf es gegenseitiger Rücksichtnahme und der Kompromissfindung. Wirtschaftliche Belange wie die Sicherung von Arbeitsplätzen oder die Wahrung der Versorgungssicherheit erlangen damit konzeptuell die gleiche Bedeutung wie der Schutz der natürlichen Lebensgrundlagen. Das Drei-Säulen-Konzept betont in zeitlicher Perspektive allein, dass alle drei Säulen dauerhaft gewahrt werden sollen. Dass die Ursprungsidee der Nachhaltigkeit gerade auf eine Bestimmung des Verhältnisses der Säulen zueinander gerichtet ist und den natürlichen Lebensgrundlagen die Bedeutung eines auf Tragfähigkeit anzulegenden Fundaments zuerkennt,[37] wird

---

[34] Dazu und zum Folgenden eingehend *Winter* (Fn. 5), S. 255 f.; zur Problematik des Drei-Säulen-Konzepts zuvor bereits *Appel* (Fn. 1), S. 339 ff.

[35] Vgl. *World Commission on Environment and Development*, Our Common Future (Brundtland-Bericht), 1987; deutsch *V. Hauff* (Hrsg.), Weltkommission für Umwelt und Entwicklung, Unsere gemeinsame Zukunft, 1987.

[36] *Rat für Nachhaltige Entwicklung*, Was ist Nachhaltigkeit?, 2015, abrufbar unter www.nachhaltigkeitsrat.de/nachhaltigkeit (zuletzt abgerufen am 22.12.2015).

[37] Vgl. zu diesem Verständnis nur *Enquete-Kommission „Schutz des Menschen und der Umwelt" des 12. Deutschen Bundestags*, Die Industriegesellschaft gestalten – Perspektiven für einen nachhaltigen Umgang mit Stoff- und Materialströmen, 1994, BT-Drs. 12/8260; *Enquete-Kommission „Schutz des Menschen und der Umwelt" des 13. Deutschen Bundestags*, Konzept Nachhaltigkeit. Vom Leitbild zur Umsetzung. Abschlussbericht, 1998, BT-Drs. 13/11200.

demgegenüber ausgeblendet. Damit verliert das Nachhaltigkeitskonzept seinen maßgebenden Bezugspunkt und sein spezifisches Profil.

– *Drohende Vermengung von (Nachhaltigkeitsverfassungs)Recht und guter Politik:* Die allgemein auf Zukunftsfähigkeit ausgerichtete Nachhaltigkeitsdebatte hat den Begriff der Nachhaltigen Entwicklung überfrachtet.[38] Wenn mit ihm in allen Bereichen von Natur, Wirtschaft und Gesellschaft jeweils das bezeichnet werden soll, was „zukunftsfähig" ist, verkommt der Begriff zu einem weitgehend maßstabslosen Synonym für gute Politik. Besonders anschaulich zeigt sich dies am Beispiel der Nachhaltigkeitsziele der Vereinten Nationen[39] oder der alle Sektorpolitiken betreffenden Managementregeln der Nachhaltigkeit, die von der Bundesregierung aufgestellt wurden.[40] Sie reichen vom sparsamen Einsatz fossiler Energieträger und der Verringerung der Umweltverschmutzung über die Begrenzung der Staatsverschuldung bis zu eigenverantwortlicher Altersvorsorge, Verbesserung der Ausbildung und Familienförderung. Für eine Verrechtlichung ist ein so weitgefasstes Verständnis der Nachhaltigkeit denkbar ungeeignet, weil es im Regelfall nur vage Kompromissformeln produziert, die zur Überforderung tendieren und für nahezu beliebige Eigeninteressen missbraucht werden können.

– *Offenes Verhältnis von allgemeiner und ökologischer Nachhaltigkeit:* Das mangelnde Profil des umfassenden Nachhaltigkeitsbegriffs hat dazu geführt, dass vom weiten Konzept einer ökologisch-ökonomisch-sozialen Zielkonvergenz teilweise ein engeres Konzept der Nachhaltigkeit abgetrennt worden ist, das die Tragfähigkeit der natürlichen Lebensgrundlagen als Basis für wirtschaftliche und gesellschaftliche Nutzungen zugrunde legt. Ziel des engeren Verständnisses ist die langfristige Sicherung der natürlichen Lebensgrundlagen auch der künftigen Generationen durch begrenzende Zielvorgaben, Planung, Pflege und Bewirtschaftung trotz bestehender legitimer Nutzungsinteressen von Wirtschaft und Gesellschaft.[41] Das Verhältnis dieses engeren zum allgemeinen Nachhaltigkeitskonzept ließe sich zwar als Ergänzungsverhältnis konzipieren,[42] ist aber bislang weder auf nationaler noch gar auf europäischer und internationaler Ebene hinreichend anerkannt oder gar geklärt und dementsprechend mit starken Unsicherheiten behaftet.

– *Mangelnde Skalierung und Fehlen konkretisierender Zielvorgaben:* Unabhängig davon, wie weit oder eng der Nachhaltigkeitsbegriff gefasst wird, setzt

---

[38] Zur Kritik nur *Winter* (Fn. 5), S. 255 f.; *Ekardt* (Fn. 20), S. 1105.

[39] *UN*, Sustainable Development Goals 2030; abrufbar unter https://sustainabledevelopment.un.org/sdgs (zuletzt abgerufen am 22.12.2015).

[40] *Bundesregierung*, Managementregeln der Nachhaltigkeit, 2012; abrufbar unter www.bundesregierung.de/Content/DE/_Anlagen/Nachhaltigkeit-wiederhergestellt/2012-04-17-managementregeln-der-nachhaltigkeit.html (zuletzt abgerufen am 22.12.2015).

[41] Dazu zusammenfassend *W. Kahl*, in: R. Streinz (Hrsg.), EUV/AEUV, 2. Aufl. 2012, Art. 11 AEUV Rn. 20 ff. (22).

[42] *Kahl* (Fn. 41), Art. 11 AEUV Rn. 20 ff. (22).

er ansatzbedingt die Überlegung voraus, von welcher Schwelle an die Regenerations- oder Absorptionsfähigkeit einer Ressource (bzw. die Tragfähigkeit einer der Säulen oder ihrer jeweiligen Unterbereiche) bedroht ist.[43] Diese Schwelle muss höher liegen als diejenige, die vor einem völligen Verlust des jeweiligen Schutzgutes schützt. Ohne einen solchen Auftrag zur bereichsspezifischen Skalierung bzw. Festlegung von Zielen oder Schwellen der Tragfähigkeit ist Nachhaltigkeit weder praktisch handhabbar noch eignet sie sich überhaupt für eine Verrechtlichung. Die dafür nötigen Maßstäbe lassen sich dem Nachhaltigkeitsverfassungsrecht selbst nicht entnehmen. Sie müssen – gegebenenfalls vom Verfassungsrecht angeleitet auf untergesetzlicher Ebene – erst geschaffen werden.

– *Unklare und ungewisse Gefährdungslagen:* Angesichts fehlender skalierender Vorgaben oder Zielfestlegungen und der geforderten Langfristperspektive sind auch die Gefährdungslagen für das verfassungsrechtliche Ziel der Nachhaltigkeit oft unsicher und ungewiss. Dies gilt umso mehr, als die Schutzgüter der Nachhaltigkeit regelmäßig nicht – jedenfalls nicht primär – durch den Staat, sondern durch Private gefährdet und beeinträchtigt werden. Der Staat hat zudem Schwierigkeiten, seine Aufgabe als Kontrollinstanz für private Gefährder der Nachhaltigkeit wahrzunehmen, die sich regelmäßig auf einschlägige Grundrechte in ihrer abwehrrechtlichen Dimension stützen (können), während der Staat sich auf ein deutlich schwächer ausgeprägtes Staatsziel berufen muss und zugleich mit teilweise unsicheren Gefährdungslagen zu kämpfen hat. Offenbar sieht sich auch das Bundesverfassungsgericht in solchen Konstellationen nicht dazu berufen, enge verfassungsrechtliche Grenzen zu ziehen.

– *Abhängigkeit von sachverständiger Wertung und Prognosen:* Hinzu kommt, dass die nähere Bestimmung dessen, was nachhaltig ist, in hohem Maße von Prognosen abhängig ist. Zudem ist sowohl mit Blick auf die natürlichen Lebensgrundlagen als auch hinsichtlich der wirtschaftlichen und gesellschaftlichen Entwicklung die Beurteilung dessen, was langfristig „tragbar“ ist, einer starken Szientifizierung ausgesetzt, die sich vor allem in der regelmäßigen und verstärkten Einbeziehung von Sachverstand zeigt.[44] Die Einbeziehung des Sachverstandes führt zwangsläufig dazu, dass die Konkretisierung der Nachhaltigkeit interdisziplinär angelegt ist. Diese Interdisziplinarität kann zu schwierigen Zuordnungs- und Verantwortungsproblemen im Verhältnis von Entscheidungsträgern und entscheidungsprägendem wissenschaftlichen und/oder technischen Sachverstand führen. Es spricht viel dafür, dass die Problematik der Interdisziplinarität nicht durch rechtliche „Hochzonung“ mit allen ihren wissens- und prognosebezogenen Folgeproblemen in das Verfassungsrecht hineingetragen, sondern dem einfachen Recht überlassen wird.

---

[43] Zur Notwendigkeit einer Skalierung *Winter* (Fn. 5), S. 258.

[44] Für die natürlichen Lebensgrundlagen *R. Wahl*, Herausforderungen und Antworten: Das Öffentliche Recht der letzten fünf Jahrzehnte, 2006, S. 66.

– *Geringer Versubjektivierungsgrad:* Zu den Schwächen des Nachhaltigkeitsverfassungsrechts trägt bei, dass sich die Ziele der Nachhaltigkeit nicht – jedenfalls nicht ohne große Verluste – versubjektivieren lassen. Im Zusammenhang mit Nachhaltiger Entwicklung geht es in aller Regel um entindividualisierte Schutzgüter, für deren Schutz eine Vielzahl von Belangen zu berücksichtigen sind, eine Gesamtperspektive eingenommen werden muss und strategische Überlegungen angestellt werden müssen. Die Ausgangslage ist damit, wenn man es vereinfachend formulieren wollte, zum einen weitaus weniger grundrechtsfreundlich als in anderen Rechtsgebieten. Zum anderen geht es selbst im Falle einer teilweise möglichen Versubjektivierung regelmäßig um Konflikte mit gesellschaftlichen Rechten, die Bewertungen und Aushandlungen erfordern, für die das Konzept der subjektiven Rechte keine Anleitung bereitstellt.

– *Grundsätzliche Offenheit der Abwägung:* Ein weiterer Grund für die geringe Steuerungskraft des materiellen Nachhaltigkeitsverfassungsrechts liegt darin, dass es nach verbreiteter Ansicht als Abwägungsdirektive verstanden wird, die inhaltlich weitgehend offen ist.[45] Diese Abwägung ist, sofern keine vorgegebene klare und verbindliche Skalierung vorhanden ist, überwiegend politisch-gestalterischer Art. Es besteht grundsätzlich kein Vorrang einzelner Zielsetzungen und dementsprechend keine Rechtspflicht, bestimmte Belange anderen vorzuziehen. Lediglich dort, wo – wie im Bereich des europäischen Gewässerschutzes oder des europäischen Luftqualitätsrechts – ausnahmsweise verbindliche konkretisierende Nachhaltigkeitsziele vorhanden sind, lässt sich Nachhaltigkeit als Leitplanke und Rahmenregelung für die Abwägung konzipieren.

– *Verhältnis von Verfassungsrecht und einfachem Recht:* Zum geringen Selbststand des materiellen Nachhaltigkeitsverfassungsrechts tragen schließlich auch Zweifel bei, ob das Verfassungsgesetz die richtige Regelungsebene für eine umfangreiche Konkretisierung des Nachhaltigkeitskonzepts darstellt.[46] Je dichter die Staatszielstruktur der Verfassung ausfällt, umso mehr wird der Gesetzgeber auf den bloßen Vollzug vorgegebener Ziele reduziert,[47] die im Konfliktfall unter Schwächung der Stellung des Parlaments vom Bundesverfassungsgericht kontrolliert werden müssten.[48] Eine zu detaillierte Regelung auf Verfassungsebene liefe darüber hinaus Gefahr, die Verfassung zu überfordern und normativ zu entwerten. Sie würde zudem den Gestaltungsaufgaben und -möglichkeiten

---

[45] *Winter* (Fn. 4), S. 387; vgl. zuvor bereits *Rat von Sachverständigen für Umweltfragen*, Umweltgutachten 2002, 2002, Kap. 1.3; *K. Ott/R. Döhring*, Theorie und Praxis starker Nachhaltigkeit, 2004, S. 97 ff.; *Winter* (Fn. 5).

[46] Zu dieser Frage *H. Däubler-Gmelin*, Die Verankerung von Generationengerechtigkeit im Grundgesetz, ZRP 2000, S. 27 f. Dort findet sich auch eine Zusammenfassung der im Folgenden aufgegriffenen Gründe für die Verneinung der Frage. Wie hier zusammenfassend *Appel* (Fn. 1), S. 298 ff.

[47] *G. Deter*, „Nationale Nachhaltigkeitsstrategie" und Grundgesetz, ZUR 2012, S. 157 (161).

[48] *Kahl* (Fn. 6), S. 19.

des einfachen Gesetzgebers und der (verfassungs-)rechtsanwendenden Instanzen nicht gerecht. Wie bei anderen, tendenziell knapp und lapidar formulierten Verfassungsprinzipien ist es Aufgabe des Gesetzgebers sowie der Verfassungsinterpretation durch Rechtsprechung, Wissenschaft und Staatspraxis, grundlegende Verfassungsbegriffe näher auszugestalten und zu präzisieren. Die Konkretisierungsbedürftigkeit ist allen Rechtsprinzipien eigen, ohne dass deren rechtliche Direktivkraft dadurch in Frage gestellt wäre.[49] Gegen eine zu detaillierte Regelung auf Verfassungsebene spricht auch, dass zu den Besonderheiten des Nachhaltigkeitskonzepts die sachbereichsspezifische, Ebene für Ebene vorgenommene Konkretisierung und Präzisierung der anzustrebenden Ziele zählt,[50] die nach dem Anspruch des Konzepts nur in Abstimmung mit den jeweils konfligierenden Belangen und damit nur auf Ebenen unterhalb der Verfassung getroffen werden kann.[51]

III. Kompensation durch Organisation und Verfahren

Sind die materiell-rechtlichen Vorgaben schwer zu fassen oder unsicher, bietet sich als klassische Strategie ein Ausweichen auf verfahrensrechtliche oder organisatorische Regelungen an. Dieser Befund gilt auch für das Recht der Nachhaltigkeit. Denn die Gründe für die vergleichsweise geringe verfassungsrechtliche Durchschlagskraft beziehen sich überwiegend auf die Schwierigkeit, materielle Vorgaben für das richtige, das verfassungsgemäße Maß der Nachhaltigkeit zu treffen. Diese Schwierigkeit ist Teil des allgemeineren Problems, ob und inwieweit sich Schutz-, Leistungs- und Verteilungsaspekte in der Sache überhaupt sinnvoll verfassungsrechtlich normieren lassen. Dies gilt aber nicht für den Weg hin zu Entscheidungen über eine Nachhaltige Entwicklung, für die Organisationsstrukturen und das Verfahren. Hier deutet umgekehrt viel darauf hin, dass die Verfolgung von Nachhaltigkeitszielen in hohem Maße davon abhängt, ob und gegebenenfalls wie Nachhaltigkeit in rechtlichen Verfahren thematisiert wird.

---

[49] *Schulze-Fielitz* (Fn. 10), Art. 20a Rn. 24.

[50] Zur Notwendigkeit der Konkretisierung des Konzepts nur *D. Cansier*, Nachhaltige Umweltnutzung als neues Leitbild der Umweltpolitik, Hamburger Jahrbuch für Wirtschafts- und Gesellschaftspolitik 40 (1995), S. 129 (130 ff.); *M. Schröder*, „Nachhaltigkeit" als Ziel und Maßstab des deutschen Umweltrechts, WiVerw 1995, S. 65 (76 f.); *ders.*, Sustainable Development – Ausgleich zwischen Umwelt und Entwicklung als Gestaltungsaufgabe der Staaten, ArchVR 34 (1996), S. 251 (252).

[51] *Appel* (Fn. 1), S. 295; zum (Umwelt)Verwaltungsrecht als maßgebendem Medium des Rechts für Umweltschutz und Nachhaltige Entwicklung auch *M. Eifert*, Der Verfassungsauftrag zu ökologisch nachhaltiger Politik, KJ (Hrsg.), Verfassungsrecht und gesellschaftliche Realität, 2009, S. 211 ff.

1. Kompensationsbedarf

Der Bedarf an Kompensation materieller Steuerungsdefizite durch Organisation und Verfahren ergibt sich mit Blick auf das Nachhaltigkeitsverfassungsrecht allerdings nicht nur aus der vergleichsweise geringen materiellen Regelungsdichte. Vor dem Hintergrund der ausgemachten Steuerungsschwächen liegt auf der Hand, dass die Komplexität des Themas Generationengerechtigkeit und die relative Offenheit des Begriffs Nachhaltigkeit in besonderem Maße auf eine prozedurale Umsetzung angewiesen sind. Soll dem Schutz der künftigen Generationen eine ernst zu nehmende Bedeutung zukommen, muss die Langzeitverantwortung durch geregelte Verfahren und Organisationsformen institutionalisiert werden.[52] Hinzu kommt aber auch, dass der Wille des Gesetzgebers zur materiellen Konkretisierung der Nachhaltigkeit aus strukturellen Gründen gering und die Langzeitverantwortung nicht immer ausreichend präsent ist. Hier wirkt sich aus, dass die unter demokratischen Gesichtspunkten sinnvolle zeitliche Begrenzung der Legislaturperiode und der konkurrenzdemokratische Prozess regelmäßig eine stark reduzierte Zeitlichkeit nach sich ziehen.[53] Nachhaltigkeit und Generationengerechtigkeit kommen angesichts der weitgehenden „Zukunftsvergessenheit“[54] systematisch zu kurz. Die Verantwortung für künftige Generationen ist in aller Regel nur ein Aspekt unter mehreren, der in den seltensten Fällen ausschlaggebend ist.[55] Oft wird das gegenwärtig Erreichbare höher bewertet als das unbestimmte Zukünftige, das in der Gegenwart Opfer fordert. Diese Asymmetrie in der Bewertung von Gegenwarts- und von Zukunftsaufgaben wirft die Frage auf, ob sich die spezifische Denk- und Interessenausrichtung der pluralisierten demokratischen Gesellschaft, die ökonomisch und letztlich gegenwartsorientiert ist, nicht als Hemmschuh einer Politik der Nachhaltigkeit erweist.[56] Auch vor diesem Hintergrund bieten sich prozedurale Strategien an, um Nachhaltigkeit und Generationengerechtigkeit im politischen Prozess präsent zu halten.[57]

---

[52] *Epiney* (Fn. 11), Art. 20a Rn. 79 ff.

[53] *Böhret* (Fn. 2), S. 146; *ders.*, Politische Ökologie, Sonderheft 4, 1992, S. 67 (68); *H. Hill*, Von der Krisenbewältigung zum Management der Zukunft, in: C. Böhret/ders./H. Klages (Hrsg.), Staat und Verwaltung im Dialog mit der Zukunft, 1994, S. 33.

[54] *J. Isensee*, Diskussionsbeitrag, UTR 43 (1998), S. 174.

[55] *C. F. Gethmann*, Langzeitverantwortung als ethisches Problem, 1993, S. 1 (17); vgl. auch *J. Rux*, Intertemporale Strukturprobleme der Demokratie, in: M. Bertschi et al. (Hrsg.), Demokratie und Freiheit, 1999, S. 301 (311 f.).

[56] Bezogen nicht auf Nachhaltigkeit, aber den Umgang mit langfristigen Entwicklungen und „schleichenden Katastrophen“ *C. Böhret*, Folgen. Entwurf für eine aktive Politik gegen schleichende Katastrophen, 1990; *ders.*, Nachweltschutz – Sechs Reden über politische Verantwortung, 1991; *ders.*, Neuartige Folgen – eine „andere“ Verwaltung?, VerwArch 1989, S. 13 ff. (24).

[57] *M. Kloepfer*, Langzeitverantwortung im Umweltstaat, 1993, S. 22 (26).

2. Nachhaltigkeit durch Organisation

In einem ersten Schritt richtet sich der Blick auf Organisationen und Organisationsformen, mittels derer die spezifische Langzeitverantwortung wahrgenommen und zugleich eingefordert werden könnte, dass die langfristigen Interessen und die Belange künftiger Generationen Berücksichtigung finden.

a) Organisatorische Absicherung der Nachhaltigkeit

Geht es um Ausformung und Struktur von Organisationen, die zur Wahrnehmung von Langzeitinteressen besonders geeignet sind,[58] lassen sich als maßgebende Kriterien neben allgemeinen Faktoren wie der Effektivität vor allem Stabilität und Konstanz der Institution im Sinne einer langfristigen Präsenz, die institutionelle Priorität des Langzeitinteresses, Objektivität und Ausgewogenheit der Institution mit Blick auf die Interessen der künftigen Generationen sowie ihre Akzeptanz als Vertreterin der Langzeitinteressen in der Gegenwart ausmachen.[59] Sucht man nach Institutionen, die diese Kriterien erfüllen,[60] reichen die Vorschläge von der institutionalisierten Einbeziehung von Kirchen und der Wissenschaft[61] über das Bundesverfassungsgericht[62] sowie ein spezifisches Gremium von Sachverständigen für Zukunftsbelange, das beim Bundespräsidenten angesiedelt sein soll,[63] bis hin zu einem Ministerium oder zumindest Staatssekretären für Nachweltschutz,[64] einem Ombudsmann bzw. einer Ombudskommission,[65] einem Sachverständigenrat für Zukunftsbelange,[66] einem ökologischen Rat oder Senat,[67] Öko-Höfen nach dem Modell der Rechnungshöfe[68] sowie spezifischen Nachweltbeauftragten, Nachweltverbänden[69]

---

58 Wie hier und zum folgenden Absatz *Appel* (Fn. 1), S. 87 ff.

59 Vgl. *Kloepfer* (Fn. 57), S. 36 f.

60 Zusammenfassend *Epiney* (Fn. 11), Art. 20a Rn. 79 ff.

61 *Kloepfer* (Fn. 57), S. 38 f.

62 *Theisen* (Fn. 2), S. 118, 123.

63 Vgl. *Theisen* (Fn. 2), S. 118; *Kloepfer* (Fn. 57), S. 38.

64 *D. Birnbacher*, Verantwortung für zukünftige Generationen, 1988, S. 267 f.; zuvor bereits *D. Gabor/U. Colombo*, Das Ende der Verschwendung, 1976, S. 240 f.

65 *P. Saladin/C. A. Zenger*, Rechte künftiger Generationen, 1988, S. 111; *E. Brown Weiss*, In Fairness to Future Generations, 1989, S. 120 ff.; *Kloepfer* (Fn. 57), S. 40; vgl. auch *H. Lenk*, Erweiterte Verantwortung, in: D. Mayer-Maly/P. M. Simons (Hrsg.), Naturrechtsdenken, 1983, S. 833 (835), der von einem „Bundesbeauftragten" spricht.

66 *Kloepfer* (Fn. 57), S. 40.

67 *T. Stein*, Warum wir einen ökologischen Rat brauchen, in: B. Guggenberger/A. Meier (Hrsg.), Der Souverän auf der Nebenbühne, 1994, S. 255 ff.; *R. Kurz*, Innovationen für eine zukunftsfähige Entwicklung, Aus Politik und Zeitgeschichte, B 7/96, S. 14 (20); *R. Loske*, Der Charme des Ökorats, Politische Ökologie 46 (1996), S. 53 ff.; *Rux* (Fn. 55), S. 323 ff.

68 *H. Hill*, Optimierung der Organisation kommunaler Verwaltung, Die Verwaltung 21 (1988), S. 175 (186); *G. Lübbe-Wolff*, Modernisierung des Umweltordnungsrechts, 1996, S. 69 f.; *C. Nicklas*, Implementationsprobleme des EG-Umweltrechts, 1997, S. 187.

69 *Saladin/Zenger* (Fn. 65), S. 40.

oder Nachhaltigkeitsräten.[70] Der gemeinsame Nenner der vorgeschlagenen Organisationen oder Organisationsformen liegt in einer hervorgehobenen Stellung gegenüber dem politischen Kurzzeitgeschäft. Alle Ansätze setzen auf eine möglichst neutrale, unabhängige Rolle und sind auf längerfristige, nicht an Legislaturperioden orientierte Tätigkeit angelegt. Entscheidend ist, wie die jeweilige Organisation als Vertreterin von Nachhaltigkeits- und Generationengerechtigkeit in die gegenwärtigen Entscheidungsprozesse eingebunden werden soll. Dabei geht es nicht mehr nur um Struktur und Besetzung der Institution, sondern generell um die Ausgestaltung von Entscheidungsprozessen mit Langzeitfolgen und das Verhältnis von Institutionen der Langzeitverantwortung zu den demokratisch legitimierten Entscheidungsträgern. Das prekäre Ziel besteht darin, eine auf langfristige Tragfähigkeit ausgerichtete Gesetzgebung und entsprechende staatliche Entscheidungsstrukturen zu gewährleisten, ohne das demokratische Entscheidungsrecht des Normgebers maßgebend einzuschränken. Hinzu kommt, dass es auch in diesem Zusammenhang konkretisierender Maßstäbe für Nachhaltigkeit und Generationengerechtigkeit bedürfte, um sie als erkennbare Grenzen der Tragfähigkeit überhaupt erst an die Entscheidungsträger herantragen zu können.

b) Strukturelle Stärken und Schwächen institutioneller Vorkehrungen

Selbst wenn solche Maßstäbe vorhanden sein sollten, liegt das strukturelle Dilemma aller organisatorischen Lösungsvorschläge darin, dass die entsprechende Organisation im Prozess der politischen Willensbildung nur ausreichend effektiv sein kann, wenn ihr (Mit-)Entscheidungsbefugnisse oder Vetorechte gegenüber den anderen staatlichen Instanzen zugestanden werden. (Mit-)Entscheidungs- oder Vetorechte geraten jedoch zwangsläufig in einen Konflikt mit den demokratisch gewählten Instanzen und deren stark legitimierter Entscheidungsmacht.[71] Sobald thematisiert wird, dass die parlamentarische „Mehrheit nicht so will, wie sie aus ökologischer Perspektive wollen soll",[72] muss geklärt werden, wer an ihrer Stelle und mit welcher Legitimation entscheidet, was die parlamentarische Mehrheit wollen darf.[73] Soll die Einschaltung von Institution zur Wahrung von Nachhaltigkeit und Langfristinteressen demgegenüber das Letztentscheidungsrecht des Gesetzgebers und die Autorität der von ihm getroffenen Entscheidungen nicht einschränken, kommt lediglich eine beratende Funktion in Betracht.

---

[70] Dazu *T. Schomerus*, Nachhaltigkeit braucht Institutionen – zur Institutionalisierung von Nachhaltigkeitsräten, NuR 2011, S. 1 ff.

[71] Zu dieser Problematik wie hier und mit den nachfolgenden Argumentationslinien *Appel* (Fn. 1), S. 89 ff.

[72] *Stein* (Fn. 67), S. 255.

[73] Zusammenfassend *R. Steinberg*, Der ökologische Verfassungsstaat, 1998, S. 340.

Soll einer staatlichen Institution zur Wahrung von Langzeitinteressen mehr als eine beratende Funktion zukommen, muss das Verhältnis zur Gesetzgebung demokratieverträglich gestaltet werden. Zu einem maßgebenden Akteur im politischen Willensbildungsprozess wird eine Institution zur Wahrung von Nachhaltigkeit und Generationengerechtigkeit nur werden können, wenn sie aufgrund ihrer rechtlichen Stellung Entscheidungen anderer Staatsorgane mit der Begründung verhindern kann, dass ihrer Einschätzung nach die „Lebensgrundlagen der künftigen Generationen infolge dieser Entscheidungen vernichtet würden oder zumindest massiv bedroht wären".[74] Eine solche Vetoposition einer vergleichsweise unabhängig gestellten Institution würde das parlamentarisch-demokratische System qualitativ verändern.[75] Der vergleichende Hinweis auf Bundesbank, Europäische Zentralbank, Bundesverfassungsgericht und Bundesrat, bei denen sich aufgrund ihrer relativ unabhängigen Stellung je nach Vorverständnis und Fassung des demokratischen Prinzips von einer begrenzten Einschränkung sprechen lässt, verkennt die unterschiedlichen Dimensionen. Nachhaltigkeit und Generationengerechtigkeit betreffen aufgrund ihres Querschnittscharakters potentiell das gesamte politische Spektrum, so dass eine mit einem Vetorecht ausgestattete Organisation errichtet werden müsste. Einschränkungen oder Ausnahmen von den Grundsätzen demokratischer Entscheidungsfindung könnten angesichts der Komplexität und der Reichweite der Nachhaltigkeit nicht sachbereichsspezifisch begründet und begrenzt werden. Vor diesem Hintergrund spricht manches dafür, dass die Diskrepanz zwischen kurzfristigem Entscheidungshorizont des parlamentarischen Systems und Langfristinteressen prinzipiell unaufhebbar ist[76] und sich nicht grundlegend lösen lässt. Vermittelnde Ansätze setzen dementsprechend auf eine Aufwertung von Sachverständigenräten[77] und/oder die Erhöhung der Rechtfertigungsanforderungen der staatlichen Instanzen bei nachhaltigkeits- und nachweltrelevanten Entscheidungen.[78]

---

[74] *Theisen* (Fn. 2), S. 123 f.; vgl. auch *Rux* (Fn. 55) S. 325.

[75] Die Gefahren sieht auch *Rux* (Fn. 55), S. 331, hält sie jedoch mit Blick auf die Chancen, damit einen effektiven Nachweltschutz zu gewährleisten, für hinnehmbar.

[76] *Steinberg* (Fn. 73), S. 342. *M. Kloepfer* (Ladenburger Kolleg Umweltstaat, in: ders. (Hrsg.), Umweltstaat als Zukunft, 1994, S. 3, 22) geht ebenfalls davon aus, dass Entscheidungen über die Belange künftiger Generationen an konstruktive Grenzen des demokratischen Systems führen. Vor diesem Hintergrund liege es „nicht fern, der Demokratie insoweit die ‚Kompetenz' oder doch jedenfalls die Legitimation zumindest für solche Entscheidungen, deren Wirkungen ausschließlich in der Zukunft eintreten und diese existenziell oder irreversibel verändern, abzusprechen".

[77] So namentlich *Steinberg* (Fn. 73), S. 345 ff.

[78] Das Ziel einer Erhöhung der gesetzgeberischen Rechtfertigungsanforderungen verfolgte auch der Vorschlag zur Schaffung eines ökologischen Rates in Art. 53b des Verfassungsentwurfs, der vom Kuratorium für einen demokratisch verfassten Bund deutscher Länder im Zuge der deutschen Einheit vorgelegt, von der Gemeinsamen Verfassungskommission auch beraten, letztlich aber abgelehnt wurde; vgl. die Denkschrift zum Verfassungsentwurf, in: *B. Guggenberger/ U. K. Preuß/ W. Ullmann* (Hrsg.), Eine Verfassung für Deutschland, 1991, S. 21 ff.; näher dazu *Stein* (Fn. 67), S. 258; *Steinberg* (Fn. 73), S. 339 ff.; *Rux* (Fn. 55), S. 325 (Fn. 82).

3. Nachhaltigkeit durch Verfahren

Die Schwierigkeiten, spezifische Institutionen zum Schutz der natürlichen Lebensgrundlagen und der Nachwelt effektiv in den politischen Willensbildungsprozess einzufügen, legen die Frage nahe, inwieweit Nachhaltigkeit und Generationengerechtigkeit nicht durch eine Schärfung der Verfahrensanforderungen an Eigenwert und Profil gewinnen könnten.

a) Gesteigerte Beteiligungs- und Begründungspflichten des Gesetzgebers

Eine Schärfung des nachhaltigkeitsverfassungsrechtlichen Profils könnte darin liegen, die umfangreichen Spielräume zur Konkretisierung der Nachhaltigkeit stärker normativ zu umhegen.[79] Letzten Endes ginge es darum, die Nutzung dieser Spielräume – Einschätzungs-, Beurteilungs- und Wertungsspielräume – durch Verfahrensanforderungen, Anhörungs- und Beteiligungsrechte sowie Begründungspflichten normativ in einer Weise vorzuprägen, die transparentere und nachvollziehbarere Entscheidungen ermöglicht.[80] Zwar ließe sich mit einiger Berechtigung einwenden, dass der Gesetzgeber angesichts seiner unmittelbaren demokratischen Legitimation einer solchen Umhegung nicht bedarf und wegen der im demokratischen System notwendigen Aushandlungsprozesse ein Mehr an formeller Freiheit benötigt als die (planende) Verwaltung, bei der die stärkere normative Einfassung nicht zuletzt auch der demokratischen Rückkopplung bei offeneren materiell-rechtlichen Vorgaben dient. Die spezifische Problematik, dass sich – wie bei der Festlegung eines bestimmten Niveaus der Nachhaltigkeit oder der Entscheidung über die Hinnahme bestimmter Entwicklungen – materielle Vorgaben für das verfassungsgemäße Maß nur schwer finden und begründen lassen, bildet aber einen Sonderfall. In diesen spezifischen Konstellationen sollte der Gesetzgeber stärkeren prozeduralen Anforderungen an Ermittlung, Bewertung und Abgewogenheit unterliegen, um nachvollziehbare und damit auch kontrollierbare Entscheidungen zu gewährleisten.

b) Querschnittsklausel und formelle Integration

Eine auf den ersten Blick vergleichsweise effektive verfahrensrechtliche Ausprägung des Nachhaltigkeitskonzepts, die sich bei entsprechender Interpretation bereits jetzt Art. 20a GG entnehmen lässt, jedenfalls aber mit einem allgemeinen Staatsziel Nachhaltigkeit in einem neuen Art. 20b GG verbunden wäre, liegt in

---

[79] Dazu und zum Folgenden, bezogen auf eine Schärfung des umweltverfassungsrechtlichen Profils, *Appel* (Fn. 13), S. 307 f.

[80] Im Hinblick auf die Ergebnisrichtigkeit von Rechtssetzungsakten wäre eine normative Umhegung von Rechtssetzungsräumen insbesondere des Gesetzgebers erwägenswert. Zu dieser Entwicklung *V. Mehde/S. Hanke*, Gesetzgeberische Begründungspflichten und -obliegenheiten, ZG 2010, S. 381 ff.; speziell zum Umweltrecht *Steinberg* (Fn. 73), S. 145 f.; *Murswiek* (Fn. 19), S. 245 ff.

der externen Integration der Nachhaltigkeit in alle relevanten Sach- und Entscheidungsbereiche.[81] Aus der mit dem Staatsziel Nachhaltigkeit verbundenen Verfassungsaufgabe „Querschnitts- und Integrationsprinzip" wäre zu folgern, dass staatliches Handeln im Sinne eines Optimierungsgebots – vergleichbar Art. 11 AEUV, Art. 37 GRCh – stets auf seine Nachhaltigkeit hin zu überprüfen wäre.[82] Allerdings lässt sich nicht verkennen, dass ein solcher „Nachhaltigkeitscheck"[83] nur in dem Maße aussagekräftig und effektiv sein kann, in dem konkretisierte Maßstäbe der Nachhaltigkeit vorhanden sind, die an das jeweilige staatliche Handeln herangetragen werden können. Fehlen sie, lässt sich das im Wesentlichen formelle Instrument der Querschnittsklausel zwar abstrakt einfordern, in der Praxis aber kaum sinnvoll und ertragreich handhaben.

c) Folgen- und Verträglichkeitsprüfungen

Als zentrales Element eines prozeduralen Nachhaltigkeitskonzepts erweisen sich Nachhaltigkeitsfolgen- bzw. Nachhaltigkeitsverträglichkeitsprüfungen, die sowohl auf der Normsetzungsebene in Form von Gesetzesfolgenprüfungen[84] als auch auf der Normanwendungsebene als einzelfallbezogene Folgen- oder Verträglichkeitsprüfungen zum Einsatz kommen können.[85] Bei Entscheidungen, die aller Voraussicht nach erhebliche Folgen für künftige Generationen haben, wäre danach im Voraus eine Untersuchung der wahrscheinlichen Auswirkungen durchzuführen und wären deren Ergebnisse im Rahmen der Entscheidungsfindung zu berücksichtigen.[86] Auch dieser Ansatz hat jedoch mit spezifischen Schwierigkeiten zu kämpfen. Nachhaltigkeitsbezogene Gesetzesfolgenabschätzungen, wie sie in § 44 GGO vorgesehen sind, bedürfen präzisierender Maßstäbe, um eine Uferlosigkeit der Prüfung zu verhindern und die Bedeutung der Folgen überhaupt sinnvoll einschätzen zu können. Dies gilt gleichermaßen für einzelfallbezogene Folgen- und Verträglichkeitsprüfungen. Denn anders als die Umweltverträglichkeitsprüfung, bei der die Reichweite der Prüfung bereits in einem aufwendigen Scoping-Verfahren eingegrenzt werden muss, wäre die Prüfung der Nachhaltigkeitsverträglichkeit nicht nur auf ökologische, sondern auch auf alle einschlägigen sozialen und wirtschaftlichen Folgen zu er-

---

[81] Vgl. nur *C. Calliess*, Die neue Querschnittsklausel des Art. 6 ex 3c EGV als Instrument zur Umsetzung des Grundsatzes der nachhaltigen Entwicklung, DVBl. 1998, S. 559 ff.

[82] *Kahl* (Fn. 6), S. 19.

[83] *Kahl* (Fn. 6), S. 19.

[84] Näher *G. Krings*, Die Nachhaltigkeitsprüfung in der Gesetzesfolgenabschätzung, ZG 2009, S. 237 ff.

[85] *Saladin/Zenger* (Fn. 65), S. 115 ff.; *Kloepfer* (Fn. 57), S. 37 f.; vgl. auch *C. Böhret*, Gesetzesfolgenabschätzung: Soll sie institutionalisiert werden?, in: Festschr. f. W. Blümel, 1999, S. 51 ff.; zu Begründung und Vorschlag einer Umweltverträglichkeitsprüfung für geplante Gesetze *S. Müller*, Die Umweltverträglichkeitsprüfung von Gesetzentwürfen, 2000, S. 107 ff.

[86] Näher dazu *A. Windoffer*, Verfahren der Folgenabschätzung als Instrument zur rechtlichen Sicherung von Nachhaltigkeit, 2011.

strecken.[87] Ohne konkretisierende, bereichsspezifisch ausgeformte Nachhaltigkeitsziele und damit verbundene begrenzende Maßstäbe wird sich weder die Ermittlung noch die Bewertung aller dieser Folgen angemessen handhaben lassen.

d) Einhaltungs- und Überwachungsverfahren

Zum prozeduralen Standardrepertoire, das auch auf das verfassungsrechtliche Nachhaltigkeitskonzept zu beziehen ist, zählen schließlich Monitoring, Berichtspflichten und Ergebniskontrolle. Es liegt in der Konsequenz einer zielbezogenen Strategie wie jener der Nachhaltigkeit, dass sie auf ihre Wirkungen und ihre Realisierung befragt werden.[88] Werden sie verfehlt, bedarf es einer Änderung der Strukturen, der Instrumente und gegebenenfalls der Zielkorrektur. Auch an dieser Stelle zeigt sich jedoch, dass die flankierenden prozeduralen Strategien maßgebend von der Verfügbarkeit bereichsspezifisch präzisierter Vorgaben der Nachhaltigkeit abhängen, wenn sie zu effektiven und aussagekräftigen Ergebnissen gelangen sollen.

4. Zentrale Bedeutung der Skalierung und Zielfestlegung

Der Blick auf eine mögliche Kompensation der Steuerungsschwächen des materiellen Nachhaltigkeitsverfassungsrechts durch Organisation und Verfahren, wie sie vielfach gefordert und für möglich gehalten wird, fällt danach zwiespältig aus. Anders als andere Staatsziele oder Verfassungsprinzipien ist Nachhaltigkeit nicht nur allgemein auf Konkretisierung angelegt. Die Art der Konkretisierung durch Skalierung bzw. Festlegung von Zielen im Sinne maximaler Schwellen der Tragfähigkeit ist vielmehr als wesentliches Fundament im Konzept der Nachhaltigkeit angelegt. Auch wenn sich die materiellen Ziele und Grenzen nicht unmittelbar aus dem Konzept selbst ergeben, fordert es eine Skalierung und konkretisierende Zielfestlegungen zur Gewährleistung einer dauerhaft tragfähigen Entwicklung. Wo immer Nachhaltigkeit normiert wird, ist dieser Skalierungs- und Zielsetzungsauftrag inbegriffen. Der Staat, dem Nachhaltigkeit als Staatsziel aufgegeben ist, muss auch Verfahren vorsehen, in deren Rahmen sich die nötige Skalierung und konkretisierende Zielsetzung vollziehen kann. Auch insoweit hat Nachhaltigkeit eine starke prozedurale Komponente.

Soll das Ziel der Nachhaltigkeit nicht leerlaufen, müssen daher rechtliche Mittel und Wege gefunden und vorgesehen werden, um die in ihm zwingend ange-

---

[87] Zum Verhältnis von Nachhaltiger Entwicklung und Umweltverträglichkeit *Appel* (Fn. 1), S. 318 ff. (321 ff.).

[88] Zum Streben nach fortlaufender Beobachtung und Kontrolle im Zuge einer stärkeren Folgenorientierung *H. Hill*, Leitbild der Ökologisierung des Rechts- und Verwaltungssystems, in: C. Böhret/ders. (Hrsg.) Ökologisierung des Rechts- und Verwaltungssystems, 1994, S. 208 (209); *Rat von Sachverständigen für Umweltfragen*, Umweltgutachten 1994, Tz. 76.; zur Evaluation in der Form eines ökologischen Controlling *Steinberg* (Fn. 73), S. 349, m. w. N.

legte Konkretisierung zu gewährleisten. Die spezifische Schwierigkeit besteht darin, dass anders als bei anderen Prinzipien, deren Konkretisierung dem künftigen Tätigwerden der Verwaltung, der Gerichte und der Rechtswissenschaft überlassen bleiben kann, Nachhaltigkeit nur dann eine erfolgversprechende normative Wirkung entfalten kann, wenn der darin vorausgesetzte Rahmen für die weitere Entwicklung gesetzt wird. Nachhaltigkeit erfordert daher in einem ersten Schritt Verfahren der Skalierung, der Zielkonkretisierung und Zielfestlegung, bevor in einem zweiten Schritt über Verfahren der Zielgewährleistung bzw. Zielerreichung nachgedacht wird. Auch insoweit erweist sich Nachhaltigkeit als politische Gestaltungsaufgabe. Nicht aus der Verfassung ableitbar ist, mit welchem Ergebnis bzw. auf welchem Niveau dieser Gestaltungsauftrag enden soll. Von Verfassungs wegen gefordert ist aber, dass dieser Gestaltungsauftrag überhaupt wahrgenommen wird. Dementsprechend müssen Verfahren vorhanden sein oder geschaffen werden, die der sachbereichsspezifischen Skalierung bzw. der konkretisierenden Zielfindung und Zielfestlegung dienen.

IV. Zusammenfassung

Die Mittel des Verfassungsrechts für eine Nachhaltige Entwicklung sind begrenzt. Effizienz- oder gar Suffizienzüberlegungen im Sinne der Frage „Wieviel ist genug?“[89], der „Frage nach dem optimalen Produktions- und Konsumniveau einer Gesellschaft“[90] oder der optimalen Entwicklung und den Möglichkeiten ihrer Steuerung sind nicht Sache der (Verfassungs)Rechtswissenschaft, sondern anderer Disziplinen und, sofern sie mit Anspruch auf normative Verbindlichkeit auftreten, Sache des demokratisch legitimierten politischen Prozesses. Das Recht kann lediglich Modelle und Instrumente liefern, wie Nachhaltige Entwicklung rechtlich verbindlich gesteuert und die vorhandenen Nachhaltigkeitsregelungen dogmatisch ausgeformt werden können.[91] Prozedurale Strategien können im Rahmen eines Staatsziels Nachhaltigkeit eine erhebliche Rolle spielen, sofern sie auch Verfahren der Skalierung und bereichsspezifischen Zielkonkretisierung fordern und vorsehen. Ungeachtet dessen wird der Erfolg von Nachhaltigkeitsstrategien letztlich davon abhängen, ob auch der politische Wille zur Nutzung dieser Verfahren vorhanden ist und es gelingt, aussagekräftige Skalierungen vorzunehmen und bereichsspezifisch konkretisierte Ziele festzulegen.

---

[89] *J. Huber*, Nachhaltige Entwicklung durch Suffizienz, Effizienz und Konsistenz, in: P. Fritz/ders./H. W. Levi (Hrsg.), Nachhaltigkeit in naturwissenschaftlicher und sozialwissenschaftlicher Perspektive, 1995, S. 31(40).

[90] *J. Kopfmüller*, Ungelöste Probleme der Sustainability-Leitidee, in: P. Fritz/J. Huber/H. W. Levi (Hrsg.), Nachhaltigkeit in naturwissenschaftlicher und sozialwissenschaftlicher Perspektive, 1995, S. 105 (107).

[91] So bereits *Appel* (Fn. 1), S. 31.

Nachhaltigkeitsprinzip und Integrationsprinzip

Astrid Epiney

I. Einleitung

Der Grundsatz der Nachhaltigen Entwicklung bzw. (wie im Titel dieses Beitrags) das „Nachhaltigkeitsprinzip" ist als Grundsatz und Zielsetzung politischen Handelns auf verschiedenen Ebenen (lokal, regional, national, supranational, international) inzwischen nicht nur politisch anerkannt, sondern häufig auch rechtlich als Zielsetzung oder Grundsatz verankert. So figuriert der Grundsatz der Nachhaltigen Entwicklung in den Zielbestimmungen des EU-Vertrages (Art. 3 Abs. 3 S. 2, Art. 3 Abs. 5 S. 2 EUV) sowie in Art. 11 AEUV.[1] Aber auch Art. 20a GG nimmt auf die „Verantwortung für die künftigen Generationen" Bezug, womit letztlich auf den Grundgedanken der Nachhaltigen Entwicklung zurückgegriffen wird.[2]

Unabhängig von der Frage, wie man genau den Begriff der Nachhaltigen Entwicklung definiert,[3] dürfte es wohl kaum abzustreiten und auch nicht bestritten sein, dass eine effektive Umsetzung des Nachhaltigkeitsgrundsatzes u. a. eine Integration seiner Anliegen in die verschiedenen Politikbereiche impliziert, wobei grundsätzlich alle Politiken, wenn auch selbstredend in unterschiedlichem Maß, betroffen sind. Insofern stehen das Integrationsprinzip in diesem Sinn[4] und der Nachhaltigkeitsgrundsatz also in einem engen Zusammenhang, und ersteres trägt als ein (sehr bedeutsames) Instrument zur Umsetzung des

---

[1] Zum Grundsatz der Nachhaltigen Entwicklung im EU-Recht, m. w. N., *A. Epiney*, Umweltrecht der Europäischen Union, 3. Aufl. 2013, 5. Kap. Rn. 31 ff.

[2] So schon *A. Epiney*, in: H. Mangoldt/F. Klein/C. Starck (Hrsg.), GG, 6. Aufl. 2010, Art. 20a Rn. 30.

[3] Vgl. umfassend zum Begriff und der Konzeption des Grundsatzes einer Nachhaltigen Entwicklung die sehr instruktiven Beiträge in *W. Kahl* (Hrsg.), Nachhaltigkeit als Verbundbegriff, 2008; s. ansonsten z. B., m. w. N., *K. Gehne*, Nachhaltige Entwicklung als Rechtsprinzip, 2011; *S. Fritz*, Integrierter Umweltschutz im Völkerrecht, 2009, S. 88 ff.; *A. Glaser*, Nachhaltige Entwicklung und Demokratie, 2006, S. 44 ff.; s. auch noch die Bemerkungen unten II.

[4] Es wird teilweise als „externe Integration" bezeichnet, dies im Gegensatz zur internen Integration, die Bezug auf einen medienübergreifenden Ansatz bei Umweltschutzmaßnahmen nehmen, vgl. *W. Kahl*, in: R. Streinz (Hrsg.), EUV/AEUV, 2. Aufl. 2012, Art. 11 AEUV Rn. 15 f. Zur Vermeidung von Verwechslungen erscheint es aber a priori sinnvoller, für diese sog. interne Integration einen anderen Begriff, etwa denjenigen des integrierten Ansatzes, zu verwenden.

Nachhaltigkeitsprinzips bei.[5] Mit anderen Worten impliziert eine Nachhaltige Entwicklung jedenfalls eine Integration der Anliegen der Nachhaltigen Entwicklung – wie auch immer man diese im Einzelnen präzisiert – in die verschiedenen Politiken, so dass „Nachhaltigkeitspolitik" immer auch und vor allem eine an den Grundsätzen Nachhaltiger Entwicklung ausgerichtete Sachpolitik impliziert. Mitunter ist das Integrationsprinzip im hier verstandenen Sinn denn auch ausdrücklich rechtlich verankert, so insbesondere in Art. 11 AEUV, wonach „Erfordernisse des Umweltschutzes (...) bei der Festlegung und Durchführung der Unionspolitiken und -maßnahmen insbesondere zur Förderung einer nachhaltigen Entwicklung" einzubeziehen sind.

Aufgeworfen wird damit die Frage, inwieweit dieses Integrationsprinzip und damit das ihm zugrunde liegende Konzept konkretisiert werden kann (II.) und ob und inwieweit es tatsächlich umgesetzt wird (III.), bevor in einer kurzen Schlussfolgerung nach dem Reformbedarf gefragt wird (IV.). Dabei knüpfen die nachfolgenden Ausführungen an die Rechtslage auf der Ebene des EU-Rechts an; zahlreiche der angestellten Überlegungen lassen sich aber auch auf nationale (Verfassungs-)Rechtsordnungen übertragen, sind dort doch häufig strukturell parallele Zielsetzungen und Konzepte auszumachen. Gleichwohl drängt sich ein Abstellen auf eine bestimmte Rechtsordnung schon aufgrund des Umstands auf, dass es hier um Rechtsfragen geht, die notwendigerweise unter Rückgriff auf die in der jeweiligen Rechtsordnung einschlägigen Bestimmungen zu beantworten sind.

II. Konzept und Tragweite des Integrationsprinzips

1. Grundgedanke und rechtliche Verankerung

Das Integrationsprinzip – wobei hier teilweise auch andere Begriffe verwandt werden, wie insbesondere „Querschnittsklausel"[6] – im hier verstandenen Sinn genießt (wohl erst) seit seiner Verankerung (in Bezug auf die Umweltpolitik) 1987 im damaligen EWG-Vertrag (Art. 130r Abs. 2 S. 2 EWGV) eine breitere Aufmerksamkeit. Sein Grundgedanke kann dahingehend zusammen gefasst

---

[5] Vgl. insoweit etwa *Kahl* (Fn. 4), Art. 11 AEUV Rn. 24 („Nachhaltigkeit durch Integration"); ebenso etwa *C. Calliess*, in: ders./M. Ruffert (Hrsg.), EUV/AEUV, 4. Aufl. 2011, Art. 11 AEUV Rn. 13 (Art. 11 AEUV als „Instrument der Umsetzung des Grundsatzes der nachhaltigen Entwicklung im Unionsrecht").

[6] Dieser Begriff wird häufig im deutschsprachigen Schrifttum verwandt. Vgl. grundlegend etwa *D. Scheuing*, Umweltschutz auf der Grundlage der Einheitlichen Europäischen Akte, EuR 1989, S. 152 (177); s. sodann z. B. *C. Calliess*, Die neue Querschnittsklausel des Art. 6 ex 3c EGV als Instrument zur Umsetzung des Grundsatzes der nachhaltigen Entwicklung, DVBl. 1998, S. 559 ff. Den Begriff Integrationsprinzip oder Integrationsklausel verwenden z. B. *J. H. Jans/H. H. B. Vedder*, European Environmental Law, 4. Aufl. 2012, S. 22 ff.

werden, dass zur Verwirklichung bestimmter (politisch angestrebter und in der Regel auch rechtlich verankerter) Zielsetzungen die Verfolgung einer „isolierten“ Politik zumindest nicht ausreicht, sondern diese Anliegen auch und gerade im Rahmen anderer Politiken mitbedacht und mitberücksichtigt werden müssen, sollen sie effektiv (zumindest teilweise) erreicht werden können. Ursprünglich im Wesentlichen im Zusammenhang mit der Umweltpolitik erörtert, dürfte mittlerweile anerkannt sein, dass ein derartiges Integrationsprinzip in zahlreichen Politikbereichen bzw. in Bezug auf zahlreiche Politikfelder von (mitunter entscheidender) Bedeutung ist. So überrascht es denn auch nicht, dass – wenn auch teilweise in unterschiedlichen bzw. abweichenden Formulierungen – das Integrationsprinzip im Unionsrecht inzwischen in Bezug auf eine Reihe von Politiken verankert wurde.[7]

Ausdrücklich rechtlich verankert ist das Integrationsprinzip in diesem Sinn – soweit es um den Einbezug von Erfordernissen des Umweltschutzes oder/und Anliegen der Nachhaltigen Entwicklung in andere Politikbereiche geht – jedoch eher selten. Hervorzuheben ist hier der bereits erwähnte und nachfolgend noch näher erörterte Art. 11 AEUV. Vieles spricht aber dafür, dass eine allgemeine Staatszielbestimmung wie Art. 20a GG letztlich impliziert, dass die betreffenden Zielsetzungen bei allen öffentlichen Politiken einzubeziehen sind, entfalten diese doch regelmäßig eine Bindung für den Gesetzgeber als solchen (also bei allen seinen Tätigkeiten), so dass solche Zielsetzungen eben in allen Politiken zu beachten und zu verwirklichen sind.[8]

2. Rechtliche Tragweite des Integrationsprinzips – unter besonderer Berücksichtigung des Art. 11 AEUV

Wenn auf dieser Grundlage auch davon auszugehen ist, dass ein Integrationsprinzip in zahlreichen Rechtsordnungen verankert ist, ist doch nicht zu verkennen, dass seine genaue rechtliche Tragweite notwendigerweise von der Ausgestaltung der einschlägigen rechtlichen Grundlagen abhängt. Die sich hier stellenden Fragen betreffen sowohl den Bezugspunkt des Integrationsprinzips (a)) als auch seine genaue Verpflichtungswirkung (b)), wobei sich beide Aspekte auch überschneiden können. Am Beispiel des Art. 11 AEUV soll schließlich die rechtliche

[7] So für die Gleichstellung von Mann und Frau (Art. 8 AEUV), den sozialen Schutz (Art. 9 AEUV), die Bekämpfung von Diskriminierungen (Art. 10 AEUV), den Verbraucherschutz (Art. 12 AEUV), den Tierschutz (Art. 13 AEUV), den Gesundheitsschutz (Art. 168 Abs. 1 UAbs. 1 AEUV), die Entwicklungszusammenarbeit (Art. 208 Abs. 1 UAbs. 2 S. 2 AEUV) sowie die Kulturpolitik (Art. 168 Abs. 4 AEUV). Vgl. bereichsübergreifend bzw. vergleichend zu verschiedenen Integrationsklauseln *U. Everling*, Zu den Querschnittsklauseln im EG-Vertrag, Mélanges en hommage à Fernand Schockweiler, 1999, S. 131 ff.

[8] So schon *Epiney* (Fn. 2), Art. 20a Rn. 77; ebenso z. B. *Glaser* (Fn. 3), S. 236, jeweils m. w. N.

Tragweite, die dem Integrationsprinzip zukommen bzw. beigemessen werden kann, aufgezeigt werden (c)).

a) Bezugspunkt des Integrationsprinzips

In Bezug auf den zuerst genannten Aspekt stellt sich insbesondere die Frage nach dem genauen Inhalt der in die verschiedenen Politiken zu „integrierenden" Zielsetzungen und damit ggf. auch nach dem Bedeutungsgehalt des Begriffs der Nachhaltigen Entwicklung. Soweit das Integrationsprinzip – wie in Art. 20a GG und in Art. 11 AEUV – im Zusammenhang mit dem Umweltschutz bzw. in Bezug auf entsprechende Zielsetzungen verankert wird, spricht Vieles dafür, es auf die „ökologische Dimension" zu beschränken, so dass es nur (aber immerhin) verpflichtet, Umweltanliegen auch im Hinblick auf die künftigen Generationen zu verfolgen, unter Aussparung sozialer und wirtschaftlicher Ziele (die freilich aufgrund anderer Vorgaben zu verfolgen sind).[9]

Daran anschließend stellt sich ggf. – d. h., falls auch der Grundsatz der Nachhaltigen Entwicklung als Ziel rechtlich verankert ist – die Frage, ob dem Nachhaltigkeitsprinzip als solchem auch ein Integrationsprinzip inhärent sein könnte, dies mit der Folge, dass auch – soweit man grundsätzlich die „Dreidimensionalität" des Nachhaltigkeitsgrundsatzes befürwortet – auch soziale und ökonomische Anliegen in ihrer intergenerationellen Ausrichtung in alle Politiken einzubeziehen wären. Vieles spricht für eine grundsätzliche Bejahung dieser Frage, da das Anliegen der Nachhaltigen Entwicklung – eine Entwicklung, die auch den Bedürfnissen künftiger Generationen Rechnung trägt – letztlich nur über seine Integration in die Gestaltung aller Politiken verwirklicht werden kann, wobei die Steuerungswirkung der hier einschlägigen Zielformulierungen grundsätzlich eher begrenzt sein wird.[10]

b) Verpflichtungswirkung

Soweit das Integrationsprinzip nicht als solches rechtlich verankert ist, sondern lediglich aus einer allgemeinen Verpflichtung auf eine Nachhaltige Entwicklung abgeleitet werden kann, dürfte der normative Gehalt des Integrationsprinzips bzw. seine inhaltliche Tragweite und damit seine Verpflichtungswirkung kaum hinreichend präzise ausgestaltet sein, damit das Integrationsprinzip tatsächlich eine steuernde Wirkung entfalten kann. Denn in aller Regel wird lediglich auf den Grundsatz der Nachhaltigen Entwicklung hingewiesen und zu seiner Förderung verpflichtet, ohne dass tatsächlich präzisiert wird, auf welche Weise dies zu geschehen hat. Dem Gesetzgeber steht hier damit ein weiter Gestaltungs-

---

[9] Vgl. für Art. 20a *Epiney* (Fn. 2), Art. 20a Rn. 16; für Art. 11 AEUV *Epiney* (Fn. 1), 5. Kap. Rn. 31 ff., jeweils m. w. N.

[10] S. noch sogleich unten II.2.b).

spielraum zu, ist doch auch und gerade davon auszugehen, dass er verschiedene Zielsetzungen zu verfolgen und diese im Falle eines Konflikts zum Ausgleich zu bringen hat. Zwar hat er hierbei durchaus das Integrationsprinzip – als Ausfluss der Verpflichtung auf eine Nachhaltige Entwicklung – zu beachten; jedoch ist es nicht möglich, seine genauen Rechtswirkungen zu präzisieren, fehlen hierfür doch die Anhaltspunkte (sowohl in Bezug auf den Inhalt des Prinzips selbst als auch in Bezug auf seinen Ausgleich mit anderen, ggf. widerstreitenden Zielsetzungen). So kann etwa aus Art. 3 Abs. 3 S. 2 EUV – der die Union verpflichtet, auf die Nachhaltige Entwicklung Europas hinzuwirken – nur gefolgert werden, dass die Anliegen der Nachhaltigen Entwicklung umfassend in allen Politiken in irgendeiner Form zu berücksichtigen sind; darüber hinausgehende Präzisierungen – etwa eine gewisse Ergebnisbezogenheit, die genauen Bezugspunkte der Nachhaltigen Entwicklung oder auch genauere prozedural-organisatorische Anforderungen – können aus dieser Vorschrift in dieser Beziehung wohl nicht abgeleitet werden.[11]

Anders ist die Situation jedoch grundsätzlich gelagert, wenn das Integrationsprinzip als solches rechtlich verankert ist: Denn in diesem Fall ist das Integrationsprinzip als solches verpflichtend festgeschrieben und damit zu beachten, so dass es als solches insbesondere nicht durch andere, ebenfalls zu verfolgende Zielsetzungen relativiert werden kann. Weiter sind der jeweiligen Bestimmung dann auch jeweils Präzisierungen in Bezug auf seine rechtliche Tragweite zu entnehmen, wenn in der Regel auch auf dieser Grundlage gewisse gesetzgeberische Gestaltungsspielräume offen bleiben. Soweit – wie in Art. 11 AEUV – das Integrationsprinzip auch auf die Nachhaltige Entwicklung bezogen wird, kann es somit als zentrales Instrument zur Umsetzung dieses Prinzips angesehen werden,[12] und der Gestaltungsspielraum des Gesetzgebers wird entsprechend eingeschränkt, wobei die genau zu beachtenden Vorgaben selbstredend in Anknüpfung an die jeweilige Norm zu präzisieren sind.

c) Das Beispiel des Art. 11 AEUV

Wie bereits erwähnt, wurde das Integrationsprinzip insbesondere in Art. 11 AEUV ausdrücklich rechtlich verankert, womit nach dem Gesagten im Vergleich zu einer bloßen Bezugnahme auf das Nachhaltigkeitsprinzip präziser ausgestaltete rechtliche Vorgaben einhergehen. Im Folgenden soll daher die rechtliche Tragweite dieser Bestimmung erörtert werden. Zu unterscheiden sind dabei drei Aspekte: der Anwendungsbereich der Bestimmung (aa)), ihre materiell-rechtlichen Vorgaben (bb)) sowie ihre prozeduralen Implikationen (cc)).[13]

---

[11] S. aber noch die Bemerkungen unten IV.

[12] S. insoweit in Bezug auf Art. 11 AEUV *Calliess* (Fn. 6), S. 559 ff. S. auch schon Fn. 5.

[13] S. insoweit auch bereits *Epiney* (Fn. 1), 5. Kap. Rn. 39 ff., worauf die folgenden Ausführungen teilweise zurückgreifen.

aa) Anwendungsbereich

Der Anwendungsbereich des Art. 11 AEUV erstreckt sich nach seinem Wortlaut einerseits auf alle Politiken der Union (und damit letztlich auf das gesamte Handeln der Union), andererseits aber auch auf „Maßnahmen". Jedenfalls wird man hieraus schließen können, dass alle Unionspolitiken erfasst sind, wofür auch die systematische Stellung des Art. 11 AEUV im Vertrag im Ersten Teil („Grundsätze") spricht. Der Hinweis auf Maßnahmen dürfte nicht so zu verstehen sein, dass innerhalb jeder einzelnen Maßnahme (also z. B. innerhalb jeder Verordnung oder Richtlinie) selbst Erfordernisse des Umweltschutzes einzubeziehen sind. Dieser Ansatz führte nämlich zu dem widersinnigen Ergebnis, dass ihre Berücksichtigung in einer anderen Maßnahme nicht möglich wäre. Sinn und Zweck des Art. 11 AEUV – der Einbezug von Belangen des Umweltschutzes bei allen Aktivitäten der EU, wobei es für die Erreichung dieser Zielsetzung irrelevant ist, ob dieser Einbezug immer in demselben Rechtsakt erfolgt oder nicht – legen es aber nahe, dass keine Unionsmaßnahme erlassen werden darf, ohne dass nicht gleichzeitig auch – soweit erforderlich – Anliegen des Umweltschutzes berücksichtigt werden, wobei dies entweder im Rahmen desselben Rechtsakts oder durch den gleichzeitigen Erlass eines anderen, insoweit komplementären Erlasses erfolgen kann. Mit anderen Worten: Es stünde mit Art. 11 AEUV grundsätzlich nicht in Einklang, eine unionsrechtliche Maßnahme zu erlassen und in Bezug auf die Reaktion auf die möglicherweise negative Umweltbilanz dieser Maßnahme auf späteres (notwendigerweise ungewisses) Tätigwerden zu „vertrösten". Insofern sind dann auch beim Erlass jeder einzelnen Maßnahme Belange des Umweltschutzes einzubeziehen, ohne dass jedoch die „Berücksichtigungsmaßnahmen" selbst zwingend in demselben Rechtsakt figurieren müssen.[14] Dieser Ansatz impliziert auch, dass die Anforderungen der Integrationsklausel auch im Falle der Aufhebung von Sekundärrechtsakten sowie der Entscheidung darüber, ob ein Tätigwerden überhaupt notwendig ist, zu berücksichtigen sind.

Darüber hinaus begründet Art. 11 AEUV angesichts der in dieser Bestimmung zum Ausdruck gekommenen Verpflichtung, Erfordernisse des Umweltschutzes bei der „Festlegung und Durchführung" der Unionspolitiken einzubeziehen, eine Verpflichtung der Mitgliedstaaten, beim Vollzug aller Unionspolitiken umweltpolitische Belange zu berücksichtigen.[15] Da die Durchführung der EU-Umwelt-

---

[14] S. in diese Richtung wohl auch GA *L. A. Geelhoed*, Rs. C-161/04 (Österreich/Parlament und Rat), Slg. 2006, I-7183 Rn. 60, der darauf hinweist, dass der Beurteilungsrahmen durch die einschlägigen Unionsmaßnahmen gebildet werde; i. Erg. ebenso wie hier *Calliess* (Fn. 5), Art. 11 AEUV Rn. 9; *J. Scherer/S. Heselhaus*, in: M. Dauses (Hrsg.), Handbuch des EU-Wirtschaftsrechts, O Rn. 57 (Stand: Juni 2010); s. auch *Calliess* (Fn. 6), S. 560.

[15] S. schon *A. Epiney/A. Furrer*, Umweltschutz nach Maastricht. Ein Europa der drei Geschwindigkeiten?, EuR 1992, S. 369 (386 ff.); ebenso *Calliess* (Fn. 6), S. 566; *W. Kahl*, Umweltprinzip und Gemeinschaftsrecht. Eine Untersuchung zur Rechtsidee des „bestmöglichen Umweltschutzes" im EWG-Vertrag, 1993, S. 59.

politik nämlich im Wesentlichen den Mitgliedstaaten obliegt, kann der Bezugnahme auf die Durchführung nur dann ein Sinn zukommen, wenn auch die Mitgliedstaaten in die Pflicht genommen werden, dies allerdings nur insoweit, als sie Unionsrecht anwenden und/oder durchführen. Dies ist insbesondere deshalb von nicht zu unterschätzender Bedeutung, als letztlich erst eine wirksame Durchführung nicht nur den Erfolg jeder Umweltpolitik, sondern auch denjenigen der Berücksichtigung seiner Belange in anderen Politikbereichen sicherzustellen vermag. Für diesen Ansatz spricht auch, dass die einschlägigen primärrechtlichen Vorgaben – unter ihnen eben auch die Umweltprinzipien und Art. 11 AEUV – sozusagen Teil an den maßgeblichen unionsrechtlichen Vorgaben haben bzw. Bestandteil derselben sind, da der Unionsgesetzgeber sie ja beachten muss. Somit sind sie nicht nur bei der Auslegung des Unionsrechts selbst zu beachten, sondern als ggf. ungeschriebener Teil der unionsrechtlichen Vorgaben von den Mitgliedstaaten bei Umsetzung, Durchführung und Anwendung des Unionsrechts zu verwirklichen.[16] Dabei spricht – ohne dass diese Frage hier vertieft werden kann – Vieles dafür, auch den Anwendungsbereich der Umweltprinzipien sowie des Art. 11 AEUV auf den Anwendungsbereich des Unionsrechts zu beziehen und für dessen Bestimmung an die einschlägige Rechtsprechung des EuGH zur Frage, unter welchen Voraussetzungen eine Durchführung des Unionsrechts durch die Mitgliedstaaten im Sinne des Art. 51 Abs. 1 GrCh anzunehmen ist, zurückzugreifen.[17]

bb) Materiell-rechtliche Vorgaben

Art. 11 AEUV verpflichtet zum Einbezug der „Erfordernisse des Umweltschutzes". Systematische und teleologische Gesichtspunkte sprechen dafür, dass hiermit auf die gesamte „Umweltschutzpolitik", so wie sie in Art. 191 AEUV formuliert ist, Bezug genommen wird.[18] Denn dieser Bestimmung ist die Gesamtheit der umweltpolitischen Leitlinien und Handlungsgrundsätze zu ent-

---

[16] Ausf. hierzu, m. w. N., *A. Epiney*, Zur Bindungswirkung der gemeinschaftsrechtlichen „Umweltprinzipien" für die Mitgliedstaaten, in: Festschr. f. Manfred Zuleeg, 2005, S. 633 ff.; in diese Richtung nunmehr wohl auch EuGH, Rs. C-378/08 (Raffinerie Mediterranee), Slg. 2010, I-1919, wo der Gerichtshof festhält, bei der Umsetzung der Umwelthaftungsrichtlinie hätten die Mitgliedstaaten bei der Festlegung der Voraussetzungen der Kausalität von Verschmutzungen das Verursacherprinzip zu beachten. Ähnlich EuGH, verb. Rs. C-379/08, C-380/08 (Raffinerie Mediterranee), Slg. 2010, I-2007. In diese Richtung auch schon EuGH, Rs. C-293/97 (Standley), Slg. 1999, I-2603.

[17] Vgl. insb. EuGH, Rs. C-617/10 (Åkerberg Fransson), ECLI:EU:C:2013:280; s. auch EuGH, Rs. C-399/11 (Melloni), ECLI:EU:2013:107, jeweils auch mit Hinweisen auf die frühere Rechtsprechung; hierzu, m. w. N., *A. Epiney*, Le champ d'application de la Charte des droits fondamentaux: l'arrêt Fransson et ses implications, CDE 2014, S. 283 ff.

[18] Ebenso z. B. *J. H. Jans*/*A.-K. von der Heide*, Europäisches Umweltrecht, 2003, S. 19; *Kahl* (Fn. 4), Art. 11 AEUV Rn. 16; *L. Krämer*, Droit de l'environnement de l'Union européenne, 2011, S. 52 f.; *W. Frenz*, Umwelt- und Tierschutzklausel im AEUV, NuR 2011, S. 103 (104 f.).

nehmen.[19] Eine Isolierung des einen oder anderen Aspekts trüge diesem System nicht Rechnung und führte notwendigerweise zu Verzerrungen. Weiter ist auf Sinn und Zweck des Art. 11 AEUV hinzuweisen: Angesichts der Tatsache, dass umweltrelevante Aktivitäten der Union gerade nicht nur im Rahmen der Art. 191 ff. AEUV erfolgen, soll diese Bestimmung sicherstellen, dass die durch den Vertrag definierten Anforderungen an eine umweltgerechte Politik nicht unterlaufen werden. Dieses Ziel kann aber nur unter der Voraussetzung erreicht werden, dass die Erfordernisse des Umweltschutzes so, wie sie in Art. 191 AEUV *in toto* umschrieben sind, in anderen Politikbereichen berücksichtigt werden.

Der durch Art. 11 AEUV geforderte Einbezug der Erfordernisse des Umweltschutzes soll insbesondere zur Förderung einer Nachhaltigen Entwicklung erfolgen, so dass auch die Union auf dieses, in seiner inhaltlichen Tragweite allerdings umstrittene Konzept[20] verpflichtet wird. Unabhängig davon, wie man diesen Begriff allgemein auslegt, ist aber jedenfalls festzuhalten, dass sich das in Art. 11 AEUV verankerte Integrationsprinzip auf den Einbezug von Erfordernissen des Umweltschutzes bezieht und die Nachhaltige Entwicklung in diesem Rahmen zu berücksichtigen ist, so dass aus Art. 11 AEUV keine Pflicht zur Förderung sozialer oder wirtschaftlicher Anliegen – die teilweise (auch) vom Konzept der Nachhaltigkeit als erfasst angesehen werden – abgeleitet werden kann. Vielmehr geht es um die Nachhaltigkeit im ökologischen Sinn, der insbesondere einige Managementregeln zu entnehmen sind, dies im Hinblick auf den Schutz der Interessen der künftigen Generationen.[21] Im Übrigen dürfte der Zusammenhang der Erwähnung der Nachhaltigen Entwicklung in Art. 11 AEUV darauf hindeuten, dass dieser Begriff hier im Sinne einer dauerhaft umweltgerechten Entwicklung und Erhaltung der natürlichen Lebensgrundlagen auch für zukünftige Generationen zu verstehen ist.[22]

In Bezug auf die eigentliche „Durchführung" des Einbezugs der Erfordernisse des Umweltschutzes in andere Politiken ist Art. 11 AEUV insofern ergebnisbezogen, als die aus dieser Bestimmung abzuleitenden Vorgaben jedenfalls dann verletzt sind, wenn die Politikgestaltung in einem Bereich erhebliche Umweltbeeinträchtigungen zur Folge hat und/oder so einseitig ausfällt, dass im Ergebnis umweltpolitischen Gesichtspunkten nicht Rechnung getragen wird. Denn eine „Einbeziehung" von Belangen des Umweltschutzes verlangt nicht nur ihre „ideelle" Berücksichtigung im Sinne einer Art Kenntnisnahme, sondern dieses Anliegen muss sich darüber hinaus auch in dem letztlich zustande gekommenen Resultat niedergeschlagen haben, soll der Integrationsklausel ein eigenständiger Gehalt zukommen. Damit ist Art. 11 AEUV ein auf das Ergeb-

[19] Vgl. *Kahl* (Fn. 15), S. 223 f.
[20] Vgl. die Nachweise in Fn. 3.
[21] Vgl. nur, m. w. N., *Kahl* (Fn. 4), Art. 11 AEUV Rn. 22 f.
[22] S. insoweit auch schon oben II.2.a).

nis bezogenes Abwägungsgebot zu entnehmen, das sich auf alle Unionstätigkeiten bezieht, so dass keine EU-Aktivität von umweltpolitischen Erwägungen abgekoppelt werden darf. Insgesamt impliziert die Querschnittsklausel also auch und gerade eine Verpflichtung, in allen Unionspolitiken die angemessenen Maßnahmen zur Berücksichtigung der Erfordernisse des Umweltschutzes zu ergreifen, und die Berücksichtigung der Umweltbelange muss sich im Ergebnis der Rechtsetzung niedergeschlagen haben.[23] Deutlich wird damit, dass der Integrationsklausel grundsätzlich auch eine Verpflichtung zum aktiven Tätigwerden entnommen werden kann.[24]

Allerdings wird damit keine Aussage über die Hierarchie zwischen Anliegen des Umweltschutzes und anderen Zielsetzungen (die oft ebenfalls vertraglich verankert sein werden) getroffen, so dass der Integrationsklausel nur, aber immerhin, zu entnehmen ist, dass Erfordernisse des Umweltschutzes einzubeziehen sind; wie dies jedoch zu geschehen hat, lässt Art. 11 AEUV hingegen offen. Im Fall von Zielkonflikten ist somit eine Abwägung geboten, wobei der Grundsatz der Verhältnismäßigkeit eine gewichtige Rolle spielt. Damit kann der Integrationsklausel ein auf das Ergebnis bezogenes Abwägungsgebot entnommen werden, das dem Unionsgesetzgeber zwar einen durchaus beachtlichen Gestaltungsspielraum einräumt, was jedoch nichts an der rechtlichen Verbindlichkeit und gerichtlichen Überprüfbarkeit ändert.[25]

cc) Verfahrensrechtliche Vorgaben

Soll das Integrationsprinzip effektiv umgesetzt werden, so dürften gewisse prozedurale Weichenstellungen notwendig sein, die letztlich sicherstellen, dass die Verfahren so ausgestaltet sind, dass der Einbezug von Belangen des Umweltschutzes (im Hinblick auf die Nachhaltige Entwicklung) in alle Politikbereiche auch tatsächlich stattfinden kann. Allerdings wird man allein aus Art. 11 AEUV (auch nicht in Verbindung mit den Umweltschutzprinzipien) keine präzisen verfahrensrechtlichen Vorgaben ableiten können; vielmehr impliziert diese Vorschrift nur, dass in diese Richtung gehende verfahrensrechtliche Vorkehrungen getroffen werden, ohne jedoch etwas über ihre genaue Ausgestaltung (die variieren kann) auszusagen, wenn auch der Effektivitätsgrundsatz immerhin impliziert, dass die Verfahren ganz grundsätzlich den Einbezug umweltpolitischer Erfordernisse in alle Politikbereiche sicherzustellen vermögen.

---

[23] I. Erg. ähnlich etwa *Calliess* (Fn. 5), Art. 11 AEUV Rn. 8; *ders.* (Fn. 6), S. 566; *Kahl* (Fn. 4), Art. 11 AEUV Rn. 17; *M. Wasmeier*, Die Integration des Umweltschutzes als allgemeine Auslegungsregel des Gemeinschaftsrechts, EWS 2000, S. 47 (48); s. auch schon *A. Epiney*, Umweltrechtliche Querschnittsklausel und freier Warenverkehr: die Einbeziehung umweltpolitischer Belange über die Beschränkung der Grundfreiheit, NuR 1995, S. 497 (502).

[24] Vgl. so schon, mit ausführlicher Begründung, *Epiney* (Fn. 23), S. 502 sowie bereits die Bemerkungen oben II.2.c)aa).

[25] Hierzu im Einzelnen, m. w. N., *Epiney* (Fn. 1), 5. Kap. Rn. 46 ff.

Jedenfalls ist (auch) Art. 11 AEUV im Rahmen der Begründung der Rechtsakte zu berücksichtigen (Art. 296 AEUV), was letztlich implizieren dürfte (jedoch wohl kaum „flächendeckend" durch die Organe praktiziert wird), dass in der Begründung eines Rechtsakts in der gebotenen Ausführlichkeit (die selbstredend vom betroffenen Bereich abhängt) auf die Frage des Einbezugs umweltpolitischer Belange bzw. Auswirkungen eingegangen wird.

III. Zur Umsetzung des Integrationsprinzips

Das Anliegen des Einbezugs von Erfordernissen des Umweltschutzes ist in den Aktivitäten der Unionsorgane durchaus präsent, sowohl in materiell-rechtlicher als auch in prozeduraler Hinsicht: So wurde Art. 11 AEUV (bzw. die Vorgängerregelung) in diversen Verlautbarungen der Unionsorgane thematisiert, und es wurden Ansätze zu seiner Umsetzung entwickelt. Hinzuweisen ist insbesondere auf das fünfte umweltpolitische Aktionsprogramm,[26] das das Integrationsprinzip aufgriff und konkretisierte: Der Akzent dieses Programms liegt – neben der Postulierung neuer Instrumente – insbesondere auch auf der Frage, auf welche Weise umweltpolitische Belange in andere Bereiche integriert werden können.[27] Auch im sechsten und siebten umweltpolitischen Aktionsprogramm[28] finden sich verschiedene Ansätze in diese Richtung. Aufgegriffen wurde das Anliegen des Integrationsprinzips auch in den Schlussfolgerungen des Europäischen Rates von Göteborg aus dem Jahr 2001,[29] in denen der Rat auf der Grundlage des 1998 eingeleiteten sog. Cardiff-Prozesses – im Zusammenhang mit dem Grundsatz der Nachhaltigen Entwicklung – betont, es seien sektorielle Strategien für den Einbezug von Umweltbelangen in alle einschlägigen Bereiche der Unionspolitiken zu entwickeln.[30]

---

[26] ABl.EG 1993 C Nr. 138, S. 1.

[27] S. im Übrigen auch schon die Entschließung des Rates und der im Rat vereinigten Vertreter der Regierungen der Mitgliedstaaten der Europäischen Gemeinschaften betreffend den Zusammenhang zwischen Umwelt und Entwicklung, ABl.EG 1984 C Nr. 272, S. 1, in der Wert auf die Einbeziehung ökologischer Kriterien in die Entwicklungspolitik der Union gelegt wird. Auch die Entscheidung 91/354/EWG, ABl.EG 1991 L Nr. 192, S. 29, des Rates über ein spezifisches Programm für Forschung und technologische Entwicklung im Bereich der Umwelt beruht letztlich auf der Erkenntnis, dass auch im Bereich der Forschungspolitik ein Rückgriff auf Belange des Umweltschutzes notwendig ist. In Bezug auf die Notwendigkeit der Einbeziehung ökologischer Gesichtspunkte in die Energiepolitik der Union und der Mitgliedstaaten s. schon die Entschließung des Rates über Energie und Umweltschutz, ABl.EG 1975 C Nr. 168, S. 2.

[28] ABl.EG 2002 L Nr. 242, S. 1; ABl.EU 2013 L Nr. 354, S. 71.

[29] Dok. SN 200/1/01, Rev 1, 8. S. auch die Mitteilung der Kommission „Partnerschaft für Integration. Eine Strategie zur Einbeziehung der Umweltbelange in die EU-Politik", KOM (98) 333 endg., in der die Kommission Wege zur verstärkten und effektiveren Integration von Umweltbelangen in die anderen Politiken aufzeigt.

[30] Vgl. dazu die Bestandsaufnahme der Kommission in KOM (2004) 394 endg., hierzu ausführlicher, m. w. N., *K. Meßerschmidt*, Europäisches Umweltrecht, 2011, § 2 Rn. 18. S. ansonsten

Weiter wurden einige Anstrengungen in verfahrensrechtlicher Hinsicht unternommen, wobei sich diese jedoch im Wesentlichen – neben kommissionsinternen Maßnahmen in Bezug auf das Organigramm sowie der Einrichtung eines Beratenden Forums für Umweltfragen durch die Kommission[31] – darauf beschränken, regelmäßig die Umsetzung diverser politischer Bestrebungen und Strategien zu verfolgen[32] und zu beraten, Letzteres auch und gerade auf der Ebene des Rates und des Europäischen Rates.[33] Daneben – aber dies betrifft letztlich die materiell-rechtliche Ebene – sind prozedurale Vorgaben in einzelnen Politikbereichen zu verzeichnen (so z. B. die Pflicht zur Durchführung einer Umweltverträglichkeitsprüfung).

IV. Schlussbemerkung: Defizite und Reformbedarf

Die vorstehenden Ausführungen haben gezeigt, dass zumindest dort, wo das Integrationsprinzip explizit rechtlich verankert ist, durchaus gewisse präzisierende Elemente entwickelt werden können, die insbesondere den Gesetzgeber in die Pflicht nehmen. Zwar werden dem Gesetzgeber beachtliche Gestaltungsspielräume eingeräumt, die jedoch durchaus auch Grenzen bzw. „Leitplanken" kennen. Eine effektive Umsetzung des Integrationsprinzips dürfte denn auch in der Tat für die Verwirklichung einer dauerhaft-umweltgerechten Entwicklung von zentraler Bedeutung sein.

Gerade in Bezug auf diesen zuletzt genannten Aspekt sind jedoch jedenfalls auf EU-Ebene (auf die sich die folgenden Ausführungen beschränken)[34] Zweifel angebracht. Zwar ist hier nicht der Ort, im Einzelnen auf die Umsetzung des Integrationsprinzips in der Union einzugehen, zumal dies letztlich eine fundierte Erörterung aller hier im Vordergrund stehenden Politikbereiche (wie insbesondere Verkehr, Landwirtschaft, Energie und Wettbewerb) implizierte. Jedoch dürfte jedenfalls ein systematischer Einbezug von Umweltbelangen in zahlreiche Schlüsselpolitiken in materiell-rechtlicher Hinsicht in vielen Bereichen fehlen,[35] dies trotz der in eine andere Richtung gehenden „politischen Rhetorik".

Beispielhaft sei in diesem Zusammenhang auf die Verkehrspolitik hingewiesen: Deren derzeitige Ausgestaltung[36] dürfte in materiell-rechtlicher Hinsicht

---

zu den verschiedenen politischen Vorstößen bzw. Bekenntnissen zum Einbezug umweltpolitischer Belange in andere Politiken etwa *Kahl* (Fn. 4), Art. 11 AEUV Rn. 38 ff.

31 Entscheidung 93/701, ABl.EG 1993 L Nr. 328, S. 53.

32 S. etwa KOM(2009) 400 endg., mit einem Überblick über die erzielten Fortschritte auf dem Weg zu einer Nachhaltigen Entwicklung.

33 S. diesbezüglich den Überblick bei *Calliess* (Fn. 5), Art. 11 AEUV Rn. 14 f.

34 Wobei aber auch auf nationaler Ebene durchaus Zweifel angebracht sein könnten.

35 Vgl. insoweit auch den Überblick bei *Krämer* (Fn. 18), S. 295 ff.

36 Zum Stand der Verkehrspolitik in der EU *A. Epiney/J. Heuck/Y. Schleiss*, in: M. Dauses (Hrsg.), Handbuch des EU-Wirtschaftsrechts, L insb. Rn. 273 ff. (Stand: September 2013).

kaum den Anforderungen des Art. 11 AEUV gerecht werden, wobei gleichzeitig den vertraglichen Vorgaben der Verwirklichung der Dienstleistungsfreiheit, der Angleichung der Wettbewerbsbedingungen sowie der Planung und Verwirklichung eines eigentlichen europäischen Verkehrsnetzes weitgehend entsprochen sein dürfte. Hinzuweisen ist in diesem Zusammenhang auf folgende Aspekte:[37]

– Jedenfalls in den Bereichen des Straßen- und Luftverkehrs erfolgt eine weitgehend isolierte Ausrichtung auf die Liberalisierung (des Marktzugangs) sowie den Erlass einiger flankierender Bestimmungen zur Annäherung der Wettbewerbsbedingungen. Eine direkte und auch hinreichend bekannte Folge dieser Tendenz ist die sehr große Zunahme des Verkehrsaufkommens, das per se negative Auswirkungen auf die Umweltqualität entfaltet. Gerade dies steht aber in Konflikt mit der vertraglich vorgesehenen zwingenden Berücksichtigung von Belangen des Umweltschutzes auf der Grundlage des Art. 11 AEUV: Da die Liberalisierungsmaßnahmen der Union über die dadurch in Gang gesetzte Zunahme des Verkehrs zu erheblichen Beeinträchtigungen von Belangen des Umweltschutzes führen, impliziert deren Einbeziehung die zeitgleiche Ergreifung von Kompensationsmaßnahmen, die geeignet sind, diese negativen Auswirkungen zumindest zu mildern. Die in diesem Bereich ergriffenen EU-Maßnahmen (insbesondere Emissionsnormen für Kfz, Förderung des kombinierten Verkehrs und der Eisenbahn) stehen in keinem Verhältnis zu dem durch die Liberalisierung hervorgerufenen Zuwachs an Verkehrsaufkommen. Schließen kann man daraus nur, dass die EU-Verkehrspolitik eben einseitig auf Liberalisierung ausgerichtet ist und deren (umweltbelastende) Folgen weitgehend in Kauf nimmt, ohne effektive Ausgleichsmaßnahmen auch tatsächlich in Angriff zu nehmen.[38]

– In Anbetracht des Umstandes, dass die verschiedenen Verkehrsträger teilweise sehr unterschiedlich große Umweltbelastungen mit sich bringen, dürfte es kaum mit dem Ursprungsprinzip in Einklang stehen, dass die Union fast völlig[39] auf die Einflussnahme auf die Wahl des Verkehrsmittels verzichtet bzw. kaum Anstrengungen unternimmt, die umweltfreundlicheren Verkehrsmittel (in erster Linie Bahn und Schiff) verstärkt zu fördern.

– Damit in engem Zusammenhang steht die Überlegung, dass Transport per se eben umweltbelastend ist, so dass auf der Grundlage des Ursprungsprinzips an sich auch Einfluss auf die Nachfrage nach Transportkapazitäten genommen, mit anderen Worten die Mobilität letztlich Beschränkungen unterworfen werden müsste. Dies bedeutet nicht zwingend den Erlass von Verboten, gibt es

---

[37] S. insoweit auch schon *Epiney/Heuck/Schleiss* (Fn. 36), L Rn. 589 ff., worauf die folgenden Ausführungen teilweise zurückgreifen.

[38] Die in eine andere Richtung gehenden Initiativen der Kommission im Hinblick auf eine dauerhaft umweltgerechte Mobilität (vgl. zu diesen *Epiney/Heuck/Schleiss* [Fn. 36], L Rn. 226 ff.) wurden in der Rechtsetzung kaum aufgegriffen.

[39] Sieht man einmal von der sehr marginalen Förderung des kombinierten Verkehrs ab.

doch eine sehr breite Palette steuernder Maßnahmen. Beim augenblicklichen Stand der EU-Verkehrspolitik sind für einen in diese Richtung gehenden Ansatz jedoch – abgesehen von gewissen Einschränkungen bzw. Verboten des Transports gefährlicher Güter – keine Anhaltspunkte ersichtlich, im Gegenteil: Die Verkehrspolitik der Union dürfte davon ausgehen, dass die Infrastruktur für den steigenden Transportbedarf zur Verfügung gestellt werden muss; an Konzepten jedoch, wie man das einmal nicht mehr „verwaltbare" Transportaufkommen auch in der Quantität steuern will, fehlt es hingegen gänzlich.

– Von einer effektiven Anlastung externer Kosten – durch das Verursacherprinzip gefordert – ist man in der Union noch weit entfernt, ja teilweise wird sie gar durch Sekundärrecht (insbesondere die RL 99/62/EG, die sog. Wegekostenrichtlinie) nicht immer überzeugenden Schranken unterworfen.[40]

– Schließlich ist darauf hinzuweisen, dass beim derzeitigen Stand des Unionsrechts keine Anhaltspunkte dafür bestehen, dass ökologisch sensible Regionen – wie etwa der Alpenraum – effektiv geschützt werden können/sollen.

Zweifellos bleiben den Unionsorganen bei der Verwirklichung all dieser Zielsetzungen und Vorgaben beträchtliche Gestaltungsspielräume, und die anstehenden Fragen sind auch und gerade auf der Ebene der politischen Diskussionen zu erörtern und zu lösen. Gleichwohl gibt aus rechtlicher Sicht jedenfalls das weitgehende Fehlen von EU-Maßnahmen, die zumindest ansatzweise in die aufgezeigte Richtung gehen würden, zu Bedenken Anlass bzw. legt den Schluss nahe, dass dem Integrationsprinzip gerade nicht Rechnung getragen wurde.

Dies führt zu einer weiteren Überlegung: Das Integrationsprinzip – auch und gerade im Hinblick auf eine dauerhaft-umweltgerechte Entwicklung – ist nicht nur (in Art. 11 AEUV) rechtlich verbindlich festgeschrieben, sondern dürfte auch in der politischen Rhetorik auf Unionsebene anerkannt sein; so fehlt es denn auch nicht an Papieren und Konzepten zu seiner effektiven Umsetzung. Gleichzeitig steht dieser Befund in einem gewissen Kontrast zu seiner effektiven Verwirklichung auf der Ebene der Gesetzgebung; hier dürften in zahlreichen Bereichen beachtliche Defizite bestehen. Aufgeworfen wird damit die Frage, ob den grundsätzlichen prozeduralen Vorgaben des Art. 11 AEUV – die ja gerade sicherstellen sollen, dass das Integrationsprinzip grundsätzlich auch in der Gesetzgebung umgesetzt wird – Rechnung getragen wird bzw. ob sich auf der Ebene der Entscheidungsverfahren sowie der Politikevaluation nicht gewisse Modifikationen aufdrängen könnten, die aus verfahrensrechtlicher Sicht der effektiven Umsetzung des Integrationsprinzips Vorschub leisten könnten. In der Tat sind derzeit auf Unionsebene allenfalls marginal und kaum rechtlich verbindlich verankerte Vorkehrungen in diese Richtung zu verzeichnen. So

[40] Hierzu *A. Epiney/J. Heuck*, Zur Revision der RL 99/62 („Wegekostenrichtlinie"). Die Vorgaben der RL 99/62 in Bezug auf die Erhebung von Maut- und Benutzungsgebühren, NuR 2012, S. 169 ff.

fehlen auf Unionsebene nach wie vor Organe, die strukturell in der Lage sind, die Beachtung von Umweltanliegen in der Gesetzgebung tatsächlich nachhaltig zu fördern. Auch könnte man in Erwägung ziehen, im Hinblick auf die Verwirklichung des Integrationsprinzips eine Art Umweltverträglichkeitsprüfung für Legislativvorhaben und eine periodische Überprüfung der Umweltverträglichkeit von Politiken (unter Einbezug der Frage nach dem Handlungsbedarf) vorzusehen, wobei die Ergebnisse dieser Verfahren in angemessener Weise zu berücksichtigen wären. Weiter wäre zu überlegen, die Kompetenzen der Nicht-Regierungsorganisationen stärker auch in den Gesetzgebungsprozess sowie in die Kontrolle der Einhaltung der primärrechtlichen Vorgaben einzubeziehen. Und schließlich sind die Möglichkeiten der (gerichtlichen) Durchsetzung der Einhaltung der Vorgaben des Art. 11 AEUV grundsätzlich unzureichend, wobei dies einerseits mit dem eng beschränkten Zugang zum EuGH in diesem Zusammenhang (insbesondere für Einzelne), andererseits mit dem zu weiten Gestaltungsspielraum, der dem Unionsgesetzgeber bei der Frage nach der Einhaltung primärrechtlicher Vorgaben durch den Gerichtshof mitunter eingeräumt wird, zusammenhängt.[41] Somit wäre auch der Rechtsschutz in die Überlegungen im Hinblick auf eine effektivere Anwendung der Vorgaben des Art. 11 AEUV einzubeziehen.

Jedenfalls dürfte es wenig zielführend sein, lediglich darauf zu vertrauen, dass sich die tatsächliche Umsetzung des Integrationsprinzips im Anschluss an seine rechtlich verbindliche Verankerung schon noch verwirklichen wird: Optimismus erscheint hier schon deshalb nicht angebracht, weil kein Grund ersichtlich ist, warum sich die erwähnten Defizite plötzlich ändern sollten, wenn nicht gezielte, auch und gerade prozedural ausgerichtete Maßnahmen im Hinblick auf eine effektive Verwirklichung des Art. 11 AEUV ergriffen werden, gibt es doch das Integrationsprinzip bereits seit 1987 (wenn auch in wechselnder Formulierung). Deutlich wird damit auch, dass die durchaus hilfreichen Ansätze der Präzisierung der rechtlichen Tragweite der Integrationsklausel – wobei hier auch bemerkenswert ist, dass in Bezug auf Art. 11 AEUV in der Literatur über die wesentlichen, auch in diesem Beitrag behandelten Auslegungsfragen dieser Bestimmung grundsätzlich Einigkeit herrscht – nichts daran ändern, dass ihre normative Dichte beschränkt ist, soweit die materiell-rechtlichen Vorgaben betroffen sind, so dass es unabdinglich erscheint, zumindest auf prozeduraler Ebene Verfahren bzw. Mechanismen vorzusehen, die der effektiven Einhaltung des Art. 11 AEUV Vorschub leisten können.

---

[41] Hierzu, unter ausführlicher Besprechung einschlägiger Urteile des Gerichtshofs, *Epiney* (Fn. 1), 5. Kap. Rn. 47.

Strategien und Leitbilder Nachhaltiger Entwicklung

Albert Ingold

Die Verabschiedung der neuen „Sustainable Development Goals" durch die Vereinten Nationen im September 2015 lenkt den Blick wieder verstärkt auf den Regelungsimpuls, der von Strategien und Leitbildern – also Soft Law-Strukturen – für die Nachhaltige Entwicklung ausgeht. Es geht deshalb diesem Beitrag im Kern darum, die in erster Linie politisch-programmatischen, aber auch rechtsnormativ transformierten Rahmenvorgaben zugunsten einer Politik der Nachhaltigkeit durch „Strategien und Leitbilder" in ihrer wechselwirkenden Verzahnung innerhalb des Mehrebenen-Systems darzustellen und ihr Steuerungspotenzial zu erschließen.

I. Begriffliche Implikationen

1. Basales Spannungsverhältnis von Nachhaltigkeit und Entwicklung

Der Grund für die Auseinandersetzung mit Strategien und Leitbildern liegt bereits im perspektivischen Fluchtpunkt begründet: dem Begriff der „Nachhaltigen Entwicklung". Zwar lässt sich eine verbreitete Begriffsverwendung nachweisen, die „Nachhaltige Entwicklung" und „Nachhaltigkeit im weiten Sinne" – letztere verstanden als auf den Ausgleich von ökonomischen, sozialen und ökologischen Entwicklungen im Sinne des sog. Drei-Säulen-Konzepts ausgelegt[1] – synonym verwendet.[2] Dies ist indes gerade Ausdruck der Weite und damit auch der Unschärfe des Begriffs, welche aus seinem internen Spannungsverhältnis erwächst: dem Verhältnis von Nachhaltigkeit auf der einen und Entwicklung auf der anderen Seite. Der Nachhaltigkeitsbegriff steht ungeachtet aller inter-, intra- und transdisziplinären Differenzen und Differenzierungen in seinen verschiedenen Begriffsverwendungen unter einem gemeinsamer Nenner, wie *Ulrich Grober* kulturgeschichtlich aufzeigt: „Er bezeichnet, was standhält,

---

[1] Vgl. dazu statt vieler *W. Kahl*, Einleitung: Nachhaltigkeit als Verbundbegriff, in: ders. (Hrsg.), Nachhaltigkeit als Verbundbegriff, 2008, S. 1 (6 ff.); *A. Glaser*, Nachhaltige Entwicklung und Demokratie, 2006, S. 44 ff.; *G. Beaucamp*, Das Konzept der zukunftsfähigen Entwicklung im Recht, 2002, S. 18 ff.; kritisch *I. Appel*, Staatliche Zukunfts- und Entwicklungsvorsorge, 2005, S. 339 ff.

[2] Vgl. für diesen Befund prägnant *Kahl* (Fn. 1), S. 8, m. w. N.

was tragfähig ist, was auf Dauer angelegt ist, was *resilient* ist, und das heißt: gegen den ökologischen, ökonomischen und sozialen Zusammenbruch gefeit"[3] ist. Nachhaltigkeit fungiert also als Gegenbegriff zum Kollaps – sie hat einen bewahrenden und damit wort-wörtlich konservativen Charakter.[4] Die begriffliche Verbindung zum progressiven, Dynamik und Wachstum suggerierenden Begriff der Entwicklung begründet deshalb eine paradoxe Dualität.[5]

Für das Rechtssystem ist diese paradoxe Begriffsdualität dadurch handhabbar, dass Nachhaltige Entwicklung nicht in jedem Fall als Rechtsbegriff im engerem Sinne[6] zu qualifizieren ist, sondern oftmals als sog. heuristischer Rechtsbegriff Verwendung findet. Letztere fungieren als Hilfsmittel zum Auffinden von Fragen und zur Annäherung an mögliche Lösungen; es handelt sich also um „nicht-dogmatische Begriffe mit dogmatischem Wert."[7] Eine besondere Relevanz innerhalb dieser Begriffsgruppe erlangen die sog. Schlüssel-, Brücken- oder Verbundbegriffe.[8] Ihnen kommt unter anderem eine Scharnierfunktion zu, weil sie in unterschiedlichen Disziplinen geführte Fachdiskurse begrifflich bündeln, damit interdisziplinäre Aufmerksamkeits- und Arbeitsfelder erschließen sowie die interdisziplinären Methodiken und Perspektiven vernetzen.[9] Nachhaltigkeit kann in diesem Lichte als ein typischer Schlüssel- bzw. Verbundbegriff verstanden werden.[10] Die Öffnungsfunktion wird in rechtsnormativ-dogmatischen Strukturen dadurch noch verstärkt, dass Nachhaltigkeitsorientierungen vielfach ein Prinzipiencharakter eigen ist, Nachhaltige Entwicklung mithin regelmäßig als Rechtsprinzip auf eine bedingte Vorrangrelation im Sinne eines Optimierungsgebots angelegt ist.[11]

---

[3] *U. Grober*, Die Entdeckung der Nachhaltigkeit, 2013, S. 14 [Hervorhebung im Original].

[4] Vgl. zum Konservatismus der Nachhaltigkeit *J. Kersten*, Das Anthropozän-Konzept, 2014, S. 46 ff.; *P. Sloterdijk*, Zeilen und Tage, 3. Aufl. 2012, S. 490 f.

[5] Vgl. *C. Mauch*, Mensch und Umwelt, 2014, S. 64; *Kersten* (Fn. 4), S. 49.

[6] Rechtsbegriffe im engeren Sinne sind durch ihre rechtstechnische Funktion gekennzeichnet, welche darin besteht, dass an deren Anwendbarkeit oder Nichtanwendbarkeit eine Rechtsnorm ihre Rechtsfolgen knüpft, sodass der jeweilige Begriff in mindestens einem geltenden Normsatz enthalten sein muss. Vgl. dazu *G. Lübbe-Wolff*, Rechtsfolgen und Realfolgen, 1981, S. 40; *J. Klement*, Verantwortung, 2006, S. 35.

[7] *Klement* (Fn. 6), S. 49.

[8] Vgl. generell zur Debatte um Schlüssel-, Brücken- und Verbundbegriffe *A. Voßkuhle*, Neue Verwaltungsrechtswissenschaft, in: W. Hoffmann-Riem/E. Schmidt-Aßmann/ders. (Hrsg.), Grundlagen des Verwaltungsrechts, Band I, 2. Aufl. 2012, § 1 Rn. 40 f.; *C. Möllers*, Theorie, Praxis und Interdisziplinarität in der Verwaltungsrechtswissenschaft, VerwArch 93 (2002), S. 22 (44 f.); *W. Hoffmann-Riem*, in: ders./E. Schmidt-Aßmann (Hrsg.), Methoden der Verwaltungsrechtswissenschaft, 2004, S. 9 (61 f.); *A.-B. Kaiser*, Shared concepts, in: I. Augsberg (Hrsg.), Extrajuridisches Wissen im Verwaltungsrecht, 2013, S. 99 (102 ff.). Ihr Hauptcharakteristikum besteht darin, zwischen juristischer Normativität und interdisziplinärer Analyse zu changieren; vgl. *Kahl* (Fn. 1), S. 24; *Voßkuhle* (Fn. 8), § 1 Rn. 41.

[9] *Kahl* (Fn. 1), S. 23; *Voßkuhle* (Fn. 8), § 1 Rn. 40.

[10] *Kahl* (Fn. 1), S. 4, 23 ff.; *Appel* (Fn. 1), S. 19.

[11] Vgl. zur Qualifikation als Rechtsprinzip *K. Gehne*, Nachhaltige Entwicklung als Rechtsprinzip, 2011, passim; *K. Bosselmann*, The Principle of Sustainability, 2008, S. 50 ff.; *T. Schome-*

Die Qualifikationen einer paradoxen Begriffsdualität, als Schlüsselbegriff sowie als Rechtsprinzip, bringen es mit sich, dass die Bestimmung von Nachhaltiger Entwicklung besonders empfänglich ist für Soft Law-Einflüsse: Das Begriffsverständnis und die Konkretisierung rechtlicher Rahmenvorgaben zur Nachhaltigkeit wird in dieser Form flexibler und dynamischer als klassische, in konditionalen Programmierungsstrukturen verankerte Rechtsnormbegriffe durch Impulse aus politisch-programmatischen Vereinbarungen bzw. Zielsetzungen geprägt und kann diese reaktiv aufnehmen. Gerade auf eine prozedurale Sinnstiftung angewiesene Konzepte wie die Nachhaltige Entwicklung entfalten sich deshalb maßgeblich in Verfahrens- und Organisationsdimensionen. Darum gilt im Folgenden das Augenmerk den Strategien und Leitbildern als solcherart wirkmächtigsten Faktoren des Soft Law für Nachhaltige Entwicklung.

2. Strategien Nachhaltiger Entwicklung: generelle und sektorale Vielzahl

Besonders relevante Soft Law-Einflüsse folgen aus den zahlreichen Strategien Nachhaltiger Entwicklung. In rechtswissenschaftlichen Diskursen wird begrifflich oftmals nicht zwischen Strategien und Konzepten unterschieden,[12] sodass ein weites Begriffsverständnis vorherrscht. Vorliegend soll als Strategie etwas konkreter das fixierte Bemühen um eine längerfristige, regelmäßig eine Vielzahl von Handlungsschritten und Akteuren koordinierende Vorstellung über den zur Erreichung bestimmter Handlungsziele erfolgversprechenden Weg verstanden werden.[13] In diesem Sinne können die Handlungsmuster staatlicher oder inter- bzw. supranationaler Intervention und die Wirkungsmuster gesellschaftlicher Reaktionen zwischen konkret-situativen und verallgemeinernd-typisierenden

rus, Nachhaltigkeit aus rechtlicher Perspektive, in: H. Heinrichs/G. Michelsen (Hrsg.), Nachhaltigkeitswissenschaften, 2014, S. 290 (293 ff.); *K. F. Gärditz*, Nachhaltigkeit und Völkerrecht, in: W. Kahl (Hrsg.), Nachhaltigkeit als Verbundbegriff, 2008, S. 137 (167); *E. Rehbinder*, Nachhaltigkeit als Prinzip, in: K. Dolde (Hrsg.), Umweltrecht im Wandel, 2001, S. 721 (737 ff.); *V. Bärenbrinker*, Nachhaltige Stadtentwicklung durch Urban Governance, 2012, S. 122; reduzierter *E. M. Frenzel*, Nachhaltigkeit als Prinzip der Rechtsentwicklung?, 2005, S. 78 ff. u. 195 ff. Konkret zum Nachhaltigkeitsbegriff *W. Kahl*, Vorwort, in: A. Glaser, Nachhaltige Entwicklung und Demokratie, 2006, S. V (VII f.): „Er liefert keine fertigen Lösungen auf vielschichtige, kollisionsgeprägte Abwägungs- und Entscheidungsprobleme, wohl aber einen Rahmen, eine Perspektive für die Problemdefinition und -analyse, die Interessenbalancierung und die Lösungsbewertung."

[12] Vgl. exemplarisch *W. Köck*, Pläne, in: W. Hoffmann-Riem/E. Schmidt-Aßmann/A. Voßkuhle (Hrsg.), Grundlagen des Verwaltungsrechts, Band II, 2. Aufl. 2012, § 37 Rn. 81, der Konzepte und Strategien gemeinsam als „Programmpläne" erfasst. Wirtschaftswissenschaftlich sind klassische Strategien nach *Henry Mintzberg* als „a pattern in a stream of decisions" (*H. Mintzberg/J. A. Waters*, Of Strategies, Deliberate and Emergent, Strategic Management Journal 6 [1985], S. 257) charakterisiert, also durch einen konzeptionellen Plan und zahlreiche Verwirklichungsschritte gekennzeichnet.

[13] Begriffsbildung in Anlehnung an *W. Hoffmann-Riem*, Eigenständigkeit der Verwaltung, in: ders./E. Schmidt-Aßmann/A. Voßkuhle (Hrsg.), Grundlagen des Verwaltungsrechts, Band I, 2. Aufl. 2012, § 10 Rn. 118.

Abstraktionsebenen einem strategischen Gebrauch zugänglich gemacht werden.[14]

Gerade die Politik Nachhaltiger Entwicklung koordiniert sich auf allen Ebenen vermittels Nachhaltigkeitsstrategien: Das Spektrum reicht von der internationalen Agenda 21[15] und den Millennium-Entwicklungszielen der Vereinten Nationen[16] über die erneuerte EU-Strategie für Nachhaltige Entwicklung[17] oder die Leipzig Charta zur nachhaltigen europäischen Stadt[18] bis zu der Nachhaltigkeitsstrategie der Bundesregierung[19] oder der nationalen Biodiversitätsstrategie[20]. Selbst innerhalb der explizit auf Nachhaltigkeitsziele ausgerichteten Strategien besteht eine kaum zu überblickende Anzahl an Konzeptionen, die aufgrund ihrer Quantität bereits Ansätze zu einer abgeschlossenen Systematisierung überfordern. Es lassen sich zwar generelle von sektoralen Nachhaltigkeitsstrategien unterscheiden, allerdings ist der koordinierende Ertrag auch diesbezüglich angesichts vielfacher thematischer wie akteursbezogener Überschneidungen und Wechselwirkungen komplexitätsbedingt nicht vielversprechend. Deshalb können den spezifisch auf Nachhaltige Entwicklung gemünzten Strategien trotz der vergleichsweise klaren Kategorisierung als ziel- und handlungsbezogene Konzepte keine gemeinsamen Ordnungsstrukturen qua ihres Strategiecharakters zugeschrieben werden; Strategien sind in diesem Sinne keine Handlungsform.[21] Vielmehr können Parallelen, Konvergenzen und Divergenzen nur an den inhaltlichen Zielvorstellungen der einzelnen Strategien ausgemacht werden.

---

[14] *M. Eifert*, Regulierungsstrategien, in: W. Hoffmann-Riem/E. Schmidt-Aßmann/A. Voßkuhle (Hrsg.), Grundlagen des Verwaltungsrechts, Band I, 2. Aufl. 2012, § 19 Rn. 8, anhand des Regulierungsbegriff.

[15] *Konferenz für Umwelt und Entwicklung der Vereinten Nationen (UNCED)*, Agenda 21, abrufbar unter www.un.org/depts/german/conf/agenda21/agenda_21.pdf (zuletzt abgerufen am 4.10.2015); prägnant zum Soft-Law-Charakter derselben *M. Knauff*, Der Regelungsverbund: Recht und Soft Law im Mehrebenensystem, 2010, S. 264 ff.; *Bärenbrinker* (Fn. 11), S. 97 u. 105 ff.; jew. m. w. N.

[16] *Generalversammlung der Vereinten Nationen*, Millenniums-Erklärung der Vereinten Nationen, abrufbar unter www.unric.org/html/german/mdg/millenniumerklaerung.pdf (zuletzt abgerufen am 4.10.2015).

[17] *Rat der Europäischen Union*, Die erneuerte Strategie für nachhaltige Entwicklung, Ratsdok.-Nr. 10917/06 v. 26.6.2006.

[18] *Informelles Ministertreffen zur Stadtentwicklung und zum territorialen Zusammenhalt*, Leipzig Charta zur nachhaltigen europäischen Stadt, IzR 2010, S. 315 ff.

[19] *Bundesregierung*, Perspektiven für Deutschland. Unsere Strategie für eine nachhaltige Entwicklung, BT-Drs. 14/8453.

[20] *Bundesregierung*, Nationale Strategie zur biologischen Vielfalt, BT-Drs. 16/7082.

[21] Vgl. zu Begriff, Lehre und Funktion von Handlungsformen *A. Glaser*, Die Entwicklung des Europäischen Verwaltungsrechts aus der Perspektive der Handlungsformenlehre, 2013, S. 53 ff., m. w. N.

3. Leitbilder Nachhaltiger Entwicklung: Plural der Abfolge oder wegen Parallelität?

Leitbilder erfahren seit geraumer Zeit in der Verwaltungsrechtswissenschaft[22] und Verfassungsrechtswissenschaft[23] gesteigerte Aufmerksamkeit. Vorliegend weist bereits der begriffliche Ausgangspunkt auf einen Reflexionsbedarf hin: „Leitbilder Nachhaltiger Entwicklung" beinhalten eine Plural-Formulierung, deren Pluralisierung bzw. deren Bezugspunkt uneindeutig ist. In einer Deutungsvariante wird der Themenkreis „Nachhaltige Entwicklung" durch mehrere Leitbilder geprägt oder verwirklicht. Denkbar wäre in diesem Sinne sogar ein Verständnis von „Nachhaltiger Entwicklung" als (Ober-)Leitbild, dem sich dann mehrere Unterleitbilder hierarchisierend zuordnen ließen.[24] Demgegenüber lassen sich „Leitbilder Nachhaltiger Entwicklung" in alternativer Deutungsvariante auch dahingehend verstehen, dass stets nur das Leitbild „Nachhaltiger Entwicklung" verfolgt werden kann, dieses jedoch in der Zeit variiert, sodass in historischer Perspektive möglicherweise mehrere differierende Leitbilder Nachhaltiger Entwicklung auszumachen wären.

Die konkrete Qualifikation hängt maßgeblich vom Leitbildbegriff ab, der indes im rechtswissenschaftlichen Kontext nicht einheitlich verwendet wird. In jüngster Zeit erfahren Leitbilder vor allem rechtsnormbezogen erhöhte Aufmerksamkeit, indem sie als „normativ-verfestigte Hintergrundvorstellungen

---

[22] Vgl. exemplarisch *S. Baer*, Schlüsselbegriffe, Typen und Leitbilder als Erkenntnismittel und ihr Verhältnis zur Rechtsdogmatik, in: E. Schmidt-Aßmann/W. Hoffmann-Riem (Hrsg.), Methoden der Verwaltungsrechtswissenschaft, 2004, S. 223 ff.; *Voßkuhle* (Fn. 8), § 1 Rn. 42; *C. Franzius*, Modalitäten und Wirkungsfaktoren der Steuerung durch Recht, in: W. Hoffmann-Riem/E. Schmidt-Aßmann/A. Voßkuhle (Hrsg.), Grundlagen des Verwaltungsrechts, Band I, 2. Aufl. 2012, § 4 Rn. 23 ff.; *H. Hill/M. Martini*, Normsetzung und andere Formen exekutivischer Selbstprogrammierung, in: W. Hoffmann-Riem/E. Schmidt-Aßmann/A. Voßkuhle (Hrsg.), Grundlagen des Verwaltungsrechts, Band II, 2. Aufl. 2012, § 34 Rn. 61; *W. Jann*, Der Wandel verwaltungspolitischer Leitbilder, in: K. König (Hrsg.), Deutsche Verwaltung an der Wende zum 21. Jahrhundert, 2002, S. 279 ff.; *E. Schmidt-Aßmann*, Verwaltungsrechtliche Dogmatik, 2013, S. 16 f.; *Bärenbrinker* (Fn. 11), S. 78 ff.; *J. Karstens*, Rechtliche Steuerung von Umweltinnovationen durch Leitbilder, in: M. Eifert/W. Hoffmann-Riem (Hrsg.), Innovation und rechtliche Regulierung, 2002, S. 50 ff.; *M. Reese*, Leitbilder des Umweltrechts, ZUR 2010, S. 339 ff.; *G. Ketteler*, Der Begriff der Nachhaltigkeit im Umwelt- und Planungsrecht, NuR 2002, S. 513 (521).

[23] Vgl. exemplarisch *P. Häberle*, Die Wesensgehaltsgarantie des Art. 19 Abs. 2 GG, 3. Aufl. 1983, S. 104 ff.; *F. Müller/R. Christensen*, Juristische Methodik, Band 1, 11. Aufl. 2013, Rn. 389 f.; *H. Schulze-Fielitz*, Rationalität als rechtsstaatliches Prinzip für den Organisationsgesetzgeber, in: Festschr. f. Klaus Vogel, 2000, S. 311 (314 ff.); *U. Volkmann*, Verfassungsrecht zwischen normativem Anspruch und politischer Wirklichkeit, VVDStRL 67 (2008), S. 57 (67 ff. u. 73 f.); *ders.*, Leitbildorientierte Verfassungsanwendung, AöR 134 (2009), S. 157 ff.; *ders.*, Rechtsgewinnung aus Bildern, in: J. Krüper/H. Merten/M. Morlok (Hrsg.), An den Grenzen der Rechtsdogmatik, 2010, S. 77 ff.; *ders.*, Grundzüge einer Verfassungslehre der Bundesrepublik Deutschland, 2013, S. 90 ff., 148 ff. u. 225 ff.; *O. Lepsius*, Problemzugänge und Denktraditionen im Öffentlichen Recht, in: E. Hilgendorf/H. Schulze-Fielitz (Hrsg.), Selbstreflexion der Rechtswissenschaft, 2015, S. 53 (67 f. u. 71).

[24] Vgl. *Volkmann* (Fn. 23), S. 157 (164 u. 191).

zu Begriffen, Sätzen und Prinzipien [...], die an intuitive oder stärker reflektierte Gerechtigkeits- und Angemessenheitsüberzeugungen anknüpfen und je nach ihrem Inhalt spezifische Steuerungsleistungen für die Rechtsanwendung erbringen“[25], verstanden werden; in einem vergleichbaren Sinne greift auch die Rechtsprechung auf Leitbilder zurück, um gesetzgeberische Zielvorstellungen zu bündeln[26]. Eine derartige Perspektive, die nach der normimmanenten Einpassung oder Begründung von Leitbildern fragt, ist vorliegend indes unergiebig, da gerade in umgekehrter Blickrichtung in Frage steht, welche gesetzesexternen Leitbilder außerjuristische Vorstellungen von „Nachhaltiger Entwicklung“ inkorporieren und diese ggf. rechtlich transformieren. Der Diskurs über solche Leitbilder ist kulturwissenschaftlich inspiriert:[27] Es geht um den überschießenden Deutungsgehalt und die Suggestivkraft von Bildern, die das Denken und Verhalten auf bestimmte Ziele lenken sollen.[28] Leitbilder verweben kognitive und normative Elemente in ihren „Aussagen über die wichtigsten Akteure, Ziele und Ursache- und Wirkungszusammenhänge“[29].[30] Solcherart verstandene Leitbilder werden als weiche Steuerungsform gekennzeichnet, die vor allem in finalen Programmierungsstrukturen wirksam werden können.[31] Sie haben insbesondere Einfluss darauf, welche Situationen als leitbildadäquat oder als regelungs- bzw. handlungsbedürftig eingeschätzt werden.[32] In diesem Sinne nähern sich Leitbilder und Ziele steuerungstheoretisch an.[33] Sie erlauben es, den Blick hinter Regelungsstrukturen auf das „große Ganze“ zu lenken und Interpretationen jenseits von Einzelperspektiven zu beeinflussen.[34] Zugleich ist ihnen aber eine irritierende Offenheit, Affirmation, Diversität und Ambivalenz eigen.[35] Instrumentell betrachtet erfüllen Leitbilder damit für Innovationsprozesse Orientierungs-, Identifikations-, Motivations- und Kommunikationsfunktionen, indem sie Entwicklungsperspektiven visionär implementieren.[36]

---

[25] *Volkmann* (Fn. 23), S. 157 (175).

[26] *Franzius* (Fn. 22), § 4 Rn. 24; exemplarisch für die Verfassungsgerichtsbarkeit *Volkmann* (Fn. 23), S. 77 (79 ff.). Vgl. zur Entlastungsfunktion für die Rechtsanwendung trotz oder wegen Dynamisierung *Volkmann* (Fn. 23), S. 157 (180 u. 185 ff.).

[27] Zur kulturwissenschaftlichen Fundierung *Baer* (Fn. 22), S. 223 (238 f. u. 242 ff.); *Voßkuhle* (Fn. 8), § 1 Rn. 42.

[28] *Voßkuhle* (Fn. 8), § 1 Rn. 42.

[29] *Jann* (Fn. 22), S. 279 (280).

[30] Vgl. *Baer* (Fn. 22), S. 223 (233); *Voßkuhle* (Fn. 8), § 1 Rn. 42.

[31] *Hill/Martini* (Fn. 22), § 34 Rn. 61; ähnlich bezogen auf Nachhaltigkeit *C. Kreuter-Kirchhof*, Neue Kooperationsformen im Umweltvölkerrecht, 2005, S. 499: „normdirigierende und prägende Bedeutung“.

[32] *Franzius* (Fn. 22), § 4 Rn. 23 f.

[33] Vgl. *W. Hoffmann-Riem*, Innovationssteuerung durch die Verwaltung, Die Verwaltung 33 (2000), S. 155 (179).

[34] *Franzius* (Fn. 22), § 4 Rn. 25 f.

[35] Vgl. *Baer* (Fn. 22), S. 223 (251); *Voßkuhle* (Fn. 8), § 1 Rn. 42; *Franzius* (Fn. 22), § 4 Rn. 27.

[36] Vgl. *Hill/Martini* (Fn. 22), § 34 Rn. 61; *Franzius* (Fn. 22), § 4 Rn. 23.

Übertragen auf Nachhaltige Entwicklung scheint ein bildhaft-metaphorisches Moment in ihr allenfalls nebensächlich auf. Primär ist also das „anleitende" Moment für den Leitbildcharakter prägend.[37] Diesbezüglich ist dann festzustellen, dass – jenseits des städtebaulichen Leitbilds der Nachhaltigen Entwicklung[38] – kaum wirkmächtige spezifizierte Leitbilder innerhalb des Topos „Nachhaltige Entwicklung" als Unterleitbilder auszumachen sind. Zwar kann eine Relevanz von einflussreichen Leitbildern – wie beispielsweise dem Leitbild des aktivierenden Staates[39], der lernenden Verwaltung[40] oder der Netzwerke[41] – nicht geleugnet werden, da diese als „mächtige geistige Strömungen, die in alle Institute und Strukturen irgendwie einsickern"[42], auch für die Nachhaltige Entwicklung relevant sein können; es handelt sich dann allerdings um Leitbilder *für* die Nachhaltige Entwicklung und nicht solche *der* Nachhaltigen Entwicklung. In Ermangelung einer Ausdifferenzierung lässt sich also komplexitätsreduzierend die Nachhaltige Entwicklung vornehmlich selbst bzw. insgesamt als politisches Leitbild ansehen.[43] Dessen Entwicklung und Konturen werden – ebenso wie die Strategien der Nachhaltigen Entwicklung – wiederum vor allem anhand des internationalen, unionalen und nationalen Soft Law der Nachhaltigkeit deutlich.

---

[37] An die Anerkennung nicht-bildhafter Leitbilder sind keine hohen Anforderungen zu stellen, da sie maßgeblich durch den Effekt des „Leitens" bestimmt werden können, vgl. *Volkmann* (Fn. 23), S. 157 (175). Reservierter demgegenüber *Baer* (Fn. 22), S. 223 (233, 235 u. 236 f.)

[38] Vgl. dazu eingehend *Bärenbrinker* (Fn. 11), S. 87 ff.; *S. Hofmeister*, Das Leitbild Nachhaltigkeit – Anforderungen an die Raum- und Umweltplanung, in: H. Heinrichs/G. Michelsen (Hrsg.), Nachhaltigkeitswissenschaften, 2014, S. 304 ff.

[39] Vgl. *Baer* (Fn. 22), S. 223 (232 f.); *Bärenbrinker* (Fn. 11), S. 78 f.; *Franzius* (Fn. 22), § 4 Rn. 23.

[40] Vgl. *Voßkuhle* (Fn. 8), § 1 Rn. 42; *M. Eifert*, Regulierte Selbstregulierung und die lernende Verwaltung, Die Verwaltung – Beiheft 4 (2001), S. 137 ff.

[41] Vgl. *Voßkuhle* (Fn. 8), § 1 Rn. 42 Fn. 234; *C. Möllers*, Netzwerke als Kategorie des Organisationsrechts, in: J. Oebbecke (Hrsg.), Nicht-normative Steuerung in dezentralen Systemen, 2005, S. 285 ff.

[42] *C. Starck*, Die Rechtswissenschaft in der Zukunft, in: Festschr. f. Winfried Brohm, 2002, S. 567 (572).

[43] Vgl. exemplarisch *Kahl* (Fn. 1), S. 4 ff.; *R. Streinz*, Auswirkungen des Rechts auf „Sustainable Development" – Stütze oder Hemmschuh?, Die Verwaltung 31 (1998), S. 449 (455); *G. Voss*, Das Leitbild der nachhaltigen Entwicklung, 1997, S. 27 ff.; *G. Müller-Christ*, Nachhaltiges Ressourcenmanagement, 2001, S. 55 ff.; *H. Rogall*, Akteure der nachhaltigen Entwicklung, 2003, S. 28 f.; *R. Steinberg*, Der ökologische Verfassungsstaat, 1998, S. 114; *M. Schröder*, Sustainable Development – Ausgleich zwischen Umwelt und Entwicklung als Gestaltungsaufgabe der Staaten, AVR 34 (1996), S. 251 (252 u. 273); *Beaucamp* (Fn. 1), S. 73; *Ketteler* (Fn. 22), S. 513 (521); *Kreuter-Kirchhof* (Fn. 31), S. 499; *Bärenbrinker* (Fn. 11), S. 118 ff.; *Franzius* (Fn. 22), § 4 Rn. 24.

II. Soft Law-Ebenen der politisch-programmatischen Nachhaltigkeitskonzeptionen

Die politisch-programmatische Konzeptionierung von Nachhaltiger Entwicklung vollzieht sich in einem bedeutsamen Entwicklungsstrang vermittels Soft Law. Ungeachtet genereller Vorbehalte im rechtswissenschaftlichen Schrifttum gegen den Begriff als solchen und des Fehlens einer allgemein akzeptierten Begriffsdefinition kann eine zunehmende Relevanz des Phänomens kaum in Abrede gestellt werden.[44] Dabei greift Soft Law deutlich über den ursprünglich im international-völkerrechtlichen Handlungskreis der rechtlich zunächst nicht unmittelbar bindenden Beschlüsse, Verhaltensregeln oder Erklärungen internationaler Organisationen oder Konferenzen, die regelmäßig auf einem vertragsähnlichen Grundkonsens basieren, Interpretationsgesichtspunkte bieten und eine Quasi-Verbindlichkeit erlangen,[45] hinaus in unions- und nationalrechtlich geprägte Kontexte.[46] Dieser ebenenübergreifenden Dynamik Rechnung tragend steht der Begriff des Soft Law im Folgenden kategorial für verhaltensbezogene Regelungen, welche auf Hoheitsträger bzw. mit der Ausübung von Hoheitsgewalt befasste Stellen zurückzuführen sind, die „über keine oder nur eine auf der Innensphäre des Regelungsgebers bezogene Rechtsverbindlichkeit verfügen und die ihre Steuerungswirkungen auf außerrechtlichem Weg erzielen."[47] Strategien und Leitbilder Nachhaltiger Entwicklung sind weit überwiegend in dieser Soft Law-Kategorie zu verorten. Dabei ist allerdings zu konstatieren, dass sie sich – nicht nur historisch-genealogisch bedingt – auf den jeweiligen Regelungsebenen in ihren materiellen Gehalten kaum isoliert, sondern regelmäßig nur

---

[44] Vgl. zu begrifflichen Vorbehalten und Definitionsansätzen *Knauff* (Fn. 15), S. 211 ff.; *P.-C. Müller-Graff*, Das „Soft Law" der europäischen Organisationen, EuR 47 (2012), S. 18 ff.; jew. m. w. N.

[45] Vgl. *S. Hobe*, Einführung in das Völkerrecht, 9. Aufl. 2008, S. 205 ff.; *Beaucamp* (Fn. 1), S. 87; *U. Beyerlin*, Umweltvölkerrecht, 2000, § 9 Rn. 134 ff.; *R. Schmidt/W. Kahl/K. F. Gärditz*, Umweltrecht, 9. Aufl. 2014, § 1 Rn. 35; *A. von Arnauld*, Völkerrecht, 2. Aufl. 2014, Rn. 282 f.; *Ketteler* (Fn. 22), S. 513; *Bärenbrinker* (Fn. 11), S. 106; *M. Goldmann*, Der Widerspenstigen Zähmung, in: S. Boysen/F. Bühring/C. Franzius et al. (Hrsg.), Netzwerke, 2007, S. 225 (232 u. 235 f.); *Knauff* (Fn. 15), S. 215 f., m. w. N. Prägnant zum Diskursstand in der Völkerrechtswissenschaft unter besonderer Berücksichtigung der Motive für Soft Law-Phänomene *Müller-Graff* (Fn. 44), S. 18 (19 ff.), m. w. N.

[46] Vgl. exemplarisch *B. Braams*, Koordinierung als Kompetenzkategorie, 2013, S. 150 ff.; *M. U. Brohm*, Die „Mitteilungen" der Kommission im Europäischen Verwaltungs- und Wirtschaftsraum, 2012, S. 77 ff.; *J. Schwarze*, Soft Law im Recht der Europäischen Union, EuR 46 (2011), S. 3 (4 ff.); *A. Peters*, Typology, Utility and Legitimacy of European Soft Law, in: Festschr. f. Roland Bieber, 2007, S. 405 (406 ff.); *L. Senden*, Soft Law in European Community Law, 2004, passim; *Müller-Graff* (Fn. 44), S. 18 (23 ff.); *Knauff* (Fn. 15), S. 216 ff.; jew. m. w. N.

[47] *Knauff* (Fn. 15), S. 228. Ähnlich *Müller-Graff* (Fn. 44), S. 18 (22), der die „sollensfinale Regel mit intrinsischer Gemeinwohlorientierung ohne Rechtsbindung" zum Ausgangspunkt nimmt und ein spezifisches Bindungselement mit Rechtswirkungen oder rechtsbindungsanalogen Wirkungen fordert.

in wechselseitiger Beeinflussung und Verwobenheit erfassen lassen (vgl. dazu unter III.). Zunächst gilt es indes, generell die Konzeptionsebenen Nachhaltiger Entwicklung aufzuspannen.

1. Internationale Nachhaltigkeitskonzeption

Nachhaltigkeitskonzeptionen stehen international nicht in einer primär ökologischen Tradition, sondern haben ihren Ursprung in entwicklungspolitischen Strategien.[48] Als „Initialzündung“[49] für den Leitbildwandel hin zum heute im Völkerrechtskontext vorherrschenden Verständnis von Nachhaltiger Entwicklung gilt gemeinhin der Abschlussbericht der sog. Brundtland-Kommission[50]. Nach diesem ist Nachhaltige Entwicklung durch intra- wie intergenerationelle Perspektiven gekennzeichnet,[51] bezeichnet eine Entwicklung, die die Bedürfnisse der heutigen Generationen befriedigt, ohne zu riskieren, dass künftige Generationen ihre eigenen Bedürfnisse nicht befriedigen können,[52] und benennt vage Ziele zur Erreichung von Nachhaltigkeit[53]. Spätestens im Anschluss an die im Juni 1992 in Rio de Janeiro durchgeführte Konferenz der Vereinten Nationen für Umwelt und Entwicklung (UNCED) und die aus ihr hervorgegangenen Dokumente wird Nachhaltige Entwicklung im internationalen Kontext durch das Drei-Säulen-Modell eines Ausgleichs ökologischer, ökonomischer und sozialer Interessen verstanden.[54] Dieses Modell prägt nach wie vor das Leitbild Nachhaltiger Entwicklung.

Einem erheblichen Wandel unterliegen indes die Strategien Nachhaltiger Entwicklung: Nachdem die Vereinten Nationen ihre von 1960 bis 2000 praktizierten Dekadenstrategien, wonach zu Beginn jedes Jahrzehnts strategische Grundlagen für die Entwicklungspolitik proklamiert wurden,[55] zu Beginn des 21. Jahrhunderts aufgegeben haben, richtet sich der strategische Fokus primär auf die Setzung konkret greifbarer Ziele für stärker spezifizierte Themenbereiche.[56] In

---

[48] Vgl. dazu *Gärditz* (Fn. 11), S. 137 (137); *Gehne* (Fn. 11), S. 12 ff.; jew. m. w. N.

[49] *Beaucamp* (Fn. 1), S. 18; *Bärenbrinker* (Fn. 11), S. 88.

[50] *World Commission on Environment and Development*, Our Common Future, 1987, abrufbar unter www.un-documents.net/our-common-future.pdf (zuletzt abgerufen am 4.10.2015).

[51] Vgl. prägnant *G. Michelsen/M. Adomßent*, Nachhaltige Entwicklung: Hintergründe und Zusammenhänge, in: H. Heinrichs/G. Michelsen (Hrsg.), Nachhaltigkeitswissenschaften, 2014, S. 3 (13).

[52] Vgl. *World Commission on Environment and Development* (Fn. 50), Overview No. 27.

[53] *World Commission on Environment and Development* (Fn. 50), Part I Chapter 2 No. 28 ff.

[54] *A. Windoffer*, Verfahren der Folgenabschätzung als Instrument zur rechtlichen Sicherung von Nachhaltigkeit, 2011, S. 61; *Gärditz* (Fn. 11), S. 137 (140 f.), der diese Konsequenz aus der entwicklungspolitischen Genese ableitet und zudem für die Berücksichtigung einer vierten Säule kultureller Interessen votiert.

[55] Vgl. eingehend zu den Dekadenstrategien *Gehne* (Fn. 11), S. 13 ff., m. w. N.

[56] *Gehne* (Fn. 11), S. 57 ff.

Tradition der konkreteren Zielausrichtungen durch die „Agenda 21" bilden die aus der Millenniumserklärung der 55. UN-Generalversammlung[57] abgeleiteten Millennium Development Goals (MDG) den zentralen strategischen Zielhorizont für die internationale Nachhaltige Entwicklung[58]: Die MDG sollen bis zum Jahr 2015 erreicht werden, jedoch gilt es als ausgeschlossen, dass eine globale Realisierung in diesem Zeitrahmen erreicht werden kann.[59]

Dementsprechend war die Strategieentwicklung auf internationaler Ebene in den letzten Jahren davon bestimmt, die auslaufenden MDG weiterzuentwickeln. Dabei wurden ursprünglich zwei Konzeptionierungsstränge verfolgt: zum einen die Entwicklung einer Post-MDG-Agenda, zum anderen die seit der Rio+20 UN-Konferenz zu Nachhaltiger Entwicklung 2012 betriebene Entwicklung von Sustainable Development Goals (SDG) mit einer übergreifenden, nicht vornehmlich Entwicklungsländer fokussierenden Ausrichtung. Diese beiden Konzeptionierungsstränge wurden ab 2013 zusammengeführt; die Beschlussvorlage für die 70. UN-Generalversammlung erging dann maßgeblich auf der Grundlage der 17 Entwicklungsziele des Open Working Group-Vorschlags aus dem SDG-Prozess.[60] Die im September 2015 verabschiedete „Post 2015-Agenda" trägt den Titel „Transforming our World: The 2030 Agenda for Sustainable Development" und enthält 17 Entwicklungsziele mit 169 Unterzielen.[61] Neben den universellen materiellen Entwicklungszielen, die verstärkt ökologische Nachhaltigkeitsaspekte betonen, liegt ein wesentlicher Innovationsgehalt in den Zielvorstellungen einer erneuerten globalen Partnerschaft für Nachhaltige Entwicklung (Ziel 17) mit einem Multi-Akteurs-Ansatz. Zusätzlich werden Verfahrens- und Organisationsaspekte fixiert, insbesondere im Hinblick auf transparentes Monitoring, Mechanismen zur Datenerfassung und zum Datenzugang

---

[57] *Generalversammlung der Vereinten Nationen*, Millenniums-Erklärung der Vereinten Nationen, 2000, abrufbar unter www.unric.org/html/german/mdg/millenniumerklaerung.pdf (zuletzt abgerufen am 4.10.2015).

[58] Strategische Zielvorgaben werden im Hinblick auf die Verminderung von extremer Armut und Hunger, die Grundschulbildung für alle Kinder, die Gleichstellung und stärkere Beteiligung von Frauen, die Senkung der Kindersterblichkeit, die Verbesserung der Gesundheit von Müttern, die Bekämpfung von Krankheiten, die Sicherung der ökologischen Nachhaltigkeit sowie den Aufbau einer weltweiten Entwicklungspartnerschaft gemacht. Daneben verfolgt auch der im Zuge des Weltgipfels für Nachhaltige Entwicklung in Johannesburg 2002 festgehaltene Umsetzungs- und Aktionsplan vergleichbare Zielkonkretisierungen zur Agenda 21; vgl. dazu *N. Wolff*, Die Ergebnisse des Weltgipfels über nachhaltige Entwicklung in Johannesburg, NuR 2003, S. 137 ff.; *Gehne* (Fn. 11), S. 59 ff., m. w. N.

[59] Vgl. zu dieser Prognose *Michelsen/Adomßent* (Fn. 51), S. 3 (23 f.), m. w. N.

[60] Vgl. *United Nations General Assembly*, The Road to Dignity by 2030, A/69/700 v. 4.12.2014, abrufbar unter www.un.org/ga/search/view_doc.asp?symbol=A/69/700&Lang=E (zuletzt abgerufen am 4.10.2015).

[61] *United Nations General Assembly*, Transforming our World: The 2030 Agenda for Sustainable Development, abrufbar unter http://sustainabledevelopment.un.org/post2015/transformingourworld (zuletzt abgerufen am 4.10.2015).

sowie einen innovativen „Technology Facilitation Mechanism“, der neben einem „Inter-agency Task Team on Science Technology and Innovation“ auf Ebene der Vereinten Nationen ein regelmäßiges Multi-Akteurs-Forum vorsieht und zudem von einer Online-Plattform ergänzt werden soll.

2. Nachhaltigkeitskonzeption der EU

Die unionsrechtliche Nachhaltigkeitskonzeption stellt sich als vornehmlich aus drei Soft Law-Kategorien zusammengesetzt dar: Erstens werden das generelle Leitbild Nachhaltiger Entwicklung und langfristige Strategien durch die EU-Nachhaltigkeitsstrategie formuliert. Ebenfalls generell, aber durch konkretere Zielvorgaben und mittelfristige Zeitorientierungen gekennzeichnet, sind zweitens die Umweltaktionsprogramme ausgestaltet. Der dritte Baustein besteht sodann aus einer Vielzahl sektoraler Soft Law-Vorgaben in einzelnen Fachpolitiken, die vorliegend aufgrund ihrer Quantität und Diversifikation nicht dargestellt werden können.

Die generellste Ebene der EU-Nachhaltigkeitskonzeption wird gegenwärtig durch die erneuerte EU-Strategie zur Nachhaltigen Entwicklung geprägt.[62] Diese verfolgt das Gesamtziel, „Maßnahmen zu ermitteln und auszugestalten, die die EU in die Lage versetzen, eine kontinuierliche Verbesserung der Lebensqualität sowohl der heutigen als auch künftiger Generationen zu erreichen, indem nachhaltige Gemeinschaften geschaffen werden, die in der Lage sind, die Ressourcen effizient zu bewirtschaften und zu nutzen und das ökologische und soziale Innovationspotenzial der Wirtschaft zu erschließen, wodurch Wohlstand, Umweltschutz und sozialer Zusammenhalt gewährleistet werden.“[63] Diese Zielsetzung wurde in Ergänzung zur Lissabon-Strategie für Beschäftigung und Wachstum konzipiert und ergänzt insoweit auch die aktuelle Nachfolgestrategie „Europa 2020“[64]. Als prioritäre langfristige Hauptziele werden Umweltschutz, soziale Gerechtigkeit und Zusammenhalt, wirtschaftlicher Wohlstand sowie internationale Verantwortungsübernahme herausgestellt und zehn Leitprinzipien[65] für die Politik formuliert. Konkretisiert werden sieben zentrale Herausforderungen

---

[62] Vgl. eingehend zur Genese der Nachhaltigkeitsstrategien als Kern der EU-Nachhaltigkeitspolitik *Windoffer* (Fn. 56), S. 19 ff.

[63] *Rat der Europäischen Union* (Fn. 17), Nr. 5, S. 3.

[64] *Europäische Kommission*, Mitteilung der Kommission EUROPA 2020. Eine Strategie für intelligentes, nachhaltiges und integratives Wachstum v. 3.3.2010, KOM (2010) 2020 endg.; *Europäischer Rat*, Schlussfolgerungen v. 25./26.3.2010, EUCO 7/10; Europäischer Rat, Schlussfolgerungen v. 17.6.2010, EUCO 13/10.

[65] *Rat der Europäischen Union* (Fn. 17), S. 4 f.: Förderung und Schutz der Grundrechte; Solidarität innerhalb und zwischen den Generationen; offene und demokratische Gesellschaft; Beteiligung der Bürgerinnen und Bürger; Beteiligung der Unternehmen und Sozialpartner; Kohärenz der Politik und Politikgestaltung; Integration der Politikfelder; Nutzung der besten verfügbaren Kenntnisse; Vorsorgeprinzip; Verursacherprinzip.

benannt[66] und entsprechende Vorgaben, operative Ziele und Maßnahmen für die EU und die Mitgliedstaaten skizziert. Ergänzend legt die Kommission im Zweijahresrhythmus Fortschrittsberichte zur Strategiedurchführung vor; daneben wird von EUROSTAT alle zwei Jahre ein Überwachungsbericht für Nachhaltige Entwicklung erstellt.[67]

Thematisch ebenfalls generell ausgerichtet, aber in den Zielvorgaben und Maßnahmen deutlich konkreter ist sodann die zweite EU-Strategieebene für Nachhaltige Entwicklung gefasst: die Umweltaktionsprogramme.[68] Das aktuelle siebte Umweltaktionsprogramm[69] formuliert prioritäre Ziele sowie erforderliche Umsetzungsschritte, deren Realisierung bis 2020 angestrebt wird.[70] Gegenständlich-thematisch[71] wie regelungstechnisch[72] besteht eine enge Verzahnung mit anderen Strategiedokumenten, deren Ziele das Umweltaktionsprogramm aufgreift und damit zu deren konkretisierender Umsetzung beiträgt.[73] Eine bemerkenswerte Neuerung neben den prioritären Zielen stellt die explizit in den Zielkontext gestellte Reflexion der Schaffung geeigneter Rahmenbedingungen

---

66 *Rat der Europäischen Union* (Fn. 17), Nr. 13, S. 7 ff.: Klimaänderung und saubere Energie; nachhaltiger Verkehr; nachhaltiger Konsum und nachhaltige Produktion; Erhaltung und Bewirtschaftung natürlicher Ressourcen; Gesundheit; soziale Eingliederung, Demografie und Migration; globale Herausforderungen in Bezug auf Armut und Nachhaltige Entwicklung.

67 *Rat der Europäischen Union* (Fn. 17), Nr. 33, S. 26.

68 Vgl. zu den vorgängigen Umweltaktionsprogrammen *N. Salzborn*, Das umweltrechtliche Kooperationsprinzip auf unionaler Ebene, 2011, S. 76 ff.; *J. Martin*, Das Steuerungskonzept der informierten Öffentlichkeit, 2012, S. 64 ff.; *J. Hoffmann*, „Living well, within the limits of our planet" – Das Siebte Europäische Umweltaktionsprogramm (2013–2020), NVwZ 2013, S. 534 (535); jew. m. w. N.

69 Vgl. Beschluss 1386/2013/EU des Europäischen Parlaments und des Rates v. 20.11.2013 über ein allgemeines Umweltaktionsprogramm der Union für die Zeit bis 2020 „Gut leben innerhalb der Belastbarkeitsgrenzen unseres Planeten", ABl.EU 2013 L Nr. 354, S. 171 ff. Generell dazu *Hoffmann* (Fn. 68), S. 534 ff.

70 Obwohl als Beschluss gem. Art. 288 Abs. 4 AEUV im ordentlichen Gesetzgebungsverfahren (Art. 289 Abs. 1, 294 AEUV) und damit in Gestalt einer verbindlichen Handlungsform ergangen, erlaubt die Ausgestaltung in Form eines allgemeinen Aktionsprogramms (Art. 192 Abs. 3 AEUV) mit einem strategischen und nicht auf rechtsförmige Verbindlichkeitswirkungen angelegten Zielcharakter eine Thematisierung als Strategie im Kontext des Soft Law.

71 Art. 2 Abs. 1 Beschluss 1386/2013/EU (Fn. 69) formuliert als prioritäre Ziele des Umweltaktionsprogramms: Schutz, Erhaltung und Verbesserung des Naturkapitals der Union; Übergang zu einer ressourceneffizienten, umweltschonenden und wettbewerbsfähigen CO_2-armen Wirtschaftsweise; Schutz der Unionsbürger vor umweltbedingten Belastungen, Gesundheitsrisiken und Risiken für die Lebensqualität; Maximierung der Vorteile aus dem Umweltrecht der Union durch verbesserte Umsetzung; Verbesserung der Wissens- und Faktengrundlage für die Umweltpolitik der Union; Sicherung von Investitionen für Umwelt- und Klimapolitik und Berücksichtigung der externen Umweltkosten; Verbesserung der Einbeziehung von Umweltbelangen und der Politikkohärenz; Förderung der Nachhaltigkeit der Städte in der Union; Verbesserung der Fähigkeit der Union, wirksam auf internationale Umwelt- und Klimaprobleme einzugehen.

72 Das Umweltaktionsprogramm ist explizit eingebettet in die „Europa 2020"-Strategie der EU, die Strategie für Nachhaltige Entwicklung sowie eine Vielzahl weiterer explizit genannter, sektoraler Zielvorstellungen; vgl. Erwägungsgrund 8 zum Beschluss 1386/2013/EU (Fn. 69).

73 So zutreffend *Hoffmann* (Fn. 68), S. 534 (535).

dar,[74] die die Verbesserung der Umsetzung von Rechtsvorschriften, die Verbesserung der Grundlage von wissenschaftlichen Erkenntnissen und Fakten, die Sicherung von Investitionen und Schaffung der richtigen Anreize sowie die Integration von Umweltbelangen in andere Politikbereiche betreffen und die damit auch typische Verfahrensdimensionen im strategischen Konzept verankern.[75]

3. Nationale Nachhaltigkeitskonzeptionen

Die nationalen Nachhaltigkeitskonzeptionen lassen sich horizontal gleichermaßen in generelle und sektorale Ansätze systematisieren. Vertikal kommen indes föderale und lokale Nachhaltigkeitskonzeptionen hinzu, wobei deren Beiträge aus Fokussierungsgründen hier ausgeklammert bleiben.[76]

Die zentrale Koordination der Nachhaltigkeitspolitik auf Bundesebene erfolgt seit 2002 durch die nationale Nachhaltigkeitsstrategie der Bundesregierung,[77] welche seitdem regelmäßig in sog. Fortschrittsberichten fortgeschrieben wird.[78] Die bislang letzte Weiterentwicklung erfolgte durch den „Fortschrittsbericht 2012“[79]; der nächste Fortschrittsbericht ist für 2016 geplant und soll u. a. eine Weiterentwicklung im Lichte der „Post 2015-Agenda“ leisten[80]. Die gegenwärtige Nachhaltigkeitsstrategie zielt auf eine umfassende Implementation von Nachhaltigkeit als Leitbild zur Zukunftssicherung vermittels ihres Querschnittscharakters sowie eines allgemeinen (Rechtsetzung und Rechtsanwendung umfassenden) Managementkonzepts, das auf expliziten Managementregeln, Zielen und Zielindikatoren sowie Monitoringmechanismen fußt.[81] Überdies betont sie verstärkt nachhaltiges Wirtschaften[82] und finanzielle Nachhaltigkeitserfordernisse[83] und richtet den Fokus vor allem auf globale Nachhaltigkeitsthemen[84].

[74] Umweltaktionsprogramm (Fn. 69), Nr. 55, S. 176 (189). Diese „Rahmenbedingungen“ decken sich indes teilweise mit den prioritären Zielen, namentlich in Gestalt von Ziel 5 (Nr. 66 ff.), Ziel 6 (Nr. 74 ff.) und Ziel 7 (Rn. 85 ff.).

[75] Darüber hinaus sieht Art. 2 Abs. 4 Beschluss 1386/2013/EU (Fn. 69) eine umfassende Folgenabschätzung vor, Art. 3 Abs. 2 integriert eine Multi-Akteurs-Perspektive und Art. 4 Abs. 1, Abs. 2 legt Überwachungs- und Bewertungsmechanismen fest.

[76] Vgl. dazu den Überblick bei *Windoffer* (Fn. 54), S. 44 ff.; *E. Kirst/S. Trockel/H. Heinrichs*, Nachhaltige Kommunalverwaltung, in: H. Heinrichs/G. Michelsen (Hrsg.), Nachhaltigkeitswissenschaften, 2014, S. 549 (551 ff.).

[77] *Bundesregierung* (Fn. 19).

[78] Vgl. zu wissenschaftlichen Vorarbeiten und Genese sowie den wesentlichen Entwicklungslinien bis zum Fortschrittsbericht 2008 *Windoffer* (Fn. 54), S. 28 ff.

[79] *Bundesregierung*, Nationale Nachhaltigkeitsstrategie. Fortschrittsbericht 2012, BT-Drs. 17/8721.

[80] Vgl. *Bundesregierung*, Eine Agenda für den Wandel zu nachhaltiger Entwicklung weltweit, BT-Drs. 18/3604, S. 10.

[81] Vgl. *Bundesregierung* (Fn. 79), S. 27 ff. u. 38 ff.

[82] Vgl. *Bundesregierung* (Fn. 79), S. 116 ff. u. 190 ff.

[83] Vgl. *Bundesregierung* (Fn. 79), S. 177 ff.

[84] Vgl. *Bundesregierung* (Fn. 79), S. 143 ff., 216 ff. u. 246 ff.

Die nationale Nachhaltigkeitsstrategie integriert nicht nur thematisch ein breites Spektrum nachhaltigkeitsrelevanter Politikfelder, sondern koordiniert sich stets ebenenübergreifend mit föderalen bzw. lokalen, europäischen und internationalen Nachhaltigkeitsstrategien und strebt verstärkt einen Multi-Akteurs-Ansatz an, wie er besonders in dem Betreiben eines gesellschaftlichen Nachhaltigkeitsdialogs zum Ausdruck kommt[85].

Diese generelle, Fragen der originären Umweltpolitik ebenso wie beispielsweise Bildung, Migration, Gesundheit und Fiskalpolitik in den Blick nehmende Nachhaltigkeitsstrategie wird begleitet von einer Vielzahl sektoral-spezifizierter Strategien und Programme. Das diesbezügliche Spektrum lässt sich in zwei Gruppen systematisierend einordnen: Zum einen gibt es derivativ ausgerichtete Strategien und Programme, die sich also unmittelbar als thematisch-gegenständlich abgeleiteter Ausschnitt aus der generellen nationalen Nachhaltigkeitsstrategie verstehen lassen. Eine solche Charakteristik ist beispielsweise für die Biodiversitätsstrategie[86], das Ressourceneffizienzprogramm[87] oder das „Maßnahmenprogramm Nachhaltigkeit“[88] prägend. Zum anderen sind aber auch Strategieansätze auszumachen, die eher nachhaltigkeitsinfluiziert sind, in deren Zielsetzungen also die integrative Querschnittsausrichtung des Leitbilds Nachhaltiger Entwicklung wirkt. Exemplarisch können dafür die Demografiestrategie[89] oder die Hightech-Strategie[90] angeführt werden.

Korrespondierend mit der grundsätzlich auf nationaler Ebene angesiedelten Realisierungszuständigkeit für konkrete Maßnahmen zugunsten Nachhaltiger Entwicklung ist als Befund wenig verwunderlich, dass auf nationalstaatlicher Ebene auch das ausdifferenzierteste Spektrum für nachhaltigkeitsbezogenes Soft Law anzutreffen ist.

III. Spezifische Verfahrens- und Organisationsbezüge der Nachhaltigkeitskonzeptionen

Der Blick auf die konzeptionellen Ausprägungen von Strategien und des Leitbilds Nachhaltiger Entwicklung zeigt vor allem in materieller Hinsicht eine große Vielzahl an Nachhaltigkeitsansätzen. Graduell lassen sich dabei für das

---

[85] Vgl. *Bundesregierung* (Fn. 79), S. 52 ff.

[86] *Bundesregierung* (Fn. 20).

[87] *Bundesregierung*, Programm zur nachhaltigen Nutzung und zum Schutz der natürlichen Ressourcen (Deutsches Ressourceneffizienzprogramm), BT-Drs. 17/8965.

[88] *Staatssekretärsausschuss für nachhaltige Entwicklung*, Maßnahmenprogramm Nachhaltigkeit, Beschluss v. 30.3.2015, www.bundesregierung.de/Content/DE/_Anlagen/2015/03/2015-03-30-massnahmenprogramm-nachhaltigkeit.pdf (zuletzt abgerufen am 4.10.2015).

[89] *Bundesregierung*, Demografiestrategie der Bundesregierung. Jedes Alter zählt, BT-Drs. 17/9529, S. 24 ff.: „Grundlagen für nachhaltiges Wachstum und Wohlstand sichern“.

[90] *Bundesregierung*, Die neue Hightech-Strategie – Innovationen für Deutschland, BT-Drs. 18/2497, S. 18 ff.: „Nachhaltiges Wirtschaften und Energie“.

Soft Law der Nachhaltigkeit typisierte Ebenenunterschiede ausmachen: Die internationalen Soft Law-Erklärungen nehmen nicht zuletzt im Interesse der Konsensgenerierung am weitreichendsten Rücksicht auf nationale Umsetzungsspielräume und weisen dazu stark relativierende Formulierungen auf.[91] Dagegen greift die EU-Ebene sogar partiell auf verbindliche Handlungsformen zurück, relativiert Zielbindungen und Verfahrensvorgaben indes ebenfalls erheblich.[92] Erst die nationalen Nachhaltigkeitskonzeptionen formulieren demgegenüber konkretere Ziele nebst Zielindikatoren und begründen institutionell-politische Verantwortungen. Trotz dieser strukturellen Unterschiede überwiegt jedoch ein einendes Moment deutlich: Praktisch alle jüngeren Nachhaltigkeitskonzeptionen streben keinen Selbststand an, sondern sind in vielfältigen Formen – sei es durch explizite Bezugnahmen oder implizite Konkretisierungen – miteinander verzahnt. Gerade für die hier herauszustellenden Verfahrens- und Organisationskonzepte Nachhaltiger Entwicklung bietet es sich deshalb an, den Blick weniger auf die einzelnen Soft Law-Erklärungen denn auf die gemeinsamen konzeptionellen Erträge im Soft Law-Verbund zu werfen.

1. Leitbild ohne ausgeprägte Verfahrens- und Organisationsdimension

Die Verbund-Analyse lässt allerdings kein Leitbild Nachhaltiger Entwicklung mit einer ausgeprägten Verfahrens- oder Organisationsdimension hervortreten. Das übergreifend auszumachende Leitbild Nachhaltiger Entwicklung ist ein nachhaltiger Zustand – ihm liegt also ein materielles Entwicklungsziel zum Schutz gegenwärtiger und künftiger Generationen zugrunde.[93] Damit avisiert das Leitbild primär eine politische Funktion bei der Weiterentwicklung des materiellen Rechts, die beispielsweise international als „Matrix völkerrechtlicher Systembildung“[94] beschrieben werden kann.

Soweit demgegenüber eine verfahrens- und organisationsbezogene Leitbilddimension in Frage steht, wären primär Anknüpfungen an den „aktivierenden

---

[91] Vgl. *United Nations General Assembly* (Fn. 61), No. 55: „Targets are defined as aspirational and global, with each government setting its own national targets guided by the global level of ambition but taking into account national circumstances. Each government will also decide how these aspirational and global targets should be incorporated in national planning processes, policies and strategies.“

[92] Vgl. exemplarisch Art. 2 Abs. 4 Beschluss 1386/2013/EU (Fn. 69): „Alle Maßnahmen, Aktionen und Ziele des 7. UAP werden nach den Grundsätzen der intelligenten Regulierung und gegebenenfalls vorbehaltlich einer umfassenden Folgenabschätzung vorgeschlagen und durchgeführt.“

[93] Dies manifestiert sich in jüngerer Zeit besonders deutlich in der ausdrücklichen Formulierung von „Visionen“ für die Nachhaltige Entwicklung im Soft Law; vgl. *United Nations General Assembly* (Fn. 61), No. 7 ff.; Beschluss 1386/2013/EU (Fn. 69), Nr. 1, S. 176; reserviert aber *Bundesregierung* (Fn. 79), S. 50.

[94] *Gärditz* (Fn. 11), S. 137 (170).

Staat" oder den „Gewährleistungsstaat" denkbar, jedoch handelt es sich dabei eher um eigenständige Leitbilder. Ein Paradigmenwechsel im eigentlichen Leitbild Nachhaltiger Entwicklung zugunsten einer grundständigen Integration von Verfahrens- und Organisationsdimensionen könnte zwar im Zuge der Neuinterpretation im Lichte sog. Transformationsvorstellungen bevorstehen.[95] Jenseits einer auf allen Nachhaltigkeitskonzeptionsebenen auszumachenden Reflexion der Bedeutung von zivilgesellschaftlichen Akteuren, Interessengruppen sowie von Unternehmen und Sozialpartnern mit der zunehmenden Einbindung derselben in Nachhaltigkeitsstrategien[96] lassen sich gegenwärtig indes noch keine hinreichenden programmatischen Verfestigungen spezifischer Verfahrens- und Organisationsdimensionen unmittelbar im Leitbild ausmachen.

Damit bleibt vorläufig der Befund einer Wirkung des Gesamtleitbildes als hauptsächlich „nachhaltigkeitsferne" Kontexte materiell influizierend, während die sachnäheren Ausprägungen des Nachhaltigkeitsrechts im engeren Sinne vornehmlich durch die konkreteren Nachhaltigkeitsstrategien relevante Steuerungsimpulse – gerade auch im Hinblick auf Verfahrens- und Organisationsaspekte – empfangen.

2. Strategien als Anker prozeduraler und partizipativer Nachhaltigkeitsperspektiven

Auch die diversen Nachhaltigkeitsstrategien verfolgen primär materielle Ziele. Letztere werden allerdings zunehmend von einer Reflexion der Bedeutung von Verfahrens- und Organisationsfaktoren für die Zielerreichung begleitet. Dementsprechend kann jedenfalls für die generell ausgerichteten Nachhaltigkeitsstrategien ein gemeinsamer, durch wechselseitige Beeinflussungen und Bezugnahmen geprägter Kernbestand an unmittelbar mit Nachhaltiger Entwicklung verknüpften Verfahrens- und Organisationsstrukturen ausgemacht werden. Zwar bedürfen diese Maximen zu ihrer praktischen Wirksamkeit in fast allen Fällen einer Umsetzung durch entsprechende Verfahrens- und Organisationsvorgaben in rechtlicher Form. Weil die Soft Law-Strategien aber als Regelungshintergrund für die – in den folgenden Beiträgen dieses Bandes behandelten – konkreten Verfahrens- und Organisationsaspekte der Nachhaltigkeit fungieren, sollen die wesentlichen gemeinsamen Strukturmomente zumindest als solche – orientiert an drei Hauptzweigen – verortet werden.

---

[95] Vgl. stellvertretend *Wissenschaftlicher Beirat der Bundesregierung Globale Umweltveränderungen*, Welt im Wandel. Gesellschaftsvertrag für eine Große Transformation, 2011, S. 87 ff., 185 ff., 255 ff. u. 281 ff.

[96] Vgl. exemplarisch *United Nations General Assembly* (Fn. 61), Preamble; *Rat der Europäischen Union* (Fn. 17), Nr. 26 ff., S. 25 f.; Art. 3 Abs. 2 Beschluss 1386/2013/EU (Fn. 69); *Bundesregierung* (Fn. 79), S. 27 u. 52 ff.

a) Prozedurale Integration

Besonders prägend für die staatliche Realisierung von Nachhaltigkeit ist der im integrativen Querschnittscharakter der Nachhaltigen Entwicklung wurzelnde Ansatz, die Verwirklichung von Nachhaltigkeit in alle staatlichen Entscheidungsprozesse prozedural zu integrieren. Strategisch kulminiert das Soft Law der Nachhaltigkeit dazu schwerpunktmäßig in zwei Verfahrensansätzen: Zum einen werden seit den Ergebnissen der Rio-Konferenz 1992 ebenenübergreifend prospektive Verfahren der *Folgenabschätzung* und integrierten Planung (Nachhaltigkeitsprüfung) vorgesehen und laufend weiterentwickelt;[97] die diesbezüglichen Soft Law-Vorgaben adressieren Rechtsetzung wie Rechtsanwendung und stoßen einen besonders auszuformenden und rechtlich zu konkretisierenden Mechanismus der Folgenabschätzung an.[98] Zum anderen initiieren die diversen Nachhaltigkeitsstrategien zwar durchaus variantenreiche, aber im Kernanliegen vereinheitlicht beschreibbare Festlegungen auf retrospektive *Monitoring*-Mechanismen mit ausgefeilten Indikatorensystemen,[99] mittels derer die Beiträge zur Nachhaltigen Entwicklung bzw. die Zielerreichung laufend ermittelt und im Hinblick auf fortbestehenden Handlungsbedarf evaluiert und koordiniert werden können.

b) Partizipationsstrukturen

Zweitens streben alle Nachhaltigkeitsstrategien jüngerer Zeit nach einer stärkeren Verankerung partizipativer Verfahrensmomente, um der steigenden Komplexität moderner Umwelt- und Nachhaltigkeitsprobleme mit neuen Wissensgenerierungsformen zu begegnen und die zu treffenden Entscheidungen auf eine breitere gesellschaftliche Basis zu stellen[100]. In diesem Bestreben lassen sich die rechtlichen Erweiterungen im *Informationszugang*[101] ebenso wie die Anerkennung *prokuratorischer (Verbands-)Klagerechte*[102] programmatisch maßgeblich auf Impulse durch Nachhaltigkeitsstrategien zurückführen. Noch grundlegender wirken daneben jene ebenenverzahnten Soft Law-Ansätze, die eine *Aktivierung zivilgesellschaftlicher Governancestrukturen* und generelle *Multi-Akteurs-Einbindungen* anstreben: sei es die Einbindung von Interessengruppen,

---

[97] Vgl. exemplarisch *Konferenz für Umwelt und Entwicklung der Vereinten Nationen (UNCED)* (Fn. 15), Ziel 8; *Rat der Europäischen Union* (Fn. 17), Nr. 11, S. 7; Beschluss 1386/2013/EU (Fn. 69), Nr. 85 ff., S. 176 (195 f.); *Bundesregierung* (Fn. 79), S. 38 ff.

[98] Vgl. umfassend dazu *Windoffer* (Fn. 54), passim, sowie *ders.*, Nachhaltigkeit und Gesetzesfolgenabschätzung (in diesem Band).

[99] Vgl. exemplarisch *United Nations General Assembly* (Fn. 61), No. 47 f. u. 72 ff.; *Rat der Europäischen Union* (Fn. 17), Nr. 33 ff., S. 26 ff.; *Bundesregierung* (Fn. 79), S. 29 ff. u. 38 ff.

[100] Vgl. dazu sozialwissenschaftlich *J. Newig*, Partizipation, in: H. Heinrichs/G. Michelsen (Hrsg.), Nachhaltigkeitswissenschaften, 2014, S. 381 ff.

[101] Vgl. exemplarisch *United Nations General Assembly* (Fn. 61), Goal 16.10; Beschluss 1386/2013/EU (Fn. 69), Nr. 65 lit. a) u. Nr. 73 lit. c), S. 176 (190).

[102] Vgl. exemplarisch Beschluss 1386/2013/EU (Fn. 69), Nr. 65 lit. e), S. 176 (190 u. 192).

Verbänden und anderen zivilgesellschaftlichen Akteuren,[103] seien es spezielle Beteiligungsformen zur Wissensgenerierung und Netzwerkeffekte[104].

c) *Nachhaltigkeitsgremien*

In organisatorischer Hinsicht muss als drittes Hauptelement der organisatorische Anstoß eines institutionellen Gremienwesens durch die diversen Nachhaltigkeitsstrategien hervorgehoben werden. Gesetzgebungsorientiert sind dabei parlamentarische oder gubernative *Nachhaltigkeitsgremien* oder sachverständige *Nachhaltigkeitsräte* vorgesehen.[105] Darüber hinaus können Nachhaltigkeitsräte aber auch für initiative Aufgaben der Weiterentwicklung und Überwachung von Nachhaltigkeitsstrategien vorgesehen oder aber in Verwaltungsprozesse zu integrieren sein. Eine innovative und gerade erst konzipierte Organisationsform ist zudem der internationale „*Technology Facilitation Mechanism*“[106], welcher besonders die globale Wissens- und Erfahrungsdistribution koordinieren und organisatorisch erleichtern soll.

IV. Fazit

Das Leitbild und die Strategien Nachhaltiger Entwicklung fungieren historisch-genealogisch als wesentlicher Innovationsmotor für das Nachhaltigkeitsrecht. Allerdings ist trotz erkannter Bedeutung derselben gerade auf Verfahrens- und Organisationsebene in den letzten Jahren in Relation zu den Entwicklungen des materiell orientierten Soft Law ein konzeptioneller Stillstand zu verzeichnen. Es erscheint plausibel, dass speziell Verfahrens- und Organisationsaspekte in ihrer Fokussierung auf Verfahrensintegration, Partizipation und Nachhaltigkeitsgremien in besonderem Maße auf eine mehrebenenkoordinierte Abstimmung angewiesen sind und aufgrund des Fokus auf Defizite bei der materiellen Zielerreichung ihre Fortentwicklung nicht prioritär betrieben wird. Umso mehr bleibt abzuwarten, wie sich der jüngst international vereinbarte „Technology Facilitation Mechanism“ als neuer Wissenstransferansatz bewährt und ggf. neue Impulse für das Recht der Nachhaltigkeit bereithält.

---

[103] Vgl. exemplarisch *Konferenz für Umwelt und Entwicklung der Vereinten Nationen (UNCED)* (Fn. 15), Ziel 27; *United Nations General Assembly* (Fn. 61), Goal 17.16 f.; Art. 3 Abs. 2 Beschluss 1386/2013/EU (Fn. 69).

[104] Vgl. exemplarisch *Rat der Europäischen Union* (Fn. 17), Nr. 29 ff., S. 25 f.; Beschluss 1386/2013/EU (Fn. 69), Nr. 66 ff., S. 176 (191 ff.); *Bundesregierung* (Fn. 79), S. 52 ff.

[105] Vgl. exemplarisch *Bundesregierung* (Fn. 79), S. 32 ff., 228 ff. u. 233 f.; *Rat der Europäischen Union* (Fn. 17), Nr. 43, S. 29. Vgl. dazu auch *C. Calliess*, Nachhaltigkeitsräte (in diesem Band).

[106] *United Nations General Assembly* (Fn. 61), No. 70. Ferner ebd., Goal 17.6.

Kapitel 2

Nachhaltigkeit und demokratisches System

Nachhaltigkeit und parlamentarische Demokratie

Hanno Kube

I. Parlamentarische Demokratie unter Verdacht

Im Grundsatz der Nachhaltigkeit verdichten sich bestimmte Erwartungen an den Inhalt staatlicher Gestaltungen, so an die Ausformung des Wirtschaftssystems, an den Umweltschutz und an den sozialen Ausgleich. Die verfassungsstrukturelle Vorgabe der parlamentarischen Demokratie ist als solche inhaltsneutral. Sie organisiert die Überführung des Volkswillens in den Staatswillen und dient damit der politischen Freiheit und Gleichheit der Bürger, dies vermittelt über die Figur der parlamentarischen Repräsentation.

Ist nach den Möglichkeiten gefragt, nachhaltige staatliche Gestaltungen durch Organisation und Verfahren hervorzubringen, erscheint die parlamentarische Demokratie aber sogleich in einem Zwielicht. Denn die zeitliche Begrenztheit der Legislaturperiode könne, dies der verbreitete und im Mittelpunkt stehende Vorwurf,[1] den Abgeordneten einen – strukturell angelegten – Anreiz bieten, Wohltaten auf Kosten der Zukunft zu verteilen, um die eigene Wiederwahl zu befördern, ohne dabei aber Verantwortung für die langfristigen Folgen der kurzfristigen Großzügigkeit tragen zu müssen. Noch verschärft werde dies durch parteien- und verbändestaatliche Verkrustungen, die zu Repräsentationsdefiziten und damit Defiziten in der Gemeinwohl- und Nachhaltigkeitsorientierung mündeten. Dies führt unmittelbar zu der fundamentalen Frage, ob die parlamentarische Demokratie in ihrer Grundanlage ungeeignet ist, nachhaltige, also langfristig tragfähige Gestaltungen zu gewährleisten.

II. Höchst komplexer Begriff der Nachhaltigkeit

Die nähere Prüfung hat sich an erster Stelle auf den Begriff der Nachhaltigkeit zu konzentrieren. So vielfältig die Stimmen sind, die diesen Begriff und damit den Nachhaltigkeitsgrundsatz in den letzten Jahrzehnten aus dem ursprünglichen Begriffskontext herausgelöst, verallgemeinert und angereichert haben,[2] so

---

[1] Siehe mit Nachweisen näher unten IV.1.

[2] Zu Begriffsgeschichte und -entwicklung *D. Klippel/M. Otto*, Nachhaltigkeit und Begriffsgeschichte, in: W. Kahl (Hrsg.), Nachhaltigkeit als Verbundbegriff, 2008, S. 39 ff.; *K. Gehne*, Nachhaltige Entwicklung als Rechtsprinzip, 2011, S. 11 ff.

vielgestaltig, schillernd und schwer greifbar sind der Begriff und der entsprechende Grundsatz heute.[3] In der Sache hat der Nachhaltigkeitsgrundsatz nach dem wohl vorherrschenden Verständnis über die Disziplinen hinweg eine ökonomische, eine ökologische und eine soziale Dimension.[4] Er zielt auf die langfristige Stabilität des – privaten wie auch staatlichen – Wirtschaftens, auf den Erhalt der natürlichen Grundlagen unserer Existenz und auf die Zukunftssicherung der sozialen Systeme. Die Nachhaltigkeit soll dabei gerade auch dadurch gesichert werden, dass die drei genannten Bereiche – Ökonomie, Ökologie und Soziales – untereinander im Gleichgewicht bleiben, oder – dynamisch verstanden – zu einem stetigen fairen Ausgleich gebracht werden. Zeitlich wie auch räumlich wird das Konzept der Nachhaltigkeit oftmals entgrenzt.[5] So wird es langfristig generationenübergreifend verstanden und weniger auf das staatliche Gemeinwesen als vielmehr auf die Weltgemeinschaft bezogen.

Aus der Perspektive des gestaltenden und verwaltenden Staates stellt sich die Anforderung der Nachhaltigkeit[6] nach alldem als höchst komplexe, multidimensionale, vielfältige Einschätzungen und Abwägungen implizierende und auch an Grenzen des Regelbaren führende Aufgabe dar. Anders formuliert beginnt die eigentliche Arbeit erst mit der Konkretisierung dessen, was auf der Ebene eines abstrakten Grundsatzes weitestgehend konsensfähig sein dürfte.

III. Nachhaltige Zukunftsgestaltung durch parlamentarisches Gesetz

1. Das Parlament als demokratisches Forum des unabdingbaren Ausgleichs

Im parlamentarischen Regierungssystem, wie es im Grundgesetz ausgestaltet ist, werden die wesentlichen, das Gemeinwesen anleitenden und ausformenden staatlichen Entscheidungen im Parlament getroffen,[7] dies auf Grundlage parlamentarischer Debatte in Repräsentation des Volkswillens.[8] Die Zuständigkeit

---

[3] *A. Glaser*, Nachhaltige Entwicklung und Demokratie, 2006, S. 42 ff.; *W. Kahl*, Einleitung: Nachhaltigkeit als Verbundbegriff, in: ders. (Hrsg.), Nachhaltigkeit als Verbundbegriff, 2008, S. 1 (6 ff.).

[4] *Kahl* (Fn. 3), S. 8 ff. („magisches Dreieck") m. w. N.

[5] Zur räumlichen und zeitlichen Dimension *Glaser* (Fn. 3), S. 48 ff.

[6] Umfassend *G. Beaucamp*, Das Konzept der zukunftsfähigen Entwicklung im Recht, 2002; *K. Lange* (Hrsg.), Nachhaltigkeit im Recht, 2003; zu den normativen Grundlagen der Anforderung als Rechtsprinzip auch *Gehne* (Fn. 2), S. 73 ff.

[7] Zum „Prinzip Parlamentarismus" *M. Brenner*, in: J. Isensee/P. Kirchhof (Hrsg.), Handbuch des Staatsrechts der Bundesrepublik Deutschland, Bd. III, 3. Aufl. 2005, § 44; zum „demokratischen Parlamentsvorbehalt" *F. Ossenbühl*, in: J. Isensee/P. Kirchhof (Hrsg.), Handbuch des Staatsrechts der Bundesrepublik Deutschland, Bd. V, 3. Aufl. 2007, § 101 Rn. 46 ff.

[8] Zu Voraussetzungen und Inhalt der Repräsentation *E.-W. Böckenförde*, in: J. Isensee/P. Kirchhof (Hrsg.), Handbuch des Staatsrechts der Bundesrepublik Deutschland, Bd. III, 3. Aufl. 2005, § 34 Rn. 26 ff.

des Parlaments begründet sich demokratisch; auch seine innere Struktur und sein Verfahren sind vom Demokratieprinzip bestimmt. Die parlamentarische Arbeit ist darauf angelegt, unterschiedliche Belange, widerstreitende Interessen und konfligierende Wünsche bei begrenzten Ressourcen zu einem Ausgleich zu bringen, um dadurch dem Volkswillen zu entsprechen und dem Gemeinwohl zu dienen.[9] Der einzelne Abgeordnete ist dabei seinem Gewissen unterworfen (Art. 38 Abs. 1 S. 2 GG).

Nicht nur aufgrund seiner demokratischen Legitimation, sondern gerade auch aufgrund seiner inneren Struktur und seiner Verfahrensweise erscheint das Parlament als dasjenige Staatsorgan, das in besonderer Weise befähigt ist, die hochkomplexen Relationierungen und Abwägungen vorzunehmen, die das Konzept der Nachhaltigkeit mit seiner gegenständlichen Drei-Säulen-Struktur (Ökonomie, Ökologie, Soziales) und seinen Ausgriffen in Raum und Zeit erfordert.[10] Soweit hier Wirkungszusammenhänge zu prognostizieren, Chancen zur Eröffnung neuer Freiheitsräume und zur Erschließung neuer Ressourcen einzuschätzen und auch wertende Vorrangentscheidungen und Kompromisse zu treffen sind, treten – nicht zuletzt im Angesicht der begrenzten Erkenntnisfähigkeit des Menschen – die demokratische Legitimation des Parlaments und seine Möglichkeiten zur informierten Deliberation in den Vordergrund. Kein anderes Staatsorgan verfügt über vergleichbare Voraussetzungen zur diesbezüglichen Entscheidungsfindung.[11]

Dies gilt gerade auch im Verhältnis zur Regierung. Sie verfügt zwar, unter Einbeziehung der ihr nachgeordneten Exekutive, über ein erhebliches Maß an Fachkenntnis und Erfahrung, auch in den nachhaltigkeitssensiblen Gegenstandsbereichen. Dessen ungeachtet bleibt aber entscheidend, dass der Grundsatz der Nachhaltigkeit eine Gesamtschau der Materien, Relationierungen, Einschätzungen und Prioritätensetzungen verlangt, wie sie nur vom Parlament geleistet werden können. Das Expertenwissen der Gubernative und der Exekutive fließt freilich umfassend und über unterschiedliche Kanäle in die Parlamentsarbeit ein, dies schon infolge der personellen Verschränkung von Regierung und Parlamentsmehrheit und im Einzelnen durch die in der Praxis dominanten Gesetzgebungsinitiativen der Regierung gemäß Art. 76 Abs. 1 GG.

---

[9] Zum Gemeinwohlbezug der repräsentativen Demokratie *P. Graf Kielmansegg*, Demokratische Legitimation, in: H. Kube et al. (Hrsg.), Leitgedanken des Rechts, Bd. 1, 2013, § 59 Rn. 18.

[10] *O. Lepsius*, Nachhaltigkeit und Parlament, in: W. Kahl (Hrsg.), Nachhaltigkeit als Verbundbegriff, 2008, S. 326 (336 ff.).

[11] Hinzu kommt, dass die Repräsentation des Volkswillens notwendig ein normatives Moment enthält, „also über die Sphäre des natürlich-empirischen Willens und der entsprechenden Willensdelegation hinausweist"; dazu *Böckenförde* (Fn. 8), § 34 Rn. 32; auch *P. Graf Kielmansegg* (Fn. 9), § 59 Rn. 11 f. („eigene normative Dignität"); zur entsprechenden „Entscheidungsverantwortung" des Parlaments *G. Krings*, Parlament, in: H. Kube et al. (Hrsg.), Leitgedanken des Rechts, Bd. 1, 2013, § 63 Rn. 7.

2. *Die besondere Zukunftsorientierung des abstrakt-generellen Gesetzes*

Zudem ist zu berücksichtigen, dass die originäre Handlungsform des Parlaments, das abstrakt-generelle Gesetz,[12] nachhaltige Zukunftsgestaltung in besonderer Weise ermöglicht, ja sogar auf die Nachhaltigkeit der Zukunftsgestaltung hindrängt. Schon aufgrund seiner Abstraktion ist das Gesetz immer zukunftsorientiert, verlangt also vom Normsetzer, das Kommende in den Blick zu nehmen, es in typisierenden Tatbeständen zu erfassen und diese Tatbestände – vorausschauend – mit passenden Rechtsfolgen zu verbinden, also für das Gemeinwohl in der Zukunft zu sorgen. Diese Gemeinwohlorientierung wird dadurch unterstützt, dass das abstrakte Gesetz in der Breite, für eine erwartete Vielzahl von Fällen wirkt, weshalb die Regelungen entsprechend tragfähig sein müssen. Und auch der regelmäßige Anspruch des Gesetzgebers, zeitlich unbegrenzt in die Zukunft auszugreifen, sollte ihn veranlassen, Regelungen zu treffen, die nicht in Abhängigkeit von konkreten, zeitbezogenen Umständen, insbesondere vom Vorhandensein bestimmter endlicher Ressourcen stehen, sondern die nachhaltig sind.

Die Allgemeinheit des Gesetzes begünstigt seine Gemeinwohlorientierung und seine Nachhaltigkeit ihrerseits.[13] Denn das Gesetz wird ohne Ansehen der Person, sondern auf einen jeden angewandt. Auch dies dient, jedenfalls in der Grundstruktur, dazu, individuelle, gemeinwohl- und nachhaltigkeitswidrige Begünstigungen auf Grundlage parlamentarischer Entscheidungen zu verhindern.

3. *Offenheit für neue, bessere Erkenntnis*

Was nachhaltig ist, unterliegt zwingend der Revision;[14] dies deshalb, weil sich neue naturwissenschaftliche Zusammenhänge auftun, neue Optionen infolge technischen Fortschritts ergeben oder aber neue Prioritäten in einer Gesellschaft gesetzt werden können. Auch diesem, im Rahmen des Grundsatzes der Nachhaltigkeit mit zu bedenkenden Revisionsbedarf trägt der Parlamentarismus und trägt auch die Handlungsform des parlamentarischen Gesetzes Rechnung. Das Parlament ist beauftragt, den aktuellen Volkswillen zu repräsentieren und dementsprechend vormalige Entscheidungen aus vergangenen Legislatur-

---

[12] Zum „Gesetz als Schaltstelle von demokratischer Legitimation und Herrschaft" *O. Lepsius*, Steuerungsdiskussion, Systemtheorie und Parlamentarismuskritik, 1999, S. 21 f. m. w. N.; zum Gesetz als „Eckstein des demokratischen Rechtsstaats" *Ossenbühl* (Fn. 7), § 100 Rn. 19 f.; zur demokratischen und auch rechtsstaatlichen „Garantiefunktion" des Gesetzes *P. Badura*, Die politische Willensbildung des Volkes in der parlamentarischen Demokratie, in: H. Kube et al. (Hrsg.), Leitgedanken des Rechts, Bd. 1, 2013, § 58 Rn. 6 ff.

[13] *H. Hofmann*, Das Postulat der Allgemeinheit des Gesetzes, in: C. Starck (Hrsg.), Die Allgemeinheit des Gesetzes, 1987, S. 9 ff.; *Ossenbühl* (Fn. 7), § 100 Rn. 11; *G. Kirchhof*, Die Allgemeinheit des Gesetzes, 2009, S. 95 ff.

[14] *Lepsius* (Fn. 10), S. 333 ff.

perioden oder selbst aus der laufenden Legislaturperiode abzuändern. Demokratie begründet einen Gestaltungsauftrag auf Zeit (Art. 20 Abs. 2 S. 2 GG). Nur dies ist mit der Freiheit zu vereinbaren. Die Form des Gesetzes ist hierfür offen, der lex posterior-Grundsatz unbestritten.

IV. Tatsächliche Defizite

1. Parlamentarismuskritik

Ungeachtet der parlaments- und normtheoretisch begründeten Eignung der parlamentarischen Demokratie, nachhaltige Gestaltungen hervorzubringen, ist der Einwand, es bestünden tatsächliche Defizite, ernst zu nehmen. In der Tat kann vor allem – dies erscheint im vorliegenden Zusammenhang zentral[15] – die zeitliche Begrenztheit der Legislaturperiode einen Anreiz setzen, kurzfristige Wohltaten auf Kosten der langfristigen Nachhaltigkeit auszureichen, um die Chancen für eine Wiederwahl zu erhöhen.[16] Die Neue Politische Ökonomie (*public choice theory)* hat hierzu wesentliche Erkenntnisse zutage gefördert.[17] Gegenständlich betroffen ist dabei an erster Stelle die staatliche Finanzwirtschaft (jahrzehntelang anwachsender Schuldenberg), aber auch die Umwelt (Verbrauch natürlicher Ressourcen) und das Soziale (Rentenerhöhungen im Umlagesystem, zumal im Angesicht des demographischen Wandels). Während Entscheidungen der parlamentarischen Abgeordneten in unmittelbar eigener Sache, insbesondere zur gesetzlichen Regelung der Abgeordnetenentschädigung, als problematisch erkannt und mittlerweile einer entsprechenden Kontrolle unterworfen sind,[18] steht das grundsätzliche Problem der auch eigennützigen Ausblendung von Zukunftsfolgen parlamentarischer Gestaltungen des Gemeinwesens unverändert im Raum.

---

[15] Parlamentarismuskritik ist freilich vielgestaltig und bewegt sich auf unterschiedlichen Ebenen. Zu der lang zurückreichenden historischen Genese in Deutschland *H. Boldt*, Parlamentarismustheorie. Bemerkungen zu ihrer Geschichte in Deutschland, Der Staat 19 (1980), S. 385 ff.

[16] Aus der deutschen Diskussion kritisch *P. Graf Kielmansegg*, Können Demokratien zukunftsverantwortlich handeln?, Merkur 57 (2003), S. 583 ff.; *Glaser* (Fn. 3), S. 265 ff.; *M. G. Schmidt*, Die Zukunft der Demokratie, ZParl 2006, S. 812 (819 f.); mit gleichem Ausgangsbefund, aber im Hinblick auf das Potential, nachhaltig zu handeln, etwas optimistischer („Kultivierung einer Langfristorientierung") *E. Göll*, Nachhaltigkeit als Herausforderung für Parlamente, ZParl 2004, S. 68 (73).

[17] *A. Downs*, An Economic Theory of Democracy, 1957; *M. Olson*, Die Logik des kollektiven Handelns, 5. Aufl. 2004; *G. Kirsch*, Neue Politische Ökonomie, 5. Aufl. 2004; mit einer institutionenökonomischen Analyse speziell zur Nachhaltigkeit *M. Leschke*, Nachhaltigkeit und Institutionen – eine wirtschaftswissenschaftliche Sicht, in: W. Kahl (Hrsg.), Nachhaltigkeit als Verbundbegriff, 2008, S. 296 ff.

[18] BVerfGE 40, 296; 102, 224.

Der immense Einfluss, den Parteien und Verbände auf das parlamentarisch-demokratische Regierungssystem nehmen, tritt erschwerend hinzu. Er führt zu Verkrustungen, die in Repräsentationsdefiziten münden. Auch diese verzerren die Entscheidungsfindung und können zu Ergebnissen führen, bei denen Partikular- und nicht Gemeinwohlinteressen im Mittelpunkt stehen. Nachhaltigkeit gerät auch hierdurch ins Hintertreffen.[19]

2. *Zur Methodologie*

Die Annahme derartiger Konsequenzen setzt methodologisch freilich eine objektive Fähigkeit zur Erkenntnis vorhandener oder aber fehlender Nachhaltigkeit voraus, deren Existenz weiter oben, bei der Begründung der besonderen Eignung des demokratisch legitimierten Parlaments, nachhaltige Entscheidungen zu treffen,[20] angezweifelt worden war. Doch ist kaum zu bestreiten, dass bestimmte Nachhaltigkeitsprobleme so offensichtlich sind, dass diese Evidenz die prinzipiell berechtigte Frage nach der Erkenntnisfähigkeit in den Hintergrund drängt. Dies gilt namentlich für die Staatsschulden. Während zur Begründung von Art. 115 GG a. F. noch vorgetragen worden war, kreditfinanzierte Investitionen des Staates würden typischerweise steuerliche oder auch andere Erträge in einem Umfang abwerfen, der es erlaubt, die aufgenommenen Kredite zurückzuführen (*deficit spending*),[21] ist inzwischen weitestgehend anerkannt, dass ein solches Kalkül in der Privatwirtschaft tragfähig sein mag, für den Staat, der Sicherheit zu gewährleisten, Infrastrukturen vorzuhalten, Bildung bereitzustellen und das sächliche Existenzminimum seiner Bürger zu finanzieren hat, aber nicht von Wert ist.[22]

Wenngleich über Manches bis heute zu streiten sein kann, sei es der weitere Einsatz der Atomenergie, der künftige Umgang mit der Gentechnologie oder auch die richtige, zukunftsweisende Ausformung der Sozialversicherungssysteme, wird man im Angesicht der evidenten Nachhaltigkeitsprobleme, vor allem im Bereich der – zumal europäisch eingebundenen – Staatsfinanzierung, kaum in Zweifel ziehen können, dass die parlamentarische Demokratie ohne weitere – auch selbstauferlegte – Einhegungen Nachhaltigkeit nicht durchgängig zu gewährleisten vermag.

---

[19] *W. Kahl/A. Glaser*, Die Nachhaltigkeitsfähigkeit der parlamentarischen Demokratie, in: K. Lange (Hrsg.), Nachhaltigkeit im Recht, 2003, S. 9 (14 ff.); *Glaser* (Fn. 3), S. 272 ff., 299 ff.

[20] Siehe oben III.1.

[21] So etwa *Kommission für die Finanzreform*, Gutachten über die Finanzreform in der Bundesrepublik Deutschland, 1966, Teil E, Rn. 472 ff. (Troeger-Gutachten); ausf. zu einzelnen Argumentationssträngen *W. Höfling*, Staatsschuldenrecht, 1993, S. 159 ff.; *H. Kube*, in: T. Maunz/G. Dürig (Begr.), GG, Art. 115 Rn. 34 ff. (Stand: Oktober 2009).

[22] Zur Neuausrichtung *Kube* (Fn. 21), Art. 115 Rn. 54 ff. (Stand: Oktober 2009) m. w. N.

V. Rechtliche Einhegungen

Dies lenkt den Blick auf bestehende oder mögliche rechtliche Bindungen der parlamentarischen Demokratie, die die Nachhaltigkeit von Entscheidungen begünstigen können. Eine gewisse, aber – wie auch die schon existierende Praxis zeigt – in ihren Auswirkungen deutlich begrenzte Rolle können dabei institutionelle Ergänzungen spielen.[23] Auch Elemente direkter Demokratie mögen förderlich wirken.[24] Im Folgenden soll der Schwerpunkt dagegen auf der Frage liegen, ob und inwieweit das Recht, insbesondere das Verfassungsrecht, zur Sicherung nachhaltiger parlamentarischer Entscheidungen fruchtbar gemacht werden kann.

1. Begrenzte Wirkung der Grundrechte

a) Strukturell angelegte Zukunftsgerichtetheit der objektivrechtlichen Schutzpflicht

Parlamentsbindende Normativität kann der Nachhaltigkeitsgrundsatz zunächst durch die Grundrechte gewinnen. Die Begründung eines grundrechtlichen Schutzes künftiger Freiheitsräume ist allerdings in mehrfacher Hinsicht anspruchsvoll.[25] Die heutige subjektive Grundrechtsberechtigung künftiger Generationen wird man – individuell oder kollektiv – kaum annehmen können. Damit bleibt es insoweit bei einer objektivrechtlichen, aus dem Wertordnungsgedanken abgeleiteten Pflicht des Staates, sich schützend vor die tatsächlichen Voraussetzungen der Freiheitsentfaltung zu stellen.[26] Betrachtet man die Struktur dieser Schutzpflicht näher, wird schnell deutlich, dass sie in jedem Fall zukunftsgerichtet ist;[27] im Verwaltungsrecht wäre von einer Verpflichtungskonstellation zu handeln. So spricht dogmatisch nichts dagegen, dem objektiv-

---

[23] Mit einem Überblick über bestehende „Nachhaltigkeitsinstitutionen" auf Parlaments- und auch Regierungsebene im Bund, einer verfassungsrechtlichen Prüfung und der Eröffnung weiterer diesbezüglicher Perspektiven *Kahl/Glaser* (Fn. 19), S. 17 ff.; auch *R. Schmidt*, Institutionen und Instrumente zur Sicherung von Nachhaltigkeit, in: Festschr. f. Luzius Wildhaber, 2007, S. 1085 ff.; *W. Kahl*, Nachhaltigkeit und Institutionen – eine rechtswissenschaftliche Sicht, in: ders. (Hrsg.), Nachhaltigkeit als Verbundbegriff, 2008, S. 267 (268 ff.).

[24] *Kahl/Glaser* (Fn. 19), S. 32 ff.; *Glaser* (Fn. 3), S. 365 ff.; kritisch demgegenüber *M. Kloepfer*, Die Notwendigkeit einer nachhaltigkeitsfähigen Demokratie, GAIA 1992, S. 253 (255); *Lepsius* (Fn. 10), S. 344; vgl. auch *F. Wittreck*, Nachhaltigkeit und direkte Demokratie (in diesem Band).

[25] Ausf. *M. Kleiber*, Der grundrechtliche Schutz künftiger Generationen, 2014; auch *A. Strack*, Intergenerationelle Gerechtigkeit, 2015.

[26] Zur diesbezüglichen Diskussion *Kleiber* (Fn. 25), S. 309 ff. m. w. N.

[27] *J. Isensee*, in: ders./P. Kirchhof (Hrsg.), Handbuch des Staatsrechts der Bundesrepublik Deutschland, Bd. IX, 3. Aufl. 2011, § 191 Rn. 263 ff. („Schutzpflicht als Aufgabe"); mit Blick auf den nachhaltigkeitsrelevanten Umweltschutz auch *C. Calliess*, Rechtsstaat und Umweltstaat, 2001.

grundrechtlichen Schutz nicht nur eine unmittelbar begehrte, sondern auch eine in der weiteren Zukunft liegende Freiheitsentfaltung zu unterstellen. Es fehlt dann lediglich an dem subjektiv-rechtlichen Reflex, der heute lebenden Grundrechtsträgern und in diesem Sinne Anspruchstellern zuerkannt wird.

b) Primärzuständigkeit des demokratisch legitimierten Gesetzgebers

Schutzpflichtverletzungen nimmt die Verfassungsdogmatik, mit Rücksicht auf Einschätzungs- und Abwägungsspielräume des Staates, aber zu Recht nur bei Offensichtlichkeit des fehlerhaften Unterlassens, insbesondere bei eindeutig drohenden irreversiblen Schäden, an.[28] Dieser Maßstab hat für den grundrechtlichen Schutz künftiger Freiheitsräume schon deshalb in besonderer Weise zu gelten, weil alle Prognosen der tatsächlichen weiteren Entwicklung, an die staatliche Maßnahmen anknüpfen könnten, mit spezifischen Unsicherheiten verbunden sind. Zudem ist der grundrechtliche Schutz künftiger Generationen mit den subjektiv-grundrechtlich geschützten Freiheitsansprüchen der gegenwärtigen Grundrechtsträger zum Ausgleich zu bringen. All dies verweist auf die primäre Kompetenz des demokratisch legitimierten Gesetzgebers, die grundrechtlich geschützten Freiheitsräume der künftigen Generationen nach eigener Einschätzung vorausschauend zu umhegen.[29] Äußere Grenzen mag man dieser Ausgestaltungsbefugnis dort ziehen, wo Freiheitsräume, die das Grundgesetz voraussetzt, evident und gänzlich verlorenzugehen drohen oder wo es der Gesetzgeber an der erforderlichen Sorgfalt bei der Ermittlung der tatsächlichen Grundlagen der betreffenden Entscheidungen mangeln lässt.[30]

2. Ausdrückliche inhaltliche Anforderungen, insbesondere die Schuldenbremse

Während die Grundrechte den Nachhaltigkeitsgedanken nur recht zurückhaltend mit normativer Kraft versehen und das Parlament in dieser Weise zu binden vermögen, gilt jedenfalls teilweise Anderes für die hinzutretenden ausdrücklichen verfassungsrechtlichen Verpflichtungen des Staates auf Nachhaltigkeit.[31]

---

[28] Besonders deutlich in BVerfGE 92, 26 (46); ausf. zum Ermessen *Isensee* (Fn. 27), § 191 Rn. 293 ff.

[29] *Isensee* (Fn. 27), § 191 Rn. 293.

[30] Zur Verfahrensdimension der grundrechtlichen Schutzpflicht BVerfGE 53, 30 (60 ff.).

[31] Die nachfolgende Darstellung konzentriert sich auf besonders wesentliche grundgesetzliche Gewährleistungen von Nachhaltigkeit; andere könnten ergänzt werden; siehe etwa *C. Gröpl*, Nachhaltiges Haushaltsrecht im Bundesstaat, in: W. Kahl (Hrsg.), Nachhaltige Finanzstrukturen im Bundesstaat, 2011, S. 125 (132 ff.), der insoweit auch zum Grundsatz der Wirtschaftlichkeit und Sparsamkeit (Art. 114 Abs. 2 S. 1 GG) und zu den rechtlichen Vorgaben zum öffentlichen Rechnungswesen (auf der Basis von Art. 109 Abs. 4 GG) Stellung nimmt.

a) Staatsziel Umweltschutz (Art. 20a GG)

Die 1994 in das Grundgesetz aufgenommene Staatszielbestimmung des Art. 20a GG verpflichtet den Staat und damit auch das gesetzgebende Parlament objektivrechtlich auf den Schutz der natürlichen Lebensgrundlagen und der Tiere, dies „auch in Verantwortung für die künftigen Generationen". So kraftvoll dieses im Nachgang zur deutschen Wiedervereinigung grundgesetzlich verankerte Bekenntnis – gerade auch zur nachhaltigen Bewirtschaftung der natürlichen Ressourcen[32] – formuliert ist, fügt es sich als Staatszielbestimmung doch in den umfangreichen Katalog der geschriebenen und ungeschriebenen verfassungskräftigen Gemeinwohlgüter ein, die der Gesetzgeber bei der Normsetzung zu berücksichtigen und im Einzelfall zu gewichten hat. Die Ausdrücklichkeit der Formulierung trifft sich hier mit einer auffällig kontrastierenden Schwäche der normativen Bindungswirkung.[33]

b) Verpflichtung auf das gesamtwirtschaftliche Gleichgewicht (Art. 109 Abs. 2 GG)

Auch die finanzverfassungsrechtliche Verpflichtung darauf, den Erfordernissen des gesamtwirtschaftlichen Gleichgewichts Rechnung zu tragen, von Beginn an in Art. 109 Abs. 2 GG festgeschrieben, drängt den parlamentarischen Gesetzgeber nur eingeschränkt zu einer nachhaltigen Ausgestaltung der Wirtschaft. Die Schwierigkeiten beginnen mit der näheren Bestimmung des diesbezüglichen Gleichgewichtsbegriffs. Wenngleich die in § 1 S. 2 des Stabilitäts- und Wachstumsgesetzes (StabG) vorgenommene Konkretisierung auf einer mittleren Ebene („magisches Viereck")[34] weitgehend anerkannt wird, bleibt es bei einer erheblichen, die Justiziabilität stark erschwerenden Offenheit der konkretisierenden Zielbegriffe,[35] bei der Frage nach der relativen Bedeutung der Teilziele im Verhältnis zueinander und schließlich bei der wiederum auf die Politik verweisenden Frage nach den geeigneten Maßnahmen, sollten einzelne Ist-Kennzahlen von den Soll-Kennzahlen abweichen.[36]

---

[32] *Glaser* (Fn. 3), S. 229 ff.; *K.-P. Sommermann*, in: I. von Münch/P. Kunig (Hrsg.), GG, Bd. 1, 6. Aufl. 2012, Art. 20a Rn. 25; *D. Murswiek*, in: M. Sachs (Hrsg.), GG, 7. Aufl. 2014, Art. 20a Rn. 38.

[33] So auch der Befund von *H. Bauer*, in: J. Isensee/P. Kirchhof (Hrsg.), Handbuch des Staatsrechts der Bundesrepublik Deutschland, Bd. I, 3. Aufl. 2003, § 14 Rn. 72; ebenso *W. Hoppe*, in: J. Isensee/P. Kirchhof (Hrsg.), Handbuch des Staatsrechts der Bundesrepublik Deutschland, Bd. IV, 3. Aufl. 2006, § 77 Rn. 85; dies wird eher gutgeheißen von *Sommermann* (Fn. 32), Art. 20a Rn. 53 („besonnen angewandt").

[34] § 1 S. 2 StabG: „Die Maßnahmen sind so zu treffen, daß sie im Rahmen der marktwirtschaftlichen Ordnung gleichzeitig zur Stabilität des Preisniveaus, zu einem hohen Beschäftigungsstand und außenwirtschaftlichem Gleichgewicht bei stetigem und angemessenem Wirtschaftswachstum beitragen."

[35] BVerfGE 79, 311 (343); 119, 96 (140).

[36] *Kube* (Fn. 21), Art. 109 Rn. 101 (Stand: Mai 2011).

c) Schuldenbremse (Art. 109 Abs. 3, Art. 115 Abs. 2 GG)

Bemerkenswert anders stellt sich demgegenüber die 2009 in das Grundgesetz aufgenommene Schuldenbremse dar, die den Ländern die strukturelle Nettoneuverschuldung ab 2020 vollständig untersagt und eine entsprechende Verschuldung des Bundes ab 2016 nur noch im Umfang von 0,35 Prozent des nominalen Bruttoinlandsprodukts zulässt (Art. 109 Abs. 3, Art. 115 Abs. 1, Art. 143d Abs. 1 GG). So schwerwiegend und eindeutig die wachsende Staatsverschuldung der letzten Jahrzehnte gegen den Nachhaltigkeitsgrundsatz verstoßen hat,[37] so konkret und durchgreifend stellt sich die neue Schuldenbremse der Staatsverschuldung verfassungsrechtlich entgegen. Die Umstände ihrer bemerkenswerten Einfügung in das Grundgesetz lehren, dass es leichter erscheint, nachhaltigkeitssichernde Bindungen oder auch Selbstbindungen durchzusetzen bzw. zu akzeptieren, wenn der Beginn der Bindungswirkung zeitlich aufgeschoben wird. Dies kann freilich wiederum auf die subjektive Interessenlage derjenigen zurückzuführen sein, die über die Regelung beschließen. Im Ergebnis kommt es aber gleichwohl zu einer Bindung, sobald die aufschiebende Frist abgelaufen ist. Die Vorgehensweise kann als Modell dafür dienen, wie sich das Gemeinwohlinteresse an Nachhaltigkeit mit dem Eigeninteresse der parlamentarischen Entscheidungsträger versöhnen lässt; dies allerdings nur dann, wenn die rechtliche Bindung, sobald sie eintritt, auch respektiert wird. Die große Bewährungsprobe für die Schuldenbremse, die sich als Lackmustest für die Rechtstreue und für eine neue Verantwortungskultur im Bereich des staatlichen Finanzwesens darstellt,[38] steht unmittelbar bevor.

Über die ausdrücklichen Verbotswirkungen der Schuldenbremse hinaus kommt im Übrigen – unter dem Gesichtspunkt der Nachhaltigkeit hoch relevant – in Betracht, den Regelungen in Art. 109 Abs. 3 und Art. 115 Abs. 2 GG eine Vorwirkung zuzuschreiben, die sich staatlichen Maßnahmen entgegenstellt, welche mit hinreichender Wahrscheinlichkeit zu einem Verstoß gegen die Schuldenbremse in der Zukunft führen.[39] Bestes Beispiel zur Veranschaulichung sind Gewährleistungsübernahmen in substantieller Höhe bei ebenso substantiellem Ausfallrisiko des Schuldners.[40] Ähnlich wie die objektivrechtliche Schutzwirkung der Grundrechte zeitlich früher anzusetzen sein kann, um eine effektive Grundrechtswahrnehmung nachfolgender Generationen zumindest in Kernbeständen zu gewährleisten, in diesem Sinne also spätere Grundrechtsverstöße aus-

---

[37] *Gröpl* (Fn. 31), S. 131; zur Entwicklung auch *E. Reimer*, Nachhaltigkeit durch Begrenzung der Staatsverschuldung – Bilanz und Perspektiven –, in: W. Kahl (Hrsg.), Nachhaltige Finanzstrukturen im Bundesstaat, 2011, S. 147 (148 ff.).

[38] *Kube* (Fn. 21), Art. 115 Rn. 246 ff. (Stand: Oktober 2009).

[39] So *H. Kube/E. Reimer*, Grenzen des Europäischen Stabilisierungsmechanismus, NJW 2010, S. 1911 (1915).

[40] Gewährleistungsübernahmen sind als solche nicht von Art. 109 Abs. 3 und Art. 115 Abs. 2 GG erfasst; siehe *H. Siekmann*, in: M. Sachs (Hrsg.), GG, 7. Aufl. 2014, Art. 115 Rn. 17.

zuschließen, kann es die verfassungsrechtliche Schuldenbremse bei einer auch an Sinn und Zweck orientierten Auslegung gebieten, Kausalverläufe, die voraussehbar in einem Verstoß gegen Art. 109 Abs. 3, Art. 115 Abs. 2 GG münden, schon in einem Zeitpunkt zu unterbinden, in dem dies noch möglich ist (Gedanke der actio libera in causa). Das Bundesverfassungsgericht hat genau dies seinerseits in seiner Rechtsprechung zu den Gewährleistungsübernahmen der Bundesrepublik Deutschland im Rahmen der Euro-Schuldenkrise implizit erwogen, letztlich aber dahinstehen lassen.[41] Freilich wird man eine Vorwirkung in diesem Zusammenhang nur dann und nur insoweit annehmen können, als der künftige Verstoß gegen die Schuldenbremse tatsächlich hinreichend wahrscheinlich ist.

3. *Demokratieimmanente Anforderungsgehalte*

Neben den grundrechtlichen und den sonstigen ausdrücklichen Anforderungen, die das Grundgesetz an die Nachhaltigkeit des parlamentarischen Handelns, insbesondere der parlamentarischen Gesetzgebung stellt, sind diesbezügliche demokratieimmanente Anforderungsgehalte in Betracht zu ziehen.

a) Keine Repräsentation eines künftigen Volkswillens

Nach Art. 20 Abs. 2 S. 1 GG geht alle Staatsgewalt vom Volke aus. Das Volk ist die Gesamtheit der heute lebenden Staatsangehörigen.[42] Dementsprechend repräsentiert der Bundestag den Willen der Gesamtheit der gegenwärtigen Staatsbürger. Dies spiegelt sich unmittelbar darin wider, dass ebenso wenig wie Verstorbene[43] nascituri wahlberechtigt sind. Eine demokratieimmanente Verpflichtung des Parlaments auf Nachhaltigkeit aus dem Gedanken der Repräsentation eines künftigen Volkswillens ableiten zu wollen, liegt also von vornherein fern. Vielmehr ist der Schutz der künftigen Generationen demokratietheoretisch im Grundsatz als Gemeinwohlanliegen des heutigen Gemeinwesens zu verstehen.

b) Sicherung der demokratischen Selbstgestaltungsfähigkeit des Verfassungsstaats

aa) Urteil des Bundesverfassungsgerichts zum Lissabon-Vertrag

Gleichwohl kann das Demokratieprinzip fruchtbar gemacht werden, um einen darüber hinausgehenden verbindlichen Auftrag des Staates zur Gewährleistung von Nachhaltigkeit zu begründen. In seinem Lissabon-Urteil identifiziert

---

[41] BVerfGE 129, 124 (182).

[42] BVerfGE 83, 37 (50 f.); 107, 59 (87); *B. Grzeszick*, in: T. Maunz/G. Dürig (Begr.), GG, Art. 20 II Rn. 79 (Stand: Januar 2010); *C. Seiler*, Staatsvolk, in: H. Kube et al. (Hrsg.), Leitgedanken des Rechts, Bd. 1, 2013, § 2 Rn. 7 ff.; *M. Sachs*, in: ders. (Hrsg.), GG, 7. Aufl. 2014, Art. 20 Rn. 28 („Aktivbürgerschaft").

[43] So ist die Berücksichtigung der Stimmen mittlerweile verstorbener Briefwähler (§ 39 Abs. 5 BWahlG) ein verfassungsrechtliches Problem.

das Bundesverfassungsgericht verschiedene Gegenstandsbereiche, die – „seit jeher" – „als besonders sensibel für die demokratische Selbstgestaltungsfähigkeit eines Verfassungsstaates gelten"[44]. Es sind dies die „Entscheidungen über das materielle und formelle Strafrecht", „die Verfügung über das Gewaltmonopol polizeilich nach innen und militärisch nach außen", „die fiskalischen Grundentscheidungen über Einnahmen und – gerade auch sozialpolitisch motivierte – Ausgaben der öffentlichen Hand", „die sozialstaatliche Gestaltung von Lebensverhältnissen" sowie „kulturell besonders bedeutsame Entscheidungen etwa im Familienrecht, Schul- und Bildungssystem oder über den Umgang mit religiösen Gemeinschaften"[45]. Das Bundesverfassungsgericht umgrenzt diesen Gegenstandskatalog im Angesicht der Frage, welche äußeren Grenzen die durch Art. 23 Abs. 1 S. 3 GG in Bezug genommene Identitätsgarantie des Art. 79 Abs. 3 GG der Mitwirkung der Bundesrepublik Deutschland bei der Entwicklung der Europäischen Union (Art. 23 Abs. 1 S. 1 GG) setzt. Das Gericht leitet aus dem durch Art. 79 Abs. 3 GG absolut geschützten Demokratieprinzip mithin das Schutzgut der demokratischen Selbstgestaltungsfähigkeit ab, derer sich der Staat durch die Übertragung von Hoheitsgewalt auf die Europäische Union, die sodann mit Anwendungsvorrang ausgestattetes Recht zu setzen vermag, nicht selbst entledigen darf. Freilich ist die Idee der Selbstgestaltungsfähigkeit, wie das Bundesverfassungsgericht im Begriff der Integrationsverantwortung verdeutlicht,[46] offen für die europäische Einbindung und Abstimmung, so dass sich der Katalog der genannten Gegenstandsbereiche nicht als negatives Integrationsprogramm versteht.[47] Gleichwohl und umso mehr konstituiert die Garantie der demokratischen Selbstgestaltungsfähigkeit einen Legitimationsvorbehalt, der auch in Zukunft „lebendige Demokratie"[48] im Zuge einer dynamischen Vergemeinschaftung schützt.[49]

bb) Konkretisierung für den Bereich der Budgethoheit

In seinen Entscheidungen zur Euro-Schuldenkrise hatte das Bundesverfassungsgericht Gelegenheit, die demokratische Selbstgestaltungsfähigkeit des Verfassungsstaates, die für die konstituierte Staatsgewalt ebenso unverfügbar ist wie der Bestand des Staates selbst,[50] für den Bereich der Budgethoheit näher

---

[44] BVerfGE 123, 267 (359).
[45] BVerfGE 123, 267 (359).
[46] BVerfGE 123, 267 (356).
[47] So auch *U. Hufeld*, in: J. Isensee/P. Kirchhof (Hrsg.), Handbuch des Staatsrechts der Bundesrepublik Deutschland, Bd. X, 3. Aufl. 2012, § 215 Rn. 49.
[48] BVerfGE 89, 155 (186); 123, 267 (406).
[49] *Hufeld* (Fn. 47), § 215 Rn. 49.
[50] Die Interpretation von Art. 79 Abs. 3 GG (Verfassungsidentität) im Urteil des Bundesverfassungsgerichts zum Lissabon-Vertrag ist entsprechend zweigleisig angelegt.

auszuleuchten.[51] In Ansehung möglicher Gewährleistungsübernahmen zugunsten anderer Euro-Staaten führte das Bundesverfassungsgericht aus, dass der Bundestag – um der Sicherung der demokratischen Selbstgestaltungsfähigkeit willen – „einem intergouvernemental oder supranational vereinbarten, nicht an strikte Vorgaben gebundenen und in seinen Auswirkungen nicht begrenzten Bürgschafts- oder Leistungsautomatismus nicht zustimmen darf, der – einmal in Gang gesetzt – seiner Kontrolle und Einwirkung entzogen ist. Würde der Bundestag in erheblichem Umfang zu Gewährleistungsübernahmen pauschal ermächtigen, könnten fiskalische Dispositionen anderer Mitgliedstaaten zu irreversiblen, unter Umständen massiven Einschränkungen der nationalen politischen Gestaltungsräume führen. Daher dürfen keine dauerhaften völkervertragsrechtlichen Mechanismen begründet werden, die auf eine Haftungsübernahme für Willensentscheidungen anderer Staaten hinauslaufen, vor allem wenn sie mit schwer kalkulierbaren Folgewirkungen verbunden sind. Jede ausgabenwirksame solidarische Hilfsmaßnahme des Bundes größeren Umfangs im internationalen oder unionalen Bereich muss vom Bundestag im Einzelnen bewilligt werden."[52] In der Höhe begrenzt die Unverfügbarkeit der demokratischen Selbstgestaltungsfähigkeit staatliche Gewährleistungsübernahmen nur, so das Bundesverfassungsgericht weiter, nach Maßgabe von Evidenz und mit Rücksicht auf eine Einschätzungsprärogative des Bundestages bei der Beurteilung von Ausfallrisiken wie auch der Tragfähigkeit künftiger Bundeshaushalte. Nur eine „evidente Überschreitung von äußersten Grenzen" könne gegen Art. 79 Abs. 3 GG verstoßen.[53]

cc) Übertragung auf Fragen der Nachhaltigkeit

Wenngleich diese Rechtsprechungslinien in Anbetracht der europäischen Integration entwickelt worden sind, also in Anbetracht der Frage nach der Zulässigkeit der Übertragung von Hoheitsgewalt, sei es im EU-rechtlichen oder im

---

[51] Der im Urteil zum Lissabon-Vertrag aus Art. 23 Abs. 1 S. 3 i. V. m. Art. 79 Abs. 3 GG hergeleitete, die europäische Integration betreffende Maßstab wurde dabei auf Situationen intergouvernementalen Handelns übertragen; im Ausgangspunkt stehen hier Art. 20 Abs. 1 und 2 GG i. V. m. Art. 79 Abs. 3 GG; auch dort, wo kein Anwendungsvorrang des EU-Rechts zu erwarten und nicht auf das Integrationsziel Rücksicht zu nehmen ist, geht das Bundesverfassungsgericht also von den im Urteil zum Lissabon-Vertrag entfalteten, ggf. über Art. 38 Abs. 1 GG geltend zu machenden Sicherungen der demokratischen Selbstgestaltungsfähigkeit aus. Für diese Linie spricht freilich ein entsprechend weites Verständnis der europäischen Integration im Sinne von Art. 23 Abs. 1 S. 1 GG; dazu BVerfGE 131, 152.

[52] BVerfGE 129, 124 (180); auch BVerfGE 130, 318 (344); 132, 195 (241); 134, 366 (418); 135, 317 (402).

[53] BVerfGE 129, 124 (182); ebenso BVerfGE 132, 195 (242); 135, 317 (405) („wenn sich die Zahlungsverpflichtungen und Haftungszusagen im Eintrittsfall so auswirkten, dass die Haushaltsautonomie jedenfalls für einen nennenswerten Zeitraum nicht nur eingeschränkt würde, sondern praktisch vollständig leerliefe").

intergouvernementalen Modus, erscheinen die Aussagen des Bundesverfassungsgerichts zu den unverfügbaren Voraussetzungen künftiger lebendiger Demokratie doch verallgemeinerungsfähig und insbesondere auf den Zusammenhang der Nachhaltigkeit des Staatshandelns übertragbar. Denn hier wie dort geht es um dynamische Prozesse in der Zeit, im Zuge derer demokratische Entscheidungsspielräume tatsächlich oder zumindest potentiell verloren gehen. Die Übertragung von Budgetgewalt auf die Europäische Union ist unter diesem Gesichtspunkt mit der Zukunftsbelastung durch Finanzierungszinsen unmittelbar vergleichbar.

Im Mittelpunkt der Erwägungen des Bundesverfassungsgerichts steht insofern die allgemeine Aussage, dass dem Gemeinwesen auch in Zukunft noch diejenigen essentiellen Spielräume offenstehen müssen, die für eine tatsächliche Entfaltung demokratischer Freiheit, für politische Selbstgestaltung, unabdingbar sind. Dies setzt den heutigen Staat in die Verantwortung, für die Sicherung der tatsächlichen Voraussetzungen künftiger lebendiger Demokratie Sorge zu tragen.

dd) Erträge

In der Grundstruktur ähnelt diese aus dem unverfügbaren Demokratieprinzip abgeleitete Verantwortung des Staates für die tatsächlichen Voraussetzungen künftiger politischer Freiheit[54] der ebenfalls zukunftsgerichteten, auf die Grundrechte gestützten staatlichen Schutzpflicht für die tatsächlichen Freiheitsvoraussetzungen im privaten Bereich.[55] Hier wie dort verlangt das Bundesverfassungsgericht, sicherlich zu Recht, Evidenz, um die Verfassungswidrigkeit des gegenwärtigen Handelns zu begründen. Hier wie dort verweist das Gericht auf die Einschätzungsprärogative des Gesetzgebers, der die – mitunter schwer zu beurteilende – Wahrscheinlichkeit künftiger, zumal irreversibler Verluste von Freiheitsräumen zu konkretisieren hat.[56]

---

[54] Zum Nebeneinander politischer und privater Freiheit unter dem Grundgesetz *J. Isensee*, Grundrechte und Demokratie, 1981; *C. Starck*, in: J. Isensee/P. Kirchhof (Hrsg.), Handbuch des Staatsrechts der Bundesrepublik Deutschland, Bd. III, 3. Aufl. 2005, § 33; *H. Kube*, Grundrechte und Demokratie, in: ders. et al. (Hrsg.), Leitgedanken des Rechts, Bd. 1, 2013, § 17.

[55] Siehe dazu oben V.1.a).

[56] Siehe diesbezüglich aus der Rechtsprechung zur Euro-Schuldenkrise BVerfGE 135, 317 (404 f.) („Dabei ist es in erster Linie Sache des Gesetzgebers, abzuwägen, ob und in welchem Umfang zur Erhaltung demokratischer Gestaltungs- und Entscheidungsspielräume auch für die Zukunft Bindungen in Bezug auf das Ausgabeverhalten geboten und deshalb – spiegelbildlich – eine Verringerung des Gestaltungs- und Entscheidungsspielraums in der Gegenwart hinzunehmen ist. Das Bundesverfassungsgericht kann sich hier nicht mit eigener Sachkompetenz an die Stelle der dazu zuvörderst berufenen Gesetzgebungskörperschaften setzen ... Es hat jedoch sicherzustellen, dass der demokratische Prozess offen bleibt, aufgrund anderer Mehrheitsentscheidungen rechtliche Umwertungen erfolgen können ... und eine irreversible rechtliche Präjudizierung künftiger Generationen vermieden wird ..."); ähnlich schon BVerfGE 129, 124 (183) und BVerfGE 132, 195 (246 f.).

Im Ergebnis bedeutet dies, dass es dem Parlament verfassungsrechtlich untersagt ist, wesentliche Entfaltungsräume demokratischer Selbstgestaltung, also politischer Freiheit, heute so evident und vorhersehbar zu verstellen, dass sie in Zukunft nicht mehr genutzt werden können. Ebenso wie für den privaten Bereich fällt jedoch auch für den demokratisch-politischen Bereich jede weitere gegenständliche Konkretisierung von vornherein schwer. Der Gegenstandskatalog aus dem Lissabon-Urteil mag als indizgebend heranzuziehen sein. Doch ist zu berücksichtigen, dass er sich inhaltlich gerade auch durch die Frontstellung zur Europäischen Union begründet und die Bereiche, die bei abstrakter Betrachtung als für die künftige demokratische Selbstgestaltung unabdingbar erscheinen, nicht zwingend akkurat erfasst. Im Ergebnis ist deshalb eigenständig zu bestimmen, auf welche Voraussetzungen politischer Freiheitsentfaltung, auf welche politischen Gestaltungsräume das Gemeinwesen auch in Zukunft nicht verzichten kann. Diese Voraussetzungen werden mit den objektiv-grundrechtlich zu schützenden Voraussetzungen künftiger privater Freiheitsentfaltung teilidentisch, aber keineswegs deckungsgleich sein. Denn der demokratische Gestaltungsanspruch, vor allem des Gesetzgebers, kann weiter reichen, als allein die Essentialia grundrechtlicher Freiheit zu sichern.[57]

In der intertemporalen Dimension gilt hier im Übrigen auch mit Blick auf die erforderliche Abwägung mit den Rechten der gegenwärtigen Generation Gleiches wie im grundrechtlichen Bereich. Wenn das heutige Gemeinwesen in einem demokratischen Verfahren Entscheidungen trifft, die in die Zukunft wirken, dann werden auch damit demokratische Selbstgestaltungsrechte ausgeübt. Dies unterstreicht den Befund, dass sich die Gewährleistung der künftigen Selbstgestaltungsfähigkeit auf eng umgrenzte, essentielle Gestaltungsvoraussetzungen beschränken muss.

Und schließlich gilt auch im Bereich der politischen Freiheit, dass die gegenwärtige Freiheitsausübung nicht nur Pfadabhängigkeiten schafft, Ressourcen verbraucht und Freiheitsräume verengt, sondern dass sich durch die gemeinwohlorientierten, gewissensgestützten Entscheidungen des heutigen Parlaments auch neue Chancen und Freiheitsräume ergeben können, von denen wir heute noch nichts ahnen können.

---

[57] *J. Isensee*, in: ders./P. Kirchhof (Hrsg.), Handbuch des Staatsrechts der Bundesrepublik Deutschland, Bd. IV, 3. Aufl. 2006, § 71 Rn. 82 benennt dementsprechend eine ganze Reihe auch ideeller Ressourcen des Gemeinwesens, für die Zukunftsverantwortung besteht; so die „Aneignung, Mehrung und Weitergabe des kulturellen Erbes, nicht zuletzt der Sprache, die Wahrung des Bildungsniveaus, des Wissens und der technischen Errungenschaften, Tradierung der Institutionen des Staates und der Rechtsordnung"; *Isensee* schlägt hier im Übrigen eine Brücke zum Verfassungsauftrag (Staatsziel) der „Selbstbehauptung" (Rn. 83), auf den auch das Bundesverfassungsgericht bei der Interpretation von Art. 79 Abs. 3 GG im Urteil zum Lissabon-Vertrag rekurriert (keine Disponibilität der deutschen Staatlichkeit für die konstituierte Staatsgewalt).

So bleiben nur wenige Bereiche, in denen sich tatsächlich absehen lässt, dass Gegenwartsentscheidungen Zukunftsfolgen haben, die – auch in Abwägung mit den Selbstgestaltungsansprüchen der heutigen Generation und unter Berücksichtigung sich künftig eröffnender neuer Chancen – als verfassungsrechtlich, nach Maßgabe des Demokratieprinzips, nicht hinnehmbar erscheinen. Eine solche Entscheidung wäre etwa die Entscheidung für eine weitere, massive Ausweitung der Staatsverschuldung, die – zumal angesichts des heute noch sehr niedrigen Zinsniveaus – zu einer weiteren Erhöhung der Zinsbelastung künftiger Haushalte bei gleichzeitig steigenden Kosten aufgrund des demographischen Wandels führen würde. Der fremdfinanzierte Selbstgestaltungsanspruch der heutigen Generation könnte die Schwere des künftigen Verlusts demokratischer Freiheit nicht aufwiegen. Und dass sich aus struktureller Staatsverschuldung keine neuen Freiheitschancen ergeben, ist mittlerweile allgemein anerkannt.

Erkenntnisförderlich wirkt die Rechtsprechung des Bundesverfassungsgerichts zur Unverfügbarkeit demokratischer Selbstgestaltungsfähigkeit schließlich auch insoweit, als das Gericht auf die Bedeutung einzelfallbezogener Parlamentsentscheidungen für zukunftswirksame Maßnahmen hinweist.[58] Anders formuliert lässt das Gericht die tatsächliche oder potentielle Verringerung von Handlungsoptionen in der Zukunft umso eher zu, je bestimmter und ausdrücklicher das Parlament das betreffende Risiko geprüft hat und bewusst eingegangen ist.[59] Auch dies wird man verallgemeinern können. Wiederum ergibt sich eine gewisse Parallele zur grundrechtlichen Dogmatik: Auch intensive, gegenwärtige oder künftige Verkürzungen der privaten Freiheit erfordern eine entsprechend bestimmte und bewusste parlamentarische Vorzeichnung. An Grenzen stößt der Vorbehalt der parlamentarischen, legitimationsstiftenden Einzelfallzustimmung freilich dort, wo – auch in der Struktur der Funktionengliederung – die Grenzen der Leistungsfähigkeit des Parlaments erreicht werden.[60] Ein Parlament ist in seiner Organisation und seinem Verfahren auf den Diskurs über die allgemeinen Maßstäbe des Gemeinwohls und auf den Erlass entsprechender Gesetze ausgerichtet, nicht aber darauf, kurzfristige Entscheidungen aufgrund von Sachverhaltssubsumtionen in konkreten Fällen zu treffen.[61] Hier wird der Verantwortungsbereich der Exekutive berührt. Das Instrument der Zustimmung im Einzelfall steht dem Parlament deshalb zur ergänzenden Legitimation zukunftsbelastender Gestaltungen nur eingeschränkt zur Verfügung.

---

[58] Siehe oben V.3.b)bb).

[59] Im Raum steht damit, ähnlich wie im Bereich der Auslandseinsätze der Bundeswehr (BVerfGE 90, 286), ein Parlamentsvorbehalt, der nicht Gesetzesvorbehalt ist.

[60] Zum Gebot organ- und funktionsadäquater Aufgabenzuordnung in diesem Zusammenhang *H. Kube*, Nationale Budgethoheit und Europäische Integration, AöR 137 (2012), S. 205 (218 ff.).

[61] In diesem Licht kann auch die Entscheidung des Bundesverfassungsgerichts zur Einrichtung des so genannten „Neunergremiums" aus Mitgliedern des Haushaltsausschusses gelesen werden; BVerfGE 130, 318.

4. Verfassungsrechtlich angelegte, nachhaltigkeitsstützende Regelungstechniken

Nachhaltigkeitsstützend können schließlich auch bestimmte Regelungstechniken des Parlaments wirken. Diese eröffnet das Verfassungsrecht gerade im Bereich des nachhaltigkeitssensiblen Finanzrechts.

a) Grundsätzegesetzgebung

Art. 109 Abs. 4 GG, der ursprünglich als Art. 109 Abs. 3 GG im Zuge der Haushaltsrechtsreform 1967/69 in das Grundgesetz eingefügt worden war, ermächtigt den Bundesgesetzgeber, durch zustimmungsbedürftiges Bundesgesetz für Bund und Länder gemeinsam geltende Grundsätze für das Haushaltsrecht, für eine konjunkturgerechte Haushaltswirtschaft und für eine mehrjährige Finanzplanung aufzustellen. Die Ausgestaltung dieser Ermächtigung stand im Zusammenhang mit der Ausrichtung der staatlichen Finanzwirtschaft auf das gesamtwirtschaftliche Gleichgewicht (Art. 109 Abs. 2 GG)[62] und zielte auch darauf, die Einführung einer neuen, in Bund und Ländern einheitlichen Haushaltssystematik zu ermöglichen.[63] Auf Grundlage der verfassungsrechtlichen Ermächtigung wurden das Stabilitäts- und Wachstumsgesetz (StabG) und das Haushaltsgrundsätzegesetz (HGrG) erlassen, denen unmittelbar aufgrund von Art. 109 Abs. 4 GG[64] Vorrang vor zeitlich nachgehenden, einfachen Parlamentsgesetzen des Bundes und der Länder zukommt. Vorbehaltlich einer Änderung des Grundsätzerechts (mit Zustimmung des Bundesrates) führt die Grundsätzegesetzgebung also zu einer Selbstbindung des Parlaments in die Zukunft hinein. Die Zukunftsorientierung der Grundsätzegesetze und die einhergehende Verlässlichkeit, die aus der Selbstbindung folgt, können gerade im geregelten Sachbereich stabilisierend wirken und dem Gemeinwohl dienen. Die Grundsätzegesetze setzen Maßstäbe und sehen Verfahren vor, die eine längerfristige Orientierung ermöglichen. Sie verhindern, dass kurzfristig auftretende Finanzierungsbedarfe und Interessenlagen längerfristig bestimmend werden. Und sie gewährleisten auch eine sachlich gebotene Kontinuität in der Methodik der Haushaltsplanung und -bewirtschaftung. All dies dient der Nachhaltigkeit.

Zugleich führen Zukunftsorientierung und Selbstbindung auch hier zu einer Entlastung des Parlaments, die schon im Zusammenhang mit der Schuldenbremse angesprochen worden war.[65] Die Regelungen betreffen weniger aktuelle als vielmehr künftige Interessen. Das künftige Parlament kann zugleich auf die

---

[62] Siehe oben V.2.b).

[63] Dazu *Kube* (Fn. 21), Art. 109 Rn. 18 f. (Stand: Mai 2011) m. w. N.

[64] Die Vorrangwirkung ist allgemein anerkannt, wird aber unterschiedlich begründet; siehe zur Vorrangwirkung aufgrund von Art. 109 Abs. 4 GG *Kube* (Fn. 21), Art. 109 Rn. 239 ff. (Stand: Mai 2011), dort auch zu den alternativen Begründungsansätzen (Zustimmungsbedürftigkeit des Grundsätzegesetzes [vertragsähnlicher Charakter], Rekurs auf Art. 31 GG etc.).

[65] Siehe oben V.2.c).

schon bestehende Selbstbindung verweisen. Wenngleich an dieser Stelle freilich die Fähigkeit zur demokratischen Selbstgestaltung verkürzt ist, ist diese Verkürzung doch verfassungsrechtlich angelegt und gerade mit dem Ziel, Nachhaltigkeit zu fördern, begründet. Im Übrigen wird die Selbstgestaltungsfähigkeit nur insoweit beschnitten, als der eine Grundsätzeänderung anstrebende Bundestag der Zustimmung des Bundesrates bedarf.

b) Maßstäbegesetzgebung

Ähnlich strukturiert stellt sich die im grundgesetzlichen Finanzausgleichsrecht angelegte Maßstäbegesetzgebung nach dem Bild des Bundesverfassungsgerichts dar. In einem Urteil aus dem Jahr 1999 hat das Bundesverfassungsgericht den Bestimmungen der Art. 106 und Art. 107 GG einen gestuften Gesetzgebungsauftrag zur Neuausgestaltung des bundesstaatlichen Finanzausgleichsrechts entnommen.[66] Auf einer ersten, mittleren Normierungsebene seien die abstrakten Verteilungskriterien in ein Maßstäbegesetz zu fassen, die sodann, auf einer zweiten Ebene, in einem detailgenauen Finanzausgleichsgesetz näher zu konkretisieren seien. Im Hintergrund stand das verfassungsrechtlich abgestützte Bestreben des Gerichts, die Neuordnung des bundesstaatlichen Finanzausgleichs dem freien Aushandeln der Beteiligten zu entziehen und dadurch Gemeinwohlorientierung und Nachhaltigkeit[67] zu sichern. Formal ist der Gesetzgeber diesem gestuften Auftrag mit dem Erlass des Maßstäbegesetzes von September 2001 und einem darauf beruhenden, im Dezember 2001 erlassenen Finanzausgleichsgesetz zwar gefolgt. In der Sache scheinen die Beteiligten gleichwohl von vornherein die Belastungswirkungen für die je eigene Gebietskörperschaft mitbedacht zu haben.

Ungeachtet des praktisch unbefriedigenden Ergebnisses in der konkreten Gesetzgebungssituation des Jahres 2001 zeigt auch das Maßstäbegesetz, dass die zeitliche Streckung von Normerlass und (Selbst-)Bindungswirkung ein Weg zur Durchsetzung nachhaltiger Regelungen sein kann. Der normierende Gesetzgeber handelt mit eingeschränkter Selbstbetroffenheit, vielleicht sogar hinter

---

[66] BVerfGE 101, 158 (214 ff.); zustimmend *C. Degenhart*, Maßstabsbildung und Selbstbindung des Gesetzgebers als Postulat der Finanzverfassung des Grundgesetzes, ZG 2000, S. 79 ff.; *P. M. Huber*, in: H. von Mangoldt/F. Klein/C. Starck (Hrsg.), GG, Bd. 3, 5. Aufl. 2005, Art. 107 Rn. 46 ff.; *A. Jung*, Maßstäbegerechtigkeit im Länderfinanzausgleich, 2008, S. 167 ff.; *A. Hanebeck*, Zurückhaltung und Maßstäbegesetz. Das Urteil des BVerfG zum Länderfinanzausgleich, KJ 33 (2000), S. 262 ff.; kritisch *B. Pieroth*, Die Missachtung gesetzter Maßstäbe durch das Maßstäbegesetz, NJW 2000, S. 1086 ff.; *J. Wieland*, Das Konzept eines Maßstäbegesetzes zum Finanzausgleich, DVBl. 2000, S. 1310 ff.; *S. Korioth*, Maßstabsgesetzgebung im bundesstaatlichen Finanzausgleich – Abschied von der „rein interessenbestimmten Verständigung über Geldsummen"?, ZG 2002, S. 335 (352 f.).

[67] Zum Nachhaltigkeitsbezug des bundesstaatlichen Finanzausgleichsrechts *S. Korioth*, Nachhaltigkeit und Finanzausgleich, in: W. Kahl (Hrsg.), Nachhaltige Finanzstrukturen im Bundesstaat, 2011, S. 188 (199 ff.).

einem Schleier des Nichtwissens (*veil of ignorance*),[68] was die Ausgestaltung erleichtert und auf das Gemeinwohl ausrichtet. Der betroffene Amtsträger kann sich auf die schon bestehende Bindungswirkung berufen und dadurch seinerseits entlasten. Es bleibt der Befund der Verkürzung künftiger Selbstgestaltungsräume. Doch wird diese Verkürzung, jedenfalls nach bestem Wissen und Gewissen der Handelnden, durch die Gemeinwohlförderlichkeit und Nachhaltigkeit der Regelung legitimiert.

Jede mit Bindungswirkung oder auch gesteigerter Bindungswirkung ausgestattete abstrakt-generelle Regelung greift in die Zukunft aus und beansprucht, sie mitzubestimmen.[69] Alle Normen grenzen künftige Entscheidungsspielräume, künftige Gestaltungsvarianten ein. Erscheint eine Materie in besonderer Weise nachhaltigkeitsrelevant (Finanzmittel, natürliche Ressourcen etc.), kommt nach alldem eine Regelung mit gesteigerter Bindungswirkung in Betracht, die den möglichen *moral hazards* der Akteure in den verschiedenen maßgeblichen Zeitpunkten entgegenwirkt.

VI. Fazit

Der Grundsatz der Nachhaltigen Entwicklung verlangt in seiner gegenständlichen Mehrdimensionalität (Ökonomie, Ökologie, Soziales) und seinen Ausgriffen in Raum und Zeit höchst komplexe, vielfältige Prognosen, Einschätzungen und Abwägungen implizierende Gestaltungsentscheidungen. Auch im Angesicht grundsätzlicher erkenntnistheoretischer Einsichten ist es in der parlamentarischen Demokratie im Kern Aufgabe des Parlaments, die entsprechenden Entscheidungen zu treffen. Adäquate Sachkenntnis ist dabei gerade auch durch die personelle Verschränkung von Regierung und Parlamentsmehrheit und durch die Gesetzesinitiativen der Regierung gewährleistet. Die originäre Handlungsform des Parlaments, das abstrakt-generelle Gesetz, ist zugleich in besonderer Weise geeignet, nachhaltig in die Zukunft zu wirken. Im Übrigen sind das parlamentarische Verfahren und die Handlungsform des Gesetzes offen für Revision; auch diese Offenheit ist im Rahmen einer anspruchsvollen Nachhaltigkeitskonzeption unerlässlich.

In der politischen Praxis sind gleichwohl Schwächen zu erkennen. Die Neue Politische Ökonomie hat klar vor Augen geführt, dass die Entscheidungen der Abgeordneten, zumal der Regierungsmehrheit, nicht zuletzt von deren Interesse an der eigenen Wiederwahl geprägt sind und deshalb kurzfristige Wohltaten durchaus auf Kosten langfristig nachhaltiger Lösungen ausgereicht werden.

---

[68] Mit diesem Gedanken BVerfGE 101, 158 (218) unter ausdrücklichem Verweis auf *John Rawls*.

[69] Siehe schon oben III.2.

Partei- und verbändestaatliche Verkrustungen führen ihrerseits dazu, dass kurzfristige Partikularinteressen zulasten langfristiger Gemeinwohlanliegen bedient werden.

Verschiedene Formen der Einhegung sind denkbar. Neben nachhaltigkeitsorientierten Ergänzungen im Institutionengefüge und neuen Elementen direkter Demokratie kommt dabei in Betracht, auch das Recht, insbesondere das Verfassungsrecht, zur Sicherung nachhaltigen parlamentarischen Gestaltens fruchtbar zu machen. So ist die auf den Wertordnungsgedanken gestützte, objektivrechtliche Schutzpflichtdimension der Grundrechte schon in ihrer Grundstruktur zukunftsorientiert; auch die Freiheitsanliegen künftiger, subjektivrechtlich noch nicht berechtigter Generationen erscheinen daher, was der parlamentarische Gesetzgeber zu beachten hat, über die Grundrechte geschützt. Dieser Schutz wird sich allerdings nur auf essentielle Kernvoraussetzungen künftiger Freiheitsentfaltung beziehen und lediglich offensichtlichen, gerade irreversiblen Schutzgutverletzungen entgegenstellen können. Dem aus der geläufigen Schutzpflichtdogmatik bekannten Einschätzungsspielraum des Gesetzgebers, beispielsweise hinsichtlich der Größe von Handlungsrisiken, kommt hier besondere Bedeutung zu. Zudem sind die objektiv-grundrechtlich in den Blick gelangenden Freiheitsinteressen der künftigen Generationen mit den subjektiv-grundrechtlich geschützten, potentiell gegenläufigen Freiheitsinteressen der lebenden Grundrechtsträger zum Ausgleich zu bringen.

Nachhaltigkeitssichernde, vom parlamentarischen Gesetzgeber zu beachtende Gehalte haben darüber hinaus eine ganze Reihe ausdrücklicher Einzelnormen des Grundgesetzes. Die Staatszielbestimmung Umweltschutz (Art. 20a GG) ist dabei besonders explizit gefasst, zugleich aber – als abstrakte, ihrerseits objektivrechtlich strukturierte Abwägungsnorm – in der bisherigen Praxis auffällig wirkungsschwach geblieben. Art. 109 Abs. 2 GG verpflichtet den Staat, den Erfordernissen des gesamtwirtschaftlichen Gleichgewichts Rechnung zu tragen. Auch diese Norm hat, angesichts ihres Abstraktionsgrades, kaum nachweisbar auf die Nachhaltigkeitsorientierung staatlicher Ordnungs-, Lenkungs- und Bewirtschaftungsmaßnahmen hinwirken können. Ganz anders, sehr konkret und wirkungsstark, stellt sich demgegenüber die 2009 in das Grundgesetz aufgenommene, an Bund und Länder adressierte Schuldenbremse dar (Art. 109 Abs. 3, Art. 115 Abs. 2 GG). Dass die Regelung Akzeptanz fand, mag mit der zeitlichen Aufschiebung ihres erstmaligen Eingreifens zusammenhängen. Eine solche Aufschiebung kann sich, jedenfalls in bestimmten Fällen, als geeignetes Modell für künftige nachhaltigkeitssichernde Normierungen erweisen, weil diese Aufschiebung doppelt entlastend wirkt: Der Normgeber gefährdet keine unmittelbaren Eigeninteressen, der später Gebundene kann auf die bereits bestehende, selbst nicht initiierte Bindungswirkung verweisen. Die echte Bewährungsprobe der Schuldenbremse steht freilich, 2016 für den Bund und 2020 für die Länder, noch aus. Den Vorschriften der Art. 109 Abs. 3 und Art. 115

Abs. 2 GG mag darüber hinaus eine zeitliche und inhaltliche Vorwirkung entnommen werden, die bereits substantielle Gefährdungen der Schuldengrenze, etwa durch hochriskante, volumenstarke Gewährleistungsübernahmen, untersagt (Gedanke der actio libera in causa).

Weitere dogmatische Entfaltungsperspektiven im gegenständlichen Zusammenhang des Nachhaltigkeitsgrundsatzes bietet schließlich auch die vom Bundesverfassungsgericht aus dem Demokratieprinzip (Art. 20 Abs. 1, Art. 79 Abs. 3 GG) abgeleitete Rechtsfigur der Unverfügbarkeit der demokratischen Selbstgestaltungsfähigkeit des Verfassungsstaats. Ebenso wie die Übertragung von Hoheitsrechten auf die Europäischen Union, zu der sich die diesbezügliche Rechtsprechung konkret verhält, ist die Gefährdung der ökonomischen, ökologischen und sozialen Voraussetzungen der Existenz der künftigen Generationen temporal zukunftsbezogen und dem Staat je nach Sachverhalt zurechenbar. Dies rechtfertigt es, die Figur der Unverfügbarkeit der demokratischen Selbstgestaltungsfähigkeit auf den vorliegenden Zusammenhang zu übertragen. Auch das Demokratieprinzip verpflichtet den heutigen parlamentarischen Gesetzgeber deshalb auf Nachhaltigkeit. Er ist in diesem Rahmen gehalten, die essentiellen Voraussetzungen künftiger Entfaltung politischer Freiheit zu wahren. Ebenso wie in der grundrechtlichen Schutzpflichtdogmatik ist hier ein Evidenzmaßstab anzulegen. An erster Stelle ist es dabei Aufgabe des Parlaments, die weiteren Entwicklungen, gerade auch Handlungsrisiken, einzuschätzen; eine offensichtliche Irreversibilität ressourcenschädigenden Handelns kann freilich von Bedeutung sein. Auch unter demokratischem Gesichtspunkt sind die Rechte der heute Lebenden in Abwägung zu bringen. Die demokratische Gestaltungsfreiheit der Gegenwart muss dabei der Ausgangspunkt sein und im Zentrum stehen. Eine gegenständliche Konkretisierung der unerlässlichen Voraussetzungen künftiger demokratischer Selbstgestaltung fällt schwer. Der Gegenstandskatalog aus dem Urteil des Bundesverfassungsgerichts zum Lissabon-Vertrag kann Indizwirkung haben; doch erklärt er sich nicht zuletzt aus der dort im Mittelpunkt stehenden Frontstellung zur Europäischen Union. Im Verhältnis zu den Schutzgütern der zukunftsorientierten grundrechtlichen Schutzpflicht wird es erhebliche Überschneidungen, aber keine Deckungsgleichheit geben. Denn demokratische Selbstgestaltung erfüllt sich nicht allein im Grundrechtsschutz. Lehrreich ist die Rechtsprechung des Bundesverfassungsgerichts zur Euro-Schuldenkrise schließlich auch mit Blick auf die Art und Weise der gebotenen Parlamentsbeteiligung. So können parlamentarische Einzelfallentscheidungen über zukunftswirksame Maßnahmen (wie etwa Gewährleistungsübernahmen) höhere Legitimation vermitteln als Blankettgesetze. Parlamentarisches Entscheiden im Einzelfall muss gleichwohl die Ausnahme bleiben. Denn das Parlament ist in Organisation und Verfahren auf den Diskurs über die allgemeinen, gemeinwohlsichernden Maßstäbe, die abstrakt-generellen Gesetze, ausgerichtet.

Besonders greifbar und offensichtlich wird – dies hat schon das Vorstehende gezeigt – die Nachhaltigkeit oder aber fehlende Nachhaltigkeit des staatlichen Handelns im Bereich der Finanzen. So ist es nicht verwunderlich, dass das Grundgesetz gerade in diesem Bereich noch eine weitere Form der rechtlichen Abstützung legislativer Nachhaltigkeit vorsieht. Es handelt sich um die Form des herausgehobenen, mit besonderer Bindungswirkung ausgestatteten, Stabilität über die Zeit vermittelnden Parlamentsgesetzes. Art. 109 Abs. 4 GG ermächtigt den Bund dementsprechend zum Erlass von Bund und Länder bindenden Grundsätzegesetzen für das Haushaltsrecht, für eine konjunkturgerechte Haushaltswirtschaft und für eine mehrjährige Finanzplanung. Aus Art. 106 und Art. 107 GG ist, nach der Rechtsprechung des Bundesverfassungsgerichts, zudem der Auftrag zur Ausgestaltung übergeordneter Maßstäbegesetze für den bundesstaatlichen Finanzausgleich zu entnehmen. Auch diese Gesetzgebungsformen entlasten den aktuellen Gesetzgeber, der – ohne konkrete Kenntnis künftiger Umstände – abstrakt und angemessen, gemeinwohlorientiert und nachhaltig zu regeln auch politisch imstande sein sollte. Der Fall der parlamentarischen Maßstäbegesetzgebung im Jahr 2001 hat dies im Umkehrschluss bestätigt, weil es dort an der zeitlichen und inhaltlichen Distanz der am Gesetzgebungsverfahren Beteiligten zum Gegenstand gerade fehlte.

So ist die parlamentarische Demokratie nach ihren Strukturen und Handlungsformen befähigt, nachhaltig zu gestalten. Versuchungen, die Nachhaltigkeit zugunsten kurzfristiger Interessen hintanzustellen, kann und muss das Recht entgegenwirken. Die verfassungsrechtliche Regelung der Schuldenbremse ist ein gelungenes Beispiel für eine diesbezügliche, gegenständlich fokussierte Einzelnorm. Darüber hinaus sind aber auch die Grundrechte und ebenso das Demokratieprinzip als objektivrechtliche Gewährleistungen der essentiellen Voraussetzungen künftiger privater und politischer Freiheitsentfaltung zu verstehen. Die Verfassungsgarantien der Grundrechte und der Demokratie haben damit eine originär intertemporale Dimension. Verliert ein Gemeinwesen die Sorge für die wesentlichen Grundlagen der privaten und politischen Selbstgestaltungsfähigkeit aus dem Blick, dann verfehlt dieses Gemeinwesen seine verfassungsrechtliche Aufgabe als Bewahrer dessen, was es selbst zur Freiheitsausübung erst in die Lage gesetzt hat.

Nachhaltigkeit und direkte Demokratie

Fabian Wittreck

I. Begriffliche Verständigungen

Direkte Demokratie wird verbreitet als „nachhaltigere" Form der Selbstbestimmung des Volkes ausgeflaggt[1] – was in der Sache nur eine Variation oder präziser eine Zuspitzung der Aussage ist, die direkte Demokratie sei entweder die „eigentliche" oder schlicht bessere Form der Demokratie.[2] Jede sinnvolle Evaluation einer solchen Wertung setzt zunächst eine knappe Verständigung darüber voraus, was unter „Nachhaltigkeit" resp. „direkter Demokratie" zu verstehen ist.

Die „Nachhaltigkeit" hat in jüngerer Vergangenheit eine nachgerade rasante Karriere absolviert und ist von einem Spezialbegriff der Forstwirtschaft[3] zu einem Positivetikett avanciert, das zumindest in manchen Stellungnahmen zum Thema seine Verwandtschaft mit einem Modelabel nur schwer verleugnen kann.[4] Im Folgenden soll vor diesem Hintergrund bewusst ein enges Verständnis von Nachhaltigkeit zugrunde gelegt werden, das im Kern die Orientierung von Entscheidungen an mittel- und langfristigen Gemeinwohlerwägungen umfasst.[5]

Als direkte Demokratie erörtert der vorliegende Beitrag hingegen in Anlehnung an Art. 20 Abs. 2 S. 2 GG „Abstimmungen", also Sachentscheidungen durch

---

[1] Für „langfristige[n] Umweltinteressen" angenommen bei *A. Glaser*, Nachhaltige Entwicklung und Demokratie, 2006, S. 341. Für eine Ergänzung der parlamentarischen Demokratie um direktdemokratische Elemente plädieren eingedenk der von ihnen konstatierten Nachhaltigkeitsdefizite der parlamentarischen Demokratie *W. Kahl/A. Glaser*, Die Nachhaltigkeitsfähigkeit der parlamentarischen Demokratie, in: K. Lange (Hrsg.), Nachhaltigkeit im Recht, 2003, S. 9 (32 ff.). Zurückhaltender *M. Wrase*, Direkte Demokratie und Nachhaltigkeit – ein Beitrag aus verfassungsrechtlicher Perspektive, in: L. P. Feld et al. (Hrsg.), Jahrbuch für direkte Demokratie 2011, 2012, S. 103 (117).

[2] Zu dieser anfechtbaren Prädikation näher *H. Dreier/F. Wittreck*, Repräsentative und direkte Demokratie im Grundgesetz, in: L. P. Feld et al. (Hrsg.), Jahrbuch für direkte Demokratie 2009, 2010, S. 11 (38 f.).

[3] Näher *A. Grunwald/J. Kopfmüller*, Nachhaltigkeit, 2012, S. 18 f.

[4] Im ersten Zugriff *H.-J. Menzel*, Das Konzept der „Nachhaltigen Entwicklung" – Herausforderung an Rechtsetzung und Rechtsanwendung, ZRP 2001, S. 221 (221 f.); vgl. ferner *Glaser* (Fn. 1), S. 42 ff.

[5] Gleichsinnig bereits der UN-Brundtland-Report *World Commission on Environment and Development*, Our Common Future, 1987 (UN-Doc. A/42/427); *F. Ekardt*, Theorie der Nachhaltigkeit, 2011, S. 40 f.

das Volk.[6] Aus dem Gesamtspektrum der direkten Demokratie werden damit bewusst einzelne Instrumente ausgeschieden, die entweder keine Sachentscheidung treffen oder eine solche mit einer Personalentscheidung kombinieren. Dies betrifft namentlich die in einzelnen Bundesländern mögliche Parlamentsauflösung durch Volksentscheid[7] sowie die in Baden-Württemberg und Nordrhein-Westfalen aus der Zwischenkriegszeit herübergeretteten „Stichentscheide“[8], die nicht nur eine zwischen Regierung und Parlamentsmehrheit strittige Sachfrage beantworten, sondern explizit oder implizit ein Votum über das Fortamtieren der jeweiligen Kontrahenten enthalten[9]. Es bleiben danach im Kern die aktiv-gestalterische Volksgesetzgebung (in eidgenössischer Diktion das „Gaspedal“[10]) in Gestalt von Volksinitiative, Volksbegehren und Volksentscheid und das primär reaktive Referendum (spiegelbildlich als „Bremse“ apostrophiert[11]); es begegnet in Deutschland lediglich als obligatorisches Verfassungsänderungsreferendum (in Bayern und Hessen[12]), als spezielles Referendum über Änderungsgesetze zu

---

6 Siehe *H. Dreier*, in: ders. (Hrsg.), GG, Bd. II, 3. Aufl. 2015, Art. 20 (Demokratie), Rn. 99 ff.; näher *ders./Wittreck* (Fn. 2), S. 13 ff.; *R. Steinberg*, Die Repräsentation des Volkes, 2013, S. 242 ff. sowie *B. Kuoni*, Rechtliche Problemfelder direkter Demokratie in Deutschland und der Schweiz, 2015, Rn. 77 ff.

7 Konkret Art. 18 Abs. 3 BayVerf. sowie Art. 43 Abs. 2 Verf. B-W, Art. 54 Abs. 3 BerlVerf., Art. 76 Abs. 1 S. 2, 77 Abs. 3 S. 2 BbgVerf., Art. 76 Abs. 1 lit. b, Abs. 2 BremVerf., Art. 109 Abs. 1 Verf. RP; näher dazu im Überblick *J. Rux*, Direkte Demokratie in Deutschland, 2008, S. 167 ff. sowie aus der landesrechtlichen Literatur *M. Möstl*, in: J. F. Lindner/ders./H. A. Wolff, Verfassung des Freistaates Bayern, 2009, Art. 18 Rn. 6.

8 Vgl. dazu die Angaben bei *F. Wittreck*, Zur Einleitung: Verfassungsentwicklung zwischen Novemberrevolution und Gleichschaltung, in: ders. (Hrsg.), Weimarer Landesverfassungen, 2004, S. 1 (17 f., 49 f.).

9 Während Art. 60 Abs. 2–4 Verf. B-W jeweils das Zusammenwirken von Landesregierung und einem Drittel der Mitglieder des Landtags vorsieht und an das Ergebnis der Volksabstimmung explizit keine Folgen für die Akteure knüpft (vgl. näher *K. Braun*, Kommentar zur Verfassung des Landes Baden-Württemberg, 1984, Art. 60 Rn. 13 ff.), erlaubt Art. 68 Abs. 3 S. 2 Verf. NRW der Landesregierung nach einem aus ihrer Sicht erfolgreichen Volksentscheid, den Landtag aufzulösen, und verpflichtet sie im Falle des Misserfolgs zum Rücktritt (vgl. näher *C. Günther*, in: A. Heusch/K. Schönenbroicher [Hrsg.], Die Landesverfassung Nordrhein-Westfalen, 2010, Art. 68 Rn. 19 f.). Die Norm ist nur als typologisches Rudiment aus der Zeit vor dem parlamentarischen Regierungssystem bzw. vor der Existenz einer ausgebauten Verfassungsgerichtsbarkeit zu erklären.

10 Statt aller *W. Linder*, Schweizerische Demokratie. Institutionen – Prozesse – Perspektiven, 1999, S. 259; siehe ferner *A. Tschentscher*, Direkte Demokratie in der Schweiz – Länderbericht 2008/2009, in: L. P. Feld et al. (Hrsg.), Jahrbuch für direkte Demokratie 2009, 2010, S. 205 (205 ff.).

11 Näher dazu *Kuoni* (Fn. 6), Rn. 108 ff. sowie *A. Christmann*, Sachunmittelbare Demokratie in der Schweiz, in: P. Neumann/D. Renger (Hrsg.), Sachunmittelbare Demokratie im interdisziplinären und internationalen Kontext 2008/2009, 2010, S. 57 (58 ff.). Plädoyer für den Wechsel von der bislang dominierenden Volksgesetzgebung zu einen stärker auf Referenden basierenden Modell bei *F. Decker*, Volksgesetzgebung oder Volksveto? Überlegungen zur institutionellen Ausgestaltung der Direktdemokratie in der Bundesrepublik, in: L. P. Feld et al. (Hrsg.), Jahrbuch für direkte Demokratie 2010, 2011, S. 37 (55 ff.).

12 Siehe Art. 75 Abs. 2 S. 2 BayVerf. (dazu *W. Brechmann*, in: T. Meder/ders. [Hrsg], Die Verfassung des Freistaates Bayern, 5. Aufl. 2014, Art. 75 Anm. 3 f.) sowie Art. 123 Abs. 2 HessVerf. (knapp *U. Sacksofsky*, Verfassungsrecht, in: G. Hermes/F. Reimer [Hrsg.], Landesrecht Hessen,

volksbeschlossenen Gesetzen (Art. 50 Abs. 4 HambVerf.[13]), als fakultatives Referendum auf „Unterbreitung" durch das Parlament hin (Art. 70 Abs. 1 lit. b BremVerf.[14] und Art. 114 S. 1, 115 Abs. 1 Verf. RP[15]) sowie schließlich und endlich als Bevölkerungsentscheid über die Fusion von Bundesländern resp. den Fortbestand von derartigen Entscheidungen (Art. 29 Abs. 2 u. 3 bzw. Abs. 4 u. 5, Art. 118 S. 2, 118a GG).[16] Sie sollen im Folgenden zunächst allgemein auf ihre Nachhaltigkeitswirkung hin befragt werden (II.), bevor näher nach den rechtspolitischen Konsequenzen ihrer Ausgestaltung im Detail gefragt wird (III.). Die in Bayern unlängst ohne Verfassungsänderung eingeführte Volksbefragung bleibt dabei mangels eines bislang vorliegenden empirischen Befundes außer Betracht.[17]

II. Instrumente der direkten Demokratie im Nachhaltigkeitstest

1. Direkte Demokratie und Nachhaltigkeit – Verheißungen und Gefahren

In der rechts- und politikwissenschaftlichen Literatur werden im Kern *sub specie* Nachhaltigkeit zwei zentrale Schwächen der direkten resp. indirekten Demokratie hervorgehoben: Direktdemokratische Sachentscheidungen laufen Gefahr, eben keine *Sach*entscheidungen zu sein, sondern von den Abstimmenden ge-

---

8. Aufl. 2015, § 2 Rn. 4). Außer Betracht bleibt hier die Sondersituation des obligatorischen Verfassung*gebungs*referendums (vgl. etwa Art. 90 Abs. 1 Verf. NRW und dazu *T. Mann*, in: W. Löwer/P. J. Tettinger [Hrsg.], Kommentar zur Verfassung des Landes Nordrhein-Westfalen, 2002, Art. 90 Rn. 7 ff.).

[13] Näher *A. von Arnauld*, „Refolution" an der Elbe. Hamburgs neue direkte Demokratie, in: L. P. Feld et al. (Hrsg.), Jahrbuch für direkte Demokratie 2009, 2010, S. 90 (117 f.).

[14] Dazu *H. Neumann*, Die Verfassung der Freien Hansestadt Bremen, 1996, Art. 70 Rn. 8 sowie knapp *D. Schefold*, Die Neuregelung des Volksentscheid in Bremen vom 1. September 2009, in: L. P. Feld et al. (Hrsg.), Jahrbuch für direkte Demokratie 2010, 2011, S. 135 (135). Außer Betracht bleibt im folgenden das bislang nicht praktisch gewordene Referendum nach Art. 70 Abs. 2 lit. a–c BremVerf. über die Überführung von Unternehmen in Gemeineigentum nach Art. 42 BremVerf. (dazu instruktiv *T. Spitta*, Kommentar zur Bremischen Verfassung von 1947, 1960, Anm. zu Art. 42 [S. 96 f.]).

[15] Das Verfahren ist komplex gestuft: Nach Art. 114 S. 1 Verf. RP muss zunächst ein Drittel des Landtags die Aussetzung eines Gesetzes verlangen; diese führt nach Art. 115 Abs. 1 S. 1 u. 2 Verf. RP jedoch nur dann zum Volksentscheid, wenn innerhalb eines Monats 150.000 Stimmberechtigte dies verlangen. Das Quorum ist damit gegenüber dem normalen Volksbegehrensquorum von 300.000 Stimmberechtigten (Art. 109 Abs. 3 S. 1 Verf. RP) halbiert. Näher *M. Martini*, in: L. Brocker/M. Droege/S. Jutzi (Hrsg.), Verfassung für Rheinland-Pfalz, 2014, Art. 115 Rn. 5 ff.

[16] Näher zu diesen Territorialplebisziten *W. Graf Vitzhum*, Staatsgebiet, in: J. Isensee/P. Kirchhof (Hrsg.), Handbuch des Staatsrechts der Bundesrepublik Deutschland, Bd. II, 3. Aufl. 2004, § 18 Rn. 35 ff.; zu den bisherigen Anwendungsbeispielen *F. Brosius-Gersdorf*, in: H. Dreier (Hrsg.), GG, Bd. II, 3. Aufl. 2015, Art. 29 Rn. 14.

[17] Siehe das Gesetz zur Änderung des Landeswahlgesetzes vom 23.2.2015 (GVBl. 2015, S. 18) und dazu *M. Burgi*, Ein neuartiges direktdemokratisches Element: Die vorhabenbezogene Volksbefragung im exekutivischen Funktionsbereich, ZG 30 (2015), S. 34 ff.; *M. Möstl*, Der Streit um Volksbefragungen in Bayern – Bericht und Stellungnahme, BayVBl. 2015, S. 217 ff.; *M. Martini*, Die Bürger-/Volksbefragung als Baustein der Demokratie, DÖV 2015, S. 981 ff.

nutzt zu werden, um anlässlich der Abstimmung den Repräsentanten (oder noch vager „dem System") Befindlichkeiten und Botschaften zu übermitteln, die mit der anstehenden Sachfrage womöglich nur lose verknüpft sind – das war mit Händen zu greifen bei mehreren Referenden über die Reform der Europäischen Gemeinschaft bzw. Union,[18] dürfte aber auch bei dem gerne als Negativbeispiel für eine kurzsichtige und evident menschenrechtswidrige Volksabstimmung angeführten Schweizer Minarettverbot (seit 2009 Art. 72 Abs. 3 BV n. F.) eine maßgebliche Rolle gespielt haben.[19] Umgekehrt ist praktisch unstreitig, dass politische Akteure in einem Repräsentativsystem Anreizen unterliegen, erstens in Legislaturperioden und damit kurzfristig zu denken, um zuallererst ihre nächste Wiederwahl zu sichern, und zweitens zu diesem Zwecke Steuermittel zugunsten ihrer Wählerinnen und Wähler auszuschütten, deren Generierung ihnen selbst keine oder doch nur geringfügige politische oder finanzielle Lasten aufbürdet.[20]

Daneben finden sich in Literatur wie Judikatur weitere Hoffnungen und Befürchtungen, die mit direkter bzw. repräsentativer Demokratie in Sachen Nachhaltigkeit verknüpft werden. Prominent ist dabei der Ansatz, wonach der direkten Demokratie eine Art Sperrwirkung gegen die Parteipolitisierung zugeschrieben wird, weil sie Bürgerinnen und Bürgern einen alternativen und parteipolitisch barrierefreien Zugang zu politischen Entscheidungen einräume.[21] Ambivalent ist das Meinungsbild, sofern es um die Abwehr des Zugriffs organisierter Interessen (*vulgo* „Lobbyismus") auf den politischen Prozess geht:[22] Während Befürworter der direkten Demokratie gut nachvollziehbar darauf verweisen können, dass eine singulär dreiste Günstlingswirtschaft wie die notorische Umsatzsteuerbefreiung für Gastwirte mit einiger Sicherheit keine Volksabstimmung passiert hätte[23], richten Kritiker nicht weniger nachvollziehbar die Aufmerksamkeit auf die US-amerikanische *ballot industry*, also die kom-

---

[18] Näher zu den einschlägigen Referenden in Dänemark, Frankreich und Irland *P. Svensson*, Voting Behavior in the European Constitution Process, in: Z. T. Pállinger et al. (Hrsg.), Direct Democracy in Europe, 2007, S. 163 ff.; *E.-C. Hornig*, Die Parteiendominanz direkter Demokratie in Westeuropa, 2011, S. 75 ff., 125 ff.; *M. Qvortrup*, Referendums and Ethnic Conflict, 2014, S. 114 ff. Instruktiv auch *O. Jung*, Staatsvertragsplebiszite in Deutschland? Zu dem rot-grünen Vorschlag eines fakultativ-plebiszitären Referendums über bestimmte Europa-Abkommen, RuP 41 (2005), S. 99 ff.

[19] Dafür *A. Tschentscher/D. Blonski*, Direkte Demokratie in der Schweiz – Länderbericht 2009/2010, L. P. Feld et al. (Hrsg.), Jahrbuch für direkte Demokratie 2010, 2011, S. 169 (171 f.; m. w. N. aus dem eidgenössischen Schrifttum).

[20] Diesen Mechanismus beschreiben *Kahl/Glaser* (Fn. 1), S. 10 ff.

[21] In diese Richtung namentlich *P. M. Huber*, Plebiszite, in: H. Kube et al. (Hrsg.), Leitgedanken des Rechts, Bd. I, 2013, § 60 Rn. 15 sowie *M. Möstl*, Elemente direkter Demokratie als Entwicklungsperspektive, VVDStRL 72 (2013), S. 355 (377 ff.); zurückhaltender *E. V. Towfigh*, Das Parteien-Paradox, 2015, S. 215 ff.

[22] Eingehend und sozialwissenschaftlich abgesichert *M. Bamberger*, Nachamtliche Tätigkeitsbeschränkungen für politische Amtsträger, 2014, S. 40 ff.

[23] Kritisch *M. Rutemöller*, Hotelsteuern und Kulturförderabgaben, ZRP 2015, S. 108 (108 f.).

merzielle Beschaffung von Stimmen für Initiativen und Abstimmungen, die gebieterisch die Frage in den Raum stellt, ob, von wem und für welchen Preis direktdemokratische Entscheidungen „gekauft" werden können.[24] In gegenläufiger Perspektive begegnet schließlich der berechtigte Hinweis, dass namentlich in der Schweiz der aus Sicht der Nachhaltigkeitsdebatte besonders wichtige Umwelt- und Nachweltschutz erst durch direktdemokratische Initiativen gegen das Repräsentativsystem thematisiert und durchgesetzt worden ist.[25]

Nicht weiterverfolgt werden soll hier hingegen die in der älteren Rechtsprechung namentlich der Landesverfassungsgerichte als „Argument" benutzte Vermutung, die Stimmbürgerinnen und Stimmbürger würden direktdemokratische Instrumente unweigerlich dazu nutzen, um entweder ihre Steuerlast zu senken oder öffentliche Ausgaben zum eigenen Nutzen zu steigern.[26] Sie ist ein Paradebeispiel für die Neigung (nicht nur) deutscher Gerichte, empirisch haltlose Alltagsannahmen als valide Entscheidungsgrundlagen auszuweisen[27], und darf mittlerweile als wissenschaftlich widerlegt gelten. Ganz im Gegenteil ist gut belegt, dass solche (Bundes-)Staaten, die ihrem Abstimmungsvolk sog. finanzwirksame Entscheidungen überantworten, sich durch geringere Schuldenstände auszeichnen; dem liegt die inzwischen weitgehend akzeptierte Einsicht zugrunde, dass sich das Stimmvolk erstens keine Denkmäler in Gestalt von Flussphilharmonien u. a. m. setzt und zweitens nur allzu gut realisiert, dass es die Ausgaben, die es beschließt, höchstselbst finanzieren muss.[28] Die vereinzelt als warnendes Gegenbeispiel ausgewiesene Finanzmisere Kaliforniens ist bei näherer Sichtung der Sachlage nicht der finanzwirksamen direkten Demokratie schlechthin, sondern einer unglücklichen Kombination von praktisch kompromissunfähigem Repräsentativsystem und darauf reagierender (und ihrerseits

---

[24] Grundl. *M. Caroni*, Geld und Politik. Die Finanzierung politischer Kampagne im Spannungsfeld von Verfassung, Demokratie und politischem Willen, 2009, S. 34 ff. sowie K. G. Lutz (Hrsg.), Financing Referendum Campaigns, 2009; vgl. ferner *L. Schaub*, Die Finanzierung von Wahl- und Abstimmungskämpfen, 2012, S. 50 ff. Zuletzt m. w. N. *B. Karras*, Die Finanzierung direktdemokratischer Instrumente, in: L. P. Feld et al. (Hrsg.), Jahrbuch für direkte Demokratie 2013, 2014, S. 117 (149 ff.).

[25] Nochmals *Glaser* (Fn. 1), S. 183 ff.; instruktiv etwa *B. Menzi*, Licht am Ende des Tunnels: Ja zu vier Eisenbahnprojekten, in: W. Linder/C. Bolliger/Y. Rielle (Hrsg.), Handbuch der eidgenössischen Volksabstimmungen 1848–2007, 2010, S. 566 f.

[26] Sie geht auf BayVerfGHE 29, 244 (267 f.) zurück und hat von dort aus quasi-kanonischen Status erlangt; siehe nur BayVerfGHE 53, 42 (68); ThürVerfGH, ThürVBl. 2002, S. 31 (42 f.) und dazu *F. Wittreck*, Direkte Demokratie und Verfassungsgerichtsbarkeit, JöR 53 (2005), S. 111 (174 ff.).

[27] Wie im Brennglas gebündelt in BVerwGE 40, 17 (23): „Gleichwohl hat [die] Entwicklung bislang nicht erkennbar dazu geführt, daß nunmehr die Schwangeren in aller Regel keinen inneren Vorbehalt mehr gegen die Hinzuziehung einer ‚männlichen Hebamme' hätten."

[28] Mittlerweile ganz einhellige Auffassung: *C. A. Schaltegger/L. P. Feld*, Behindert die direkte Demokratie eine erfolgreiche Konsolidierungspolitik?, in: M. Freitag/U. Wagschal (Hrsg.), Direkte Demokratie, 2007, S. 363 (367 ff.); zurückhaltend *C. Waldhoff/H. von Aswege*, Direkte Demokratie und Staatsfinanzkrise – Abschaffung des Finanztabus als Ausweg?, in: L. P. Feld et al. (Hrsg.), Jahrbuch für direkte Demokratie 2011, 2012, S. 9 (12 ff.).

unklug zugespitzter) Ausgestaltung des direktdemokratischen Instrumentariums geschuldet.[29]

Erst recht kann und muss der Einwand, die sachunmittelbare Demokratie stelle generell eine kognitive Überforderung der Bürgerinnen und Bürger dar,[30] getrost auf dem Dachboden der zu Recht vergessenen Gedankengebilde entsorgt werden.[31] Es bleibt die schon im Parlamentarischen Rat mehr ventilierte als reflektierte Sorge vom Plebiszit als „Prämie für jeden Demagogen"[32], weniger suggestiv als Hinweis darauf zu deuten, dass Abstimmungen – anders als Wahlen? – von populistischen Stimmungen und Ressentiments beeinflusst werden können.[33] Eng verwandt ist der Einwand, direktdemokratische Entscheidungen seien zwar nicht in diesem Sinne irrational motiviert, orientierten sich aber an lokal oder regional radizierten Interessen und ließen dahinter – ganz im Sinne des bekannten St. Florians-Prinzips – überregionale und damit üblicherweise auch nachhaltigere Interessen zurücktreten.[34]

Außer Betracht bleiben schließlich im Folgenden die geläufigen kritischen Stimmen, die der direkten Demokratie entweder die Installation einer zumindest drohenden Minderheitenherrschaft[35] oder in umgekehrter und nur scheinbar paradoxer Perspektive gerade die Gefährdung von Minderheiten durch die Mehrheitsgesellschaft[36] vorhalten. Sie sollen damit nicht leichter Hand wegge-

---

[29] Näher und m. w. N. *H. K. Heußner*, Die Krise Kaliforniens – Die Schuld der direkten Demokratie?, in: L. P. Feld (Hrsg.), Jahrbuch für direkte Demokratie 2011, 2012, S. 175 ff.; vgl. noch *dens.*, Die Krise Kaliforniens: Ende in Sicht? Der Beitrag der direkten Demokratie zur Krisenüberwindung, in: L. P. Feld et al. (Hrsg.), Jahrbuch für direkte Demokratie 2013, 2014, S. 227 ff.

[30] So in der Tendenz noch *P. Krause*, Verfassungsrechtliche Möglichkeiten unmittelbarer Demokratie, in: J. Isensee/P. Kirchhof (Hrsg.), Handbuch des Staatsrechts der Bundesrepublik Deutschland, Bd. III, 3. Aufl. 2005, § 35 Rn. 46; vorsichtig-tastend *Wrase* (Fn. 1), S. 113 ff.

[31] Luzide *Rux* (Fn. 7), S. 94 ff.; vgl. ferner *Dreier/Wittreck* (Fn. 2), S. 26 f. sowie aus dem US-amerikanischen Raum *S. Reilly*, Design, Meaning and Choice in Direct Democracy, 2010, S. 23 ff.

[32] *T. Heuss*, im Plenum des Parl. Rates (9.9.1948), in: Deutscher Bundestag/Bundesarchiv (Hrsg.), Der Parlamentarische Rat 1948–1949, Bd. 9, 1996, S. 111. Aufgegriffen etwa bei *J. Isensee*, Befindlichkeit deutscher Demokratie, in: P. M. Huber (Hrsg.), Das Grundgesetz zwischen Stabilität und Veränderung, 2007, S. 1 (21). Zusammenfassung der Kritik bei *Dreier/Wittreck* (Fn. 2), S. 23 f.

[33] So anhand von zwei Beispielen aus der Schweiz *J. Barben*, Spin doctors im Bundeshaus, 2. Aufl. 2010, S. 131 ff.; vgl. zum Problem *H. Flam/S. Schönemann*, Emotion, Masse(n) und Referendumsdemokratie, in: H. Scholten/K. Kamps (Hrsg.), Abstimmungskampagnen, 2014, S. 207 ff. (vgl. auch die übrigen Beiträge in diesem Band).

[34] Eingehend m. w. N. *A. Vatter/A. Heidelberger*, Volksentscheide nach dem Sankt-Florians-Prinzip? Das Abstimmungsverhalten zu Stuttgart 21 und großen Infrastrukturprojekten in der Schweiz im Vergleich, in: L. P. Feld et al. (Hrsg.), Jahrbuch für direkte Demokratie 2013, 2014, S. 9 ff.

[35] Prominent *J. Hendler*, Zu den Vorzügen und Nachteilen verstärkter Bürgerbeteiligung auf kommunaler Ebene, Der Landkreis 1995, S. 321 (324) sowie *J. Isensee*, Verfassungsreferendum mit einfacher Mehrheit, 1999, S. 65 f. Dagegen *Dreier/Wittreck* (Fn. 2), S. 28 ff.

[36] Eingehend und m. w. N. *G. Kirchgässner*, Direkte Demokratie und Menschenrechte, in: L. P. Feld et al. (Hrsg.), Jahrbuch für direkte Demokratie 2009, 2010, S. 66 (72 ff.); *A. Christmann*, Die Grenzen direkter Demokratie, 2012, S. 62 ff. u. passim; *D. C. Lewis*, Direct Democracy and Minority Rights, 2013 sowie exemplarisch anhand des „Minarettverbots" in der Schweiz *Tschentscher/Blonski* (Fn. 19), S. 171 ff.

wischt werden, liegen aber quer zum Thema Nachhaltigkeit bzw. lassen sich diesem nur zuordnen, wenn man nicht-nachhaltig kurzschlüssig mit „kurzsichtig" oder schlicht und einfach mit „schlecht" übersetzt, was der Figur aber jeden heuristischen Wert nehmen müsste.

Sichtet man auf der Grundlage dieser Überlegungen das vorhandene Instrumentarium sachunmittelbarer Demokratie, so präsentiert sich folgendes Bild.

2. Volksinitiativen, -begehren und -entscheide

Das in Deutschland auf Landesebene vorherrschende Modell direkter Demokratie fasst diese im Kern als Volks*gesetzgebung* auf.[37] Nebeneinander begegnen zwei- und dreistufige Ausgestaltungen, die teils nur Volksbegehren und -entscheid kennen, teils die Volksinitiative vorschalten, wobei wiederum der Übergang von der Initiative zum Begehren unterschiedlich ausgestaltet ist.[38]

Dem liegt die Vorstellung zugrunde, das Volk oder präziser einzelne Gruppen und Akteure aus demselben sollten in die Lage versetzt werden, in den politischen Prozess aktiv-gestaltend einzugreifen und alternative Lösungsmöglichkeiten für anstehende Gemeinwohlanliegen zu formulieren, die von denen der Vertreter des Repräsentativsystems (*vulgo* den politischen Parteien) abweichen und mit ihnen in Konkurrenz treten.[39] Wer einem „Marktmodell" des demokratischen Willensbildungsprozesses huldigt,[40] wird allein in der Vermehrung der zur Auswahl stehenden Politikentwürfe einen Mehrwert mit potentiell nachhaltigkeitsfördernden Effekten sehen. Selbst ohne eine solche Orientierung an ökonomischen Modellen lässt sich die Formulierung von Alternativentwürfen zu womöglich als „alternativlos" ausgeflaggten Projekten als potentiell rationalitätssteigernd einstufen (die dadurch eröffnete kritische öffentliche Debatte über die nunmehr gegenüberstehenden Entwürfe einmal unterstellt). So oder so geht von der schlichten Möglichkeit der Präsentation von wiederum potentiell durchsetzbaren Agenden ein Stimulus im Sinne von heilsamer Konkurrenz aus, der zumindest rational handelnde Akteure reizt, ihre eigene Agenda zu verbessern oder wenigstens besser zu erklären.[41]

Nun weisen kritische Stimmen zu Recht darauf hin, dass in der Bundesrepublik der Großteil der direktdemokratischen Initiativen zwei Bereichen zugeordnet

---

[37] Die Gründe für diese Weichenstellung zeichnet nach *H. J. Wiegand*, Direktdemokratische Elemente in der deutschen Verfassungsgeschichte, 2006, S. 42 ff.

[38] Näher *Rux* (Fn. 7), S. 265 ff., 405 ff. sowie *P. Neumann*, Sachunmittelbare Demokratie, 2009, S. 182 ff.

[39] Guter Überblick zur einschlägigen Debatte bei *Hornig* (Fn. 18), S. 20 ff.

[40] Instruktiv *Towfigh* (Fn. 21), S. 63 ff.

[41] Nochmals *Huber* (Fn. 21), § 60 Rn. 15; vgl. aus vergleichender Perspektive *D. Altman*, Direct Democracy Worldwide, 2011, S. 48 f. Instruktiv zur Sicht repräsentativer Akteure auf die direkte Demokratie *R. N. Engstrom/J. R. Dewitt*, Petitioners and Policy Makers, in: S. Reilly/R. M. Yonk (Hrsg.), Direct Democracy in the United States, 2013, S. 65 ff.

werden kann:[42] Sie haben entweder die Rahmenbedingungen der direkten Demokratie selbst zum Gegenstand, die namentlich durch Verfassungsänderungen aus der Sicht der Initianten verbessert werden sollen,[43] oder präsentieren sich in der Sache als verkappte Referenden, die – wiederum mit einem vergleichsweise deutlichen Schwerpunkt im Schul- bzw. Ausbildungsbereich – Entscheidungen des Repräsentativsystems aufzuheben trachten. Die real existierende bundesdeutsche direkte Demokratie ist also entweder aktiv-selbstbezüglich oder negatorisch-passiv. Beides schließt wohlgemerkt Beiträge zu einer nachhaltigeren Entwicklung nicht aus, mindert aber nach dem gegenwärtigen empirischen Befund zumindest in Deutschland den Mehrwert, den direkte Demokratie etwa in Sachen der Benennung von gemeinwohlrelevanten Themenfeldern, die vom Repräsentativsystem ausgeblendet/ignoriert werden, oder in Sachen der Formulierung von Handlungsalternativen generieren kann. Die derzeit formulierten Politik-Alternativen heißen allzuoft „Mehr direkte Demokratie" oder „So jedenfalls nicht".

Es bleibt damit die einhellig anerkannte Kontrollfunktion direkter Demokratie:[44] Wie jedes funktionierende rechtliche Sanktionssystem entfaltet sie zunächst eine Vorwirkung dahingehend, dass Akteure des Repräsentativsystems die Möglichkeit der Aktivierung direktdemokratischer Instrumente in ihre Überlegungen „einpreisen".[45] Die Intensität dieser Vorwirkung hängt wiederum – *justice seen to be done* – davon ab, dass direkte Demokratie tatsächlich stattfindet und im Einzelfall auch – aus der Sicht der Initianten – zum Erfolg führt. Auch insofern ist die Kontroll- oder Vorwirkung in der Schweiz mit ihrer reichhaltigen Abstimmungspraxis deutlicher nachzuweisen als in der Bundesrepublik: Während eidgenössische Akteure schon bei der Formulierung von Politikentwürfen die Möglichkeit von Initiative oder Referendum einkalkulieren und spätestens nach der tatsächlichen Lancierung eines solchen Instruments prüfen, ob und wie die in ihm zum Ausdruck gebrachten Interessen oder

---

42 Zum folgenden namentlich *Decker* (Fn. 11), S. 44 f., 50 ff.

43 Vgl. die Darstellung der (allerdings gescheiterten) Vorstöße bei *Wittreck* (Fn. 26), S. 121 ff., 132 ff., 138 ff., 152 ff.

44 Unterstrichen von *M. Freitag*/*U. Wagschal*, Einleitung, in: dies. (Hrsg.), Direkte Demokratie, 2007, S. 9 (81 ff.); vgl. ferner *D. Berg-Schlosser*, Direct-democratic procedures as corrective mechanisms in consociational systems or for clientelistic structures – some brief remarks, in: Z. T. Pállinger et al. (Hrsg.), Direct Democracy in Europe, 2007, S. 30 (31 ff.) sowie *Dreier*/*Wittreck* (Fn. 2), S. 35 f.

45 Näher dazu *O. Jung*, Wenn der Souverän sich räuspert … Vorwirkungen direktdemokratischer Korrekturmöglichkeiten, dargestellt an Beispielen aus Nordrhein-Westfalen, Niedersachsen und Rheinland-Pfalz, Jahrbuch zur Staats- und Verwaltungswissenschaft 8 (1995), S. 107 (108 ff., 157 ff.); *A. Christmann*, Damoklesschwert Referendum? Die indirekte Wirkung ausgebauter Volksrechte auf die Rechte religiöser Minderheiten, Schweizerische Zeitschrift für Politikwissenschaft 16 (2010), S. 1 (12). Instruktiv zuletzt *L. Bernhard*/*H. Kriesi*, Coalition Formation, in: H. Kriesi (Hrsg.), Political Communication in Direct Democratic Campaigns: Enlightening or Manipulating?, 2012, S. 54 ff. sowie *M. Faber*, Direkte Demokratie auf Länderebene. Eine fallbezogene Vergleichsstudie, 2013, S. 21 f.

Positionen berücksichtigt werden können,[46] ist dieser Mechanismus in der Bundesrepublik noch schwächer ausgeprägt. Mit Händen zu greifen war er namentlich bei jüngeren Verfassungsreformen, die einmal mehr sinnfälligerweise die Ausgestaltung der direkten Demokratie betrafen.[47] Stellt man in Rechnung, dass gegenwärtig in praktisch allen Bundesländern die Zeichen in Richtung einer Stärkung der direkten Demokratie durch die Senkung von Hürden und die Einschränkung von Ausschlusstatbeständen weisen,[48] so dürfte mittel- und langfristig die Kontroll- bzw. Vorwirkung deutlicher hervortreten, ohne das eidgenössische Niveau zu erreichen.

Sichtet man nach diesen Vorüberlegungen das bundesdeutsche (präziser landesdeutsche) Instrumentarium der Volksgesetzgebung und seine bislang erzeugten Ergebnisse, so ist der Befund in Sachen des Vorwurfs der Überlagerung von Sachentscheidungen durch Sekundärmotive vergleichsweise unspezifisch. Die Regelungen der Landesverfassungen enthalten diesbezüglich weder Vorschriften, die zu einem solchen Verhalten einladen, noch qualifizierte Sicherungen dagegen. In der Sache adressiert ist das Problem in solchen Bestimmungen, die Abstimmungen entweder (im Interesse von Ersparnissen bzw. einer möglichst hohen Beteiligung) möglichst mit Wahlen verknüpfen (so Art. 62 Abs. 4 S. 2 BerlVerf.[49] und Art. 50 Abs. 3 S. 7 HambVerf.[50]) oder den Initiatoren gerade die Entflechtung ermöglichen (so Art. 50 Abs. 3 S. 8 HambVerf.[51]). Zugleich las-

---

[46] Näher *A. Vatter*, Direkte Demokratie in der Schweiz: Entwicklungen, Debatten und Wirkungen, in: M. Freitag/U. Wagschal (Hrsg.), Direkte Demokratie, 2007, S. 71 (81 ff.); *A. Kost*, Direkte Demokratie, 2. Aufl. 2013, S. 77 f.

[47] Derartige Verständigungsprozesse zwischen den im Parlament vertretenen Parteien und Akteuren wie dem Verein „Mehr Demokratie" beschreiben etwa *von Arnauld* (Fn. 13), S. 96 ff. oder *O. Jung*, Die Reform der direkten Demokratie in Berlin (Teil I), in: L. P. Feld et al. (Hrsg.), Jahrbuch für direkte Demokratie 2011, 2012, S. 259 (272 ff.); *ders.*, Die Reform der direkten Demokratie in Berlin (Teil II), in: L. P. Feld et al. (Hrsg.), Jahrbuch für direkte Demokratie 2012, 2013, S. 229 (276 ff.).

[48] Neuere Zusammenfassungen von *F. Wittreck*, Direkte Demokratie in den Ländern – Kontingenter Prozeß oder List der Vernunft?, in: L. P. Feld et al. (Hrsg.), Jahrbuch für direkte Demokratie 2012, 2013, S. 41 (50 ff.); *O. Jung*, Direkte Demokratie in den deutschen Bundesländern. Historische Entwicklung – aktuelle Rechtslage – empirische Erfahrungen, in: Österreichische Juristenkommission (Hrsg.), Direkte Demokratie, 2014, S. 21 (25 ff.).

[49] Danach kann die vorgesehene Viermonatsfrist bis zum Volksentscheid auf acht Monate verlängert werden, wenn dadurch der Entscheid mit Wahlen oder anderen Abstimmungen durchgeführt werden kann; siehe dazu *Rux* (Fn. 7), S. 776 sowie *P. Michaelis-Merzbach*, in: H.-J. Driehaus (Hrsg.), Verfassung von Berlin, 3. Aufl. 2009, Art. 62 Rn. 15.

[50] Nach dieser Grundregel findet der Volksentscheid am Tag der Bundes- oder Landtagswahlen statt.

[51] Danach können die Initiatoren beantragen, dass die Bindung nach S. 7 (siehe vorige Fn.) aufgehoben wird; der Preis ist eine komplexe Quorenstufung (Abs. 3 S. 10–13 HambVerf.): Der separate Volksentscheid muss lediglich ein Zustimmungsquorum von einem Fünftel der Abstimmungsberechtigten überwinden, der Simultanentscheid muss die Zahl von Stimmen erhalten, die der Mehrheit der im gleichzeitig gewählten Parlament repräsentierten Hamburger Stimmen entspricht. Näher zu Genese, Sinn, Effekt wie Sinnhaftigkeit der Norm *von Arnauld* (Fn. 13), S. 110 ff.

sen sich in der Abstimmungspraxis zwar stets empirisch Sekundärmotive – an prominenter Stelle die Parteibindung[52] – beobachten, doch sind in der Bundesrepublik bislang keine aufsehenerregenden Fälle zu verzeichnen, in denen das Stimmvolk einen Volksentscheid zu einem Plebiszit in anderer Sache umfunktioniert hätte. Selbst wenn dies geschehen wäre, bleibt die Frage, ob gerade eingedenk der erheblichen Dauer direktdemokratischer Verfahren Vorkehrungen dagegen, dass Ereignisse Stimmungen umschlagen lassen, erstens überhaupt möglich sind und zweitens nicht auch auf Wahlen Anwendung finden müssten.

In umgekehrter Perspektive lässt sich konstatieren, dass die Zahl der Fälle, in denen die Bürgerinnen und Bürger entweder evident kurzsichtige Entscheidungen des Repräsentativsystems korrigiert oder aber erfolgreich Projekte lanciert haben, die nachweislich der Nachhaltigen Entwicklung zugutekommen, von den Repräsentanten aber vernachlässigt oder ignoriert worden waren, ebenfalls sehr übersichtlich ist.[53] Dafür zeichnen neben der oben geschilderten Neigung zur Kassationsgesetzgebung drei Befunde verantwortlich, die zugleich den hier besonders markanten Unterschied zur Schweiz markieren.

Zunächst fehlt dem deutschen Volk die Möglichkeit der Gesetzgebung auf Bundesebene.[54] Stellt man in Rechnung, dass der Bund ungeachtet der insoweit irreführenden „Grundregeln" in Art. 30 und Art. 70 Abs. 1 GG den Löwenanteil der Gesetzgebungskompetenzen für sich reklamieren kann,[55] so bleibt in positiver Perspektive nur ein vergleichsweise schmaler Geländestreifen, auf dem sich Volksgesetzgebung in den Ländern überhaupt entfalten kann.[56] In negativer Perspektive wiegt dabei um so schwerer, dass namentlich ausgewiesen „nachhaltigkeitsgeneigte" Themenfelder wie der Naturschutz, die Raumplanung, die Energieversorgung, das Bodenrecht oder die Sozialversicherung vom Bund

---

[52] Dazu – anhand der Abstimmung über „Stuttgart 21" – *Vatter/Heidelberger* (Fn. 34), S. 40. Näher anhand des bayerischen Volksentscheids über den Nichtraucherschutz *H. Schoen/A. Glantz/R. Teusch*, Abstimmungskampf, Informationsvermittlung und Stimmentscheidung beim Volksentscheid über den Nichtraucherschutz in Bayern, in: L. P. Feld et al. (Hrsg.), Jahrbuch für direkte Demokratie 2010, 2011, S. 295 (313 ff.).

[53] Die Betonung liegt jeweils auf „evident" und „nachweislich". Dass Akteure des direktdemokratischen wie des Repräsentativsystems jeweils für sich in Anspruch nehmen, ihr Entscheidungsvorschlag sei u. a. geeignet, langfristige Gemeinwohlinteressen zu bedienen, steht dabei außer Frage.

[54] Zur Diskussion darüber einerseits (ablehnend-kritisch) *P. Badura*, Plebiszitäre Ergänzung oder Verformung des parlamentarischen Regierungssystems in der Bundesverfassung, in: Festschr. f. Meinhard Schröder, 2012, S. 307 ff. sowie andererseits (affirmativ) *H. Meyer*, Volksabstimmungen im Bund: Verfassungslage nach Zeitgeist?, JZ 2012, S. 538 ff.

[55] Zusammenfassend und m. w. N. *F. Wittreck*, in: H. Dreier (Hrsg.), GG, Bd. II, 3. Aufl. 2015, Vorb. zu Art. 70–74 Rn. 31, 35.

[56] Vgl. die Auflistungen bei *A. Uhle*, in: T. Maunz/G. Dürig (Begr.), GG, Art. 70, Rn. 81 ff., 87 ff. (Stand: 2008) sowie *F. Wittreck*, in: H. Dreier (Hrsg.), GG, Bd. II, 3. Aufl. 2015, Art. 70 Rn. 13 ff. Aus der Sicht einer Nachhaltigen Entwicklung sind hier von gesteigertem Interesse das Denkmalschutzrecht sowie das Kommunalrecht (siehe dazu *A. Schmehl*, Lokale Agenda 21-Prozesse, in: K. Lange [Hrsg.], Nachhaltigkeit im Recht, 2003, S. 39 [46 ff.]).

dominiert werden (vgl. Art. 74 Abs. 1 Nr. 11, 12, 24, 29, 31, 32 GG[57]; Versuche, die Möglichkeit der Abweichungsgesetzgebung gem. Art. 72 Abs. 3 GG direktdemokratisch zu aktivieren, sind bislang nicht zu verzeichnen).

Ungeachtet der skizzierten Bewegung in Richtung einer Erleichterung der Volksgesetzgebung[58] sind die deutschen Stimmbürgerinnen und -bürger zweitens weiterhin fast flächendeckend von finanzwirksamen volksbeschlossenen Gesetzen oder anderen Vorlagen gleicher Wirkung ausgeschlossen. Zwar haben das lange Zeit obwaltende „Finanztabu"[59] und das drumherum von den Landesverfassungsgerichten ingeniös angelegte und hartnäckig verteidigte System von Gräben, Redouten und Traversen[60] in jüngerer Zeit Risse bekommen – in Berlin, Bremen, Hamburg und zuletzt dem Saarland sind danach finanzwirksame Begehren dem Grunde nach und unter im Einzelnen differierenden Vorbehalten möglich[61] –, doch ist nach wie vor in Deutschland ein Sachbereich, der im internationalen Vergleich als besonders signifikant für Nachhaltigkeitsdividenden der direkten Demokratie beschrieben wird,[62] weitgehend von Abstimmungen ausgeschlossen, weshalb auch hier der nationale empirische Befund schmal ist.

Drittens schließlich sind im internationalen Vergleich weiterhin die Hürden für die Einleitung von direktdemokratischen Verfahren der Volksgesetzgebung hoch – teils absurd hoch: Art. 124 Abs. 1 S. 1 HessVerf. konserviert – nach den Änderungen im Saarland als Solitär – noch das Begehrensquorum von 20 %, wohingegen die übrigen Bundesländer seit der Wiedervereinigung bzw. der Jahrtausendwende dazu übergegangen sind, die Quoren zu senken.[63]

Bestenfalls ambivalent ist auch die Isolierungswirkung direkter Demokratie gegenüber der parteipolitischen Durchdringung des politischen Systems (wie benachbarter Subsysteme). Auf den Einfluss der parteipolitischen Orientierung der Abstimmenden auf die Entscheidung im Volksbegehren oder -entscheid ist

---

[57] Näher dazu *F. Wittreck*, in: H. Dreier (Hrsg.), GG, Bd. II, 3. Aufl. 2015, Art. 74 Rn. 51, 61, 79 ff., 117 ff., 141 ff., 146 ff., 149 ff.; bezeichnenderweise widmen sich praktisch alle Beiträge in *K. Lange* (Hrsg.), Nachhaltigkeit im Recht, 2003 solchen Feldern, die bundesrechtlich dominiert sind (Ausnahme: vorige Fn.).

[58] Vgl. oben Fn. 48.

[59] Magistral *O. Jung*, Das Finanztabu bei der Volksgesetzgebung. Die Staatsrechtslehre und Staatspraxis der Weimarer Zeit, Der Staat 38 (1999), S. 41 ff.

[60] Zur Kritik nur *Wittreck* (Fn. 26), S. 117 ff., 121 ff., 136 ff., 144 f., 165 ff.

[61] Näher Art. 62 Abs. 2 BerlVerf. (dazu *Jung*, Teil II [Fn. 47], S. 248 ff.); Art. 70 Abs. 3 BremVerf. (dazu *Schefold* [Fn. 14], S. 143 ff.); Art. 50 Abs. 1 S. 2 HambVerf. (dazu *von Arnauld* [Fn. 13], S. 104 ff.) sowie Art. 99 Abs. 1 S. 3–6 SaarlVerf. n. F. (dazu *O. Jung*, Die Reform der direkten Demokratie im Saarland. Teil 2: Verfassungsändernde Volksgesetzgebung und Finanztabu, LKRZ 2008, S. 91 [94 ff.]).

[62] Vgl. dazu *T. Schiller*, Direkte Demokratie im Finanzbereich in der Schweiz, in: A. Auer/ K. Holzinger (Hrsg.), Gegenseitige Blicke über Grenzen, 2013, S. 15 (20 f.); *M. Qvortrup*, Direct Democracy, 2013, S. 37; *L. P. Feld/G. Kirchgässner*, On the economic efficiency of direct democracy, in: Z. T. Pállinger et al. (Hrsg.), Direct Democracy in Europe, 2007, S. 108 (112 ff.).

[63] Näher dazu *Wittreck* (Fn. 47), S. 52 ff.

bereits hingewiesen worden.[64] Schwerer wiegt, dass unter den direktdemokratischen Akteuren regelmäßig Parteien eine prominente Rolle spielen – gerade weil die Einleitung der Verfahren der sachunmittelbaren Demokratie hohe Hürden überwinden muss und ebenso organisations- wie finanzintensiv ist, gehören zu den Aktionsbündnissen u. a. m., die in Deutschland und andernorts Initiativen und Begehren lancieren, mit einiger Sicherheit solche Parteien, die entweder generell oder punktuell in Opposition zur die Regierung tragenden Mehrheit stehen.[65] Dem liegt eine Abstraktionsebene höher die Einsicht zugrunde, dass „direkte" Demokratie ihrerseits nicht in einem kategorialen Gegensatz zur repräsentativen steht, sondern lediglich eigene Mechanismen der Repräsentation kennt bzw. anwendet: Als Repräsentanten der Gesamtbevölkerung treten in einem ersten Stadium die Initianten des Volksbegehrens o.ä. auf, in einem zweiten diejenigen, die sich tatsächlich an den Abstimmungen beteiligen und damit auch für diejenigen verbindlich mitentscheiden, die – aus welchen Gründen auch immer – der Urne ferngeblieben sind.[66] Schließlich ist darauf hinzuweisen, dass die Möglichkeit direktdemokratischer Einflussnahme Parteidominanz auf lange Sicht sogar verstärken kann – es dürfte plausibel sein, die langjährige Herrschaft der CSU in Bayern nicht zuletzt auf die dort bestehende (und früher als andernorts auch genutzte) Möglichkeit der Bevölkerung zurückzuführen, Unmut punktuell zu formulieren, statt ihn bis zur einer möglichen Abwahl akkumulieren zu müssen.

Praktisch unauffällig ist die deutsche Volksgesetzgebung bislang in Sachen Lobbyismus bzw. Einfluss organisierter Interessen. Fragt man zunächst in rechtlicher Perspektive nach Vorkehrungen, die Instrumente direkter Demokratie diesbezüglich immunisieren, so fällt auf, dass bislang lediglich acht Landesverfassungen oder Umsetzungsgesetze Regelungen zur Erstattung der Kosten von Volksbegehren bzw. der Kosten des Abstimmungskampfes vorsehen (Baden-Württemberg, Hamburg, Niedersachsen, Rheinland-Pfalz, Schleswig-Holstein, Sachsen, Sachsen-Anhalt und Thüringen).[67] Sie differieren im Detail; drei Beispiele sollen genügen: In Sachsen erhalten die Vertrauenspersonen für zehn Unterschriften im Volksbegehren 0,51 €, für 100 Ja-Stimmen im Volksentscheid noch einmal 1,02 €.[68] Hamburg zahlt ohne Differenzierung 0,10 € für jede

---

[64] Oben bei und in Fn. 52.

[65] Beschrieben u. a. bei *Hornig* (Fn. 18); vgl. ferner *G. Schommer*, Die schweizerischen Parteien als Akteure der Referendumsdemokratie, in: H. Scholten/K. Kamps (Hrsg.), Abstimmungskampagnen, 2014, S. 155 ff.

[66] Unterstrichen von *Dreier* (Fn. 6), Art. 20 (Demokratie), Rn. 103 sowie – kritisch – *Steinberg* (Fn. 6), S. 260 f.

[67] Zusammenfassend *S. Przygode*, Die deutsche Rechtsprechung zur unmittelbaren Demokratie. Ein Beitrag zur Praxis der Sachentscheide in Deutschland, 1995, S. 451 ff. (noch zur älteren Rechtslage) sowie jetzt *Karras* (Fn. 24), S. 122 ff.

[68] Für das Volksbegehren regelt dies § 24 Abs. 2 SächsVVVG, die Erstattung für den Volksentscheid findet sich in § 47 Abs. 2 SächsVVVG. Zu diesem Gesetz vgl. *V. Krieg*, Die Volksgesetzgebung im Freistaat Sachsen, ZG 11 (1996), S. 314 ff., zur Kostenregelung speziell auf S. 320.

gültige Ja-Stimme im Volksentscheid;[69] Thüringen wiederum vergütet Unterschriften im Begehren mit 0,15 €, Ja-Stimmen im Volksentscheid mit 0,075 €.[70] Stets kommen Deckelungsmechanismen zum Tragen.[71] Spezielle Transparenzpflichten der Initiatoren begegnen bislang nur in wenigen Ländern sowie einem gescheiterten Entwurf zur Einführung direktdemokratischer Instrumente auf Bundesebene.[72] In empirischer Perspektive sind die aus den USA, aber auch aus der Schweiz verzeichneten und teils massiven Einflüsse finanzkräftiger Akteure bislang nicht aufgetreten oder auch nur behauptet worden;[73] offenbar hat der deutsche Lobbyismus die direkte Demokratie als Betätigungsfeld oder gar aktiv genutztes Vehikel noch nicht für sich entdeckt.

3. *Referenden*

Zwiespältig muss das Urteil über die verschiedenen Referenden ausfallen. Hier ist zunächst nach den unterschiedlichen Typen zu differenzieren, wobei sogleich einzuräumen ist, dass die empirische Grundlage vergleichsweise dünn, teils fadenscheinig ist.

a) Obligatorisches Verfassungsreferendum

Der Effekt der obligatorischen Verfassungsreferenden in Bayern und Hessen ist auf den ersten Blick offensichtlich: Während das Grundgesetz inzwischen exakt 60 Änderungsgesetze verzeichnet[74] und Rheinland-Pfalz es als Spitzenreiter unter den Ländern auf 37 Eingriffe in die Verfassungsurkunde bringt[75], können Bayern gerade einmal 16 und Hessen sogar nur acht Änderungsgesetze aufweisen – und dies, obwohl beide Landesverfassungen auf ihren 70. Geburtstag zusteuern[76]. Nun ist der Schluss von der schlichten Nichtänderung einer Verfassung auf deren Nachhaltigkeit offenkundig verkürzt – in Hessen etwa besteht in gleich zwei Bestimmungen der Landesverfassung die Todesstrafe offenbar auch

---

[69] Dies folgt aus § 30a Abs. 2 HVAbstG.

[70] § 29 Abs. 2 S. 2 ThürBVVG bzgl. des Volksbegehrens, für den Entscheid: § 29 Abs. 3 S. 2.

[71] Konkret § 30a Abs. 2 a.E. HambVAbstG; eine relative Begrenzung auf die für den Erfolg notwendigen Stimmen findet sich in § 29 Abs. 2 S. 3, Abs. 3 S. 3 ThürBVVG.

[72] Siehe §§ 38 (Rechenschaftspflicht) und 39 (Kostenerstattung) des Entwurfs eines Gesetzes über Abstimmungen des Bundesvolkes (BT-Drs. 17/13874) sowie *T. Schiller*, Finanzierungsregeln: Offenlegungspflichten, Spendenbegrenzung, Kostenerstattung, in: T. Mörschel/M. Efler (Hrsg.), Direkte Demokratie auf Bundesebene, 2013, S. 131 (133 ff.).

[73] Vgl. nochmals *Karras* (Fn. 24), S. 149 sowie *Schiller* (Fn. 72), S. 140 ff.

[74] Siehe *H. Dreier*/*F. Wittreck* (Hrsg.), Grundgesetz, 10. Aufl. 2015, S. 1 ff.

[75] Nachweise in *C. Pestalozza* (Hrsg.), Verfassungen der deutschen Bundesländer, 10. Aufl. 2014, S. 284 ff.

[76] Vgl. nochmals *Pestalozza* (Fn. 75), S. 26 f. sowie S. 186. Der Befund wird noch dadurch verzerrt, dass in Bayern Verfassungsänderungen quasi parzelliert worden sind; in der Sache hat das Stimmvolk bislang über neun Änderungsgesetze abgestimmt.

deshalb fort,[77] weil die politisch Verantwortlichen fürchten, dass ihre förmliche Streichung von Populisten zum Anlass genommen werden könnte, das obligatorische Verfassungsreferendum zum Votum *für* die Todesstrafe umzufunktionieren.[78] Wichtiger ist, dass die politikwissenschaftliche Forschung überzeugend herausgearbeitet hat, dass die Filter- und Kontrollwirkung des obligatorischen Verfassungsreferendums von den Akteuren des Repräsentativsystems dadurch begrenzt, wenn nicht ausgeschaltet wird, dass der Bevölkerung im überparteilichen Konsens beschlossene Paketlösungen präsentiert werden,[79] die eine Zuordnung letztlich verunklaren – das Volk vollzieht lediglich in einer Ratifikationssituation nach, was die – wenigstens potentiell an kurzfristigen Politikerlösen interessierten – Repräsentanten ausgehandelt haben. Ein genuiner Nachhaltigkeitsgewinn ist nicht ersichtlich.

b) Gesetzesreferendum

Ähnlich präsentiert sich das Bild bei Referenden über Gesetze, die zunächst von den Vertretern des Repräsentativsystems verabschiedet und erst in einem zweiten Schritt dem Volk vorgelegt werden. Hier dürfte entscheidend sein, auf wessen Initiative dieser Appell an die Stimmbürgerinnen und -bürger im Einzelfall zurückgeht. Während die in der Schweiz gängige[80], in Deutschland aber praktisch unmögliche Initiierung des Referendums „von unten" den allgemeinen Funktionsregeln der direktdemokratischen Instrumente unterliegt bzw. folgt, stellt sich die Lage beim „parlamentsinduzierten" Referendum anders dar. Denn hier ist ganz zu Recht angemerkt worden, dass diese Form der direkten Demokratie daran krankt, dass die Repräsentanten den ihnen erteilten Gestaltungsauftrag lediglich punktuell an das Volk „zurückspielen" und damit letztlich selbstwidersprüchlich handeln.[81] Damit wird ein unter den (Nachhaltigkeits-)

[77] Vgl. Art. 21 Abs. 1 S. 2, 109 Abs. 1 S. 3 HessVerf. und dazu – engagiert, aber leider ahnungslos – *U. Sandherr*, Die Todesstrafe: Ein Zombie in der hessischen Landesverfassung, DRiZ 2013, S. 87; näher dazu, dass die Bestimmungen mit Art. 102 GG nicht kollidieren, *F. Wittreck*, Die Todesstrafe in den deutschen Landesverfassungen, JÖR 49 (2005), S. 157 (158 ff., 178 ff., 212 ff.).

[78] Aufschlussreich ist in diesem Zusammenhang LT-Drs. 16/3700, S. 69: Für den Fall eines Verfassungsreferendums wurde erwogen, den Bürgern im Rahmen einer „Broschüre" mit Blick auf Art. 21 Abs. 1 S. 2 HessVerf. mitzuteilen, „dass nicht darüber abgestimmt werde, ob diese Bestimmung gelten solle oder nicht, sondern dass vielmehr darüber abgestimmt werde, die Norm zu streichen, weil sie nicht mehr gelte".

[79] Maßgeblich *O. Jung*, Regieren mit dem obligatorischen Verfassungsreferendum: Wirkung, Konterstrategie, Nutzungsversuche und Umgangsweise, ZParl 36 (2005), S. 161 (174 f.). Positive Würdigung allerdings bei *Steinberg* (Fn. 6), S. 258. Monographisch *S. Tierney*, Constitutional Referendums, 2012, S. 129 ff., 153 ff.

[80] Näher *A. Christmann*, Das Vorbild unter der Lupe, in: P. Neumann/D. Renger (Hrsg.), Sachunmittelbare Demokratie im interdisziplinären und internationalen Kontext 2009/2010, 2012, S. 154 (155 ff.) sowie *S. Moeckli*, Direkte Demokratie, 2013, S. 25, 44 f.

[81] *W. J. Patzelt*, Welche plebiszitären Instrumente können wir brauchen?, in: L. P. Feld et al. (Hrsg.), Jahrbuch für direkte Demokratie 2009, 2010, S. 63 (97 ff.).

Bedingungen des Repräsentativsystems entstandener Politikentwurf oder Problemlösungsansatz dem Volk erstens erneut in der klassischen Ratifikationssituation präsentiert und zweitens wegen der vollständigen Verfügungsbefugnis der Repräsentanten über Vorlage oder Nichtvorlage ohne den (heilsamen) Druck der Vorwirkung direktdemokratischer Instrumente formuliert,[82] so dass erneut eine disziplinierende oder nachhaltigkeitsoptimierende Wirkung des auf diese Weise zustande kommenden Referendums nicht plausibel ist.

Anders präsentiert sich dies zumindest potentiell im Fall des volksinduzierten Referendums „von unten": Dieses wirkt spätestens ab dem Zeitpunkt als Damoklesschwert, in dem es bildlich gesprochen zum ersten Mal „mit Repräsentantenblut gedüngt"[83] worden ist – wohlgemerkt in Gestalt einer Vorlage oder eines Gesetzes, das vom Stimmvolk tatsächlich kassiert worden ist. Haben auf diese Weise die Bürgerinnen und Bürger wie ihre Repräsentantinnen und Repräsentanten einmal realisiert wie internalisiert, dass der Tritt auf die „Bremse" eine echte Option ist, so ist davon auszugehen, dass Akteure des Repräsentativsystems diese Möglichkeit fortan in ihre Absprachen und Überlegungen mit einbeziehen müssen.

Erneut ist darauf hinzuweisen, dass die Möglichkeit des volksinduzierten Referendums – ganz abgesehen davon, dass sie in der Bundesrepublik derzeit nirgends eröffnet ist – *per se* keine Nachhaltigkeit garantiert. Sie stärkt die Kontrollfunktion der direkten Demokratie und erlaubt den Bürgerinnen und Bürgern, Entscheidungen rückgängig zu machen, die sie als ungerecht, interessengeleitet, gemeinwohlwidrig oder eben auch aus eigener Sicht nicht interessengerecht empfinden. Das erhöht plausiblerweise das Risiko für Akteure des Repräsentativsystems, Ziele zu verfolgen, die erkennbar sie selbst begünstigen oder allein Partikularinteressen befriedigen; beides hat einen positiven Effekt für eine Nachhaltige Entwicklung der Politik des Gemeinwesens. Dem steht gegenüber, dass erstens eine verlässliche Isolation gegen parteipolitische Einfluss- und Indienstnahme – hier gilt nichts anderes als oben zur Volksgesetzgebung ausgeführt – kaum zu gewährleisten und auch die Initiierung wie Orientierung einer Referendumsinitiative an den höchst kurzatmig verfochtenen Interessen einer (hinreichend großen) Gruppe nicht ausgeschlossen ist – man denke allein an Verteilungskonflikte zwischen Generationengruppen in Sachen Sozialversicherung.

III. Feinjustierungen der direkten Demokratie im Nachhaltigkeitstest

Auf der Grundlage dieses Befundes – einzelne direktdemokratische Instrumente *können* positive Wirkungen für eine Nachhaltige Entwicklung haben – ist nun zu fragen, wie eine konkrete Gestaltung direktdemokratischer Instrumente

---

[82] Vgl. oben bei und in Fn. 45.

[83] Dies in Anlehnung an die bekannte Sentenz von *Thomas Jefferson*.

aussehen müsste, die diese Wirkung in Deutschland steigert und gleichzeitig die vereinzelt aufscheinenden Gefahren, die von der Inanspruchnahme von Initiativen u.a.m. ausgeht, wirksam bannt oder doch minimiert. Die folgenden Ausführungen sind dabei rechtspolitischer Natur und bewusst skizzenhaft.[84]

1. *Zugangshürden*

Ausgehend von der Einsicht, dass direkte Demokratie sowohl ihre Impuls- und Ideengebungsfunktion als auch ihre Kontrollfunktion nur erfüllen kann, wenn sie entweder tatsächlich stattfindet oder zumindest realistischerweise stattfinden *kann*, ist zunächst kritisch zu prüfen, ob namentlich die Quoren sowie weitere formale Hürden wie die Amtseintragung abgebaut werden können.[85] Als Obergrenze eines dem Rang der direkten Demokratie adäquaten und nachhaltigkeitsaffinen Eingangsquorums für Volksbegehren dürfte hier ein Wert von fünf Prozent gelten. Quoren beim Volksentscheid sind entbehrlich bzw. vor dem Demokratieprinzip als Verzerrung rechtfertigungsbedürftig; für Beteiligungsquoren dürfte diese Rechtfertigung ausscheiden, weil sie die den Effekt eines negativen Stimmgewichts hervorrufen.[86] Auch die Amtseintragung hat bislang Missbrauch aller Art nicht vorgebeugt, sondern greifbar gefördert.[87]

2. *Abstimmungsgegenstände*

Bislang fehlen in Deutschland drei direktdemokratische Instrumente entweder weitgehend oder ganz, die hier als potentiell nachhaltigkeitsfördernd angesprochen worden sind: Erstens die direkte Demokratie auf Bundesebene,[88] zweitens die Möglichkeit des fakultativen Referendums „von unten" sowie drittens die finanzwirksame Abstimmung.[89] Wer sich von direkter Demokratie einen Beitrag zur Nachhaltigen Entwicklung verspricht, muss ihre Einführung befürworten.

---

84 Die folgenden Überlegungen schließen an die Ausführungen von *Wittreck* (Fn. 26), S. 182 ff. sowie *Wittreck* (Fn. 48), S. 56 ff. an.

85 Gleichsinnig *E. G. Mahrenholz*, Über Quoren in direktdemokratischen Initiativen, in: T. Mörschel/M. Efler (Hrsg.), Direkte Demokratie auf Bundesebene, 2013, S. 105 ff.

86 Argumentativ zwingend *O. Jung*, Zur Problematik des Beteiligungsquorums, in: L. P. Feld et al. (Hrsg.), Jahrbuch für direkte Demokratie 2009, 2010, S. 40 (60 ff.).

87 Näher *Wittreck* (Fn. 26), S. 149 f., 160 f.

88 Eingehend dazu zuletzt die Beiträge in *T. Mörschel/M. Efler* (Hrsg.), Direkte Demokratie auf Bundesebene, 2013.

89 Vgl. zu den beiden letztgenannten Punkten nochmals den Entwurf eines Abstimmungsgesetzes (oben Fn. 72): §§ 4 Abs. 2 (Ausschluss des Haushaltsplans in seiner Gesamtheit), 25 ff. (volksbegehrtes Referendum).

3. *Entschleunigung*

Anders als die Schweiz setzt direkte Demokratie in Deutschland auf kurze Sammel- und Abstimmungsfristen.[90] Auch hier lehrt der Rechtsvergleich, dass direkte Demokratie ihre (Vor-)Wirkung dann entfalten kann, wenn das Verfahren so gestreckt wird, dass erstens Anlass-Emotionen wie ein medial intensiv traktiertes Verbrechen bis zum Abschluss des Verfahrens verblassen und zweitens Raum für öffentliche Deliberation und Interaktion zwischen den Initianten und den Akteuren des Repräsentativsystems entsteht;[91] zugleich müssen Vorkehrungen für einen derartigen Dialog und Möglichkeiten geschaffen werden, den direktdemokratischen Alternativvorschlag seinerseits anzupassen.[92]

4. *Finanzierung und Transparenz*

Schließlich verlangt ein Beitrag der direkten Demokratie zur Nachhaltigen Entwicklung ihre Abschirmung gegen organisierte Interessen bzw. zumindest deren Offenlegung einerseits eine Erstreckung der bislang bestehenden Finanzierungsregeln – wobei die Grundannahme diejenige einer Gleichbehandlung mit der Finanzierung von Wahlkämpfen sein sollte – sowie andererseits die Einführung von Offenlegungs- und Dokumentationspflichten.[93]

IV. Fazit: Nachhaltigkeit als Ausgestaltungsaufgabe direkter Demokratie

Danach bleibt festzuhalten, dass die Aussage, direkte Demokratie sei generell „nachhaltiger" als die repräsentative, sich als ebenso unterkomplex erweist wie die Redeweise von der „eigentlichen" oder „besseren" Form der Demokratie. Beide Formen kollektiver Selbstbestimmung lassen sich erstens kaum in Reinform verwirklichen und stellen ein bewusst eingegangenes Wagnis dar, wie seit ihrer modernen Durchsetzung in der Französischen Revolution zahlreiche eminent kurzsichtige oder frappant eigensinnige Entscheidungen von Repräsentativkörperschaften wie Aktivbürgerschaften deutlich belegen.

Ihren potentiellen strukturellen Vorteil, nämlich den Ausschluss oder zumindest die Schwächung des bei Akteuren des Repräsentativsystems zu beobachtenden Denkens in Legislaturperioden und Parteischablonen, kann die direkte

---

[90] Vgl. zusammenfassend *Wittreck* (Fn. 48), S. 53.

[91] Luzide *P. Cancik*, Konfrontation oder Kooperation: zur Verschränkung von direktdemokratischem und parlamentarischem Abstimmungsverfahren – ein Diskussionsbeitrag, in: T. Mörschel/M. Efler (Hrsg.), Direkte Demokratie auf Bundesebene, 2013, S. 53 ff.

[92] Vgl. nochmals den Entwurf eines Abstimmungsgesetzes (Fn. 72): § 9 Abs. 1 S. 3 u. 4.

[93] Vgl. oben bei und in Fn. 72.

Demokratie demgegenüber nur dann voll entfalten, wenn ihre Instrumente so kalibriert sind, dass sie das Durchschlagen kurzfristig anheizbarer Emotionen oder von sachfremden Sekundärmotiven mit einiger Sicherheit ausschließen oder doch erschweren. Wie dargelegt, ist direkte Demokratie in diesem Sinne dann zumindest nachhaltigkeitsaffin, wenn sie bewusst als ein gestrecktes Verfahren mit der Möglichkeit zur öffentlichen Deliberation wie zur Kompromissfindung ausgestaltet ist. Die direkte Demokratie in den deutschen Ländern, die eingedenk kurzer (Sammel-)Fristen letztlich eine „Alles auf eine Karte"-Abstimmungsdemokratie ist, garantiert in dieser Perspektive gegenwärtig nur einen marginalen Mehrwert an Nachhaltigkeit.

Nachhaltigkeit und Parteiendemokratie

Jens Kersten

I. Einleitung

Nachhaltigkeit ist ein Schwachpunkt der repräsentativen Demokratie.[1] Kurzfristige Wahlperioden sind die Essenz demokratischer Freiheit. Sie begünstigen jedoch zugleich schnelllebige politische Agenden. Für viele drängende Probleme unserer Gesellschaft müssen aber langfristige Perspektiven und Strategien entwickelt werden. Dies gilt insbesondere für Demographie, Finanzen und Umwelt. Wie kann also das parlamentarische System nachhaltig gestaltet werden? Und welche Rolle kommt dabei den politischen Parteien zu? Die Parteien nehmen in der repräsentativen Demokratie eine Schlüsselrolle ein. Sie wirken – so Art. 21 Abs. 1 S. 1 GG – bei der politischen Willensbildung mit, indem sie die Brücke zwischen den Bürgerinnen und Bürgern und dem Staat schlagen.[2] Aufgrund dieser herausragenden Bedeutung der Parteien kann man das politische System der Bundesrepublik auch als „Parteiendemokratie" beschreiben.[3] Wenn aber die politischen Parteien für die parlamentarische Demokratie des Grundgesetzes so zentral sind, stellt sich die Frage, welchen Beitrag sie für die nachhaltige Gestaltung unserer Verfassungsordnung leisten. Um diese Frage zu beantworten, lässt sich zwischen einer formellen und einer materiellen Dimension der Nachhaltigkeit unterscheiden.[4] Das formelle Verständnis von Nachhaltigkeit legt einen funktionalen Maßstab an: Wie muss das Verfahrens- und Organisationsrecht der politischen Parteien ausgestaltet sein, dass diese ihre Funktion der politischen Vermittlung zwischen Gesellschaft und Staat in der parlamentarischen Demokratie des Grundgesetzes dauerhaft und langfristig erfüllen können (II.)? Demgegenüber konzentriert sich das materielle Verständnis auf die inhaltlichen Konturen des Nachhaltigkeitsbegriffs: Welche konzeptionellen Vorstellungen bringen die politischen Parteien im Hinblick auf das Nachhaltigkeitsprinzip in den verfassungs- und rechtspolitischen Diskurs unserer repräsentativen Ordnung ein (III.)?

---

[1] Vgl. hierzu und zum Folgenden *W. Kahl*, Nachhaltigkeit und Institutionen – eine rechtswissenschaftliche Sicht, in: ders. (Hrsg.), Nachhaltigkeit als Verbundbegriff, 2008, S. 267 (276 ff.); *ders.*, Staatsziel Nachhaltigkeit und Generationengerechtigkeit, DÖV 2009, S. 2; *ders.*, „Soziale Gerechtigkeit" oder Generationengerechtigkeit?, ZRP 2014, S. 17 f.

[2] Vgl. klassisch BVerfGE 73, 40 (112).

[3] Vgl. *J. Kersten*, in: ders./S. Rixen (Hrsg.), PartG, 2009, § 1 Rn. 20 m. w. N.

[4] Vgl. grundlegend *H. A. Wolff*, Die Nachhaltigkeit der politischen Ordnung unter dem Grundgesetz, BayVBl. 2015, S. 397 (398).

II. Formelle Nachhaltigkeit

Die formelle Nachhaltigkeit der Parteiendemokratie ist – wie gesagt – funktional zu bestimmen: Sind die innerparteilichen Verfahrens- und Organisationsregelungen so gestaltet, dass die Parteien ihre zentralen Funktionen in der parlamentarischen Demokratie langfristig erfüllen können? Gegenwärtig wird die nachhaltige Gewährleistung der Funktion politischer Parteien vor allem durch deren Mitgliederrückgang in Frage gestellt:[5] „Individualisierung", „Demographie" und „Politikverdrossenheit" sind die Stichworte dieser Entwicklung, die insbesondere die großen Volksparteien schrumpfen lässt. Dieses Parteienschrumpfen hat nachhaltige Auswirkungen auf die politische Integrationskraft der Parteien, weil deren personelle Legitimationsbasis für den politischen Brückenschlag zwischen Gesellschaft und Staat schwindet. Der Rückgang der Mitgliederzahlen in politischen Parteien bedeutet jedoch nicht, dass sich die Bürgerinnen und Bürger nicht mehr politisch engagieren. Sie engagieren sich nicht weniger, sondern anders als in der klassischen Bundesrepublik, die bis heute den Maßstab für unsere Bewertung der Leistungsfähigkeit politischer Parteien bildet.[6] Für diesen Wandel des politischen Engagements spielt insbesondere das Internet mit seinen Möglichkeiten der latenten und spontanen Gruppenbildung eine ganz entscheidende Rolle.[7] Längerfristige oder sogar lebenslange Bindungen an einen Verein und damit auch an die Parteien als politische Vereine verlieren zusehends an Attraktivität. Da sich in den politischen Parteien aber immer auch der gesellschaftliche Wandel spiegelt, führt es mit Blick auf den soeben skizzierten Wandel der politischen Engagementkultur nicht weiter, die gegenwärtige Entwicklung politischer Parteien schlicht als eine „Verlustgeschichte" zu erzählen. Wenn die Bereitschaft zum parteipolitischen Engagement heute nicht mehr so ausgeprägt wie „früher" ist, dann würde das Ziel, die „alten" Mitgliederzahlen wieder zu erreichen, schlicht zu einer „Frustrationsgeschichte" des parteipolitischen Kampfs gegen die Windmühlen der kommunikativen Transformationen unserer Gesellschaft und Demokratie werden.[8] Dadurch würde der reformorientierte Blick auf die nachhaltige Gewährleistung der langfristigen Funktionen politischer Parteien für die Demokratie des Grundgesetzes eher verstellt denn gefördert.

---

[5] Vgl. hierzu und zum Folgenden *Wikipedia*, Mitgliederentwicklung der deutschen Parteien (de.wikipedia.org/wiki/Mitgliederentwicklung_der_deutschen_Parteien [zuletzt abgerufen am 17.9.2015]), mit umfassenden statistischen Nachweisen.

[6] Vgl. hierzu und zum Folgenden *J. Kersten*, Reformperspektiven für politische Parteien. Rechtspolitische Überlegungen, Konrad-Adenauer-Stiftung, Analysen & Argumente 175, 2015 (www.kas.de/wf/de/33.41809/ [zuletzt abgerufen am 14.9.2015]), S. 2.

[7] Vgl. *J. Kersten*, Schwarmdemokratie. Veränderungen des Demokratieverständnisses durch Soziale Medien, JuS 2013, S. 673 ff.

[8] Vgl. grundsätzlich *J. Kersten*, Transformationen der Demokratie, hrsg. v. Roman Herzog Institut, 2014.

Eine formal nachhaltige Gestaltung des innerparteilichen Verfahrens- und Organisationsrechts muss deshalb auf eine Stärkung der politischen Integrationskraft der Parteien gerichtet sein. Der verfassungsrechtliche Dreh- und Angelpunkt für eine solch nachhaltige Gewährleistung der Funktion politischer Parteien ist das innerparteiliche Demokratieprinzip: Die innere Ordnung der politischen Parteien hat demokratischen Grundsätzen zu entsprechen (Art. 21 Abs. 1 S. 3 GG), und dies bedeutet vor allem, dass sich die innerparteiliche Willensbildung „von unten nach oben"[9] vollzieht.

An Reformvorschlägen für eine nachhaltigere Ausdifferenzierung der parteiinternen Verfahrens- und Organisationsstrukturen fehlt es angesichts des Parteienschrumpfens nicht. So wird beispielsweise ein Paradigmenwechsel der Parteimitgliedschaft von der Legitimations- zu einer Organisationsressource diskutiert.[10] Doch das instrumentelle Verständnis von Parteimitgliedschaft als Organisationsressource ist letztlich Ausdruck von „top down"-Ansätzen, die dem verfassungsrechtlichen Verständnis innerparteilicher Demokratie kaum gerecht werden. Im gleichen Kontext wird auch die Einbindung von Nichtmitgliedern in die parteiinterne Willensbildung zur Stärkung der demokratischen Legitimation politischer Parteien befürwortet. Aus verfassungsrechtlicher Perspektive eröffnet insbesondere die Parteienfreiheit (Art. 21 Abs. 1 S. 2 GG) den Parteien durchaus die Möglichkeit, „die Mitwirkung auch von Nichtmitgliedern bis hin zur Aufstellung von Wahllisten zu[zu]lassen."[11] Dabei ist jedoch zunächst zu betonen, dass es aus der Perspektive des innerparteilichen Demokratiegebots (Art. 21 Abs. 1 S. 3 GG) nur um Mitwirkungs-, nicht aber um Mitentscheidungsrechte von Nichtmitgliedern in politischen Parteien gehen kann.[12] Aber auch jenseits dieser verfassungsrechtlichen Gestaltungsoption ist in verfassungs- wie parteipolitischer Perspektive Zurückhaltung hinsichtlich einer Annäherung des rechtlichen Status von Parteimitgliedern und Nichtmitgliedern angezeigt: Was wäre die Motivation, einer politischen Partei beizutreten und sich in ihr und für sie zu engagieren, wenn die Rechte von Parteimitgliedern und Nichtmitgliedern weitgehend einander angeglichen würden? Parteimitglieder bewerten deshalb auch eine solche Öffnung der politischen Parteien für Nichtmitglieder überwiegend negativ.[13] Allein die Mitglieder der Piratenpartei

---

[9] BVerfGE 2, 1 (40); *J. Ipsen*, in: M. Sachs (Hrsg.), GG, 7. Aufl. 2014, Art. 21 Rn. 60 m. w. N.

[10] Vgl. hierzu aus verfassungsrechtlicher Perspektive *U. Volkmann*, Die Bedeutung der Parteimitgliedschaft in der repräsentativen Demokratie des Grundgesetzes, in: U. von Alemann/M. Morlok/T. Spier (Hrsg.), Parteien ohne Mitglieder?, 2013, S. 141 (153); *F. Shirvani*, Das Parteienrecht und der Strukturwandel im Parteiensystem, 2010, S. 251 ff.

[11] *M. Morlok*, in: H. Dreier (Hrsg.), GG, Bd. II, 2. Aufl. 2006, Art. 21 Rn. 59 (Klammerzusatz durch den Verfasser).

[12] Vgl. *H. H. Klein*, „Öffnung" der Parteien – Entprivilegierung der Parteimitgliedschaft, in: U. von Alemann/M. Morlok/T. Spier (Hrsg.), Parteien ohne Mitglieder?, 2013, S. 175 (180 f.).

[13] Vgl. *S. Bukow*/*T. Poguntke*, Innerparteiliche Organisation und Willensbildung, in: O. Niedermayer (Hrsg.), Handbuch Parteienforschung, 2013, S. 179 (200).

scheinen das offensichtlich anders zu sehen.[14] Doch dies mag auch daran liegen, dass die rechtliche Angleichung von Mitgliedschaft und Nichtmitgliedschaft einem Politikverständnis sehr nahe kommt, das in den Parteien weniger politische Vereine denn politische Plattformen sehen möchte.[15] Schließlich haben die Parteien auf neue Formen von Gast- oder Probemitgliedschaften gesetzt, um dem Mitgliederschwund entgegenzuwirken. Aber aus rechtlicher wie faktischer Perspektive überzeugt auch dieser Reformansatz nicht: Rechtlich bringen diese neuen Formen der Mitgliedschaft kaum einen Vorteil, da jedes Parteimitglied über das gesetzliche Recht verfügt, jederzeit aus ihrer bzw. seiner Partei wieder auszutreten (§ 10 Abs. 2 S. 3 PartG). Darüber hinaus werden Gast- oder Probemitgliedschaften offensichtlich faktisch kaum nachgefragt.[16]

Angesichts des soeben skizzierten Wandels der Engagementkultur in der Bundesrepublik und der aufgezeigten Reformvorschläge lässt sich die Herausforderung für eine formal nachhaltige Reform der innerparteilichen Verfahrens- und Organisationsstrukturen genauer beschreiben.[17] Es geht einerseits darum, die Parteimitgliedschaft als demokratische Legitimationsbasis innerparteilicher Demokratie zu stärken und andererseits die Parteien zugleich für das Engagement von Nichtmitgliedern zu öffnen – also um einen equilibristischen Balanceakt im demokratischen Legitimationszentrum politischer Parteien. Anstatt also der Parteimitgliedschaft ihre rechtliche und politische Kontur zu nehmen, drängt es sich – hinsichtlich des faktischen Rückgangs der Mitgliederzahlen und der rechtlichen Geltung des innerparteilichen Demokratiegebots – ganz im Gegenteil auf, die Parteimitgliedschaft als eine knappe demokratische Legitimationsressource und folglich als ein wertvolles Gut zu begreifen, dessen Konturen man politisch stärken und rechtlich profilieren sollte: „In den Zeiten rückläufiger Mitgliedschaft gewinnt also die formelle Mitgliedschaft an Bedeutung".[18] Damit ist nicht gemeint, auf den Versuch zu verzichten, Nichtmitglieder zu motivieren, sich für eine Partei zu engagieren oder einer Partei beizutreten. Es ist aber notwendig, dies rechtlich möglichst so zu gestalten, dass die Parteimitgliedschaft dadurch nicht ihr politisches und rechtliches Profil verliert. Um hier eine Reformperspektive in Richtung formeller Nachhaltigkeit zu entwickeln, besteht die Möglichkeit, das innerparteiliche Demokratiegebot weiter auszudifferenzieren. Als Vorbild dafür kann das Verständnis von Demokratie im europäischen Verfassungsrecht herangezogen werden, das in Art. 10 f. EUV zwischen den repräsentativen, plebiszitären, partizipativen und assoziativen

---

[14] Vgl. *C. Bieber/M. Lewitzki*, Die Piratenpartei: Organisieren ohne Organisation?, in: K.-R. Korte/J. Treibel (Hrsg.), Wie entscheiden Parteien?, 2012, S. 219 (220 f.).

[15] Vgl. *D. Michelsen/F. Walter*, Unpolitische Demokratie. Zur Krise der Repräsentation, 2013, S. 232.

[16] Vgl. *Bukow/Poguntke* (Fn. 13), S. 201.

[17] Vgl. hierzu und zum Folgenden *Kersten* (Fn. 6), S. 3 f.

[18] Vgl. *Bukow/Poguntke* (Fn. 13), S. 201.

Dimensionen des Demokratieprinzips unterscheidet.[19] Auch das innerparteiliche Demokratieprinzip lässt sich in diesem Sinn vierdimensional entfalten.[20]

1. Repräsentative Dimension

Im Hinblick auf die repräsentative Dimension des innerparteilichen Demokratieprinzips gilt es zunächst, zwischen den Anforderungen des Grundgesetzes und des Parteiengesetzes zu unterscheiden:[21] Während Art. 21 Abs. 1 S. 3 GG die innere Ordnung der Parteien ganz allgemein auf eine demokratische Verfassung verpflichtet, legen die §§ 6 ff. PartG die innere Ordnung der Parteien weitgehend auf eine repräsentative Verfahrens- und Organisationsstruktur fest.[22] Dies lässt sich vor allem historisch erklären: Das Parteiengesetz von 1967 wollte einen verfassungsrechtlichen Gleichlauf der Repräsentationsstruktur der Parteien und des Bundestages in der „Parteiendemokratie" herstellen. Angesichts dessen sehen sich die Parteien heute jedoch vor das Problem gestellt, wie sie ihre tradierte Repräsentativverfassung mit neuen demokratischen Partizipationsformen kombinieren können, um eine nachhaltige Fortentwicklung ihrer Verfahrens- und Organisationsstrukturen zu gewährleisten. Gegenwärtig wird die Reformdiskussion von der umstrittenen Frage beherrscht, ob es den Parteien möglich wäre, Online-Parteitage zu institutionalisieren, um ihre politische Integrationskraft zu stärken. Grundsätzlich stehen Art. 21 Abs. 1 S. 3 GG sowie § 32 Abs. 2 BGB und §§ 8 f. PartG der Einführung von Online-Parteitagen nicht entgegen,[23] soweit sie über die datensichere Eröffnung von Antrags- und Rederechten sowie Diskussionsmöglichkeiten ein funktionales Äquivalent zu einem Offline-Parteitag bilden.[24] Angesichts dessen dürften Online-Parteitage auf absehbare Zeit keine rechtliche und praktische Perspektive für Parteireformen sein.[25]

---

[19] *Kersten* (Fn. 8), S. 12 ff.; *ders.*, „System verflochtener Demokratie". Verfassungsrechtliche Theoriebildung gegen die politische Laufrichtung, in: Festschr. f. H.-J. Papier, 2013, S. 103 (106 ff.).

[20] Vgl. *Kersten* (Fn. 6), S. 4 ff.

[21] Vgl. hierzu und zum Folgenden *Kersten* (Fn. 6), S. 4 ff.

[22] Vgl. *R. Steinberg*, Direkte Demokratie in politischen Parteien. Überlegungen anlässlich des Mitgliederentscheids der SPD, ZParl 2014, S. 402 (403); *M. Morlok*, Mehr innerparteiliche Demokratie wagen?, RuP 2012, S. 65 (67).

[23] Vgl. hierzu und zum Folgenden *A. Sadowski*, Von der visuellen zur virtuellen Partei, MIP 15 (2008/2009), S. 60 ff.; *P. Robbe*, Online-Parteitage. Wissenschaftliche Dienste des Deutschen Bundestags, WD 3-3000-327/11, 29.11.2011, S. 5 ff.; *S. Ossege*, Parteienrechtsverhältnis. Das Rechtsverhältnis zwischen politischer Partei und Parteimitglied, 2012, S. 207 ff.; zweifelnd *S. Augsberg*, in: J. Kersten/S. Rixen (Hrsg.), PartG, 2009, § 9 Rn. 19.

[24] Vgl. *M. Martini*, Vom heimischen Sofa in die digitale Agora: E-Partizipation als Instrument einer lebendigen Demokratie?, in: H. Hill/U. Schliesky (Hrsg.), Die Neubestimmung der Privatheit, 2014, S. 193 (195).

[25] Vgl. *Ossege* (Fn. 23), S. 211.

Demgegenüber wäre jedoch eine gesetzliche Änderung des Parteitagsvorbehalts (§ 9 Abs. 3 und 4 PartG) angezeigt. Der Parteitagsvorbehalt schließt es aus, dass zentrale Sach- und Personalfragen direktdemokratisch von den Parteimitgliedern entschieden werden können: Parteitage beschließen in sachlicher Hinsicht exklusiv über Parteiprogramme, Satzungen, Beitrags- sowie Schiedsgerichtsordnungen (§ 9 Abs. 3 PartG). Parteitage wählen in personeller Hinsicht exklusiv den/die Parteivorsitzenden, die Stellvertreterinnen und Stellvertreter, die übrigen Mitglieder des Vorstands und anderer Organe sowie die Vertreterinnen und Vertreter in den Organen höherer Gebietsverbände (§ 9 Abs. 4 PartG).[26] Es sollte aber den politischen Parteien überlassen bleiben, welche dieser Sach- und Personalfragen sie von Parteitagen repräsentativ oder von den Parteimitgliedern plebiszitär entschieden sehen möchten. Darin liegt ein wesentlicher Baustein für die Schärfung der rechtlichen und politischen Kontur der Parteimitgliedschaft und damit zugleich ein ganz zentraler Schritt zur Stärkung der politischen Integrationskraft der Parteien.

2. *Plebiszitäre Dimension*

Die plebiszitäre Dimension des innerparteilichen Demokratieprinzips sollte also nach einer gesetzlichen Aufhebung des Parteitagsvorbehalts (§ 9 Abs. 3 und 4 PartG) durch die Einführung von Mitgliederentscheiden über zentrale Personal- und parteiinterne Sachfragen gestärkt werden.[27] Dies würde zugleich der Parteimitgliedschaft ein schärferes politisches Profil vermitteln. Solange der Gesetzgeber diesen Weg nicht durch eine Änderung des § 9 Abs. 3 und 4 PartG eröffnet, können die politischen Parteien für zentrale Personal- und parteiinterne Sachfragen in ihren Satzungen Mitgliederbefragungen ermöglichen. Bei der Ausgestaltung der plebiszitären Elemente innerparteilicher Demokratie darf jedoch nicht das parlamentarische Gesamtsystem aus dem Blick verloren werden, damit die innerparteiliche und die parlamentarische Demokratie des Grundgesetzes strukturell anschlussfähig bleiben. Gerade die Gewährleistung dieser strukturellen Anschlussfähigkeit ist für die Entfaltung einer formal nachhaltigen Parteiendemokratie von ganz entscheidender Bedeutung: Grundsätzlich ist das parlamentarische Regierungssystem in Bundestag und Parteienkoalitionen auf Kompromisse angelegt. Parteienplebiszite in „allgemeinpolitischen" Sachfragen setzen jedoch die Kompromiss- und damit Politikfähigkeit der Parteien herab: Das „Parteivolk" hat entschieden. Dies bedeutet *nicht*, dass entsprechende Mitgliederentscheide in „allgemeinpolitischen" Sachfragen rechts- oder verfassungswidrig wären. Doch es kommt in rechts- wie verfassungs*politischer* Perspektive darauf an, die plebiszitäre Entscheidung auch an der richtigen Stelle

---

[26] Vgl. *Augsberg* (Fn. 23), § 9 PartG Rn. 19.
[27] Vgl. hierzu und zum Folgenden *Kersten* (Fn. 6), S. 6 f.

zu eröffnen.[28] Insofern wäre es zur nachhaltigen Garantie der Anschlussfähigkeit innerparteilicher und parlamentarischer Strukturen angezeigt, die Einführung von Mitgliederentscheiden vor allem auf Personal- und innerparteiliche Sachfragen zu konzentrieren. Demgegenüber sollte die Entscheidung – in der Regel sehr komplexer – „allgemeinpolitischer" Sachfragen den repräsentativen Entscheidungsprozessen vorbehalten werden,[29] um die politische Handlungsfähigkeit der Parteien im parlamentarischen Regierungssystem nicht zu sehr einzuengen. Zwar werden „allgemeinpolitische" Sachfragen auch durch Parteitage entschieden. Doch hier kann gerade die kontroverse Diskussion gegebenenfalls hochkomplexer Sachfragen auch für die entsprechende politische Kompromisssensibilität werben, die sodann im parlamentarischen Raum für die parteipolitische Positionierung in einer Sachfrage erforderlich ist. Mitgliederentscheiden fehlt diese politische Sensibilität für Kompromissfindung notwendigerweise. Demgegenüber sollte von einer Öffnung parteiinterner Mitgliederentscheide und Mitgliederbefragungen für Nichtmitglieder Abstand genommen werden. Die Annäherung des Status von Mitgliedern und Nichtmitgliedern wirkt der verfassungs- und parteipolitisch wünschenswerten Stärkung des rechtlichen Profils der Parteimitgliedschaft entgegen. Eine nachhaltige Gestaltung der demokratischen Verfahrens- und Organisationsstruktur lässt sich auf diese Weise nicht erreichen.

3. *Partizipative Dimension*

Die partizipative Dimension des innerparteilichen Demokratieprinzips setzt auf die Beteiligung von Parteimitgliedern und Nichtmitgliedern an Entscheidungen, die vor allem im Rahmen repräsentativer Parteiorgane getroffen werden.[30] Dies kann zum Beispiel über Online-Plattformen im Vorfeld von Parteitagen im Hinblick auf „allgemeinpolitische" Sachfragen geschehen, die aus strukturellen Gründen aus der direktdemokratischen Entscheidungsfindung ausgeklammert bleiben sollten.[31] Die praktischen Erfahrungen zeigen bisher, dass die Beteiligung von Nichtmitgliedern gering ausfällt. Insofern gilt es, eine entsprechende Partizipationskultur zu entwickeln: In Betracht kämen zum Beispiel die Formulierung und Kommentierung von Anträgen im Vorfeld von Parteitagen über Online-Plattformen.[32] An dieser Stelle lässt sich die Online-Partizipation auch

---

[28] Vgl. grundsätzlich *Steinberg* (Fn. 22), S. 414.

[29] Vgl. *Steinberg* (Fn. 22), S. 412.

[30] Vgl. hierzu und zum Folgenden *Kersten* (Fn. 6), S. 8.

[31] Vgl. oben II.2.

[32] Vgl. hierzu und zum Folgenden *K. Hanel/S. Marschall*, Die Nutzung kollaborativer Online-Plattformen durch Parteien: „Top down" oder „bottom up"?, ZfP 22 (2012), S. 5 (6 ff.), zur Reflexion der Erfahrungen, die im Hinblick auf Online-Plattformen im Vorfeld des Bundesparteitags der SPD im Jahr 2011 gesammelt wurden.

für Nichtmitglieder öffnen, indem diesen ebenfalls die Möglichkeit zur Formulierung und Kommentierung von Anträgen eingeräumt wird. Hinsichtlich der Offenlegung der Identität von Personen, die an der Formulierung und Kommentierung von Anträgen teilnehmen, können verschiedene Konzepte verfolgt werden: von der namentlichen Anmeldung über die fakultative bis zur obligatorischen Anonymität, was insbesondere auch die (Nicht-)Offenlegung der Parteimitgliedschaft angeht. Mit dieser Form der Partizipation von Nichtmitgliedern ist keine Beeinträchtigung der Parteimitgliedschaft verbunden. Es geht – ganz im Gegenteil – um das Sammeln von Ideen, die von repräsentativen Parteiorganen aufgegriffen werden, ohne dass damit ein Entscheidungsrecht von Nichtmitgliedern verbunden wäre. So können sich interessierte Bürgerinnen und Bürger sowie das „befreundete" Parteiumfeld für eine Partei engagieren.[33] Man mag einwenden, dass – abgesehen von der Piratenpartei – die Beteiligung von sowohl Parteimitgliedern als auch Nichtmitgliedern an Online-Plattformen bisher zahlenmäßig eher gering ausgefallen ist. Doch eine entsprechende „Online-Partizipationskultur"[34] stellt sich nicht sofort und auch nicht von selbst ein, sondern muss sich erst entwickeln. Dies ist jedoch nur möglich, wenn die entsprechenden Partizipationsverfahren erstens überhaupt zur Verfügung stehen und zweitens von den Parteien selbst engagiert gepflegt und politisch ernst genommen werden: Stichwort „Responsivität".[35]

4. Assoziative Dimension

Die assoziative Dimension des innerparteilichen Demokratieprinzips umfasst den Austausch und den Dialog der politischen Parteien mit der Zivilgesellschaft und mit Bürgerinnen und Bürgern, die nicht Mitglieder von Parteien sind.[36] Die sozialen Medien und das Internet können genutzt werden, um die parteipolitische Partizipation im Umfeld politischer Parteien zu stärken. In diesen Zusammenhang sind auch „virtuelle Ortsvereine" einzuordnen, die sich ganz bewusst Nichtmitgliedern öffnen.[37] „Virtuelle Ortsvereine" sind in der Regel „parteinahe Online-Vereine"[38], die nicht in die Parteiorganisation integriert,[39] wohl aber mit dieser assoziiert sind. Insofern vermitteln die „virtuellen Ortsvereine"

---

[33] Vgl. *Hanel/Marschall* (Fn. 32), S. 25.

[34] *Hanel/Marschall* (Fn. 32), S. 26.

[35] Vgl. *A. Elter*, Bierzelt oder Blog?, Politik im digitalen Zeitalter, 2010, S. 86 ff.

[36] Vgl. hierzu und zum Folgenden *Kersten* (Fn. 6), S. 8.

[37] Vgl. hierzu und zum Folgenden *S. Marschall*, Parteien und Internet – Auf dem Weg zu internet-basierten Mitgliederparteien, APuZ 10/2001, S. 38 (43 ff.); *ders.*, „Mitgliederpartei 2.0". Chancen und Grenzen virtueller Parteimitgliedschaft, in: U. von Alemann/M. Morlok/T. Spier (Hrsg.), Parteien ohne Mitglieder?, 2013, S. 271 (279 ff., 283 ff.).

[38] *Marschall* (Fn. 37), S. 283.

[39] Vgl. *D. Kraft*, Digitale Parteigliederung, MMR 2002, S. 733 (734 f.); *J. Ipsen*, in: ders. (Hrsg.), PartG, 2008, § 7 Rn. 2; *Augsberg* (Fn. 23), § 7 PartG Rn. 26.

auch keine neue Form der Mitgliedschaft, die dem Bestreben im Wege stünde, die Parteimitgliedschaft rechtlich und politisch stärker zu profilieren. Vielmehr handelt es sich um die virtuelle Institutionalisierung von politischen Freundeskreisen, die sich um die Parteien herum bilden. Ziel ist es, dem gemeinsamen Engagement von Parteimitgliedern und Nichtmitgliedern einen institutionellen Rahmen zu geben. Auch in diesem Fall gilt es, sich nicht von der bisher eher zurückhaltenden Beteiligung von Nichtmitgliedern demotivieren zu lassen.[40] Deshalb kommt es hier also ebenfalls auf die Entfaltung einer nachhaltigen Partizipationskultur an, die sich umso schneller entwickeln wird, je mehr politische Aufmerksamkeit die Parteien in diese elektronischen Formen assoziativer Demokratie investieren. So lässt sich auch in assoziativer Hinsicht die politische Integrationskraft der Parteien nachhaltig stärken, damit die Parteien ihre Funktion für das parlamentarische System der Bundesrepublik effektiv entfalten können.

5. Zwischenergebnis

Die formelle Dimension der Nachhaltigkeit in politischen Parteien hängt zentral von einer stärkeren politischen Konturierung der Parteimitgliedschaft in Verbindung mit Strategien ab, das Engagement von Nichtmitgliedern im unmittelbaren politischen Umfeld von Parteien zu aktivieren. Eine solche nachhaltige Umgestaltung setzt eine repräsentative, plebiszitäre, partizipative und assoziative Ausdifferenzierung der innerparteilichen Demokratie voraus, wobei die Parteien ganz gezielt die politischen Potenziale des Netzes nutzen können und auch sollten.

III. Materielle Nachhaltigkeit

Die materielle Nachhaltigkeit der Parteiendemokratie fragt danach, welche konzeptionellen Vorstellungen die politischen Parteien im Hinblick auf das Nachhaltigkeitsprinzip in den verfassungs- und rechtspolitischen Diskurs unserer repräsentativen Demokratie einbringen. Diese Frage gewinnt deshalb an Bedeutung, weil es sich bei der Nachhaltigkeit um einen Begriff handelt, der eine Vielzahl von Definitionen und Konzeptionen kennt,[41] ohne bisher eine klare verfassungsrechtliche Kontur gewonnen zu haben. Am weitesten verbreitet dürfte das dreidimensionale Verständnis von Nachhaltigkeit sein, das sich im Anschluss

---

[40] Vgl. *Bukow/Poguntke* (Fn. 13), S. 199.

[41] Vgl. nur *C. Mauch*, Mensch und Umwelt. Nachhaltigkeit aus historischer Perspektive, 2014; *J. Radkau*, Die Ära der Ökologie. Eine Weltgeschichte, 2011, S. 548 ff., 580 ff.; *M. Vogt*, Prinzip Nachhaltigkeit. Ein Entwurf aus teleologisch- ethischer Perspektive, 2009.

an den Bericht der Brundtland-Kommission *Our Common Future* aus dem Jahr 1987[42] entwickelt hat. Diese „drei Elemente Lehre“[43] der Nachhaltigkeit zielt darauf ab, soziale, ökologische und ökonomische Interessen zu einem angemessenen Ausgleich zu bringen.[44] Wie verstehen aber die politischen Parteien Nachhaltigkeit und welchen politischen Stellenwert räumen sie dem Nachhaltigkeitsprinzip in ihrer praktischen Arbeit ein? Dies erschließt sich – zumindest teilweise – aus Partei- und Grundsatzprogrammen, die im Folgenden im Hinblick auf Begriff, Begründung und Bedeutung des Nachhaltigkeitsprinzips vergleichend analysiert werden sollen.

1. Bündnis 90/Die Grünen

Bündnis 90/Die Grünen sehen in der Nachhaltigkeit einen zentralen Wert ihres Grundsatzprogramms von 2002:[45] Der Begriff der „Nachhaltigkeit“ wird als „die zukunftsfähige Verbindung von ökologischer, sozialer und wirtschaftlicher Entwicklung“ definiert. Damit legt die Partei das „klassische“ Drei-Säulen-Modell der Nachhaltigkeit zugrunde, das auf einen Ausgleich sozialer, ökologischer und ökonomischer Interessen gerichtet ist. Für die parteipolitische Begründung des Nachhaltigkeitsprinzips gehen Bündnis 90/Die Grünen auf ihren ökologischen Gründungsgedanken zurück, den sie in einer aufklärerischen Tradition sehen und mit der ökologischen Erfahrung der „Grenzen des Industrialismus“ verbinden wollen. Auf dieser Grundlage möchte die Partei Abstand von „unkritischem Fortschrittsglauben“ gewinnen und an dessen Stelle die Ökologie als eine unverzichtbare Dimension der „Modernisierung unserer Gesellschaft“ begreifen. Der Gesellschaftsvertrag soll durch eine ökologische Dimension erweitert werden, um der „Zukunftsvergessenheit traditioneller Politik“ eine „Politik der Verantwortung für die künftigen Generationen und unsere Mitwelt entgegen[zusetzen]“. Entsprechend diesem weiten Verständnis räumen Bündnis 90/Die Grünen dem Nachhaltigkeitsprinzip eine zentrale programmatische Bedeutung für ihre Parteiarbeit ein. Dabei kommt dem Schutz der Umwelt ein ganz besonderer Stellenwert zu: Die Bewahrung der natürlichen Lebensgrundlagen soll „nicht durch ein Zurück“, sondern durch eine nachhaltige Veränderung der heutigen Industriegesellschaften erfolgen. Aus diesem Grund weist die Partei „Nachhaltige Entwicklung als Handlungsmaxime“ aus, die in der gesamten Bandbreite politischer

---

[42] Vgl. *World Commission on Environment and Development*, Our Common Future, 1987 (www.un-documents.net/our-common-future.pdf [zuletzt abgerufen am 3.8.2015]), S. 41.

[43] *Wolff* (Fn. 4), S. 397.

[44] Vgl. *W. Kahl*, Einleitung: Nachhaltigkeit als Verbundbegriff, in: ders. (Hrsg.), Nachhaltigkeit als Verbundbegriff. 2008, S. 1 (8 ff. m. w. N.).

[45] Vgl. hierzu und zum Folgenden *Bündnis 90/Die Grünen*, Die Zukunft ist grün. Grundsatzprogramm, 2002 (www.gruene.de/fileadmin/user_upload/Dokumente/Grundsatzprogramm-2002.pdf [zuletzt abgerufen am 11.9.2015]), S. 10 f., 13, 25 ff., 30 ff., 36, 41 ff., 55, 57 ff., 62 ff., 75 ff., 81 ff., 94 f., 110, 116 f., 141, 145 f., einschließlich der Zitate.

Themen wirken soll – konkret in der Abfall-, Bildungs-, Energie-, Entwicklungs-, Familien-, Finanz-, Friedens-, Genrationen-, Geschlechter-, Gesundheits-, Kreislaufwirtschafts-, Konsum-, Kultur-, Raumordnungs-, Stadt-, Technologie-, Tierschutz-, Umwelt-, Verkehrs- und Wirtschaftspolitik.

2. Christlich Demokratische Union Deutschlands (CDU)

Die CDU konturiert das Nachhaltigkeitsprinzip in ihrem Grundsatzprogramm von 2007 im Kontext des Schutzes natürlicher Lebensgrundlagen und der Generationengerechtigkeit.[46] Dabei legt die Partei ebenfalls den klassischen dreidimensionalen Nachhaltigkeitsbegriff zugrunde. Dies ergibt sich aus der Anerkennung des „Rechts" der „nachfolgenden Generationen" auf „wirtschaftliche Entwicklung, sozialen Wohlstand und eine intakte Umwelt." Die CDU sieht ihr Verständnis von Nachhaltigkeit im christlichen Glauben begründet, nach dem Menschen, Natur und Umwelt die „Schöpfung Gottes" sind. Die Schöpfung zu schützen, wird von der Partei als „Auftrag" empfunden, sodass das Nachhaltigkeitsprinzip als „fester Bestandteil christlich-demokratischer Politik", als „Beitrag zur globalen Gerechtigkeit" und als Baustein für eine „ökologische und soziale Marktwirtschaft" verstanden wird. Die Bedeutung des Nachhaltigkeitsprinzips sieht das Grundsatzprogramm vor allem in der Biodiversitäts-, Klima-, Ressourcen- und Umweltpolitik, von denen Impulse für die Arbeits-, Außen-, Bildungs-, Entwicklungs-, Forschungs-, Forst-, Infrastruktur-, Landwirtschafts-, Sport-, Technologie- und Wirtschaftspolitik ausgehen sollen.

3. Christlich-Soziale Union (CSU)

Die CSU entfaltet das Nachhaltigkeitsprinzip in ihrem Grundsatzprogramm von 2007 vor allem als ein Konzept der Langzeitperspektiven.[47] Der Begriff der „Nachhaltigkeit" soll „die langfristigen ökologischen, volkswirtschaftlichen und sozialen Wirkungen transparent machen und in Rechnung stellen." Damit geht auch die CSU von dem dreielementaren Nachhaltigkeitsbegriff aus. Die Begründung nachhaltiger Politik wird in der Zukunftsverantwortung und Generationengerechtigkeit gesehen, wobei sich die Partei als „Anwalt der kommenden Generationen" begreift. Deshalb soll die Nachhaltigkeit „ein grundlegender Handlungsmaßstab" sein, sodass „jedes politische Handeln der Gegenwart (…)

---

[46] Vgl. hierzu und zum Folgenden *CDU*, Freiheit und Sicherheit. Grundsätze für Deutschland. Das Grundsatzprogramm, 2007 (www.cdu.de/system/tdf/media/dokumente/071203-beschluss-grundsatzprogramm-6-navigierbar_1.pdf?file=1&type=field_collection_item&id=1918 [zuletzt abgerufen am 11.9.2015]), S. 74 f., ferner S. 30 f., 56 f., 73, 109, einschließlich der Zitate.

[47] Vgl. hierzu und zum Folgenden *CSU*, Chancen für alle! In Freiheit und Verantwortung gemeinsam Zukunft gestalten. Grundsatzprogramm, 2007 (www.csu.de/common/_migrated/csucontent/grundsatzprogramm.pdf [zuletzt abgerufen am 11.9.2015]), S. 31 f., 54, 61, 123, 137, 174, einschließlich der Zitate.

an seinen positiven und negativen Folgen für künftige Generationen gemessen werden" muss. Das Grundsatzprogramm sieht die Bedeutung dieses Handlungsmaßstabs vor allem in der Energie-, Entwicklungs-, Finanz-, Generationen-, Forst-, Landwirtschafts-, Umwelt- und Wirtschaftspolitik.

4. *Die Linke*

Die Linke setzt in ihrem Programm von 2011 ihre Maßstäbe für das Nachhaltigkeitsprinzip.[48] Zwar definiert Die Linke den Begriff der „Nachhaltigkeit" nicht ausdrücklich, konkretisiert ihn aber in erster Linie in einem kapitalismuskritischen Konzept von „sozialer Gerechtigkeit", das sich durch eine ökologische Dimension erweitert sieht. Insofern sind auch im Begriffsverständnis der Linken grundsätzlich alle drei Dimensionen der Nachhaltigkeit präsent – allerdings nicht im Sinn eines Ausgleichs zwischen sozialen, ökologischen und ökonomischen Interessen. Vielmehr wird jedes ökonomische Interesse von vornherein unter einem primär sozialen und sekundär ökologischen Vorbehalt gesehen. Diese Asymmetrierung des dreidimensionalen Nachhaltigkeitsverständnisses kommt insbesondere in der Begründung des Nachhaltigkeitsprinzips zum Ausdruck: Die „sozialökologische Nachhaltigkeit" wird von der Linken als ein Wert ausgewiesen, an dem sich „demokratischer Sozialismus" orientiert und sich nicht mit einer „kapitalistischen Wachstumslogik" in Einklang bringen lässt. Insofern weist das Programm der Linken neben der ersten Leitidee einer solidarischen Gesellschaft eine zweite Leitidee aus: die „Unterordnung der Wirtschaft unter die solidarische Entwicklung und den Erhalt der Natur." Dies erfordert nach Auffassung der Linken „einen sozial-ökologischen Umbau zu nachhaltiger Entwicklung anstelle profitorientierten Wachstums." Das Ziel soll eine „Gesellschaft des demokratischen Sozialismus" sein, die einen „sozial-ökologischen Umbau in Richtung eines nachhaltigen, ressourcensparenden und umweltbewahrenden Wirtschaftens und Lebens" favorisiert. Als Bereiche, in denen dies vor allem gelingen soll, werden die Agrar-, Energie-, Europa-, Finanz-, Friedens-, Infrastruktur-, Ressourcen- und (Welt-)Wirtschaftspolitik genannt.

5. *Freie Demokratische Partei (FDP)*

Die FDP konkretisiert ihr Verständnis des Nachhaltigkeitsprinzips in ihrem Programm *Verantwortung für die Freiheit* von 2012.[49] Begrifflich geht auch

[48] Vgl. hierzu und zum Folgenden *Die Linke*, Programm, 2011 (www.die-linke.de/fileadmin/download/dokumente/programm_der_partei_die_linke_erfurt2011.pdf [zuletzt abgerufen am 11.9.2015]), S. 5, 24 f., 28, 30, 32 ff., 39 f., 62, 64, 66 ff., 69, 71, einschließlich der Zitate.

[49] Vgl. hierzu und zum Folgenden *FDP*, Verantwortung für die Freiheit. Karlsruher Freiheitsthesen der FDP für eine offene Bürgergesellschaft, 2012 (www.fdp.de/files/408/Karlsruher_Freiheitsthesen.pdf [zuletzt abgerufen am 11.9.2015]), S. 7, 25, 30, 36 ff., 39, 45, 79, 87, 105, einschließlich der Zitate.

dieses Programm vom dreidimensionalen Verständnis von Nachhaltigkeit aus, wenn die Nachhaltige Entwicklung weltweit als die ökologische, soziale und ökonomische Voraussetzung der Freiheit auch kommender Generationen verstanden wird. In der Begründung des Nachhaltigkeitsprinzips stellt die Partei einen Zusammenhang zu den langfristigen und globalen Chancen auf ein menschenwürdiges Leben für immer mehr Menschen her. Dabei grenzt sich das Parteiprogramm von einem asketischen Verständnis von Nachhaltigkeit als Verzicht ab. Darüber hinaus soll das Nachhaltigkeitsprinzip auch nicht dazu dienen, die Welt zu konservieren, sondern mit ihr verantwortungsvoll umzugehen. In diesem Sinn wird Nachhaltigkeit als „eine ‚zweite Aufklärung' der Menschen über die langfristigen negativen wie positiven Folgen unseres eigenen Handelns" verstanden, als ein Wettbewerb der Ideen für die Gestaltung nachhaltiger Lebensstile in einer immer komplexer werdenden Welt. Die politische Bedeutung dieses Verständnisses von Nachhaltigkeit wird von der FDP in das Konzept des „Blauen Wachstums" gefasst – einer Weiterentwicklung der „Green Economy" zu einer „Blue Economy", die auf ein „nachhaltiges, verantwortliches und systemisches intelligentes Wachstum" setzt. Dieses „blaue Wachstum" soll seine Bedeutung vor allem in der Finanz-, Haushalts-, Innovations-, Technik-, Umwelt- und Wirtschaftspolitik entfalten.

6. Sozialdemokratische Partei Deutschlands (SPD)

Die SPD entwirft in ihrem Hamburger Grundsatzprogramm von 2007 ebenfalls ein umfassendes Verständnis des Nachhaltigkeitsgrundsatzes.[50] Es findet seinen begrifflichen Ausgangspunkt in einem „nachhaltigen Fortschritt, der wirtschaftliche Dynamik, soziale Gerechtigkeit und ökologische Vernunft vereint." Damit bekennt sich auch die SPD zu dem dreidimensionalen Nachhaltigkeitsbegriff. Nachhaltigkeit – so die Begründung des Hamburger Programms – ist Ausdruck von sozialer, ökologischer und ökonomischer Verantwortung: Angesichts der „Herausforderungen des 21. Jahrhunderts, angesichts von Globalisierung und ökologischer Krise" wird Nachhaltigkeit als „das einzig verantwortbare Grundprinzip politischen und wirtschaftlichen Handelns" verstanden. Für die SPD bedeutet das Prinzip der Nachhaltigkeit: „von der Zukunft her denken; dem Primat der Kurzfristigkeit widerstehen und ebenso der Dominanz des Ökonomischen, der rein betriebswirtschaftlichen Logik; von der Idee der Gesellschaft her die Politik konzipieren und demokratische Vielfalt, ökologische Dauerhaftigkeit, soziale Integration und kulturelle Teilhabe als Leitideen sozialdemokratischer Politik verstehen." Dieses Konzept des „nachhaltigen Fortschritts" soll umfas-

[50] Vgl. hierzu und zum Folgenden *SPD*, Hamburger Programm. Das Grundsatzprogramm der SPD, 2007 (www.spd.de/linkableblob/1778/data/hamburger_programm.pdf [zuletzt abgerufen am 11.9.2015]), S. 5, 7, 17 f., 22, 24 f., 42, 46, 50 f.

send in der Arbeits-, Außen-, Bildungs-, Entwicklungs-, Finanz-, Forschungs-, Geschlechter-, Infrastruktur-, Ressourcen-, Umwelt-, Verbraucherschutz-, Währungs- und Wirtschaftspolitik umgesetzt werden.

7. Zwischenergebnis

Ein Vergleich der Grundsatzprogramme ergibt, dass alle Parteien ein dreidimensionales Verständnis des Nachhaltigkeitsbegriffs zugrunde legen, der auf einen Ausgleich von sozialen, ökologischen und ökonomischen Interessen gerichtet ist. Es bestehen allerdings Unterschiede in den Auffassungen der Parteien, wie die Gewichtung dieser drei Interessen im Rahmen des Nachhaltigkeitskonzepts erfolgen soll: So stehen ökonomische Belange im Fall der Parteien Die Linke und Bündnis 90/Die Grünen unter sozialen und ökologischen Vorbehalten, wobei in der Gewichtung dieser Interessen wiederum zwischen diesen beiden Parteien zu unterscheiden ist. Umgekehrt werden in den Vorstellungen einer „Blue Economy" der FDP ökonomische Interessen stärker betont. Zugleich aber verstehen sich diese unterschiedlichen Schwerpunktsetzungen im materiellen Konzept der Nachhaltigkeit in der Parteiendemokratie von selbst. Die weltanschaulichen Unterschiede der Parteien schlagen sich notwendigerweise und vollkommen legitim in unterschiedlichen Gewichtungen von sozialen, ökologischen und ökonomischen Interessen im dreidimensionalen Nachhaltigkeitsprinzip nieder. Dem entspricht auch, dass die politischen Parteien ihr materielles Verständnis von Nachhaltigkeit unterschiedlich begründen. So setzen Bündnis 90/Die Grünen einen ökologischen Schwerpunkt, beruft sich die CDU auf die Schöpfung, unterstreicht die CSU die Generationengerechtigkeit, legt Die Linke Wert auf die soziale Gerechtigkeit mit ökologischem Annex, reflektiert die FDP die Menschenwürdegarantie und betont die SPD das Verantwortungsprinzip vor dem Hintergrund sozialer, wirtschaftlicher und ökologischer Krisen.

Darüber hinaus setzen die Parteiprogramme die Nachhaltigkeit in den dynamischen Kontext einer positiv bewerteten gesellschaftlichen Entwicklung. Dies kommt etwa dadurch zum Ausdruck, dass Bündnis 90/Die Grünen und FDP ihr Verständnis von Nachhaltigkeit in der Tradition der Aufklärung sehen oder dass die SPD ihr Konzept eines „nachhaltigen Fortschritts" entfaltet. Bündnis 90/Die Grünen grenzen sich zwar ausdrücklich von einem „unkritischen Fortschrittsglauben" ab, präsentieren aber dafür mit ihrem Verständnis einer nachhaltigen „Modernisierung unserer Gesellschaft" ein konzeptionelles Äquivalent. Die CDU reflektiert ihr Nachhaltigkeitskonzept nicht explizit mit Blick auf gesellschaftlichen Fortschritt. Doch dieser deutet sich im Grundsatzprogramm der CDU in der Fortentwicklung der „sozialen Marktwirtschaft" zu einer „ökologischen und sozialen Marktwirtschaft" jedenfalls der Sache nach an. Wiederum unabhängig von diesen sehr unterschiedlichen Begründungen und

Kontextualisierungen begreifen alle Parteien das Nachhaltigkeitsprinzip als eine leitende Handlungsmaxime, die auf alle sozialen, ökologischen und ökonomischen Lebensbereiche angewandt werden soll. Aufgrund der „fortschrittlichen" und „modernen" Rahmung des Nachhaltigkeitskonzepts betonen praktisch alle Grundsatzprogramme die Bedeutung von Bildung, Wissenschaft und Technologie für die Umsetzung des Nachhaltigkeitsprinzips. Darüber hinaus messen die Parteien dem Nachhaltigkeitsgrundsatz nicht nur eine Steuerungsfunktion für die nationale, sondern auch für die trans- und internationale Ebene zu, wobei die Entwicklungs-, Friedens- und Weltwirtschaftspolitik als Felder nachhaltiger Politikgestaltung genannt werden.

IV. Fazit

Welche Folgen hat also diese Konturierung formeller und materieller Nachhaltigkeit durch die politischen Parteien für die nachhaltige Gestaltung des repräsentativen Systems der Bundesrepublik insgesamt? An Reformvorschlägen mangelt es auch hier nicht: Kinder- und Elternwahlrecht, die Trennung föderaler Verantwortungsbereiche, die Flexibilisierung des Wahlrechts, die Verlängerung von Legislaturperioden, die Schaffung neuer Nachhaltigkeitsräte und vieles mehr werden – zum Teil vollkommen zu Recht äußerst kontrovers – diskutiert.[51] Fokussiert man in der Diskussion jedoch speziell auf die Parteiendemokratie, so ergeben sich sowohl im Hinblick auf die formelle als auch auf die materielle Nachhaltigkeit zwei Reformperspektiven.

Hinsichtlich der *formellen Nachhaltigkeit* kämpft das parlamentarische System des Grundgesetzes mit einem zentralen Problem: dem offensichtlich immer stärker wachsenden Desinteresse der Bürgerinnen und Bürger. Vor allem die Anzahl der Nichtwähler wächst auf allen politischen Ebenen von den Kommunal- und Regionalwahlen über die Landtags- und Bundestagswahlen bis hin zu den Europawahlen.[52] Hier wirken sich die Reformstrategien der Parteien, ihre politische Integrationskraft angesichts des Rückgangs ihrer Mitgliederzahlen zu verbessern, in doppelter Hinsicht auf das parlamentarische System aus:[53] Erstens hat die Mobilisierung des politischen Engagements von Bürgerinnen und Bürgern für Parteien positive Folgen für die Wahlbeteiligung. Wer sich in oder für eine politische Partei engagiert, geht in der Regel auch wählen. Zweitens entwickeln und erproben die Parteien mit neuen Konzepten der repräsentativen,

---

[51] Vgl. für einen umfassenden Überblick *Kahl*, Nachhaltigkeit und Institutionen (Fn. 1), S. 282 ff.; *Wolff* (Fn. 4), S. 400 ff.; jeweils m. w. N.

[52] Vgl. *Wikipedia*, Nichtwähler (de.wikipedia.org/wiki/Nichtw%C3 %A4hler [zuletzt abgerufen am 17.9.2015]), mit umfassenden statistischen Nachweisen.

[53] Vgl. hierzu und zum Folgenden oben II.

plebiszitären, partizipativen und assoziativen Demokratie zugleich politische Prototypen demokratischer Teilhabe, auf die auch die repräsentative Monokultur des Grundgesetzes zurückgreifen kann, um ihre demokratischen Strukturen nachhaltig zu reformieren. Insbesondere im Hinblick auf das Verhältnis von IT und Demokratie werden die politischen Parteien zu einem Versuchslabor für eine nachhaltige Neugestaltung der Demokratie des Grundgesetzes.

Hinsichtlich der *materiellen Nachhaltigkeit* kann die Parteiendemokratie einen politischen Schub für die längst überfällige Verankerung eines Staatsziels „Nachhaltigkeit" im Grundgesetz entfalten: Seit über einem Jahrzehnt wird die Aufnahme dieses Staatsziels in die Verfassung diskutiert. Formulierungsvorschläge liegen auf dem Tisch. Der Entwurf eines dann nicht weiter verfolgten Generationengerechtigkeitsgesetzes von 2006 sah die folgende Formulierung für einen neuen Art. 20b GG vor: „Der Staat hat in seinem Handeln das Prinzip der Nachhaltigkeit zu beachten und die Interessen künftiger Generationen zu schützen."[54] *Wolfgang Kahl* hat diesen Vorschlag jüngst aufgegriffen, aber in eine sehr viel kompaktere Formulierung gekleidet: „Der Staat hat in seinem Handeln insbesondere mit Blick auf die Interessen künftiger Generationen das Prinzip der Nachhaltigkeit zu beachten."[55] Die vergleichende Analyse der Grundsatzprogramme der politischen Parteien hat gezeigt, dass alle tragenden Parteien der Bundesrepublik den Nachhaltigkeitsgrundsatz als eine umfassende Maxime für ihr politisches Handeln mit Ausstrahlungswirkung auf alle sozialen, ökologischen und ökonomischen Lebensbereiche auf allen politischen Ebenen verstehen.[56] Verfassungsrechtlich entspricht dies grundsätzlich der strukturellen Kontur einer Staatszielbestimmung. Insofern können sich die politischen Parteien selbst beim Wort nehmen und das Staatsziel „Nachhaltigkeit" im Grundgesetz verankern. Auch in der Parteiendemokratie ist die Zeit der nachhaltigen Diskussion einmal vorbei – und es kommt schlicht darauf an, nachhaltig zu handeln.

[54] BT-Drs. 16/3399, S. 3.

[55] *Kahl*, „Soziale Gerechtigkeit" (Fn. 1), S. 18; vgl. auch *ders.*, Staatsziel (Fn. 1), S. 9.

[56] Vgl. oben III.

Kapitel 3

Nachhaltigkeit und Gesetzgebung

Nachhaltigkeit im EU-Gesetzgebungsverfahren

Klaus Meßerschmidt

I. Einleitung

Der politische und inzwischen auch juristische Schlüsselbegriff der Nachhaltigkeit[1] wurde bislang vor allem als inhaltliches Konzept mit mehr oder weniger bestimmten materiellen Rechtsaussagen aufgefasst. Im Mittelpunkt steht hierbei der Gedanke der Schonung knapper und erschöpfbarer Ressourcen,[2] der längst nicht mehr auf den Umweltbereich beschränkt ist und inzwischen in ein umfassenderes, nicht bloß haushälterisches Konzept von Zukunftsverantwortung eingebettet ist.[3] Mit der neuen, zwar nicht alternativen, aber komplementären Fokussierung auf „Nachhaltigkeit durch Organisation und Verfahren"[4] wird der Erfahrung Rechnung getragen, dass Nachhaltigkeit schon wegen des zu bewältigenden Spannungsverhältnisses zwischen ihren ökologischen, ökonomischen und sozialen Funktionen und der zusätzlichen Schwierigkeit eines intertemporalen Interessenausgleichs keinen feststehenden Maßstab darstellt, sondern, um ihrer „Anerkennung als operabler Rechtsgrundsatz"[5] willen, als Suchprogramm in Entscheidungsprozesse eingeführt werden muss und von daher neben ihrer materiellen auch eine prozedurale Dimension aufweist.

Dementsprechend lassen sich im Unionsrecht materielle Nachhaltigkeitsgehalte im Primärrecht, Nachhaltigkeitsregelungen im Sekundärrecht und organisatorische bzw. prozedurale Nachhaltigkeitsregeln für Rechtsetzungsverfahren[6]

---

[1] Dazu *W. Kahl*, Einleitung, in: ders. (Hrsg.), Nachhaltigkeit als Verbundbegriff, 2008, S. 1.

[2] Vgl. statt vieler *Kahl* (Fn. 1), S. 22. Von daher ergibt sich auch ein Bezug zum Recht der Gemeinschaftsgüter (vgl. *C. Engel*, Das Recht der Gemeinschaftsgüter, Die Verwaltung 30 [1997], S. 429 und *E. Ostrom*, Die Verfassung der Allmende, 1999, S. 75 ff.), auch wenn der Geltungsanspruch des Nachhaltigkeitsprinzips sich auch auf private Güter erstreckt.

[3] Vgl. *Kahl* (Fn. 1), S. 25 m. w. N.; umfassend *I. Appel*, Staatliche Zukunfts- und Entwicklungsvorsorge, 2005; *G. Beaucamp*, Das Konzept der zukunftsfähigen Entwicklung im Recht, 2002 und *K. Gethmann/M. Kloepfer/H.-G. Nutzinger*, Langzeitverantwortung im Umweltstaat, 1993. „An extremely general form" attestiert *N. de Sadeleer*, Environmental Principles, Reprint 2008, S. 2, dem Nachhaltigkeitsprinzip.

[4] *Kahl* (Fn. 1), S. 32. Ähnlich *C. Calliess*, Der Grundsatz der nachhaltigen Entwicklung, in: Festschr. f. Meinhard Schröder, 2012, S. 515 (526).

[5] *Kahl* (Fn. 1), S. 4.

[6] Eine Fülle einschlägiger EU-Dokumente von unterschiedlichem Status findet sich auf der Internetseite der Kommission http://ec.europa.eu/environment/eussd (zuletzt abgerufen am 15.9.2015).

unterscheiden. Während das Nachhaltigkeitsprinzip im Primärrecht als materielles Rechtsgebot klar zutage tritt und seine Rolle seit Jahren ausgiebig erörtert wird,[7] erfordert eine Bestandsaufnahme der Nachhaltigkeitsgehalte des Sekundärrechts eine Kraftanstrengung, die sich nicht in der Fleißaufgabe der Sichtung der EU-Gesetzgebung erschöpft. Darum soll es im Folgenden jedoch nicht gehen. Vielmehr wird nach der Rolle des Nachhaltigkeitskonzepts im Gesetzgebungsverfahren der Europäischen Union gefragt. Um hierauf Antworten zu finden, ist an zwei Stellen anzusetzen: einerseits am Gesetzgebungsverfahren, andererseits am Nachhaltigkeitsprinzip. Hinsichtlich des ersteren ist zu eruieren, inwieweit es Nachhaltigkeitszielen eine Plattform bietet, wobei auch die Agenda der „Besseren Rechtsetzung"[8] auf ihre Affinität zu einem prozeduralen Nachhaltigkeitsermöglichungskonzept hin zu untersuchen ist. Im Rahmen des zweiten Ansatzes sollen die Aussagen zum Nachhaltigkeitsprinzip darauf befragt werden, inwieweit sie diesem eine prozedurale Qualität beimessen, wobei der Schwerpunkt auf die europarechtliche Diskussion gelegt wird. Darüber hinaus ist der Frage nachzugehen, ob das Postulat einer nachhaltigen Gesetzgebung einen umfassenden Anspruch oder spezifische Anforderungen an bestimmte, dem materiellen Nachhaltigkeitsdenken affine Gesetze und Gesetzgebungsthemen formuliert. Zuletzt werden Existenz und Rolle von „Nachhaltigkeitsinstitutionen" in der Europäischen Union beleuchtet.[9] Abschließend wird die Frage aufgeworfen, inwieweit die Europäische Union strukturell eine nachhaltige Gesetzgebung erleichtert oder erschwert.

II. Prozedurale Gehalte des Nachhaltigkeitsprinzips

1. Primärrechtliche Bestandsaufnahme

Das Nachhaltigkeitsprinzip wirft im Kontext des Unionsrechts nicht grundsätzlich andere Probleme auf als im engeren deutschen oder weiteren internationalen Rahmen – von einem wichtigen Unterschied abgesehen: Die im deutschen Umweltrecht wie auch im Umweltvölkerrecht umstrittene Frage seines Rechtsstatus[10] hat im Europarecht eine eindeutige Klärung auf höchster Ebene erfahren. Seit seiner erstmaligen Erwähnung im Maastricht-Vertrag von 1992

---

[7] Dies gilt auch für das Europarecht, vgl. nur *K. Meßerschmidt*, Europäisches Umweltrecht, 2011, § 3 Rn. 34 ff. und *A. Windoffer*, Verfahren der Folgenabschätzung als Instrument zur rechtlichen Sicherung von Nachhaltigkeit, 2011, S. 74 ff., jeweils m. w. N.

[8] Vgl. *I. Härtel*, Handbuch Europäische Rechtsetzung, 2006, § 2 Rn. 2 ff.

[9] Dazu allgemein, jedoch unter Ausklammerung der EU *W. Kahl*, Nachhaltigkeit und Institutionen – eine rechtswissenschaftliche Sicht, in: ders. (Hrsg.), Nachhaltigkeit als Verbundbegriff, 2008, S. 267.

[10] Aus völkerrechtlicher Sicht *K. F. Gärditz*, Nachhaltigkeit und Völkerrecht, in: W. Kahl (Hrsg.), Nachhaltigkeit als Verbundbegriff, 2008, S. 137 ff.

in Art. 130u Abs. 1 EGV a. F. im Kontext der Entwicklungszusammenarbeit und seiner Verallgemeinerung durch Art. 2 Spstr. 1 EUV a. F. und Art. 2 EGV (Amsterdam) im Jahre 1997[11] ist der Begriff der Nachhaltigen Entwicklung als Maxime unionaler und dementsprechend mittelbar auch mitgliedstaatlicher Politik fest etabliert.[12] Der Topos taucht heute an mehreren Stellen der quasikonstitutionellen europäischen Verträge auf: Art. 3 Abs. 3 UAbs. 1 S. 2 EUV zählt zu den binnenmarktfinalen Zielen der Union, dass diese „auf die nachhaltige Entwicklung Europas auf der Grundlage eines ausgewogenen Wirtschaftswachstums und von Preisstabilität" hinwirkt, wobei als weitere Ziele „eine in hohem Maße wettbewerbsfähige Marktwirtschaft, die auf Vollbeschäftigung und sozialen Fortschritt abzielt", sowie „ein hohes Maß an Umweltschutz" und die „Verbesserung der Umweltqualität" genannt werden. Auch wenn es sich um ein Unionsziel unter vielen handelt, ist der Nachhaltigkeit doch eine prominente und übergreifende Rolle zugedacht. Art. 3 Abs. 5 S. 2 EUV verpflichtet die Europäische Union darüber hinaus darauf, einen Beitrag zur „globalen nachhaltigen Entwicklung" zu leisten. Damit erübrigt sich im ranggleichen AEUV eine erneute umfassende Nennung des Nachhaltigkeitsprinzips. Dieser konnte sich vielmehr mit einer konkretisierenden Aussage zum Ressourcenschutz in Art. 191 Abs. 1 Spstr. 3 AEUV begnügen.[13] Dafür findet sich ein weiteres allgemeines Bekenntnis zur „ausgewogenen und nachhaltigen Entwicklung" in der Präambel der Charta der Grundrechte der Europäischen Union, die den „Grundsatz der nachhaltigen Entwicklung" in Art. 37 erwähnt und dort ausdrücklich auf den Umweltschutz bezieht. Die unionsrechtlichen Querschnittsklauseln, wie der für den Umweltschutz geltende Art. 11 AEUV,[14] passen nahtlos zum Dreiklang von ökologischer, ökonomischer und sozialer Nachhaltigkeit. In der mehrfachen Positivierung des Nachhaltigkeitsprinzips spiegelt sich nicht nur die Modernität des Unionsrechts, sondern auch die besondere Rolle, die das Unionsrecht Prinzipien als Vektoren der Rechtsfortbildung beimisst. Mitunter wird das Nachhaltigkeitsprinzip innerhalb der europäischen Rechtsetzungslehre als „moderne Ordnungsidee" sogar auf gleicher Stufe mit ihrer freiheitlichen, demokratischen und rechtsstaatlichen Prägung positioniert.[15]

---

[11] Vgl. *M. Kloepfer*, Umweltrecht, 3. Aufl. 2004, § 4 Rn. 32.

[12] Vgl. zur Etablierung des Nachhaltigkeitsprinzips im Primärrecht *W. Frenz/H. Unnerstall*, Nachhaltige Entwicklung im Europarecht, 1999 und *Kahl* (Fn. 1), S. 13 f. m. w. N.; zur aktuellen Primärrechtslage *A. Epiney*, Umweltrecht der Europäischen Union, 3. Aufl. 2013, Rn. 5/31 ff.

[13] Dazu *Meßerschmidt* (Fn. 7), § 3 Rn. 23 ff.

[14] *C. Calliess*, Die neue Querschnittsklausel des Art. 6 ex 3c EGV als Instrument zur Umsetzung des Grundsatzes der nachhaltigen Entwicklung, DVBl. 1998, S. 559 und *Meßerschmidt* (Fn. 7), § 2 Rn. 18 ff.

[15] *Härtel* (Fn. 8), § 2 Rn. 43.

2. *Konkretisierungsbedarf*

Die außerordentliche Plastizität des Nachhaltigkeitsbegriffs[16] wirft die Frage auf, wie ihm das Schicksal einer beliebig durch politische und juristische Akteure auffüllbaren Leerformel erspart werden kann. Wie beim ähnlich strukturierten Gemeinwohlbegriff, der die Suche nach korrespondierenden Gemeinwohlverfahren stimuliert,[17] kommt beim Nachhaltigkeitstopos, der mit seiner ökologische, ökonomische und soziale Belange verbindenden Drei-Säulen-Struktur[18] eine bedeutende Teilmenge des Gemeinwohlpostulats umschreibt und dieses in die Zukunft verlängert, das Bedürfnis nach Nachhaltigkeitsverfahren auf.[19] Während Bemühungen um eine materielle Konkretisierung des Nachhaltigkeitsprinzips mit einer Vielzahl von Varianten, Interpretationen und Interessenkonflikten ringen,[20] eröffnen angemessene Dialog- und Entscheidungsverfahren eine Konsens- und Steuerungschance.

a) *Nachhaltigkeitsverfahren als Abwägungsverfahren*

Wie immer im Verhältnis materieller und prozeduraler Standards stellt sich die Frage, ob es sich um ein Nebeneinander oder ein Gegeneinander handelt. Wie schon das Grundgesetz trifft das europäische Vertragsrecht materiell-rechtliche Aussagen, die sich nicht auf prozedurale Anforderungen zurücknehmen lassen. Dies gilt im Grunde auch für das Nachhaltigkeitsprinzip, wobei allerdings aufgrund seiner Säulenarchitektur und der gebotenen Politikintegration der prozedurale Aspekt eine stärkere Beachtung verdienen mag als im Falle anderer, weniger offen formulierter Prinzipien. Nachhaltigkeit wird zuallererst als Aufgabe formuliert und nicht als Lösung präsentiert. Von *Oliver Lepsius* wird sie als „dauernder Abwägungsprozess" charakterisiert.[21] Allgemein wird dem Nachhaltigkeitsprinzip die Aufgabe eines Ausgleichs zwischen Ökologie und Ökonomie zugeschrieben.[22] Ein solcher Kompromiss kann nur im Einzelfall gefunden werden, wenn eine Vielzahl von Faktoren berücksichtigt und angemessen in die

---

[16] Von „potentielle(r) Grenzenlosigkeit" spricht *E. Rehbinder*, Nachhaltigkeit als Prinzip des Umweltrechts: konzeptionelle Fragen, in: Gesellschaft für Umweltrecht (Hrsg.), Umweltrecht im Wandel, 2001, S. 721 (741). Von „finaler Steuerung durch offene Zielvorgaben" spricht *W. Kahl*, Der Nachhaltigkeitsgrundsatz im System der Prinzipien des Umweltrechts, in: H. Bauer et al. (Hrsg.), Umwelt, Wirtschaft und Recht, 2002, S. 111 (139).

[17] Vgl. *J. H. Klement*, Nachhaltigkeit und Gemeinwohl, in: W. Kahl (Hrsg.), Nachhaltigkeit als Verbundbegriff, 2008, S. 99 m. w. N.

[18] Vgl. nur *Meßerschmidt* (Fn. 7), § 3 Rn. 39 m. w. N.

[19] Richtungsweisend *W. Kahl/P. Hilbert*, Impact Assessment in der EU – Sicherung von Nachhaltigkeit durch Integration, in: Festschr. f. Michael Kloepfer, 2013, S. 399.

[20] Vgl. *Rehbinder* (Fn. 16), S. 739 ff.

[21] *O. Lepsius*, Nachhaltigkeit und Parlament, in: W. Kahl (Hrsg.), Nachhaltigkeit als Verbundbegriff, 2008, S. 326 (349).

[22] Vgl. statt vieler *de Sadeleer* (Fn. 3), S. 67 m. w. N.

Abwägung eingestellt werden. Dies rechtfertigt es, Organisation und Verfahren eine entscheidende Bedeutung für die Umsetzung des Nachhaltigkeitskonzepts zuzuweisen. Namentlich Verfahren der Folgenabschätzung[23] werden als Instrument zur rechtlichen Sicherung von Nachhaltigkeit gewertet.[24]

Wenn die Prozeduralisierung des Nachhaltigkeitsbegriffs demnach seiner Komplexität und Implementationsbedürftigkeit Rechnung trägt und die Aufgabe seiner Konkretisierung nicht ausschließlich der Ex-post-Kontrolle juristischer Exegeten überantworten möchte, darf sie doch nicht als Kapitulation vor den Schwierigkeiten einer Begriffsschärfung verstanden werden. „Legitimation durch Verfahren" verdankt ihre Wirkung nicht dem endgültigen völligen Verzicht auf eine Inhaltskontrolle, sondern nimmt diese auf solche Konstellationen zurück, in denen das Konkretisierungsziel wegen Diskursdefiziten oder evident prinzipienwidriger Ergebnisse verfehlt wird. Diese Erwartung – und keine weitergehende – verbindet sich mit der Prozeduralisierung des Nachhaltigkeitsbegriffs, die im Übrigen keine Besonderheit des Europarechts darstellt, sondern ebenso im nationalen Recht und im Völkerrecht beobachtet und empfohlen wird.[25]

b) Keine eigenständige Nachhaltigkeitsprüfung

Anders als Deutschland kennt die Europäische Union keine explizite Nachhaltigkeitsprüfung im Gesetzgebungsverfahren, wie sie § 44 Abs. 1 S. 4 GGO vorsieht.[26] Dort wird das Instrument der Nachhaltigkeitsprüfung als Unterart der Gesetzesfolgenabschätzung konturiert.[27] Die EU ist den umgekehrten Weg gegangen und hat die ursprünglich eigenständigen Ermittlungs- und Bewertungsverfahren, zu denen neben *Business Impact Assessment* und *Regulatory Impact Assessment* auch das *Sustainable Impact Assessment* zählte,[28] zum komplexeren *Integrated Impact Assessment* zusammengefasst.[29] In der Sache ändert dies nichts an der Affinität von Folgenabschätzung und Nachhaltigkeitsprüfung. Seitdem auch in Deutschland die Entscheidung zugunsten des Integrationsmo-

---

[23] Vgl. statt vieler *Härtel* (Fn. 8), § 17 Rn. 13 ff. m. w. N.

[24] Vgl. *Windoffer* (Fn. 7), S. 203 ff.

[25] Vgl. zum nationalen Recht u. a. *Kahl* (Fn. 16), S. 140; zum Völkerrecht *Gärditz* (Fn. 10), S. 172.

[26] Zum Verhältnis beider Verfahren *W. Kahl*, Gesetzesfolgenabschätzung und Nachhaltigkeitsprüfung, in: W. Kluth/G. Krings (Hrsg.), Gesetzgebung. Rechtsetzung durch Parlamente und Verwaltungen sowie ihre gerichtliche Kontrolle, 2014, § 13 Rn. 40 f. Vgl. auch die Definition von *Kahl*, a. a. O., § 13 Rn. 35.

[27] *Calliess* (Fn. 4), S. 525 ff.; *Kahl* (Fn. 26), § 13 Rn. 35 ff.; *G. Krings*, Die Nachhaltigkeitsprüfung in der Gesetzesfolgenabschätzung, ZG 23 (2009), S. 237. Vgl. auch *A. Windoffer*, Nachhaltigkeit und Gesetzesfolgenabschätzung (in diesem Band).

[28] Vgl. KOM(2002) 278 endg., S. 7.

[29] Vgl. *A. Renda*, Impact Assessment in the EU, 2006, S. 53.

dells gefallen ist,[30] sind die Unterschiede zwischen europäischer und deutscher Nachhaltigkeitsprüfung nicht mehr grundsätzlicher Natur. Über den Verfahrensgang informieren aktuell die Leitlinien von 2015.[31] Die anfängliche Spaltung in ein vorläufiges und erweitertes Verfahren[32] wurde schon früher aufgegeben. Aufgrund der „Roadmaps", die im Interesse der Standardisierung der Folgenabschätzung eingeführt wurden, ist jedoch eine differenzierte Handhabung des gleichermaßen kostenträchtigen und zeitaufwendigen Instruments der Gesetzesfolgenabschätzung möglich. Maßgebliche Bedeutung kommt hierbei Indikatoren und Prüfkriterien mit dem ihnen eigenen Rationalisierungspotenzial zu.[33] Soweit Folgenabschätzungen und Nachhaltigkeitsprüfungen nicht hausintern, sondern unter Zuhilfenahme externen Sachverstands vorgenommen werden, sind Pluralismus und Transparenzsicherungsmaßnahmen zu fordern, um ausgewogene Ermittlungen und Bewertungen zu gewährleisten. Im Ergebnis kann festgehalten werden, dass mit dem Integrated Impact Assessment auf EU-Ebene ein „umfassendes Folgenabschätzungssystem" besteht, „das auch als Nachhaltigkeitsprüfung fungiert und von klaren Zuständigkeiten und Verfahrensvorgaben profitiert".[34] Ob auch heute noch von einer „ziemlich unterschiedliche(n) Qualität" der EU-Nachhaltigkeitsprüfungen gesprochen werden muss,[35] mag aus juristischer Perspektive dahinstehen.

Als unselbständiger Bestandteil der Gesetzesfolgenabschätzung teilt die Prüfung von Nachhaltigkeitsaspekten der EU-Rechtsetzung deren ungesicherten Rechtsstatus. Die prominente Rolle der Gesetzesfolgenabschätzung innerhalb der „Better Regulation Agenda" der Europäischen Union und die breite Resonanz der europäischen Rechtsetzungsreform haben hieran wenig geändert.[36] Zu beachten ist ferner, dass die Nachhaltigkeitsprüfung unbeschadet der vorgenommenen Einordnung in wenigstens einer Hinsicht über die allgemeine Gesetzesfolgenabschätzung hinausgeht: Als Prozeduralisierung des Nachhaltigkeitsprinzips ist sie nicht wertneutral, sondern reflektiert dessen Finalität. Demgegenüber lässt sich die Folgenabschätzung unabhängig von normativen Prämissen durchführen, obwohl es auch hier eine juristische Pointe gibt: ihre Relevanz für die Verhältnismäßigkeit und Subsidiarität europäischer Gesetzgebung. Der Nachhaltigkeitsbezug begründet schließlich auch eine Sonderstellung

---

[30] Dafür bereits *K. Jacob/S. Veit/J. Hertin*, Gestaltung einer Nachhaltigkeitsprüfung im Rahmen einer Gesetzesfolgenabschätzung, 2009.

[31] Vgl. Commission Staff Working Document COM(2015) 215 final, S. 17 ff. und *Kahl/Hilbert* (Fn. 19), S. 407 ff.

[32] Vgl. *Renda* (Fn. 29), S. 54 f.

[33] Vgl. *A. Grunwald/J. Kopfmüller*, Die Nachhaltigkeitsprüfung: Kernelemente einer angemessenen Umsetzung des Nachhaltigkeitsleitbilds in Politik und Recht, Forschungszentrum Karlsruhe – Wissenschaftliche Berichte 7349, 2007, S. 19 ff.

[34] *Kahl/Hilbert* (Fn. 19), S. 410.

[35] So im Jahr 2007 *Grunwald/Kopfmüller* (Fn. 33), S. 33.

[36] Siehe nachfolgend III.2.

der Nachhaltigkeitsprüfung innerhalb der Better Regulation-Strategie. Soweit diese insgesamt auf eine Entlastung von Bürgern und Wirtschaft zielt, erscheint die Nachhaltigkeitsprüfung als Platzhalter einer Regelungsidee, die tendenziell zu zusätzlichen Belastungen führt. Auf dieses Spannungsverhältnis, das durch Prozeduralisierung nicht aufgelöst werden kann, ist zurückzukommen.

c) Spezifika von Nachhaltigkeitsverfahren

So leicht das Votum für eine Prozeduralisierung des Nachhaltigkeitsziels fällt, so anspruchsvoll ist die Konkretisierung dieser Forderung. Die meisten Anforderungen an einen nachhaltigkeitsgerechten Entscheidungsprozess, wie Heranziehung von Sachkunde, Partizipation und Abwägung, sind nicht eigentlich nachhaltigkeitsspezifisch, sondern bezeichnen Merkmale jeder guten demokratischen und rechtsstaatlichen Entscheidung. Allerdings verleiht die sachliche und zeitliche Reichweite nachhaltigkeitsrelevanter Entscheidungen diesen Forderungen eine besondere Dringlichkeit. Dies gilt etwa für die Absage an „besonders zeitsparende Entscheidungsverfahren" zugunsten des Einbaus „retardierende(r) Elemente, sofern sie nicht aus sachfremden Erwägungen in Gang gesetzt werden, sondern dem Überdenken einer bestimmten weit reichenden Entscheidung mit Blick auf deren Konsequenzen dienen".[37] Die Idee der Nachhaltigen Entwicklung könne auf Grund der mit ihr zwingend verbundenen Strukturänderungen und erheblichen Verzichte überhaupt nur Erfolge haben, wenn sie einen gesellschaftlichen Prozess darstellt, der langfristig durchlaufen wird[38] und einem gesellschaftlichen Such-, Lern- und Gestaltungsprozess gleicht.[39]

Ob hieraus verbindliche Verfahrensregeln für eine nachhaltige Gesetzgebung abgeleitet werden können, ist eine Frage, die zwangsläufig in den Diskurs um Rationalitätsanforderungen an die Gesetzgebung[40] überleitet. Dass man dort von einem Konsens weit entfernt ist, erschwert auch die Verständigung über nachhaltigkeitsspezifische Verfahrensstandards. Deshalb sollen zunächst einige besondere Herausforderungen an eine nachhaltigkeitsorientierte Gesetzgebung skizziert werden. In einem zweiten Schritt soll untersucht werden, inwiefern das EU-Gesetzgebungsverfahren sich dafür eignet, diese Aufgaben abzuarbeiten. Die sich hieran anschließende rechtspolitische Frage nach möglichen Verbesse-

---

[37] *A. Glaser*, Nachhaltigkeit im Sozialstaat, in: W. Kahl (Hrsg.), Nachhaltigkeit als Verbundbegriff, 2008, S. 620 (634 f.), auch zum Folgenden.

[38] *E. Rehbinder*, Das deutsche Umweltrecht auf dem Weg zur Nachhaltigkeit, NVwZ 2002, S. 657 (664).

[39] Vgl. *UBA*, Nachhaltige Entwicklung in Deutschland, 2002, S. 1 f.

[40] Vgl. insb. *B. Grzeszick*, Rationalitätsanforderungen an die parlamentarische Rechtsetzung im demokratischen Rechtsstaat, in: VVDStRL 71 (2011), S. 49 m. w. N. und *K. Meßerschmidt*, Gesetzgebungsermessen, 2000, S. 777 ff. sowie demnächst *K. Meßerschmidt/D. Oliver-Lalana* (Hrsg.), Rational Lawmaking, 2016.

rungen des Rechtsetzungsprozesses wird nur insofern aufgegriffen, als sie in die offizielle Agenda der „besseren Rechtsetzung“ einfließt.

d) Inkrementale oder perspektivische Gesetzgebung?

Die im Nachhaltigkeitstopos enthaltene Verheißung einer dauerhaften Lösung regelungsbedürftiger Probleme oder zumindest des Offenhaltens zukünftiger Optionen deutet auf die Notwendigkeit einer langfristigen Gesetzgebungsperspektive. Für deren Realisierung spannt sich ein Möglichkeitsraum auf zwischen einer auf lange Zeiträume bezogenen gesamthaften und einer inkrementalistischen, kleinteiligen und kurzfristigen Gesetzgebung. Hierbei scheint eine vom klassischen Planungsgedanken geprägte, gewissermaßen planifikatorische Gesetzgebung die Idealform nachhaltiger Gesetzgebung darzustellen, während ein Gesetzgebungsinkrementalismus im Sinne des „piecemeal social engineering“[41] sich überhaupt nicht in das Nachhaltigkeitsdenken zu fügen scheint. Ein „muddling through“ im Sinne *Lindbloms*, der hierunter nicht einen Notbehelf, sondern eine rationale politische Strategie der kleinen verifizierbaren, aber auch revozierbaren Veränderungen versteht,[42] erscheint geradezu als Gegenentwurf zur Nachhaltigkeitsstrategie. Zwar ist hier nicht der Ort, die geistesgeschichtlichen Grundlagen des Nachhaltigkeitstopos aufzuarbeiten. Dennoch darf das Spannungsverhältnis zwischen dem im Wortsinn konservativen Ansatz des Nachhaltigkeitspostulats und der die moderne Gesellschaft gleichzeitig charakterisierenden Beschleunigung des sozialen, demographischen, kulturellen und vor allem auch technologischen Wandels nicht vernachlässigt werden. Nachhaltigkeit als retrograde Utopie oder retardierende Strategie würde sich zur Realität ähnlich eskapistisch verhalten wie das Biedermeier zur Industrialisierung und wäre somit kaum eine Basis für Zukunftsgestaltung, sondern primär Ausdruck politischer Romantik und ein soziokulturelles Phänomen einer unter Modernisierungsprozessen leidenden Gesellschaft. Soweit im Namen von Nachhaltigkeit eine zukunftsfähige Entwicklung eingefordert wird, ist das Nachhaltigkeitskonzept umgekehrt mit dem Problem jeder futurologischen Utopie konfrontiert: der mangelnden Prognostizierbarkeit künftiger Entwicklungen und damit der erschwerten Steuerbarkeit von Gesellschaft und Wirtschaft. Mit einem „Zeithorizont 2050“[43] nimmt die Überprüfbarkeit ab oder beschränkt sich auf Zwischenetappen. Die Nachhaltigkeit der EU-Gesetzgebung lässt sich nur bedingt an ihrem Ergebnis messen, da der Bewertungszeitpunkt *per definitionem* in der

---

[41] Vgl. *K. Popper*, Die offene Gesellschaft und ihre Feinde, Bd. 1, 6. Aufl. 1980, S. 21 ff. und öfter.

[42] *C. E. Lindblom*, The Science of „Muddling Through“, in: Public Administration Review 19 (1959), S. 79.

[43] *S. Lindemann/M. Jänicke*, Nachhaltigkeitsstrategien in Deutschland und der EU, FFU-report 02-2008, S. 28.

Zukunft liegt. Vor diesem Hintergrund sind Extreme der Nachhaltigkeitsgewissheit ebenso zu verwerfen wie ein „Fatalismus 2.0", sondern Zwischenformen in den Blick zu nehmen. So vermeidet insbesondere das Konzept der lernenden Gesetzgebung den Gegensatz zwischen „nachhaltigen" Zehnjahresplänen einerseits und kurzfristigem Interventionismus andererseits. Es strebt dauerhafte Veränderungen an, bleibt dabei jedoch dem trial-and-error Prinzip treu.[44] Als „zentrales Element aller zukunftsgerichtete[n] Entscheidungen" wird daher zu Recht deren Reversibilität herausgestellt.[45] Dieser Reversibilitätsvorbehalt ermöglicht Abhilfe in einer Situation, die man als Nachhaltigkeitsparadox charakterisieren kann: Einerseits soll Gesetzgebung zukünftige Entscheidungsoptionen offen halten, andererseits nimmt eine von Nachhaltigkeitsvorstellungen getragene Gesetzgebung, wie namentlich die Energiewende-Gesetzgebung der Europäischen Union und mehr noch der Bundesrepublik Deutschland, Weichenstellungen mit langfristigen Wirkungen vor. Diesen Widerspruch muss das Nachhaltigkeitsprinzip internalisieren, will es die ihm inhärente Sprengkraft beherrschen.

e) Kriterien nachhaltiger Gesetzgebung

Aus dem Nachhaltigkeitsziel werden spezifische Anforderungen an die Gesetzgebung abgeleitet. Eine an einer Nachhaltigkeitsstrategie ausgerichtete Gesetzgebung soll sich insbesondere durch Zielorientierung, Ergebnisorientierung und Monitoring- und Evaluationspflichten auszeichnen.[46] Zielorientierte Steuerung schließt die Vorgabe quantifizierter und zeitgebundener Ziele ein. Ergebnisorientierung – ein in Anbetracht der Nähe zur vorigen Kategorie wohl nicht optimaler Begriff – impliziert die Festlegung konkreter Umsetzungsmaßnahmen und Zuständigkeiten. Monitoring und Evaluation dienen der Erfolgskontrolle des Gesetzes und sind regelmäßig mit Berichtspflichten zu verknüpfen.

Die für Nachhaltigkeitsgesetzgebung charakteristische erweiterte Zeitdimension weist unterschiedliche Facetten auf: Vor allem geht es darum, dauerhafte Wirkungen zu erzielen. Die Nachhaltigkeitsorientierung kann sich auch in einem gestuften Gesetzgebungsprogramm mit zeitlich gestaffelten Inkrafttretenszeitpunkten seiner einzelnen Bausteine niederschlagen. Diese zeitlich gestreckte Gesetzgebung kann einerseits der Komplexität der Reformaufgabe, andererseits aber auch einer Politik des schonenden Übergangs geschuldet sein.

---

[44] Vgl. die Nachw. bei *K. Meßerschmidt*, Gesetzgebungslehre zwischen Wissenschaft und Politik, ZJS 2008, S. 111, 224 (227).

[45] *Lepsius* (Fn. 21), S. 344. Zur Problematik der Verifizierbarkeit des Irreversibilitätsurteils *de Sadeleer* (Fn. 3), S. 373.

[46] *Lindemann/Jänicke* (Fn. 43), S. 4; dort allerdings ohne eindeutigen Bezug auf die Gesetzgebung, sondern allgemein in Bezug auf Steuerung und Nachhaltigkeitsplanung, auch zum Folgenden.

Eine zeitliche Stufung und Streckung der Gesetzgebung ist jedoch regelmäßig ein Indikator eines gesetzgeberischen Nachhaltigkeitsziels. Der Zukunftsbezug des Nachhaltigkeitsprinzips schafft allerdings auch die „Möglichkeit einer Verschiebung von Problemlösungen auf die Zukunft oder jedenfalls der temporären Hinnahme auch unvollkommener Lösungen".[47] Über die Dringlichkeit des gesetzgeberischen Tätigwerdens entscheidet dann vielfach nicht allein das Nachhaltigkeitsprinzip, sondern – jedenfalls im Bereich des Umweltschutzes – auch das Vorsorgeprinzip, wobei dem Gesetzgeber Entscheidungsspielräume hinsichtlich des „Ob, wie und wann" des Handelns nicht abgesprochen werden dürfen.[48] Zu differenzieren ist überdies zwischen Rechtsbereichen, die eine rasche Anpassung an veränderliche Verhältnisse erfordern, und solchen, die den Eigenwert der Kontinuität honorieren müssen. Letzteres gilt insbesondere für Verhaltensregeln, die breit und möglichst lückenlos befolgt werden müssen. Dass Recht in Gewohnheit übergehen muss, zeigt am besten der Straßenverkehr. Rechtsänderungen sind dort wegen der damit verbundenen Informationskosten und des erhöhten Risikos der Nichtbefolgung nur aus zwingenden Gründen vertretbar. Demgegenüber droht Vorschriften des Technikrechts der Bedeutungsverlust, wenn sie nicht veränderten Verhältnissen angepasst werden. Zwar rechtfertigt der bloße Technikbezug einer Vorschrift nicht die permanente normative Revolution. Eine auf unreflektierter Gleichsetzung von Nachhaltigkeit mit Dauerhaftigkeit beruhende Hoffnung auf eine Allianz von nachhaltiger Gesetzgebung und Investitionssicherheit wäre vor diesem Hintergrund aber naiv.

III. Spezifische Bedingungen der EU-Rechtsetzung

In einer umfassender angelegten Studie wäre im Einzelnen zu untersuchen, wie die EU-Rechtsetzung den zuvor genannten Anforderungsprofilen entspricht. Dies kann hier nur exemplarisch geleistet werden.

1. Primärrechtliche Befunde

Allgemein bietet das Rechtsetzungsverfahren in der EU aufgrund der Aufgabenverteilung zwischen Europäischem Parlament, Rat und Europäischer Kommission und der Abschichtung von Vorschlagsphase und Beschlussverfahren (vgl. Art. 289 Abs. 1 AEUV) ausreichend Gelegenheit für reflexive Prozesse, die für eine Nachhaltigkeitspolitik genutzt werden können. Bereits die Ausarbeitung eines Rechtsetzungsvorschlags durch die Kommission, die mit Konsulta-

[47] *Rehbinder* (Fn. 16), S. 737.

[48] Vgl. zu Spielräumen des Gesetzgebers allgemein *Meßerschmidt* (Fn. 40).

tionen mit Vertretern der Mitgliedstaaten, anderer EU-Organe und interessierter Kreise aus der „Zivilgesellschaft" einhergeht,[49] gibt Abwägungsprozessen einen weiten Spielraum. Die anschließenden kommissionsinternen und -externen Abstimmungsverfahren bieten weitere Gelegenheiten für eine intensive Beratung. Dem Ganzen vorangegangen sind vielfach bereits eine Bestandsaufnahme und Evaluation mitgliedstaatlicher Gesetzgebung und Diskussionsanstöße der Kommission in Gestalt von Mitteilungen und insbesondere Grün- und Weißbüchern. Auch wenn vieles im politischen Ermessen der Kommission und der anderen beteiligten Organe liegt, kann festgehalten werden, dass der dem Initiativrecht der Kommission vorgeschaltete Beratungsprozess ein gegenüber dem sog. inneren Gesetzgebungsverfahren in Deutschland höheres Nachhaltigkeitspotential besitzt. Inwieweit dieses genutzt wird, ist eine andere Frage, die hier ebenso wenig vertieft werden kann wie das unbestreitbare Vorhandensein von Schattenseiten der europäischen Gesetzgebung, die insbesondere mit der Komitologie,[50] dem Outsourcing von Gesetzgebungsarbeiten[51] und einem grassierenden Lobbyismus,[52] aber auch mit der Verquickung von Sachpolitik und institutionellen Egoismen assoziiert werden.

Von Nachteil für die Lernfähigkeit der Gesetzgebung ist ihre Zentralisierung durch die Europäische Union. Diese erschwert den regulatorischen Wettbewerb und das Lernen von anderen Ansätzen bzw. „best practices".[53] Weite Umsetzungsspielräume in Richtlinien können diese Problematik teilweise entschärfen, sind aber ihrerseits mit Nachteilen hinsichtlich der Rechtsharmonisierung behaftet und können Nachhaltigkeitsgesetzgebung insofern auch demotivieren. Eine generelle Aussage zu den Vor- und Nachteilen von *top-down* und *bottom-up* als Regulierungsstrategien lässt sich daher kaum treffen.

2. Bedeutung der „Better Regulation Agenda" für Nachhaltigkeitsgesetzgebung

Der Gedanke, durch Regulierung – und bessere Regulierung – Nachhaltige Entwicklung zu fördern, ist kein Novum.[54] Innerhalb der europäischen Rechtsetzungsreform, die ihren Ausgang vom Mandelkern-Bericht von 2001[55] genommen

[49] Vgl. *Härtel* (Fn. 8), § 17 Rn. 1 ff. und *Meßerschmidt* (Fn. 7), § 6 Rn. 27 ff.

[50] Vgl. nur *Härtel* (Fn. 8), § 11 Rn. 22 ff. m. w. N.

[51] Vgl. zur Rolle von Consultingfirmen und Anwaltskanzleien *Meßerschmidt* (Fn. 7), § 6 Rn. 44 und *dens.*, Private Gesetzgebungshelfer, Der Staat 51 (2012), S. 387.

[52] Vgl. nur *Härtel* (Fn. 8), § 5 Rn. 124 ff. m. w. N. und Synthese Rn. 50.

[53] *F. Chittenden/T. Ambler/D. Xiao*, Impact Assessment in the EU, in: S. Weatherill (Hrsg.), Better Regulation, 2007, S. 272 (275).

[54] Zusammenfassend *OECD*, Regulatory Policy and the Road to Sustainable Growth (Draft Report), 2010.

[55] Abschlussbericht der Hochrangigen Beratergruppe unter Vorsitz von Herrn Mandelkern, vorgelegt am 13. November 2011. Deutsche Fassung in *BMI* (Hrsg.), Moderner Staat – Moderne Verwaltung: Der Mandelkern-Bericht: Auf dem Weg zu besseren Gesetzen, 2002.

und seither in mehreren Mitteilungen der Kommission und interinstitutionellen Vereinbarungen ihren Niederschlag gefunden hat,[56] nimmt der Nachhaltigkeitsgedanke eine eher nachgeordnete Stellung ein. Von der „Better Regulation Agenda", die auf dem „Good Governance"-Diskurs fußt und – vom britischen Vorbild inspiriert[57] – stark von ökonomischem Effizienzdenken geprägt ist,[58] war eine solche Fokussierung auch nicht zu erwarten. Die Mehrdimensionalität des Nachhaltigkeitsprinzips hätte jedoch seine stärkere Gewichtung erlaubt, ohne dass hierdurch der Rechtsetzungsreform eine monofinale Ausrichtung aufgenötigt worden wäre. Freilich bestanden bei der Lancierung der Agenda Vorbehalte gegenüber einem Ausufern des Nachhaltigkeitsgedankens, der für umstrittene Rechtsetzungen der EU wie die REACH-Verordnung verantwortlich gemacht wurde.[59] Am ehesten bilden die Mitteilungen zur Folgenabschätzung eine Brücke zum Nachhaltigkeitsgedanken. Dementsprechend heißt es in einer einschlägigen Mitteilung, die Verpflichtung zur Folgenabschätzung basiere auf dem Grundsatz der Nachhaltigen Entwicklung und sei so ausgelegt, dass politische Entscheidungsträger ihre Beschlüsse auf der Grundlage einer sorgfältigen Analyse der möglichen wirtschaftlichen, sozialen und umweltbezogenen Folgen neuer Rechtsvorschriften fassen können. Kernstück dieses integrierten Ansatzes sei eine gründliche und ausgewogene Abwägung aller Folgen, die es erlaubt, eine umfassende Analyse zu präsentieren und gegebenenfalls Kompromisse zu ermitteln. Die „Verstärkung des wirtschaftlichen Pfeilers der Folgenabschätzung" gehe nicht zulasten der Bedeutung der Nachhaltigen Entwicklung.[60] Damit wird nicht nur das Nachhaltigkeitsprinzip bestätigt, sondern teilweise in die Form einer Nachhaltigkeitsprüfung gegossen, auch wenn es an einer Formalisierung wie in § 44 GGO auf europäischer Ebene fehlt. Auch mit der Weiterentwicklung des Projekts „Bessere Rechtsetzung" zu „smart regulation"[61] gerät der Nachhaltigkeitsgedanke nicht aus dem Blick. Gleichwohl ist nicht zu verkennen, dass „Better Regulation" seit jeher den Hauptakzent auf die Stärkung der Wettbe-

---

[56] Weißbuch Europäisches Regieren, KOM(2001) 428 endg. (ABl.EG 2001 C Nr. 287, S. 1); Mitteilung KOM(2001) 727 endg. [„European Governance – Renewing the Community Method"]; Aktionsplan der Kommission „Vereinfachung und Verbesserung des Regelungsumfelds", KOM(2002) 278 endg.; Mitteilungen KOM(2002) 704 [Interessenbeteiligung]; KOM(2002) 713 [sachverständige Beratung]; KOM(2002) 276 endg. [Folgenabschätzung]; KOM(2005) 97 endg. [„Better Regulation for growth and jobs in the European Union"]; KOM(2009) 15 endg.; Interinstitutionelle Vereinbarung „Bessere Rechtsetzung", ABl.EG 2003 C Nr. 321, S. 1; Vorschlag einer neuen Interinstitutionellen Vereinbarung, Mitteilung COM(2015) 216 final.

[57] Vgl. *S. Weatherill*, The Challenge of Better Regulation, in: ders. (Hrsg.), Better Regulation, 2007, S. 1.

[58] Vgl. nur *Weatherill* (Fn. 57), S. 1 m. w. N.

[59] *R. E. Lofstedt*, The ‚Plateau-ing' of the European Better Regulation Agenda: An analysis of activities carried out by the Barroso Commission, King's College London: King's Centre for Risk Management, 30.9.2006, S. 11.

[60] KOM(2005) 97 endg., S. 5 ff.

[61] KOM(2010) 543 endg.

werbsfähigkeit der EU-Ökonomie legt.[62] Friktionen zwischen wirtschaftlichen Belangen und Nachhaltigkeitszielen sind daher, unbeschadet der Harmonisierungsformel der Langfrist-Ökonomie, unvermeidlich. Zudem ist zu konstatieren, dass das Nachhaltigkeitsthema in den Diskussionen um die Reform der Gesetzesfolgenabschätzung in der EU, anders als die Stärkung der Wettbewerbsfähigkeit, keine prominente Rolle spielte,[63] sondern eher von außen als Kritik an die Agenda herangetragen wurde.[64]

Im Alltag der längst zur Routine gewordenen EU-Folgenabschätzung mit inzwischen Hunderten von Folgenabschätzungen spielen Nachhaltigkeitsthemen hingegen eine überdurchschnittlich große Rolle.[65] Seit dem 19. Mai 2015 liegen neue Leitlinien der Kommission zur besseren Rechtsetzung vor („Better Regulation Guidelines"),[66] welche, wie ihre Vorgängerinnen aus den Jahren 2002, 2005 und 2009,[67] auch die Folgenabschätzung mit ihren Nachhaltigkeitsaufgaben umfassen und durch eine detailliertere „tool box" ergänzt werden. Zur ex-ante und ex-post-Evaluation als hauptsächlichen Methoden der Folgenabschätzung heißt es dort: „Both are based on an integrated approach that addresses impacts across the environmental, social and economic pillars of sustainable development and so contribute to the mainstreaming of sustainability in policy making at the Union level."[68]

Wie die Gesetzesfolgenabschätzung selbst bleibt die Nachhaltigkeitsprüfung freilich im Kontext der EU-Rechtsetzung ein fakultatives Instrument. Sie teilt die Unsicherheiten, die auf der EU-Gesetzesfolgenabschätzung lasten. Wie sich bereits aus der Tatsache ergibt, dass die wesentlichen Aussagen lediglich in Mitteilungen der EU-Kommission enthalten sind, die keinen Rechtssatzcharakter haben,[69] fehlt es weitgehend an der rechtlichen Verbindlichkeit. Eine solche kann sich allenfalls partiell aus der interinstitutionellen Vereinbarung, aus Sekundärrechtsakten oder mittelbar aus primärrechtlichen Nachhaltigkeitsgehalten[70] ergeben. Immerhin besteht weitgehende Einigkeit darüber, wann eine Folgenabschätzung geboten ist. Dies ist zunächst bei allen Rechtsetzungsvorschlägen der Fall, die Bestandteil des Legislativ- und Arbeitsprogramms der Kommission sind. Im Übrigen gilt der „Grundsatz der proportionalen Analyse",

---

[62] *Renda* (Fn. 29), S. 2. Vgl. auch *M. Porter/C. van der Linde*, Toward a New Conception of the Environment-Competitiveness Relationship, Journal of Economic Perspectives 9 (1995), S. 97.

[63] Vgl. *Renda* (Fn. 29), S. 80 ff.

[64] Vgl. *Lofstedt* (Fn. 59), S. 11 ff. m. w. N.

[65] Dazu *Chittenden/Ambler/Xiao* (Fn. 53), S. 283 und 285 f. auf der Basis einer Auswertung von 127 Folgenabschätzungen im Zeitraum 2003–2005.

[66] Commission Staff Working Document COM(2015) 215 final, SWD(2015) 110 final.

[67] Vgl. *Kahl/Hilbert* (Fn. 19), S. 406 ff.

[68] Commission Staff Working Document (Fn. 66), S. 8.

[69] Vgl. nur *Meßerschmidt* (Fn. 7), § 2 Rn. 543 m. w. N.

[70] Zur Diskussion um Art. 11 AEUV *Kahl/Hilbert* (Fn. 19), S. 403 f. m. w. N.

der die begrenzten Analysekapazitäten auf die bedeutendsten Rechtsetzungsvorhaben, darunter alle Gesetze mit Nachhaltigkeitsrelevanz, lenkt.[71]

Da die europäischen Institutionen zu Recht davon ausgehen, dass es sich bei der Folgenabschätzung um eine Entscheidungshilfe und kein Entscheidungssubstitut handelt,[72] berührt der unklare Status der Folgenabschätzung nicht die Rechtsgültigkeit der mit oder ohne Folgenabschätzung verabschiedeten Rechtsakte. Eine weitere Schwierigkeit ergibt sich aus der Pluralität der Akteure im europäischen Gesetzgebungsprozess. Dies wirft die Frage des Umgangs mit der Folgenabschätzung und möglicher sukzessiver oder konkurrierender Folgenabschätzungen unterschiedlicher Akteure (Kommission, Rat, Parlament) auf.[73] Möglicherweise besteht eine Berücksichtigungspflicht, deren Justiziabilität jedoch höchst ungewiss ist.[74] Der EuGH hat jedenfalls eine rechtliche Bindung an die Ergebnisse einer Folgenabschätzung verneint.[75] Unklar sind ferner die Rolle der Konsultationsverfahren in der Gesetzesfolgenabschätzung und das Verhältnis interner und externer Kontrollen. So wurde der Folgenabschätzung zur europäischen Chemikaliengesetzgebung, der REACH-Verordnung, bescheinigt, zu einem „forum for stakeholder input" reduziert worden zu sein.[76] Dies fügt sich in die Beobachtung, dass die Folgenabschätzung über ihre Kernfunktion der Tatsachenermittlung und Prognosestellung weitere politische Funktionen erfüllt. *Anne Meuwese* unterscheidet zwischen „‚truth to power' approach", „‚reason-giving' approach", „providing a forum for stakeholder input", „highlighting trade-offs" und „structuring the discourse".[77] Diese Beobachtung deckt sich im Grundsatz mit dem Hinweis von *Wolfgang Kahl*, wonach die Nachhaltigkeitsprüfung nicht nur als Analyseinstrument, sondern auch als Kommunikationsinstrument zu verstehen ist.[78] Hieraus erwächst jedoch ein Spannungsverhältnis zwischen der intendierten Evidenzbasierung und dem politischen Charakter der Gesetzesfolgenabschätzung. So kann das Verlangen nach anspruchsvollen Folgenabschätzungen auch als Mittel der Gesetzgebungsblockade dienen.[79] Der

---

[71] Vgl. *Kahl/Hilbert* (Fn. 19), S. 407.

[72] Erneut bekräftigt in den Leitlinien von 2015, vgl. Commission Staff Working Document COM(2015) 215 final, S. 17.

[73] Hierzu näher *A. Meuwese*, Inter-institutionalising EU Impact Assessment, in: S. Weatherill (Hrsg.), Better Regulation, 2007, S. 287 (292 ff.). *Kahl/Hilbert* (Fn. 19), S. 412, halten die Verteilung der „Folgenabschätzungsverantwortung" zwischen den europäischen Institutionen für reformbedürftig.

[74] Hierzu näher *Kahl/Hilbert* (Fn. 19), S. 405 f.

[75] EuGH, Rs. C-343/09 (Afton Chemical), Slg. 2010, I-7027, Rn. 30.

[76] *Meuwese* (Fn. 73), S. 300 ff. Zum zwiespältigen Charakter der Konsultationsverfahren auch *Renda* (Fn. 29), S. 22.

[77] *Meuwese* (Fn. 73), S. 298 ff.

[78] *Kahl* (Fn. 26), § 13 Rn. 39.

[79] Man denke etwa an die Finanzmarktregulierung im Vorfeld der Finanzmarktkrise. Vgl. dazu *N. Moloney*, Law-making Risks in EC Financial Market Regulation after the Financial Services Action Plan, in: S. Weatherill (Hrsg.), Better Regulation, 2007, S. 321.

Einfluss des Gedankens der besseren Regulierung auf die europäische Nachhaltigkeitsgesetzgebung ist daher mit zahlreichen Unwägbarkeiten verbunden.

3. Sekundärrechtliche Umsetzung

Hinsichtlich der Anforderungen an eine nachhaltigkeitsbetonte, ziel- und ergebnisorientierte, monitoring- und evaluationsfreundliche und prinzipiell revisible Gesetzgebung können hier nicht mehr als einige Hinweise gegeben werden.

a) Allgemeines

Zunächst besteht weitgehende Einigkeit darüber, dass für eine Nachhaltigkeitsgesetzgebung die Verwendung des Wortes „nachhaltig" als unbestimmter Rechtsbegriff regelmäßig nicht ausreicht. Vielmehr bedarf es konkreter Nachhaltigkeitsgehalte. Darüber hinaus spielt die Beachtung der zuvor genannten legistischen Kriterien eine Rolle.

Beispiele für EU-Rechtsetzung mit langfristiger Perspektive und umfassendem Veränderungsziel liefert insbesondere das Energierecht. Nachhaltigkeit wird hier als umfassende Veränderungsaufgabe verstanden. Ein starker sowohl materieller als auch prozeduraler Nachhaltigkeitsfaktor prägt auch die Kaskadengesetzgebung des EU-Gewässerschutzrechts, die, auf der Wasserrahmenrichtlinie beruhend, ein über fast zwei Jahrzehnte sich erstreckendes Gesetzgebungsprojekt der EU und ihrer Mitgliedstaaten bildet.[80]

b) Rolle von Nachhaltigkeitsstrategien

Der Prozesscharakter einer gestuften Nachhaltigkeitsgesetzgebung wird durch die Vorschaltung einer im weiteren Sinn gesetzesdirigierenden, wenn auch rechtlich nicht bindenden Nachhaltigkeitsstrategie unterstrichen. Seitdem die Europäische Union erstmals im Jahr 2001 durch den Europäischen Rat in Göteborg eine EU-Nachhaltigkeitsstrategie verabschiedet hat[81] wurde diese 2006 neu gefasst[82] und zuletzt 2009 überprüft.[83] Dieses als „ehrgeizige und umfassende neue Strategie der EU für nachhaltige Entwicklung" annoncierte Aktionsprogramm[84] identifiziert sieben Schlüsselbereiche: Klimawandel und umweltfreundliche Energie;

---

[80] Nachw. bei *Meßerschmidt* (Fn. 7), § 14 Rn. 15 ff.

[81] Europäischer Rat (Göteborg), Schlussfolgerungen des Vorsitzes 15./16.6.2001, Dok. SN 200/1/01 REV 1.

[82] Ratsdokument Nr. 10917/06 v. 26.6.2006; vgl. auch KOM(2007) 642 endg. Vgl. zur Rolle der Folgenabschätzung in der Gesetzgebung Ziffer 11.

[83] Mitteilung KOM(2009) 400 endg. Vgl. auch Schlussfolgerungen des Vorsitzes 10./11.12.2009, Dok. EUCO 6/09, Rn. 21. Eine Programmfortschreibung steht aus, vgl. zuletzt www.bmub.bund.de/themen/europa-international/europa-und-umwelt/eu-nachhaltigkeitsstrategie (zuletzt abgerufen am 15.9.2015).

[84] Dok. 10633/06 REV 1, Rn. 17.

nachhaltiger Verkehr; nachhaltige Konsumtion und Produktion; Erhaltung und Bewirtschaftung der natürlichen Ressourcen; Gesundheit; soziale Eingliederung, Demografie und Migration sowie globale Herausforderungen bezüglich Armut und Nachhaltige Entwicklung. Ihren „operativen Zielen und Vorgaben", denen enttäuschte Beobachter bescheinigen, „weniger ein zielorientiertes Steuerungsinstrument als ein[en] Referenzrahmen [darzustellen], der bereits vorhandene Ziele strategisch aufwertet",[85] kommt keine größere Bedeutung als die einer politischen Absichtserklärung zu. Deshalb ist der Versuch, die Nachhaltigkeitsstrategie dem inzwischen durch „Europa 2020" abgelösten Lissabon-Programm überzuordnen,[86] müßig. Am Misserfolg dieses Programms[87] hätte eine Umkehr der politischen Rangfolge ohnehin nichts geändert. Gleichwohl sind solche Strategiepapiere nicht als unbedeutend abzutun. Sie dienen immerhin der Selbstverständigung und Politikvorbereitung der europäischen Institutionen und bewahren das Nachhaltigkeitsthema davor, im Aufmerksamkeitszyklus der Politik unterzugehen. In diesem Sinne bekräftigt die EU, dass die Nachhaltigkeitsstrategie „weiterhin eine langfristige Vision bieten und den übergreifenden politischen Rahmen für alle Unionspolitiken und -strategien bilden" wird.[88]

c) Charakteristische Nachhaltigkeitsmerkmale von europäischen Gesetzen

Quantifizierte Ziele, die zu bestimmten Zeitpunkten zu erreichen sind, finden sich mittlerweile in vielen EU-Rechtsakten. Die Vorgabe konkreter Maßnahmen ist bei Richtlinien nicht zwingend. Die Vorgabe konkreter Zuständigkeiten innerhalb der Mitgliedstaaten scheidet sogar aus Rechtsgründen aus. Auch die Vorgabe von Monitoring-, Evaluations- und Berichtspflichten findet sich in einer Vielzahl von Richtlinien. Sie entspricht einem zeitgenössischen Trend, ist aber kein ausschließliches Merkmal von Nachhaltigkeitsregelungen, sondern kann auch primär der Implementationskontrolle von EU-Recht dienen, ohne dass ein inhaltlicher Bezug zu Nachhaltigkeitszielen gegeben zu sein braucht.

d) Aktionsrichtlinie als Idealtypus nachhaltiger Gesetzgebung?

Die erwähnten Kriterien nachhaltiger Steuerung – Zielorientierung, Ergebnisorientierung und Monitoring- und Evaluationspflichten – treten bei einem neueren Richtlinientypus gehäuft auf, für den sich die Bezeichnung der Aktionsrichtlinie eingebürgert hat.[89] Sie sind vor allem im Umweltrecht verbrei-

[85] *Lindemann/Jänicke* (Fn. 43), S. 10.
[86] *Lindemann/Jänicke* (Fn. 43), S. 28.
[87] *Weatherill* (Fn. 57), S. 3 („vainglorious").
[88] Schlussfolgerungen des Vorsitzes 10./11.12.2009, Dok. EUCO 6/09, Rn. 21.
[89] Vgl. insb. *R. Breuer*, Entwicklungen des europäischen Umweltrechts – Ziele, Wege, Irrwege, 1993, S. 32; *W. Durner/R. Ludwig*, Paradigmenwechsel in der europäischen Umweltrechtsetzung?, NuR 2008, S. 457 und *Meßerschmidt* (Fn. 7), § 2 Rn. 387 f.

tet,[90] aber nicht auf diesen Rechtsbereich beschränkt. Unbeschadet der Eignung dieses Rechtsetzungsinstruments für eine dynamische, lernend sich fortentwickelnde, nachhaltige Steuerung weist das Regelungsmodell auch Nachteile auf, die zu seiner kontroversen Beurteilung beitragen.[91] Schließlich kann die Aktionsrichtlinie auch Ausdruck der Unfähigkeit sein, sich auf eine konkrete Lösung zu einigen. Die materiellen Dissonanzen werden dann gesichtswahrend durch Prozeduralisierung bei gleichzeitiger Verdünnung des materiellen Regelungsgehalts überbrückt.[92]

IV. Institutionelle Aspekte des Nachhaltigkeitsprinzips

Das Gesetzgebungsverfahren als potentielles Nachhaltigkeitsverfahren setzt entsprechende „nachhaltig orientierte Institutionen", wenn auch nicht notwendigerweise eigene Nachhaltigkeitsinstitutionen voraus.[93] Von solchen Institutionen wird erwartet, dass sie in der Lage sind, „Dynamik, Bewertungsunterschiede, Perspektivenvielfalt, Pluralismus und Relativismus zu verarbeiten".[94] Dieses Verständnis steht zwar in Kontrast zu der häufigen rechtspolitischen Forderung nach einem „institutionellen Design", „das auf Stabilität, Langzeitpräsenz oder gar die Erwartung von ‚Objektivität' vertraut", lässt sich aber mit dem herkömmlichen institutionellen Gefüge der Europäischen Union vereinbaren und erfordert keine tiefgreifenden institutionellen Reformen unter dem Blickwinkel der Nachhaltigkeit.

1. Allgemeines

Die Frage nach der strukturellen Eignung der Europäischen Union für eine erfolgreiche Nachhaltigkeitsgesetzgebung mag auf den ersten Blick überraschen, eröffnet doch die Umsetzung des Großraumdenkens in Gestalt der Europäischen Union ideale Voraussetzungen für die Bewältigung der zum überwiegenden Teil im nationalen Maßstab nicht ausreichend zu bearbeitenden Herausforderungen einer nachhaltigen Wirtschaft und Gesellschaft. Begünstigt wird eine nachhaltige Gesetzgebung möglicherweise auch durch die technokratische

---

[90] Beispiele sind die Wasserrahmenrichtlinie, die Luftqualitätsrichtlinie und die Umgebungslärmrichtlinie.

[91] Hierzu näher *Meßerschmidt* (Fn. 7), § 2 Rn. 388.

[92] Vgl. *O. Lell/J. Rechenberg*, Überfordertes Gesetzgebungsverfahren?, ZUR Sonderheft 2001, S. 120 (122).

[93] Vgl. *R. Schmidt*, Institutionen und Instrumente zur Sicherung von Nachhaltigkeit, in: Liber amicorum Luzius Wildhaber, 2007, S. 1085; speziell zur Institutionalisierung der Nachhaltigkeitsprüfung in Deutschland *Kahl* (Fn. 26), § 13 Rn. 43 ff. und *G. Deter*, „Nationale Nachhaltigkeitsstrategie" und Grundgesetz, ZUR 2012, S. 157 (158 ff.).

[94] Hierzu und zum Folgenden *Lepsius* (Fn. 21), S. 336.

Prägung der Gesetzgebungsarbeit der Kommission, die in relativer Abgeschiedenheit von demokratischen Impulsen und Brüchen eine weitgehend eigenständige und langfristig orientierte Rechtspolitik betreiben kann. Von der die nationalstaatliche Gesetzgebung prägenden Intervallhaftigkeit der Legislaturperioden, die längst zu Zweifeln an der Eignung der demokratischen Repräsentativorgane für die Bewältigung von Aufgaben, die sich nicht in diesem engen Zeitraster bearbeiten lassen, geführt haben,[95] scheint die Kommission nur mittelbar betroffen zu sein. Auch wenn sie – im Unterschied zum Rat und zum Europäischen Parlament – kein eigentliches Gesetzgebungsorgan, sondern eine politische Gesetzgebungsbehörde darstellt, ist ihr Einfluss auf die EU-Gesetzgebung enorm.[96] Obwohl auch die Arbeitsprogramme der Kommission terminiert sind,[97] verbreitet sie eine Aura von Unendlichkeit, die in der Finalität der „immer engeren Union der Völker Europas" (Präambel des EUV) angelegt ist und auch durch die von der Kommission *Juncker* proklamierte Zäsur[98] nicht aufgehoben wird. Inwieweit die Kommission die etwas zweifelhafte „Chance der Demokratieferne" für eine nachhaltigkeitsorientierte Gesetzgebung nutzt, ist eine andere Frage.

2. *Bestandsaufnahme*

Entsprechend ihrer Rolle als wichtigster Akteur der Folgenabschätzung und Nachhaltigkeitsprüfung verfügte die Kommission zwischen 2006 und 2015 über einen Ausschuss für Folgenabschätzung (*Impact Assessment Board, IAB*), dessen Aufgabe darin bestand, die Folgenabschätzungen, die in der Verantwortung der zuständigen regulären Dienststellen der Kommission durchgeführt werden, beratend zu unterstützen und zu evaluieren.[99] Er unterstand direkt dem Kommissionspräsidenten.[100] Dies wie auch der Umstand, dass der stellvertretende Generalsekretär dem Gremium angehörte, unterstrich die Bedeutung, die der Folgenabschätzung beigemessen wurde. Dieses Gremium wurde Mitte 2015 durch den *Regulatory Scrutiny Board* mit im Wesentlichen gleichen Aufgaben

---

[95] Vgl. *Kahl* (Fn. 9), S. 280 m. w. N. ; *ders./A. Glaser*, Die Nachhaltigkeitsfähigkeit der parlamentarischen Demokratie, in: K. Lange (Hrsg.), Nachhaltigkeit im Recht, 2003, S. 9; a. A. *Lepsius* (Fn. 21), S. 326 ff.

[96] Vgl. *Meßerschmidt* (Fn. 7), § 6 Rn. 15 ff. und *W. Wessels*, Gesetzgebung in der Europäischen Union, in: W. Ismayr (Hrsg.), Gesetzgebung in Westeuropa, 2008, S. 653 (657: „Schlüsselrolle").

[97] Vgl. http://ec.europa.eu/atwork/key-documents/index_en.htm (zuletzt abgerufen am 15.9.2015) sowie allgemein *Härtel* (Fn. 8), § 5 Rn. 66 und § 12 Rn. 6 ff. speziell zur Rechtsetzungsplanung.

[98] Vgl. Mitteilung KOM(2014) 910 endg. und das als „Ein neuer Start" titulierte Arbeitsprogramm von 2015.

[99] SEC(2006) 1457/3.

[100] Näheres bei *Kahl/Hilbert* (Fn. 19), S. 408.

ersetzt.[101] Um seine Unabhängigkeit zu stärken, wurden drei externe Mitglieder in das bis dahin rein kommissionsinterne Gremium aufgenommen. Ob das Gremium damit der vor zehn Jahren von *Renda* und anderen noch vor der Etablierung des IAB geforderten unabhängigen Zentralstelle zur Koordination und Kontrolle von EU-Folgenabschätzungen nahekommt[102] und Funktionen eines „clearinghouse" oder „regulatory watchdog" erfüllen kann, lässt sich ohne eine umfassende Praxisanalyse nicht beurteilen. Jedoch dürften weder die Befugnisse noch die Personalausstattung des Gremiums hierfür ausreichen.

Der Bedeutungszuwachs des Europäischen Parlaments hat bislang nicht dazu geführt, dass der Kommission ein hinsichtlich Sachkunde und personeller Kontinuität ebenbürtiges Organ im Gesetzgebungsprozess gegenübersteht. Deshalb erübrigen sich eine Auseinandersetzung mit der umstrittenen Annahme einer „besonderen Nachhaltigkeitsfähigkeit" von Parlamenten[103] und ihre Überprüfung am Beispiel des Europäischen Parlaments. Auch das Parlament ist jedoch in die Folgenabschätzung involviert und hat im Jahr 2012 eine eigene Direktion für Folgenabschätzung und Europäischen Mehrwert geschaffen, um die Parlamentsausschüsse bei Folgenabschätzungen und Bewertungen des europäischen Mehrwerts (im Sinne des Subsidiaritätsprinzips) besser zu unterstützen.[104] Dies fördert die Ausbreitung des Instruments der Folgenabschätzung über den gesamten Gesetzgebungsprozess.

Hingegen verfügt die Europäische Union über keine spezialisierten, mit Rechtsetzungskompetenzen begabten Nachhaltigkeitsinstitutionen. Unter den beratenden Einrichtungen der Union können sowohl der Wirtschafts- und Sozialausschuss als auch der Ausschuss der Regionen Nachhaltigkeitsthemen aufgreifen, sind jedoch hierauf nicht fokussiert.[105] Immerhin hat der EWSA schon vor Jahren eine Beobachtungsstelle für Nachhaltige Entwicklung (*Sustainable Development Observatory/SDO*) eingerichtet, die laut ihrem letzten Arbeitsprogramm den „zivilgesellschaftlichen Druck" zur Einhaltung von Nachhaltigkeitsverpflichtungen aufrechterhalten will.[106] Das Gremium rühmt sich, als einzige EU-Einrichtung ausschließlich Nachhaltigkeitspolitik zu betreiben.[107]

---

[101] Decision of the President of the European Commission on the establishment of an independent Regulatory Scrutiny Board, 19.5.2015, C(2015) 3263 final, abrufbar unter http://ec.europa.eu/smart-regulation/better_regulation/documents/c_2015_3263_en.pdf (zuletzt abgerufen am 15.9.2015).

[102] *Renda* (Fn. 29), S. 124 ff. m. w. N.

[103] So *Lepsius* (Fn. 21), S. 350.

[104] Vgl. den Bericht der Kommission: Jahresbericht 2012 über die Anwendung der Grundsätze der Subsidiarität und der Verhältnismäßigkeit COM(2013) 566 final, abgedruckt in BR-Drs. 608/13, S. 5.

[105] Vgl. zu Art. 300 ff. AEUV *Meßerschmidt* (Fn. 7), § 6 Rn. 70 ff.

[106] Arbeitsprogramm der Beobachtungsstelle für nachhaltige Entwicklung (BNE) April 2013 bis Oktober 2015, S. 5 (abrufbar unter www.eesc.europa.eu/resources/docs/sdo-work-programme-2013-2015_de.pdf [zuletzt abgerufen am 15.9.2015]).

[107] Vgl. www.eesc.europa.eu/?i=portal.en.sdo-observatory (zuletzt abgerufen am 15.9.2015).

Schließlich könnte die Vielfalt der externen Ausschüsse und Beiräte, der Komitologieausschüsse sowie der Agenturen der Europäischen Union in den Blick genommen werden, von denen einige Nachhaltigkeitsaufgaben wahrnehmen.[108] Eine systematische Aufarbeitung, wie sie *Klaus Ferdinand Gärditz* für die Nachhaltigkeitsinstitutionen im Völkerrecht geleistet hat,[109] ist im hiesigen Rahmen jedoch nicht möglich. Im Unterschied zur Vielfalt der Institutionen und Gremien im Völker- und Welthandelsrecht, die sich mit Umwelt- und Nachhaltigkeitsfragen befasste Divisionen zugelegt haben, zeichnen sich die EU-Nachhaltigkeitseinrichtungen durch ihre Organisation unter dem Dach der europäischen Institutionen und dadurch ermöglichte bessere Koordination aus. Daneben sind Gremien und Netzwerke tätig, die mit der EU eng verbunden sind, ohne EU-Einrichtungen darzustellen.[110] Zugleich steht die Forderung nach einem „Europäischen Nachhaltigkeitsrat" im Raum.[111] Man mag die Vielzahl der Nachhaltigkeitsakteure, ihr wenig präzises Aufgabenprofil und ihre noch weniger formalisierte Rolle in Entscheidungsprozessen beklagen.[112] Gegenüber einer Zentralisierung der Nachhaltigkeitskompetenz in einer mächtigen Institution birgt die Bandbreite der Gremien und Zirkel jedoch die Chance eines interinstitutionellen Wettbewerbs um die beste Lösung und der Vermeidung einer Versteinerung von Nachhaltigkeitsstrategien.

V. Bewertung

Betrachtet man die nachhaltigkeitsrelevante europäische Gesetzgebung allein „textualistisch", so dürfte die bisherige Bilanz eher positiv ausfallen. Die EU-Gesetzgebung bürdet den Mitgliedstaaten in Richtlinien, aber auch den Unionsbürgern in Verordnungen eine Fülle von Pflichten auf, die Nachhaltigkeitszielen dienen. Besonders deutlich geschieht dies in der Energie- und Umweltpolitik. Bezieht man jedoch im Sinne der vermehrt geforderten empirischen Wende der Rechtswissenschaft[113] die Implementationsperspektive ein, könnte das Urteil weniger positiv ausfallen. Da es zu einer Substantiierung dieser Aussage umfassender empirischer Untersuchungen bedürfte, die trotz des breit installierten Berichtswesens und der Umsetzungskontrollen der überwiegend mehrstufi-

---

[108] Vgl. *Meßerschmidt* (Fn. 7), § 6 Rn. 38 ff.

[109] *Gärditz* (Fn. 10), S. 174 ff.

[110] Vgl. das *European Environmental and Sustainable Development Advisory Councils (EEAC)* – siehe www.eeac.eu – und das *European Sustainable Development Network (ESDN)* – siehe www.sd-network.eu (zuletzt abgerufen am 15.9.2015).

[111] Vgl. *Lindemann/Jänicke* (Fn. 43), S. 16.

[112] *Renda* (Fn. 29), S. 124.

[113] Vgl. zuletzt *N. Petersen*, Braucht die Rechtswissenschaft eine empirische Wende?, Der Staat 49 (2010), S. 435 und *A. Steinbach*, Gesetzgebung und Empirie, Der Staat 54 (2015), S. 267.

gen europäischen Rechtsetzung nur begrenzt verfügbar sind, muss es an dieser Stelle mit der Begründung einer Hypothese sein Bewenden haben. Diese stützt sich auf Studien amerikanischer Gesetzgebungswissenschaftler, die sich zwar primär auf die Rechtsetzung in Schwellenländern beziehen, im Bemühen um eine Erklärung typischer Gesetzgebungs- und Umsetzungsdefizite aber auf ein Problem aufmerksam machen, das auch die EU-Rechtsetzung betreffen dürfte. Obgleich die Mehrzahl der von *Ann Seidman/Robert B. Seidman* identifizierten Ursachen misslingender Gesetzgebung, wie insbesondere dysfunktionale Institutionen, Abhängigkeit und „bad governance"[114], für die Unionsebene nicht zutreffen, wird das Bild der Nachhaltigkeitsgesetzgebung getrübt, sobald man sich auf die Ebene der Mitgliedstaaten und des dortigen tatsächlichen Vollzugs begibt. So dürften die Vernachlässigung der Rechtsbefolgungsbereitschaft und die Übernahme „fremden Rechts" unter Missachtung unterschiedlicher tatsächlicher Voraussetzungen, die beide Autoren als Risikofaktoren ausmachen, auch die Umsetzungsgesetzgebung insbesondere der jüngeren, wirtschaftlich schwachen und mit keiner hochstehenden Verwaltungskultur gesegneten Mitgliedstaaten charakterisieren. Diese Kritik, die anhand von Vertragsverletzungsverfahren und einschlägiger Rechtsprechung des EuGH zu belegen wäre, fällt allerdings auf die europäischen Institutionen und am Ende die Rechtsordnung der Europäischen Union zurück. Dass die Vertragsverletzungsverfahren oft genug nur die wortgetreue Übernahme von Richtlinientexten honorieren und damit den Sinn dieses als Rahmengesetz gedachten Rechtsetzungstyps verfehlen, ist hinlänglich bekannt. Aber auch die von der EU in den letzten Jahren eingeschlagene Alternativstrategie der Aktionsrichtlinien vermag nicht restlos zu überzeugen, da sie mit der Konzentration auf (nicht selten) quantifizierte Zielvorgaben den Mitgliedstaaten weitere Implementationsspielräume belässt, sich zugleich jedoch aus der Verantwortung für die Umsetzungsfähigkeit davonstiehlt. Hier verfällt der europäische Gesetzgeber selbst auf die Methode schlichter, wenn nicht vager Zielvorgaben, die in der Gesetzgebungswissenschaft als Ursache von Vollzugsdefiziten ausgemacht wird.[115] Zwar wird das Rechtsetzungsinstrument der quantitativen und zeitgebundenen Zielvorgaben als Beitrag zu einer strategischen Umwelt- und Nachhaltigkeitsplanung empfohlen.[116] Dies ist angesichts des populären Gedankens von „management by objectives" zunächst plausibel, lässt aber die Frage offen, inwieweit eine Planungsstrategie sich ohne wesentliche Änderungen in eine Rechtsetzungsmethode übersetzen lässt. Ob sich diese Schwächen europäischer Rechtsetzung auf Dauer nachtei-

[114] *A. Seidman/R. B. Seidman*, ILTAM: Drafting evidence-based legislation for democratic social change, Boston University Law Review 89 (2009), S. 435 (441 und öfter).

[115] Vgl. nur *Seidman/Seidman* (Fn. 114), S. 450: „drafting a law that merely prescribes in vague terms a generalized end".

[116] *Lindemann/Jänicke* (Fn. 43), S. 4.

lig auf ihre Nachhaltigkeit auswirken werden, hängt maßgeblich davon ab, wie weitgehend sie im Zuge der Umsetzung der „Better Regulation Agenda" eingedämmt werden können. Dazu bedarf es insbesondere vermehrter Sicherungen gegen symbolische Gesetzgebung im europäischen Maßstab.

VI. Ausblick

Wissenschaftliche Analysen im Bereich der Rechts- und Sozialwissenschaften spiegeln immer auch den Zeitgeist.[117] Hat das Nachhaltigkeitsthema in der Vergangenheit eine Vielzahl von Erwartungen mobilisiert, die von technokratischem Pragmatismus bis zu chiliastischen Heilserwartungen reichen, so gibt die jüngere Entwicklung Anlass zu Zweifeln an der Nachhaltigkeitskompetenz der Europäischen Union und ihrer Mitgliedstaaten. Soll der Nachhaltigkeitstopos eine positive Rolle in der europäischen Gesetzgebung spielen, müssen transparente Nachhaltigkeitsverfahren und rationale Nachhaltigkeitsprüfungen entwickelt werden, die sowohl gegenüber den Spasmen einer auf Katastrophenereignisse fixierten Mediengesellschaft und entsprechend populistischen Politik als auch gegenüber den Interessenteneinflüssen von Nachhaltigkeitsgewinnern und -verlierern einen ausreichenden Filter bilden und das Instrument verfeinern.

---

[117] Zum Leitbild der zukunftsfähigen bzw. Nachhaltigen Entwicklung als Zeitgeistströmung *Beaucamp* (Fn. 3), S. 8 ff. m. w. N.

Nachhaltigkeit und Gesetzesfolgenabschätzung

Alexander Windoffer

I. Einführung

Im demokratischen Rechtsstaat obliegt die Gestaltung der gesellschaftlichen Verhältnisse im Lichte des Leitbilds Nachhaltiger Entwicklung und der Herstellung des hierzu erforderlichen Ausgleichs zwischen verfassungsrechtlich fundierten Prinzipien, Rechtsgütern und Interessen strategisch primär dem parlamentarischen Gesetzgeber. Dieser wird durch das Verfassungsrecht mit Gestaltungsaufträgen ausgestattet[1] und ist dazu berufen, in grundlegenden normativen Bereichen alle insbesondere für die Grundrechtsausübung wesentlichen Entscheidungen selbst zu treffen,[2] wobei ihm freilich ein weiter, nach politischen Präferenzen auszufüllender Gestaltungsspielraum zukommt. Diesen Vorgaben gerecht werdende und im Umfang des Möglichen rationale Entscheidungen setzen eine hinreichende Informationsgrundlage voraus, die maßgeblich auf der Ermittlung und Bewertung der Realfolgen, d.h. der (intendierten und nicht intendierten) tatsächlichen Folgen der Entscheidung[3] vor dem Hintergrund der politischen Zielsetzungen und unter Einschluss eines Vergleichs zielführender Handlungsalternativen fußt. Als entsprechendes Instrument fungiert die Gesetzesfolgenabschätzung (GFA), die im Folgenden einer näheren Betrachtung zu unterziehen ist. Hierzu soll das Instrument der GFA zunächst begrifflich bestimmt (II.), sein konzeptioneller Bezug zum Nachhaltigkeitsleitbild hergestellt (III.) und die Pflicht zur nachhaltigkeitsorientierten GFA verfassungsrechtlich fundiert sowie ihre einfachrechtlichen Rahmenbedingungen aufgezeigt werden (IV.). Sodann sind, mit besonderem Augenmerk auf die Bundesebene, die aktuell vorfindliche Organisation, d.h. die Akteure der GFA, sowie das Verfahren der GFA einschließlich des sog. „inneren Verfahrens" unter Fokussierung auf die Nachhaltigkeitsprüfung darzustellen (V.), um selbige anschließend einer Bewertung zu unterziehen und zwecks Optimierung

---

[1] S. etwa zu Art. 20a GG BVerwG, NJW 1995, S. 2648 (2649); zum Sozialstaatsprinzip BVerfGE 50, 57 (108); 100, 271 (284).

[2] Zur sog. „Wesentlichkeitslehre" s. nur BVerfGE 49, 89 (126 f.).

[3] Näher zum Begriff der Realfolgen *G. Lübbe-Wolff*, Rechtsfolgen und Realfolgen, 1981, S. 25; *K. Sommermann*, Folgenforschung und Recht, in: ders. (Hrsg.), Folgen von Folgenforschung, 2002, S. 39 f.; *A. Windoffer*, Verfahren der Folgenabschätzung als Instrument zur rechtlichen Sicherung von Nachhaltigkeit, 2011, S. 2 ff.

den Erlass einer Verfahrensordnung für nachhaltigkeitsorientierte GFA durch Regierung und Parlament vorzuschlagen (VI.).

II. Begriff der Gesetzesfolgenabschätzung

Ein in der Politik breit rezipierter Definitionsvorschlag kennzeichnet GFA als „Verfahren zur Erkundung und vergleichenden Bewertung von Folgen beabsichtigter bzw. in Kraft getretener Rechtsvorschriften."[4] Er besticht durch seine Kürze und zugleich Präzision, reicht mit dem Einschluss der *retrospektiven GFA* bereits geltender Vorschriften jedoch über die dem Begriff „Folgenabschätzung" innewohnende vorausschauende Perspektive hinaus. Dieser Perspektive entsprechen bezogen auf Regierungsentwürfe nur die *prospektive GFA*, die ab Entstehung einer Regelungsintention die Notwendigkeit einer Regelung und die optimale Alternative ermitteln helfen soll, und die *begleitende GFA*, die der Überprüfung und Optimierung des Regelungsvorhabens ab dem Stadium des Referentenentwurfs dient.[5] Freilich kann sich das legislative Bemühen um Ermittlung und Bewertung von Regelungsfolgen – insbesondere im Lichte des Nachhaltigkeitskonzepts – nicht auf das Stadium bis zu ihrem Erlass beschränken. Sie findet daher zunächst in der *Folgenbeobachtung* ihre Fortsetzung, die in einer fortlaufenden Erhebung und Auswertung von Informationen als Datenbasis der Evaluation, aber auch zwecks vorzeitiger legislativer Nach- und Gegensteuerung bei sich abzeichnenden Fehlentwicklungen besteht.[6] Desgleichen schließt sie die *Evaluation* von Regelungen ein, die insofern mit der o. g. retrospektiven GFA synonym zu setzen ist[7] und eine zu bestimmten Zeitpunkten erfolgende umfassende Überprüfung des Regelwerks auf Effektivität (Zielerreichungsgrad) und Effizienz (Wirtschaftlichkeit) sowie unbeabsichtigt eingetretene Nebenfolgen umfasst.[8]

---

[4] Zurückgehend auf *C. Böhret/G. Konzendorf*, Handbuch Gesetzesfolgenabschätzung, 2001, S. 1.

[5] *Böhret/Konzendorf* (Fn. 4), S. 5, 89 ff.

[6] *A. Windoffer*, Entscheidungsmonitoring in Gesetzgebung und Verwaltung, VerwArch 102 (2011), S. 343 (346).

[7] So auch *C. Sicko*, Erfüllen Gesetzesfolgenabschätzung und Gesetzesevaluation die verfassungsrechtlichen Anforderungen an das innere Gesetzgebungsverfahren?, Zeitschrift für Rechtssoziologie 32 (2011), S. 27 (31).

[8] *Böhret/Konzendorf* (Fn. 4), S. 255; *Windoffer* (Fn. 6), S. 346 f.; *J. Ziekow/A. Debus/A. Piesker*, Die Planung und Durchführung von Gesetzesevaluationen, 2013, S. 25 f.; s. auch Nr. 2.2 VV-BHO § 7 und § 44 Abs. 7 GGO BMin.

III. Konzeptioneller Bezug zum Leitbild Nachhaltiger Entwicklung

Das Konzept Nachhaltiger Entwicklung weist drei Dimensionen auf,[9] nämlich – erstens – ein inter- und intrageneratives *Gerechtigkeitsparadigma*, zweitens eine sachlich-inhaltliche Perspektiverweiterung weg von interessengeleiteten Engführungen hin zu einer durch die mittlerweile klassische Trias aus Ökonomie, Ökologie und Sozialem symbolisierten *ganzheitlichen* Betrachtung,[10] und – drittens – eine prozedurale Komponente in Gestalt der *Integration* der materiellen Nachhaltigkeitsziele[11] durch Operationalisierung und Implementierungsprozesse, deren Zweck darin besteht, den geforderten Interessenausgleich herzustellen. Nachhaltigkeitsorientierte Verfahren münden mithin in Entscheidungen auf Basis einer Güter- und Interessenabwägung.[12] Diese Abwägung als Kern des „inneren Verfahrens"[13] bildet, verbunden mit einem Gestaltungs- und Entwicklungsauftrag des Entscheidungsträgers, das prägende Charakteristikum von Verfahren und Entscheidungen im Zeichen des Leitbilds Nachhaltiger Entwicklung.

Gemessen hieran ist das Verfahren der GFA zur Verfolgung von Nachhaltigkeitszielen prädestiniert, da es auf einer frühen Operationalisierungs- und Implementierungsstufe angesiedelt ist, die rechtliche Determinierung des Gesetzgebers angesichts seiner Bindung (nur) an die verfassungsmäßige Ordnung (Art. 20 Abs. 3 GG) die relativ geringste ist und sein (primärer) Gestaltungs- und Entwicklungsauftrag am weitesten reicht. Die GFA unterstützt das Gesetzgebungsverfahren in dem Bestreben, die Gesellschaftsordnung in einen möglichst dauerhaften, stabilen und generationengerechten Regelungsrahmen einzubinden. Durch sie sollen frühzeitig auch weitreichende Auswirkungen eines Vorhabens prognostisch erfasst und die tatsächliche Wirksamkeit einer Regelung im Sinne ihrer dauerhaften Stabilisierung regelmäßig überprüft werden. Insofern eignet ihr zumindest strukturell die nachhaltigkeitsspezifische

---

[9] Zum Folgenden eingehend *Windoffer* (Fn. 3), S. 50 ff.

[10] Zu diesen „drei Säulen" der Nachhaltigkeit s. etwa *Deutscher Bundestag*, Konzept Nachhaltigkeit. Vom Leitbild zur Umsetzung, Abschlussbericht der Enquete-Kommission „Schutz des Menschen und der Umwelt", BT-Drs. 13/11200 vom 26.6.1998, S. 17 ff.; *H. Bardt*, Indikatoren ökonomischer Nachhaltigkeit, 2011; *W. Berg*, Nachhaltigkeit und Umweltstaat, in: W. Kahl (Hrsg.), Nachhaltigkeit als Verbundbegriff, 2008, S. 425 ff.; *A. Glaser*, Nachhaltigkeit und Sozialstaat, ebd., S. 620 ff.

[11] Zur insofern dienenden Funktion des Integrationsgedankens *W. Kahl*, Der Nachhaltigkeitsgrundsatz im System der Prinzipien des Umweltrechts, in: H. Bauer et al. (Hrsg.), Umwelt, Wirtschaft und Recht, 2002, S. 111 (130); *W. Köck*, Nachhaltigkeit im Verwaltungsrecht, Die Verwaltung (40) 2007, S. 419 (432).

[12] Zur Abwägung als Grundprinzip nachhaltigkeitsbezogener Entscheidungen vgl. *Der Rat von Sachverständigen für Umweltfragen*, Umweltgutachten 1994, S. 12 f., 59 f.; *A. Glaser*, Nachhaltige Entwicklung und Demokratie, 2006, S. 47 f.; *R. Steinberg*, Der ökologische Verfassungsstaat, 1998, S. 150 f.

[13] Zum Begriff des „inneren Verfahrens" s. unten IV.1.a).

Langfristorientierung.[14] Die GFA ist des Weiteren geeignet und dazu bestimmt, die Bewältigung komplexer Sach- und Interessenlagen in einem breiten Problemfeld zu unterstützen, weshalb sie auch auf die gebotene Erweiterung der Perspektive und eine güter- und interessenabwägende Integrationsleistung ausgerichtet ist.[15] Entsprechend fand die GFA als Verfahren zur Operationalisierung und Implementierung der materiellen Nachhaltigkeitsziele auch Eingang in die wissenschaftlichen Vorarbeiten[16] zur Entwicklung der 2002 aufgestellten Nachhaltigkeitsstrategie des Bundes,[17] während die Bundesregierung diese Verknüpfung ungeachtet der Bezugnahme auf das Vorbild der Europäischen Union, die Nachhaltigkeitsstrategie und Folgenabschätzung bereits konzeptionell verzahnt hatte,[18] deutlich später nachvollzog: So kündigte erst der Fortschrittsbericht 2008 eine auf Bundesebene neuartige Synthese von Nachhaltigkeit und Folgenabschätzung in Gestalt der Integration einer Nachhaltigkeitsprüfung in die GFA an.[19] Getragen von der Erwägung, politische Ressortgrenzen überwinden zu müssen und Nachhaltigkeit losgelöst von den zeitlichen Zwängen der Legislaturperiode als Grundprinzip von Politik anzuerkennen, wurden Änderungen im Gesetzgebungsprozess für erforderlich erachtet. Die Verbindung von Nachhaltigkeitsstrategie und Gesetzesfolgenabschätzung wurde sodann durch Änderung der Gemeinsamen Geschäftsordnung der Bundesministerien 2009 (GGO BMin) realisiert, die in § 44 Abs. 1 S. 4 nunmehr die Darstellung erfordert, „ob die Wirkungen des Vorhabens einer nachhaltigen Entwicklung entsprechen, insbesondere welche langfristigen Wirkungen das Vorhaben hat." Die zur Gesetzesfolgenabschätzung erstellte allgemeine Arbeitshilfe weist hierbei als Bezugspunkte für die Nachhaltigkeitsprüfung „die von der Bundesregierung zuletzt im Fortschrittsbericht 2008 bestätigten Ziele (Indikatoren) und Managementleitlinien" aus und nimmt eine Zusammenstellung der zehn Regeln und 21 Indikatoren Nachhaltiger Entwicklung in die Anhänge auf.[20]

---

[14] *Windoffer* (Fn. 3), S. 211.

[15] *Windoffer* (Fn. 3), S. 211.

[16] *J. Minsch / P. Feindt / H. Meister / U. Schneidewind / T. Schulz*, Institutionelle Reformen für eine Politik der Nachhaltigkeit, 1998, S. 176 ff.; *Deutscher Bundestag (Hrsg.)*, Konzept Nachhaltigkeit. Vom Leitbild zur Umsetzung, 1998, S. 395 f.

[17] S. zu dieser *Die Bundesregierung*, Perspektiven für Deutschland. Unsere Strategie für eine nachhaltige Entwicklung, 2002.

[18] Mitteilung KOM (2001) 264, S. 6; KOM (2002) 276, S. 2, 4; KOM (2002) 278, S. 7.

[19] *Die Bundesregierung*, Fortschrittsbericht 2008 zur nationalen Nachhaltigkeitsstrategie, S. 33, 178 in Anlehnung an den Vorschlag von *econsense*, Stellungnahme zum Indikatorenbericht 2006 des Statistischen Bundesamts zur „Nachhaltigen Entwicklung in Deutschland", S. 3.

[20] Vgl. *Bundesministerium des Innern (Hrsg.)*, Arbeitshilfe zur Gesetzesfolgenabschätzung, S. 12 und Anhang VII „Managementregeln und Indikatoren der Nationalen Nachhaltigkeitsstrategie".

IV. Rechtliche Fundierung der Pflicht zu nachhaltigkeitsorientierten Gesetzesfolgenabschätzungen

1. Verfassungsrechtliche Vorgaben

a) Pflicht zu und Qualitätsanforderungen an Gesetzesfolgenabschätzungen

Eine verfassungsrechtliche Pflicht, die Folgen von Regelungen zu ermitteln und zu bewerten und hierbei bestimmte Qualitätsanforderungen zu erfüllen,[21] lässt sich zunächst auf die Grundrechte (i. V. m. dem Rechtsstaatsprinzip) stützen, die dem Gesetzgeber als Abwehrrechte Folgenabschätzungspflichten u. a. im Hinblick auf die Qualifikation des Regelungsinhalts als (unmittelbar-finalen oder mittelbar-faktischen) Eingriff[22] und dessen Verhältnismäßigkeit (Übermaßverbot), insbesondere bei der Einschätzung der Geeignetheit, Erforderlichkeit und Angemessenheit auferlegen, der eine Folgenprognose, Alternativenprüfung und Folgenabwägung in Bezug auf die jeweils betroffenen Verfassungsgüter zugrunde zu liegen hat.[23] Desgleichen erfordert die Wahrnehmung von Schutzpflichten Folgenerwägungen bei der Frage, ob die zum Handeln verpflichtende Gefahren- bzw. Risikoschwelle erreicht ist, sowie bei der Bestimmung der zur Wahrung des Untermaßverbots angemessenen und wirksamen Schutzmaßnahmen.[24] Sowohl das Übermaßverbot, insbesondere die Prüfung der Geeignetheit und Erforderlichkeit, als auch das Untermaßverbot verlangen sorgfältige Tatsachenermittlungen und die Gewinnung vertretbarer Einschätzungen auf Basis einer verlässlichen Prognose unter Berücksichtigung des aktuellen wissenschaftlichen Erkenntnis- und Erfahrungsstands und – in Anbetracht fortschreitender natur- oder sozialwissenschaftlicher Entwicklung – der Ausschöpfung aller zugänglichen Quellen. Dies schließt die Abwägung einander gegenüberstehender Grundrechte unter Berücksichtigung der jeweils eintretenden negativen Folgen einer Maßnahme ein.[25] Der Gesetzgeber muss sich des für die geforderte Prognose erreichbaren wesentlichen Materials bedienen und es sorgfältig daraufhin auswerten, ob es seine Einschätzung hinreichend zu stützen vermag, wobei ihm freilich ein Einschätzungs-, Wertungs- und Gestaltungsspielraum zukommt.[26] Diese Verpflichtung endet hierbei nicht mit dem Erlass der Regelung, sondern setzt sich in einer *Folgenbeobachtungspflicht* fort: So hat der Gesetzgeber, wenn über die tatsächlichen Voraussetzungen oder die Auswirkungen einer Regelung im Erlasszeitpunkt noch kein ausreichend zuverlässiges

---

21 Hierzu eingehend *Windoffer* (Fn. 3), S. 123 ff.

22 S. etwa BVerfGE 105, 279 (304).

23 S. beispielhaft BVerfG, NJW 2008, S. 822 (829); NJW 2008, S. 2409 (2413).

24 BVerfGE 88, 203 (254); BVerfG, NJW 2004, S. 750 (760); Beschl. v. 24.1.2007 – 1 BvR 384/05.

25 BVerfGE 96, 56 (64).

26 S. zum Ganzen für Eingriffe BVerfGE 50, 290 (332 ff.); 65, 1 (54 f.); BVerfG, NJW 2004, S. 899 (1008 f.); NVwZ 2008, S. 822 (829); für Schutzpflichten BVerfGE 88, 203 (262 f.).

Urteil möglich war, die weitere Entwicklung zu beobachten und die Norm zu überprüfen sowie zu revidieren, falls sich erweist, dass die ihr zugrunde liegenden Annahmen nicht mehr zutreffen.[27] Diese Pflicht erstreckt sich auch auf die Entwicklung der natur- oder sozialwissenschaftlichen Methoden mit der Folge einer Anpassung an den Erkenntnisfortschritt.[28] Eine explizite Folgenbeobachtungs- und Anpassungspflicht hat das Bundesverfassungsgericht ferner im Hinblick auf Leistungsrechte, konkret das menschenwürdige Existenzminimum statuiert.[29]

Soweit sich Art. 20a GG mit den grundrechtlichen Schutzpflichten im Bereich des Schutzes von Individualrechtspositionen überschneidet,[30] resultiert die einschlägige (objektiv-rechtliche) Pflichtenstellung auch aus dieser Staatszielbestimmung.[31] Unter den weiteren Grundlagen einer legislativen Folgenabschätzungspflicht sind ferner der Vorbehalt des Gesetzes sowie das Bestimmtheitsgebot hervorzuheben. Die Frage, wann die Grundrechtsrelevanz einer Regelungsabsicht den Parlamentsvorbehalt auslöst, bedarf ebenso einer Folgenabschätzung wie die Frage, welche Regelungen in umgekehrter Richtung unter Effektivitäts- und Effizienzgesichtspunkten im Sinne funktionsadäquater Zuweisung von Entscheidungskompetenzen der Regelungsbefugnis der Exekutive zu überantworten sind.[32] Die erforderliche Bestimmtheit wiederum hängt vom Schweregrad der beim Betroffenen durch eine Regelung ausgelösten Wirkungen, mithin Realfolgen ab.[33]

Ergänzend sind mit Blick auf die Dokumentation ihrer Folgenabschätzung aus der Bindung an die verfassungsmäßige Ordnung (Art. 20 Abs. 3 GG) und die Grundrechte (Art. 1 Abs. 3 GG) Pflichten der Legislative zur *Begründung* nicht nur von Gesetzentwürfen, sondern auch beschlossener Gesetze selbst herzuleiten, da aus dieser Bindung eine Selbstkontrollverpflichtung sowie die Pflicht zur Erleichterung der Fremdkontrolle durch das Bundesverfassungsgericht im Wege der Herstellung von Transparenz etwa über die tatsächlichen und methodischen Grundlagen von Prognoseentscheidungen oder die Zwecksetzungen bei freiheits- oder gleichheitsgrundrechtsrelevanten Gesetzen folgt.[34] Gleiches

---

[27] S. für Eingriffe BVerfGE 25, 1 (12 f.); 95, 267 (314 f.); BVerfG, NVwZ 2004, S. 597 (599, 601); für Schutzpflichten BVerfGE 88, 203 (310); BVerfG, NJW 2002, S. 1638 (1639).

[28] BVerfGE 65, 1 (55 f.).

[29] BVerfGE 125, 175 (225).

[30] *I. Appel*, Staatliche Zukunfts- und Entwicklungsvorsorge, 2005, S. 114; *Steinberg* (Fn. 12), S. 81; *D. von Bubnoff*, Der Schutz der künftigen Generationen im deutschen Umweltrecht, 2001, S. 51 ff.

[31] *Steinberg* (Fn. 12), S. 145 f.

[32] BVerfGE 49, 89 (133 ff.); 58, 257 (275 f.); 68, 1 (87); 98, 218 (251 f.); *A. von Bogdandy*, Gubernative Rechtsetzung, 2000, S. 187 f.

[33] BVerfGE 110, 33 (55).

[34] So auch *P. Blum*, Wege zu besserer Gesetzgebung, Gutachten I zum 65. DJT, 2004, S. 85; *J. Lücke*, Die Allgemeine Gesetzgebungsordnung, ZG 2001, S. 1 (30 ff.); *ders.*, Begründungszwang

resultiert im Hinblick auf die Verantwortlichkeit des Parlaments gegenüber dem Volk als Souverän aus dem Demokratieprinzip.[35]

Die Beispiele verdeutlichen, dass die Verfassung dem Gesetzgeber mehr abverlangt als ein nach Art. 76 ff. GG formell ordnungsgemäß zustande gekommenes Gesetz, indem sie mit den Vorgaben zur Gesetzesfolgenabschätzung auch Anforderungen an das sog. „innere Gesetzgebungsverfahren", d. h. die gedanklichen und methodischen Schritte der Entscheidungsfindung bzw. Problemlösung[36] stellt, die Legislative mithin einem Gebot „guter Gesetzgebung" unterliegt.[37]

b) Ausrichtung auf das Nachhaltigkeitskonzept

Zur Beantwortung der Frage, ob der Gesetzgeber seine im Grunde verfassungsrechtlich vorgegebene GFA als prozedurales Instrument zur Verwirklichung von Politikzielen auch auf die Förderung der dem Nachhaltigkeitskonzept zu entnehmenden sachlich-inhaltlichen Zielsetzungen auszurichten hat, ist die Verfassung darauf hin zu untersuchen, inwieweit in ihr – erstens – das dem Nachhaltigkeitsleitbild innewohnende Prinzip der Generationengerechtigkeit, zweitens die materiellen Nachhaltigkeitsdimensionen und – drittens – die Pflicht zur Integration der materiellen Zielsetzungen in Entscheidungen der drei Gewalten, konkret der Legislative, verankert sind.[38]

Die in ihrem Wortlaut nächste Anbindung an das Nachhaltigkeitskonzept[39] weist Art. 20a GG auf, der die staatlichen Gewalten „auch in Verantwortung für die künftigen Generationen" zum „Schutz der natürlichen Lebensgrundlagen" verpflichtet. Diese Staatszielbestimmung verleiht damit den nachhaltigkeitsspezifischen Gerechtigkeitspostulaten Verfassungsrang, und zwar, wie mit „auch" verdeutlicht, sowohl dem Prinzip der intergenerativen als auch der intragenerativen Gerechtigkeit, wobei Kollisionen zwischen den Interessen der gegenwärtigen und der künftigen Generationen notfalls durch Abwägung aufzulösen

---

und Verfassung, 1987, S. 40 ff.; *K. Redeker/U. Karpenstein*, Über Nutzen und Notwendigkeiten, Gesetze zu begründen, NJW 2001, S. 2825 (2828 f.); abl. *E. Hofmann*, Abwägung im Recht, 2007, S. 418 ff.; *B. Pieroth*, in: H. D. Jarass/ders., GG, 13. Aufl. 2014, Art. 76 Rn. 3 m. w. N.

[35] *Windoffer* (Fn. 3), S. 525; abl. *K. Schlaich*, Die Verfassungsgerichtsbarkeit im Gefüge der Staatsfunktionen, VVDStRL 39 (1981), S. 99 (108 f.).

[36] Zum Begriff des „inneren Verfahrens" der Rechtsetzung s. auch *C. Gößwein*, Allgemeines Verwaltungs(verfahrens)recht der administrativen Normsetzung?, 2001, S. 48; *H. Hill*, Einführung in die Gesetzgebungslehre, 1982, S. 62 ff.; *M. Kloepfer*, Abwägungsregeln bei Satzungsgebung und Gesetzgebung, DVBl. 1995, S. 441; *W. Köck*, Gesetzesfolgenabschätzung und Gesetzgebungslehre, VerwArch (93) 2002, S. 1 (9, 14).

[37] Vgl. mit zahlreichen Nachweisen zum Streitstand *Windoffer* (Fn. 3), S. 172 ff.

[38] Auch zum Folgenden eingehend *Windoffer* (Fn. 3), S. 93 ff.

[39] Auch das BVerfG stellt eine Verknüpfung zu einem – nicht näher präzisierten – „Nachhaltigkeitsprinzip" her, s. BVerfG, NVwZ 2007, S. 937 (941).

sind.[40] Sachlich-inhaltlich repräsentiert Art. 20a GG, unabhängig davon, welche Reichweite man dem Begriff „natürlichen Lebensgrundlagen“ beimessen will,[41] jedenfalls, aber auch nur die ökologische Sachdimension des Nachhaltigkeitskonzepts.[42] Bezogen auf diese ökologischen Nachhaltigkeitsziele enthält Art. 20a GG schließlich – vergleichbar Art. 11 AEUV – auch ein Gebot der (externen) Integration in staatliche Entscheidungen, wobei der primär zur Gestaltung berufene Gesetzgeber[43] über einen weiten Gestaltungsspielraum verfügt und die Umweltbelange in der ggf. notwendigen Abwägung mit entgegenstehenden Verfassungsgütern nicht mit Vorrang ausgestattet sind.[44]

Die soziale Nachhaltigkeitsdimension repräsentiert maßgeblich das Sozialstaatsprinzip, das zugleich dem Gedanken der intragenerativen Gerechtigkeit verbunden ist, eine auch intergenerative Ausrichtung jedoch nur dann aufweist, wenn man diesbezüglich anstelle eines komparativ-egalitären einen anti-egalitären Ansatz vertritt und anstelle mindestens der Aufrechterhaltung des heutigen sozialstaatlichen Niveaus einen Rückbau bis zur Grenze des verfassungsrechtlich garantierten Existenzminimums zulässt.[45] Dezidiert der ökonomischen Nachhaltigkeit wie auch der Generationengerechtigkeit verpflichtet sind sodann die in der Nachhaltigkeitsstrategie des Bundes[46] antizipierten und 2009 eingeführten haushaltswirtschaftlichen Bestimmungen zur „Schuldenbremse“ in Art. 109 Abs. 3 S. 1 und Art. 115 Abs. 2 S. 1 GG. Sie konkretisieren damit den bereits im Demokratieprinzip fundierten intergenerativ ausgerichteten Grundsatz der Achtung der Entscheidungsfreiheit künftiger Generationen, die nicht durch eine Überschuldung der öffentlichen Haushalte ungebührlich eingeschränkt werden darf.[47]

Soweit Individualrechtspositionen betroffen sind, dienen auch die Grundrechte der Verwirklichung des Nachhaltigkeitskonzepts, so in ökologischer Hinsicht Art. 2 Abs. 2 S. 1 GG im Schnittmengenbereich mit Art. 20a GG,[48] in

---

[40] *H. Däubler-Gmelin*, Die Verankerung von Generationengerechtigkeit im Grundgesetz – Vorschlag für einen erneuerten Art. 20a GG, ZRP 2000, S. 27 (28); *M. Kloepfer*, Umweltschutz als Verfassungsrecht: Zum neuen Art. 20a GG, DVBl. 1996, S. 73 (75).

[41] Hierzu *C. Calliess*, Rechtsstaat und Umweltstaat, 2001, S. 108 f.; *D. Murswiek*, Staatsziel Umweltschutz (Art. 20a GG) – Bedeutung für Rechtsetzung und Rechtsanwendung, NVwZ 1996, S. 222 (224 f.).

[42] *G. Beaucamp*, Das Konzept der zukunftsfähigen Entwicklung im Recht, 2002, S. 166; *Berg* (Fn. 10), S. 432; *Glaser* (Fn. 10), S. 231 f.

[43] S. oben I.

[44] BVerwG, NJW 1995, S. 2648 (2649); NJW 1996, S. 1163; NVwZ-RR 2003, S. 171; *Beaucamp* (Fn. 42), S. 166 f.; *W. Erbguth*, Konsequenzen der neueren Rechtsentwicklung im Zeichen nachhaltiger Raumentwicklung, DVBl. 1999, S. 1082 (1084); *H. D. Jarass*, in: ders./B. Pieroth, GG, 13. Aufl. 2014, Art. 20a Rn. 114; *C. Steinbeiß-Winkelmann*, Verfassungsrechtliche Vorgaben und Beschränkungen der Verfahrensbeschleunigung, DVBl. 1998, S. 809 (813).

[45] Hierzu näher *Windoffer* (Fn. 3), S. 101 m. w. N.

[46] *Die Bundesregierung* (Fn. 17), S. 51.

[47] Vgl. BVerfGE 79, 311 (343 ff.).

[48] S. bereits oben a).

ökonomischer Hinsicht Art. 2 Abs. 1, 12, 14 GG und in sozialer Hinsicht die Menschenwürde und das allgemeine Persönlichkeitsrecht. Intergenerative Verpflichtungen des Staates aus den Grundrechten sind mangels Existenz eines Trägers subjektiver Rechte jedoch nur als objektiv-rechtliche Schutzpflichten denkbar.[49] Die (externe) Integration der in Wahrnehmung staatlicher Schutzpflichten zu berücksichtigenden Belange in Entscheidungen der drei Gewalten folgt sodann verfassungsrechtlich aus den Bindungsnormen der Art. 1 Abs. 3 und Art. 20 Abs. 3 GG sowie – prozedural – aus dem Grundsatz der Verhältnismäßigkeit als Ausprägung des Rechtsstaatsprinzips.

Im Ergebnis lässt sich dem Verfassungsrecht im aufgezeigten Umfang eine Verpflichtung des Gesetzgebers entnehmen, seine – bereits unabhängig vom Nachhaltigkeitskonzept verfassungsrechtlich vorgegebene, aber auch in dessen integrativer Komponente angelegte – GFA auf die dem Nachhaltigkeitskonzept immanenten Gehalte auszurichten. Die Frage eines gebotenen Nachhaltigkeitsbezugs der GFA ist daher insofern zu bejahen.

2. Einfachrechtliche Verankerung

Bund und Länder haben, soweit überhaupt, zur Verrechtlichung der GFA im Allgemeinen – zudem regelmäßig nur betreffend Gesetzentwürfe der Regierungen – den Weg der Aufnahme von höchst unterschiedlich umfangreichen, ggf. durch Anlagen ergänzten und durch unverbindliche Arbeitshilfen unterstützten Regelungen in die Geschäftsordnungen der Regierungen oder die Gemeinsamen Geschäftsordnungen der Regierungen bzw. Ministerien beschritten.[50] Vereinzelt finden sich Bestimmungen zur Darlegung zumindest der Kostenfolgen in den Geschäftsordnungen der Landtage betreffend die Einbringung und Begründung von Gesetzentwürfen auch durch Parlamentsmitglieder,[51] nicht aber zur GFA durch das Parlament im weiteren Gesetzgebungsverfahren, von randständigen Ausnahmen abgesehen.[52] Spezifische Vorschriften zu *Nachhaltigkeitsprüfungen* von Gesetzentwürfen sind nur gelegentlich anzutreffen und weisen von der Beschränkung auf einen Satz wie in § 44 Abs. 1 S. 4 GGO BMin bis zu ausdifferenzierten Fragenkatalogen in Anhängen zu landesrechtlichen Verwaltungsvorschriften[53] eine erhebliche Bandbreite auf, wobei diese Prüfungen entweder, so auf Bundesebene, ein zusätzliches Modul der GFA bilden, oder, so

---

[49] *Appel* (Fn. 30), S. 116 ff.; *Calliess* (Fn. 41), S. 120 f.; *H. Unnerstall*, Rechte zukünftiger Generationen, 1998, S. 437 f.; a. A. *P. Saladin/C. Zenger*, Rechte künftiger Generationen, 1988, S. 23 ff.

[50] S. für den Bund § 44 GGO BMin und als Beispiele für Länderregelungen § 5 Abs. 1 S. 2, 3 RegGO BW i. V. m. VwV Regelungen BW, § 5 Abs. 2 StRGeschO BY, § 22 Abs. 3 GGO Min Bbg, § 38 GGO LReg Nds, § 26 Abs. 2 GGO Min RP i. V. m. Anlage 5.

[51] So z. B. § 51 Abs. 3 GO LT RP, § 11 Abs. 2 GOHLT.

[52] So etwa für Finanzvorlagen gemäß § 96 GOBT.

[53] So z. B. Anlage 2 der VwV Regelungen BW; Anlage 3 zur GOReg Saarland.

etwa in Baden-Württemberg, das Modell einer integrativen mehrdimensionalen Nachhaltigkeitsprüfung in inhaltlicher Anknüpfung an die betreffende Nachhaltigkeitsstrategie verfolgt wird.[54] In all diesen Fällen handelt es sich um in Ausübung von Geschäftsordnungsautonomie erlassene Regelungen des Innenrechts ohne Außenwirkung, wobei die Geschäftsordnungen der Parlamente und Regierungen nach umstrittener Auffassung als Satzungen[55] und die Gemeinsamen Geschäftsordnungen als Verwaltungsvorschriften einzustufen sind.[56] Verstöße hiergegen führen nicht zur Verfassungswidrigkeit des Regierungshandelns bzw. von Gesetzen, sofern damit nicht zugleich eine Verletzung primären Verfassungsrechts vorliegt.[57] Während den Geschäftsordnungen jedoch zumindest interne Bindungswirkung z. B. der Ministerien zuerkannt wird, ist in Bezug auf die Gemeinsamen Geschäftsordnungen selbst eine solche ausgeschlossen.[58]

Soweit flankierende gesetzliche Regelungen existieren, betreffen diese die Errichtung sowie die Bestimmung von Aufgaben und Befugnissen in die GFA einbezogener Institutionen,[59] so etwa des Nationalen Normenkontrollrats durch das NKRG. Letzteres enthält darüber hinaus mit dem Standardkostenmodell[60] eine methodische Vorgabe für das innere Verfahren der Bürokratiekostenmessung (§ 2 Abs. 3 S. 1 NKRG).

---

[54] Vgl. zu den unterschiedlichen Modellen von Nachhaltigkeitsprüfungen auch *C. Jacob/S. Veit/J. Hertin*, Gestaltung einer Nachhaltigkeitsprüfung im Rahmen der Gesetzesfolgenabschätzung, 2009, S. 58 f.; *W. Kahl*, Gesetzesfolgenabschätzung und Nachhaltigkeitsprüfung, in: W. Kluth/G. Krings (Hrsg.), Gesetzgebung, 2014, § 13 Rn. 40.

[55] So zur GOBT BVerfGE 1, 144 (148); zur GOBReg und zum Streit um die Rechtsnatur BVerwGE 89, 121 (125).

[56] *Köck* (Fn. 36), S. 13; *E. Böckenförde*, Die Organisationsgewalt im Bereich der Regierung, 1964, S. 127 f.

[57] So zur GOBT BVerfGE 29, 221 (234); zur GOBReg *G. Hermes*, in: H. Dreier (Hrsg.), GG, Bd. II, 2. Aufl. 2006, Art. 65 Rn. 50; *M. Oldiges*, in: M. Sachs (Hrsg.), GG, 7. Aufl. 2014, Art. 65 Rn. 38; a. A. für die Verletzung wesentlicher Verfahrensvorschriften BVerwGE 89, 121 (125).

[58] *Böckenförde* (Fn. 56), S. 128; *W.-R. Schenke*, in: W. Kahl/C. Waldhoff/C. Walter (Hrsg.), Bonner Kommentar zum GG, Art. 65 Rn. 141.

[59] Zu den Nachhaltigkeitsinstitutionen s. *W. Kahl*, Nachhaltigkeit und Institutionen, in: ders. (Hrsg.), Nachhaltigkeit als Verbundbegriff, 2008, S. 267 (268).

[60] Hierzu s. *A. Barthel*, Standard-Kosten-Modell – Bewertung aus Perspektive des mittelständischen Handwerks, in: S. Hensel/K. Bizer/M. Führ/J. Lange (Hrsg.), Gesetzesfolgenabschätzung in der Anwendung, 2010, S. 83 ff.; *W. Catenhusen*, Bürokratiekostenabbau – Bewertung aus der Perspektive eines Mitgliedes des Nationalen Normenkontrollrates, ebd., S. 111 ff.; *S. Förster*, Das Verhältnis von Standardkostenmodell und Gesetzesfolgenabschätzung, ebd., S. 71 ff.; *M. Schorn*, Bürokratiekostenabbau: Die Illusion des Unpolitischen, ebd., S. 99 ff.

V. Organisation und Verfahren de lege lata

1. Organisation

Richtet man den Blick auf die nach den o. g. Regelungen zur Durchführung von GFA berufenen Akteure und Institutionen, so dominiert eindeutig die Aufgabenzuweisung an die Regierung oder das federführende Ministerium, mithin die Exekutive in ihrer vorbereitenden und initiierenden Funktion, während parlamentarische Initiativen insofern eine marginale und das Parlament als Beratungs- und Beschlussorgan so gut wie keine Rolle spielt.[61] Auch obligatorisch zu beteiligende Institutionen wie etwa der Nationale Normenkontrollrat (s. § 45 Abs. 1 S. 1 GGO BMin) sind beim Bundeskanzleramt angesiedelt (§ 1 Abs. 1 NKRG). Die Beteiligung des Parlamentarischen Beirats für nachhaltige Entwicklung (PBNE) dagegen ist nicht zwingend vorgeschrieben und zudem nur in (Ausschuss-) Beratungen vorgesehen, „die eine nachhaltige Entwicklung betreffen"; im Übrigen evaluiert der PBNE nur die Nachhaltigkeitsprüfung der Bundesregierung.[62] Zudem gründet sich seine Tätigkeit lediglich auf einen schlichten Einsetzungsbeschluss des Bundestags.[63] Die aktuelle Rechtslage bestärkt damit die nicht nur quantitativ, sondern auch qualitativ führende Rolle der Regierung im Gesetzgebungsprozess, die ihn gedanklich und argumentativ vorstrukturiert, die wesentlichen politischen Weichenstellungen im Hinblick auf Zielformulierung, Alternativenermittlung und -bewertung trifft und dem Parlament damit vielfach die Rolle eines Rezipienten zuweist.[64]

2. Äußerer Verfahrensablauf

Die Verfahrensregelungen auf Bundesebene beziehen sich auf die Phase der *begleitenden GFA*, da bereits ein Referentenentwurf vorliegen muss (s. § 45 Abs. 4 GGO BMin).[65] Die *retrospektive GFA* bzw. *Evaluation* ist nur insofern Gegenstand, als sie – zudem fakultativ – durch das federführende Ministerium in der Begründung des Gesetzentwurfs vorgesehen werden kann (§ 44 Abs. 7 GGO BMin). Die übrigen Vorschriften beschränken sich im Wesentlichen auf Beteiligungen betroffener Fachministerien, mit denen das Benehmen herzustellen ist (§ 45 Abs. 1 i. V. m. Anlage 6, § 44 Abs. 1 S. 3, Abs. 2 S. 5, Abs. 4 GGO BMin),

---

61 Kritisch hierzu auch *Kahl* (Fn. 54), § 13 Rn. 3; *P. Nagel*, Navigieren beim Driften, SächsVBl. 2010, 105 (106 f.).

62 Antrag auf Einsetzung des PBNE vom 19.2.2014, BT-Drs. 18/559, S. 1.

63 So auch kritisiert von *K. Jacob/S. Weiland*, Die Nachhaltigkeitsprüfung im Rahmen der Gesetzesfolgenabschätzung in Deutschland, UVP-Report 26 (1), 2012, S. 10 (14); zur relativ schwachen Position des PBNE ferner *Kahl* (Fn. 54), § 13 Rn. 47 f., 58.

64 Kritisch hierzu *Blum* (Fn. 34), S. 14.

65 Kritisch zur Beschränkung auf diese Stufe der GFA mit Blick auf die Nachhaltigkeitsprüfung *Kahl* (Fn. 54), § 13 Rn. 46.

der Beauftragten der Bundesregierung sowie der Bundesbeauftragten (§ 45 Abs. 3 GGO BMin i. V. m. Anlage 3) und des Nationalen Normenkontrollrats im Hinblick auf die Bürokratiekosten (§ 45 Abs. 1 S. 1 GGO BMin). Hinsichtlich der Kosten für Wirtschaft und Verbraucher sind Angaben der beteiligten Fachkreise und Verbände, insbesondere der mittelständischen Wirtschaft und der Verbraucher, einzuholen (§ 44 Abs. 5 GGO BMin). Die Beteiligung erstreckt sich auch auf die Länder, kommunalen Spitzenverbände und Vertretungen der Länder beim Bund, sofern deren Belange berührt sind (§ 47 Abs. 1 S. 1 GGO BMin).

3. *Inneres Verfahren*

Das innere Verfahren der GFA und der Nachhaltigkeitsprüfung ist auf Bundesebene rechtlich nur rudimentär geregelt. Die GGO BMin benennt mit den in Abs. 1 bis 6 des § 44 genannten Folgenkategorien das Erkenntnisziel des Verfahrens und verweist im Übrigen auf die unverbindlichen Arbeitshilfen der Ministerien.[66] Die Arbeitshilfe des BMI gliedert die GFA, z. T. ergänzt um methodische Hinweise, in eine Analyse des Regelungsfelds, eine Zielbeschreibung, die Entwicklung von Regelungsalternativen, die Prüfung und Bewertung der Regelungsalternativen und die Ergebnisdokumentation.[67] Die Verbindung zur Nachhaltigkeitsstrategie wird im Rahmen der Alternativenbewertung hergestellt, indem deren zehn Managementregeln und 21 Indikatoren zu Prüfkriterien erklärt werden.[68] Allerdings treten diese Nachhaltigkeitskriterien separat zur Prüfung ökonomischer, ökologischer und sozialer sowie sonstiger Folgen hinzu, obgleich die Nachhaltigkeitsstrategie jeweils Ausprägungen dieser Dimensionen enthält. Hierin liegt ein Unterschied etwa zum Konzept in Baden-Württemberg, welches die GFA von vornherein an die Struktur der Nachhaltigkeitsstrategie anlehnt,[69] während die Arbeitshilfe auf Bundesebene im Wesentlichen nur die einzelnen Absätze des § 44 GGO BMin jeweils für sich abarbeitet.

---

[66] *Bundesministerium des Innern (Hrsg.)*, Arbeitshilfe zur Gesetzesfolgenabschätzung; *Bundesministerium für Wirtschaft und Technologie (Hrsg.)*, Arbeitshilfe zu § 44 Abs. 4 GGO: „Kosten für die Wirtschaft und Auswirkungen auf die Preise"; *Bundesministerium für Familie, Senioren, Frauen und Jugend (Hrsg.)*, Arbeitshilfe Geschlechterdifferenzierte Gesetzesfolgenabschätzung.

[67] *Bundesministerium des Innern* (Fn. 66), S. 5 ff.; *Kahl* (Fn. 54), § 13 Rn. 27 ff.

[68] *Bundesministerium des Innern* (Fn. 66), S. 11 mit Arbeitsblatt 4 und Anhang VII.

[69] S. Anlage 2 der VwV Regelungen BW.

VI. Bewertung und Optimierungsvorschlag

1. Soll-Ist-Vergleich

a) Soll: Verfassungsrechtliche Anforderungen (Zusammenfassung)

Die im Hinblick auf die Verwirklichung des Konzepts Nachhaltiger Entwicklung durchzuführende GFA bleibt hinter den verfassungsrechtlichen Anforderungen zurück. Wie dargelegt, findet sich das Nachhaltigkeitsleitbild sowohl mit dem ihm inhärenten Prinzip der Generationengerechtigkeit als auch der Perspektiverweiterung hin zu einer ganzheitlichen Betrachtung ökologischer, ökonomischer und sozialer Aspekte, in deren Dienst wiederum die dritte, prozedurale Nachhaltigkeitskomponente in Gestalt der Integration der Sachdimensionen mittels Verfahren der Operationalisierung und Implementierung tritt, im Grundgesetz verankert.[70] Als primär zur Gestaltung der gesellschaftlichen Verhältnisse im Sinne Nachhaltiger Entwicklung berufene staatliche Gewalt ist die Legislative verpflichtet, zwecks Integration der sachlichen Nachhaltigkeitsziele GFA durchzuführen, an die das Verfassungsrecht – über den inhaltlichen Nachhaltigkeitsbezug hinaus – spezifische qualitative Anforderungen stellt, nämlich die Herstellung, sorgfältige Auswertung und Berücksichtigung der tatsächlichen Entscheidungsgrundlage, die Ermittlung der betroffenen Gruppen der Träger von Rechten und Belangen, die sorgfältige Prognose der Eintrittswahrscheinlichkeit der entscheidungsrelevanten Folgen, die folgenorientierte Abwägung, d. h. Bewertung und Gewichtung der betroffenen Belange sowie Herstellung des Ausgleichs zwischen den widerstreitenden Verfassungsgütern, und die im Anschluss an die Normsetzung durchzuführende Folgenbeobachtung mit daraus u. U. resultierender Nachbesserung.[71]

b) Ist: Defizite der Nachhaltigkeitsprüfung in der GFA

Spiegelt man die Realität an diesen Anforderungen, so zeigen sich auf der vorliegend der Betrachtung unterzogenen Bundesebene zunächst Defizite im Bereich der Nachhaltigkeitsprüfung durch die Regierung. So bescheinigte der PBNE der Bundesregierung im Jahre 2011[72] in 170 von 306 geprüften Regierungsvorlagen, d. h. ca. 56 Prozent, eine mangelhafte Nachhaltigkeitsprüfung.[73] 94 Vorlagen (ca. 31 Prozent) enthielten keine Aussage zu Nachhaltiger Entwicklung, während in

---

[70] S. oben IV.1.b).

[71] S. oben IV.1.a) sowie die Zusammenstellungen der verfassungsrechtlichen Vorgaben für das innere Gesetzgebungsverfahren bei *M. Führ*, Rationale Gesetzgebung, 1998, S. 10 ff., 27 ff.; *Köck* (Fn. 36), S. 14 f.

[72] S. zum Folgenden Bericht des PBNE vom 26.7.2011, BT-Drs. 17/6680, S. 2 ff.

[73] Der Bericht erstreckt sich über den Zeitraum vom 1.3.2010 bis 10.6.2011. Eine Zäsur bildet hierbei eine Klausurtagung am 1.12.2010, nach der die Mängelquote von zuvor ca. 63 Prozent (115 von 182 Vorlagen) auf ca. 44 Prozent (55 von 124 Vorlagen) gesunken sei.

76 Fällen (ca. 25 Prozent der Gesamtzahl bzw. ca. 36 Prozent der Vorlagen mit Aussagen zu Nachhaltigkeit) die Aussagen nicht plausibel seien. Der Beirat kritisierte insbesondere pauschale Leerformeln, denen kein hinreichender Bezug zur Nationalen Nachhaltigkeitsstrategie zu entnehmen sei. Auch soweit Aussagen zu Nachhaltiger Entwicklung getroffen worden seien, gestalteten sich diese häufig oberflächlich und wenig vertieft. Es sei den Auseinandersetzungen in den Ausschussberatungen zuträglich, wenn die Aussagen in der Nachhaltigkeitsprüfung einen höheren Detaillierungsgrad und konkrete Bezugspunkte zur Nachhaltigkeitsstrategie aufwiesen.

Während sich die Bundesregierung zumindest innenrechtlich auf eine Nachhaltigkeitsprüfung im Rahmen der GFA verpflichtet hat, liegt ein weiteres, gravierendes Defizit im Fehlen eines entsprechenden Regelungsrahmens für einschlägige primäre, d. h. auf Gesetzentwürfe aus den eigenen Reihen bezogene, sowie sekundäre, d. h. der Überprüfung von Gesetzentwürfen der Regierung dienende Untersuchungen der Legislative (auf Bundesebene Bundestag und Bundesrat) und der untergeordneten Rolle dieser von Verfassungs wegen zur eigentlichen Beschlussfassung über Gesetzgebungsvorhaben berufenen Staatsorgane im Bereich der GFA und Nachhaltigkeitsprüfung.[74] Zu Recht attestiert in diesem Sinne etwa der PBNE dem – insofern keiner auch nur innenrechtlichen Regelung unterworfenen – Bundesrat, in seinen Gesetzesvorhaben nur ganz vereinzelt Aussagen zur Nachhaltigkeitsstrategie getroffen zu haben, und verbindet dies mit dem Appell, hier Abhilfe zu schaffen.[75] Ein entsprechender Aufruf ergeht – freilich ohne dahingehenden Prüfungsauftrag – auch an die Fraktionen des Bundestags in ihrer Funktion als Initiativorgane.[76]

2. Optimierungsvorschlag: Verfahrensordnung für GFA und Nachhaltigkeitsprüfung

a) Rechtfertigung eines verbindlichen Regelungsrahmens

Bislang unterliegen die an der Gesetzgebung beteiligten Staatsorgane wie aufgezeigt keiner bzw. einer nur rudimentären und zudem nur innenrechtlichen Regelung nachhaltigkeitsorientierter GFA. Beides, sowohl das gänzliche Fehlen einer außenrechtlich verbindlichen Regelung, so für parlamentarische GFA, als auch der nur spärliche innenrechtliche Regelungsbestand, so für GFA der (Bundes-)Regierung, spiegelt sich insofern in den dargelegten Mängeln, als regie-

---

[74] Vgl. auch die Kritik von *C. Grimm*, Gesetzesfolgenabschätzung – Möglichkeiten und Grenzen – aus der Sicht des Parlaments, ZRP 2000, S. 87 ff.; *U. Karpen*, Gesetzesfolgenabschätzung. Ein Mittel zur Entlastung von Bürgern, Wirtschaft und Verwaltung?, ZRP 2002, S. 443 (446); *Nagel* (Fn. 61), S. 107.

[75] BT-Drs. 17/6680, S. 5.

[76] BT-Drs. 17/6680, S. 5.

rungsseitig nur unzureichende und parlamentsseitig so gut wie keine Folgenabschätzungen in Anknüpfung an das Nachhaltigkeitskonzept dokumentiert sind. Ohne die Steuerungswirkung allein der Existenz eines durch den parlamentarischen Gesetzgeber geschaffenen verbindlichen Rechtsrahmens für Nachhaltigkeitsprüfungen überschätzen zu wollen, streitet hierfür außer Aspekten der (Grundrechts-)Wesentlichkeit der Implementierung des Nachhaltigkeitskonzepts und der Sanktionierbarkeit von Verstößen auch steuerungstheoretische Aspekte der Bereitstellungsfunktion und der Signalwirkung rechtlicher Regelungen.[77] Die Verfahrensordnung sollte hierbei – vorbehaltlich der Frage des Regelungsstandorts[78] – sowohl GFA der Regierung als auch (primäre und sekundäre) GFA des Parlaments (Bundestag und Bundesrat) einschließen.

b) Regelungsgehalte

Um die Verknüpfung mit dem Nachhaltigkeitskonzept herzustellen, wären die zur GFA der Entwürfe förmlicher Gesetze berufenen Staatsorgane zunächst darauf zu verpflichten, ein *Zielsystem* aufzustellen und dieses auf Kompatibilität mit den Managementregeln und Indikatoren der nationalen Nachhaltigkeitsstrategie zu überprüfen, um die Prüfung anstelle eines „Abhakens" voneinander unabhängiger Module weitestmöglich integrativ zu gestalten. Damit erlangte überdies die Nachhaltigkeitsstrategie selbst mittelbar rechtliche Verbindlichkeit. Die verschiedentlich geforderte Erstreckung der Nachhaltigkeitsprüfung auch auf der Gesetzgebung vorausgehende politische Programme[79] wie etwa Parteiprogramme, Koalitionsverträge und informelle Absprachen mit Akteuren aus Politik, Wirtschaft und Gesellschaft, wie es teilweise auch auf EU-Ebene über die Normsetzung im engeren Sinne hinaus vorgesehen ist,[80] erschiene wünschenswert und in der Sache geboten, bedürfte aber keiner Verrechtlichung, da es sich um politische bzw. Staatsleitungsentscheidungen weit im Vorfeld (grundrechts-)wesentlicher Entscheidungen handelt, die in Gestalt der Reaktionen von Wählern, politischen Gegnern, anderen Staatsorganen oder Akteuren im politischen Mehrebenensystem (z. B. Länder und Kommunen) sowie nicht zuletzt

[77] Näher zu den Bestimmungsfaktoren des einschlägigen Regelungsbedarfs *Windoffer* (Fn. 3), S. 549 ff.

[78] Dazu unten c).

[79] So etwa *A. Grunwald/J. Kopfmüller*, Die Nachhaltigkeitsprüfung, 2007, S. 11 ff.; *Jacob/Weiland* (Fn. 63), S. 14; *J. Mayer-Ries*, Folgen für Andere, Folgen für Nachkommende, in: S. Hensel/K. Bizer/M. Führ/J. Lange (Hrsg.), Gesetzesfolgenabschätzung in der Anwendung, 2010, S. 285 (288); ferner in der Öffentlichen Anhörung des Parlamentarischen Beirats für nachhaltige Entwicklung zum Thema „Nachhaltigkeitsprüfung" am 28.2.2007 die Stellungnahmen von *K. Arbter*, S. 7.; *A. von Raggamby*, S. 4; *K. Rennings/M. Achtnicht*, S. 4.

[80] Zur Folgenabschätzung auf EU-Ebene s. *W. Kahl/P. Hilbert*, Impact Assessment in der EU – Sicherung von Nachhaltigkeit durch Integration, in: Festschr. f. Michael Kloepfer, 2013, S. 399 ff.; *K. Meßerschmidt*, Nachhaltigkeit im EU-Gesetzgebungsverfahren (in diesem Band); *Windoffer* (Fn. 3), S. 222 ff.

der Medienöffentlichkeit einer hinreichenden Bewertung und Sanktionierung zugeführt werden.

Des Weiteren müssten die Akteure in den einschlägigen Begründungen Rechenschaft über ermittelte und infolge Zielineffektivität oder -ineffizienz a priori ausgeschiedene *Regelungsalternativen* einschließlich des Gangs der Untersuchung ablegen, um ihre Pflicht zur sorgfältigen Tatsachenermittlung nachvollziehbar zu dokumentieren. Hinsichtlich der Herzstücke des inneren Gesetzgebungsverfahrens, nämlich der *Folgenermittlung und -prognose* sowie der *vergleichenden Alternativenbewertung* vor dem Hintergrund der ermittelten Folgen, wären sodann die verfassungsrechtlichen Sorgfaltsanforderungen an die Tatsachenermittlung und die Gewinnung vertretbarer Prognosen unter Zugrundelegung des – ggf. mit Bezug auf das konkrete Regelungsvorhaben, etwa im Hinblick auf Folgen für die individuelle Grundrechtsausübung, zu verfeinernden und ergänzenden – Indikatorensystems der Nachhaltigkeitsstrategie zu normieren. In methodischer Hinsicht erscheinen präzise Vorgaben angesichts der Vielgestalt der Regelungsgegenstände und hierfür jeweils konkret geeigneten Methoden wenig zweckmäßig; stattdessen sollten Qualitätsanforderungen an die Untersuchungen wie etwa Nachvollziehbarkeit, Objektivität, Validität, Reliabilität und Angemessenheit vorgegeben und eine Darlegung des methodischen Vorgehens in der Begründung gefordert werden. Zur beratenden Unterstützung der Bundesregierung u.a. in Methodenfragen könnten der Rat für Nachhaltige Entwicklung und ein in seinem Aufgabenbereich erweiterter Nationaler Normenkontrollrat institutionalisiert werden, während Folgenabschätzungen des Bundestags durch den ggf. in einen ständigen „Nachhaltigkeitsausschuss" umgewandelten PBNE[81] unterstützt würden. Mit Blick auf die *Alternativenauswahl* schließlich wäre in den Begründungen darzulegen, aufgrund welcher Präferenzrelation und Optimierungskriterien die Entscheidung getroffen wurde, um sie am Maßstab verfassungsrechtlicher Kriterien (z.B. Verhältnismäßigkeit, Grundrechtskonformität) überprüfen zu können.

Weiterer Regelungsgegenstand der Verfahrensordnung wäre sodann die Vorgabe von *Folgenbeobachtungen* durch das Parlament bzw. die parlamentsseitig damit beauftragte Regierung. Zwar wären deren Einzelheiten bereichsspezifisch im jeweiligen Gesetz festzulegen, jedoch enthielte die Verfahrensordnung hierzu allgemeine Anforderungen bzgl. Zeiträumen, Anlässen, Aufstellung des Indikatorensystems, Qualität der Datenerhebung und Prüfungsmethoden sowie einer Pflicht zur legislativen Nachbesserung im Falle von Fehlentwicklungen.

---

[81] So der Vorschlag von *Kahl* (Fn. 59), S. 286; *ders.* (Fn. 54), § 13 Rn. 58.

c) Regelungsstandort

Eine einfachgesetzliche Normierung nachhaltigkeitsorientierter Folgenabschätzungspflichten der Regierung stieße dort an Grenzen, wo in den Kernbereich exekutivischer Eigenverantwortung eingegriffen würde. Dies wäre jedoch nur der Fall, wenn auf die in kabinettsinternen Beratungs- und Abstimmungsprozessen generierte Willensbildung eingewirkt würde.[82] Für den vorgeschlagenen Regelungsrahmen trifft dies nicht zu, da dieser lediglich die Rationalität, nicht aber das Ergebnis des Willensbildungsprozesses beeinflussen soll.[83] Im Hinblick auf eine (Selbst-)Verpflichtung des Parlaments wiederum stellte sich das Problem jederzeitiger Abänderbarkeit einfachgesetzlicher Regeln durch den Gesetzgeber selbst.[84] Zu dessen Bewältigung läge daher die Ausgestaltung als *Grundsatzgesetz* nahe, gestützt auf einen dahingehenden *Verfassungsauftrag*, der zugleich flankierend in groben Umrissen die Verpflichtung der betreffenden Verfassungsorgane zur nachhaltigkeitsorientierten Folgenabschätzung und -beobachtung gemäß den verfassungsrechtlichen Anforderungen an das innere Rechtsetzungsverfahren enthielte, verbunden mit der Aufforderung an den Gesetzgeber, hierzu das Nähere zu regeln.[85] Fehlende oder unzulängliche Folgenabschätzungen begründeten damit zugleich Verstöße nicht nur gegen die gesetzliche Verfahrensordnung, sondern gegen die Verfassung selbst.

VII. Fazit

GFA sind das Mittel der Wahl zur Integration materieller Nachhaltigkeitsziele im Sinne der prozeduralen Nachhaltigkeitskomponente. Sowohl die essentialia des Nachhaltigkeitsleitbilds als auch die Pflicht der am Gesetzgebungsverfahren beteiligten Verfassungsorgane zu GFA sind verfassungsrechtlich fundiert. Die aktuelle rechtliche Ausgestaltung und praktische Durchführung der GFA durch Parlament und Regierung entsprechen diesen Anforderungen jedoch nicht. Daher wird vorgeschlagen, mittels eines Grundsatzgesetzes eine durch einen dahingehenden Verfassungsauftrag fundierte allgemeine Verfahrensordnung für nachhaltigkeitsorientierte GFA der Regierung und des Parlaments einzuführen und die verfassungsrechtlichen Vorgaben an Zielbestimmung, Alternativenermittlung, Folgenermittlung/-bewertung, Alternativenauswahl und Folgenbeobachtung formell-gesetzlich zu präzisieren.

---

[82] Vgl. BVerfGE 67, 100 (139); 110, 199 (214).

[83] *Windoffer* (Fn. 3), S. 665.

[84] *Lücke* (Fn. 34), S. 40 f.

[85] S. zum Ganzen *Windoffer* (Fn. 3), S. 664 ff.; ablehnend und statt einer gesetzlichen Regelung eine transparente Zusammenstellung des geltenden Regelwerks zwecks Kontrolle auch durch die Öffentlichkeit fordernd *Kahl* (Fn. 54), § 13 Rn. 60.

Nachhaltige Gesetzgebung und Interessengruppen

Martin Leschke

I. Einleitung

Moderne Gesellschaften sind „regelgesteuert". Die Regeln – und hier insbesondere die Gesetze – erfüllen zentrale Aufgaben in großen Gesellschaften. Aus ökonomischer Sicht sind dies:[1]

– Die Schaffung von Freiheit. Denn nur durch geschützte Bereiche, also durch eine Freiheit „unter dem Recht", können sich die Individuen entfalten und kreativ arbeiten, was dann auch allen anderen Individuen zunutze kommt.

– Die Schaffung von Erwartungssicherheit. Natürlich kann das Recht in freien Gesellschaften keine völlige Erwartungssicherheit schaffen, aber durch die Grenzziehungen des Rechts werden bestimmte Ereignisse mit einer gewissen Wahrscheinlichkeit ausgeschlossen. Auf diese Weise wird es dem einzelnen Akteur möglich, in die Zukunft zu investieren. In Gesellschaften mit dysfunktionalen Rechtssystemen werden weitaus weniger Investitionen getätigt, weil das Recht nicht systematisch (weiter-)entwickelt und durchgesetzt wird.

– Die gezielte Setzung von Transaktionskosten: Ein funktionales und weitgehend akzeptiertes Rechtssystem senkt die Transaktionskosten für wünschenswerte und damit erlaubte Transaktionen und Interaktionen. Auf der anderen Seite werden die Transaktionskosten für unerwünschte bzw. unerlaubte Tätigkeiten erhöht. Auf diese Weise gelingt es funktionierenden Rechtssystemen die unerwünschten Handlungen auf ein erträgliches Maß zu reduzieren. Ganz verhindern kann man sie aus Kostengründen natürlich nie.

Mit einem funktionierenden Rechtssystem werden willkürliche ein- und wechselseitige Ausbeutungen weitgehend verhindert. Unerwünschte Dilemmasituationen werden auf diese Weise bekämpft und möglichst viele „Win-Win-Situationen" geschaffen. Nach *John Rawls* werden regelgesteuerte Gesellschaften auf diese Weise zu Systemen der Kooperation (zum wechselseitigen Vorteil der Individuen).[2] Insbesondere Demokratien, die sich für einen Rechtsstaat entscheiden, der eine dezentrale (soziale) Marktwirtschaft unterstützt, scheinen den Individuen vergleichsweise große Chancen zur eigenen Entfaltung zu geben. Der individuelle Wohlstand ist in solchen Gesellschaften im Durchschnitt vergleichs-

[1] Vgl. *M. Leschke*, Ökonomik der Entwicklung, 2. Aufl. 2015, S. 10.

[2] Vgl. *J. Rawls*, Eine Theorie der Gerechtigkeit, 1975, S. 32 und S. 149.

weise hoch. Als 1989/90 die mittel- und osteuropäischen Staaten sich auch für die Trias „Demokratie – Rechtsstaat – Marktwirtschaft“ (DRM) entschieden und selbst Russland sich auf diesen Weg begab, schien für manchen Sozialwissenschaftler die Geschichte gesellschaftlicher Entwicklung beendet zu sein.[3]

Ein Vierteljahrhundert nach *Fukuyamas* These vom Ende der Geschichte gerät die alternativlose Dreifaltigkeit DRM ins Wanken. Gerade das gesellschaftliche System, das doch als Garant für Freiheit, Wachstum und Wohlstand angesehen wird, scheint nicht in der Lage zu sein, eine Nachhaltige Entwicklung zu garantieren. In allen drei Bereichen, die für eine Nachhaltige Entwicklung wichtig sind – Finanzen, Soziales, Umwelt – „schwächeln“ viele marktwirtschaftliche Demokratien. Die Staatsfinanzen (explizite, aber v.a. auch die implizite Staatsverschuldung) sind in einigen Staaten kaum mehr tragbar. Die Schere zwischen „arm und reich“ geht in vielen Demokratien immer weiter auseinander. Und die Umweltprobleme scheinen eher zu- als abzunehmen. Auffällige Verstöße gegen das Prinzip der Nachhaltigkeit bzw. Generationengerechtigkeit sind keine Ausnahme, sondern werden mehr und mehr zur Regel.

Vor dem Hintergrund dieses Befundes formiert sich ein fundamentaler Widerstand gegen die freiheitliche Marktwirtschaft. Es wird von nicht wenigen Kritikern nachdrücklich eine Abkehr von einem Recht, das weitgehende Freiheiten zu marktwirtschaftlichem Handeln ermöglicht, gefordert. Mit dieser Fundamentalkritik soll in die hier zu behandelnde Problematik einer Gesetzgebung im Einklang mit der Nachhaltigkeit eingestiegen werden (zweiter Abschnitt). Anschließend soll im dritten Abschnitt auf die wichtige Funktion der Interessengruppen in der Demokratie eingegangen werden. Hierbei sollen zwei Theoriestränge aufgegriffen und diskutiert werden: die pessimistische Theorie nach *Mancur Olson* und die optimistischere Theorie nach *Gary Becker*. Danach wird im vierten Abschnitt der Frage nachgegangen, ob sich Nachhaltigkeitsinteressen überhaupt schlagkräftig organisieren lassen. Können sich Interessengruppen im Bereich Umwelt und Nachhaltigkeit soweit Gehör verschaffen, dass sie die Gesetzgebung beeinflussen können? Der Beitrag endet mit einem kurzen Fazit.

II. Wachstumszwang und Wirtschaftsinteressen als Gefahr für die Nachhaltigkeit

Die Marktwirtschaft wird von den Postwachstumsökonomen als ein Koordinationsmechanismus aufgefasst, der die negativen Eigenschaften des Menschen fördert (Gier, Nutzenmehrung auf Kosten anderer) und zugleich einen fatalen Wachstumszwang auslöst.[4] Im Wettbewerb streben die Konsumenten stets nach

[3] Vgl. *F. Fukuyama*, The End of History, The National Interest, Summer 1989, S. 3–18.
[4] Vgl. beispielsweise *N. Paech*, Befreiung vom Überfluss, 2012.

neuen Produkten, die eher Statussymbolcharakter haben als langfristig glücklich zu machen. Die Unternehmen „feuern" dies mit entsprechenden Werbemaßnahmen an. Zugleich müssen sie im Wettbewerb stets nach Neuerungen (neue Produkten und Verfahren) suchen und um Kosteneinsparungen bemüht sein. Auf diese Weise werden sinnvolle und – nach Ansicht der Wachstumsgegner – auch viele sinnlose Produkte erfunden.

Der marktliche Wettbewerb wird zusätzlich durch das zinsbasierte Schuldgeldsystem „angeheizt". Die Möglichkeit der kreditären Vorfinanzierung von Investitionen gegen Zins behebt zwar die durch das Sparkapital vorhandene Schranke, der Kreditzins zwingt jedoch den Schuldner zur produktiven Verwendung, so dass dadurch ein weiterer Wachstumszwang entsteht.[5] Das zinsbasierte Schuldgeldsystem benötigt Wachstum, um selbst überleben zu können.[6]

Was aber folgt, wenn die endlichen Ressourcen unserer Erde auf einen Koordinationsmechanismus treffen, der permanente Wachstumszwänge auslöst? Die Antwort ist für die Kritiker klar: Es muss zu einer Übernutzung der Ressourcen und zu vielfältigen Externalitäten kommen.[7] Der wettbewerbs- und schuldgeldinduzierte Wachstumszwang wird zu einer Interessenkollision von Arbeitgebern (Unternehmern, Managern) und den Arbeitnehmern führen: Konsum-, Gewinn- und Einkommensziele werden Nachhaltigkeitsziele in vielen Bereichen dominieren, so dass es zu zahlreichen externen Effekten kommen muss. In Bezug auf die Nachhaltigkeit scheinen hierbei zwei Fälle erwähnenswert:[8]
- Die Produktions- und Konsumentscheidungen in einem Land schädigen die Lebensbedingungen der Bevölkerung in dem betrachteten Land zeitverzögert, also „in der Zukunft".
- Die Produktions- und Konsumentscheidungen in einem Land schädigen die Lebensbedingungen der Bevölkerung eines anderen Landes zeitverzögert, also „in der Zukunft".

Eine negative Externalität, deren gravierende Auswirkungen erst in der Zukunft eintreten werden, stellt das Klimaproblem dar – die Erderwärmung, verursacht u. a. durch steigende Emissionen von Treibgasen. Als mögliche Auswirkungen können beispielsweise
- die Gefährdung von Küstenregionen und bestimmten Inselstaaten,
- die Gefährdung von bestimmten Pflanzen und Tieren,
- negative Folgen für die Landwirtschaft in bestimmten Regionen,
- die Zunahme der Desertifikation,

[5] Vgl. *G. Heinsohn/O. Steiger*, Eigentumsökonomik, 2. Aufl. 2008.
[6] Vgl. *H. C. Binswanger*, Die Wachstumsspirale, 2009, insb. S. 345.
[7] Vgl. z. B. *H. E. Daly/J. Farley*, Ecological Economics, 2. Aufl. 2011 sowie *D. Meadows/J. Randers/D. Meadows*, Grenzen des Wachstums – Das 30-Jahre-Update, 2006.
[8] Vgl. *M. Leschke*, Nachhaltigkeit und Institutionen – eine wirtschaftswissenschaftliche Sicht, in: W. Kahl (Hrsg.), Nachhaltigkeit als Verbundbegriff, 2008, S. 297–325.

- Knappheiten bei der Wasserverfügbarkeit,
- negative Folgen für Investitionen und auch die menschliche Gesundheit in Extremwetterregionen

genannt werden. Das Gros dieser unerwünschten Effekte wird vor allem in recht ferner Zukunft erwartet, wahrscheinlich erst in 50 bis 100 Jahren. Andere Externalitäten treten lokaler und zeitnäher auf. Wie man auch immer den Blickwinkel wählt – global oder eher lokal –, es lassen sich in vielen Bereichen Externalitätenprobleme ausfindig machen, die Verstöße gegen den Nachhaltigkeitsgrundsatz darstellen und von dem Gros der Bevölkerung (laut vieler Umfragen) nicht gewollt sind. Die Schuldigen scheinen schnell ausgemacht: Teile des Unternehmenssektors. Ökonomen jedoch sehen die Schuld woanders, nämlich in Defiziten des Regelrahmens. Externalitätenprobleme werden stets auf Regulierungsdefizite – also Fehlanreize – zurückgeführt.

Das sehen auch die fundamentalen Marktwirtschaftskritiker bzw. Postwachstumsökonomen so und plädieren für eine radikale rechtliche Umsteuerung: weg von einem Recht, das freiheitliches marktwirtschaftliches Handeln ermöglicht, hin zu einem Recht, das in viel stärkerem Maße staatliches Handeln (in den Bereichen der Geldwirtschaft und der Grundversorgung – Strom, Wasser, sonstige Energie, Investitionslenkung) vorsieht, nunmehr in Einklang mit dem Prinzip der Nachhaltigkeit.[9]

Die meisten Ökonomen beurteilen diese radikale Lösung recht kritisch, denn durch mehr planwirtschaftliche Elemente wird die Effizienz leiden und es werden die Knappheiten zunehmen. Daher sehen sie die Gefahr zunehmender Korruption und Vetternwirtschaft. Letztlich werden die Entscheidungen und Resultate einer stark interventionistischen Wirtschaft nicht in Einklang mit dem Prinzip der Nachhaltigkeit stehen, sondern – im Gegenteil – zu einem Rückgang des Wohlstands und einer Zunahme der Externalitäten führen. Diesbezüglich sei nur auf die Umweltverschmutzungen in vielen sozialistischen Staaten vor 1990 verwiesen. Wenn man also zur Wahrung des Wohlstands und der freien (wirtschaftlichen) Entfaltung, die schließlich die Basis für Inventionen und Innovationen darstellt, für Marktwirtschaft und Demokratie plädiert, sollte man doch den Gegnern marktwirtschaftlicher Systeme zugutehalten, dass sie zwei streitbare Thesen „auf den Tisch gelegt" haben:

- In einer Welt mit endlichen Ressourcen ist dauerhaftes Wachstum nicht möglich; daher muss eine Marktwirtschaft mit zinsbasierter Kredit- und Geldschöpfung zu zunehmenden Externalitäten, d. h. Verstößen gegen den Grundsatz der Nachhaltigkeit führen.
- In einer marktwirtschaftlichen Demokratie mit Wachstumszwang wird es durch den Wettbewerb bei zunehmender Knappheit zu einer Dominanz der

[9] Hier sei beispielhaft auf *Paech* (Fn. 4) verwiesen.

kurzfristig ausgerichteten Wirtschaftsinteressen zulasten der Umwelt- und Nachhaltigkeitsinteressen kommen.

Mit der ersten These stimmen viele Ökonomen *nicht* überein. Wachstum muss nicht mit einer Übernutzung der Ressourcen unserer Erde einhergehen. Dass es zurzeit in einigen Bereichen so ist, liegt an „falschen" (relativen) Preisen für viele Umweltgüter. Gelingt es dem Staat bzw. der Staatengemeinschaft, durch Regulierung fehlende oder falsche Preise durch adäquate Substitute zu ersetzen, so wird sich das dezentrale kreative unternehmerische Handeln natürlich sofort auf umweltschonende Bereiche verlagern. Solange es Freiheit und Wettbewerb gibt, wird die Kreativität des Menschen für Wachstum und Wohlstand sorgen. Ob dies gegen den oder in Einklang mit dem Grundsatz der Nachhaltigkeit erfolgt, hängt von der Regulierung – den Spielregeln des Marktes – ab. Wenn man sich dieser Gegenthese anschließt, bedeutet das aber leider noch ganz und gar nicht, dass marktwirtschaftliche Demokratien auch tatsächlich Regulierungen hervorbringen, die für Anreize sorgen, so dass das Wirtschaften ohne (gravierende) Verletzungen gegen den Nachhaltigkeitsgrundsatz stattfindet. Dies kann sein, muss es aber nicht. Entscheidend dafür könnte die Frage sein, wie sich Interessengruppen formieren und ob unterschiedlich geartete Interessen sich gleich gut organisieren lassen.

III. Interessengruppen in der Demokratie: Zwei ökonomische Theoriestränge

Interessengruppen stellen nach dem ökonomischen Verständnis Zusammenschlüsse von Individuen dar, um gemeinsame Zwecke zu erreichen. So können sich organisierte Interessen besser Gehör verschaffen und ihre Ziele durch Einflussnahme auf die Politik und/oder Öffentlichkeit besser erreichen als einzelnen, unorganisierten Individuen dies gelingt. Insofern ist das kollektive Handeln mittels einer organisierten Gruppe effektiver bzw. effizienter als das individuelle (unorganisierte) Handeln.[10] Ein Individuum wird sich aber nur dann einer Interessengruppe anschließen, wenn es sich einen Vorteil davon verspricht. Das bedeutet: Der Nutzen der Gruppenmitgliedschaft muss die Kosten überschreiten. Da mithilfe der Gruppe ein kollektives Ziel durchgesetzt werden soll (z. B. eine bestimmte Regulierung, eine Subvention oder eine Steuererleichterung), entsteht für die potentiellen Gruppenmitglieder ein Dilemma. Das beste Nutzen-Kosten-Verhältnis ergibt sich nämlich für ein an der Kollektivleistung interessiertes Individuum genau dann, wenn andere Individuen Kosten

[10] Vgl. zu folgenden Ausführungen *M. Erlei/M. Leschke/D. Sauerland*, Neue Institutionenökonomik, 2. Aufl. 2007, S. 381 ff.

zur Erbringung der Leistung auf sich nehmen und das betrachtete Individuum selbst die Trittbrettfahrerposition einnimmt. Wenn allerdings alle Individuen so denken und handeln, kommt die Interessengruppe erst gar nicht zustande. Es kommt dann zu einer Situation der kollektiven Selbstschädigung.[11] Die folgende Abbildung 1 zeigt die Dilemmasituation beispielhaft anhand von zwei Individuen i und j, die zusammen als Gruppe erfolgreich agieren oder aber die Trittbrettfahrerstrategie einnehmen könnten.

		j	
		Einsatz für die Gruppe	Trittbrettfahrer
i	Einsatz für die Gruppe	8/8	-2/12
	Trittbrettfahrer	12/-2	0/0

Abbildung 1: Das Dilemma des Trittbrettfahrens

Jedem kollektiven Handeln liegt die durch Abbildung 1 skizzierte Dilemmasituation zugrunde (natürlich in der Realität mit mehr als zwei Individuen). Und ohne weiteres ist hier „Trittbrettfahren" stets für alle Individuen die überlegene Strategie. Es kommt somit zu einem Gleichgewicht (0/0), das eine unerwünschte Situation darstellt.[12] Die interessanten Fragen diesbezüglich sind: Wie kann das Dilemma erfolgreich überwunden werden? Welche Möglichkeiten gibt es hierzu? Gelingt dies allen Gruppen ähnlich gut? Und: Welche Resultate ergeben sich aus dem Agieren der organisierten Gruppen für die Gesellschaft?

1. Die pessimistische Theorie nach Mancur Olson

Der Ökonom *Mancur Olson* hat eine „Logik des kollektiven Handelns" entworfen, die einige Antworten auf die aufgeworfenen Fragen enthält.[13] Kernpunkt von „*Olsons* Logik" ist die Analyse der Möglichkeiten zur Überwindung der in Abbildung 1 illustrierten Dilemmasituation. Drei Mechanismen können in Anlehnung an *Olson* die Dilemmasituation erfolgreich „entschärfen" und die Individuen zu kollektivem Handeln bewegen:[14]

- spontane negative Sanktionen gegenüber Trittbrettfahrern,
- positive selektive Anreize und
- das Glück, ein starkes Mitglied (einen Förderer) zu haben.

---

[11] Wobei das Kollektiv hier alle Individuen umfasst, die an der Gruppenleistung interessiert sind.

[12] Die Ökonomik spricht von einem pareto-inferioren Gleichgewicht.

[13] Vgl. *M. Olson,* Die Logik des kollektiven Handelns, 5. Aufl. 2004.

[14] Vgl. auch *Erlei/Leschke/Sauerland* (Fn. 10), S. 382 ff.

Spontane negative Sanktionen sind ein einfaches Mittel, um Individuen zur Kooperation, d.h. zur aktiven Mitarbeit in Gruppen zu bewegen. Die Sanktionen bestehen hier oftmals in negativen Emotionen. Es wird den Individuen unmissverständlich klargemacht, dass Trittbrettfahrerei nicht toleriert wird. Individuen, die diese Strategie wählen, haben mit Beschimpfungen und Verunglimpfungen zu rechnen. Dies macht das Trittbrettfahren unattraktiv. Abbildung 2a zeigt, wie sich dadurch die Nutzen (auch Payoffs oder Auszahlungen genannt) für die beteiligten Individuen verändern.

		j	
		Einsatz für die Gruppe	Trittbrettfahrer
i	Einsatz für die Gruppe	8/8	-2/(12-5)
	Trittbrettfahrer	(12-5)/-2	0/0

Abbildung 2a: Entschärfung des Dilemmas des Trittbrettfahrens durch spontane Sanktionen

Wenn kooperationswillige Individuen unmissverständlich „klar stellen", dass einseitige Trittbrettfahrerei negativ sanktioniert wird, so ändert sich der Nutzen dieser Strategie: Einseitige Defektion (Trittbrettfahren) spart zwar Mühe, aber man muss mit Sanktionen rechnen. Genau dies macht die Strategie unattraktiv (in Abbildung 2a werden daher 5 Einheiten abgezogen). Als Resultat bzw. Gleichgewicht ergibt sich die für die Beteiligten wünschenswerte Situation allseitigen Einsatzes für die Gruppe mit entsprechend hohen Payoffs (8/8).

Positive selektive Anreize verändern die relativen Auszahlungen ähnlich. Statt einer Bestrafung für das Trittbrettfahren wird hier allerdings durch eine zusätzliche Belohnung für die Kooperation gesorgt. Solche positiven selektiven Anreize können in positiven Gefühlen (Empathie) bestehen, aber auch in Form materieller Güter gewährt werden. So kann man z.B. die Organisationsform (etwa einen Verein) auch dazu nutzen, günstig Zusatzprodukte (wie bestimmte Versicherungen) ins Angebot für Mitglieder aufzunehmen. Abbildung 2b zeigt die Wirkung.

		j	
		Einsatz für die Gruppe	Trittbrettfahrer
i	Einsatz für die Gruppe	(8+5)/(8+5)	(-2+5)/12
	Trittbrettfahrer	12/(-2+5)	0/0

Abbildung 2b: Entschärfung des Dilemmas des Trittbrettfahrens durch positive selektive Anreize

Wenn Gruppenmitglieder in den Genuss einer Zusatzleistung kommen, kann sie dies zur (aktiven) Gruppenmitgliedschaft bewegen. Abbildung 2b illustriert dies, indem ein Zusatz-Payoff von fünf bei aktiver Mitgliedschaft hinzuaddiert wird. Damit ergibt sich das Gleichgewicht allseitigen Einsatzes für die Gruppe ((8 + 5)/(8 + 5)).

Eine dritte Möglichkeit eines erfolgreichen Agierens einer Gruppe besteht darin, einen Förderer zu finden, der bereit ist, das Gros der Kosten auf sich zu nehmen, und zwar auch, wenn andere Individuen die Trittbrettfahrer-Strategie wählen. Der Extremfall, dass ein Förderer die Kosten alleine auf sich nimmt, ist in Abbildung 2c dargestellt.

		j	
		Einsatz für die Gruppe	Trittbrettfahrer
i	Einsatz für die Gruppe	(8 + 5)/8	(− 2 + 5)/12
	Trittbrettfahrer	(12 + 5)/− 2	0/0

Abbildung 2c: Entschärfung des Dilemmas des Trittbrettfahrens durch einen Förderer

Der Förderer i erhält in dem Modell einen Zusatznutzen von 5, wenn die Kollektivleistung erfolgreich verwirklicht wird (ihm ist es eben immens wichtig). Damit ergibt sich in dem Modell das Gleichgewicht, dass der Förderer i die gesamten Kosten auf sich nimmt, weil er so einen hohen Zusatznutzen hat; die anderen werden zu Trittbrettfahrern (weil es für sie individuell am günstigsten ist). Das Gleichgewicht ist somit (− 2 + 5)/12. In der Realität scheint zwar eine solch extreme Konstellation unwahrscheinlich. Aber dennoch gibt es immer wieder Vereinigungen mit einem (oder einigen wenigen) starken Mitglied(ern), die maßgeblich die Vereinigung stützen, prägen und lenken.

Damit sind drei Mechanismen (in Anlehnung an *Mancur Olsons* Logik) benannt, um das Problem der Trittbrettfahrerei, das Gruppen entscheidend schwächen kann, aufzulösen. *Olsons* These ist nun, dass diese Mechanismen zur Entschärfung der Dilemmasituation tendenziell leichter und erfolgreicher in kleineren Gruppen angewendet werden können. In kleineren Gruppen mit einer überschaubaren Mitgliederzahl, kann man sich wechselseitig leichter zum „Mitmachen" ermahnen, zudem Trittbrettfahrer leichter ausfindig machen und sanktionieren. Auch kann man in kleineren Gruppen leichter miteinander kommunizieren und sich wechselseitig gute Gefühle vermitteln. Förderer gibt es zwar auch für umfassendere (stärker das Gemeinwohl betreffende) Ziele, aber tendenziell dürften mehr Förderer zu finden sein, die konkrete Partialziele bzw. die entsprechenden Gruppen unterstützen. Folglich sind summa summarum kleine Gruppen, die i. d. R. partielle Ziele verfolgen, privilegiert gegenüber großen Gruppen, die umfassende (Gemeinwohl-) Ziele verfolgen. Letztere werden von *Olson* daher auch als latente Gruppen bezeichnet: große potentielle Mitgliederzahl, aber schwach in der Organisation und daher wenig schlagkräftig.

Aus dieser These schließt *Olson* eine weitere: Kleinere schlagkräftige Gruppen, die in der Ökonomik als „pressure groups" bezeichnet werden, betreiben die Verfolgung ihrer Partialziele vergleichsweise erfolgreich (gegenüber den großen latenten Gruppen), was zur Folge hat, dass die Politik sich immer stärker partiellen Zielen annimmt. Das Resultat ist nach *Olson* eine Fülle von Fehlregulierungen, die zu Wachstums-, Beschäftigungs- und Wohlstandseinbußen führt.[15] Diese These vom „Niedergang einer Nation" durch unproduktives Rent Seeking kleiner Gruppen, die partielle Ziele verfolgen, lässt sich ohne viel Fantasie auf das hier betrachtete Problem der Nachhaltigkeit übertragen. Wenn die Rent-Seeking-Aktivitäten der „pressure groups" die (institutionellen) Grundlagen des Wachstums schleichend aushöhlen, so gilt dies erst recht für die (institutionellen) Grundlagen der Nachhaltigkeit. Denn die Kosten treten hier vorwiegend zeitverzögert auf. Insofern lässt sich an dieser Stelle folgender Schluss ziehen: Auch entwickelte Staaten laufen Gefahr, durch das Rent Seeking kleiner starker Gruppen eine Politik zu betreiben, die mit spürbaren Verstößen gegen das Prinzip der Nachhaltigkeit verbunden ist.

2. Die optimistische Theorie nach Gary Becker

Der Chicago-Ökonom *Gary Becker* hat in Anlehnung an *Mancur Olsons* Theorie des kollektiven Handelns eine Theorie der Interessengruppen entwickelt, die zu etwas anderen Schlussfolgerungen führt. Worin bestehen die Unterschiede?[16]

Zuerst einmal übernimmt *Becker* von *Olson* die These, dass sich kleinere Gruppen, mit konkreten Zielen tendenziell besser organisieren lassen als große Gruppen mit abstrakten (Gemeinwohl-) Zielen. Aber er sieht die großen Gruppen nicht als machtlos an, sondern eben nur als (etwas) schwächer in der Organisation. Dennoch können auch sie durch Medienpräsenz für Rückhalt in der Bevölkerung und in der Politik kämpfen.

Zum anderen erkennt *Becker* eine Interdependenz zwischen den Interessengruppen. Wenn eine Gruppe viel gewinnt – z. B. Subventionen von der Politik erhält –, so muss das finanziert werden. Droht durch solche Zuwendungen eine Steuererhöhung, so wird sich die eine oder andere Gruppe (z. B. der Bund der Steuerzahler) gegen solche Zuwendungen (argumentativ) zur Wehr setzen. Ist geplant, die Zuwendungen durch Kürzungen von Leistungen an anderer Stelle

---

[15] Vgl. *M. Olson*, Aufstieg und Niedergang von Nationen: Ökonomisches Wachstum, Stagflation und soziale Starrheit, 2. Aufl. 1991.

[16] Vgl. *G. S. Becker*, Interessengruppen und politisches Verhalten, in: ders., Familie, Gesellschaft und Politik, 1996, S. 163–184; *ders.*, Politischer Wettbewerb zwischen Interessengruppen, ebd., S. 185–196; *Erlei/Leschke/Sauerland* (Fn. 10), S. 388 ff.

zu finanzieren, so werden sich die betroffenen Gruppierungen energisch zu Wort melden. Auch hier wird es eine Reaktion geben.

Drittens unterstellt *Becker*, dass die einzelnen Gruppen Kosten für das Rent Seeking aufwenden müssen (Zeit und ggf. auch Geld). Insofern stehen einem erwarteten Rent-Seeking-Ertrag immer auch Kosten gegenüber. Vor diesem Hintergrund muss jede Gruppe ihre Rent-Seeking-Aktivitäten nach dem erwarteten Nutzen-Kosten-Verhältnis kalkulieren. Als besondere Schwierigkeit kommt hierbei noch dazu, dass das kalkulierte Rent-Seeking-Optimum stets auch von den Aktivitäten der anderen Gruppen abhängig ist. Wenn andere Gruppen gegen Subventionen Argumente streuen, muss man als potentieller Subventionsempfänger mehr „Energie“ (Kosten) aufwenden, um sein Ziel zu erreichen. Im Gegenzug müssen mit steigenden Aktivitäten der Subventionsempfänger auch die Gegner mehr Mühen (Kosten) auf sich nehmen, um ihre Interessen bis zu einem gewissen Grad durchsetzen zu können. Damit ergeben sich Gruppenaktivitäten, die wechselseitig voneinander abhängen. Das Rent-Seeking-Niveau ist damit nie von einer einzelnen Gruppe verursacht, sondern das Resultat des interdependenten Handelns verschiedener Gruppen, die versuchen, auf die Politik Einfluss zu nehmen. *Becker* illustriert dies anhand von zwei Gruppen (hier G_A und G_B), die wechselseitig optimal auf den Druck der anderen Gruppe (d_A, d_B) reagieren. Damit ergibt sich eine Interaktion, die sich mit zwei Reaktionsfunktionen (jeweils optimale Reaktion auf den Druck der anderen Gruppe) illustrieren lässt (siehe Abbildung 3).

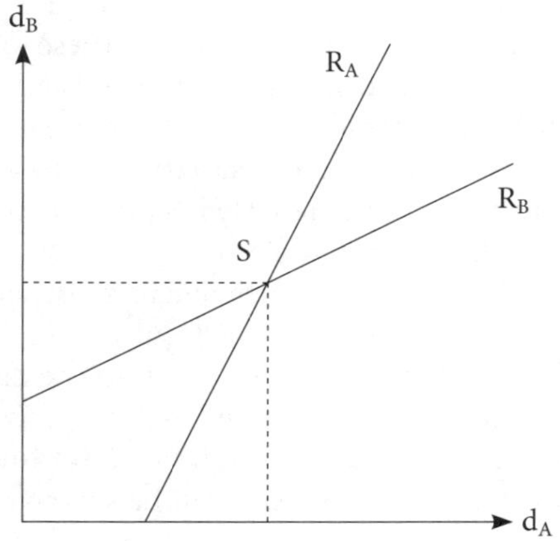

Abbildung 3: Gruppendruck und Gleichgewicht

Der Schnittpunkt S markiert das Gleichgewicht. Hier ist eine wechselseitige optimale Anpassung des Drucks (und damit auch des Aufwands und Ertrags) erreicht.

Neben der Interdependenz der Gruppen-Aktivitäten erkennt *Becker* genau wie *Olson*, dass es als nicht intendiertes Resultat zu Gemeinwohlschädigungen (Rent Seeking) kommen kann. Fehlregulierungen können zu Wachstumseinbußen oder auch zu Verstößen gegen das Prinzip der Nachhaltigkeit führen. Dies stellt ein kollektives Übel der Rent-Seeking-Aktivitäten dar. *Becker* sieht jedoch im Wettbewerb der Interessengruppen ein Vehikel, um die gemeinwohlschädlichen Wirkungen abzumildern. Erstens können sich Gruppen bilden, die sich die Bekämpfung von Fehlregulierungen (oder Nachhaltigkeitsverstößen) zum Ziel machen. Zum anderen ist es im Interesse jeder Gruppe, Ideen in den politischen Prozess einzuspeisen, wie sich die Zuwendungen möglichst ohne große Verzerrungen gestalten lassen. Denn es ist schließlich im Interesse aller Gruppen, unnötige Verzerrungen zu vermeiden. Vor diesem Hintergrund ist die Interessengruppentheorie von *Gary Becker* optimistischer als die von *Mancur Olson*.

3. Resümee zur Theorie der Interessengruppen

Während *Olson* Interessengruppen als eine latente Gefahr für die Durchsetzung von Gemeinwohlinteressen („encompassing interests") in der Demokratie ansieht, nimmt *Becker* eine optimistischere Sichtweise ein. Ohne Zweifel kann es durch Gruppenegoismen bzw. erfolgreichem Rent Seeking bestimmter Interessengruppen zu Kosten für die Allgemeinheit (und auch zu Verstößen gegen den Grundsatz der Nachhaltigkeit) kommen; die im Wettbewerb stehenden Gruppen können jedoch selbst Vorschläge hervorbringen, wie man diese sozialen Kosten eindämmen kann. Diese Sichtweise soll an dieser Stelle vertieft werden.

Betrachten wir beispielhaft zwei Interessengruppen, die durch das Rent Seeking, sofern beide erfolgreich sind, ein kollektives Übel hervorbringen. Es kommt so zu Fehlregulierungen, die den heutigen und zukünftigen Wohlstand gefährden. Wenn dies so ist, kann die Situation mittels eines Gefangenendilemmas dargestellt werden. Die beiden Gruppen A und B können sich entweder ausschließlich für eigene Interessen (auf Kosten der Allgemeinheit) einsetzen oder auf das Gemeinwohl (auf Prinzipien wie das der Nachhaltigkeit) achten. Wir nennen die beiden Strategien „Verfolgung von Partialinteressen" (VP) oder „Beachten von Gemeinwohlinteressen" (BG). Abbildung 4 zeigt die Dilemmasituation.

		B	
		BG	VP
A	BG	10/10	–3/15
	VP	15/–3	0/0

Abbildung 4: Das Rent-Seeking-Dilemma

Die Gruppen A und B haben den größten Nutzen, wenn sie jeweils alleine ihre Partialinteressen verfolgen (sie erhalten dann einen Wert von 15). Da sich aber keine Gruppe einseitig ausbeuten lässt, werden letztlich alle Gruppen versuchen, ihre Partialinteressen so weit wie möglich zu verwirklichen. Das allseitige Rent Seeking führt dann zu der unbefriedigenden Situation (0/0); denn die Grundlagen des heutigen und zukünftigen Wohlstands erodieren. Die Dilemmasituation zeigt zudem, dass es für die einzelnen Gruppen nicht möglich (rentabel) ist, einseitig zur Strategie BG (Befolgung von Prinzipien, die im Sinne des Gemeinwohls sind) zurückzukehren. Denn dies würde einseitig wenig nützen und zudem würde man dabei viel verlieren. Es kann daher nur ein gemeinsames Handeln der Gruppen dazu führen, dass gemeinwohlschädliche Formen des Rent Seeking (hier: Verstöße gegen die Nachhaltigkeit) zurückgeführt werden.

Doch diesem gemeinsamen Handeln der „pressure groups" sind Grenzen gesetzt. Zum einen ist es unmöglich für die Interessengruppen, sich auf eine Strategie der Zurückhaltung zu einigen. Wie sollen sie sich selbst bindende Regeln geben? Zum anderen können Verteilungskonflikte entstehen.[17] Dies soll kurz erläutert werden.

Die numerischen Werte, die in Abbildung 4 präsentiert wurden, verklären ein wenig die reale Situation. Wenn der Quadrant VP/VP verlassen werden soll, weil diese Situation als allseitig nicht wünschenswert erkannt wird, so könnte beispielsweise Gruppe A darauf drängen, dass der Kuchen – die Nutzenmehrung durch Rückgang des Rent Seeking – stärker zu ihren Gunsten verteilt wird. Der Quadrant BG/BG könnte ja auch Payoffs von 14 für A und 6 für B beinhalten. Auch hier würden beide Gruppen gegenüber dem Quadranten VP/VP gewinnen, nur Gruppe A relativ mehr. Umgekehrt könnte dies natürlich auch Gruppe B versuchen. Gerade in Bezug auf Umweltschutzauflagen ist zu befürchten, dass dem abstrakten Ziel, Emissionen zurückzuführen, viele Interessengruppen (aus dem Unternehmenssektor) grundsätzlich zustimmen. Zugleich bringen aber viele dieser Gruppen sofort Argumente vor, dass in ihrem Bereich starke Umweltauflagen derzeit „gefährlich" seien, denn wegen der internationalen Konkurrenz würde die Wettbewerbsfähigkeit sofort leiden. Als Konsequenz würden sonst Verlagerung der Produktion ins Ausland und damit ein massiver Stellenabbau drohen.

Diese zwei Punkte zeigen, dass der Politik hinsichtlich des Agierens der Interessengruppen eine zentrale Aufgabe zukommt. Nur Regierung und Gesetzgeber können Verteilungskämpfe „managen" und bindende Regeln einführen. Im nächsten Abschnitt soll daher die Rolle der Politik auch näher betrachtet werden. Weiterhin muss man entgegen *Mancur Olsons* Logik auch erkennen,

[17] Vgl. hierzu auch *D. Aufderheide*, Warum saufen die Pferde nicht? Zur Beobachtung selbstschädigender Blockaden der Interessengruppen in Zeiten gesellschaftlichen Umbruchs, in: I. Pies/M. Leschke (Hrsg.), Gary Beckers ökonomischer Imperialismus, 1998, S. 136–140.

dass sich Gruppen, die umfassende Interessen verfolgen (Bund der Steuerzahler, Umweltschutzverbände), durchaus bilden und Gehör verschaffen können. Wenn die umfassende Zielsetzung „griffig" formuliert ist und von vielen Bürgern als gesellschaftlich wichtig angesehen wird, scheinen genügend Bürger oder auch Unternehmen bereit zu sein, Unterstützung zu leisten und nicht nur die Trittbrettfahrerrolle einzunehmen. Insofern treffen in der Demokratie unterschiedlichste Interessengruppen aufeinander.

IV. Organisierte Interessen für Nachhaltigkeit und der Gesetzgebungsprozess

Interessengruppen spielen nicht immer mit „offenen Karten". Sie verschleiern oder verbergen ihre wahren Ziele oftmals in der Öffentlichkeit. Wenn die Interessenvertreter über die Medien kommunizieren, werden fast immer Gerechtigkeitsdiskurse geführt. Indem man an Fairness und andere moralische Kategorien anknüpft, erhofft man, eine größere Zustimmung für die eigenen Ziele zu erlangen. Neben vielen unterschiedlichen Interessengruppen, die an die Öffentlichkeit treten, versuchen auch Vertreter verschiedener anderer Organisationen die öffentliche Meinung und letztlich die Politik und Gesetzgebung zu beeinflussen. So können Vertreter der Massenmedien auf eigene Faust gesellschaftliche Probleme an die Öffentlichkeit bringen; Vertreter der unabhängigen Wissenschaft beziehen auch immer wieder zu Problemen Stellung, genauso Vertreter von den Beiräten der Ministerien, von Rechnungshöfen und anderen Einrichtungen. Auch nehmen Vertreter der politischen Parteien an öffentlichen Diskursen teil. Insofern können Interessengruppen ihre Argumente nie unkommentiert präsentieren. In demokratischen Gesellschaften (wie Deutschland) werden wichtige (wenn auch nicht alle gesellschaftlich relevanten) Konflikte öffentlich diskutiert; Abbildung 5 zeigt in diesem Sinne, welche relevanten Gruppierungen und Organisationen an den Diskursen teilnehmen und so versuchen, Einfluss auf die Gesetzgebung zu nehmen.

Vor dem Hintergrund, dass den Politikern, die der Wiederwahlrestriktion und dem „Druck" der öffentlichen Meinung unterliegen, zu jedem diskutierten Problem stets unterschiedliche Argumente und Meinungen präsentiert werden, stellt sich die Frage, ob Nachhaltigkeitsziele in dieser Gemengelage hinreichend Gehör finden können.

Zuerst einmal ist zu ergründen, ob überhaupt Interessengruppen in Deutschland und international existieren, die sich für Nachhaltigkeitsziele im Umweltbereich einsetzen. Schaut man auf Portale wie z. B. „Umwelt-Wiki"[18], so erkennt man schnell, dass im Umweltbereich viele Nicht-Regierungsorganisationen

---

[18] Abrufbar unter: http://de.green.wikia.com/wiki (zuletzt abgerufen am 6.10.2015).

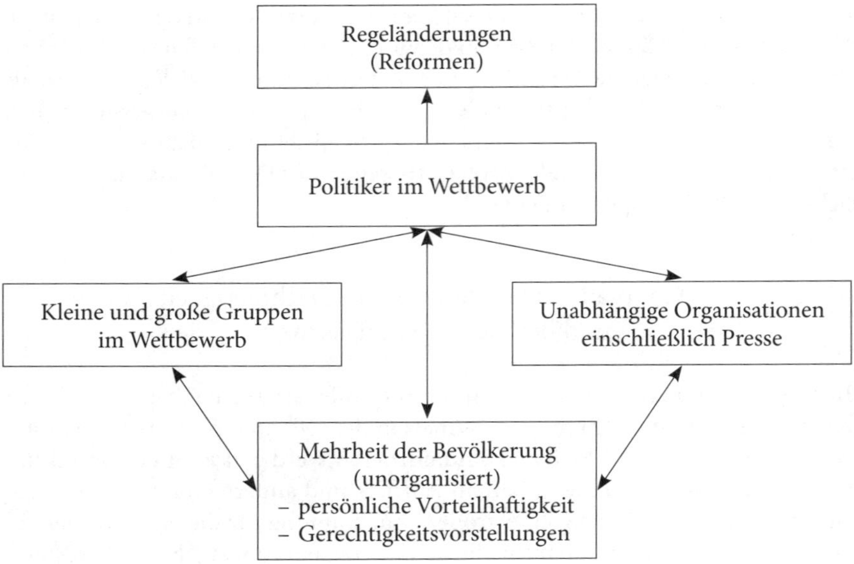

Abbildung 5: Einflüsse auf Regeländerungen[19]

(NGOs) auf allen Ebenen aktiv sind (und dies schon seit Jahrzehnten). Sofern der Begriff „Nachhaltigkeit" anschaulich erklärt wird und der Bezug zu Umweltproblemen hergestellt wird, gibt es auch eine hohe Zustimmung zu diesem Ziel in der deutschen Öffentlichkeit. Dies belegen zahlreiche Umfragen. Die Selbstbindung und individuelle Zahlungsbereitschaft der Verbraucher ist aber (leider) nicht so hoch, dass die Unternehmen dadurch incentiviert würden, flächendeckend Produkte anzubieten, die aus nachhaltiger (und damit teurerer) Produktion stammen. Solange billigere aus- und inländische Produkte, die wenig umweltfreundlich produziert werden, auf dem Markt erfolgreich angeboten werden, dürfte diese Unternehmensstrategie zu riskant sein. Dass die Verbraucher individuell *nicht* mehrheitlich nach Produkten suchen, die umweltschonend (aber eben teurer) produziert werden, lässt sich recht einfach mit dem Gefangenendilemma erklären: Da die eigene Konsumentscheidung, vorwiegend umweltschonende Produkte zu kaufen, individuell Kosten verursacht, aber nur einen marginalen sozialen Beitrag leistet, erscheint es rational, diese Strategie nur sehr defensiv einzusetzen. Wenn das aber die Mehrheit so handhabt, wird der Markt sich nicht von alleine auf eine umweltschonende (nachhaltige) Produktion umstellen. Daher ist es wichtig, dass NGOs auf entsprechende Regulierungen drängen, denn nur dadurch kann eine Veränderung des Marktes (der Produktion) erreicht werden.

[19] Quelle: *Erlei/Leschke/Sauerland* (Fn. 10), S. 398.

Politiker, die der Wiederwahlrestriktion und einem permanenten Meinungswettbewerb unterworfen sind und zudem mit zahlreichen Ansprüchen verschiedener Gruppen konfrontiert werden, treffen in Deutschland und anderen Demokratien nicht selten Entscheidungen, die gerade nicht in Einklang mit dem Nachhaltigkeitsprinzip stehen. Sofern sie jedoch erkennen, dass aus der Gemengelage „Gruppenforderungen, Meinungswettbewerb, Wiederwahl" als nicht intendiertes Resultat unerwünschte Folgewirkungen (z. B. Umweltprobleme) erwachsen, können sie versuchen, institutionelle Bindungen zu „installieren", die ihren diskretionären Spielraum so einengen, dass Verstöße gegen das Prinzip der Nachhaltigkeit unattraktiver und damit unwahrscheinlicher werden. Dahinter steht folgende Erkenntnis: „Genauso wie der Marktmechanismus nur dann für die Konsumenten gute Ergebnisse liefert, wenn die Regeln der Marktverfassung adäquat ausgestaltet sind, generiert der Wettbewerb im politischen Sektor nur dann für die Bürger gute Ergebnisse, wenn auch hier die ... Spielregeln für die Politiker, vernünftig gestaltet sind."[20] Doch wie könnten solche Spielregeln aussehen?

Zum einen könnte man die Bildung und den Einfluss von NGOs im Umweltbereich fördern und darauf vertrauen, dass dadurch das Ziel der Nachhaltigkeit in der Gesetzgebung gestärkt wird. Hier würde man allein auf das Verschieben des „Kräfteparallelogramms" in der pluralistischen Demokratie vertrauen. Dies ist m. E. eine „gefährliche" Strategie, denn Umweltverbände vertreten nicht selten ihre Interessen (wie alle anderen Interessengruppen) sehr einseitig und können ggf. für Maßnahmen eintreten, die zwar gut gemeint, aber letztlich wenig zielführend sind. Zum anderen können trotz der Förderung von Umweltgruppen gerade in Zeiten wirtschaftlicher Krisen andere, kurzfristig ausgerichtete Interessen so dominant werden, dass die Politik bei der Krisenbekämpfung (sogar gravierende) Verstöße gegen das Nachhaltigkeitsprinzip in Kauf nimmt, was dann später von der Mehrheit der Bürger und Politiker bereut (und ex post missbilligt) wird. Ohne institutionelle Bindungen kann also ein Prozess der kollektiven Selbstschädigung eintreten. Daher erscheint es ratsam, über institutionelle Bindungen der Politik nachzudenken.

Zuerst einmal erscheint es vernünftig, – dem Vorbild der EU-Verträge und ausländischer Verfassungen folgend – das Nachhaltigkeitsprinzip auch im Grundgesetz zu verankern. Damit würde diesem grundlegenden Prinzip, das die überwiegende Mehrheit der Bevölkerung teilt (sofern man es ihr erläutert), zuerst einmal als Wert in die deutsche Verfassung aufgenommen.[21] Mit Blick auf das Grundgesetz ist jedoch zu sagen, dass die Verantwortung des Staates für

---

20 *Erlei/Leschke/Sauerland* (Fn. 10), S. 493.

21 Dies fordert auch der Parlamentarische Beirat für nachhaltige Entwicklung. Siehe die Informationen auf der Internetseite: www.bundestag.de/presse/hib/2015_05/-/375504 (zuletzt abgerufen am 6.10.2015).

zukünftige Generationen seit 1994 zumindest bereits mit Blick auf die Umweltpolitik in Art. 20a GG ausdrücklich erwähnt wird: „Der Staat schützt auch in Verantwortung für die künftigen Generationen die natürlichen Lebensgrundlagen und die Tiere im Rahmen der verfassungsmäßigen Ordnung durch die Gesetzgebung und nach Maßgabe von Gesetz und Recht durch die vollziehende Gewalt und die Rechtsprechung." Damit ist der Wert des Schutzes der Lebensgrundlagen für unsere Kinder und Kindeskinder (*ökologische* Nachhaltigkeit) klar artikuliert. Allerdings ist hiermit kein unmittelbares Klagerecht der Bürger verbunden. Vielmehr handelt es sich um einen Programmauftrag (eine Art Leitlinie) für die Politik. Der Bund könnte diesen Auftrag aber nutzen und einen Pflock zum Schutz zukünftiger Generationen einschlagen, indem er z. B. ein *Umweltgesetzbuch* schafft.[22] Dieses hätte im Gegensatz zu verstreuten Einzelgesetzen den Vorteil, dass

- mehr Transparenz im Umweltrecht geschaffen würde,
- Klagemöglichkeiten (für und gegen Umweltmaßnahmen) leichter identifiziert werden könnten,
- der Wert des Schutzes der Umwelt und der Lebensbedingungen für zukünftige Generationen (Nachhaltigkeit) konkretisiert und aufgewertet würde.

Mit einem solchen Recht könnte den Politikern ein zusätzlicher Anreiz gegeben werden, Nachhaltigkeitsgesichtspunkte stärker bei der Gesetzgebung zu berücksichtigen. Doch auch dies wird möglicherweise nicht ausreichen, um Nachhaltigkeit im erwünschten Umfang in der Gesetzgebung sicherzustellen. Zur Stärkung des Abschlusses international bindender Verträge im Umweltbereich sowie zur Stärkung des Umweltschutzes auf europäischer Ebene sind auch NGOs und vor allem Vertreter der Wissenschaft (Rechtswissenschaft, Wirtschafts- und Sozialwissenschaft) von zentraler Bedeutung. Während NGOs im Umweltbereich – wie erwähnt – oft recht extreme Positionen verfolgen (wie nahezu alle Vertreter von Lobbygruppen), sollten die Vertreter der Wissenschaft sich bemühen, nach möglichst „objektiven" und auch praktisch umsetzbaren Vorschlägen zur Stützung des Nachhaltigkeitsprinzips zu suchen. Das bedeutet, dass sie den Abgleich und Ausgleich von unterschiedlichen Interessen mit in ihre Analysen einbeziehen sollten. Nur so können Vorschläge entstehen, die in der Gesetzgebung und in internationalen Verträgen und Strategien berücksichtigt werden können.

---

[22] Im Zuge der Föderalismusreform I (2006) wurden dem Bund mehr Regelungskompetenzen im Umweltbereich gegeben, so dass sich jedenfalls seitdem unstrittig die Möglichkeit zur Schaffung eines Umweltgesetzbuchs auch kompetenzrechtlich eröffnet – zuvor war unter Verfassungsrechtlern noch kontrovers bewertet worden, ob der Bund über eine hinreichende Gesetzgebungskompetenz zur Schaffung eines UGB verfügte. Spätestens seit 2006 kann dieses formelle Argument dem Projekt „UGB" aber nicht mehr entgegengehalten werden.

V. Fazit und Ausblick

Die ökonomische Theorie der Interessengruppen nach *Mancur Olson* mündet in der These, dass sich umfassende abstrakte Interessen – wie das Eintreten für eine Politik gemäß dem Grundsatz der Nachhaltigkeit – schlechter organisieren lassen als Partialinteressen. Daher kann man mit *Olsons* Logik in dem Rent Seeking der organisierten Gruppen eine Gefahr für die Nachhaltige Entwicklung sehen. Es kann zu Prozessen kollektiver Selbstschädigung kommen. Gegen diese pessimistische Sicht lässt sich anführen, dass sich durchaus auch Gruppen, die umfassende (abstrakte) Interessen verfolgen, bilden und Gehör im politischen Prozess verschaffen können. Allerdings kann es in wirtschaftlich angespannten Zeiten (Krisenzeiten) immer wieder dazu kommen, dass Nachhaltigkeitsinteressen kaum Gehör im politischen Prozess finden. Vor diesem Hintergrund erscheint es rational, Institutionen zu schaffen, die ein Stück weit absichern, dass die Interessen zukünftiger Generationen nicht über Gebühr im laufenden Gesetzgebungsprozess vernachlässigt werden. In Deutschland existieren einige solche Institutionen: So ist die Verantwortung des Staates für zukünftige Generationen seit 1994 in Art. 20a GG verankert, es wurde der Wissenschaftlicher Beirat der Bundesregierung „Globale Umweltveränderungen" bereits 1992 (im Nachgang des Erdgipfel von Rio de Janeiro) geschaffen, verstreute Gesetze zum Schutz der Umwelt und damit zukünftiger Generationen existieren. Zudem setzen sich einige gut organisierte und mit wissenschaftlicher Expertise versehene NGOs für Umweltbelange tatkräftig ein. Als weitere institutionelle Flankierung bieten sich zwei Maßnahmen an. Zum einen könnte man den Nachhaltigkeitsgrundsatz „expressis verbis" in das Grundgesetz aufnehmen, zum anderen scheint es vernünftig, die Umweltvorschriften in einem Umweltgesetz zusammenzufassen. Dies würde es erleichtern, die Gesetzgebung in diesem Bereich nachzuvollziehen, Defizite zu erkennen und Verbesserungsvorschläge zu unterbreiten. Doch auch mit diesen Maßnahmen ist der Schutz zukünftiger Generationen in Deutschland keineswegs gesichert. Viele Umweltprobleme, die zukünftige Generationen betreffen, sind globaler Natur. Auch wenn hier die Abkommen der Staaten letztlich für bindende Regeln sorgen müssen, sollte man überlegen, ob nicht neben dem IPCC (Intergovernmental Panel on Climate Change – „Weltklimarat") eine echte internationale Behörde, die für Nachhaltigkeit auf internationaler Ebene eintritt, unter dem Dach der Vereinten Nationen geschaffen werden sollte. Sie könnte als treibende Kraft dienen, um über internationale Umweltprobleme und deren Folgen genauer aufzuklären und die internationale Staatengemeinschaft zu wirksamen Abkommen zu drängen. Da aber auch solche Behörden Eigendynamiken entwickeln können, die ggf. zu recht einseitiger Wahrnehmung von Problemen und recht einseitigen Forderungen führen, kann und darf die Wissenschaft sich nicht von der wichtigen Aufgabe freisprechen, Politik, Gesetzgebung und internationale Abkommen stets danach „abzuklopfen", ob der Nachhaltigkeitsgrundsatz im Rahmen des Machbaren – also unter Abwägung verschiedener Interessen – erfüllt ist. Die Stimme der Wissenschaft ist gerade in diesem Bereich von großer Bedeutung.

Nachhaltige Gesetzgebung und Sachverständigenberatung

Thomas Wischmeyer

I. Einleitung

Auslöser des Nachhaltigkeitsdiskurses war der Bericht einer Sachverständigenkommission, der *World Commission on Environment and Development*.[1] Es verwundert daher kaum, dass Experten verbreitet als geborene Sachwalter der Nachhaltigkeit gelten, während demokratischen Repräsentanten diesbezüglich oft mangelndes Wissen oder mangelnder Willen unterstellt wird.[2] Dieser Logik folgt etwa die Empfehlung, die Nachhaltigkeitsdefizite des parlamentarischen Gesetzgebungsverfahrens durch die vermehrte Einbeziehung von Sachverständigen zu kurieren.[3] Auch der Vorschlag, ein mit Wissenschaftlern besetzter sachverständiger „Zukunftsrat" solle als „Dritte Kammer" neben Bundestag und Bundesrat treten, um Nachhaltigkeitsaspekte im Gesetzgebungsverfahren zu stärken, ordnet sich hier ein.[4] Doch selbst wem solche expertokratischen und vom Standpunkt des geltenden Verfassungsrechts aus nicht unproblematischen Visionen fernliegen,[5] mag geneigt sein, sachverständiger Beratung pauschal nachhaltigkeitsfördernde Qualitäten zuzuschreiben – und sei es nur, weil sie *ceteris paribus* der Nachhaltigkeit von Gesetzen jedenfalls nicht schade.

Doch lassen sich aus dem Nachhaltigkeitsprinzip tatsächlich derart unmittelbare Schlüsse für die Gestaltung des Gesetzgebungsverfahrens ziehen: Ist mehr

---

[1] *K. Gehne*, Nachhaltige Entwicklung als Rechtsprinzip, 2011, S. 1 f., 11 ff. Zur deutschen Version des „Brundtland Report": *V. Hauff* (Hrsg.), Unsere gemeinsame Zukunft, 1987.

[2] Zu dieser expertokratischen Tendenz des Nachhaltigkeitsdiskurses: *A. Glaser*, Nachhaltige Entwicklung und Demokratie, 2006, S. 301 ff.; *O. Lepsius*, Nachhaltigkeit und Parlament, in: W. Kahl (Hrsg.), Nachhaltigkeit als Verbundbegriff, 2008, S. 326 (336 ff.).

[3] Klassisch: *W. Ophuls*, Ecology and the Politics of Scarcity, 1977, S. 159; *K. Bosselmann*, Im Namen der Natur, 1992, S. 379 ff.; aus jüngerer Zeit entsprechende Tendenzen etwa bei *D. Shearman/J. W. Smith*, The Climate Change Challenge and the Failure of Democracy, 2008; *B. Gesang*, Demokratie am Scheideweg, in: ders. (Hrsg.), Kann Demokratie Nachhaltigkeit?, 2014, S. 19 (21 ff.); vgl. auch die Nachweise bei *I. Blühdorn*, The Governance of Unsustainability, Environmental Politics 22 (2013), S. 16 (23 f.), sowie den Vorschlag bei *Gehne* (Fn. 1), S. 101 ff. Zur Präzisierung des Sachverständigenbegriffs siehe unter II.

[4] Zu entsprechenden Diskussionen und Vorschlägen vgl. jüngst den Überblick bei *Gesang* (Fn. 3), S. 28 ff.

[5] Vgl. die Kritik bei *W. Kahl*, Nachhaltigkeit und Institutionen, in: ders. (Hrsg.), Nachhaltigkeit als Verbundbegriff, 2008, S. 267 (288); *T. Schomerus*, Nachhaltigkeit braucht Institutionen, NuR 2011, S. 1 (6).

Beratung schlicht besser, weil potentiell nachhaltigkeitsfördernd? Ein Blick in die Literatur zur institutionellen Dimension der Nachhaltigkeit zeigt, dass hier Zurückhaltung geboten ist. Denn das Zusammenspiel von materiellen Nachhaltigkeitszielen und institutionellen Rahmenbedingungen sowie mögliche Wechselwirkungen zwischen einzelnen „Nachhaltigkeitsinstitutionen" sind bislang nur in Ansätzen verstanden.[6] Ein zweiter Blick, diesmal in die Literatur zur sachverständigen Beratung, stimmt nochmals skeptischer.[7] Beratung erscheint hier keineswegs als unbedingt an nachhaltigen Lösungen orientierte Größe; im Gegenteil wird vielfach auf die Gefahr hingewiesen, dass im Wege der Beratung Sonderinteressen artikuliert werden, die gemeinwohlorientierte Repräsentativverfahren aushöhlen.

Bevor im Folgenden eine Antwort auf die Frage formuliert werden kann, wie Sachverständige bestmöglich zu nachhaltiger Gesetzgebung beitragen können, sind daher zunächst – nach einer Präzisierung des Untersuchungsgegenstandes (II.) – allzu einfache Vorstellungen über die Beratung als Ort der Nachhaltigkeit im Gesetzgebungsverfahren zurückzuweisen (III.). Eine der Komplexität des Gegenstands adäquate Bestimmung muss vielmehr die Leistungen, die Beratung im Rahmen des parlamentarischen Gesetzgebungsverfahrens erbringt, im Einzelnen aufschlüsseln und je auf ihre Nachhaltigkeitsdimension hin prüfen (IV.). Auf dieser Grundlage lassen sich dann die bestehenden Mechanismen zur Integration privaten Sachverstands in den Gesetzgebungsprozess unter Nachhaltigkeitsgesichtspunkten würdigen (V.) und Vorschläge für eine stärker nachhaltigkeitsorientierte Ausgestaltung der sachverständigen Beratung machen (VI.).

Die *These* des vorliegenden Beitrags ist, dass Sachverständige durchaus zur Nachhaltigkeit von Gesetzen beitragen können, indem sie deren „Langfristigkeit" stärken. Bedingung dafür ist jedoch, dass die Eigenrationalität der Bera-

---

[6] Vor einer Überforderung des Nachhaltigkeitsbegriffs warnt bereits *W. Kahl*, Vorwort des Herausgebers zur Schriftenreihe, in: A. Glaser, Nachhaltige Entwicklung und Demokratie, 2006, S. VII f. Vgl. allerdings die differenzierten Überlegungen bei *B. Mueller/C. Mueller*, The Role of Institutions in Sustainable Development, in: L. W. C. Lai/F. T. Lorne (Hrsg.), Understanding and Implementing Sustainable Development, 2003, S. 31 ff.; *K. Bosselmann*, The Principle of Sustainability, 2008, S. 178; *Kahl* (Fn. 5), S. 267 ff. (zu „Nachhaltigkeitsinstitutionen"). Instruktiv die Metaanalyse bei *D. W. Cash et al.*, Knowledge Systems for Sustainable Development, PNAS 100 (2003), S. 8086 ff. Speziell zu Nachhaltigkeitsräten *Schomerus* (Fn. 5), S. 1 ff.

[7] Aus der juristischen Literatur zur sachverständigen Beratung siehe nur *W. Brohm*, Sachverständige Beratung des Staates, in: J. Isensee/P. Kirchhof (Hrsg.), Handbuch des Staatsrechts der Bundesrepublik Deutschland, Bd. II, 2. Aufl. 1998, § 36 Rn. 21 ff.; *A. Voßkuhle*, Sachverständige Beratung des Staates, in: J. Isensee/P. Kirchhof (Hrsg.), Handbuch des Staatsrechts der Bundesrepublik Deutschland, Bd. III, 3. Aufl. 2005, § 43 Rn. 27 ff.; *M. Heintzen*, Externe Beratung in der Gesetzgebung, in: W. Kluth/G. Krings (Hrsg.), Gesetzgebung, 2014, § 9 Rn. 14 f. Speziell für das Gesetzgebungsverfahren: *H. Hill*, Einführung in die Gesetzgebungslehre, 1982, S. 44, 68; *H. Schneider*, Gesetzgebung, 3. Aufl. 2002, Rn. 101, 103 ff.; *F. Becker*, Kooperative und konsensuale Strukturen in der Normsetzung, 2005, S. 91 ff.; *K. Meßerschmidt*, Private Gesetzgebungshelfer, Der Staat 51 (2012), S. 387 (400 ff.).

tung gewahrt bleibt und dass die Integrität repräsentativer Verfahren, die *deren* Nachhaltigkeitsfähigkeit ausmacht, nicht kompromittiert wird. Damit ist das Projekt einer nachhaltigkeitsaffinen Ausgestaltung der Beratung kein Spezialproblem, das allein dort relevant wird, wo eine der „drei Dimensionen" der Nachhaltigkeit betroffen ist.[8] Vielmehr ist es Teil der breit diskutierten Frage nach einer leistungsfähigen Ordnung des staatlichen Wissens.

II. Eingrenzung und Präzisierung des Untersuchungsgegenstands

In der Forschung ist anerkannt, dass sachverständige Beratung dort eigenständige institutionentheoretische und verfassungsrechtliche Bedeutung aufweist, wo Sachverständige als private Grundrechts- und nicht als staatliche Hoheitsträger agieren.[9] Die folgenden Ausführungen konzentrieren sich daher auf jene Formen sachverständiger Beratung, die vorrangig darauf zielen, *privates* Wissen in das Gesetzgebungsverfahren einzubringen.[10] Solche Beratung kann sowohl außerhalb wie innerhalb staatlich organisierter Weisungs- und Verantwortungszusammenhänge erfolgen; die rein „interne" Aufbereitung von nachhaltigkeitsorientiertem Sachverstand etwa im „Parlamentarischen Beirat für nachhaltige Entwicklung" wird jedoch hier ausgeklammert.[11]

Wie die Literatur zur wissenschaftlichen Politikberatung herausgearbeitet hat, lässt sich im Hinblick auf privates Wissen keine scharfe Linie zwischen vermeintlich „neutralem" wissenschaftlichem Sachverstand und „blinder" Interessenvertretung ziehen[12]: Interessenvertreter sind reguläre Mitglieder in Sachverständigengremien und werden in Ausschussberatungen als Sachverständige gehört; sie vermitteln dem Gesetzgeber zudem Praxiswissen, das für die Prakti-

---

[8] Zu diesen Dimensionen *W. Kahl*, Einleitung, in: ders. (Hrsg.), Nachhaltigkeit als Verbundbegriff, 2008, S. 1 (9 ff.).

[9] *Voßkuhle* (Fn. 7), § 43 Rn. 13, 15. Zu den Formen und Funktionen unterschiedlicher Beratungsarten näher *R. Schützeichel*, Beratung, Politikberatung, wissenschaftliche Politikberatung, in: S. Bröchler/ders. (Hrsg.), Politikberatung, 2008, S. 5 ff. Zu Veränderungen der Beratungslandschaft *H.-H. Trute*, Governance des Wissens, in: P. Weingart/G. G. Wagner (Hrsg.), Wissenschaftliche Politikberatung im Praxistest, 2015, S. 115 (119 ff.).

[10] Im Folgenden wird allein die förmliche Bundesgesetzgebung und die europäische Sekundärrechtssetzung untersucht; besondere Formen der Gesetzgebung, die exekutive Normsetzung sowie die Rechtsetzung der Länder und der Kommunen werden dagegen ausgeklammert. Zur Bedeutung von Sachverständigen für das Verwaltungshandeln vgl. nur *P. Scholl*, Der private Sachverständige im Verwaltungsrecht, 2005; *I. Augsberg*, Informationsverwaltungsrecht, 2014, S. 115 ff.; *H. Spreen*, Möglichkeiten externer Beratung in Politik und Verwaltung, DVBl. 2014, S. 356 ff.

[11] Zur etablierten Unterscheidung von „externer" und „interner" Beratung näher *Brohm* (Fn. 7), § 36 Rn. 8; differenzierend zu ihrer Leistungsfähigkeit *Voßkuhle* (Fn. 7), § 43 Rn. 14 f. Zu „interner" Beratung durch Nachhaltigkeitsräte siehe *Calliess*, Nachhaltigkeitsräte (in diesem Band).

[12] *Heintzen* (Fn. 7), § 9 Rn. 9 f.; vgl. auch *Voßkuhle* (Fn. 7), § 43 Rn. 29 ff. Zu unterschiedlichen Formen des Wissens *ders.*, Expertise und Verwaltung, in: H.-H. Trute et al. (Hrsg.), Allgemeines Verwaltungsrecht – zur Tragfähigkeit eines Konzepts, 2008, S. 637 (643 ff.).

kabilität und Effektivität der Regulierung entscheidend sein kann.[13] Die Diskussion um die Nachhaltigkeitsaffinität sachverständiger Beratung muss daher stets in Rechnung stellen, dass Interessenvertretung Teil der Beratung ist.

III. Nachhaltigkeit zwischen Gesetzgebung und sachverständiger Beratung

Damit liegt auf der Hand, dass eine Gleichsetzung von parlamentarischen Verfahren bzw. sachverständiger Beratung mit Nachhaltigkeits(un-)fähigkeit nicht möglich ist. Der spezifische Beitrag sachverständiger Beratung zur nachhaltigen Gesetzgebung erschließt sich vielmehr nur, wenn man bereit ist, dem komplexen Verhältnis von institutionellen Rahmenbedingungen und der praktischen Verwirklichung von Nachhaltigkeitszielen genauer nachzugehen.

1. Nachhaltigkeit durch parlamentarische Gesetzgebung

So gibt die grundgesetzliche Ordnung zunächst selbst eine Antwort auf die Frage, wie nachhaltigkeitsaffine Institutionen auszugestalten sind: Rechtsetzung erfolgt in repräsentativen Verfahren, weil sich diese historisch als besonders geeignet für die Lösung schwieriger gesellschaftlicher Probleme erwiesen haben.[14] Offene und pluralistische Diskurse sind Grundbedingung für Nachhaltigkeit. Gemeinwohl soll in partizipativen Verfahren gefunden werden und ist tatsächlich dort auch oft am besten zu finden. Grundsätzlicher noch ist die starke Ausrichtung des Parlamentarismus an der Gegenwart kein einfach zu korrigierender „Defekt" unserer politischen Ordnung.[15] Vielmehr ist dieser „Präsentismus" eine skeptische Antwort auf die weniger kontingenzbewussten und in ihrem utopischen Überschuss latent totalitären Ordnungs- und Institutionenmodelle, wie sie das 20. Jahrhundert in unterschiedlichen Formen erprobt hat.[16] Expertokratischen Modellen sind also bereits vom Standpunkt der Nachhaltigkeit aus Grenzen gesetzt.

---

[13] Nachweise dazu bei *H.-G. Dederer*, Korporative Staatsgewalt, 2004, S. 79. Wie vorzugehen ist, wo allein „interessierter" Sachverstand existiert, diskutieren *K.-H. Ladeur*, Die Kommunikationsinfrastruktur der Verwaltung, in: W. Hoffmann-Riem/E. Schmidt-Aßmann/A. Voßkuhle (Hrsg.), Grundlagen des Verwaltungsrechts, Bd. 2, 2. Aufl. 2012, § 21 Rn. 59; *H.-H. Trute*, Democratizing Science, in: H. Nowotny/D. Pestre et al. (Hrsg.), The Public Nature of Science under Assault, 2005, S. 87 (132).

[14] *Lepsius* (Fn. 2), S. 336 ff. Rationalität und Legitimation lassen sich also nicht gegeneinander ausspielen, vgl. auch *Ladeur* (Fn. 13), § 21 Rn. 57.

[15] In diesem Sinne aber die Stimmen oben in Fn. 3. Eine ausführliche Aufbereitung der Argumente bei *Glaser* (Fn. 2), S. 265 ff.; *Kahl* (Fn. 5), S. 276 ff. Instruktiv zu alldem *P. Graf von Kielmansegg*, Können Demokratien zukunftsverantwortlich handeln?, Merkur 57 (2003), S. 583 ff.

[16] Dazu *D. F. Thompson*, Representing Future Generations: Political Presentism and Democratic Trusteeship, Critical Review of International Social and Political Philosophy 13 (2010), S. 17 ff.

Aber auch aus Sicht eines stärker output-orientierten Gemeinwohlverständnisses, das Sachverstand für eine Bedingung nachhaltiger Lösungen hält, ist die inhärente Nachhaltigkeitsfähigkeit repräsentativer Verfahren nicht zu unterschätzen.[17] Denn demokratische Gesetzgebung stützt sich auf das Wissen einer rechtsstaatlich verfassten Ministerialverwaltung, die mit Fachleuten besetzt ist und die Expertise in spezialisierten Organisationseinheiten bündelt.[18] Externe Sachverständige sind weder notwendige Bedingung noch alleiniger Garant für den Sachverstand des nachhaltigen Gesetzgebers.[19] Eben der Gesetzgeber hat dementsprechend auch dem Gedanken der Nachhaltigkeit durch materiell nachhaltige Gesetze[20] sowie durch bereichsspezifische Regelung des Nachhaltigkeitsprinzips[21] vielerorts zur praktischen Wirksamkeit verholfen.

2. Nachhaltigkeitsdefizite sachverständiger Beratung

Umgekehrt hat, wie bereits angedeutet, das in epistemischen Gemeinschaften kultivierte Expertenwissen längst seine Unschuld verloren. Mit der oft beschriebenen Verwissenschaftlichung der Politik wuchs die Einsicht, dass die Macht der Erkenntnis auch eine politische Dimension haben kann.[22] Die Literatur verweist dazu auf die „verdeckten" Ziele sachverständiger Beratung,[23] auf die

---

[17] Dazu allgemein *D. Klippel/M. Otto*, Nachhaltigkeit und Begriffsgeschichte, in: W. Kahl (Hrsg.), Nachhaltigkeit als Verbundbegriff, 2008, S. 39 (42); auch das Grundgesetz enthält zahlreiche Normen, die Nachhaltigkeitsinteressen dienen, wenn auch keine ausdrückliche Regelung zur Nachhaltigen Entwicklung: *A. Voßkuhle*, Wie nachhaltig ist das Grundgesetz?, in: Festschr. f. Klaus Tolksdorf, 2014, S. 585 ff.

[18] Zur „Expertifizierung des Verwaltungspersonals" *A. Voßkuhle*, Personal, in: W. Hoffmann-Riem/E. Schmidt-Aßmann/ders. (Hrsg.), Grundlagen des Verwaltungsrechts, Bd. 3, 2. Aufl. 2013, § 43 Rn. 42. Für Europa *A. von Bogdandy*, Die Informationsbeziehungen im europäischen Verwaltungsverbund, ebd., Bd. 2, 2. Aufl. 2012, § 25 Rn. 85 ff.

[19] Zur allgemeinen „Wissensabhängigkeit" staatlichen Handelns vgl. nur *Voßkuhle* (Fn. 7), § 43 Rn. 1 f. Im Einzelfall verlangt die Verfassung die Heranziehung von Experten, vgl. *A. Nußberger*, Sachverständigenwissen als Determinante verwaltungsrechtlicher Einzelentscheidungen, AöR 129 (2004), S. 282 (287 ff.).

[20] Auf diesen oft übersehenen Punkt weist *Lepsius* (Fn. 2), S. 336 f., zu Recht hin.

[21] Zu Nachhaltigkeit als Rechtsbegriff vgl. nur *Kahl* (Fn. 8), S. 4 m. w. N.; *Gehne* (Fn. 1), S. 217 ff., 257 ff.

[22] Vgl. bereits *P. Weingart*, Verwissenschaftlichung der Gesellschaft – Politisierung der Wissenschaft, Zeitschrift für Soziologie 12 (1983), S. 225 ff.; *U. Beck*, Risikogesellschaft, 1986, S. 67 ff.; sowie aus der unüberschaubaren Literatur *M. Brown*, Science in Democracy, 2009, S. 190 ff.; *R. Grundmann/N. Stehr*, Die Macht der Erkenntnis, 2011; *C. Bueger*, From Expert Communities to Epistemic Arrangements, in: M. Mayer/M. Carpes/R. Knoblich (Hrsg.), Global Politics of Science and Technology, 2014, S. 39 ff.; zu beunruhigenden Tendenzen in der US-amerikanischen Diskussion siehe *N. Oreskes*, From Nuclear Winter to Climate Change: The Political Uses of Scientific Dissent, in: P. Weingart/G. G. Wagner (Hrsg.), Wissenschaftliche Politikberatung im Praxistest, 2015, S. 35 ff. Reaktion darauf ist auch eine Verrechtlichung der Wissenschaft, vgl. *Trute* (Fn. 9), S. 120 f.

[23] *Voßkuhle* (Fn. 7), § 43 Rn. 26. Zur Strategie, Konflikte aus dem politischen Prozess auf Räte auszulagern, vgl. ebd., Rn. 51 f. Instruktiv dazu das Beispiel der Ethik-Kommission „Sichere Ener-

Gefahr der „regulatory capture" durch als Sachverständige maskierte Interessenvertreter[24] sowie auf die fast unvermeidbaren Eigeninteressen selbst der neutralsten Sachverständigen.[25] Hinzu kommt, dass sich dort, wo Wissenschaft auf den gesellschaftlichen Bereich ausgreift, ein naives Verhältnis zur Objektivität wissenschaftlicher Erkenntnis[26] sowie eine übersteigerte Erwartung an die Leistungsfähigkeit wissenschaftlicher Methoden verbietet[27].

3. Der Zeithorizont parlamentarischer Entscheidungen und der Aspekt der Langfristigkeit

Das abstrakte Spannungsfeld von demokratischer Entscheidung und rationaler Verantwortung spiegelt sich also nicht im institutionellen Gegensatz von Parlament und sachverständiger Beratung.[28] Weder führt die Stärkung des externen Sachverstandes zwangsläufig zu nachhaltiger Politik noch verlangt Nachhaltigkeit zwingend eine Expertifizierung des Gesetzgebungsverfahrens. Stehen nun nachhaltige Gesetzgebung und sachverständige Beratung in keinerlei Verhältnis zueinander? Ist eine Lösung der Nachhaltigkeitskrise gar nicht bei den Experten, sondern allein im Ausbau und in der Revitalisierung der Laienperspektive und (direkt-)demokratischer Institutionen zu suchen?[29] Ein derartiger Schluss wäre übereilt.

Allerdings ergibt sich aus dem Gesagten, dass Beratung, wenn sie einen Nachhaltigkeitsmehrwert generieren will, nicht ihrerseits die Nachhaltigkeitsfähig-

---

giewende": *O. Renn*, Ethikkommission, in: P. Weingart/G. G. Wagner (Hrsg.), Wissenschaftliche Politikberatung im Praxistest, 2015, S. 17 ff.

[24] Hierzu jüngst differenzierend die Beiträge in: *D. P. Carpenter/D. A. Moss* (Hrsg.), Preventing Regulatory Capture, 2014. Vgl. auch *J. Ennuschat*, Wege zu besserer Gesetzgebung, DVBl. 2004, S. 986 (990).

[25] Zum „Wissenschaftskorporatismus" siehe etwa *G. Metzler*, Von der Gelehrtenpolitik zur Expertokratie?, in: P. Masuch/W. Spellbrink et al. (Hrsg.), Grundlagen und Herausforderungen des Sozialstaats, 2014, S. 203 (218 f.); für das Gesetzgebungsverfahren: *Heintzen* (Fn. 7), § 9 Rn. 20. Zu den mit dem Nachhaltigkeitsdiskurs verbundenen Interessen siehe *J. Tremmel*, Nachhaltigkeit als politische und analytische Kategorie, 2003.

[26] Vgl. nur *Ladeur* (Fn. 13), § 21 Rn. 51 ff. Die Gefahren, die mit einer allzu radikalen Infragestellung der Objektivität wissenschaftlicher Erkenntnis einhergehen, reflektiert *B. Latour*, Why Has Critique Run Out of Steam?, Critical Inquiry 30 (2004), S. 225 ff.

[27] Gerade Nachhaltigkeitsfragen sind regelmäßig mit wissenschaftlichen Methoden nicht sinnvoll oder nicht mit vertretbarem Aufwand lösbar – zu derartigen „trans-scientific problems" näher *G. G. Wagner*, Welche Rolle kann wissenschaftliche Beratung in der Politik sinnvollerweise spielen?, in: P. Weingart/ders. (Hrsg.), Wissenschaftliche Politikberatung im Praxistest, 2015, S. 189 (191 ff.). Soweit bei der Erörterung von Nachhaltigkeitsthemen ethische „Vorfragen" zu klären sind, stellen sich zusätzliche Probleme, vgl. dazu *B. Heinrichs*, Angewandte Ethik im demokratischen Rechtsstaat, in: S. Vöneky et al. (Hrsg.), Legitimation ethischer Entscheidungen im Recht, 2009, S. 53 (58 ff.).

[28] Hierzu allgemein *M. Brown/J. Lentsch/P. Weingart* (Hrsg.), Politikberatung und Parlament, 2006.

[29] Vgl. *Glaser* (Fn. 2), S. 365 ff.; *Kahl* (Fn. 5), S. 294 f.; *Gehne* (Fn. 1), S. 103.

keit repräsentativ-demokratischer Gesetzgebungsverfahren beschädigen darf. Nachhaltigkeit zielt wesentlich auf das Offenhalten parlamentarischer Gestaltungsspielräume in der Zukunft und darf daher nicht mit einer Schwächung des demokratischen Gesetzgebers in der Gegenwart erkauft werden. Auch ist nicht davon auszugehen, dass Experten im Verhältnis zum Gesetzgeber einen privilegierten Zugang zu den Gehalten des Gemeinwohls hätten. Um die wichtige Unterscheidung von *Jan H. Klement* aufzugreifen: Was die „materielle" Seite des Nachhaltigkeitsprinzips betrifft, also die Frage, wie Politik „gemeinwohlorientierte" Lösungen befördern kann, haben sich auch Experten an den von der Gesellschaft in Rechtsform definierten Gemeinwohlgehalten auszurichten.[30]

Dennoch lässt sich insoweit eine spezifische Nachhaltigkeitsbegabung der Beratung konstatieren, als hier ausgeglichen werden *kann*, was im demokratischen Prozess zu kurz kommen *muss*: Dessen Präsentismus, der Gesetzgebungsvorhaben typischerweise eine mittel- bis kurzfristige Perspektive einnehmen lässt, müssen sich Sachverständige nicht zu eigen machen, weil sie nicht den Vorgaben und Anreizen des parlamentarischen Betriebs ausgesetzt sind. Sie können in anderen Zeithorizonten denken und agieren und haben damit die dem politischen Betrieb wesensfremde Freiheit zur *longue durée*. Das eigentliche Potential der Beratung liegt also darin, dass sie die – mit *Jan H. Klement* – „formale" Nachhaltigkeit staatlicher Entscheidungen stärkt, die eben in deren *Langfristigkeit* besteht.[31]

IV. Die Leistungen sachverständiger Beratung im Rahmen nachhaltiger Gesetzgebung

Bevor im Einzelnen zu analysieren ist, wie und unter welchen Bedingungen sich dieses Potential zur Langfristigkeit realisieren lässt, ist darauf hinzuweisen, dass eine langfristige Perspektive nicht mit verlässlichem Wissen über die Zukunft gleichzusetzen ist: Was Sachverständige an belastbaren Erkenntnissen über das Jahr 2050 anzubieten haben, ist brüchig.[32] Die „inflationäre" Nachfrage nach Expertenwissen hat zudem den Nebeneffekt, dass Beratung mehr und mehr mit einem „kontroversen, nicht konsentierten Wissen" arbeiten muss, wodurch

---

[30] Zur Unterscheidung eines formalen und eines materiellen Nachhaltigkeitsbegriffs, wobei letzterer eng mit dem Gemeinwohlbegriff verbunden ist, *J. Klement*, Nachhaltigkeit und Gemeinwohl, in: W. Kahl (Hrsg.), Nachhaltigkeit als Verbundbegriff, 2008, S. 99 (120 ff.). Als Teil der Gesellschaft können Experten jedoch selbstverständlich auch versuchen, kommunikativen Einfluss zu nehmen – näher dazu unten IV.1.

[31] *Klement* (Fn. 30), S. 122 ff. Vgl. auch *Tremmel* (Fn. 25), S. 37 ff. Zum „Zukunftsfaktor" der Nachhaltigkeit ausf. *Gehne* (Fn. 1), S. 163 ff.

[32] Vgl. oben Fn. 27. Dazu auch *H. Willke*, Wissensgesellschaft, in: G. Kneer/A. Nassehi/M. Schroer (Hrsg.), Klassische Gesellschaftsbegriffe der Soziologie, 2001, S. 379 ff.

ihre eigentliche Ressource immer prekärer wird.[33] Aus diesen Gründen ist die Vorstellung, Experten könnten aufgrund ihres überlegenen Wissens über die Zukunft die Gesellschaft mit ihren Zukunftsplänen sicher steuern, lange überholt. Der Einfluss, den Sachverständige mit Hilfe ihrer Freiheit zur *longue durée* auf Entscheidungsprozesse im Sinne der Nachhaltigkeit ausüben können, ist anders geartet. Er erschließt sich erst aus einer Analyse der konkreten Leistungen der sachverständigen Beratung.

1. Agenda Setting für Nachhaltigkeitsthemen

Sachverständige Beratung kann zunächst Aufmerksamkeit für bestimmte Themenfelder generieren.[34] Gutachten des Sachverständigenrats für Umweltfragen oder Stellungnahmen des Wissenschaftlichen Beirats beim Bundesministerium der Finanzen, lösen Debatten im Fach aus. Die Auftraggeber müssen die darin enthaltenen Empfehlungen zumindest entgegennehmen, der Opposition dienen sie als Steinbruch für Kritik und Medien und Öffentlichkeit als Referenzpunkte.[35] Aus welcher Quelle sich die Kraft der wissenschaftlichen „Autorität" von epistemischen Gemeinschaften speist, erschließt sich der wissenschaftstheoretischen Forschung erst allmählich; ihre praktische Wirksamkeit ist jedoch im politischen Feld offensichtlich.[36]

Expertengemeinschaften, die Nachhaltigkeitsthemen erörtern, sensibilisieren nun im Erfolgsfall die Öffentlichkeit für ein Denken in langen Zeiträumen. Zukunft wird so zu einem Problem der Gegenwart, dem sich die Politik stellen muss. Der eingangs erwähnte „Brundtland-Report" von 1987 ist vielleicht das beste Beispiel dafür, in welchem Ausmaß Sachverständige gesellschaftliche Kräfte mobilisieren und dadurch eine entsprechende Dynamik in Gang setzen können. Diese nötigt den politischen Betrieb zur Beschäftigung mit den schwer greifbaren und traditionell ausgeblendeten Nebenfolgen staatlicher Entscheidungen, insbesondere mit intertemporalen Verteilungsproblemen („Generatio-

---

[33] *P. Weingart*, Die Stunde der Wahrheit?, 2001, S. 168. Dem korrespondiert die Gefahr, dass der Staat in einer „Anmaßung von Wissen" aus der Möglichkeit sachverständiger Beratung auf die Fähigkeit zur eigenständigen Regelung der jeweiligen Sachbereiche schließt, vgl. *F. Reimer*, Parlamentsgesetz, in: W. Hoffmann-Riem/E. Schmidt-Aßmann/A. Voßkuhle (Hrsg.), Grundlagen des Verwaltungsrechts, Bd. 1, 2. Aufl. 2012, § 9 Rn. 7 m. w. N.

[34] *P. Blum*, Wege zu besserer Gesetzgebung. Sachverständige Beratung, Begründung, Folgeabschätzung und Wirkungskontrolle. Gutachten I für den 65. DJT, Verhandlungen des 65. DJT, Bd. 1, 2004, S. 66 ff.

[35] Zur Wirkung des Sachverständigenrats für Umweltfragen vgl. die Beiträge in *H.-J. Koch/C. Hey* (Hrsg.), Zwischen Wissenschaft und Politik, 2009.

[36] Instruktiv dazu *S. Shapin*, Never Pure, 2010, S. 377 ff. Grundlegend zur Etablierung der wissenschaftssoziologischen Theorie von „epistemic communities" in der Politischen Wissenschaft *P. M. Haas*, Introduction: Epistemic Communities and International Policy Coordination, International Organization 46 (1992), S. 1 ff.; *ders.*, Epistemic Communities, in: J. Krieger (Hrsg.), The Oxford Companion to Comparative Politics, Epistemic Communities, 2013, S. 351 ff.

nengerechtigkeit“), Langzeitfolgen und dem Problem der Verantwortungszeiträume.[37] Nachhaltigkeit fungiert hier als „Leitbild“, das keine fertigen Lösungen liefert, sondern bisher unverbundene Wissensstränge verknüpft, Problemlagen neu fokussiert und so eine Rekonfiguration der Forschungsagenda ebenso wie der politischen Agenda anleitet.[38]

2. Evaluation und Kontrolle der Verwirklichung von Nachhaltigkeitszielen

Die Tätigkeit von Sachverständigen in Gremien und durch Gutachten ist nicht notwendig auf konkrete Entscheidungen, wohl aber stets auf politische Prozesse bezogen.[39] Der sachverständige Diskurs repliziert dabei nicht die politische Debatte. Anhörungen und Stellungnahmen eröffnen vielmehr eine weitere diskursive Arena, in der Regulierungsprobleme neu und anders zur Sprache kommen. Bestimmte, genuin politische Argumente sind ausgeklammert oder können nicht ausdrücklich gemacht werden, da sie im Forum der Wissenschaft keine Chance auf Anerkennung hätten. Zugleich wirken Sachverständigengremien – jedenfalls wenn sie den Regeln eines „neutralen Verfahrens“ folgen – als informelle Kontrollinstanzen im politischen Prozess.[40] Zwar fehlt ihnen die Möglichkeit, die auf dem analysierten Politikfeld getroffenen Maßnahmen zu kassieren. „Governance durch Wissen“[41] entfaltet jedoch indirekten Einfluss, indem die nach außen vertretenen Regulierungsziele vor einer Verwässerung in den politischen Hinterzimmern geschützt und uneffektive Regulierungsvorschläge als solche ausgewiesen werden.[42]

---

[37] Dazu näher *F. Ekardt*, Das Prinzip Nachhaltigkeit 2005, S. 27 ff.; *Lepsius* (Fn. 2), S. 342. Territoriale Externalitäten staatlicher Entscheidungen, die auch unter dem Stichwort Nachhaltigkeit diskutiert werden, sind hier auszuklammern.

[38] So zum Begriff der Nachhaltigkeit: *G. Voss*, Das Leitbild der nachhaltigen Entwicklung, 1997; zur Bedeutung für das Staatsbild: *A. Voßkuhle*, Der „Dienstleistungsstaat“, Der Staat 40 (2001), S. 495 (506 ff.). Aus der umfassenden rechtswissenschaftlichen Literatur zum Leitbildbegriff vgl. jetzt *J. Braun*, Leitbilder im Recht, 2015, § 8 II. Beispielhaft dafür, wie sich *sub specie* des Nachhaltigkeitsprinzips neue Verbindungslinien im Finanzverfassungsrecht zeichnen lassen, siehe *W. Kahl*, Einleitung, in: ders. (Hrsg.), Nachhaltige Finanzstrukturen im Bundesstaat, 2011, S. 1 (6 ff.). Der Nachhaltigkeitsbegriff erschöpft sich heute allerdings nicht mehr im Leitbildcharakter, vgl. oben Fn. 21.

[39] Zu dieser Unterscheidung siehe unten Fn. 70.

[40] Zu den Charakteristika „neutraler“ Verfahren im prototypischen Fall der Rechtsprechung: *A. Voßkuhle*, Rechtsschutz gegen den Richter, 1993, S. 94 ff. Zu Unabhängigkeit und Unparteilichkeit als zentralen Definitionsmerkmalen des Sachverständigen: *ders.* (Fn. 9), § 43 Rn. 18 m. w. N., Rn. 48 f., zu Pflichten aus der Gewährleistungsverantwortung des Staates, die mit der Einbeziehung von Sachverständigen einhergehen können. Zu Distanz, Pluralität, Transparenz und Öffentlichkeit als Grundprinzipien gelingender Politikberatung: *P. Weingart*, Zur Aktualität von Leitlinien für „gute Praxis“ wissenschaftlicher Politikberatung, in: Berlin-Brandeburgische Akademie der Wissenschaften (Hrsg.), Leitlinien Politikberatung, 2008, S. 11 (14 f.).

[41] *G. F. Schuppert*, Governance durch Wissen, in: ders. / A. Voßkuhle (Hrsg.), Governance von und durch Wissen, 2008, S. 259 ff.

[42] Zum tatsächlichen Einfluss von Sachverständigen: *P. Weingart / J. Lentsch*, Wissen – Beraten – Entscheiden, 2008, S. 201 ff.

Soweit der politische Betrieb sich Nachhaltigkeit auf die Fahnen geschrieben hat, sei es in Form einer rechtlichen Selbstbindung oder in Form politischer Absichtserklärungen, kann sachverständige Beratung nicht-nachhaltige Vorschläge und interessengeleitete Verengungen im Rechtsetzungsprozess zur Sprache bringen und damit politischen Rechtfertigungsdruck erzeugen. Wie die Diskussionen zur internen Rationalität des Gesetzgebungsverfahrens gezeigt haben, ist es nicht trivial, den Gesetzgeber mit entsprechenden Berücksichtigungsgeboten durch ein solches „Sustainability Impact Assessment" zu belasten.[43] Doch solange Sachverständige im Rahmen ihres Auftrags allein Selbstbindungen des Gesetzgebers an Nachhaltigkeitsziele aktualisieren und den demokratischen Prozess durch Argumente bereichern, bleibt dessen Integrität gewahrt.[44]

In jüngerer Zeit finden hierbei allerdings zunehmend sogenannte Indikatoren oder Kodizes als Evaluations- und Kontrollinstrumente Verwendung; diese sollen den Beratungsprozess strukturieren und transparenter machen.[45] International existieren zahlreiche Nachhaltigkeitsstandards, die von privaten Sachverständigen (mit-)entwickelt wurden.[46] Beispielhaft sind die sogenannten „Äquator-Prinzipien" für Projektfinanzierungen zu nennen.[47] Auch der „Deutsche Nachhaltigkeitskodex", eine Empfehlung des Rates für Nachhaltige Entwicklung, fügt sich hier ein.[48] Immer deutlicher zeigt sich jedoch, dass das mit den Kodizes verbundene Rationalitätsversprechen nicht einzulösen ist, da eine belastbare Quantifizierung von Nachhaltigkeit scheitert.[49] Zugleich steigt die Sensibilität

---

[43] Zum Diskussionsstand siehe *C. Bumke*, Die Pflicht zur konsistenten Gesetzgebung, Der Staat 49 (2010), S. 77 ff.; sowie die Referate von *G. Lienbacher* und *B. Grzeszick*, Rationalitätsanforderungen an die parlamentarische Rechtsetzung im demokratischen Verfassungsstaat, VVDStRL 71 (2012), S. 7 ff. und 49 ff.

[44] Derartige Kontrollen lassen sich im Übrigen auf die Tätigkeit der Sachverständigenräte selbst anwenden. Als Vorbild hierfür empfiehlt sich: *Rat für Nachhaltige Entwicklung*, Peer Review der deutschen Nachhaltigkeitspolitik, texte Nr. 29 des Rats, 2009. Allgemein *J. Lentsch*, Qualitätssicherung in der Wissenschaftlichen Politikberatung, in: S. Bröchler/R. Schützeichel (Hrsg.), Politikberatung, 2008, S. 194 ff.; *ders./P. Weingart* (Hrsg.), The Politics of Scientific Advice, 2011. Zu haftungsrechtlichen Fragen *M. Schwab*, in: BMBF (Hrsg.), Sachverständige Politikberatung im Spiegel des Haftungsrechts, 2014, abrufbar unter www.bmbf.de/pub/ITA_Sachverstaendige_Politikberatung_bf.pdf (zuletzt abgerufen am 6.10.2015).

[45] Ein Überblick bei *UN System Task Team on the Post-2015 UN Development Agenda*, Statistics and Indicators for the post-2015 Development Agenda, 2013, Rn. 100 ff. Instruktiv *Gehne* (Fn. 1), S. 94 ff.; sowie jüngst *Wagner* (Fn. 27), S. 194 ff.

[46] Stellvertretend für die ausufernde Literatur *K. W. Abbott*, Engaging the Public and the Private in Global Sustainability Governance, International Affairs 88 (2012), S. 543 ff.

[47] Vgl. aus der juristischen Literatur zu den „Äquator-Prinzipien" nur *E. Reimer*, Internationales Finanzrecht, in: J. Isensee/P. Kirchhof (Hrsg.), Handbuch des Staatsrechts der Bundesrepublik Deutschland, Bd. XI, 3. Aufl. 2013, § 250 Rn. 76 m. w. N. Ähnlich auch die „UNEP Finance Initiative", dazu *V. H. Peemöller/M. Braune*, Der Einfluss nachhaltigen Wirtschaftens auf den Unternehmenswert, BB 2013, S. 2091 ff.

[48] *A. Bassen/A. Rentrop/Y. Zwick*, Deutscher Nachhaltigkeitskodex, ZfU 34 (2011), S. 359 ff.

[49] *S. Bell/S. Morse*, Sustainability Indicators: Measuring the Immeasurable?, 2. Aufl. 2008; *Gehne* (Fn. 1), S. 94, 99. Zum Charakter von Nachhaltigkeitsfragen als „trans-scientific problems" siehe bereits oben Fn. 27.

für die politischen Wertentscheidungen, die hinter den scheinbar objektiven Indikatoren stehen.[50] Insbesondere im Vergaberecht sind Zweifel an der Belastbarkeit entsprechender Kodizes geäußert worden.[51] Vorschläge zur Umstellung der Nachhaltigkeitsprüfung des § 44 Abs. 1 S. 4 GGO für Gesetzgebungsvorhaben auf eine von Sachverständigen administrierte Nachhaltigkeitskosten-/Nachhaltigkeitsnutzen-Rechnung begegnen daher erheblichen Bedenken.[52]

3. *Nachhaltigkeitseffiziente Entscheidungen durch Reflexivitätssteigerung und Alternativendenken*

Sachverständige Beratung wirkt ferner insofern nachhaltigkeitsinduzierend, als Sachverständige das verfügbare Wissen zu empirischen und normativen Fragen auswerten, Argumentationsstandards etablieren, Verbindungen zwischen Wissensbeständen herstellen, unerprobte Perspektiven einnehmen und auf dieser Grundlage Empfehlungen aussprechen.[53] Dadurch werden reflektiertere und nachhaltigkeitseffizientere Entscheidungen möglich. Allerdings ist vor übersteigerten Erwartungen zu warnen: Bereits innerhalb des Wissenschaftssystems zeigt die interdisziplinäre Arbeit, wie schwierig es ist, Erkenntnisse von einem Sachbereich in einen anderen zu transferieren. In vielfach höherem Maße gilt dies für die Vermittlung von politischer und wissenschaftlicher Rationalität. Auch wenn sich die systemtheoretische These als zu stark erwiesen hat, wonach gelingende Kommunikationen zwischen Wissenschaft und Politik infolge funktionaler Differenzierung „höchst unwahrscheinlich" ist, so sind wissenschaftliche Nachhaltigkeitskonzepte im politischen Prozess nicht unmittelbar verwertbar, sondern müssen einen komplexen Rezeptionsprozess durchlaufen.[54]

---

[50] *P.-M. Boulanger*, Sustainable Development Indicators, S.A.P.I.EN.S 1 (2008), S. 45 ff.

[51] Vgl. nur EuGH, Rs. C-368/10 (Kommission/Niederlande), ECLI:EU:C:2012:284 Rn. 102 ff., sowie den Überblick bei *R. Brackmann*, Nachhaltige Beschaffung in der Vergabepraxis, VergabeR 2014, S. 310 ff.

[52] *G. Krings*, Die Nachhaltigkeitsprüfung in der Gesetzesfolgenabschätzung, ZG 2009, S. 237 ff.; rechtsvergleichend *T. Wolf-Hegerbekermeier*, Internationaler Methodenvergleich zur Nutzenbetrachtung in der Gesetzgebung, ZG 2013, S. 357 ff. Vgl. auch *K. Jacob/S. Veit/J. Hertin*, Gestaltung einer Nachhaltigkeitsprüfung im Rahmen der Gesetzesfolgenabschätzung, 2009, S. 69 ff.; *K. Jacob/A.-L. Guske/V. von Prittwitz*, Die Berücksichtigung von Nachhaltigkeitsaspekten in der Politikfolgenabschätzung im internationalen Vergleich, 2011, abrufbar unter www.polsoz.fu-berlin.de/polwiss/forschung/systeme/ffu/aktuelle-publikationen/index.html (zuletzt abgerufen am 6.10.2015). Zu grundsätzlichen Bedenken *T. Wischmeyer*, Die Kosten der Freiheit, 2015, S. 67 ff.

[53] Instruktiv dazu *G. Majone*, Evidence, Argument, and Persuasion in the Policy Process, 1989. Zu „Einbeziehungsgebot" und „Effizienzgebot" als Maßgaben für nachhaltige Politikgestaltung *Gehne* (Fn. 1), S. 75 ff., 89 ff.

[54] Dazu näher *Weingart* (Fn. 33), S. 127 ff.; *Bueger* (Fn. 22), S. 39 ff. Zur anspruchsvollen Architektur, die jede Verknüpfung kognitiver Systeme erfordert, *A.-K. Kaufhold*, Transfer und Transformation ökonomischen Wissens, in: I. Augsberg (Hrsg.), Extrajuridisches Wissen im Verwaltungsrecht, 2013, S. 151 (160 ff.). Dies gilt insbesondere bei „schlecht strukturierten Fragen" an Sachverständige, siehe *Ladeur* (Fn. 13), § 21 Rn. 50.

Aus diesem Grund ist es im Übrigen auch nicht entscheidend, ob Sachverständige tatsächlich präzisere Folgeabschätzungen vornehmen und „bessere" Zukunftsszenarien entwerfen können als staatliche Stellen.[55] Ohnehin haben Private nicht notwendig einen Vorsprung gegenüber den in den staatlichen Apparat integrierten Stellen administrativer und legislativer Wissensgenerierung.[56] Maßgeblich ist vielmehr, dass die Ausgliederung des Beratungsvorgangs aus dem staatlichen Weisungszusammenhang und – bei aller Unschärfe – die organisatorische Trennung von sachverständiger Analyse und politischer Entscheidung einen Raum schaffen, in dem durch die Systematik der Problemaufbereitung, die gesteigerte Sensibilität für Argumente und die Offenheit für neue Gesichtspunkte Entscheidungsalternativen ausgearbeitet und bewertet werden können.[57] Die Erschütterung der Überzeugung, *eine* Handlungsoption sei die einzig richtige, führt zu einem Gewinn an Reflexivität, der die Lernfähigkeit des politischen Systems und damit die Nachhaltigkeit politischer Entscheidungen erhöht.[58] Bereits die Verzögerung, die eine wissenschaftliche Diskussion im politischen Prozess bewirkt, kann diesen vom Entscheidungsdruck befreien und so positiv wirken, selbst wenn die Beratung sonst keine verwertbaren Ergebnisse hervorbringt. Ob im konkreten Fall eine derartige Aufreinigung des argumentativen Materials, die auch konfliktbefriedende Funktion haben kann[59], tatsächlich gelingt, bedarf einer Analyse auf der Mikroebene.[60] Generell dürfte jedoch davon auszugehen sein, dass die Verstetigung und Institutionalisierung entsprechender Gremien zum Aufbau von Wissenszentren führen, die strukturell in der Lage sind, diese Leistung zu erbringen.

Diese Qualität sachverständiger Beratung lässt sich nicht damit abtun, dass ohnehin bekannt sei, was aus Sicht der Nachhaltigkeit getan werden müsse.[61] Selbst wenn dies der Fall sein sollte, was durchaus fragwürdig ist, müssten doch die Zielkonflikte innerhalb des Nachhaltigkeitsdiskurses aufgelöst werden[62] und

---

[55] Vgl. auch die Kritik von *Lepsius* (Fn. 2), S. 335, an einem Verständnis des Nachhaltigkeitsgrundsatzes, das eine von der Wissenschaft gar nicht einzulösende Zuverlässigkeit von Langfristprognosen unterstellt. Dazu auch oben Fn. 27.

[56] Dazu oben unter III.1.

[57] Zu diesem pragmatischen Modell sachverständiger Beratung näher *R. A. Pielke*, The Honest Broker, 2007. In der Beratungsrealität existieren freilich auch andere Fälle, vgl. oben Fn. 23.

[58] Anderes gilt wiederum, wenn derartige Beratungen lediglich als „narratives of reassurance" verstanden werden, derer sich „post-ökologische" Gesellschaften der Gegenwart bedienen, um ihre „politics of unsustainability" fortzuführen – so eine in den Sozialwissenschaften populäre Deutung, vgl. *Blühdorn* (Fn. 3), S. 21.

[59] Vgl. aber auch etwa die bei *D. Sarewitz*, How Science Makes Environmental Controversies Worse, Environmental Science & Policy 7 (2004), S. 385 ff., diskutierten Fälle.

[60] Fallstudien dazu in *P. H. Feindt/T. Saretzki* (Hrsg.), Umwelt- und Technikkonflikte, 2010; instruktiv *A. Bogner/W. Menz*, Bioethical Controversies and Policy Advice, in: S. Maasen/P. Weingart (Hrsg.), Democratization of Expertise?, 2005, S. 21 ff.

[61] Vgl. aber *Glaser* (Fn. 2), S. 301.

[62] *M. E.-K. Bakari*, Sustainability's Inner Conflicts, Journal of Sustainable Development Studies 6 (2014), S. 1 ff.; zur mit Nachhaltigkeit stets verbundenen „Optimierungsaufgabe" siehe auch *Gehne* (Fn. 1), S. 76 ff.

unter sich ständig wandelnden Umweltbedingungen je adäquate Lösungsstrategien für den Einzelfall gesucht werden.

4. Nachhaltigkeit durch Partizipation: Beratung jenseits der Mauern der „Gelehrtenrepublik“

Die Wissenschaftssoziologie hat in den letzten Jahren die Bedeutung von Sachverständigen für den gesellschaftlichen Diskurs herausgearbeitet.[63] Ein wichtiger Baustein dazu sind pluralistisch besetzte Sachverständigengremien.[64] Mehr und mehr werden aber auch die Bürger selbst in Beratungsprozesse einbezogen, üblicherweise indem ihnen die Möglichkeit zur Teilnahme an Anhörungen, teilweise auch die Möglichkeit zur Eingabe oder zur Äußerung ebendort gegeben wird.

Verlässt die sachverständige Beratung in dieser Form die Mauern der „Gelehrtenrepublik“, bildet sie nicht länger einen Gegenbegriff zu der im Rahmen nachhaltiger Politik oftmals für besonders wichtig erachteten Partizipation und Bürgerbeteiligung.[65] Gerade in Materien, die die Öffentlichkeit bewegen, bemühen sich Sachverständigengremien heute intensiv um eine direkte Kommunikation zwischen Betroffenen und Experten.[66] Schließlich erfolgt an dieser Stelle auch die Verschaltung der in die staatlichen Abläufe integrierten Sachverständigenberatung mit Sachverständigen in den außerhalb dieser Strukturen stehenden Verbänden, Think Tanks, NGOs etc.[67]

Derartige Partizipationselemente dienen nicht nur der Verbreiterung der empirischen Analysebasis, sondern auch dem Interessenausgleich sowie der Akzeptanz der getroffenen Empfehlung. Teilweise wird diesen Partizipationsmöglichkeiten bereits eine repräsentative Funktion zugeschrieben.[68] Hier ist Vorsicht geboten, zieht die sachverständige Beratung ihre Relevanz doch gerade daraus, die bestehenden repräsentativ-demokratischen Organe zu ergänzen, ohne sie jedoch zu ersetzen.

---

[63] *H. Nowotny/P. Scott/M. Gibbons*, Re-thinking Science 2001; *Brown* (Fn. 22), S. 201 ff. Vgl. auch die Beiträge in *S. Maasen/P. Weingart* (Hrsg.), Democratization of Expertise?, 2005. Für das Verwaltungsrecht *Trute* (Fn. 13), S. 87 ff.

[64] Vgl. zu entsprechenden Beispielen *Voßkuhle* (Fn. 7), § 43 Rn. 33 m. w. N.

[65] Nachweise dazu oben in Fn. 29. Kritisch wiederum *Blühdorn* (Fn. 3), S. 22.

[66] Beispielhaft kann auf den Deutschen Ethikrat verwiesen werden, der für die Erarbeitung einer Stellungnahme zur Intersexualität ein dreistufiges Anhörungsverfahren durchgeführt hat: An eine für alle Betroffenen offene Befragung schloss sich eine öffentliche Anhörung mit eingeladenen Betroffenen und schließlich ein allgemein zugänglicher „Online-Diskurs“ an. Vgl. *Deutscher Ethikrat*, Intersexualität. Stellungnahme, 23.2.2012, abrufbar unter: www.ethikrat.org/dateien/pdf/stellungnahme-intersexualitaet.pdf; zum Prozess www.ethikrat.org/themen/medizin-und-pflege/intersexualitaet (zuletzt abgerufen je am 6.10.2015). Für ein weiteres Beispiel: *Renn* (Fn. 23), S. 28 f.

[67] Dazu *Voßkuhle* (Fn. 7), § 43 Rn. 44.

[68] *Brown* (Fn. 22), S. 255. Skeptisch-diagnostisch zu derartigen Verschiebung des Legitimationsbegriffs *I. Blühdorn*, Democracy beyond the Modernist Subject, in: ders. (Hrsg.), In Search of Legitimacy, 2009, S. 17 (43 ff.).

V. Nachhaltigkeitsgenerierung durch sachverständige Beratung in der Praxis

Die soeben beschriebenen Leistungen übernimmt in der Praxis ein unüberschaubares und organisatorisch heterogenes Feld von Beratungsgremien, das hier nicht im Detail ausgeleuchtet werden kann. Der Blick in die Beratungsrealität illustriert jedoch die bisherigen Überlegungen. Die folgenden Ausführungen konzentrieren sich auf die Beratung im Gesetzgebungsprozess, wobei es zweckmäßig erscheint, zwischen den verschiedenen Rechtsetzungsebenen zu unterscheiden.[69]

1. Sachverständige Beratung als Nachhaltigkeitsinstitution im nationalen Recht

a) Anlassbezogene Beratung im Gesetzgebungsprozess

Anlassbezogene, also auf den Erlass eines konkreten Gesetzes gerichtete Beratung[70] findet im praktisch häufigsten Fall der Gesetzgebung, nämlich von der Bundesregierung eingebrachter Gesetzesvorlagen, in folgenden Stadien der Entscheidungsfindung statt: Bereits für die Erstellung des Referentenentwurfs und der Kabinettvorlage sieht die Gemeinsame Geschäftsordnung der Bundesministerien (GGO) die Beteiligung von Zentral- und Gesamtverbänden sowie von Fachkreisen vor; teilweise sind diese Beteiligungsrechte spezialgesetzlich verankert.[71] Insgesamt existieren hier zahlreiche Beteiligungsformen, wobei schriftliche Stellungnahmen den Regelfall, das sogenannte „Gesetzgebungs-Outsourcing"[72] die Ausnahme bilden. In den Ausschüssen erfolgt die Integration von privatem Sachverstand wesentlich im Rahmen der öffentlichen Anhörung.[73] Auch im Normenkontrollrat findet nochmals sachverständiger Input statt.[74]

Zur nachhaltigen Gesetzgebung trägt derartige „ad hoc" Beratung insofern bei, als konkrete Gesetzgebungsvorhaben mit Umsetzungsalternativen und Rechtfertigungslasten konfrontiert werden, die bis an ein „Sustainability Impact Assessment" heranreichen. Zugleich werden maßgebliche „stakeholder" in den Prozess einbezogen, so dass der Beratung partizipative Funktion zukommt.

---

[69] Die Komplexität, die durch eine Verflechtung der unionalen und der nationalen Ebene entsteht – insbes. in Form der europäischen Netze und Agenturen –, kann hier nicht abgebildet werden, dazu etwa *Trute* (Fn. 9), S. 121 ff.

[70] Zu den „Grauzonen", mit denen die Differenzierung von anlassbezogener und entscheidungsunabhängiger Beratung konfrontiert ist, *M. Döhler*, Gesetzgebung auf Honorarbasis, PVS 53 (2012), S. 181 (184 ff.).

[71] Vgl. §§ 22 Abs. 1 Nr. 4, 47 Abs. 3, 48 Abs. 2 und 51 Nr. 4 GGO sowie § 118 BBG, § 53 BeamtStG.

[72] Dazu nur *Meßerschmidt* (Fn. 7), S. 387 ff.; *Heintzen* (Fn. 7), § 9 Rn. 26 f., je m. w. N.

[73] Vgl. § 70 GOBT. Zu den kaum je aktivierten Möglichkeiten des Bundesrats, Sachverständige anzuhören (§ 40 Abs. 3 GO-BRat), vgl. *K. Reuter*, Praxishandbuch Bundesrat, 2. Aufl. 2007, § 40 Rn. 11 f.

[74] Vgl. § 45 Abs. 1 S. 1 GGO, § 4 Abs. 1, 3 NKRG zum Kontrollauftrag.

b) Entscheidungsunabhängige Beratung des Gesetzgebers

Unabhängig von konkreten Gesetzgebungsvorhaben widmen sich ferner verschiedene Gremien schwerpunktmäßig den einzelnen Teildimensionen der Nachhaltigkeit. Je nach Art der Eingliederung in die Verwaltung erbringen diese Stellen grundsätzlich alle oben beschriebenen Leistungen nachhaltigkeitsgenerierender Beratung. Konkret gehören hierzu im Bereich der Bundesregierung der bereits erwähnte Sachverständigenrat für Umweltfragen, der Wissenschaftliche Beirat der Bundesregierung Globale Umweltveränderungen, der Bioökonomierat, der Sachverständigenrat zur Begutachtung der gesamtwirtschaftlichen Entwicklung, der Wissenschaftliche Beirat beim Bundesministerium der Finanzen sowie schließlich der Sachverständigenrat zur Begutachtung der Entwicklung im Gesundheitswesen.[75] Eine integrierende Rolle kommt dem Rat für Nachhaltige Entwicklung zu.[76] Weitere mit Sachverständigen besetzte Beratungsgremien der Bundesregierung wie der Deutsche Ethikrat, der Wissenschaftsrat, die Expertenkommission Forschung und Innovation oder die Monopolkommission nehmen ebenfalls zu speziellen Nachhaltigkeitsaspekten Stellung und können zudem durch ihre Beratung langfristige Handlungsperspektiven für den Gesetzgeber aufzeigen. Das Fehlen eines Rates für Sozialpolitik wird hingegen allgemein beklagt.[77]

Bei im Einzelnen stark differierenden Regelungen ist den Gremien gemeinsam, dass sie weitgehend unabhängig vom politischen Betrieb operieren, überwiegend durch Wissenschaftler besetzt werden und zumindest teilweise ihre eigene Agenda bestimmen können. Zum Aufgabenspektrum gehören turnusmäßig zu erstellende Gutachten, Sondergutachten zu selbst gesetzten Themen und Stellungnahmen zu aktuellen Entwicklungen. Dienen erstere primär zur Identifikation von gesetzgeberischem Regelungsbedarf und zur Erarbeitung holistischer Lösungsstrategien, sind letztere auf konkrete Gesetzgebungsvorhaben bezogen und erfüllen hier eine evaluative Funktion. Analog operieren die parlamentarischen Enquete-Kommissionen, die nicht der Hektik des alltäglichen Gesetzgebungsbetriebs ausgesetzt sind und umfassend durch Wissenschaftler und technische Sachverständige unterstützt werden[78], sowie die Technikfolgenabschätzung[79].

---

[75] Ein Überblick dazu bei *A. Murswieck*, Politikberatung der Bundesregierung, in: S. Bröchler/R. Schützeichel (Hrsg.), Politikberatung, 2008, S. 369 ff.

[76] Näher dazu *C. Calliess*, Nachhaltigkeitsräte (in diesem Band).

[77] Dazu jüngst *F.-X. Kaufmann*, Unter Druck, Frankfurter Allgemeine Zeitung v. 10.8.2015, S. 6.

[78] Vgl. § 56 GOBT. Näher dazu *W. Zeh*, Parlamentarisches Verfahren, in: J. Isensee/P. Kirchhof (Hrsg.), Handbuch des Staatsrechts der Bundesrepublik Deutschland, Bd. III, 3. Aufl. 2005, § 53 Rn. 78 ff.

[79] *W. Kahl*, Gesetzesfolgenabschätzung und Nachhaltigkeitsprüfung, in: W. Kluth/G. Krings (Hrsg.), Gesetzgebung, 2014, § 13 Rn. 21 m. w. N. Dazu auch *A. Grundwald*, Technikfolgenabschätzung als wissenschaftliche Politikberatung, in: S. Bröchler/R. Schützeichel (Hrsg.), Politikberatung, 2008, S. 282 ff.

Nicht in den staatlichen Betrieb eingegliedert sind hingegen die Verbände und NGOs, die gerade im Umweltbereich oft eigenen wissenschaftlichen Sachverstand vorhalten. Gleiches gilt für die unabhängigen Forschungsinstitutionen („Think Tanks"), die selbständig Studien erarbeiten und damit auf die Öffentlichkeit einwirken, aber auch auf Anfrage von Parteien oder der Verwaltung Gutachten erstellen und dadurch Wissen in Gesetzgebungsprozesse einfließen lassen. Aufgrund ihrer institutionellen Unabhängigkeit kommt diesen Organisationen eine wichtige Rolle bei der Definition politischer Handlungsfelder und dem Agenda Setting für Nachhaltigkeitsthemen zu.

2. Sachverständige Beratung als Nachhaltigkeitsinstitution: Europäische Perspektive

In der Europäischen Union hat Wissensgenerierung durch externen Sachverstand bereits deswegen eine herausragende Bedeutung, weil den Unionsorganen ein eigener Verwaltungsunterbau weitgehend fehlt.[80] Auch in der unionalen Rechtsetzung begegnen im Grundsatz die gerade beschriebenen Beratungstypen, doch weist die Beratung dort auch eigenständige Züge auf.[81] Charakteristisch sind insbesondere die Komplexität der Beratungslandschaft und die ständigen Optimierungsbestrebungen („Better Regulation"), deren jüngste Frucht die „Agenda für eine bessere Gesetzgebung" ist.[82]

Anders als im nationalen Gesetzgebungsverfahren findet privater Sachverstand zu beinahe jedem Zeitpunkt Eingang in den Gesetzgebungsvorgang. Bereits zur Vorbereitung einer Gesetzesinitiative kann die Kommission zahlreiche Beiräte und Sachverständigengremien innerhalb und außerhalb der Kommissionsstrukturen *ad hoc* anrufen.[83] Daneben führt sie zu allen größeren Regulierungsvorhaben für jedermann offene Online-Konsultationsverfahren durch.[84] Die formalisierte Folgenabschätzung („Impact Assessment"), die traditionell eine große Rolle im Rechtsetzungsverfahren der Union spielt, findet

---

80 *von Bogdandy* (Fn. 18), § 25 Rn. 41 f.; *A. W. Chalmers*, Getting a Seat at the Table, West European Politics 37 (2014), S. 976 ff.

81 Als besondere Gruppe der Sachverständigen treten – ähnlich den Ländervertretern im Bundesstaat – die sachkundigen Beamten der Mitgliedstaaten hinzu; zu diesen *W. Wessels*, Beamtengremien im EU-Mehrebenensystem – Fusion von Administrationen?, in: M. Jachtenfuchs/B. Kohler-Koch (Hrsg.), Europäische Integration, 2. Aufl. 2003, S. 353 ff.

82 *Kommission*, Bessere Ergebnisse durch bessere Rechtsetzung – Eine Agenda der EU, COM(2015) 215 final. Angesichts der Komplexität der europäischen Rechtsetzungsverfahren und der Vielzahl von Beteiligungsmöglichkeiten kann die Rolle der Beratung nur für Legislativvorschläge der Kommission im ordentlichen Gesetzgebungsverfahren dargestellt werden. Zu den allgemein auf den Rechtsetzungsprozess einwirkenden Interessen *J. Greenwood*, Interest Representation in the European Union, 3. Aufl. 2011.

83 Dazu *Chalmers* (Fn. 80), S. 976 ff.

84 Vgl. dazu das Internet-Portal: http://ec.europa.eu/yourvoice/consultations/index_en.htm (zuletzt abgerufen am 6.10.2015).

ebenfalls unter Beteiligung privaten Sachverstands statt.[85] Im weiteren Gesetzgebungsverfahren sind Sachverständige etwa an der Vorbereitung der Anhörungen der im Wirtschafts- und Sozialausschuss (Art. 300–304 AEUV) zusammengeschlossenen Interessengruppen beteiligt, werden vom Rat befragt, mit der Erstattung von Gutachten beauftragt oder in den Ausschüssen des Parlaments angehört. Auch in den Ausschüssen für den sektoralen sozialen Dialog, in den kommissionseigenen Forschungsinstituten sowie in den zahlreichen Informationsagenturen findet der Import von privatem Wissen statt.[86]

Dementsprechend ist die Beratungslandschaft institutionell extrem fragmentiert: Derzeit sind etwa 700 beratende Sachverständigengremien in den Generaldirektionen registriert, darunter allein acht, die sich ausdrücklich mit Nachhaltigkeit beschäftigen.[87] Die Gremien unterscheiden sich in ihren Mitgliedern – teils sind sie analog den Komitologie-Komitees überwiegend mit Vertretern der Mitgliedstaaten, teils mit Interessenvertretern, Vertretern von NGOs und unabhängigen Sachverständigen besetzt –, in ihrer Rechtsgrundlage – teils sind sie durch eine formelle Entscheidung der Kommission, teils durch einen Beschluss der jeweiligen Generaldirektion einberufen – und im Grad ihrer Institutionalisierung – teils sind sie auf Dauer eingesetzt, teils nur temporär tätig. Außerhalb des Institutionenrahmens agieren ferner zahlreiche Zusammenschlüsse nationaler Sachverständigengremien, private Verbände und NGOs, die permanent Beratungsleistungen – auch zu Nachhaltigkeitsthemen – anbieten.[88] Mittels des neu eingeführten „Regulatory Fitness and Performance Programme“ (REFIT) versucht die Kommission aktuell ihren Dialog mit Wissenschaft, Wirtschaft, Zivilgesellschaft und Sozialpartnern zu professionalisieren und zu verstetigen.[89]

---

[85] So gehören dem „Regulatory Scrutiny Board“ (RSB), das zum 1.7.2015 das Impact Assessment Board abgelöst hat und dem die Qualitätskontrolle und die Unterstützung von Folgenabschätzungen obliegt, hälftig externe Sachverständige an: *Kommission*, Beschluss v. 19.5.2015 über die Einrichtung eines unabhängigen Ausschusses für Regulierungskontrolle, C(2015) 3263 final; *Kommission*, Ausschuss für Regulierungskontrolle, C(2015) 3262 final.

[86] Nachhaltigkeitsthemen widmet sich etwa das „Institute for Environment and Sustainability“ der Kommission. Zu den Informationsagenturen, die vielfach auf der Ebene des Verwaltungsrates privaten Sachverstand und Interessenvertreter integrieren, ausf. *von Bogdandy* (Fn. 18), § 25 Rn. 86 ff.

[87] Vgl. das im Internet einsehbare „Register of Commission Expert Groups“: http://ec.europa.eu/transparency/regexpert/index.cfm (zuletzt abgerufen am 6.10.2015).

[88] Für Nachhaltigkeitsthemen wichtig ist etwa das „Netzwerk Europäischer Umwelt- und Nachhaltigkeitsräte“ („European Environment and Sustainable Development Advisory Councils“). Dazu näher *Schomerus* (Fn. 5), S. 2.

[89] *Kommission*, Beschluss v. 19.5.2015 über die Einrichtung der REFIT-Plattform, C(2015) 3261 final. Auch der Wirtschafts- und Sozialausschuss, der Ausschusses der Regionen und die Mitgliedstaaten nehmen an der Plattform teil; gleiches gilt für die mit REFIT verzahnten nationalen Normenkontrollräte. So koordinieren die Normenkontrollräte Großbritanniens, der Niederlande, Schwedens, der Tschechischen Republik und Deutschlands („RegWatchEurope“) ihre Aktivitäten in den jeweiligen Konsultationen.

Mit Blick auf das Nachhaltigkeitsprinzip, dem im Unionsrecht eine herausgehobene Bedeutung zukommt,[90] sind im Vergleich zu Deutschland drei Eigenheiten bemerkenswert: *Erstens* fällt auf, dass es den sachverständigen Gremien bisher an Selbststand mangelt. Die schiere Zahl an Gremien, die überwiegend ad hoc tätig werden, verhindert, dass einzelne Beiräte – Gremien ebenso wie Personen – eigenes Gewicht entwickeln. Kritik erfolgt überwiegend punktuell und dient der Rationalitätssteigerung vorgegebener Entwürfe, nicht der Entwicklung echter Alternativen. Die Fähigkeit zum Agenda Setting für Nachhaltigkeitsthemen verbleibt der Kommission (die ihrerseits dem politischen „Präsentismus" der Mitgliedstaaten weitgehend entzogen ist). Beratung hat den Charakter einer Dienstleistung, nicht die Autorität der Wissenschaft. Ob die REFIT Plattform hier zu Veränderungen führt, bleibt abzuwarten. Die obskure Abwicklung des „Bureau of European Policy Advisers" und des ihm zugeordneten, vom früheren Kommissionspräsidenten *José Manuel Barroso* geschaffenen Amtes des „Chief Scientific Advisor" der Union sowie des „Science and Technology Advisory Council" durch die *Juncker*-Kommission stimmen hier skeptisch.[91]

Zweitens führen die intensive Verflechtung des Gesetzgebungsprozesses mit unterschiedlichen Beratungsformen und die offensive Einbindung von Interessenvertretern zu einem besonders integrativen und partizipativen Beratungsprozess. Nachhaltigkeitsgesichtspunkte können von einer Vielzahl öffentlicher und privater Akteure und beinahe jederzeit ins Verfahren eingespeist werden.[92] Dies ist aus Output-Gesichtspunkten durchaus begrüßenswert, wenngleich Partizipation nicht mit Legitimation verwechselt werden darf.[93]

Um der Komplexität Herr zu werden und insbesondere auch um die offensive Einbindung von Interessenvertretern auszugleichen, sieht das Binnenrecht der Kommission *drittens* umfangreiche Regularien für die Auswahl der Experten, die Aufgaben der Gremien und deren Koordination sowie Transparenzvorgaben und allgemeine Standards vor.[94] Diese Regeln bilden den Kern eines – allerdings bislang nur in Ansätzen verbindlichen – Unionssachverständigenrechts. Ihre Aufgabe ist insbesondere, den Charakter der Beratung als „neutrales Verfahren" zu sichern und so deren evaluative Funktion zu stärken. Doch stellt sich die

[90] Vgl. nur aus dem Primärrecht: Präambel, Art. 3 Abs. 3 S. 2 und Abs. 5, Art. 21 Abs. 2 lit. d und f EUV; Art. 11 AEUV; Präambel, Art. 37 GrCh.

[91] Vgl. dazu *J. Wildson*, Juncker axes Europe's chief scientific adviser, The Guardian v. 13.11.2014, abrufbar unter: www.theguardian.com/science/political-science/2014/nov/13/juncker-axes-europes-chief-scientific-adviser (zuletzt abgerufen am 6.10.2015). Vgl. jetzt zum neuen „Scientific Advice Mechanism" den Beschluss der Kommission vom 16.10.2015 C (2015) 6946 final.

[92] Vgl. oben Fn. 84.

[93] Vgl. oben Fn. 68, sowie *K. Heard-Lauréote*, Advisory Committees in EU Agricultural Policy, in: I. Blühdorn (Hrsg.), In Search of Legitimacy, 2009, S. 183 ff.

[94] *Kommission*, Allgemeine Grundsätze und Mindeststandards für die Konsultation betroffener Parteien, COM(2002) 704 final; *Kommission*, Rahmenregelung für Expertengruppen der Kommission, COM(2010) 7649 final.

Frage, ob das anspruchsvolle normative Programm die Beratungsrealität nicht latent überfordert und damit Anreiz zum Ausweichen ins Informelle ist.[95]

3. *Sachverständige Beratung und Nachhaltigkeit in der Weltgesellschaft*

Da unter dem Stichwort „Nachhaltigkeit" regelmäßig Fragen *globaler* Gerechtigkeit verhandelt werden,[96] muss hier auch die internationale Dimension erwähnt werden. Angesichts amorpher Verwaltungsstrukturen und fehlender Repräsentativinstitutionen kann Expertenwissen im globalen Raum die Agenda intensiv prägen.[97] So haben Sachverständige etwa in der unter Nachhaltigkeitsaspekten wichtigen Klimapolitik großen Einfluss: Am „Intergovernmental Panel on Climate Change" (IPCC) zeigen sich dabei paradigmatisch Macht und Ohnmacht eines Gremiums, in dem zentrale Fragen der Menschheit jenseits einer eigentlich politischen Auseinandersetzung durch Experten gelöst werden sollen.[98] Angesichts der Komplexität des Themenfeldes sowie der unüberschaubaren Zahl globaler Sachverständigengremien muss es hier bei diesen kurzen Anmerkungen bleiben.[99]

VI. Entwicklungsperspektiven

Die Bedeutung sachverständiger Beratung für nachhaltige Gesetzgebung beruht, wie gezeigt, nicht auf einer gewissermaßen natürlichen Gemeinwohlaffinität von Experten oder auf der strukturellen Überlegenheit des privaten Wissens. Vielmehr ist der Einfluss von Sachverständigengremien auf nachhaltige Politik wesentlich ein indirekter. Er basiert auf der Fähigkeit von Experten, Aufmerksamkeit für Nachhaltigkeitsthemen zu generieren, die konsequente Umsetzung von Nachhaltigkeitszielen zu kontrollieren und zur Integrationskraft des Rechtsetzungsverfahrens beizutragen. Dadurch und durch das für Sachverständigen-

---

[95] Zur für das Unionsrecht charakteristischen „Informalität" im Umgang mit Informationen vgl. *von Bogdandy* (Fn. 18), § 25 Rn. 43 m. w. N. Die existierenden Regeln zur transparenten und partizipativen Sachverständigenberatung geraten zusätzlich durch die latent intransparenten Komitologie- und Trilog-Verfahren unter Druck.

[96] Dazu nur der Überblick bei *Ekardt* (Fn. 37), S. 103 ff.; *Gehne* (Fn. 1), S. 49 ff.

[97] Zur (zweifelhaften) legitimierenden Wirkung, die der Sachverständigenbeteiligung hier zugeschrieben wird, vgl. etwa *A. Buchanan/R. O. Keohane*, The Legitimacy of Global Governance Institutions, Ethics & International Affairs 20 (2008), S. 405 (432).

[98] Vgl. dazu die wissenssoziologische Aufbereitung bei *N. Oreskes/E. M. Conway*, Merchants of Doubt, 2010, S. 169 ff.; *Grundmann/Stehr* (Fn. 22), S. 166 ff.; *B. Siebenhüner*, Changing Demands at the Science-Policy Interface: Organizational Learning in the IPCC, in: M. Ambrus/K. Arts/E. Hey/H. Raulus (Hrsg.), The Role of ‚Experts' in International and European Decision-Making Processes, 2014, S. 126 ff.; aus juristischer Sicht: *U. Bolle*, Das Intergovernmental Panel on Climate Change, 2011.

[99] Weitere Hinweise hierzu bei *Bueger* (Fn. 22), S. 39 ff.

diskurse charakteristische Denken in Alternativen hält eine langfristige Perspektive in den Prozess der demokratischen Rechtsetzung Einzug.

Konkrete Vorschläge zu einer noch stärker an Nachhaltigkeit orientierten Ausgestaltung sachverständiger Beratung im Gesetzgebungsverfahren *de lege ferenda* können belastbar nur auf der Basis detailscharfer Institutionenanalysen getroffen werden.[100] Auf einer mittleren Abstraktionsebene lassen sich jedoch fünf Grundsätze zur Ausgestaltung der Sachverständigenberatung im Sinne des Nachhaltigkeitsprinzips formulieren:

Erstens würde eine Aufwertung von Sachverständigengremien, die ihnen formelle Mitentscheidungsrechte einräumt, die nachhaltigkeitsgenerierende Leistung der Beratung nicht stärken, sondern schwächen.[101] Denn die Beratung verlöre dadurch ihren eigentlichen Charakter. Das würde nicht allein das sensible Gewaltengefüge empfindlich tangieren, sondern auch ihre spezifische Autorität beeinträchtigen.[102] Zudem werden Berater desto eher kurzfristige Eigeninteressen verfolgen, je enger sie in die Entscheidungsprozesse einbezogen sind.[103] Anders formuliert: Sachverständige Beratung kann insbesondere dann zur nachhaltigen Gesetzgebung beitragen, wenn sie durch robuste institutionelle Rahmenbedingungen gesichert ist, klare normative Maßstäbe existieren, ihr dem jeweiligen Auftrag angemessene Aufgaben zugeteilt werden und ihre Eigenrationalität gewahrt bleibt.[104]

Zweitens muss mit Blick auf den Befund von *Bruno Latour*, wonach Wissenschaft nicht Politik ist, sondern „politics by other means“[105], die Integration sachverständiger Beratung in Rechtsetzungsverfahren – auch bei einer bloß beratenden Rolle – als grundsätzlich legitimationsbedürftiger Akt öffentlicher Autorität sichtbar gemacht und eingehegt werden. Was daraus folgt, ist für Deutschland bereits umfassend diskutiert worden, muss aber für den unionalen und internationalen Bereich noch eingeholt werden.[106] Auch als eine Art fragmentierter „pouvoir neutre“ sind Sachverständige in der Gewaltenbalance nicht irrelevant, sondern bilden punktuell ein Gegengewicht zu staatlichen Institutionen. Insbesondere dort, wo Sachverständigen die Möglichkeit zum eigenstän-

---

[100] Vgl. dazu die Auswertung bei *Cash et al.* (Fn. 6), S. 8086 ff. Unscharf bleiben dagegen die Vorschläge von *Gehne* (Fn. 1), S. 102 f., denen eine entsprechende Unterfütterung fehlt.

[101] Vgl. bereits oben Fn. 4 zum Vorschlag einer „dritten“ Nachhaltigkeitskammer.

[102] Die eigentliche Pointe der notwendig unscharfen Unterscheidung von Beratung und (Mit-)Entscheidung (*Voßkuhle* [Fn. 7], § 43 Rn. 22; zur Kritik siehe nur *O. Edenhofer/M. Kowarsch*, Ausbruch aus dem stahlharten Gehäuse, in: P. Weingart/G. G. Wagner [Hrsg.], 2015, S. 83 [89 ff.]) liegt also im Schutz der Eigenrationalität der Beratung – die Sicherung demokratischer Strukturen ließe sich auch durch dem Legitimationsmodell genügende Bestellungsakte realisieren.

[103] *Lepsius* (Fn. 2), S. 327, 336.

[104] In diese Richtung auch *Cash et al.* (Fn. 6), S. 8086 ff. Allgemein zu den Gelingensbedingungen von Politikberatung: *Weingart* (Fn. 40), S. 11 ff.

[105] *B. Latour*, The Pasteurization of France, 1988, S. 229.

[106] Dazu näher *Voßkuhle* (Fn. 7), § 43 Rn. 66 m. w. N.; *Heintzen* (Fn. 7), § 9 Rn. 31.

digen Agenda Setting zukommen soll, muss dies normativ abgestützt werden. Werden Stellen, wie etwa der Rat für Nachhaltige Entwicklung, durch Schaffung einer gesetzlichen Grundlage entsprechend abgesichert, stärkt dies im Übrigen zugleich ihre Bedeutung als Akteur der Nachhaltigkeitspolitik.

Drittens kommt den berufenden Stellen, insbesondere den Parlamenten, die Aufgabe zu, übergreifende Ziele der Nachhaltigkeit und klare Aufgabendefinitionen zu formulieren, an denen sich Sachverständige bei der Evaluation konkreter Vorhaben orientieren können. Grund dafür ist nicht allein, dass ein politischer und legitimatorischer Vorrang des Parlaments besteht, während von einem natürlichen Vorsprung von Experten in „materiellen" Nachhaltigkeits- bzw. Gemeinwohlfragen nicht die Rede sein kann.[107] Bereits aus pragmatischen Gründen müssen die Vorgaben für die Expertendiskussion umso klarer sein, je intensiver Sachverständige in Gesetzgebungsprozesse einbezogen werden, um zu vermeiden, dass Grundlagenprobleme dort erneut aufgeworfen werden, wo die Umsetzung einer Entscheidung beraten werden soll.[108] Zudem kann der Auftraggeber Empfehlungen zu Fragen, für deren Beantwortung er explizit ein Mandat erteilt hat, weniger leicht ignorieren.[109] Dennoch erschöpft sich die sachverständige Beratung nicht im Nachvollzug des Parlamentswillens; vielmehr hat sie an dessen komplexer Konkretisierung teil, bewältigt interne Zielkonflikte, prüft Alternativen und entwirft Implementationsstrategien. Konsequent umgesetzt führt Beratung nicht zur Entparlamentarisierung, sondern verhilft den im parlamentarischen Verfahren entwickelten Ideen zur – langfristigen – praktischen Wirksamkeit.

Da sachverständige Beratung nur dann zur nachhaltigen Gesetzgebung beiträgt, wenn und soweit ihre Eigenrationalität gesichert ist, gilt es *viertens*, Regeln zu entwickeln, die gewährleisten, dass sich ihr Potential im Gesetzgebungsverfahren entfalten kann. Auch hier zeigt die deutsche Diskussion, dass es schwierig,[110] aber nicht unmöglich ist, Bausteine einer allgemeinen Dogmatik des Sachverständigenrechts zu entwickeln, die das Rechtsmaterial strukturieren und den Gesetzgeber bei der Ausgestaltung anleiten können.[111] Inwieweit die differenzierten, wenn auch bislang meist unverbindlichen Regeln des Unionsrechts hier Modellcharakter haben, muss einer gesonderten Bewertung vorbehalten bleiben.[112]

---

[107] Dazu oben III.1.

[108] *Ladeur* (Fn. 13), § 21 Rn. 53.

[109] *Renn* (Fn. 23), S. 29 f.

[110] Zum „Wildwuchs" der Beratungsformen: *S. Siefken*, Expertengremien der Bundesregierung, ZfP 2003, S. 483 (503).

[111] *Voßkuhle* (Fn. 7), § 43 Rn. 65 ff.; vgl. auch *E. Schmidt-Aßmann*, Verfassungsrechtliche Rahmenbedingungen wissenschaftlicher Politikberatung, in: P. Weingart/J. Lentsch (Hrsg.), Wissen – Beraten – Entscheiden, 2008, S. 211 ff.

[112] Für einen alternativen Ansatz siehe *J. Klabbers*, The Virtues of Expertise, in: M. Ambrus/K. Arts/E. Hey/H. Raulus (Hrsg.), The Role of ‚Experts' in International and European Decision-Making Processes, 2014, S. 82 (94 ff.).

Besondere Bedeutung kommt in jedem Fall den Vorschriften zur Bestellung, zur Auswahl und zur Unabhängigkeit der Sachverständigen in sachlicher und persönlicher Hinsicht ebenso wie der oben skizzierten „neutralen" Verfahrensgestaltung zu.[113]

Fünftens sind die Verfahren der Sachverständigenberatung nicht als geschlossene Expertendiskurse, sondern als besondere Formen der Wissensgewinnung zu gestalten, die sich nicht abschotten, sondern – bei Erhaltung ihrer Eigenrationalität – semipermeabel gegenüber äußeren Anregungen bleiben. Durch Elemente wie Betroffenenanhörungen und Online-Diskurse kann die Beratung ihrer Partizipations- und Integrationsfunktion nachkommen und auch dadurch zur Nachhaltigkeit von Gesetzgebung beitragen.

[113] Vgl. oben Fn. 40. Siehe auch *Trute* (Fn. 13), S. 129.

Nachhaltigkeitsräte – Stand und Perspektiven

Christian Calliess

I. Einleitung

Mit der in der Staatszielbestimmung des Art. 20a GG explizit auf künftige Generationen erstreckten Schutzverpflichtung wird eine Art ökologische Generationengerechtigkeit in die tradierte Verantwortung des Staates für Wirtschaft und Sozialstaat integriert. In der Folge sind die staatlichen Institutionen gehalten, ihre gegenwärtige Wirtschafts-, Sozial- und Umweltpolitik integriert und damit unter Berücksichtigung der Belange künftiger Generationen zu gestalten. In der Folge entsteht eine besondere Form der Zukunfts- bzw. Langzeitverantwortung, die sich unter dem Begriff der Nachhaltigkeit in Politik und Recht – freilich erst in Ansätzen – zu spiegeln beginnt.[1]

Freilich legen Staatszielbestimmungen dem Staat verfassungsrechtliche Handlungspflichten „nur" hinsichtlich der Verwirklichung eines bestimmten politischen Ziels auf. Sie enthalten programmatische Direktiven, die der Staat „nach Kräften anzustreben" und an denen er „sein Handeln ... auszurichten"[2] hat. Staatszielbestimmungen werden daher zutreffend als „Finalprogramme" und „Prinzipien" bezeichnet.[3] Als Prinzipien sind Staatsziele rechtlich betrachtet Optimierungsgebote, also Normen, die gebieten, dass etwas in einem, relativ auf die rechtlichen und tatsächlichen Möglichkeiten bezogen, möglichst hohen Maße realisiert wird. Zielkonflikte werden also über die Grundsätze der Prinzipienkollision gelöst, wobei die Instrumente der Gewichtung und Abwägung eine entscheidende Rolle spielen.[4] Um jedoch dort, wo verschiedene Staatsziele im Einzelfall divergierende Entscheidungen fordern können, zu einer ausgewogenen Konfliktlösung zu kommen, müssen besondere Verfahren vorgesehen werden, in denen die verschiedenen Belange umfassend gegeneinander abgewogen werden können. Diese Verpflichtung zur verfahrensmäßigen Umsetzung, die darauf gerichtet ist, dem materiellen Kern der Norm zur Wirksamkeit zu verhelfen, steht gerade bei jenen Normen im Vordergrund, die – wie Art. 20a GG –

---

[1] Umfassend zum Begriff der Nachhaltigkeit etwa die Beiträge in *W. Kahl* (Hrsg.), Nachhaltigkeit als Verbundbegriff, 2008.

[2] So Art. 3 Abs. 3 Verf. LSA; ähnlich Art. 13 SächsVerf.

[3] *K.-P. Sommermann*, Staatsziele und Staatszielbestimmungen, 1997, S. 358.

[4] *Sommermann* (Fn. 3), S. 360 f.; grundl. zum Begriff des Rechtsprinzips *R. Alexy*, Recht, Vernunft, Diskurs, 1995, S. 177 ff.

nur begrenzt einer materiellen Konkretisierung zugänglich sind.[5] Das Verfahren kompensiert so gesehen die inhaltliche Unbestimmtheit einer rechtlichen Norm.

Eine prozedurale Konkretisierung der Vorgaben des Art. 20a GG erfordert vor allem institutionelle Vorkehrungen. Ein maßgeblicher politischer Grund hierfür ist die Einsicht, dass Belange der Nachhaltigkeit im System der Wahlperioden- und Parteiendemokratie einen vergleichsweise schwachen Stand haben. Wenn dem durch Art. 20a GG gebotenen Schutz künftiger Generationen daher praktische Bedeutung zukommen soll, dann ist der (verfassungsändernde) Gesetzgeber verpflichtet, die daraus fließende staatliche Langzeitverantwortung durch geregelte Verfahren und Organisationsformen zu institutionalisieren.[6]

Insoweit gibt es die Möglichkeit, an bestehende Institutionen anzuknüpfen oder neue zu errichten. So könnte man bei der staatlichen Verwaltungsorganisation ansetzen und dort entweder bestehende administrative Entscheidungsstrukturen im Interesse von Nachhaltigkeitsbelangen nutzen oder aber neu einzurichtende administrative Institutionen mit der Wahrung spezifischer Nachhaltigkeitsbelange betrauen.[7]

Weitere Möglichkeiten eröffnen sich mit einer Institutionalisierung und Beteiligung der wissenschaftlichen Politikberatung im politischen Entscheidungsprozess.[8] Insoweit gibt es bereits drei bestehende Institutionen, deren Funktion nachfolgend näher beleuchtet werden soll (vgl. unter II.). Sodann soll aber der Blick auch darüber hinaus auf mögliche neu zu schaffende Institutionen gerichtet werden (dazu unter III.). Als solche werden unter anderem ein vom Bundestag einzusetzender ständiger Ausschuss zur Prüfung von ökologischen Folgen von Gesetzen und zur Technikfolgenabschätzung[9], ein selbstständiger Rat von Sachverständigen für Zukunftsfragen oder auch Umweltrat[10] sowie ein Ökologischer Rat diskutiert, die jeweils als Vertreter von Nachhaltigkeitsbelangen in die Entscheidungsprozesse einzubinden wären.[11]

---

[5] In diesem Sinne auch *R. Steinberg*, Verfassungsrechtlicher Umweltschutz durch Grundrechte und Staatszielbestimmung, NJW 1996, S. 1985 (1989, 1991).

[6] Ebenso *M. Kloepfer*, Umweltschutz als Verfassungsrecht: Zum neuen Art. 20a GG, DVBl. 1996, S. 73 (78); ausf. *C. F. Gethmann/M. Kloepfer/H. G. Nutzinger*, Langzeitverantwortung im Umweltstaat, 1993, S. 35 ff.

[7] Ausf. hierzu *M. Ruffert*, Interessenausgleich im Verwaltungsorganisationsrecht, DÖV 1998, S. 897 ff.

[8] *Gethmann/Kloepfer/Nutzinger* (Fn. 6), S. 38 f.; vgl. dazu auch den – tendenziell kritischen – Überblick zum existierenden institutionalisierten Sachverstand von *H.-P. Vierhaus*, Sachverstand als Vierte Gewalt?, NVwZ 1993, S. 36 ff.

[9] Vgl. etwa *Kuratorium für einen demokratisch verfassten Bund deutscher Länder*, Verfassungsentwurf, 1991, S. 44 f., 114, wonach in Art. 45 vom Bundestag ein Technikfolgenausschuss zu bestellen ist, dem die Rechte eines Untersuchungsausschusses zugestanden werden sollen.

[10] *R. Steinberg*, Der ökologische Verfassungsstaat, 1998, S. 345 f.

[11] *Gethmann/Kloepfer/Nutzinger* (Fn. 6), S. 39 f.; *D. Boehler*, Gebt der Zukunft ein Recht!, ZRP 1993, S. 389 (392 f.); *Steinberg* (Fn. 10), S. 344 ff.; kritisch zu solchen Institutionen der Langzeitverantwortung *Vierhaus* (Fn. 8), S. 36 (41).

II. Etablierte Umwelt- und Nachhaltigkeitsräte

1. Der Sachverständigenrat für Umweltfragen

Das Umweltaktionsprogramm der Bundesregierung 1971 sah unter anderem die Berufung eines Rates von Sachverständigen vor, der die Regierung in Fragen des Umweltschutzes wissenschaftlich beraten soll.[12] Noch im selben Jahr wurde der *Rat von Sachverständigen für Umweltfragen* (SRU), oft auch verkürzt Umweltrat genannt, von der Bundesregierung eingerichtet.[13] Er ist damit das älteste wissenschaftliche Beratungsgremium der Bundesregierung im Umwelt- und Nachhaltigkeitsbereich und ist sogar älter als das 1974 gegründete Umweltbundesamt.

Aufgabe des – 2005 in *Sachverständigenrat für Umweltfragen* umbenannten[14] – SRU ist es, „die jeweilige Situation der Umwelt und deren Entwicklungstendenzen" darzustellen sowie „Fehlentwicklungen und Möglichkeiten zu deren Vermeidung oder deren Beseitigung" aufzuzeigen (§ 2 Abs. 1 Einrichtungserlass SRU[15]). Die Empfehlungen des SRU richten sich zuvorderst an die Bundesregierung, darüber hinaus aber auch an „alle umweltpolitisch verantwortlichen Instanzen" sowie die Öffentlichkeit (§ 1 Einrichtungserlass SRU). Als wissenschaftlich arbeitendes Gremium ist der Sachverständigenrat in seiner Tätigkeit unabhängig.

a) Zusammensetzung und institutionelle Einbindung

Ursprünglich war der Sachverständigenrat beim damals für die Umweltpolitik zuständigen Bundesminister des Innern angesiedelt und umfasste zwölf Ratsmitglieder. Diese sollten die Hauptgebiete des Umweltschutzes repräsentieren (§ 4 Abs. 2 des Einrichtungserlasses 1971), worunter man Gebiete wie z. B. Lärm, Wasser, Abfall oder Naturschutz und Landschaftspflege verstand.[16] Seit 1990[17] ist der Sachverständigenrat dem Bundesumweltministerium zugeordnet und besteht aus sieben Mitgliedern. Diese müssen über besondere wissenschaftliche Kenntnisse und Erfahrungen im Umweltschutz verfügen (§ 2 Abs. 1 Einrichtungserlass SRU) und werden vom Bundesumweltministerium mit Zustimmung des Bundeskabinetts für die Dauer von vier Jahren berufen. Eine Wiederberu-

---

[12] BT-Drs. IV/2710.

[13] Erlass über die Einrichtung eines Rates von Sachverständigen für Umweltfragen bei dem Bundesminister des Inneren v. 28.12.1971 (GMBl. 1972, Nr. 3, S. 27).

[14] Erlass über die Einrichtung eines Sachverständigenrates für Umweltfragen bei dem Bundesministerium für Umwelt, Naturschutz und Reaktorsicherheit (GMBl. 2005, Nr. 31, S. 662).

[15] Soweit nicht anders bezeichnet ist der aktuell geltende Einrichtungserlass aus dem Jahre 2005 gemeint.

[16] Vgl. die Aufzählung der Mitglieder des SRU im Umweltgutachten 1978, BT-Drs. 8/1938.

[17] Erlass über die Einrichtung eines Rates von Sachverständigen für Umweltfragen bei dem Minister für Umwelt, Naturschutz und Reaktorsicherheit v. 10.8.1990 (GMBl. 1990, Nr. 32, S. 831).

fung ist möglich. Die Ratsmitglieder wählen aus ihrer Mitte einen Vorsitzenden. Charakteristisch ist der interdisziplinäre Charakter des Sachverständigenrats, dessen Mitglieder aus unterschiedlichen Fächerdisziplinen stammen und die naturwissenschaftliche, technische, ökonomische, rechtliche und sozialwissenschaftliche Expertise auf sich vereinen.

b) Arbeits- und Wirkungsweise

Der Sachverständigenrat erstattet alle vier Jahre ein Gutachten (auch als Umweltgutachten bzw. Hauptgutachten bezeichnet). Daneben kann er zusätzliche Gutachten oder Stellungnahmen zu Einzelfragen abgeben. In seiner Themenwahl ist er grundsätzlich unabhängig, allerdings kann das Bundesumweltministerium den SRU mit der Erstattung weiterer Gutachten oder Stellungnahmen beauftragen (§ 7 Einrichtungserlass SRU). Inhaltlich ist der Umweltrat als wissenschaftliches Beratungsgremium an Weisungen jedoch in keiner Weise gebunden. Bei der Erarbeitung eines Gutachtens wird den betroffenen Ressorts der Bundesregierung, aber auch Experten und Stakeholdern der Zivilgesellschaft, Gelegenheit zur Stellungnahme gegeben. Alle Gutachten und Stellungnahmen werden dem Bundesumweltministerium zugeleitet und veröffentlicht, die Gutachten erscheinen zudem als Bundestagsdrucksache. Unterstützt wird der Rat von seiner Geschäftsstelle in Berlin, die über ein Sekretariat und wissenschaftliche Mitarbeiter verfügt. Die Geschäftsstelle wird vom Generalsekretär geleitet.

Wie es im Einrichtungserlass vorgesehen ist, legt der SRU alle vier Jahre, immer zum Ende der jeweiligen Ratsperiode, sein Umweltgutachten vor. Lange Zeit hatten diese Gutachten den Anspruch, die Umweltentwicklungen des abgedeckten Zeitraums wenn nicht vollständig, so doch möglichst in allen wesentlichen Punkten zu beobachten und daraus Schlüsse zu ziehen. Die Umweltgutachten enthielten daher Einschätzungen dazu, welche Entwicklungen und Defizite in den klassischen Umweltschutzsektoren zu beobachten waren, beispielsweise im Gewässerschutz, der Luftreinhaltung, der Lärmbekämpfung oder der Abfallwirtschaft.[18] Von Anfang an wiesen die Umweltgutachten aber auch Schwerpunktthemen auf, die sich mit übergreifenden Komplexen befassten, beispielsweise dem Thema „Umwelt und Öffentlichkeit"[19] oder dem Thema „Umweltgesetzbuch"[20], um hier nur zwei herauszugreifen. Seit 2012 verzichtet der Rat darauf, in seinen Umweltgutachten einen systematischen Überblick über die Entwicklungen in den einzelnen Umweltschutzsektoren zu erstellen, und konzentriert sich auf jene Schwerpunktthemen, für die er einen besonderen Handlungs- oder Orientierungsbedarf erkennt[21].

---

[18] Zum Beispiel *SRU*, Umweltgutachten 1978, BT-Drs. 8/1938.
[19] *SRU*, Umweltgutachten 1974, BT-Drs. 7/2802.
[20] *SRU*, Umweltgutachten 1998, BT-Drs. 13/10195.
[21] *SRU*, Umweltgutachten 2012, BT-Drs. 17/10285, Tz. 1.

Neben den Umweltgutachten veröffentlicht der SRU Sondergutachten zu Einzelfragen, zuletzt beispielsweise zum Strommarkt der Zukunft[22], zu Vorsorgestrategien für Nanomaterialien, zum Fluglärm unter besonderer Berücksichtigung der Flugroutenfestlegung[23] sowie zur Stickstoffproblematik[24]. Sondergutachten sind wie auch die Umweltgutachten wissenschaftlich fundierte Darstellungen, die in Handlungsempfehlungen an die Bundesregierung (bisweilen auch an andere Stellen) münden. Demgegenüber sind Stellungnahmen und Kommentare kürzere Beiträge, mit denen der SRU in aktuellen umweltpolitischen Debatten, beispielsweise zum Thema des Fracking oder zuletzt TTIP, das Wort ergreifen kann.

Ist eine Veröffentlichung des Umweltrats an den jeweiligen Bundesumweltminister übergeben worden und als Bundestagsdrucksache erschienen, gibt es keine weiteren Verfahrensschritte mehr, der Vorgang ist in formaler Hinsicht abgeschlossen. Der SRU beteiligt sich jedoch in gewissem Umfang an den Willensbildungsprozessen der Exekutive wie auch der Legislative, die er durch seine Empfehlungen ja anzustoßen erhofft. So führte beispielsweise der Verkehrsausschuss des Bundestages in Reaktion auf das Sondergutachten zum Fluglärm und der Flugroutenplanung[25] eine Anhörung zum Thema Flugroutenfestlegung durch, bei dem auch ein Vertreter des Umweltrats als Sachverständiger eingeladen war. Ein Beispiel dafür, dass Empfehlungen des Rats kurzfristig von Regierung und Gesetzgeber aufgegriffen werden, stellen die Änderung des EnWG[26] und das NABEG[27] zum beschleunigten Ausbau des Höchstspannungsnetzes aus dem Jahre 2011 dar, mit denen das zuvor geltende Planungs- und Genehmigungsverfahren grundlegend geändert wurde. Die darin vorgenommenen Verfahrensänderungen basieren auf dem im Sondergutachten „Wege zur 100 % erneuerbare Stromversorgung“[28] entwickelten Ansatz des SRU, wenngleich dieser Ansatz vom Gesetzgeber modifiziert worden ist.[29]

Der Umweltrat hat sich auch mehrfach und intensiv mit dem Thema Nachhaltigkeit, jedenfalls in ihrer ökologischen Dimension, auseinandergesetzt. Hervorzuheben sind hier die Umweltgutachten 1994 und 1996[30] zur „dauerhaft

---

[22] *SRU*, Den Strommarkt der Zukunft gestalten, 2013, BT-Drs. 18/281.

[23] *SRU*, Fluglärm reduzieren: Reformbedarf bei der Planung von Flughäfen und Flugrouten, 2014, BT-Drs. 18/1375.

[24] *SRU*, Stickstoff: Lösungsstrategien für ein drängendes Umweltproblem, 2015, BT-Drs. 18/4040.

[25] *SRU* (Fn. 23).

[26] Gesetz zur Neuregelung energiewirtschaftlicher Vorschriften v. 26.7.2011, BGBl. I 2011, S. 1554.

[27] Gesetz über Maßnahmen zur Beschleunigung des Netzausbaus Elektrizitätsnetze v. 28.7.2011, BGBl. I 2011, S. 1690.

[28] BT-Drs. 17/4890.

[29] Siehe näher *C. Calliess/M. Dross*, Neue Netze braucht das Land: Zur Neukonzeption von Energiewirtschaftsgesetz und Netzausbaubeschleunigungsgesetz (NABEG), JZ 2012, S. 1002 ff.

[30] Von 1990 bis 2004 galt vorübergehend ein zweijähriger Turnus für die Erstellung des Umweltgutachtens.

umweltgerechten Entwicklung“[31], sowie Schwerpunkte in den Umweltgutachten 2000[32], 2002[33], 2008[34] und 2012[35] zu Nachhaltigkeitskonzepten und -strategien sowie zur Wachstumsdebatte. Ohnehin sind zahlreiche, wenn nicht alle Beiträge des Umweltrats, vom Ziel einer nachhaltigen Umweltpolitik geprägt, ob dies den Klimaschutz, die Land- und Forstwirtschaft oder die Verkehrspolitik betrifft. Der Bezugspunkt des Umweltrats ist dabei grundsätzlich die Bundesrepublik bzw. die deutsche Umweltpolitik. Diese findet zwar heute überwiegend in einem europäischen und internationalen Kontext statt, den natürlich auch der SRU im Auge behalten muss, gleichwohl lautet sein Auftrag unverändert darauf, die Umweltsituation und Umweltbedingungen der Bundesrepublik Deutschland zu begutachten (§ 1 Einrichtungserlass SRU).

2. *Wissenschaftlicher Beirat der Bundesregierung Globale Umweltveränderungen*

Um gerade die globale Dimension der Umweltveränderungen und ihrer Auswirkungen zu beobachten und Handlungsempfehlungen abzuleiten, hat die Bundesregierung 1992 im Vorfeld des Weltgipfels der Vereinten Nationen in Rio de Janeiro den *Wissenschaftlichen Beirat der Bundesregierung Globale Umweltveränderungen* (WBGU) ins Leben gerufen.[36] Gemäß § 1 des Errichtungserlasses soll der WBGU die globalen Umweltveränderungen und ihre Folgen begutachten und Vorschläge zu deren Bewältigung in ihrem ökologischen, sozialen und ökonomischen Kontext unterbreiten. Anders als beim Umweltrat erstreckt sich das Aufgabenfeld des WBGU also explizit auch auf soziale und wirtschaftliche Fragen des globalen Wandels. Adressat seiner Gutachten sind neben den „verantwortlichen Instanzen“ auch die Öffentlichkeit (§ 1 S. 2 Errichtungserlass WBGU).

a) Zusammensetzung und institutionelle Einbindung

Der Beirat besteht aus bis zu neun Mitgliedern, die über besondere Kenntnisse und Erfahrung im Hinblick auf die Aufgaben des Beirats verfügen müssen (§ 3 Abs. 1 Errichtungserlass WBGU). Anders als beim SRU verlangt die Norm nicht ausdrücklich nach *wissenschaftlichen* Kenntnissen. Da er aber ebenfalls ein wissenschaftliches Beratungsgremium ist, kommen auch hier praktisch nur Personen aus der Wissenschaft für eine Mitgliedschaft in Betracht, wovon auch die

---

[31] *SRU*, Umweltgutachten 1994, BT-Drs. 12/6995; *SRU*, Umweltgutachten 1996, BT-Drs. 13/4108.

[32] *SRU*, Umweltgutachten 2000, BT-Drs. 14/3363, Tz. 1 ff.

[33] *SRU*, Umweltgutachten 2002, BT-Drs. 14/8792, Tz. 1 ff.

[34] *SRU*, Umweltgutachten 2008, BT-Drs. 16/9990, Tz. 1 ff.

[35] *SRU* (Fn. 21), Tz. 40 ff.

[36] Gemeinsamer Erlass zur Errichtung des WBGU v. 8.4.1992, erneuert durch den Erlass zur Errichtung des WBGU v. 25.10.2000.

Aufzählung der aktuellen und ehemaligen Beiräte zeugt[37]. Die Beiräte werden gemäß § 3 Abs. 2 des Errichtungserlasses „gemeinsam von den federführenden Bundesminister für Bildung und Forschung und Bundesminister für Umwelt, Naturschutz, Bau und Reaktorsicherheit im Einvernehmen mit den beteiligten Ressorts" für die Dauer von vier Jahren berufen, auch hier ist eine Wiederberufung möglich. Auch im WBGU wird auf eine interdisziplinäre Zusammensetzung geachtet. Die Unabhängigkeit des Rates ist durch § 4 des Errichtungserlasses gewahrt. Ähnlich wie beim Umweltrat sieht der Errichtungserlass aber die Möglichkeit vor, dass die Bundesregierung den WBGU mit der Erstellung von Sondergutachten und Stellungnahmen beauftragt (§ 2 Abs. 3).

b) Arbeits- und Wirkungsweise

Der WBGU legt der Bundesregierung alle zwei Jahre ein Gutachten vor, das auch als Hauptgutachten bezeichnet wird und in der Reihe „Welt im Wandel" publiziert wird. Daneben erarbeitet der WBGU Sondergutachten zu speziellen Themen sowie kurze, als „Politikpapier" bezeichnete Stellungnahmen zu aktuellen Themen, etwa aus Anlass einer wichtigen Konferenz. Der WBGU beobachtet die nachhaltigkeitsrelevanten Entwicklungen in der internationalen Zusammenarbeit und arbeitet Handlungsempfehlungen für die Bundesregierung aus, jüngst etwa mit Hinblick auf die UN-Klimakonferenz 2015 in Paris[38] oder die Verhandlungen zu den *Sustainable Development Goals* (SDG) 2015, der Weiterentwicklung der Millenniums-Entwicklungsziele[39] der Vereinten Nationen[40].

Ähnlich wie der Umweltrat übermittelt der WBGU seine Gutachten und sonstigen Veröffentlichungen der Bundesregierung und ist anschließend darauf angewiesen, dass seine Empfehlungen von der Exekutive und der Legislative aufgegriffen werden. Gegebenenfalls erhält er die Möglichkeit, den jeweiligen Organen seine Vorschläge zusätzlich zu erläutern. So wurde ein Vertreter des WBGU eingeladen, den Umweltausschuss des Bundestags im Rahmen eines Fachgesprächs zu den SDG-Verhandlungen zu beraten[41]. Unterstützend kann der WBGU (wie auch der SRU) auf Presse- und Öffentlichkeitsarbeit sowie Publikationen in Fachzeitschriften zurückgreifen. Besonders wirkungsmächtig war die vom WBGU 1995 zwar nicht erdachte, aber in die politische Debatte einge-

---

[37] Einsehbar unter www.wbgu.de/beirat/ (zuletzt abgerufen am 13.1.2016).

[38] *WBGU*, Klimaschutz als Weltbürgerbewegung, Sondergutachten 2014, abrufbar unter www.wbgu.de (zuletzt abgerufen am 13.1.2016).

[39] Resolution 55/2 v. 8.9.2000, abrufbar unter www.un.org/millennium/declaration/ares552e.pdf (zuletzt abgerufen am 13.1.2016).

[40] *WBGU*, Zivilisatorischer Fortschritt innerhalb von planetarischen Leitplanken – ein Beitrag zur SDG-Debatte, Politikpapier 2014, abrufbar unter www.wbgu.de (zuletzt abgerufen am 13.1.2016).

[41] Siehe Wortprotokoll der 36. Sitzung des Ausschusses für Umwelt, Naturschutz, Bau und Reaktorsicherheit des Bundestages in der 18. Wahlperiode v. 4.2.2015, Protokoll-Nr. 18/36.

brachte 2-Grad-Begrenzung für die Klimaerwärmung, die von der Politik aufgegriffen und über die europäische Klimaschutzpolitik in die globale Debatte eingeflossen ist[42].

Aufgrund seiner Aufgabenstellung hat sich der WBGU von Anfang an intensiv mit Nachhaltigkeitsfragen beschäftigt. Anders als der SRU betrachtet er neben der ökologischen Nachhaltigkeit auch entwicklungspolitische Fragestellungen, etwa die Armutsbekämpfung[43] oder das sicherheitspolitische Konfliktpotenzial des Klimawandels[44]. Derlei soziale und ökonomische Betrachtungen stellen sich aber immer als Folge der beobachteten ökologischen Defizite dar. Es handelt sich daher beim WBGU, der ja die Umwelt in seinem Namen trägt, um ein umweltpolitisches und nicht etwa ein entwicklungspolitisches Beratungsgremium. Der WBGU verfügt über eine Geschäftsstelle in Berlin, die von einem Generalsekretär bzw. derzeit von einer Generalsekretärin geleitet wird.

3. *Rat für Nachhaltige Entwicklung*

Während SRU und WBGU als wissenschaftliche Räte zahlreiche Parallelen aufweisen und sich hauptsächlich in ihrem thematischen Zuschnitt voneinander abheben, unterscheidet sich der *Rat für Nachhaltige Entwicklung* (RNE) sowohl in formaler Hinsicht als auch durch seine Aufgabenstellung und Wirkungsweise. Die Idee zur Einrichtung eines Nachhaltigkeitsrats entstand im Kontext der Nachhaltigkeitsdebatte im Gefolge des Weltgipfels 1992 in Rio de Janeiro und der darauf beschlossenen Agenda 21[45] und wurde, soweit ersichtlich, erstmals von der Enquete-Kommission „Schutz des Menschen und der Umwelt" 1998 aufgeworfen.[46] Die Agenda 21 sieht u. a. die Ausarbeitung und laufende Fortentwicklung einer nationalen Nachhaltigkeitsstrategie vor.[47] Die Bundesregierung folgte der Empfehlung der Enquete-Kommission und berief 2001 durch Kabinettsbeschluss erstmals den Nachhaltigkeitsrat ein, der die Bundesregierung in Nachhaltigkeitsfragen beraten und insbesondere Beiträge zur Fortentwicklung der nationalen Nachhaltigkeitsstrategie erarbeiten sowie konkrete Projekte zu ihrer Umsetzung vorschlagen soll (§ 1 Abs. 2 lit. a. der Geschäftsordnung des

---

[42] *WBGU*, Kassenschutz für den Weltklimavertrag – der Budgetansatz, 2009, BT-Drs. 17/2273.

[43] *WBGU*, Welt im Wandel – Armutsbekämpfung durch Umweltpolitik, 2004, abrufbar unter www.wbgu.de (zuletzt abgerufen am 13.1.2016).

[44] *WBGU*, Welt im Wandel – Sicherheitsrisiko Klimawandel, 2007, BT-Drs. 16/11600.

[45] Abrufbar unter www.un.org/depts/german/conf/agenda21/agenda_21.pdf (zuletzt abgerufen am 13.1.2016).

[46] Abschlussbericht der Enquete-Kommission „Schutz des Menschen und der Umwelt – Ziele und Rahmenbedingungen einer nachhaltig zukunftsverträglichen Entwicklung" v. 26.6.1998, BT-Drs. 13/11200, S. 39 ff.

[47] *Konferenz für Umwelt und Entwicklung der Vereinten Nationen (UNCED)*, Agenda 21, Kap. 37, abrufbar unter www.un.org/depts/german/conf/agenda21/agenda_21.pdf (zuletzt abgerufen am 13.1.2016).

Rats v. 2.7.2013[48]). Darüber hinaus ist es explizite Aufgabe des Nachhaltigkeitsrats, den gesellschaftlichen Dialog über Nachhaltigkeit zu fördern und den Nachhaltigkeitsgedanken durch Projekte in Wirtschaft und Gesellschaft zu verankern (ebd., § 1 Abs. 2 lit. c). Anders als SRU und WBGU soll sich der Nachhaltigkeitsrat also aktiv in die gesellschaftliche Debatte einbringen und werbend für eine nachhaltige Wirtschafts- und Lebensweise eintreten.

a) Zusammensetzung und institutionelle Einbindung

Entsprechend dieser Aufgabenstellung setzt sich der Nachhaltigkeitsrat aus Persönlichkeiten des öffentlichen Lebens zusammen, die in unterschiedlichen Bereichen und aus unterschiedlichen Perspektiven mit dem Thema Nachhaltigkeit befasst sind. Es handelt sich um Persönlichkeiten aus der Wirtschaft und der Wissenschaft, aber auch um Vertreter von Verbänden, Kirchen oder Gewerkschaften. Nicht zuletzt verfügt der Nachhaltigkeitsrat damit über einen starken Praxisbezug, mit dem er sich von SRU und WBGU abhebt. Die bis zu 17 Ratsmitglieder werden vom Bundeskanzler berufen. Wie bereits erwähnt zählt zu den Kernaufgaben des Nachhaltigkeitsrats die Begleitung und Fortentwicklung der nationalen Nachhaltigkeitsstrategie der Bundesregierung.[49] Der Staatssekretärsausschuss für nachhaltige Entwicklung kann dem Nachhaltigkeitsrat Fragen zur Stellungnahme vorlegen, im Übrigen kann der RNE sich jederzeit zu Themen der Nachhaltigen Entwicklung äußern (§ 1 Abs. 2 lit. b Geschäftsordnung). Laut Geschäftsordnung ist die Bundesregierung zudem befugt, einen Vertreter zu den Sitzungen des Rates und seiner Gremien zu entsenden (§ 1 Abs. 4).

b) Arbeits- und Wirkungsweise

Da der Nachhaltigkeitsrat im Zusammenhang mit der Agenda 21 gegründet wurde, überrascht es nicht, dass er in seinem Nachhaltigkeitsverständnis von eben jener geprägt ist. Er beleuchtet außer der ökologischen auch die soziale und ökonomische Dimension der Nachhaltigkeit. Zu seinen Kernaufgaben zählt die regelmäßige Bewertung der Fortschrittsberichte der Bundesregierung zur nationalen Nachhaltigkeitsstrategie sowie die Entwicklung von Handlungsempfehlungen zu ihrer Weiterentwicklung.[50] Der RNE veröffentlicht aber auch Stellungnahmen zu aktuellen politischen Themen auf nationaler, europäischer oder globaler Ebene oder äußert sich im Vorfeld von internationalen Konferenzen

---

[48] Abrufbar unter www.nachhaltigkeitsrat.de/uploads/media/20130702_Geschaeftsordnung_RNE_Juli_2013.pdf (zuletzt abgerufen am 13.1.2016).

[49] Ebd., § 1 Abs. 2 lit. a.

[50] Zuletzt *Rat für Nachhaltige Entwicklung*, Mehr Nachhaltigkeitspolitik!, Stellungnahme des Nachhaltigkeitsrates zum Bericht über Nachhaltigkeitsindikatoren 2014 v. 28.10.2014, abrufbar unter www.nachhaltigkeitsrat.de (zuletzt abgerufen am 13.1.2016).

o.ä.[51] Auch der RNE verfügt über eine Geschäftsstelle in Berlin, die von einem Generalsekretär geleitet wird und die insbesondere mit einem Sekretariat und einem Stab an wissenschaftlichen Mitarbeitern ausgestattet ist.

Neben der Politikberatung sieht der RNE seine Aufgabe auch darin, die Kommunikation und den Dialog über Nachhaltigkeit zu befördern. Dies bezieht sich auch auf die Öffentlichkeit und die Verbraucher, vor allem aber auf politische, unternehmerische und gesellschaftliche Akteure. Der RNE möchte sich diesbezüglich für mehr Vernetzung und Kooperation einsetzen.[52] So zählt die Organisation einer Jahreskonferenz, auf der Vertreter aus Politik, Wirtschaft und Gesellschaft zu unterschiedlichen Themen diskutieren, zu den kontinuierlichen Tätigkeiten des Nachhaltigkeitsrats. Darüber hinaus unterhält oder unterstützt der Nachhaltigkeitsrat eine Vielzahl von Projekten, teils in Kooperation mit anderen Einrichtungen. Das Tätigkeitsspektrum reicht von der Gründung eines Forums für Kommunalpolitiker, die sich in besonderer Weise um eine Nachhaltige Entwicklung ihrer Stadt bemühen und denen Gelegenheit zum Austausch und zur Fortentwicklung ihrer Ansätze gegeben werden soll, über die Auslobung von Wettbewerben, bis zur Entwicklung einer App, mit der sich Verbraucher über die Nachhaltigkeit von Produkten und Dienstleistungen informieren können.[53] Einen Schwerpunkt in der Arbeit des Nachhaltigkeitsrats stellt die Corporate Social Responsibility (CSR)[54] bzw. die Verknüpfung von wirtschaftlicher Tätigkeit und Nachhaltigkeit dar. Das wohl bekannteste Ergebnis dieser Bemühungen ist die Erarbeitung des Deutschen Nachhaltigkeitskodex (DNK). Dieser soll anhand von 20 Kriterien eine standardisierte und transparente Bewertung der Nachhaltigkeitsleistungen von Unternehmen, insbesondere auch mittelständischen Unternehmen, ermöglichen.[55] Durch diese weniger wissenschaftlich als vielmehr praktisch orientierte Tätigkeit unterscheidet sich der Nachhaltigkeitsrat in seinem Profil deutlich von SRU und WBGU.

4. *Europäische Nachhaltigkeitsräte*

Auch in zahlreichen europäischen Ländern gibt es Räte, die die jeweilige Regierung in Nachhaltigkeitsfragen beraten. Die Zusammensetzung und Aufgabenstellung unterscheidet sich aber zum Teil erheblich.

In den Niederlanden gibt es beispielsweise den Rat für Umwelt und Infrastruktur (*Raad voor de leefomgeving en infrastructuur*), der die niederländische Regierung und das Parlament in Fragen der Nachhaltigen Entwicklung

---

[51] Vgl. Arbeitsprogramm des Rates für Nachhaltige Entwicklung bis Juni 2016 und Arbeitsschritte 2014, Punkt 2.1 und 2.2, abrufbar unter www.nachhaltigkeitsrat.de (zuletzt abgerufen am 13.1.2016).

[52] Ebd., Punkt 2.3.

[53] Ein Überblick findet sich auf www.nachhaltigkeitsrat.de (zuletzt abgerufen am 13.1.2016).

[54] Zu CSR siehe *C. Schrader*, Nachhaltigkeit in Unternehmen, ZUR 2013, S. 451 ff.

sowie der nationalen Infrastruktur berät.[56] Der erst 2012 ins Leben gerufene Rat ersetzt mehrere Vorgängerräte, die sich mit wesentlich enger gefassten Themenstellungen befassten (z. B. mit ländlichen Gebieten, Verkehr und Wasserwirtschaft, gefährlichen Substanzen, Raumplanung und Wohnen u. a.). Der neue Rat soll gerade eine integrierte und strategische Politikberatung ermöglichen. Die acht Ratsmitglieder stammen teilweise aus der Wissenschaft, teilweise auch aus Wirtschaft und Verwaltung, wobei sie frei von Interessenkonflikten sein müssen und in ihrer Tätigkeit unabhängig sind. Anders als bei den deutschen Nachhaltigkeitsräten ist die niederländische Regierung dazu verpflichtet, auf die Stellungnahmen des Rats zu reagieren und zu erklären, in welcher Weise sie die Empfehlungen umzusetzen gedenkt.

Der ebenfalls 2012 gegründete französische Nationale Rat des ökologischen Übergangs (*Conseil national de la transition écologique*) besteht dagegen aus nicht weniger als 58 Mitgliedern, u. a. Vertretern verschiedener Gebietskörperschaften, Gewerkschaften, Industrie- und Umweltschutzverbänden, zivilgesellschaftlichen Organisationen sowie Parlamentsabgeordneten und Vertretern öffentlicher Einrichtungen.[57] Bemerkenswert erscheint, dass kein Ratsmitglied einer wissenschaftlichen Einrichtung zugeordnet ist. Zudem steht er unter dem Vorsitz des jeweiligen Umweltministers, ist also personell mit der Regierung verbunden. Der Rat berät die französische Regierung in Fragen der Nachhaltigen Entwicklung und des ökologischen Übergangs. Die Regierung kann den Rat auch zu konkreten Gesetzesvorhaben konsultieren und mit der Vorbereitung internationaler Verhandlungen beauftragen. Hierzu kann der Rat auch spezialisierte Untergremien einrichten. Er arbeitet im Übrigen unabhängig und ist frei, sich zu jeder Frage der Nachhaltigen Entwicklung zu äußern, wobei der Fokus auf ökologischen Fragestellungen liegt.

Dies unterscheidet ihn zum Beispiel vom irischen Nationalen Wirtschafts- und Sozialrat (*National Economic & Social Council*), in dem ein ähnlich breites Spektrum gesellschaftlicher Gruppen vertreten ist. Der irische Wirtschafts- und Sozialrat war bei seiner Gründung 1973 Teil des irischen Sozialpartnerschaftsmodells, im Jahr 2012 ging der bisherige irische Nachhaltigkeitsrat (*Sustainable Development Council*) in ihm auf.[58] Seither berät der irische Wirtschafts- und Sozialrat den irischen Premierminister zu Fragen einer wirtschaftlich, sozial und ökologisch Nachhaltigen Entwicklung in Irland. Er erarbeitet daher Positionen zu ökologischen Themen ebenso wie zu klassischen sozial- und wirt-

---

[55] *D. Leuering/P. Stein*, Auf dem Weg zum Deutschen Nachhaltigkeitskodex, NJW-Spezial 2011, S. 719 ff.; *A. Hecker/M. Peters*, Der Deutsche Nachhaltigkeitskodex, NZG 2012, S. 55 ff.

[56] Näheres siehe (auch in englischer Sprache) unter www.rli.nl (zuletzt abgerufen am 13.1.2016).

[57] Vgl. www.developpement-durable.gouv.fr/IMG/pdf/LPS202.pdf (zuletzt abgerufen am 13.1.2016).

[58] www.nesc.ie/en/our-organisation/about-nesc/ (zuletzt abgerufen am 13.1.2016).

schaftspolitischen Fragestellungen. Dabei beschränkt er sich grundsätzlich auf die irische Situation, widmet sich also in der Regel nicht der internationalen oder globalen Perspektive.

Die Umwelt- und Nachhaltigkeitsräte mehrerer (derzeit neun)[59] europäischer Länder haben sich zu einem Netzwerk zusammengeschlossen, dem *European Environment and Sustainable Development Advisory Councils* (EEAC). Von deutscher Seite sind sowohl SRU, WBGU als auch der RNE vertreten. Der EEAC möchte zum einen durch den Meinungs- und Erfahrungsaustausch die Arbeit der einzelnen Räte bereichern und verbessern. Zum anderen bietet er auch einen Rahmen für gemeinsame Aktivitäten, insbesondere auch die Verabschiedung gemeinsamer Stellungnahmen. Hierzu hat er mehrere Arbeitsgruppen zu bestimmten Themen eingerichtet, die in kleinerem Rahmen darüber beraten können. Als Netzwerk verfügt der EEAC über keine eigenen Einrichtungen, ihm werden aber von den beteiligten Räten gewisse Ressourcen zur Verfügung gestellt, insbesondere finanzielle Mittel durch Beitragszahlungen.

III. Perspektiven für eine Institutionalisierung von Nachhaltigkeit im politischen Entscheidungsprozess

Wenn Nachhaltigkeitsbelangen praktische Bedeutung zukommen soll, dann sollte der (verfassungsändernde) Gesetzgeber die staatliche Langzeitverantwortung über das Nachhaltigkeitsprinzip durch geregelte Verfahren und Organisationsformen institutionalisieren.[60] Dies kann auf Ebene der Exekutive und auf Ebene der Legislative geschehen.

1. Verwaltungsorganisation

Einen ersten Ansatzpunkt für die Einbeziehung von langfristigen Umweltbelangen in die Entscheidungsprozesse der Verwaltung könnte dabei die unter dem Einfluss des Unionsrechts stattfindende Hinwendung zu einem – dem Vorsorgeprinzip korrespondierenden – integrierten (im Sinne von medienübergreifenden) Umweltschutz[61] bieten. Mit Blick auf die europarechtlich induzierte, vor allem mit dem integrierten Umweltschutz verbundene stärkere Prozeduralisierung des Umweltrechts hat sich auch in Deutschland die Erkenntnis ver-

[59] Stand: Juli 2015, vgl. www.eeac.eu/about-us/our-unique-value (zuletzt abgerufen am 13.1.2016).

[60] Vgl. auch *B. Becker*, Staatsziel Umweltschutz und öffentliche Verwaltung, ZG 1992, S. 225 (insb. S. 231, 234); *T. Brönneke*, Umweltverfassungsrecht, 1999, S. 368 ff.; *Steinberg* (Fn. 10), 1998, S. 216 ff.

[61] Dazu *C. Calliess*, Integrierter Umweltschutz revisited: Reformbedarf in TA Luft und Anlagenzulassungsrecht?, DVBl. 2010, S. 1 ff.

breitet, dass effektiver Umweltschutz auch eine Frage der Verwaltungsorganisation ist, die Reformen in der Verwaltung unabdingbar macht.[62] Insoweit geht es darum, den Entscheidungsprozess so zu organisieren, dass eine den Vorgaben des integrierten Umweltschutzes entsprechende Kontrolle der durch Industrieanlagen und sonstige umweltbeanspruchende Projekte bewirkten Umweltbelastung erfolgt. Aus der Vorgabe, im jeweiligen Genehmigungsverfahren materiell-integrativ zu entscheiden, folgt insoweit geradezu zwangsläufig die Vorgabe, alle Behörden, die für die Kontrolle von Industrieanlagen zuständig sind, zusammenzuführen.[63]

Weitere Vorgaben an die Organisation der Umweltverwaltung ergeben sich aus der umweltrechtlichen Querschnittsklausel, die ausdrücklich in Art. 11 AEUV geregelt ist und sowohl für die EU als auch für die Mitgliedstaaten – zumindest wenn sie im Anwendungsbereich des Unionsrechts (z. B. beim Vollzug) tätig werden – verbindlich ist.[64] Die Querschnittsklausel unterscheidet sich vom integrierten Umweltschutz ungeachtet mancher Gemeinsamkeiten dadurch, dass sie nicht auf die Umweltmedien hin (medienübergreifend) angelegt ist, sondern vielmehr die frühzeitige Einbeziehung der Umweltbelange in umweltexterne, gleichwohl aber umweltrelevante Politiken und Maßnahmen verlangt. Insoweit korrespondieren sie in gewissem Umfang dem Ziel einer auf Programme und Pläne ausgedehnten UVP, die aufgrund ihres gleichzeitigen integrativen Charakters damit beide Vorgaben des Vorsorgeprinzips in sich vereint. Neben materiellen folgen aus der Querschnittsklausel auch prozedurale Vorgaben. Letztere bedingen eine Organisation der Umweltverwaltung, die zur effektiven Verwirklichung der materiellen Vorgaben der Querschnittsklausel beiträgt.[65]

Um dem Nachhaltigkeitsprinzip im Rahmen der Exekutive Effektivität zu verleihen, ist auch bei der staatlichen Verwaltungsorganisation[66] anzusetzen. So könnte z. B. in jeder Verwaltungsbehörde eine kompetente Stelle eingerichtet werden, die alle sektoralen Maßnahmen politikübergreifend auf ihre Nachhaltigkeitsrelevanz – definiert durch Verwaltungsvorschriften – überprüft, diese bewertet und bei einem möglichen Verstoß gegen die Vorgaben des Nachhaltigkeitsprinzips ihr suspensives Veto einlegen kann. Auf diese Weise könnte innerhalb der Exekutive der notwendige koordinierende Interessenausgleich zwischen den kollidierenden Belangen herbeigeführt werden.[67]

---

[62] Vgl. nur *W. Köck*, Integrativer Umweltschutz im Industrieanlagenrecht – zur Organisation der Entscheidungsprozesse, ZUR 1998, S. 225 ff.; *Ruffert* (Fn. 7), S. 897 ff.; *C. Calliess*, Europarechtliche Vorgaben für ein Umweltgesetzbuch, NuR 2006, S. 601 ff.

[63] Vgl. *Köck* (Fn. 62), S. 225 ff.; *Calliess* (Fn. 61), S. 1 ff.; *Steinberg* (Fn. 10), S. 216 ff.

[64] Dazu *C. Calliess*, in: ders./M. Ruffert (Hrsg.), EUV/AEUV, 5. Aufl. 2016, Art. 11 AEUV Rn. 1 ff.

[65] *Calliess* (Fn. 61), S. 1 ff.

[66] Ausf. hierzu *Ruffert* (Fn. 7), S. 897 ff.

[67] *Steinberg* (Fn. 10), S. 226 ff.; *Ruffert* (Fn. 7), S. 897 (insb. S. 900 f.), jeweils m. w. N.

2. Gesetzgebung

Die Gemeinsame Geschäftsordnung der Bundesministerien (GGO) schreibt in ihrem § 44 zwar vor, im Rahmen der Gesetzesbegründung darzustellen, ob die Wirkungen der Nachhaltigen Entwicklung entsprechen; dies ist aber nicht hinreichend konkretisiert, geschieht nicht transparent, substantiell und vor allem nicht evaluiert bzw. kontrolliert. In der Folge gibt es Umsetzungsdefizite.

Zwar hat die Bundesregierung zur Stärkung ihrer Nationalen Nachhaltigkeitsstrategie ein „Nachhaltigkeitsmanagement" eingeführt, das Managementregeln, Indikatoren, Ziele und Monitoring vorsieht. Trotz vieler guter Ansätze ist die Wirksamkeit dieses Nachhaltigkeitsmanagements in zentralen Punkten zu erhöhen.

– Da Indikatoren immer selektiv sind und nie das Ganze erfassen können, erscheint es sinnvoll, die Angemessenheit dieser Selektion regelmäßig und unabhängig überprüfen zu lassen: Kommt es zu Problemverlagerungen? Machen es neue Erkenntnisse bezüglich absoluter Belastungsgrenzen erforderlich, die Indikatoren anzupassen? Ein unabhängiges Gremium sollte daher regelmäßig überprüfen, ob Zielfestlegungen und Indikatoren noch angemessen sind und wie beide ggf. anzupassen wären, um veränderte Bedingungen und Zielvorstellungen abbilden zu können.

– Solange Ziele nicht systematisch mit Maßnahmen verbunden werden, bleibt Erfolg unsicher. Derzeit hat die Nachhaltigkeitsstrategie zu wenig Einfluss auf politisches Handeln der Ressorts. Die Bundesregierung sollte dem Bundestag daher einmal jährlich über den Stand des Nachhaltigkeitsmanagements berichten und diesen politisch interpretieren. Vor allem sollte jedes im Rahmen des Nachhaltigkeitsmanagements gesetzte Ziel mit konkreten Maßnahmen verbunden werden.

– Nur wenn konkrete Ziele mit konkreten Maßnahmen und konkreter Verantwortung verbunden sind, wird Nachhaltigkeitsmanagement effektiv gelingen. Bei der Festlegung von Zielen und Indikatoren sollten daher ressortübergreifend wichtige Akteure und Verantwortlichkeiten für die Zielerreichung auf Indikatorebene benannt werden.

– Solange nicht Verfahren definiert werden, durch die bei Zielverfehlung eine Kurskorrektur sichergestellt werden kann, wird das Monitoring für das Nachhaltigkeitsmanagement kein wirksames Steuerungsinstrument sein, rein deskriptiv bleiben und weder verwaltungstechnische noch politische Konsequenzen haben. Daher sollte das Monitoring der Zielerreichung verbessert werden. Es sollte klar geregelt werden, welches Vorgehen bei Zielverfehlung befolgt wird.

Darüber hinaus sollte im Gesetzgebungsprozess künftig stärker als bisher darauf geachtet werden, dass Gesetzesfolgen hinsichtlich ihrer Wirkungen auf eine Nachhaltige Entwicklung geprüft werden. Die derzeit geltende Nachhaltigkeitsprüfung im Rahmen der Gesetzesfolgenabschätzung sollte besser dokumentiert und kommuniziert werden, damit auch diese Prüfung (z. B. durch den Bundestag) überprüft werden kann. Zudem sollte die Transparenz hinsichtlich der Prüfkriterien und des Ergebnisses der Prüfung verbessert werden. Schließlich sollte angestrebt werden, den Umsetzungsgrad zu erhöhen (2012: 77 %) und auch Gesetzesentwürfe des Parlaments zu prüfen.

Ganz allgemein dient das Verfahren der Gesetzesfolgenabschätzung der Erkundung und vergleichenden Bewertung der Konsequenzen beabsichtigter und bereits in Kraft getretener Vorschriften. Es basiert auf einer nach bestimmten Kriterien – vornehmlich Kosten, Wirksamkeit und Verständlichkeit – erfolgenden Evaluierung der erwarteten oder tatsächlich eingetretenen Folgen eines Gesetzes. Bei der prospektiven Folgenabschätzung befindet sich der Rechtsetzungsprozess noch in einem offenen Regelungsfeld, so dass bessere Alternativen – quasi am Grünen Tisch – ermittelt werden. Bei der retrospektiven Variante wird ein bereits in Kraft getretenes Gesetz bewertet, um – ebenfalls am Grünen Tisch – Novellierungen zu generieren.[68]

Wenn die Nachhaltigkeitsprüfung in der Praxis Defizite aufweist, dann liegt das maßgeblich daran, dass die Kriterien der Nationalen Nachhaltigkeitsstrategie komplex sind und ihre Umsetzung nur querschnittsorientiert zwischen den Ressorts zu verwirklichen ist. Deshalb sollte diese Querschnittsorientierung früh im Prozess der Gesetzesfolgenabschätzung erfolgen und *organisatorisch* verankert werden.

Vor diesem Hintergrund könnten in allen Bundesministerien Stabsstellen bzw. Beauftragte für Nachhaltigkeit eingerichtet werden, die Gesetzesentwürfe auf die Durchführung der Nachhaltigkeitsprüfung überprüfen und gegebenenfalls auf Anpassungen hinzuwirken haben. Maßstab der Prüfung sollten Verwaltungsvorschriften sein, die auf Basis der beschlossenen Nachhaltigkeitsstrategie zu erarbeiten wären. Im Falle eines Ressortkonflikts sollten die verantwortlichen Stellen ein suspensives Veto einlegen können, das schlussendlich auf Ministerialebene vom jeweiligen Minister im Kabinett auszuüben wäre. Dies mit dem Ziel, dass vor der Verabschiedung im Kabinett – vermittelt über eine interministerielle Arbeitsgruppe und/oder die bereits existierende Staatssekretärsrunde für Nachhaltigkeit – eine frühzeitige ressortübergreifende Einigung gefördert wird. Kommt diese nicht zustande, so müsste der Ressortkonflikt in das Bundeskabinett überwiesen werden, wo dem Umweltminister ein dem Finanz- und Justizminister vergleichbares Vetorecht eingeräumt werden sollte.

Im Hinblick auf die Umsetzungsdefizite im Rahmen der Nachhaltigkeitsprüfung bieten sich aber auch darüber hinausgehende institutionelle Vorkeh-

---

[68] *P. Blum*, Wege zu besserer Gesetzgebung – sachverständige Beratung, Begründung, Folgeabschätzung und Wirkungskontrolle, NJW 2004, Beiheft 27, S. 45 (48 f.). Vgl. dazu auch *A. Windoffer*, Nachhaltigkeit und Gesetzesfolgenabschätzung (in diesem Band).

rungen an. Mit der spezifischen Aufgabe der Überprüfung betraute und damit relativ unabhängige, gleichwohl in die Organisation eingebundene Institutionen könnten eine verbesserte Umsetzung der Nachhaltigkeitsstrategie im gesamten Prozess der Gesetzgebung gewährleisten. Solche Institutionen müssen nicht neu sein, sie könnten vielmehr an bestehende anknüpfen. So korrespondiert die Gesetzesfolgenabschätzung im Ansatz einer Tätigkeit, die – wenn auch mit begrenzterem Auftrag – derzeit bereits vom Normenkontrollrat wahrgenommen wird. Dieser befasst sich auf Bundesebene mit der Erfassung und Beseitigung von Bürokratiekosten.[69] Dabei bedient sich dieses Gremium dem sog. Standardkostenmodell, über das vornehmlich die Informationskosten der Gesetzesadressaten ermittelt werden können, um die zu erwartenden Bürokratiekosten eines Gesetzes zu berechnen. Soweit dem Normenkontrollrat die entstehenden Kosten zu hoch erscheinen, kann er beim Normgeber intervenieren, ohne dass damit verbindliche Rechtsfolgen ausgelöst werden.[70] Problematisch ist bislang, dass der Normenkontrollrat seine Ergebnisse nicht veröffentlicht.[71] Auch kann er erarbeitete Alternativen erst bei deren Vorlage bewerten.[72] Hinzu kommt, dass die Arbeit des Normenkontrollrats unverbindlich ist.[73] Ihm steht nicht einmal ein Vetorecht zu, das ein Überdenken des Gesetzgebers erforderlich machen würde. Insbesondere aber hat diese Institution bislang nur die Pflicht, auf zu hohe Bürokratiekosten hinzuweisen. Wenn diese Defizite beseitigt würden, wäre der Normenkontrollrat allerdings eine interessante Institution, an deren Vorbild ein Nachhaltigkeitskontrollrat mit entsprechenden Zuständigkeiten angelehnt werden könnte.

Im Ergebnis sollten auf den verschiedenen Stufen des Gesetzgebungsprozesses eigenständige Institutionen etabliert werden, die den von Bundesregierung und Bundestag beschlossenen Nachhaltigkeitsstrategien im Gesetzgebungsprozess mehr Geltung verschaffen, insoweit auf Vollzugsdefizite hinweisen und die Umsetzung der Nachhaltigkeitsstrategie insgesamt überwachen (Monitoring):

– Auf Ebene der Exekutive (1. Stufe) könnte ein von der Bundesregierung einzusetzendes Gremium zur Prüfung von Gesetzesfolgen unter Nachhaltigkeitsaspekten etabliert werden. Dies könnte aufbauend auf dem Normenkontrollrat ein Nachhaltigkeitskontrollrat sein. Dessen Aufgabenbereich wäre auf die Umsetzung der beschlossenen Nationalen Nachhaltigkeitsstrategie zu fokussieren. Dieser würde die Umsetzung der vorstehend beschriebenen Nachhaltigkeitsprüfung in den Bundesministerien kontrollieren und überprüfen.

---

69 *H. Schultze*, Über die Verantwortung von Regierung und Verwaltung für die Gesetzgebung, DÖV 2007, S. 401 (409 f.).

70 *N. Röttgen*, Normenkontrollrat: Der Koalitionsvertrag als Wegweiser zu besserer Rechtsetzung und weniger Bürokratie, ZRP 2006, S. 47 (48 f.).

71 Siehe dazu *M. Schröder*, Der Nationale Normenkontrollrat, DÖV 2007, S. 45 (48 f.).

72 Ähnl. *Schultze* (Fn. 69), S. 401 (410).

73 *Schröder* (Fn. 71), S. 45 (48).

– Im Hinblick auf das weitere Gesetzgebungsverfahren könnte auf Ebene der Legislative (2. Stufe) die Rolle des Parlamentarischen Beirats für nachhaltige Entwicklung als Gremium des Bundestages gestärkt werden. Er hat bereits jetzt die Nachhaltigkeitsbewertungen in Gesetzesentwürfen der Bundesregierung und des Bundesrates zu überprüfen und dem Bundestag über Möglichkeiten Bericht zu erstatten, die Nachhaltigkeitsprüfung der Bundesregierung weiter zu optimieren. Als neu zu schaffende Institution käme ansonsten ein vom Bundestag einzusetzender ständiger Ausschuss zur Prüfung von Gesetzesfolgen[74] in Betracht.

– Alternativ könnte ein Nachhaltigkeitsbeauftragter des Bundestages, der als Vertreter der Interessen zukünftiger Generationen in die Entscheidungsprozesse einzubinden wäre, etabliert werden.[75]

– Die Umsetzung der Nachhaltigkeitsstrategie ist eine Aufgabe, die von Bund, Ländern und Kommunen gemeinsam wahrgenommen werden muss. Die fachliche Zusammenarbeit in etablierten Bund-Länder-Gremien (v.a. im Rahmen der Ministerkonferenzen der Länder) sollte ausgebaut und stärker auf die übergreifenden und strategischen Fragen der Anwendung des Nachhaltigkeitsprinzips fokussiert werden. Diese Zusammenarbeit ist operativ noch nicht wirksam genug.

Mit diesen Ansätzen wird der organisatorische Aufwand für eine verbesserte Umsetzung der Nachhaltigkeitsprüfung gering gehalten. Es werden keine gänzlich neuen Institutionen geschaffen, vielmehr wird nur ihr Aufgabenbereich konkretisiert und ausgebaut sowie ihre Rolle gestärkt.

3. *Verfassungsrecht*

Wenn Nachhaltigkeit allerdings zu einem wirksamen Leitprinzip staatlichen Handelns werden soll, dann ist Nachhaltigkeit als Verfassungsprinzip anzuerkennen und mit einem Umsetzungsauftrag im Sinne einer Nachhaltigkeitsprüfung zu koppeln. Im deutschen Verfassungsrecht steht im Hinblick auf das Ziel der Nachhaltigkeit die Staatszielbestimmung Umweltschutz des Art. 20a GG im Zentrum, der zufolge den staatlichen Institutionen bereits jetzt ausdrücklich aufgegeben ist, „auch in Verantwortung für die künftigen Generationen die natürlichen Lebensgrundlagen" zu schützen.[76] Um das Nachhaltigkeitsprinzip insgesamt durchzusetzen, bedarf es jedoch eines durch Verfassungsänderung neu einzuführenden Art. 20b GG, der zwei Vorgaben enthalten könnte.

---

[74] Vgl. etwa *Kuratorium für einen demokratisch verfassten Bund deutscher Länder* (Fn. 9), S. 44 f., 114, wonach in Art. 45 vom Bundestag ein Technikfolgenausschuss zu bestellen ist, dem die Rechte eines Untersuchungsausschusses zugestanden werden sollen.

[75] Dazu *T. Schomerus*, Ein Ombudsmann mit Klagebefugnis statt Verbandsklage im Naturschutzrecht?, NuR 1989, S. 171 ff.; *Steinberg* (Fn. 10), S. 347 f.; *Ruffert* (Fn. 7), S. 897 (903) spricht insoweit von „Interessenrepräsentanz durch Beauftragte".

[76] Vgl. dazu etwa *I. Appel*, Staatsziel Nachhaltigkeit in das Grundgesetz? (in diesem Band).

a) Nachhaltigkeitsverträglichkeitsprüfung

Ein verbessertes Instrument für die Einbeziehung von Nachhaltigkeitsbelangen in die Entscheidungsprozesse von Gesetzgebung und Verwaltung könnte insoweit eine verfassungsrechtlich gebotene „Nachhaltigkeitsverträglichkeitsprüfung" bilden.[77] Angelehnt an die erwähnte Querschnittsklausel des Art. 11 AEUV könnte diese in einem neuen Art. 20b Abs. 1 GG wie folgt formuliert werden:

„Die Erfordernisse des Nachhaltigkeitsprinzips werden, insbesondere im Interesse künftiger Generationen, in einer Nationalen Nachhaltigkeitsstrategie festgelegt. Sie müssen bei der Festlegung und Durchführung aller staatlichen Politiken und Maßnahmen berücksichtigt werden. Insoweit haben der Bund und die Länder geeignete organisatorische und institutionelle Vorkehrungen zu treffen."

Im Hinblick auf die Unbestimmtheit und Komplexität eines so formulierten Nachhaltigkeitsprinzips haben verfahrensmäßige, organisatorische und institutionelle Vorkehrungen eine besondere Bedeutung. Die diesbezüglichen einfach-gesetzlichen Überlegungen sollten im Interesse ihrer Wirksamkeit verfassungsrechtlich abgesichert werden. Dies gilt insbesondere im Hinblick auf die Länder, auf deren Verwaltungsverfahren und -organisation der Bund nur einen sehr begrenzten Einfluss hat (vgl. Art. 83, 84 GG). Über den vorgeschlagenen Art. 20b GG würden auch die Länder verpflichtet, ihre Verwaltung, die für den Vollzug der Bundesgesetze von maßgeblicher Bedeutung ist, entsprechend auf die Erfordernisse des Nachhaltigkeitsprinzips auszurichten.

Aus einem neuen Art. 20b GG würde die verfassungsrechtliche Verpflichtung von Gesetzgeber und Verwaltung folgen, der komplexen Aufgabe der Nachhaltigkeit durch deren Verständnis als problembezogene Querschnittsaufgabe Rechnung zu tragen und alle Politiken und Maßnahmen so frühzeitig wie möglich auf ihre Vereinbarkeit mit den Vorgaben des Nachhaltigkeitsprinzips zu überprüfen. Dies verlangt, dass Entscheidungen und Maßnahmen in sämtlichen Politikbereichen, insbesondere in der Wirtschafts-, Sozial- und Finanzpolitik, aber auch z. B. in der Verkehrs- und Agrarpolitik, nicht ausschließlich an deren spezifischen Gegebenheiten ausgerichtet werden, sondern mit Rücksicht auf ihre Auswirkungen auf künftige Generationen anders oder im Extremfall sogar überhaupt nicht getroffen werden. Mit dieser Norm würde in geradezu idealer Weise den Vorgaben von Nachhaltigkeit (Ressourcenschonung, Generationengerechtigkeit etc.) Rechnung getragen. Gleichwohl bleibt das Nachhaltigkeitsprinzip ein Relationsbegriff, der einzelfallbezogener und – mit Blick auf seine materielle Unbestimmtheit – auch prozeduraler Umsetzung bedarf.[78]

---

[77] *Gethmann/Kloepfer/Nutzinger* (Fn. 6), S. 37 f.

[78] Ausf. dazu *C. Calliess*, Die neue Querschnittsklausel des Art. 6 ex 3c EGV als Instrument zur Umsetzung des Grundsatzes der nachhaltigen Entwicklung, DVBl. 1998, S. 559 ff.

b) Nachhaltigkeitsrat

Zur effektiven Umsetzung des Nachhaltigkeitsprinzips ist letztlich nur eine öffentlichkeitswirksame, im politischen Prozess gewichtige Institution in der Lage, die eine Auseinandersetzung der Entscheidungsträger mit den sachverständigen Ergebnissen in transparenter Weise erzwingt. Dementsprechend ist eine auf Dauer angelegte (Langzeitpräsenz) sowie auf Integration, Objektivität und Akzeptanz (Legitimation durch Vertrauen) ausgerichtete Institution einzurichten.

Vor diesem Hintergrund werden seit geraumer Zeit verschiedene Ideen eines Ausbaus bzw. einer verstärkten Institutionalisierung und Beteiligung der (wissenschaftlichen bzw. sachverständigen) Politikberatung im politischen Entscheidungsprozess diskutiert.[79] Vorliegend wird für einen mit verfassungsrechtlicher Autorität ausgestatteten, unabhängigen Nachhaltigkeitsrat plädiert (der damit ein anderes Organ wäre als der vorstehend skizzierte existierende Rat für Nachhaltige Entwicklung).

Mit Blick auf seine Zusammensetzung muss der Rat in seinen Mitgliedern den größtmöglichen Sachverstand in den Bereichen nachhaltiger Umwelt-, Sozial- und Wirtschaftspolitik zusammenfassen. Seine 15 Mitglieder wären an Aufträge und Weisungen nicht gebunden; sie könnten je zur Hälfte vom Bundestag und vom Bundesrat (auf Vorschlag der Länderparlamente) für zwölf Jahre gewählt werden. Eine Wiederwahl muss mit Blick auf deren Unabhängigkeit (ähnlich wie bei den Richtern des Bundesverfassungsgerichts) ausgeschlossen sein.

Der Nachhaltigkeitsrat sollte in einem neuen Art. 20b Abs. 2 GG verankert werden:

„Um eine wirksame Umsetzung des Nachhaltigkeitsprinzips zu gewährleisten, wird ein unabhängiger Nachhaltigkeitsrat eingerichtet, dessen Mitglieder von Bundestag und Bundesrat zu gleichen Teilen gewählt werden. Der Rat begutachtet die Nationale Nachhaltigkeitsstrategie und prüft auf eigene Initiative oder aufgrund eines Antrags der am Gesetzgebungsverfahren beteiligten Organe Gesetze auf ihre Vereinbarkeit mit dem Nachhaltigkeitsprinzip. Das Nähere regelt ein Bundesgesetz mit Zustimmung des Bundesrats."

Folgende Konsequenzen könnten an seine Prüfung geknüpft werden:

– Zum einen sollte der Nachhaltigkeitsrat die jeweilige von Bundesregierung und Bundestag beschlossene Nationale Nachhaltigkeitsstrategie begutachten. In seinem Gutachten kann er mit der Mehrheit seiner Mitglieder Korrekturen empfehlen. Sondervoten einzelner Mitglieder sind zulässig.

---

[79] *Kloepfer* (Fn. 6), S. 73 (78); *J. Rux*, Intertemporale Strukturprobleme der Demokratie – Die Öko-Diktatur als Ausweg?, in: M. Bertschi et al. (Hrsg.), Demokratie und Freiheit, 1999, S. 301 (308 ff.); *Steinberg* (Fn. 10), S. 347 f.; ausf. *Gethmann/Kloepfer/Nutzinger* (Fn. 6), S. 35 ff.; *P. V. Saladin/C. A. Zenger*, Rechte künftiger Generationen, 1988, S. 111 ff.; *Boehler* (Fn. 11), S. 389 (392 f.); *Steinberg* (Fn. 10), S. 344 ff.; kritisch zu solchen Institutionen der Langzeitverantwortung *Vierhaus* (Fn. 8), S. 36 (41).

– Zum anderen sollte der Nachhaltigkeitsrat im Lichte dieser Nachhaltigkeitsstrategie Gesetze überprüfen. Bei schwerwiegenden Bedenken hinsichtlich der Vereinbarkeit einer Gesetzesvorlage mit dem Nachhaltigkeitsprinzip (wie es in der jeweiligen Nachhaltigkeitsstrategie konkretisiert wurde) kann er binnen einer dreimonatigen Frist eine Stellungnahme abgeben. In dieser kann er mit der Mehrheit seiner Mitglieder Korrekturen empfehlen. Sondervoten einzelner Mitglieder sind zulässig.

– Des Weiteren kann der Nachhaltigkeitsrat, wenn der Bundestag die Gesetzesvorlage beschlossen hat, binnen acht Wochen Einwendungen erheben, also ein aufschiebendes Veto einlegen. Dafür ist im Nachhaltigkeitsrat eine ⅔-Mehrheit erforderlich. Nach drei (oder sechs) Monaten „Bedenkzeit" entscheidet der Bundestag darüber, ob und wie er den Einwendungen Rechnung tragen will.

– Schließlich kann der Nachhaltigkeitsrat von sich aus oder auf Ersuchen eines Fünftels der Mitglieder des Bundestages oder Bundesrates zu Nachhaltigkeitsfragen Gutachten erstatten.

– Mittels eines – suspensiv wirkenden – Vetorechts, mit dem sichergestellt werden kann, dass den Nachhaltigkeitsbelangen im Gesetzgebungsverfahren zu jeder Zeit genügend Aufmerksamkeit geschenkt wird, würde der Nachhaltigkeitsrat zu einer auf Ebene der Legislative verankerten Institution, freilich ohne echte legislative Befugnisse.

Solange ein Nachhaltigkeitsrat „nur" mit einem suspensiven Vetorecht und nicht mit eigenen Entscheidungsrechten ausgestattet wird[80], stehen ihm keine grundsätzlichen Vorbehalte aus dem rechtsstaatlichen Gewaltenteilungsprinzip oder dem Demokratieprinzip (Art. 20 Abs. 1 und Abs. 2 GG) entgegen. Denn ein rein aufschiebend wirkendes Vetorecht trägt allein zu einer Verzögerung des Gesetzgebungsverfahrens bei, greift materiell aber weder unmittelbar noch mittelbar in dieses ein. Vielmehr sollen die Abgeordneten des Parlaments nach einer durch das begründete Veto ausgelösten Phase des Überdenkens erneut entscheiden. Dabei wären sie rechtlich in keiner Weise an die Stellungnahmen und Einwendungen des Nachhaltigkeitsrats gebunden.[81] Auf diese Weise wird das Letztentscheidungsrecht der Abgeordneten nicht in Frage gestellt. Im Ergebnis agiert der Nachhaltigkeitsrat daher zuvorderst mit Blick auf die öffentliche Debatte, in der Hoffnung, dadurch das „Nachhaltigkeitsgewissen" des Gesetzgebers zu schärfen.[82]

---

[80] Dafür aber *Rux* (Fn. 79), S. 301 (323 ff., 325), demzufolge dem Ökologischen Rat „zumindest das Recht zugestanden werden [muss], Gesetzentwürfe und andere Beschlussvorlagen einzubringen".

[81] Eine gewisse rechtliche Bindungswirkung scheint das BVerfG (NJW 1992, S. 1373 f.) in seiner Entscheidung zur durch Art. 38 Abs. 1 S. 2 Einigungsvertrag angeordneten Begutachtung der Institute der Akademie der Wissenschaften der DDR durch den Wissenschaftsrat sogar für verfassungsrechtlich zulässig zu halten; dazu *Vierhaus* (Fn. 8), S. 36 (40).

[82] Vgl. *Kuratorium für einen demokratisch verfassten Bund deutscher Länder* (Fn. 9), S. 45, 121; ähnlich *Rux* (Fn. 79), S. 301 (323 ff.); kritisch *Steinberg* (Fn. 10), S. 341.

Der Vorschlag eines solchen Nachhaltigkeitsrats kann sich auf Ideen und Ansätze stützen, die im Kontext des Umweltschutzes entwickelt wurden: In seinem mit Blick auf die Herstellung der deutschen Einheit vorgelegten Verfassungsentwurf, der sich an den Regelungen des Grundgesetzes orientiert, sah das Kuratorium für einen demokratisch verfassten Bund deutscher Länder[83] in Art. 53b einen Ökologischen Rat vor. In der Gemeinsamen Verfassungskommission von Bundestag und Bundesrat wurde der Vorschlag zwar beraten, im Ergebnis aber abgelehnt.[84] Ebenso erging es dem im brandenburgischen Verfassungsausschuss diskutierten Vorschlag eines Ökologischen Senats, der sich im Wesentlichen an den Verfassungsentwurf des Kuratoriums anlehnt, ihn jedoch, etwa mit Blick auf die Mitglieder, sinnvoll präzisiert und hinsichtlich der Exekutive ergänzt: Bei Maßnahmen, die ökologische Auswirkungen haben, soll der Ökologische Senat von der Regierung gehört werden, gegenüber der Verwaltung soll er Empfehlungen abgeben können.[85]

Auch für die europäische Ebene wurden mit Blick auf die Vertragsrevision von Amsterdam verschiedentlich Vorschläge für die Etablierung eines Ökologischen Rats/Senats bzw. eines an die Stelle des Wirtschafts- und Sozialausschusses tretenden Ausschusses für Nachhaltige Entwicklung gemacht[86], die sich im Ergebnis freilich nicht durchsetzen konnten. Gleiches gilt für einen Konventionsentwurf des Europarates, den sog. *Model Act on the Protection of the Environment* von 1994[87], in dessen Art. 16 Abs. 2 lit. a) und Abs. 3 lit. b) die beratende Mitwirkung eines zu schaffenden Umweltrates vorgesehen war.[88]

Manche Staaten kennen zumindest Ansätze einer solchen Institution. So gibt es in Frankreich einen „Conseil pour les droits des générations futures"[89] und in Israel einen parlamentarischen Ausschuss, die „Commission for Future Generations", die alle Gesetzesvorlagen hinsichtlich ihrer Auswirkungen auf

---

[83] Dazu *Brönneke* (Fn. 60), S. 101 ff.

[84] Vgl. BT-Drs. 12/6000, S. 96.

[85] Hierzu *Brönneke* (Fn. 60), S. 97 f., bei dem in Fn. 355 der vorgeschlagene Text zum Ökologischen Senat abgedruckt ist.

[86] Ausf. *C. Calliess*, Ökologisierung des EWG-Vertrages – Schritte auf dem Weg zu einer ökologischen Rechtsgemeinschaft unter Berücksichtigung des EU-Vertrages von Maastricht, in: H. Baumeister (Hrsg.), Wege zum ökologischen Rechtsstaat, 1994, S. 71 (97 ff.); *ders.* (Fn. 78), S. 559 (567); ferner *Arbeitskreis Europäische Umweltunion* (Mitglieder sind die Prof. *Binswanger, Funk, Häberle, Kloepfer, Müller, Nutzinger, Pernthaler, Rehbinder, Saladin, Schleicher, R. Schmidt*), Umweltpolitische Ziele und Grundsätze für die Europäische Union, NuR 1994, S. 346 ff.; *I. Pernice*, Europäische Union als Umweltunion?, EuZW 1995, S. 385 ff.; vgl. zu den Vorschlägen auch *H.-W. Rengeling*, Zum Umweltverfassungsrecht der Europäischen Union – Überlegungen zur „Europäischen Umweltunion", in: Festschr. zum 180-jährigen Bestehen des Heymanns Verlag, 1995, S. 469 ff.

[87] Abgedruckt in: UTR 35 (1995), S. 337 ff.

[88] Dazu *R. Streinz*, Auswirkungen des Rechts auf „Sustainable Development" – Stütze oder Hemmschuh?, Die Verwaltung 1998, S. 449 (473), m. w. N.

[89] Dekret n° 93–298 v. 8.3.1993.

künftige Generationen untersucht. Der Zweck des Ausschusses, der durch eine einfachgesetzliche Regelung und nicht durch eine Verfassungsänderung eingeführt wurde[90], wird wie folgt formuliert: „... to assure that the country's primary and secondary legislation takes account of the needs and rights of future generations“[91]. Das Aufgabengebiet des Ausschusses ist nicht auf Umweltfragen beschränkt. Der Ausschuss wird früh in das Gesetzgebungsverfahren miteinbezogen. Wenn ein Gesetz zur ersten Lesung ins Parlament eingebracht wird, muss ihm bereits eine Stellungnahme des Ausschusses beigefügt sein.[92] Der Ausschuss kann hier sogar selbst Gesetzesinitiativen starten.[93]

Wenn also das Nachhaltigkeitsprinzip effektiv umgesetzt werden soll, gleichzeitig aber aus rechtsstaatlichen Gründen eine Vierte Gewalt des Sachverstands, eine Technokratie der Weisen, vermieden werden soll, dann könnte ein wie oben skizzierter Nachhaltigkeitsrat den Weg weisen. Denn nur eine solche Institution löst das Dilemma, wonach aus den genannten rechtsstaatlichen und demokratischen Gründen sachverständige Empfehlungen für die Entscheidungsträger einerseits keine rechtliche Bindungswirkung entfalten dürfen, andererseits jedoch der verfassungsrechtlich gebotenen staatlichen Zukunftsverantwortung primär nur prozedural Rechnung getragen werden kann. Dabei muss aber durch organisatorische und institutionelle Vorkehrungen sichergestellt werden, dass sich die Entscheidungsträger mit den Ergebnissen der Prüfungen auseinandersetzen, und zwar auch dann, wenn sie mit ihren eigenen politischen Präferenzen nicht in Einklang stehen.[94] Mithin ist die verfassungsrechtliche Einrichtung eines Nachhaltigkeitsrats in einem neuen Art. 20b Abs. 2 GG nicht nur erforderlich, um den für die Prüfungen notwendigen Sachverstand zu etablieren, sondern auch, um dessen praktische Bedeutung für den politischen Willensbildungsprozess zu erhöhen. Denn interne Einrichtungen, wie etwa die vorstehenden skizzierten Sachverständigenräte, Enquete-Kommissionen oder aber ein Parlamentsausschuss werden in Öffentlichkeit und Politik zu wenig wahrgenommen, so dass ihre Empfehlungen im politischen Entscheidungsprozess allzu leicht ignoriert oder überspielt werden können.

---

[90] *J. Tremmel*, Institutionelle Verankerung der Rechte nachrückender Generationen, ZRP 2004, S. 44 (46).

[91] Israel Environment Bulletin, Spring 2002–5762, Vol. 25, Nr. 2, S. 17; abrufbar unter www.sviva.gov.il (zuletzt abgerufen am 13.1.2016).

[92] *Tremmel* (Fn. 90), S. 44 (46).

[93] *Tremmel* (Fn. 90), S. 44 (46).

[94] *G. Bechmann/J. Jörissen*, Technikfolgenabschätzung und Umweltverträglichkeitsprüfung – Konzepte und Entscheidungsbezug, KritV 1992, S. 140 (169).

Kapitel 4

Nachhaltigkeit und Verwaltungsverfahren

Nachhaltigkeit und prozedurale Entscheidungsebene: Flächenhaushaltspolitik in Zeiten der Energiewende

*Ekkehard Hofmann**

I. Einleitung

Die Inanspruchnahme von Freiflächen – der Flächenverbrauch – ist nur dann als nachhaltig zu würdigen, wenn der tatsächliche Umgang mit Grund und Boden auf Dauer dem Umstand Rechnung trägt, dass einmal „verbrauchter" Boden kaum wieder hergestellt oder ersetzt werden kann. Das muss für die Verfahren, in denen über die Nutzung des Raums entschieden wird, Konsequenzen haben (II.). Auch wenn sich die Entwicklung der Flächeninanspruchnahme in Deutschland im Grundsätzlichen statistisch verlässlich beobachten lässt, sind Datenlage und Methodik durchaus noch verbesserungsfähig, besonders wenn man auf sogenannte Zweitnutzungen wie die Nutzung landwirtschaftlicher Flächen als Standort für Photovoltaik- oder Windkraftanlagen schaut (II.2.). Wenig Beachtung findet bislang der Umstand, dass mit solchen Anlagen auch Freiflächen mehr oder weniger dauerhaft in Anspruch genommen werden. Die Formel, jede Maßnahme sei geboten, die dem Ausbau Erneuerbarer Energien diene,[1] dürfte allenfalls für den Kontext des EEG gelten und erscheint zu undifferenziert, um Fragen der Förderungswürdigkeit an sich und der Standortwahl befriedigend beantworten zu können. Im Prinzip ist nämlich auch der Bau solcher Anlagen geeignet, Flächen zu „verbrauchen". Will man diese Spannung auflösen, muss man die verfolgten Ansätze des Flächensparens auch auf die flächenbezogenen Maßnahmen der Energiewende beziehen.

Insbesondere muss die Flächenhaushaltspolitik beachten, dass die wirtschaftliche und demographische Entwicklung in Deutschland räumlich unterschiedlich verläuft – wirtschaftliche Zentren der Prosperität finden sich in Deutschland neben Landkreisen, bei denen Bevölkerungszahlen und Wirtschaftskraft sinken. Das föderale System der Landesplanung mit seiner weiteren Konkretisierung durch Regionalpläne stellt sich als prinzipiell hervorragend geeigneter Rechtsrahmen für die umrissene Sachlage dar, bleibt aber zum Teil hinter seinen Möglichkeiten zurück (III.2.). Eine erhebliche Belebung der Diskussion

* Dem Bundesinstitut für Bau-, Stadt- und Raumforschung im Bundesamt für Bauwesen und Raumordnung, Bonn, Referat I 6, Frau *Gisela Beckmann*, gebührt herzlicher Dank für wertvolle Hinweise.

um kommunale Bedarfsanalysen in der Bauleitplanung haben elektronische Entscheidungsunterstützungssysteme bewirkt, die insbesondere die wirtschaftlichen Folgen einer Baugebietsausweisung transparent machen und damit einer übereilten Flächeninanspruchnahme entgegenwirken können (III.3.).

II. Der Begriff der Nachhaltigen Entwicklung als Maßgabe für die Steuerung der Flächeninanspruchnahme

1. Nachhaltige Entwicklung

a) Grundprinzipien der Nachhaltigen Entwicklung und die Bodennutzung

Das Konzept der Nachhaltigen Entwicklung fußt im Bereich des Umweltschutzes auf der Erkenntnis der Endlichkeit von überlebenswichtigen Ressourcen auch und gerade mit Blick auf nachfolgende Generationen.[2] Dementsprechend zielen die Hauptgebote des Nachhaltigkeitsprinzips auf die Ermöglichung einer dauerhaften, langfristigen Nutzung der Ressourcen.[3] Handelt es sich um eine erneuerbare Ressource, so sollte sich das zulässige Maß ihrer Nutzung an ihrer Regenerationsrate orientieren.[4] Erschöpfbare – endliche – Ressourcen sollten nur in dem Maß verbraucht werden, in dem sie substituiert werden können.[5] Ist keine Substitution möglich, führt das zu der brisanten Frage, welche Nutzung, welcher Verbrauch durch die lebende Generation mit den Bedürfnissen zukünftiger Generationen verträglich ist. Der vielfach gebräuchliche Unterschied zwischen einem starken und einem schwachen Nachhaltigkeitsbegriff zeigt sich gerade an der Bewältigung der Substitutionsproblematik.[6]

Für die Befürworter eines schwachen Nachhaltigkeitsbegriffs lässt sich das des öfteren so bezeichnete Naturkapital, zu dem grundsätzlich auch Böden gerechnet werden, grundsätzlich ohne weiteres substituieren.[7] Anhänger eines starken Nachhaltigkeitsbegriffs gehen dagegen davon aus, dass sich das ökonomische System im Rahmen dessen bewegt, was die Natur hinsichtlich ihrer Reproduktionskapazität zulässt.[8] Ob hinsichtlich des Bodens ein starker oder

---

[1] *K. Greb/M. Boewe*, in: dies. (Hrsg.), Beck'scher Online-Kommentar EEG, 3. Ed. 2015, § 1 EEG 2014 Rn. 5.

[2] Zur rechtlichen Dimension des Nachhaltigkeitsbegriffs *W. Kahl*, Einleitung: Nachhaltigkeit als Verbundbegriff, in: ders. (Hrsg.), Nachhaltigkeit als Verbundbegriff, 2008, S. 1 (3 ff.).

[3] Instruktiv der Überblick des *Sachverständigenrats für Umweltfragen (SRU)* über die verschiedenen Nachhaltigkeitsstrategien: *SRU*, Umweltgutachten 2008, Tz. 1 ff.

[4] *Sachverständigenrat für Umweltfragen (SRU)*, Umweltgutachten 2002, Tz. 29.

[5] *SRU* (Fn. 4), Tz. 29.

[6] So schon *SRU* (Fn. 4), Tz. 6 ff.

[7] *J. C. V. Pezzey*, Sustainable Development Concepts: An Economic Analysis. Environment Paper No 2, World Bank, 1992.

[8] *Pezzey* (Fn. 7).

ein schwacher Nachhaltigkeitsbegriff zielführend ist, hängt davon ab, welche Funktionen der Boden erfüllt. Boden dient insbesondere[9]
- der Nahrungsmittelproduktion,
- der Kohlendioxidspeicherung,[10]
- als Raum für Siedlungs- und Verkehrsflächen sowie
- dem Schutz der Biodiversität.

Blickt man auf diese Bodenfunktionen, so ist der einmal durch Abbau oder Versiegelung verlorene Boden der Nutzungsmöglichkeit der gegenwärtigen und auch der etlicher zukünftiger Generationen ganz überwiegend entzogen. Gerade mit Blick auf den Flächenverbrauch in seiner schärfsten Form – der Zerstörung von Boden durch Abtragung und Versiegelung – erschiene ein schwacher Nachhaltigkeitsbegriff mithin wenig tragfähig, da die von einem schwachen Nachhaltigkeitsbegriff vorausgesetzte Substitutionsmöglichkeit bei wesentlichen Bodenfunktionen nicht wirklich gegeben ist. So liegt die Regenerationsrate für einen Meter fruchtbaren Bodens, abhängig von verschiedenen Faktoren einschließlich der geographischen Breite und dem damit verbundenen Klima, der Topographie und den auf den Boden einwirkenden Organismen, zwischen 8 000 und 75 000 Jahren.[11] Damit sind fruchtbare Böden in jeder praktischen Hinsicht als erschöpfbarer Rohstoff zu behandeln, mag man auch die Nahrungsmittelproduktion mit Hilfe besserer Düngemittel und Anbaumethoden auf weniger Fläche durchführen können – bei wachsender Weltbevölkerung und höheren Ansprüchen an die Umweltverträglichkeit der Landwirtschaft sind der Substitution auch insoweit erhebliche Grenzen gesetzt. Die Funktion als Kohlendioxid-Speicher folgt ebenfalls der Substitutionsrate der fruchtbaren Böden und wird damit bei Zerstörung der Humus-Schicht faktisch dauerhaft beseitigt. Der zur Verfügung stehende Raum für Siedlungs- und Verkehrsflächen ist ebenfalls endlich – solange der Mensch nicht das Weltall besiedelt. Schließlich sind unbesiedelte Freiflächen als Lebensraum für Fauna und Flora auch nicht ersetzbar.[12]

Der nicht in diesem Sinne „verbrauchte" Raum ist darüber hinaus verschiedenen Bedrohungen ausgesetzt, die von der natürlichen Erosion über toxische Kontaminationen infolge industrieller Schadstoffeinträge bis zur (Über-)Nutzung von Böden in der Landwirtschaft reichen.[13] Im Zentrum der nachstehen-

---

[9] Ausf. und mit Blick für die jeweilige rechtliche Bedeutung *K. Gröhn*, Bodenschutzrecht – auf dem Weg zur Nachhaltigkeit, 2014, S. 32 ff.

[10] Zur besonderen Bedeutung von Moorböden als Kohlenstoffspeicher *Sachverständigenrat für Umweltfragen (SRU)*, Umweltgutachten 2012, Tz. 398 ff.

[11] Das Standardwerk von *H. Jenny*, Factors of Soil Formation: A System of Quantitative Pedology, 1994, widmet dem Faktor Zeit ein ganzes Kapitel, S. 31 ff. S. auch die Bodenentwicklung am Beispiel von North Dakota, www.swac.umn.edu/classes/soil2125/doc/s4chp4.htm (zuletzt abgerufen am 4.10.2015).

[12] Zur Bedeutung der Wälder für den Schutz der Biodiversität *SRU* (Fn. 10), Tz. 347 ff.

[13] S. den auch monetär quantifizierten Überblick der *EU-Kommission*, Thematic Strategy for Soil Protection, COM (2006) 231 final, S. 2 ff.

den Ausführungen steht jedoch das quantitative Element des „reinen" Flächenverbrauchs.[14] Da Flächen aber nicht im thermodynamischen Sinne „verbraucht", sondern lediglich einer anderen Nutzung zugeführt werden, hat sich der eher technische Begriff der Flächeninanspruchnahme eingebürgert.[15] Darunter wird die Überführung einer Freifläche in ein durch menschliche Aktivitäten geprägte Nutzung verstanden. Zentral ist daher, welche Nutzungen das sind; zwischen der Schaffung einer nicht versiegelten Erholungsfläche, einer Freifläche in Gebäudenähe und einem durch ein Gebäude oder eine Straße versiegelten Grund und Boden sind erhebliche Unterschiede zu erkennen. Die nachfolgenden Ausführungen sind vor allem dem Blick auf die folgenreichste Umnutzung gewidmet, der Überführung einer Freifläche in eine durch Gebäude oder Straßen dauerhaft versiegelte.

b) Nachhaltige Entwicklung der Flächeninanspruchnahme

aa) Quantitative Reduzierungsziele

Die Bemühungen um eine Reduzierung der Neuinanspruchnahme von Flächen haben mit den vorstehenden Überlegungen eine Fundierung im Nachhaltigkeitsbegriff; sie ließe sich als Auftrag zur Bestimmung eines „*safe minimum*" verstehen.[16] Flächen sind nicht als erneuerbare, sondern als endliche Ressource zu behandeln, die sparsam und mit Rücksicht auf zukünftige Generationen verbraucht werden sollte. Eine spezifizierte Maßgabe für das zulässige Maß der Flächeninanspruchnahme lässt sich aber daraus nicht ableiten. Gesetzliche Vorgaben wie etwa die des § 1 Abs. 3 Nr. 2 BNatSchG, Böden so zu erhalten, dass sie ihre Funktion im Naturhaushalt erfüllen können, mögen bei wohlwollender Interpretation dem Gesamtflächenverbrauch eine Grenze ziehen.[17] Praktisch einfach umzusetzen ist eine solche Bestimmung jedoch nicht. Dafür bedarf es quantitativer Festlegungen.

So hat sich die Bundesregierung im Rahmen ihrer Nachhaltigkeitsstrategie das Ziel gesetzt, bis zum Jahr 2020 die tägliche zusätzliche Freiflächeninanspruchnahme auf 30 Hektar zu begrenzen.[18] Diese Vorgabe ist ersichtlich auf eine Umorientierung gerichtet, und die muss am tatsächlichen Sachverhalt ansetzen. Angesichts einer in den Jahren 2009 bis 2012 ermittelten Freiflächen-

---

[14] Vielfach wird der qualitative Bodenschutz vom quantitativen unterschieden, s. etwa *Akademie für Raumforschung und Landesplanung* (Hrsg.), Flächenhaushaltspolitik: Feststellungen und Empfehlungen für eine zukunftsfähige Raum- und Siedlungsentwicklung, 1999, S. 4.

[15] *Bundesamt für Bauwesen und Raumordnung (BBSR)*, Flächenverbrauch, Flächenpotenziale und Trends 2030, 2014, S. 3.

[16] *C. Schröter-Schlaack*, Steuerung der Flächeninanspruchnahme durch Planung und handelbare Flächenausweisungsrechte, 2013, S. 80.

[17] *Gröhn* (Fn. 9), S. 375.

[18] *Bundesregierung*, Perspektive für Deutschland. Unsere Strategie für eine nachhaltige Entwicklung, 2002, S. 287 ff.

inanspruchnahmerate von etwa 74 Hektar pro Tag ist das Nachhaltigkeitsziel der Bundesregierung durchaus als anspruchsvoll zu bezeichnen,[19] kann aber nur als Zwischenstation gewertet werden. Berücksichtigt man die stagnierenden und sogar mittelfristig rückläufigen Bevölkerungszahlen in Deutschland und die Endlichkeit der zur Verfügung stehenden Fläche, so liegt es näher, mittel- und langfristig eine Flächenverbrauchsrate von „netto Null" anzustreben.[20] Eine programmatische Verankerung eines solchen Ziels ist im Entwurf für einen Landesentwicklungsplan in Nordrhein-Westfalen vorgesehen.[21] Allerdings hat das Netto-Null-Ziel nur eine Leitbild- und -orientierungsfunktion. Die Landesplanung verfügt im Prinzip über effektivere Instrumente des Flächensparens (III.2.).

bb) Räumliche Differenzierung

Welches pauschale, bundesweit geltende Ziel für die Reduzierung der Freiflächeninanspruchnahmerate auch (bundes-)politisch gesetzt werden mag – es muss nicht nur quantitativ und im ersten Zugriff proportional zu seiner Größe auf das jeweilige Land „umgerechnet" werden, es muss vor allen Dingen auch räumlich unterschiedlichen Bedürfnissen und Entwicklungen Rechnung tragen. Während die demographische Entwicklung im Bundesgebiet in den nächsten Jahrzehnten einen Bevölkerungsrückgang erwarten lässt, gibt es durchaus Regionen, die dank einer entsprechenden Wirtschaftsentwicklung eher mit einem Bevölkerungszuwachs rechnen müssen.[22] Gebiete solch unterschiedlicher Entwicklung können auch dicht beieinander liegen,[23] so dass sich Regionalpläne und deren höher aufgelöste Darstellung für die erforderlichen Differenzierungen besonders empfehlen dürften.

cc) Schutz vor Zersiedelung

Für die Erfüllung verschiedener Bodenfunktionen ist auch die Frage maßgeblich, wie groß unzerschnittene Räume sind. Das gilt zunächst einmal für den Siedlungsbereich, bei dem eine kompakte Rauminanspruchnahme zahlreiche Vorteile gegenüber zersiedelten und zersplitterten Gebieten aufweist. Auch für den Schutz der Biodiversität sind unzerschnittene Lebensräume von großer Bedeutung. Ein Ziel nachhaltiger Flächenpolitik muss daher die Erhaltung großräumiger, unzerschnittener Waldgebiete sein.[24]

---

[19] *BBSR* (Fn. 15), S. 3.

[20] So auch die *Kommission Bodenschutz beim Umweltbundesamt*, Flächenverbrauch einschränken – jetzt handeln, 2009, S. 7.

[21] *Staatskanzlei Nordrhein-Westfalen*, Landesentwicklungsplan Nordrhein-Westfalen, Entwurf, 2013, S. 6, 28.

[22] Im Überblick *BBSR* (Fn. 15), S. 3 ff.

[23] *BBSR* (Fn. 15), S. 5.

[24] *SRU* (Fn. 10), Tz. 348.

2. Datengrundlagen

Wie bereits erwähnt, betrug die Freiflächeninanspruchnahmerate in Deutschland in den Jahren 2009 bis 2012 gemittelt rund 74 Hektar pro Tag.[25] Die dieser Aussage über die Zunahme der Siedlungs- und Verkehrsfläche zugrunde liegende Statistik beruht auf einem über Jahrzehnte gewachsenen System zur Erfassung der Bodennutzung und kann im Grundsatz als zuverlässig gelten. Ein paar Eigenheiten sind jedoch bei ihrer Würdigung zu beachten, um Fehlschlüsse zu vermeiden.

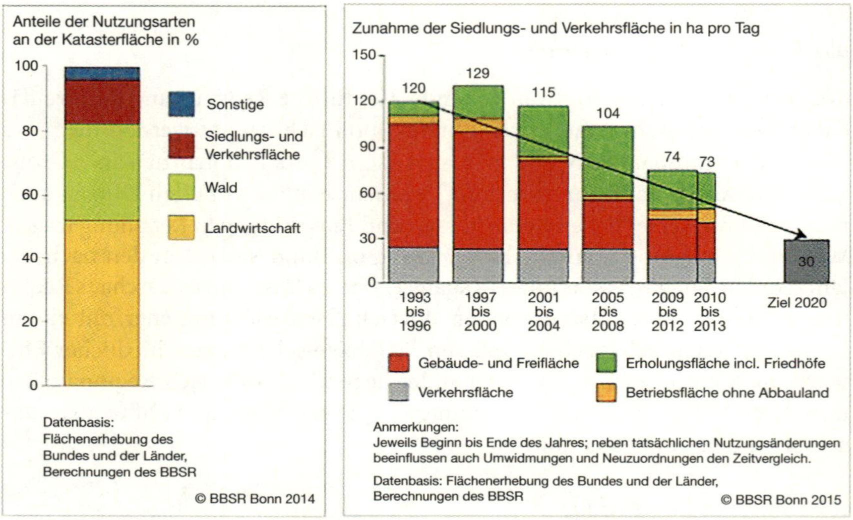

Quelle: www.bbsr.bund.de/BBSR/DE/Raumentwicklung/Flaechenpolitik/Projekte/30Hektar Ziel/30_ha_ziel.html?nn=413116

a) Vermessungs- und Katastergesetze: Verlässlichkeit der Daten

Grundstücksbezogene Register waren in lokalem Rahmen bereits im 18. Jahrhundert geführt worden, um Eigentumsfragen zu klären und eine auf der Grundstücksgröße beruhende Besteuerung zu ermöglichen.[26] Im Zentrum der Arbeit der Katasterämter stand daher das landwirtschaftlich oder für Siedlungszwecke genutzte Grundstück. Mittlerweile ergänzen weitere Daten die Infor-

---

[25] *BBSR* (Fn. 15), S. 3.

[26] S. nur beispielhaft *W. Timm*, Kataster der kontribuablen Güter in der Grafschaft Mark, 1705, 1980; *D. Wesely*, Steuerreform und Katasterkartographie im Fürstentum Fürstenberg im 18. Jahrhundert, 1995.

mationen über die Nutzung der Böden etwa in Gestalt der Agrarstatistik.[27] In Zeiten der satellitengestützten Geographie würde man nunmehr eine hinreichend vollständige und verlässliche Digitalisierung der Landnutzung in Form von geographischen Informationssystemen (GIS) erwarten; Satellitenaufnahmen erschließen aber weder Grundstücksgrenzen noch alle bodenrelevanten Qualitätsdaten (etwa über die Bodenerosion oder die Schadstoffbelastung).

Daher steht das Vermessungswesen zurzeit vor der Aufgabe, die bereits vorhandenen Daten des automatisierten Liegenschaftsbuches aufzuarbeiten und sie auf ein GIS-basiertes Informationssystem (ALKIS) umzustellen. Ihr Ziel ist es, den Zugriff auf die Daten zu erleichtern und die Vergleichbarkeit und Aussagekraft der Informationen zu erhöhen.[28] Maßgeblich ist zurzeit außerdem der so genannte AAA-Ansatz, der das Amtliche Topographisch-Kartographische Informationssystem (ATKIS), die im Amtlichen Liegenschaftskatasterinformationssystem (ALKIS) integrierten Daten des Liegenschaftskatasters sowie die im Amtlichen Festpunktinformationssystem (AFIS) vorhandenen Daten zusammenführt. Die Konsolidierung der Länderdaten mit zum Teil in Einzelheiten gehenden Informationen über Hausumrisse oder 3D-Stadtmodelle zur Lärmausbreitungsrechnung setzt eine aufwendige Migration und Harmonisierung von Daten voraus, weshalb erst nach und nach ein vollständiges und einheitliches Geoinformationssystem entsteht.

b) Die Methodik der statistischen Erfassung der Bodennutzung: der Nutzungsartenkatalog

Mit Blick auf die hier interessierende Frage nach der Rate der Flächeninanspruchnahme ist die Methodik der Erhebung der Flächennutzungsdaten von erheblicher Bedeutung. So versteht es sich nicht von selbst, ob und inwieweit eine bestimmte Nutzung Niederschlag in der Statistik findet. Gewisse Schwierigkeiten bereitet für eine bundesweite Erfassung der Flächeninanspruchnahmerate trotz der Unterstützung des Bundesamtes für Kartographie und Geodäsie zunächst einmal, dass der Bund hierzu mangels umfassender Gesetzgebungskompetenz auf die Länder angewiesen ist.[29] Diese sollen über die Arbeitsgemeinschaft der Vermessungsverwaltungen der Länder der Bun-

---

[27] Rechtsgrundlage ist das Gesetz über Agrarstatistiken (Agrarstatistikgesetz – AgrStatG) v. 17.12.2009 (BGBl. I S. 3886), zuletzt geändert durch Art. 1 des Gesetzes vom 5.12.2014 (BGBl. I S. 1975); kritische Würdigung bei *M. Erhard et al.*, Bundesweite Betrachtung der Zusammenhänge zwischen Agrarstatistikdaten und aktuellen Daten zur Bodennutzung, UBATexte 71/02.

[28] Einen Überblick über vorhandene Flächennutzungsdaten gibt *Bundesamt für Bauwesen und Raumordnung (BBSR)*, Neuere Flächennutzungsdaten, BBSR-Analysen KOMPAKT 2/2013, S. 3 ff.

[29] Für einzelne Bereiche existieren jedoch Bundesgesetze, so etwa das bereits erwähnte Agrarstatistikgesetz.

desrepublik Deutschland (AdV[30]) ausweislich von Nr. I.1 des Katalogs die bundeseinheitliche Gliederung und Bezeichnung der tatsächlichen Nutzungen im Liegenschaftskataster sicherstellen.[31] Die Vergleichbarkeit der unter seiner Heranziehung erhobenen Daten kann allerdings darunter leiden, dass er in den Ländern unterschiedlich ausgelegt und angewendet wird.[32] Die Zuordnung ehemals militärisch genutzter Flächen erwies sich genauso als problematisch wie der Umgang mit dem Tagebau.[33]

In grober Einteilung werden nach dem Katalog der unterschiedlichen Nutzungsarten im Liegenschaftskataster und ihrer Begriffsbestimmungen (ALKIS) die Nutzungsartenbereiche Siedlung, Verkehr, Vegetation und Gewässer unterschieden. Eine feinere Aufteilung der Nutzungsartenbereiche erfolgt dann durch 26 Nutzungsartengruppen.[34] Die Nutzungsarten*gruppen* des Nutzungsarten*bereichs* „Siedlung" umfassen etwa

- Wohnbaufläche
- Industrie- und Gewerbefläche
- Halde
- Bergbaubetrieb
- Tagebau, Grube, Steinbruch
- Fläche gemischter Nutzung
- Fläche besonderer funktionaler Prägung
- Sport-, Freizeit- und Erholungsfläche
- Friedhof[35]

Die Landwirtschaft wird unterteilt in

- Landwirtschaft
- Wald
- Gehölz
- Heide
- Moor
- Sumpf
- Unland, Vegetationslose Fläche

Der Nutzungsartenkatalog und seine Anwendung haben weitreichende Konsequenzen: was als Nutzungsart nicht vorgesehen ist, wird von dem Liegenschaftskataster nicht erfasst. So tauchen Brachflächen im ALKIS-Nutzungskatalog nur als Brachland der Landwirtschaft auf, nicht als Siedlungsbrachen.[36] Für die

---

[30] www.adv-online.de/Startseite (zuletzt abgerufen am 22.10.2015)

[31] *Arbeitsgemeinschaft der Vermessungsverwaltungen der Länder der Bundesrepublik Deutschland (AdV)*, Nutzungsartenkatalog, 2011, S. 2.

[32] Das kann zu Fehlinterpretationen der Statistik führen, s. *SRU* (Fn. 3), Tz. 339.

[33] S. nur die Erläuterungen des *BBSR* (Fn. 28), S. 13; *SRU* (Fn. 3), Tz. 339.

[34] *AdV* (Fn. 31), S. 2.

[35] *AdV* (Fn. 31), S. 2.

[36] Brachland als Nr. 31600, *AdV* (Fn. 31).

Entwicklung der Flächeninanspruchnahme ist aber von Bedeutung, wie leicht Investoren und Gemeinden Zugriff auf in Betracht kommende (Siedlungs-) Brachflächen haben;[37] verschiedene Bundesländer haben entsprechende Datenbanken entwickelt und stellen sie den Kommunen zur Verfügung.[38] Ein bundeseinheitliches und flächendeckendes Brachflächenkataster existiert jedoch nicht. Planfeststellungen und andere Nutzungsbestimmungen werden ebenfalls nicht erfasst.[39] Besonders misslich erscheint, dass bestimmte Datensätze „lineare Elemente" wie Verkehrsflächen erst ab einer Breite von 100 m erfassen und sie im Übrigen der sie *umgebenden* Landnutzungsklasse zuordnen.

Mit Blick auf den Freiflächenverbrauch der Windkraft- und Photovoltaikanlagen gilt, dass er von dieser Flächenerhebung grundsätzlich nicht wahrgenommen wird; eine landwirtschaftliche Fläche bleibt nach den ALKIS-Vorgaben eine landwirtschaftliche Fläche, auch wenn auf ihr solche Anlagen montiert sind. Das hat weniger seinen Grund in einer nur temporären Nutzung durch die Anlagen als darin, dass es sich um eine Zweitnutzung handelt, die zu schwierigen Zuordnungsfragen etwa steuerrechtlicher Natur führt. Aus Sicht des Gebots zur sparsamen Freiflächeninanspruchnahme auch bei Maßnahmen der Energiewende kann das nicht ganz befriedigen. Selbst wenn Photovoltaik- und Windkraftanlagen mit einer geringen Versiegelungsquote der in Anspruch genommenen Flächen verbunden sind und prinzipiell auch beseitigt werden können, so sind sie mit Blick auf Zerschneidungseffekte und ihre sonstigen Auswirkungen auf die betroffenen Lebensräume nicht als völlig neutral zu bewerten. Der aus dem Jahre 2011 stammende und damit vor den zur Energiewende führenden Ereignissen erarbeitete Nutzungsartenkatalog sollte daher bei einer Überarbeitung auch – zumindest nachrichtlich – Angaben über den Standort der Anlagen für erneuerbare Energien zulassen.

III. Instrumente des Flächensparens

1. Überblick

Auch wenn mit den vorstehenden Erläuterungen die Flächenerfassung trotz der mittlerweile zur Verfügung stehenden Technik alles andere als trivial ist und manche Daten der weiteren Überprüfung und Verfeinerung bedürfen, darf als gesichert gelten, dass die Freiflächeninanspruchnahme im vergangenen Jahr-

[37] Zu weiteren Voraussetzungen *C. Austermann*, Brachflächenreaktivierung als Instrument der Stadterhaltung und nachhaltiger Innenentwicklung, 2012, S. 53 ff.

[38] S. etwa das niedersächsische Brachflächenkataster (www.lbeg.niedersachsen.de [zuletzt abgerufen am 5.10.2015]).

[39] Dies beklagt auch *J. Wettemann-Wülk*, Nachhaltige Siedlungsentwicklung und Flächeninanspruchnahme in der raumplanerischen Abwägung und politischen Entscheidungsfindung, 2015, S. 2 (Fn. 1).

zehnt erheblich zurückgegangen ist. Dazu dürften vielfältige Instrumente beigetragen haben, die auch in aufwendigen Forschungsvorhaben auf ihre Tauglichkeit untersucht worden sind, von denen sicher das REFINA-Projekt des Bundesministeriums für Bildung und Forschung[40] und das Vorhaben des Bundesamts für Bauwesen und Raumordnung „Perspektive Flächenkreislaufwirtschaft" hervorzuheben wären.[41] Von den Maßnahmen, die sich als zielführend erwiesen haben, muss auch weiter Gebrauch gemacht werden, soll sich die Verringerung der Flächenverbrauchsrate weiter fortsetzen. Im Prinzip kann an verschiedenen Punkten angesetzt werden: Will man nicht starre Quoten zulässigen Flächenverbrauchs festlegen, so müssen angesichts regional unterschiedlichen Flächenbedarfs Möglichkeiten gesucht werden, den Flächenverbrauch trotz des bestehenden Drucks gering zu halten.[42]

Das kann im Prinzip durch ein Kontingentierungssystem geschehen, das den Gemeinden oder anderen Nachfragern handelbare Flächenausweisungsrechte zur Verfügung stellt.[43] Der Charme der Idee bestünde darin, dass mit dem erzielbaren Preis für die Fläche ein Knappheitsindikator entstehen würde, der den Flächenverbrauch dahin lenken könnte, wo er den größten Nutzen stiftet.[44] Abgesehen von der Gefahr der systematischen Unterschätzung gemeinwohlorientierter (und unterfinanzierter) Projekte wirft die Erstzuteilung der notwendigen Flächenausweisungsrechte erhebliche Probleme auf, weshalb entsprechende Vorschläge bislang nicht in nennenswertem Umfang in der Praxis umgesetzt werden konnten.[45] Ergänzend könnte eine Reform der Grundsteuer den Freiflächenverbrauch verteuern.[46]

---

[40] Einen Überblick über REFINA geben *S. Bock et al.*, Schlussbericht Projektübergreifende Begleitung REFINA, 2012; abrufbar unter http://edoc.difu.de/edoc.php?id=50EYAI67 (zuletzt abgerufen am 8.10.2015).

[41] Das Vorhaben nimmt ausdrücklich Bezug auf die Nachhaltigkeitsstrategie der Bundesregierung, s. *Bundesamt für Bauwesen und Raumordnung (BBSR)*, Perspektive Flächenkreislaufwirtschaft. Kreislaufwirtschaft in der städtischen/stadtregionalen Flächennutzung – Fläche im Kreis, Bd. 1 Theoretische Grundlagen und Planspielkonzeption, 2007, S. 11.

[42] Umfassend zu den vielfältigen rechtlichen Instrumenten aus Sicht der Brachflächenrevitalisierung *Austermann* (Fn. 37), S. 79 ff.

[43] Instruktiver Überblick bei *M. Schmalholz*, Steuerung der Flächeninanspruchnahme, 2005; für die Idee mit beachtlichen Gründen werbend *Schröter-Schlaack* (Fn. 16), S. 228 ff.

[44] Zu den ökonomischen Grundlagen *K. Bizer*, Raumordnungsinstrumente zur Flächenverbrauchsreduktion: handelbare Flächenausweisungsrechte in der räumlichen Planung, 2011; vor allem aus juristischer Perspektive *W. Köck* (Hrsg.), Handelbare Flächenausweisungsrechte. Anforderungsprofil aus ökonomischer, planerischer und juristischer Sicht, 2008.

[45] In den USA liegen allerdings praktische Erfahrungen in rund 140 Gebieten mit so genannten Transfer of Development Rights (TDR) vor, s. etwa den Überblick von *R. Pruetz*, Beyond Takings and Givings: Saving Natural Areas, Farmland, and Historic Landmarks with Transfer of Development Rights and Density Transfer Charges, 2003, und *L. Janssen-Jansen/M. Spaans/M. van der Veen*, New Instruments in Spatial Planning: an International Perspective on Non-financial Compensation, 2008; *M. D. Kaplowitz/P. Machemer/R. Pruetz*, Planners' experience in managing growth using transferable developing rights (TDR) in the United States, Land Use Policy 25 (2008), S. 378 ff.

[46] Näheres s. *Austermann* (Fn. 37), S. 250 ff.

Das Planungsrecht hat im Wesentlichen einen anderen Weg beschritten, indem der Gesetzgeber den Planungsträgern ermöglicht, Einfluss auf die Standortwahl mit Hilfe von Vorrang-, Vorbehalts- und Eignungsgebieten zu nehmen (§ 1 Abs. 7 Ziff. 1, 2 und 3 ROG). Vielfach werden angesichts erheblicher, insbesondere aus Art. 28 Abs. 2 GG folgender Gestaltungsspielräume Appelle und Optimierungsgebote zu Hilfe genommen, was flexible und sachgerecht differenzierende Lösungen gestattet. Das wohl bekannteste Beispiel für Letzteres ist die Bodenschutzklausel des § 1a Abs. 2 BauGB, nach der mit Grund und Boden sparsam und schonend umgegangen werden soll.

Die Norm zielt auf eine angemessene, bodensparende Gewichtung des Flächenverbrauchs bei der Abwägung aller Belange; unüberwindbare Grenzen werden der Bauleitplanung durch sie nicht gezogen.[47] Wenn man so will, stellt sie ein Optimierungsgebot mit der Folge einer gewachsenen Begründungslast für die Flächeninanspruchnahme dar; ein Gebot, die Freiflächeninanspruchnahme unter den Vorbehalt zu stellen, dass keine anderen Flächen zur Verfügung stehen, will jedenfalls der VGH Mannheim in seiner Entscheidung vom 21. April 2015 in der Norm nicht sehen.[48] Bei der üblichen natürlich-sprachlichen Darstellungsweise von Gewichtungen bei der Begründung hoheitlicher Entscheidungen muss der Norm daher eine durchgreifende Wirkung versagt bleiben.[49] Die Rechtsprechung weiß daher mit der Vorschrift bislang auch wenig anzufangen. Selbst wenn ein Antragsteller ausdrücklich die Verletzung von § 1a Abs. 2 BauGB rügt, hindert das die Verwaltungsgerichte nicht daran, das herkömmliche Prüfprotokoll des Abwägungsgebots mit der Folge abzurufen, dass Gewichtungsfehler dieser Art kaum gerichtsnotorisch werden (können).[50]

Durchaus größere Bedeutung dürfte den Maßnahmen der Innenverdichtung zukommen,[51] die ebenfalls im Baugesetzbuch ihren gesetzlichen Niederschlag gefunden haben.[52] Auch wenn die Innenverdichtung mit Rücksicht auf den Klimawandel nicht über bestimmte Grenzen hinweg forciert werden darf, ist sie doch ein bedeutsames Mittel des Flächensparens. Insgesamt aber konzentriert sich das Planungsrecht auf Vorgaben für die Art der Flächennutzung und damit auf ihren qualitativen Aspekt; mengenbezogene Instrumente fehlen nahezu völ-

---

[47] NdsOVG, NuR 2015, S. 710 (712).

[48] VGH BW, Urt. v. 21.4.2015, Az. 3 S 748/13, Rn. 64 – juris.

[49] Enttäuschend ist insoweit, dass sich die Bodenschutzklausel selbst bei einer formalen Darstellungsweise der Flächeninanspruchnahme im Rahmen eines Biotopwertverfahrens nicht weiter in der gerichtlichen Kontrolle niederschlägt, s. VGH BW, Urt. v. 21.4.2015, Az. 3 S 748/13, Rn. 52 ff. – juris.

[50] S. etwa BayVGH, Urt. v. 24.8.2015, Az. 2 N 14.486, Rn. 66 ff. – juris; NdsOVG, NuR 2015, S. 710 (715).

[51] Zusammenfassend *J. Hartenstein-Janssen*, Innenverdichtung vor Aussenentwicklung – Der Weg zu einem sparsamen Flächenverbrauch?, Regio Basiliensis – Basler Zeitschrift für Geografie 50 (2010), S. 153 ff.

[52] *W. Köck*/*E. Hofmann*, in: W. Köck et al. (Hrsg.), Effektivierung des raumbezogenen Planungsrechts zur Reduzierung der Flächeninanspruchnahme, 2007, S. 24.

lig. Insofern lohnt es sich, zwei auf die Quantität der Freirauminanspruchnahme wirkende Instrumente näher zu betrachten: die Festsetzung von Siedlungsbereichen im Raumplanungsrecht (2.) und die Heranziehung einer Folgekostenabschätzung im Rahmen der kommunalen Bauleitplanung (3.).

2. Raumplanungsrecht

a) Die flächenverbrauchsbezogenen Vorgaben des Raumordnungsgesetzes

Das Raumordnungsgesetz selbst enthält einen (versteckten) Grundsatz der Raumordnung, nach dem die Flächeninanspruchnahme im Freiraum zu begrenzen und der Freiraum durch übergreifende Freiraum-, Siedlungs- und weitere Fachplanungen zu schützen ist (§ 2 Abs. 2 Ziff. 2 S. 6 ROG). Nach § 2 Abs. 2 Ziff. 2 S. 5 und 6 ROG ist ein großräumig übergreifendes, ökologisch wirksames Freiraumverbundsystem zu schaffen und die weitere Zerschneidung der freien Landschaft und von Waldflächen dabei so weit wie möglich zu vermeiden. Da Grundsätze der Raumordnung in der Abwägung überwunden werden können, setzen diese Gebote der Flächeninanspruchnahme aber keine festen Grenzen.[53] Denkbar wäre auch, das 30-ha-Ziel der Bundesregierung als Ziel der Raumordnung in das ROG aufzunehmen;[54] angesichts der bei seiner Konkretisierung zu erwartenden Verteilungsprobleme bis in die Gemeinden hinein litte ein solcher Ansatz unter denselben Schwierigkeiten, mit denen die Idee der handelbaren Flächenausweisungsrechte zu kämpfen hat.

b) Landes- und Regionalplanung

Die Landesplanungsgesetze und die auf ihrer Grundlage entwickelten Landesentwicklungsprogramme oder -pläne greifen die erwähnten Grundsätze des ROG auf; verschiedentlich werden sie zu Zielen der Raumordnung aufgewertet. So erfreulich solche Freiraumsicherungsvorschriften aus Sicht der nachhaltigen Siedlungsentwicklung sind, aufgrund der semantischen Vagheit der Vorgaben darf ihre Durchsetzungskraft nicht überschätzt werden. Einen – vielleicht entscheidenden – Schritt weiter war der Regionalplan für Mittelthüringen aus dem Jahre 2010 gegangen, indem er mit Ziel Z 2–3 und dem entsprechenden Kartenteil des Plans Siedlungszäsuren festlegte, mit denen naturschutzfachlich wertvolle, für die Naherholung bedeutende oder für die Landwirtschaft wichtige siedlungsnahe Freiräume und Areale gesichert wurden.[55] Gewisse Einschrän-

---

[53] So auch bedauernd *Schröter-Schlaack* (Fn. 16), S. 179.

[54] Das hielte *Kerstin Gröhn* – ohne eingehende Prüfung – für verfassungsrechtlich zulässig: *Gröhn* (Fn. 9), S. 376 f.

[55] *Regionale Planungsgemeinschaft Mittelthüringen*, Regionalplan Mittelthüringen, genehmigt durch das Thüringer Ministerium für Bau, Landesentwicklung und Verkehr mit Bescheid vom 9.6.2011, 2011, S. 23.

kungen hinsichtlich der Genauigkeit der Festlegungen ergaben sich aus dem gewählten Maßstab des Kartenteils, der nur ausnahmsweise eine parzellenscharfe Darstellung zuließ.[56] Als Rechtsgrundlage für das Ziel kam § 11 Abs. 2 ThürLPlG 2001 in Betracht, nach dem Regionalpläne Festlegungen über den Schutz und die Entwicklung des Freiraums treffen durften. Mit dem genannten Ziel schloss der Regionalplan Siedlungsflächenerweiterungen über die mittels Siedlungszäsuren begrenzten Siedlungsbereiche hinaus ausdrücklich aus. Wegen des Anpassungsgebots des § 1 Abs. 4 BauGB setzten sich diese Vorgaben gegenüber der kommunalen Bauleitplanung trennscharf durch. Bestehende Bauleitpläne mussten daher mit den Siedlungsbereichen kompatibel gemacht werden.

Hinsichtlich der kommunalen Flächen, für die keine Bauleitpläne galten, traf das genannte Ziel Z 2–3 keine ausdrückliche Regelung. Welche Folgen ein Ziel der Raumordnung für die kommunale Bauleitplanung im Einzelnen hat, ergibt sich aus dem jeweiligen Landesrecht; für Thüringen sieht § 7 Abs. 1 ThürLPlG 2012 (§ 18 Abs. 1 ThürLPlG a. F.) eine Erstaufstellungspflicht für den Fall vor, dass der Bauleitplan zur Verwirklichung von Zielen der Raumordnung erforderlich ist.[57]

Siedlungszäsuren wie in dem Regionalplan Mittelthüringen 2010 setzen der Planungshoheit der Gemeinden strikte Grenzen und sind daher vor Art. 28 Abs. 2 GG rechtfertigungsbedürftig.[58] Die Norm – und der gleichlautende Art. 91 Abs. 1 ThürVerf – geben den Gemeinden das Recht, in eigener Verantwortung über die örtlichen Angelegenheiten zu entscheiden. Das genannte Recht steht aber unter Gesetzesvorbehalt; Eingriffe in die kommunale Gebietshoheit bis hin zur Gebietsauflösung sind daher grundsätzlich zulässig,[59] setzen jedoch ein entsprechendes verfassungsmäßiges Gesetz und dessen verfassungskonforme Anwendung voraus. Da nach Art. 92 ThürVerf die Änderung des Gebiets von Gemeinden und Landkreisen aus Gründen des öffentlichen Wohls gestattet ist, dürfte unter dieser Voraussetzung erst recht eine Beschränkung der Verfügungsmacht über das eigene Gemeindegebiet zulässig sein.

Ob sich der Regionalplan Mittelthüringen und das Landesentwicklungsprogramm auf das Landesplanungsgesetz wirklich hatten stützen lassen, erscheint rückschauend ein wenig fraglich, da das damals geltende Landesplanungsgesetz

---

[56] Die Karte 4-1 Freiraumsicherung verwendete den Maßstab 1 : 375.000 (Bekanntgabe der Genehmigung im Thüringer Staatsanzeiger Nr. 31/2011 v. 1.8.2011); für Regionalpläne gebräuchlich ist maximal ein Maßstab von 1 : 100.000.

[57] Thüringer Landesplanungsgesetz (ThürLPlG) v. 11.12.2012, ThürGVBl. 2012, S. 450.

[58] Keine grundsätzlichen verfassungsrechtlichen Grenzen von Siedlungszäsuren erkennt *B. Schütze*, Aufgabe und rechtliche Stellung der Landschaftsplanung im räumlichen Planungssystem: vergleichende rechts- und verwaltungswissenschaftliche Studie zur Aufgabe und Leistungsfähigkeit der Landschaftsplanung in den Flächenländern, 1994, S. 104 ff.

[59] ThürVerfGH, NVwZ-RR 1999, S. 55 (56).

den Regionalplänen zwar erlaubte, Festlegungen über den Schutz und die Entwicklung des Freiraums zu treffen (§ 11 Abs. 2 S. 1 Ziff. 2 ThürPlG 2001). Daraus aber die parzellenscharfe Befugnis abzuleiten, den Gemeinden eine städtebauliche Entwicklung in bestimmten Teilen ihres Gemeindegebiets zu verbieten, wäre angesichts der drastischen Folgen am Verhältnismäßigkeitsgrundsatz zu messen und im Einzelfall mit Risiken behaftet.

Die Frage darf jedoch angesichts der geänderten Vorgaben des geltenden Landesplanungsgesetzes aus dem Jahre 2012 und des darauf gestützten Landesentwicklungsprogramms 2025 auf sich beruhen. Weder das neue Landesplanungsgesetz noch das neue Landesentwicklungsprogramm 2025 enthalten ein derart ambitioniertes Freiraumsicherungsinstrumentarium, sondern belassen es trotz der im Verfahren zur Aufstellung des Landesentwicklungsplans 2025 vorgebrachten beachtlichen Argumente der Regionalen Planungsgemeinschaft Mittelthüringen[60] bei vagen Orientierungsvorschriften, nach denen etwa die Landesplanung einer weiteren Zerschneidung des Freiraums entgegenwirkt und dazu beiträgt, die Thüringer Kulturlandschaft in ihrer Vielgestaltigkeit von Siedlung und Freiraum zu erhalten.[61]

Nicht viel hilfreicher ist die in Ziffer 2.4 des Landesentwicklungsplans 2025 als Leitvorstellung bezeichnete Maßgabe, die Flächenneuinanspruchnahme für Siedlungs- und Verkehrszwecke solle weiterhin kontinuierlich mit dem Ziel reduziert werden, bis 2025 die Neuinanspruchnahme durch aktives Flächenrecycling (in der Summe) auszugleichen.[62] Das ist als solches zu begrüßen, lässt aber konkret-räumliche Verbindlichkeit vermissen, was mit Vorranggebieten für Landwirtschaft und Freiräume zum Teil kompensiert werden kann. Insgesamt werden mit der neuen thüringischen Rechtslage die Möglichkeiten jedoch nicht ausgeschöpft, die das frühere Landesplanungsgesetz und das Raumplanungsrecht als solches grundsätzlich bieten, auf regionaler Ebene und damit räumlich hinreichend differenzierte Vorgaben für den Flächenverbrauch durch Siedlungsbau zu machen.

3. Erhöhung der Transparenz: Wirtschaftlichkeitsvergleich durch Folgekostenabschätzung

Während die Raumplanung den Gemeinden hinsichtlich der Neuausweisung von Baugebieten und auch der Ausdehnung von Siedlungen ohne Bebauungs-

---

[60] *Regionale Planungsgemeinschaft Mittelthüringen (RPG)*, Beschluss Nr. RPV 16/08/11 v. 14.11.2011, Stellungnahme der Regionalen Planungsgemeinschaft Mittelthüringen zum 1. Entwurf des Landesentwicklungsprogramms (LEP 2025), Rz. 41, 143.

[61] Etwa § 1 Abs. 3 Ziff. 2 ThürLPlG 2012.

[62] *Freistaat Thüringen*, Landesentwicklungsprogramm Thüringen 2025 v. 15.5.2014, ThürGVBl. Nr. 6 /2014 v. 4.7.2014, Ziff. 2.4, S. 33 (s. a. www.thueringen.de/th9/tmil/landesentwicklung/rolp/lep2025 [zuletzt abgerufen am 8.10.2015]).

plan rechtlich verbindliche Grenzen ziehen kann, setzen andere Mittel an den Gründen an, die die Kommunen dazu veranlassen können, neue Baugebiete zu schaffen. Vielfach spielen die mit der Ausweisung von Baugebieten verbundenen wirtschaftlichen Chancen eine große Rolle. Das ist angesichts der Finanzlage vieler Gemeinden nachvollziehbar, beruht aber auf verschiedenen Voraussetzungen, die nicht so häufig gegeben sind, wie sich die Kommunen das wünschen würden.

Hier setzt die Folgekostenabschätzung an. Angesichts der komplexen Abwägungsaufgaben, vor die die Gemeinden gestellt sind – man denke nur an den Abwägungsauftrag des § 1 Abs. 6 und 7 BauGB und die vielfältigen Verfeinerungen, die die Rechtsprechung dazu entwickelt hat[63] –, und die einen schonenden Ausgleich unter einer Vielzahl von widerstreitenden Interessen verlangen, können sich langfristige umweltpolitische Zielsetzungen wie die Reduzierung des Flächenverbrauchs gegen die Hoffnung auf einen positiven Beitrag zur Kassenlage nur schwer behaupten. Um das Bewusstsein für die Konsequenzen einer bestimmten planerischen Konzeption zu schärfen und den öffentlichen Diskurs über sie zu erleichtern, ist verschiedentlich vorgeschlagen worden, die Begründungsanforderungen bei Bauleitplänen auszubauen. Nach § 2a BauGB ist bereits der Entwurf eines Bauleitplans mit einer Begründung zu versehen, die auch die betroffenen Umweltbelange darlegt (§ 2a Ziff. 2 BauGB).

§ 9 Abs. 8 BauGB verlangt darüber hinaus, dem Bebauungsplan eine Begründung beizufügen, die ebenfalls die Angaben nach § 2a BauGB enthalten muss.[64] Gerade die Bodenschutzklausel des § 1a Abs. 2 BauGB, nach der mit Grund und Boden sparsam und schonend umzugehen ist, verlangt nach einer Erläuterung, wieso die mit der Flächenneuinanspruchnahme verbundene Bodenversiegelung notwendig sein soll. Unterstützt werden das Begründungsgebot nach § 9 Abs. 8 BauGB und die Bodenschutzklausel durch die Anforderungen des § 10 Abs. 4 BauGB. Danach ist dem Bebauungsplan eine zusammenfassende Erklärung beizufügen über die Art und Weise, wie die Umweltbelange und die Ergebnisse der Öffentlichkeits- und Behördenbeteiligung in dem Bebauungsplan berücksichtigt wurden, und aus welchen Gründen der Plan nach Abwägung mit den geprüften, in Betracht kommenden anderweitigen Planungsmöglichkeiten gewählt wurde.

Manches davon wird ohne methodische Probleme dargelegt werden können, etwa der Umstand, dass für die mit dem Plan verfolgten Zwecke geeignete Brachflächen nicht vorhanden sind. Welches Gewicht aber der Freiflächeninanspruchnahme beigelegt wurde und worauf sich die Hoffnungen der Gemeinde stützen, dass sich die Aufwendungen für das neue Baugebiet auch lohnen wer-

---

[63] *W. Söfker*, in: W. Ernst/W. Zinkahn/W. Bielenberg (Begr.), BauGB, § 1 Rn. 188–193 (Stand: 2015) m. w. N.

[64] Für Flächennutzungspläne gilt Entsprechendes, § 5 Abs. 5 BauGB.

den, kann nicht so ohne weiteres nachvollziehbar expliziert werden. Rein verbale, natürlich-sprachliche Lösungen kommen hier schnell an ihre Grenzen („erhebliche Bedeutung für die weitere städtebauliche Entwicklung").[65] Hier setzen Folgenkostenabschätzungen an, mit denen in formaler Form analysiert wird, welche monetären und sonstigen Auswirkungen von einer Planung erwartet werden müssen. Diese können sowohl auf der Ebene der Bauleitplanung als auch bei der Regionalplanung zum Einsatz kommen.[66]

Bauplanungsrechtlich gefordert sind solche Analysen nach der Rechtsprechung des Bundesverwaltungsgerichts nicht. Das Gericht räumt den Gemeinden auch mit Blick auf das Erforderlichkeitsgebot des § 1 Abs. 3 BauGB weite Spielräume ein und stellt sie von der Pflicht zur Durchführung einer Bedarfsanalyse frei.[67] Auch führt mit dem Grundsatz der Planerhaltung und den Fehlerfolgenregelungen der §§ 214, 215 BauGB nicht jeder Rechtsfehler eines Bebauungsplans zu seiner Aufhebung. Das ändert jedoch nichts daran, dass das bauplanungsrechtliche Abwägungsgebot eine Gesamtbetrachtung aller Planungsfolgen verlangt und diese Anforderung auch sachlich gerechtfertigt ist. Das setzt die hinreichend informative und gründliche Aufarbeitung der berührten Teilbereiche voraus, zu denen gerade auch die Infrastrukturfolgekosten zählen.

Das macht das Instrument des Infrastrukturfolgekostenrechners bereits für strategische Überlegungen im Vorfeld einer Regionalplanung[68] und für Flächennutzungspläne interessant.[69] Besondere Relevanz hat der Infrastrukturfolgenkostenrechner aber im Rahmen der verbindlichen Bauleitplanung. Auch wenn vergleichbare Bemühungen in verschiedenen Ländern zu sehen sind,[70] verdient der vom Land Rheinland-Pfalz bereit gestellte und den Kommunen durch Beschluss der Landesregierung vom 25. November 2014 zur Verwendung empfohlene „Folgekostenrechner" besondere Beachtung.[71] Der „Folgekostenrechner" zeigt, dass die informative Aufbereitung der berührten Teilbereiche unter

---

[65] Näheres zur Methodik *E. Hofmann*, in: W. Köck et al. (Hrsg.), Effektivierung des raumbezogenen Planungsrechts zur Reduzierung der Flächeninanspruchnahme, 2007, S. 65 f.

[66] S. zur Regionalplanung etwa *S. Siedentop et al.*, Infrastrukturkostenrechnung in der Regionalplanung, „Werkstatt-Praxis", Heft 43, 2006.

[67] BVerwG, Beschl. v. 14.8.1995, Az. 4 NB 21/95 – juris.

[68] Zum methodischen Ansatz im Überblick *S. Siedentop et al.*, Siedlungsentwicklung und Infrastrukturfolgekosten. Bilanzierung und Strategieentwicklung, 2006, S. 35 ff.

[69] *B. Frielinghaus*, Ökonomisches Entscheidungstool zur Wohnbaulandentwicklung. Wirtschaftlichkeitsanalysen potenzieller Wohnbauflächen auf der Ebene des Flächennutzungsplanes, 2010, verwendet hierfür eine Microsoft Excel-Oberfläche, S. 83 ff. S. a. *O. Hess*, Abschätzung von Infrastrukturfolgekosten: Entwicklung eines Tools zur frühzeitigen Analyse der Infrastrukturfolgekosten auf Flächennutzungsplanebene (Masterarbeit an der Universität Tübingen), 2013.

[70] Zur Boden-Wert-Bilanz von Gewerbebrachflächen *Hofmann* (Fn. 65), S. 69 f.

[71] Rheinland-Pfälzisches Ministerium für Wirtschaft, Klima Energie und Landesplanung, Rheinland-Pfälzisches Ministerium für Finanzen, Folgekostenrechner Version 1.38, www.folgekostenrechner-rlp.de (zuletzt abgerufen am 8.10.2015).

Heranziehung von elektronischen Entscheidungsunterstützungssystemen und ohne prohibitiven Aufwand bewältigt werden kann. Das kleine und hinsichtlich der erforderlichen Hardware anspruchslose Windows-Programm erlaubt es den Gemeinden, den nach § 10 Abs. 1 GemHVO RP im Falle von Investitionen von erheblicher finanzieller Bedeutung verlangten Wirtschaftlichkeitsvergleich durchzuführen und die wirtschaftlichen Folgen einer Baugebietsneuausweisung abzuschätzen. Dazu benötigt das Programm verschiedene Angaben über das geplante Baugebiet, die erforderlichen Aufwendungen zu seiner Erschließung einschließlich der Überwälzbarkeit der entsprechenden Kosten und die Altersstruktur der Bewohner. Abhängig von diesen und anderen Daten – etwa der Binnenzuzugsquote, dem voraussichtlichen Aufsiedlungsverlauf und dem Auslastungsgrad am Ende der Aufsiedlung – kann die Software berechnen, welche Gewinne welchen Verlusten gegenüberstehen.

Damit schafft der rheinland-pfälzische Folgenkostenrechner eine ausgesprochen leicht zugängliche und im Ergebnis übersichtliche Grundlage für die wirtschaftliche Beurteilung von Baugebietsausweisungen. Die Erfahrungen in der Praxis werden erweisen müssen, ob die Gemeinden in der erhofften Form davon Gebrauch machen werden, auch um vor einer Inanspruchnahme von Flächen zu prüfen, ob die Hoffnung auf positive Wirkungen eines solchen Plans tatsächlich berechtigt sind.

IV. Fazit und Ausblick

Zusammenfassend lässt sich festhalten, dass sich die Flächenhaushaltspolitik dem Geltungsanspruch des Nachhaltigkeitsgebots nicht entziehen kann und überwiegend auch nicht entzieht. Der Boden ist als erschöpfbare Ressource zu würdigen, deren Zerstörung nach praktischen Maßstäben irreversibel ist. Seine wesentlichen Funktionen, die von der Lebensmittelproduktion über die klimarelevante Speicherung von Kohlenstoff und Voraussetzung für die Sicherung der Biodiversität bis zur Bereitstellung von Flächen für Siedlungen und Verkehrswege reichen, folgen hinsichtlich ihrer Substituierbarkeit ganz überwiegend der Bodenbildungsrate, die bei fruchtbaren Böden zwischen 8 000 und 75 000 Jahren liegt.

Das Gebot, mit Boden so sparsam und sorgsam umzugehen, dass er auch zukünftigen Generationen in hinreichendem Maß und hinreichender Güte zur Verfügung steht, muss freilich konkretisiert werden, soll es effektiv umgesetzt werden. Die Bundesregierung hat sich mit dem 30-ha-Ziel insoweit eine quantifizierte Vorgabe gemacht, die trotz der in den letzten Jahren rückläufigen Freiflächeninanspruchnahmerate durchaus als anspruchsvoll gewertet werden kann. Das langfristige Ziel muss bei einer rückläufigen Bevölkerungsentwicklung eine Flächenkreislaufwirtschaft sein, bei der Brachflächen konsequent einer Wiedernutzung zugeführt werden und nur die Flächen versiegelt werden und bleiben, deren Nutzung das auch erfordert.[72]

Die Flächenerfassung ist längst nicht methodisch so selbstverständlich, wie man das angesichts der langen Erfahrungen mit Liegenschaftskatastern meinen könnte. Für die Beurteilung der Flächenverbrauchsentwicklung ist maßgeblich, dass die Daten in den Bundesländern in vergleichbarer Art und Weise erhoben und dass die relevanten Bodennutzungen erfasst werden. Aus Sicht des Nachhaltigkeitsgebots ist es daher bedauerlich, dass Windkraft- und Photovoltaik-Anlagen für die Flächenstatistik bislang keine Rolle spielen. Es ist dann Aufgabe der Landesentwicklung, entsprechende Daten zu erfassen und sie bei der Landes- und Regionalplanung zu berücksichtigen.

Von der Vielzahl der auf die Flächeninanspruchnahme wirkenden Faktoren sind vorstehend zwei besonders auffällige, weil in unterschiedlicher Art und Weise auf die Flächeninanspruchnahme wirkende Instrumente näher dargestellt worden: die Regionalplanung und die Folgekostenabschätzung. Da sich die Raumplanung und damit auch die Regionalplanung unter bestimmten Voraussetzungen gegenüber den Planungsvorstellungen der Gemeinden durchzusetzen vermag, hat sie das Potential, Freiräume parzellenscharf zu sichern. Das geht über im Prinzip überwindbare Abwägungsgebote wie die Bodenschutzklausel des § 1a Abs. 2 BauGB deutlich hinaus. Dass sich das thüringische Landesplanungsgesetz 2012 und der entsprechende Entwurf für ein Landesentwicklungsprogramm von diesem vielversprechenden Ansatz wieder verabschiedet haben, stellt jedenfalls instrumentell einen gewissen Rückzug der Regionalplanung auf dem Gebiet der Reduzierung der Flächeninanspruchnahmerate dar.

In seiner Wirkungsweise vergleichsweise indirekt ist dagegen der Ansatz, den Planungsträgern, insbesondere den Gemeinden die Folgen einer Baulandausweisung vor Augen zu führen. Entsprechende Vorschläge sind sowohl für die Ebene der Regionalplanung, für Flächennutzungspläne wie auch für verbindliche Bauleitpläne gemacht worden. Auch wenn nach der Rechtsprechung des Bundesverwaltungsgerichts eine Bedarfsanalyse nicht verlangt werden kann, ist bei der Bauleitplanung eine Gesamtabwägung durchzuführen und der Plan mit einer Begründung zu versehen, welche auch die Umweltbelange einschließlich des Flächenverbrauchs umfasst. Eine solche Begründung kann nunmehr mit Hilfe einer Infrastrukturfolgekostenabschätzung unter Heranziehung von elektronischen Entscheidungsunterstützungssystemen erarbeitet werden. Vorbildlich ist in diesem Zusammenhang der Folgekostenrechner, den das Land Rheinland-Pfalz seinen Gemeinden zur Verfügung stellt. Es wäre dem Instrument zu wünschen, dass von ihm reger Gebrauch gemacht wird.

---

[72] Instruktiv zu den Grundlagen der Konzeption einer Flächenkreislaufwirtschaft *BBSR* (Fn. 41).

Nachhaltigkeit durch Konzentration und Integration von Verfahren

*Wolfgang Durner**

I. Nachhaltigkeit als Herausforderung an das Verwaltungsverfahren

Die Forderung nach der Realisierung des Leitbildes einer nachhaltigen Nutzung der natürlichen Lebensgrundlagen zielt nicht nur auf das materielle Recht, sondern stellt zugleich Herausforderungen an das für die Nutzung oder den Schutz dieser Ressourcen maßgebliche Verwaltungsverfahren. Am Beginn der Nachhaltigkeitsdebatte stand der Hinweis auf die Folgen nicht-nachhaltigen menschlichen Verhaltens wie z. B. der Übernutzung der Wälder, die Öffnung des Blicks auf Grenzen des Wachstums und die Zerstörung der natürlichen Lebensgrundlagen.[1] Dieser Hinweis hinterfragt alle nicht-nachhaltigen Strukturen und damit zugleich auch das Recht, das solches Verhalten ermöglicht und reglementiert. Viele der entsprechenden nicht-nachhaltigen Verhaltensweisen werden durch Verwaltungsentscheidungen gesteuert oder autorisiert. Der an die Gesamtrechtsordnung gerichteten Herausforderung der Nachhaltigkeitsidee muss sich daher auch das Verwaltungsverfahrensrecht stellen. Zumindest punktuell vermögen auch die Konzentration und Integration von Verfahren – die Bedeutung beider etwas schillernden Figuren ist im Folgenden unter IV. genauer zu definieren – Antworten auf diese Herausforderung zu liefern, obwohl gerade bei diesen Instrumenten die Übergänge zum materiellen Recht fließend verlaufen.

II. Integration von Umweltbelangen als Kernelement nachhaltigen Verwaltungsrechts

Als eine der Ursachen für nicht-nachhaltige Verwaltungsentscheidungen können sektoralisierte Entscheidungsstrukturen, -verfahren oder -programme identifiziert werden, die keine Rücksicht auf Nachhaltigkeitsbelange nehmen. Die

---

* Der herzliche Dank des Verfassers für die engagierte und kritische Mitarbeit bei der Ausarbeitung des Beitrags gilt seinen Assistenten Dr. *Armin von Weschpfennig* und *Nicolas Grundhewer*.

[1] Zu den Ursprüngen der Nachhaltigkeitsidee als einer Defizitanalyse bestehender Strukturen *A. Grunwald/J. Kopfmüller*, Nachhaltigkeit, 2. Aufl. 2012, S. 18 ff. Richtungsweisende Überlegungen für die Herausbildung des Leitbildes lieferte namentlich der Bericht von *D. Meadows et al.*, Die Grenzen des Wachstums, 1972, 14. Aufl. 1987.

Integration all dieser Belange und überhaupt weiterer konkurrierender Anliegen ist daher ein berechtigtes Kernelement der Nachhaltigkeit,[2] selbst wenn das ganzheitliche Leitbild einer umfassenden Einbeziehung aller Nachhaltigkeitsbelange in sämtliche relevanten Entscheidungen nicht frei von sozialutopischen Zügen sein dürfte[3] und die originäre Aufgabe des Rechts erschwert, die Komplexität sozialer Entscheidungen zu reduzieren.[4]

In diesem Sinne fordert namentlich Art. 11 AEUV, die Erfordernisse des Umweltschutzes bei der Festlegung und Durchführung der Unionspolitiken insbesondere zur Förderung einer Nachhaltigen Entwicklung einzubeziehen.[5] Dieser Ansatz einer inhaltlichen Integration von Nachhaltigkeitsbelangen durch eine entsprechende Anreicherung des materiell-rechtlichen Entscheidungsprogramms prägt mittlerweile erhebliche Teile des nationalen Rechts und wurde etwa in die Zielbestimmungen in § 1 WHG, § 1 Abs. 1 Nr. 2 BNatSchG, § 1 Abs. 2 ROG oder § 1 Abs. 5 BauGB „integriert", die durch Leitbilder wie die „nachhaltige Raumordnung" oder „nachhaltige Gewässerbewirtschaftung" ganze Teilrechtsgebiete auf das Ziel der Nachhaltigkeit ausrichten[6] oder wie § 1 S. 1 BBodSchG fordern, „nachhaltig" die Funktionen des Bodens zu sichern oder wiederherzustellen. Ob und wieweit eine solche ganzheitliche Überhöhung, die sowohl ökologische als auch wirtschaftliche und soziale Entwicklungsaspekte einbeziehen soll,[7] den Vollzug der genannten Gesetze wirklich nennenswert beeinflusst, ist jedoch nur schwer zu beurteilen.

---

[2] Vgl. dazu programmatisch bereits Report of the World Commission on Environment and Development: Our Common Future, UN-Doc. A/42/427, Annex, Ziffer 48: „The concept of sustainable development provides a framework for the integration of environment policies and development strategies". Umfassend zu diesem Ansatz weiter etwa *I. Appel*, Staatliche Zukunfts- und Entwicklungsvorsorge, 2005, S. 323, *K. Gehne*, Nachhaltige Entwicklung als Rechtsprinzip, 2011, S. 75 ff. sowie *W. Kahl*, in: R. Streinz (Hrsg.), EUV/AEUV, 2. Aufl. 2012, Art. 11 AEUV Rn. 15, die allesamt zwischen interner und externer Integration unterscheiden. Vgl. dazu auch *A. Epiney*, Nachhaltigkeitsprinzip und Integrationsprinzip (in diesem Band).

[3] Vgl. *T. Melde*, Nachhaltige Entwicklung durch Semantik, Governance und Management, 2012, S. 17: „In der Forderung nach einer nachhaltigen Entwicklung kommt die Hoffnung auf eine Re-Integration der sich in ihren expansiven Tendenzen selbst gefährdenden modernen Gesellschaft zum Ausdruck." Zur Überforderung des Umweltrechts durch derartige ganzheitliche Leitbilder vgl. *J. Masing*, Kritik des integrierten Umweltschutzes, DVBl. 1998, S. 549 ff.

[4] Vgl. nur *F. V. Kratochwil*, Rules, Norms and Decisions, 1989, S. 10.

[5] Näher zu dem damit verwirklichten primär materiell-rechtlichen Nachhaltigkeitsansatz *M. Nettesheim*, in: E. Grabitz/M. Hilf/ders. (Hrsg.), Das Recht der Europäischen Union, Art. 11 AEUV Rn. 19 ff. (Stand: 2014); *Kahl* (Fn. 2), Art. 11 AEUV Rn. 17 ff.

[6] Vgl. die Analysen durch *G. Beaucamp*, Das Konzept der zukunftsfähigen Entwicklung im Recht, 2002, S. 241 ff.

[7] Näher etwa *W. Söfker*, in: W. Ernst/W. Zinkahn/W. Bielenberg/M. Krautzberger (Hrsg.), BauGB, § 1 Rn. 103 (Stand: 2013).

III. Die Integration von Umweltbelangen zwischen Verfahren und materiellem Recht

Inhaltliche Nachhaltigkeit in diesem Sinne lässt sich jedenfalls nicht einfach als Ergebnis anordnen, sondern ist auf flankierende prozedurale und institutionelle Vorkehrungen angewiesen.[8] Somit bedarf es zur Verwirklichung dieses Anspruchs auch auf der Ebene des Verfahrensrechts gesetzlicher Regelungstechniken, um die Nachhaltigkeits- und insbesondere Umweltbelange in die maßgeblichen Verwaltungsentscheidungen einzuführen oder die Einhaltung umweltrechtlicher Anforderungen sicherzustellen. Auch die Konzentration und die Integration von Verfahren ermöglichen in diesem Sinne die Einbeziehung von Nachhaltigkeitsaspekten. Insgesamt muss es zu einem Zusammenspiel von Organisationsrecht, Verfahrensrecht und materiellem Recht kommen, das letztlich durch entsprechende Vorkehrungen auf allen drei Ebenen eine in der Sache inhaltlich „nachhaltige" Entscheidung befördert.

1. Die Integration von Nachhaltigkeitsbelangen durch Organisationsrecht

Damit erfordert Nachhaltigkeit bereits eine Organisation der Entscheidungs- und Verwaltungsträger, die eine integrative Betrachtungsweise ermöglicht.[9] Die zuständigen Entscheidungsträger müssen bereits nach Qualifikation, Aufgabenstellung und Anreizstruktur geeignet sein, nachhaltige Entscheidungen zu treffen.[10]

Diese Forderung ist im Kontext einer sog. Verfahrenskonzentration deshalb von besonderer Bedeutung, weil dieses Instrument auch eine Zuständigkeitskonzentration beinhaltet, durch die namentlich auch umweltrechtliche Entscheidungskompetenzen von der allgemein zuständigen Umweltbehörde auf die für ein bestimmtes Vorhaben zuständige Genehmigungsbehörde übertragen werden.[11] Insoweit kann die Konzentration von Verfahren – dies ist sogleich unter V.2.a) zu vertiefen – sogar zu einer Schwächung von Nachhaltigkeitsbe-

---

[8] *Nettesheim* (Fn. 5), Art. 11 AEUV Rn. 25 (Stand: 2014).

[9] Dazu *E. Hofmann*, Nachhaltigkeit und prozedurale Entscheidungsebene (in diesem Band). Dementsprechend kommt auch nach Sicht der Bundesregierung der „institutionellen Integration von Umweltbelangen in andere Politikbereiche" eine Schlüsselrolle bei der Annäherung an das Ideal der Nachhaltigen Entwicklung zu, vgl. *OECD* (Hrsg.) OECD Umweltprüfberichte: Deutschland, 2001, S. 120.

[10] Die hieraus resultierenden Folgerungen sind unterschiedlich; so ist im Hinblick auf das Wasser die Vorstellung verbreitet, allein eine staatliche Verwaltung gewährleiste eine nachhaltige Nutzung dieser elementaren Ressource, und weitere Privatisierungen in der Wasserversorgung schieden daher aus, so exemplarisch *S. Laskowski*, Das Menschenrecht auf Wasser, 2010, S. 50 ff.; *N. Weiß*, Wasser-Fair-Sorgung – Mehrwert durch kommunale Unternehmen, LKV 2008, S. 200 ff.

[11] Vgl. nur *M. Deutsch*, in: T. Mann/C. Sennekamp/M. Uechtritz (Hrsg.), VwVfG, 2014, § 75 Rn. 66; *W. Neumann*, in: P. Stelkens/H. J. Bonk/M. Sachs (Hrsg.), VwVfG, 8. Aufl. 2014, § 75 Rn. 14.

langen führen, der jedoch andererseits durch die Ausweitung des Entscheidungsprogramms auch positive Nachhaltigkeitsaspekte gegenüberstehen.

Dem Anliegen nachhaltigkeitsadäquater Entscheidungsstrukturen kann allerdings nicht nur durch die Zusammensetzung und grundsätzliche Aufgabenstellung der Entscheidungsträger Rechnung getragen werden, sondern auch durch institutionelle Arrangements wie die Einrichtung von Nachhaltigkeits- oder Umweltbeauftragten[12] oder durch das – bereits im Übergangsbereich zum Verfahrensrecht angesiedelte – Erfordernis des Einvernehmens oder zumindest des Benehmens von Stellen und Behörden, die in besonderer Weise zur Wahrung der Nachhaltigkeitsbelange berufen sind. Einen bereits auf der Ebene des Verfassungsrechts angesiedelten Anwendungsfall liefert insoweit Art. 89 Abs. 3 GG, wonach der Bund bei der Verwaltung, dem Ausbau und dem Neubau von Wasserstraßen „die Bedürfnisse der Landeskultur und der Wasserwirtschaft im Einvernehmen mit den Ländern zu wahren" hat. Dieses in § 4 WaStrG deklaratorisch wiedergegebene Einvernehmenserfordernis erstreckt sich mit den Tatbestandsmerkmalen der Landeskultur und der Wasserwirtschaft auch auf – vollzugstechnisch durch die Länder zu wahrende – ökologische Belange[13] und bindet somit die infrastrukturelle Inanspruchnahme der Gewässer als Verkehrswege durch den Bund an eine ökologische Billigung durch die Länder.

Für den vorliegenden Zusammenhang ist besonders hervorzuheben, dass wegen dieser Vorgaben auch wasserwegerechtliche Planfeststellungsverfahren des Bundes nach § 14 WaStrG trotz der mit diesem Verfahren verbundenen Konzentrationswirkung der Zustimmung durch die Länder bedürfen.[14] Ähnlich fordert auch § 19 Abs. 3 WHG für Gewässerbenutzungen, die im Zuge eines Planfeststellungsverfahrens durch die Planfeststellungsbehörde zugelassen werden, das Einvernehmen mit der zuständigen Wasserbehörde.[15] Dieses Erfordernis verleiht der Wasserbehörde erneut „ein echtes Mitbestimmungsrecht, zugleich aber auch eine echte und volle Mitverantwortung".[16]

2. Die Integration von Nachhaltigkeitsbelangen durch Verfahrensrecht

Eine zweite Ebene der Sicherstellungsmechanismen neben dem Organisationsrecht bildet das Verwaltungsverfahren. Ein primär verfahrensrechtlicher Ansatz

---

[12] Vgl. bereits Enquete-Kommission „Schutz des Menschen und der Umwelt", Institutionelle Reformen für eine Politik der Nachhaltigkeit, 1998, S. 317 mit und zu der Forderung nach Nachhaltigkeitsräten oder Nachhaltigkeitsbeauftragten in allen Ressorts.

[13] *A. Friesecke*, Bedürfnisse der Landeskultur als Voraussetzung des Einvernehmens zwischen Bund und Land bei der Verwaltung der Bundeswasserstraßen, NuR 2000, S. 81 ff.; *C. Gröpl*, in: T. Maunz/G. Dürig (Begr.), GG, Art. 89 Rn. 135 und 137 (Stand: 2013).

[14] *A. Friesecke*, WaStrG, 6. Aufl. 2009, § 4 Rn. 7.

[15] Bei Planfeststellungen durch *Bundes*behörden reduziert sich das Erfordernis allerdings auf ein bloßes Benehmen.

[16] *R. Schenk*, in: F. Sieder/H. Zeitler/H. Dahme, WHG. AbwAG, § 19 WHG (2013) Rn. 33.

sind insbesondere vielfältige „Nachhaltigkeitsprüfungen", die nach dem historischen Vorbild der nordamerikanischen Umweltverträglichkeitsprüfung[17] auf eine systematische Ermittlung der Auswirkungen und Konsequenzen abzielen.[18] In diesem Sinne sind letztlich die meisten Verfahren der Folgenabschätzung, also insbesondere Umweltprüfungen[19] wie die Umweltverträglichkeitsprüfung, die Strategische Umweltprüfung oder die FFH-Vogelschutz-Verträglichkeitsprüfung, aber auch die Gesetzesfolgenabschätzung[20] allesamt Instrumente, die auf eine Integration von Umweltbelangen abzielen und damit die Nachhaltige Entwicklung befördern.[21] Auch die etwa in Grundsatz 10 der Rio-Erklärung hervorgehobene Öffentlichkeitsbeteiligung und/oder Partizipation der Öffentlichkeit gilt als zentrales Element eines Verfahrensrechts der Nachhaltigkeit[22] und ist daher bereits durch das Unions- und Völkerrecht mit den Instrumenten der Folgenabschätzung eng verzahnt worden, insbesondere durch die im Zuge der Umsetzung der Århus-Konvention erfolgte Verknüpfung der Öffentlichkeitsbeteiligung mit den Anwendungsbereichen der bestehenden UVP- und IVU-Richtlinien.[23]

3. Schnittmengen und Wechselbeziehungen zwischen Verfahrensrecht und materiellem Recht

Trotz ihrer Zielrichtung verortet zumindest die deutsche Rechtsprechung all diese Instrumente vor dem Hintergrund der traditionellen Vorstellung von der „dienenden Funktion" des Verwaltungsverfahrens[24] weiterhin grundsätzlich auf allein der Ebene des Verfahrensrechts.[25] Die Umweltverträglichkeitsprüfung

---

[17] *G. Mezger*, Umweltverträglichkeitsprüfung, Umweltschutz und räumliche Nutzung in den USA, 1989, S. 235.

[18] Vgl. nur Grundsatz 17 der Rio-Erklärung.

[19] Dazu *S. Schlacke*, Nachhaltigkeit durch Umweltprüfungen (in diesem Band).

[20] Dazu *A. Windoffer*, Nachhaltigkeit und Gesetzesfolgenabschätzung (in diesem Band).

[21] Umfassend dazu *A. Windoffer*, Verfahren der Folgenabschätzung als Instrument zur rechtlichen Sicherung von Nachhaltigkeit, 2011, S. 9 ff.

[22] Vgl. bereits *E. Rehbinder*, Das deutsche Umweltrecht auf dem Weg zur Nachhaltigkeit, NVwZ 2002, S. 657 (664 f.) sowie *K. F. Gärditz*, Nachhaltigkeit durch Partizipation der Öffentlichkeit (in diesem Band).

[23] Vgl. die Richtlinie 2003/35/EG über die Beteiligung der Öffentlichkeit bei der Ausarbeitung bestimmter umweltbezogener Pläne und Programme und zur Änderung der Richtlinien 85/337/EWG und 96/61/EG des Rates in Bezug auf die Öffentlichkeitsbeteiligung und den Zugang zu Gerichten, ABl.EG 2003 L Nr. 156, Erwägungsgrund 11.

[24] Vgl. dazu zusammenfassend *M. Sachs*, in: U. Stelkens/H. J. Bonk/ders. (Hrsg.), VwVfG, 8. Aufl. 2014, § 45 Rn. 8 ff., m. w. N.; zur weiteren Diskussion umfassend *E. Gurlit* und *M. Fehling*, Eigenwert des Verfahrens im Verwaltungsrecht, VVDStRL 70 (2010), S. 227 ff. und 278 ff. sowie *C. Quabeck*, Dienende Funktion des Verwaltungsverfahrens und Prozeduralisierung, 2010.

[25] Obwohl mittlerweile die Fehlerrelevanz des UVPG anerkannt ist, bleibt das BVerwG bei der Deutung der Anforderungen des UVP-Rechts als „verfahrensrechtliche Anforderungen im Vorfeld der Sachentscheidung", die abzuarbeiten sind, ohne indes das Umweltrecht selbst „materiell anzureichern", so BVerwG, NVwZ 2008, S. 563 (566).

bildet nach der deutschen Umsetzung als Instrument eines prozeduralen Integrationsansatzes ein verfahrensrechtliches Gegenstück zu dem materiellen Integrationsansatz der Richtlinie 2010/75/EU über Industrieemissionen.[26] Dieser Deutung gegenüber stehen indes zahlreiche Stimmen, die der Umweltverträglichkeitsprüfung auch materiell-rechtlichen Gehalt zusprechen.[27] Tatsächlich enthalten die meisten einschlägigen Genehmigungstatbestände – etwa die §§ 5 f. BImSchG – Tatbestandsmerkmale, die im Falle einer UVP-Pflicht an die in der UVP gewonnenen Erkenntnisse anknüpfen und damit Verfahrensrecht und materielles Recht verzahnen. Eine weitergehende Berücksichtigung der Untersuchungsergebnisse außerhalb der gesetzlich normierten materiellen Entscheidungsprogramme dürfte indes vom Unionsrecht tatsächlich nicht geboten sein.

Die Diskussion um den materiellen Gehalt der Umweltverträglichkeitsprüfung verdeutlicht jedenfalls, dass die Instrumente der prozeduralen Umweltprüfungen und der Anreicherung des Entscheidungsprogramms nicht beziehungslos nebeneinander stehen, sondern dass auch Nachhaltigkeitsprüfungen letztlich auf eine Berücksichtigung der gewonnenen Erkenntnisse im Rahmen des gesetzlich normierten Entscheidungsprogramms abzielen. Dies bestätigt freilich nur die allgemeine Einsicht, dass Verfahrensrecht und materielles Recht oft ineinander übergehen[28] und teilweise identische Ergebnisse sowohl durch Verfahrensrecht als auch durch materielles Recht erzielt werden können.[29]

4. Die Integration von Nachhaltigkeitsbelangen durch Planungsrecht

Diese Wechselbezüglichkeit von Verfahrensrecht und materiellem Recht prägt schließlich auch die Integration von Nachhaltigkeitsbelangen durch und in das Planungsrecht.[30] Insbesondere die Gesamtplanung wird – sowohl auf der überört-

---

[26] Vgl. in diesem Sinne zuletzt etwa *B. Stüer*, Bau- und Fachplanungsrecht, 5. Aufl. 2015, Rn. 3602: „Die IED-RL beschränkt sich dabei nicht auf eine Integration von Verfahren, sondern verlangt eine materiell-rechtliche Integration aller umweltrelevanten Anforderungen an den Betrieb der Anlage, wie sich aus Art. 5 und 9 IED-RL ergibt. Insbesondere sind nach Art. 9 Abs. 3 und 4 IED-RL Emissionsgrenzwerte auf die besten verfügbaren Techniken zu stützen und im Einzelfall unter Berücksichtigung einer Verlagerung der Verschmutzung von einem Medium auf ein anderes festzusetzen."

[27] In diesem Sinne etwa *M. Beckmann*, in: W. Hoppe/ders. (Hrsg.), UVPG, 4. Aufl. 2012, § 12 UVPG Rn. 66 ff.; *M. Schladebach*, Der Einfluss des europäischen Umweltrechts auf die kommunale Bauleitplanung, 2000, S. 115 ff.; *R. Wulfhorst*, in: R. von Landmann/G. Rohmer (Begr.), Umweltrecht, § 12 UVPG Rn. 36 ff. (Stand: 2010).

[28] Näher *F. Hufen/T. Siegel*, Fehler im Verwaltungsverfahren, 5. Aufl. 2013, Teil 4 Rn. 813 f. Ein Musterbeispiel hierfür liefert etwa § 214 BauGB.

[29] Vgl. etwa das Beispiel bei *W. Durner*, Konflikte räumlicher Planungen, 2005, S. 140; viel weiter indes *C. Franzius*, Wer hat das letzte Wort im Telekommunikationsrecht?, DVBl. 2009, S. 409 (413 f.) mit der These, das Umweltrecht habe gezeigt, dass sogar der „Verzicht auf eine Inhaltskontrolle verfahrensrechtlich aufgefangen werden kann".

[30] Vgl. zur Rolle des Planungsrecht im Instrumentarium der Nachhaltigkeit *Beaucamp* (Fn. 6), S. 401 ff.

lichen Ebene der Raumordnung als auch in der örtlichen Bauleitplanung – durch § 1 Abs. 2 ROG und § 1 Abs. 5 BauGB auf das Ziel der Nachhaltigkeit ausgerichtet. Die Ergebnisse dieser Planungen entfalten Bindungswirkung für nachfolgende Entscheidungen und können Voraussetzung für deren Realisierung sein.[31] Vor allem Planfeststellungen für große Infrastrukturen werden auf diesem Wege überfachlich gesteuert. Ebenso wird auch der Landschaftsplanung die Funktion zugesprochen, eine Integration von Umweltbelangen in andere Fachplanungen zu ermöglichen.[32] Diese Vorschaltung eigenständiger Planverfahren dient somit auch einer materiell-rechtlichen Vorprägung der nachfolgenden Genehmigungsentscheidungen. Auch das im Umweltrecht vordringende Instrument der Maßnahmenplanung führt in diesem Sinne zu einer planerischen Vorstrukturierung nachfolgender Einzelentscheidungen und kann insoweit als Mittelweg zwischen prozeduralem und substantiellem Umweltrecht gedeutet werden.[33]

IV. Integration und Konzentration zwischen Verfahrensrecht und materiellem Recht

Das Zusammenspiel und die Wechselbezüglichkeit von Verfahrensrecht und materiellem Recht sind insbesondere auch für die im Rahmen dieses Beitrags interessierenden Instrumente der Konzentration und Integration von Verfahren von Bedeutung. Beide Figuren nehmen eine Zwischenstellung zwischen Verfahrens- und materiellem Recht ein. Dabei werden jedoch erhebliche Definitionsprobleme dadurch aufgeworfen, dass die Bezeichnungen „Konzentration" und „Integration" keine Begriffe des positiven Verwaltungsverfahrensrechts sind und auch in Rechtsprechung und Literatur keineswegs einheitlich verwendet werden.

1. Die „Integration" von Verfahren

Insbesondere der Begriff der „Integration" bleibt gerade im Verfahrensrecht zumeist unscharf und findet im juristischen Sprachgebrauch sowohl prozedurale als auch materielle Deutungen.

a) Verfahrensrechtliches Verständnis

Als „Verfahrensintegration" hat der Verfasser selbst vor kurzem noch die Einbeziehung mehrerer verfahrensrechtlicher Gegenstände in ein einheitliches Ver-

---

[31] Vgl. dazu die Datteln-Entscheidung des OVG Münster, ZUR 2009, S. 597 (602).

[32] *C. von Haaren/C. Bittner*, Landschaftsplanung, 2004, S. 50.

[33] So plastisch *Quabeck* (Fn. 24), S. 239 f. in Anknüpfung an *W. Durner/R. Ludwig*, Paradigmenwechsel in der europäischen Umweltrechtsetzung?, NuR 2008, S. 457 (460); ähnlich *K. F. Gärditz*, Europäisches Planungsrecht, 2009, S. 45.

fahren bezeichnet.[34] Tatsächlich ist indes nach dem Wortsinn unter einer „Verfahrensintegration“ primär wohl vor allem die Einbeziehung unterschiedlicher Verfahrensschritte in ein Verwaltungsverfahren zu verstehen – beispielsweise die Integration der prozeduralen Anforderungen der Umweltverträglichkeitsprüfung in das Verfahren der Aufstellung von Landschaftsplänen[35] oder das Erfordernis eines Einvernehmens mit dem Robert-Koch-Institut für das Inverkehrbringen gentechnischer Produkte.[36]

In der Tat dürfte die Integration der Umweltverträglichkeitsprüfung und der Strategischen Umweltprüfung in das Bau- und Anlagenrecht nicht nur einen genuin nachhaltigkeitsbezogenen, sondern zugleich überhaupt den wichtigsten Anwendungsfall einer solchen Integration von Verfahren darstellen: Die sog. SUP-Richtlinie 2001/42/EG[37] und die Öffentlichkeitsbeteiligungsrichtlinie 2003/35/EG[38] sehen einheitliche europäische Standards für Umweltprüfungen bei raumbedeutsamen Plänen und eine damit verknüpfte umfassende Beteiligung der Öffentlichkeit vor und verankern die Umweltprüfung mit Öffentlichkeitsbeteiligung in sämtlichen Planungsverfahren[39] bis hin zu Regelungen wie § 19b UVPG über die „Strategische Umweltprüfung bei Verkehrswegeplanungen auf Bundesebene“.[40] All dies führte zu einer gewaltigen Aufwertung des Verfahrensrechts.

---

[34] *W. Durner*, in: J. F. Baur/P. Salje/M. Schmidt-Preuß (Hrsg.), Regulierung in der Energiewirtschaft, 2. Aufl. 2016, Kap. 102 Rn. 10 zur aus Gründen der Verfahrensökonomie zugelassenen Einbeziehung von Bahnstromfernleitungen in die Planverfahren für Höchstspannungsleitungen nach § 2 Abs. 3 NABEG.

[35] In diesem Sinne etwa der Sprachgebrauch bei *M. Kment*, Umweltprüfung bei der Aufstellung von Flächennutzungsplänen und Landschaftsplänen – Überlegungen zur Verfahrensintegration, UPR 2007, S. 85 ff.

[36] Vgl. *BMU* (Hrsg.), Umweltgesetzbuch (UGB-KomE), 1998, S. 1417 (zu § 575, Genehmigungsbedürftigkeit).

[37] Richtlinie 2001/42/EG des Europäischen Parlaments und des Rates v. 27.6.2001 über die Prüfung der Umweltauswirkungen bestimmter Pläne und Programme (ABl.EG 2001 L Nr. 197, S. 30).

[38] Richtlinie 2003/35/EG des Europäischen Parlaments und des Rates v. 26.5.2003 über die Beteiligung der Öffentlichkeit bei der Ausarbeitung bestimmter umweltbezogener Pläne und Programme und zur Änderung der Richtlinien 85/337/EWG und 96/61/EG des Rates in Bezug auf die Öffentlichkeitsbeteiligung und den Zugang zu Gerichten (ABl.EG 2003 L Nr. 156, S. 17).

[39] Vgl. dazu besonders *C. Uebbing*, Umweltprüfung bei Raumordnungsplänen – eine Untersuchung zur Umsetzung der Plan-UP-Richtlinie in das Raumordnungsrecht, 2004, S. 13 ff. und 113 ff.; *S. Grotefels/C. Uebbing*, Öffentlichkeitsbeteiligung in der Raumordnung, NuR 2003, S. 460 ff., sowie die Sammelbände von *W. Erbguth* (Hrsg.), Strategische Umweltprüfung (SUP) – Stand, Rechtsfragen, Perspektiven –, 2006; *R. Hendler* (Hrsg.), Die strategische Umweltprüfung (sog. Plan-UVP) als neues Instrument des Umweltrechts, UTR 76, 2004, und der *Gesellschaft für Umweltrecht* (Hrsg.), Dokumentation zur 28. wissenschaftlichen Fachtagung der Gesellschaft für Umweltrecht, 2005, S. 93 ff.

[40] Dazu *K. F. Gärditz*, in: R. von Landmann/G. Rohmer (Begr.), Umweltrecht, § 19b UVPG Rn. 8 ff. (Stand: 2012); *M. Wulfhorst*, in: J. Ziekow (Hrsg.), Aktuelle Probleme des Luftverkehrs-, Planfeststellungs- und Umweltrechts 2012, 2013, S. 349 ff.

b) „Integration" als materielle Anreicherung von Verfahren

Ebenso verbreitet ist jedoch das weitere Verständnis der Integration von Nachhaltigkeitsbelangen in das Entscheidungsprogramm. In diesem Sinne wurde beispielsweise die Anreicherung des Baugesetzbuchs um die Umweltverträglichkeitsprüfung und die naturschutzrechtliche Eingriffsregelung als „Integration umweltschützender Verfahren in das Baugesetzbuch" gedeutet.[41] Tatsächlich impliziert jedoch die Eingriffsregelung als solche zwar auch verfahrensrechtliche Ermittlungspflichten, stellt jedoch eine im Schwerpunkt materielle Anforderung dar.

Versteht man Integration von Verfahren in diesem weiteren Sinne als eine materiell-rechtliche Anreicherung von Entscheidungsprogrammen um einzelne Nachhaltigkeitsaspekte, so handelt es sich letztlich um eine reduzierte Spielart der eingangs erwähnten Strategie, ganze Gesetze auf Nachhaltigkeit auszurichten. Geradezu ubiquitär finden sich auch im Anlagen- und Infrastrukturrecht zahlreiche Regelungen mit Bezug zum Naturschutz.[42] Ein typisches Beispiel liefert § 8 Abs. 1 S. 3 und 4 WaStrG; demnach ist bei der verkehrsbezogenen Unterhaltung der Binnenwasserstraßen „den Belangen des Naturhaushalts Rechnung zu tragen; Bild und Erholungswert der Gewässerlandschaft sind zu berücksichtigen. Die natürlichen Lebensgrundlagen sind zu bewahren." Mit dieser „Integration" werden die entsprechenden Aspekte zu Abwägungsbelangen im Rahmen entsprechender Abwägungen.[43] Unterhaltungsmaßnahmen müssen zudem nach Satz 5 „die nach §§ 27 bis 31 des Wasserhaushaltsgesetzes maßgebenden Bewirtschaftungsziele berücksichtigen und werden so durchgeführt, dass mehr als nur geringfügige Auswirkungen auf den Hochwasserschutz vermieden werden."[44] Dies führt zu einer weitgehenden Planabhängigkeit der entsprechenden gesetzlichen Pflichten.[45] Auch durch diese planerischen Vorgaben werden Nachhaltigkeitsaspekte in die Genehmigungsentscheidung transportiert bzw. integriert.

---

[41] *J. Wagner*, Integration umweltschützender Verfahren in das Baugesetzbuch, UPR 1995, S. 203 ff.

[42] So dürfen nach § 36 Abs. 1 Nr. 1 lit. a KrWG Abfalldeponien nur genehmigt werden, wenn sichergestellt ist, dass Gefahren für die in § 15 Abs. 2 S. 2 genannten Schutzgüter – dies sind u. a. Tiere, Pflanzen, Gewässer und Boden – nicht hervorgerufen werden können. Allgemein zum Phänomen *N. von Strenge*, Naturschutzrecht außerhalb der Naturschutzgesetze, 2004.

[43] *Friesecke* (Fn. 14), § 8 Rn. 11.

[44] Die bloße „Berücksichtigung" dürfte dabei aus Gründen des Unionsrechts im Sinne einer strikten Bindung auszulegen sein, vgl. nur *M. Gellermann*, Gewässerausbau im Lichte des neuen wasserwirtschaftlichen Ordnungsrahmens, DVBl. 2007, S. 1517 (1518).

[45] Näher dazu *W. Durner*, Rechtsfragen der Wasserkraftnutzung an Bundeswasserstraßen, in: ders. (Hrsg.), Wasserrechtsfragen der Energiewende, 2013, S. 115 (124 f.).

2. Das Instrument der Konzentrationswirkung

Größere Einigkeit besteht mittlerweile über Bedeutung und Inhalt des Instruments der „Konzentration" von Verfahren. Gemeint ist damit vor allem die Konzentrationswirkung, wie sie sich in Reinform in § 75 Abs. 1 VwVfG und in abgeschwächter Form insbesondere in § 13 BImSchG findet.

a) Gewandeltes Verständnis der Konzentrationswirkung

Dabei stellt § 75 Abs. 1 VwVfG eine namentlich für das Institut der Planfeststellung prägende Bestimmung dar,[46] die in Rechtsprechung und Literatur über nahezu ein Jahrhundert hinweg als materiell-rechtliche Form der abgeschwächten Integration fachfremder Belange begriffen wurde. Nach § 75 Abs. 1 S. 1 VwVfG wird durch die Planfeststellung die Zulässigkeit des Vorhabens „im Hinblick auf alle von ihm berührten öffentlichen Belange" festgestellt. Neben der Planfeststellung sind andere öffentlich-rechtliche Genehmigungen nicht erforderlich.[47]

Über Jahrzehnte wurde auf der Grundlage der „Theorie der materiellen Konzentrationswirkung"[48] aus dieser Regelung gefolgert, das gesamte materielle Recht werde über § 75 Abs. 1 S. 1 VwVfG in seiner bindenden Form verdrängt, durch das jeweilige Fachrecht ersetzt und transformiere somit zu bloßem Abwägungsmaterial der Planfeststellung.[49] Die Rechtsprechung hat diesen Ansatz indes ausdrücklich aufgegeben.[50] Die nunmehr herrschende „Theorie der Verfahrenskonzentration" bejaht eine Bindung der Planfeststellung an alle einschlägigen materiellen Vorschriften des Bundes- oder Landesrechts.[51] Demnach werden im Planfeststellungsverfahren zwar alle eigentlich zusätzlich erforderlichen speziellen Genehmigungen, Zuständigkeiten und Verfahrensregelungen verdrängt,[52] jedoch muss der Planfeststellungsbeschluss sämtliche von

---

[46] Vgl. zu der historischen Bedeutung der Vorstellung einer materiellen Konzentration der Planfeststellung besonders *W. Blümel*, Die Bauplanfeststellung I, 1961, S. 84 ff.

[47] Diese Rechtswirkungen kommen nach § 74 Abs. 6 S. 2 Halbs. 1 VwVfG auch der Plangenehmigung zu.

[48] Zum Begriff *H. D. Jarass*, Konkurrenz, Konzentration und Bindungswirkung von Genehmigungen, 1983, S. 50 ff.

[49] Vgl. etwa *W. Brohm*, Landeshoheit und Bundesverwaltung, 1968, S. 9 f., m. w. N.; *J. W. Kügel*, Der Planfeststellungsbeschluß und seine Anfechtbarkeit, 1985, S. 65 ff., m. w. N. Die Judikatur war bis in die 90er Jahre uneinheitlich, vgl. zuletzt noch BVerwGE 82, 17 (19), sowie die Darstellungen der Entwicklung bei *H.-W. Laubinger*, Der Umfang der Konzentrationswirkung der Planfeststellung, VerwArch 77 (1986), S. 77 (81 ff.).

[50] Vgl. BVerwGE 70, 242 (243 f.). Vgl. zu späteren Aussagen des Gerichts, die erneut auf dem Boden der hier „überholt" bezeichneten These stehen, soeben Fn. 49.

[51] BVerwGE 70, 242 (244); BVerwG, NVwZ 1993, S. 572 ff.; UPR 1998, S. 382 ff., Leitsatz 4; *Neumann* (Fn. 11), § 75 Rn. 13 ff., m. w. N.; *Jarass* (Fn. 48), S. 55 f.; *J. Kühling/N. Hermann*, Fachplanungsrecht, 2. Aufl. 2000, Rn. 521; *R. Steinberg/T. Berg/M. Wickel*, Fachplanung, 4. Aufl. 2012, § 3 Rn. 16 ff.; umfassend zu der ganzen Frage *Laubinger* (Fn. 49), S. 77 ff.

[52] Anders – auch das Verfahrensrecht der eingeschlossenen Entscheidungen müsse beachtet werden – etwa noch *B. Börner*, Planungsrecht für Energieanlagen, 1973, S. 36 f., m. w. N.

seinem Regelungsbereich berührten materiell-rechtlichen Rechtsvorschriften – insbesondere solche zur Sicherung der Nachhaltigkeit – beachten.[53] § 75 Abs. 1 VwVfG verlagert zudem sämtliche Zuständigkeiten, so dass die eigentliche Fachbehörde ihre Kompetenz für den Gegenstand der Planfeststellung zugunsten der Planfeststellungsbehörde vollständig verliert[54] und lediglich nach § 73 Abs. 2 VwVfG zu beteiligen ist.

b) Formelle Konzentrationswirkung – Ausweitung des materiellen Entscheidungsprogramms

In diesem Sinne bewirkt § 75 Abs. 1 VwVfG eine umfassende formell-rechtliche Zuständigkeits-, Verfahrens- und Entscheidungskonzentration. Letztlich hat aber auch diese formelle Konzentration insoweit doch materiell-rechtliche Konsequenzen, als sie das Entscheidungsprogramm der Planfeststellung ausweitet. In diesem Sinne bewirkt § 75 Abs. 1 VwVfG somit durch verfahrensrechtliche Verknüpfungen eine Anreicherung des materiell-rechtlichen Entscheidungsprogramms.

Eine abgeschwächte Version dieser umfassenden Konzentrationswirkung findet sich in § 13 BImSchG, nach dem auch die immissionsschutzrechtliche Genehmigung andere die Anlage betreffende behördliche Entscheidungen einschließt „mit Ausnahme von Planfeststellungen, Zulassungen bergrechtlicher Betriebspläne, behördlichen Entscheidungen auf Grund atomrechtlicher Vorschriften und wasserrechtlichen Erlaubnissen und Bewilligungen". Auch diese formelle Zuständigkeits-, Verfahrens- und Entscheidungskonzentration entspricht dem Ansatz des § 75 Abs. 1 VwVfG. Sie lässt also die Geltung des sektoralen Umweltrechts unberührt und bleibt damit hinter dem materiellen Integrationsansatz der Richtlinie 2010/75/EU über Industrieemissionen zurück.[55] Materiell muss also das gesamte konzentrierte Recht kumulativ beachtet werden. Im Fachrecht finden sich noch weitere Anwendungsfälle einer solchen begrenzten Konzentrationswirkung.[56]

c) Partiell vergleichbare Ergebnisse in Verfahren ohne Konzentrationswirkung

Im Übrigen führen auch die weiten Tatbestandsvoraussetzungen zahlreicher weiterer Genehmigungstatbestände im Ergebnis zu einer der Konzentrationswirkung strukturell vergleichbaren Ausweitung des behördlichen Prüfprogramms. Eine Vielzahl von Genehmigungstatbeständen ermöglicht der Zu-

---

[53] BVerwGE 85, 348; BVerwG, Buchholz 407.4 § 17 FStrG Nr. 89; NuR 1998, S. 251 (253).

[54] Vgl. die Nachweise oben in Fn. 11.

[55] *M. Seibert*, in: R. von Landmann/G. Rohmer (Begr.), Umweltrecht, § 13 BImSchG Rn. 30 ff., 36b ff. (Stand: 2013).

[56] Näher *M. Burgi/W. Durner*, Modernisierung des Verwaltungsverfahrensrechts, 2012, S. 77, 103.

lassungsbehörde zumindest im Rahmen der Überprüfung des Sachbescheidungsinteresses eine überschlägige Prüfung aller öffentlich-rechtlichen Anforderungen und damit auch jener, die Nachhaltigkeitsbelangen dienen. Entsprechende Verweise auf „sonstige" oder „andere öffentlich-rechtliche Vorschriften" enthalten etwa § 6 Abs. 1 Nr. 2 BImSchG und § 12 Nr. 2 WHG. Zwar sind die Reichweite dieser Prüfpflichten und ihr Verhältnis zu anderen Genehmigungen vielfach – etwa im Falle des § 75 Abs. 1 S. 1 BauO NRW – unscharf und umstritten.[57] Dennoch wird auch auf diesem Weg Nachhaltigkeit potentiell zu einem Prüfungsgegenstand anderer Verfahren. Dementsprechend sind im Naturschutz namentlich die Anforderungen der Eingriffsregelung nach den §§ 15 ff. BNatSchG mangels eines eigenständigen Verfahrensrechts regelmäßig im „Huckepackverfahren" als Entscheidungsvoraussetzung anderer Genehmigungsverfahren abzuarbeiten.[58]

V. Integration und Konzentration von Verfahren als Instrumente der Nachhaltigkeit?

Anders als eine ganze Reihe der in diesem Band diskutierten Instrumente des Verwaltungsverfahrensrechts – wie etwa Umweltprüfungen oder Nachhaltigkeitsräte[59] – sind Integration und Konzentration von Verfahren oder Genehmigungsvoraussetzungen keine genuin auf Nachhaltigkeit bezogenen Instrumente, sondern im Grundsatz umweltpolitisch neutrale Regelungstechniken.

1. Verfahrensintegration als typisches Instrument zur Beförderung von Nachhaltigkeit

Gleichwohl ist namentlich die prozedurale Integration von unterschiedlichen Verfahren – idealtypisch verdeutlicht am Beispiel der Integration von Umweltprüfungen und Öffentlichkeitsbeteiligungen in Planungs- und Genehmigungsverfahren – zweifellos ein Schlüsselinstrument der Nachhaltigkeit. Trotz aller Vorteile muss aber der bis heute nicht ganz verstummten Kritik an diesem Instrument konzediert werden, dass sein gesetzgeberischer Einsatz oft zu sche-

---

[57] Vgl. nur zum Streit um die Reichweite der Baugenehmigung („Schlusspunkttheorie") die Darstellung bei *A. Berger*, Rechtliche Ordnung paralleler Anlagenkontrollverfahren, VerwArch 100 (2009), S. 342 (355 ff.); allgemeiner und grundlegend dazu *M. Seibert*, Die Bindungswirkung von Verwaltungsakten, 1989, S. 353 ff.; *ders.*, Naturschutz und Wasserwirtschaft in umweltrechtlichen Genehmigungsverfahren, W+B 2015, S. 95 ff.

[58] *W. Durner*, in J. Ziekow (Hrsg.), Handbuch des Fachplanungsrechts, 2. Aufl. 2014, § 7 Rn. 11, m. w. N.

[59] Dazu *C. Calliess*, Nachhaltigkeitsräte (in diesem Band).

matisch erfolgt;[60] so ist namentlich die gewaltige Kaskade an strategischen Umweltprüfungen, Umweltverträglichkeitsprüfungen und integrierten Öffentlichkeitsbeteiligungen im Zuge des Netzausbaus in der derzeitigen Form ein überfrachtetes Modell mit ausgeprägt bürokratischem Charakter.[61] Umweltpolitischer Aufwand und Ertrag stehen hier zueinander in einem kaum mehr nachhaltigen Verhältnis.

2. *Die Janusköpfigkeit der Konzentrationswirkung*

Die vor allem im Infrastruktur- und Industrieanlagenrecht verbreitete Konzentrationswirkung hat zunächst vor allem aus Sicht des Antragstellers große Vorzüge[62] und ist auch in anderen Staaten auf dem Vormarsch.[63] Im Landesrecht wird das damit verbundene Ziel einer „Genehmigung aus einer Hand" beispielsweise auch durch das sog. Zaunprinzip nach § 2 der Zuständigkeitsverordnung Umweltschutz NRW verwirklicht.[64] Auch das in dem Abschnitt 1a in den §§ 71a ff. VwVfG geregelte „Verfahren über eine einheitliche Stelle" beruht auf einem vergleichbaren Ansatz.[65]

a) Gefährdung der Nachhaltigkeit durch Zuständigkeitskonzentration – Gegenstrategien

Aus Sicht der Nachhaltigkeit sind die Implikationen der Konzentrationswirkung dennoch in mancher Hinsicht ambivalent. Durch die damit verbundene Zuständigkeitskonzentration werden die für bestimmte Umweltmedien und -güter zuständigen Fachbehörden aus ihrer Sachwalterstellung verdrängt, die auf die

---

[60] Vgl. die Versuche einer Gesamtwürdigung bei *M. Wemdzio*, Die UVP – Unheimlich viel Papier?, NuR 2008, S. 479 ff.

[61] Vgl. *W. Durner*, Öffentlichkeitsbeteiligung und demokratische Legitimation im Energie-Infrastrukturrecht, in: S. Schlacke/M. Schubert (Hrsg.), Energie-Infrastrukturrecht, 2015, S. 87 ff.; allgemeiner *M. Kment*, Grundstrukturen der Netzintegration Erneuerbarer Energien, UPR 2014, S. 81 (88).

[62] So bereits grundlegend *Jarass* (Fn. 48), S. 59 ff.; im neueren Schrifttum etwa *Burgi/Durner* (Fn. 56), S. 75 f.; *C. Franzius*, Die integrierte Vorhabengenehmigung, in: Liber discipulorum f. Michael Kloepfer, 2008, S. 113 (121 f.); *T. Siegel*, Entscheidungsfindung im Verwaltungsverbund, 2009, S. 153.

[63] Vgl. dazu etwa die im Internet verfügbaren Ausführungen des niederländischen Ministeriums für Umwelt und Infrastruktur zu der zum 1.10.2010 eingeführten „All-in-one Permit for Physical Aspects".

[64] Dazu *K. Schönenbroicher/M. Palmen*, Verwaltungsstrukturreform in Nordrhein-Westfalen, NVwZ 2008, S. 1173 (1177). Diese rein organisationsrechtliche Norm bündelt zwar bestimmte Zuständigkeiten, ändert aber nichts daran, dass ggf. rechtlich selbständige Genehmigungsverfahren durchgeführt und selbständige Verwaltungsakte erlassen werden, vgl. dazu *A. Wirtz*, Zulassung und Überwachung von Industrieanlagen, 2007, S. 8 f.

[65] Vgl. *H. Schmitz*, in: P. Stelkens/H. J. Bonk/M. Sachs (Hrsg.), VwVfG, 8. Aufl. 2014, § 71a Rn. 2 ff., sowie die Vergleiche zur Planfeststellung bei *W. Blümel*, Verwaltungsverfahrensgesetz – Umweltgesetzbuch, in: Festschr. f. Udo Steiner, 2009, S. 79 (86).

Planfeststellungsbehörde übergeht. Zwar vermittelt die Konzentrationswirkung dem Vorhaben materiell-rechtlich keine erhöhte Durchsetzungskraft, doch dürften die Planfeststellungsbehörden gerade im Bereich des Naturschutzes Ausnahmegenehmigungen tendenziell großzügiger erteilen als die verdrängten Fachbehörden. All dies widerspricht den oben entwickelten Anforderungen an die Integration von Nachhaltigkeitsbelangen durch Organisationsrecht.

Diesen kontraproduktiven Effekten kann allerdings gesetzgeberisch durch die unter III.1. behandelten Mitwirkungsbefugnisse begegnet werden wie jene in § 19 Abs. 3 WHG für Gewässerbenutzungen, die im Zuge eines Planfeststellungsverfahrens das Einvernehmen mit der zuständigen Wasserbehörde fordert.[66] Ein in der Grundtendenz vergleichbares Ergebnis erzielte das Oberverwaltungsgericht NRW, das in seiner Trianel-Entscheidung in zahlreichen Punkten bei der naturschutzfachlichen Bewertung des Sachverhalts im Zuge der richterlichen Beweiswürdigung nicht etwa den Einschätzungen der für die Genehmigung zuständigen Immissionsschutzbehörde, sondern jener des beigeladenen Landesamts für Natur, Umwelt und Verbraucherschutz Nordrhein-Westfalen folgte und damit die zahlreichen umstrittenen[67] Einschätzungsprärogativen, die die Rechtsprechung den zuständigen Behörden im Bereich des Naturschutzes zuerkennt, faktisch von der Konzentrationswirkung ausnahm.[68] Diese richterrechtliche de-facto-Zuerkennung der Einschätzungsprärogative an die Naturschutzbehörde kommt im Ergebnis einem Einvernehmenserfordernis nahe.

b) Einbeziehung der Nachhaltigkeit in das Entscheidungsprogramm

Sind somit die ökologischen Nachteile einer formellen Zuständigkeits- und Verfahrenskonzentration durch entsprechende gesetzgeberische Vorkehrungen ausgleichbar, so stehen diesem Gesichtspunkt verschiedene Vorteile gegenüber: Die Idee der „Genehmigung aus einer Hand" steht nicht nur im Zeichen von Vorstößen zur Beschleunigung und Effektivierung des Genehmigungsrechts, sondern führt zugleich zu einer perspektivischen Erweiterung des Genehmigungsprogramms, das den Anforderungen der Nachhaltigkeit in hohem Maße gerecht werden kann: Eine umfassende Konzentration aller durch ein Vorhaben berührten Rechtsvorschriften zwingt die Behörde zu umfassenden Ermittlungen und Prüfungen, die auch sämtliche ökologischen Belange umfasst. Hinder-

[66] Näher *M. Czychowski/M. Reinhardt*, WHG, 11. Aufl. 2014, § 19 Rn. 22 ff.; vgl. auch oben in und bei Fn. 16.

[67] Grundsätzliche Kritik etwa bei *E. Gassner*, Die naturschutzfachliche Einschätzungsprärogative, ein ungerechtfertigtes Vorrecht, DVBl. 2012, S. 1479 ff.; Erklärungs- und Systematisierungsversuche demgegenüber bei *T. Jacob/M. Lau*, Beurteilungsspielraum und Einschätzungsprärogative, NVwZ 2015, S. 241 ff.

[68] OVG Münster, ZUR 2012, S. 372 (375, 376, 380, 381).

nisse jeglicher Art kommen frühzeitig und vollständig auf den Tisch, zugleich ermöglicht die Anfechtung der Genehmigungsentscheidung durch die Fülle des konzentrierten Rechts effektiven, aber zugleich auch effizienten Rechtsschutz.

c) Die Vorteile im Vergleich zu materiellen Teilintegrationen

Gleichwohl ist dieser Regelungstechnik entgegengehalten worden, sie stelle die Anforderungen der einzelnen Umweltgesetze weiterhin „unverbunden nebeneinander", statt einer anspruchsvollen inhaltlichen Integration erschöpfe sich die Wirkung der Genehmigung in einer „Addition" des sektoralen Rechts.[69] Vergleicht man die formelle Verfahrenskonzentration indes mit den Fällen, in denen der Gesetzgeber ökologische Belange eigenständig in Fachgesetzen geregelt hat, so erscheint eine Konzentration durchweg vorzugswürdig: Zum einen führt die eigenständige Regelung ökologischer Belange außerhalb der für diese einschlägigen ökologischen Fachgesetze meist zu gesetzgeberischen Verdopplungen.[70] Wichtiger ist indes, dass sich die meisten entsprechenden Regelungen in der Sache als Ziel- oder Grundsatznormen in bloßen Ermessens- oder Abwägungsdirektiven erschöpfen.[71] Soweit solche Klauseln lediglich Ermessens- oder Abwägungsbelange formulieren, geraten sie freilich ebenso wie die allgemeinen Ziele des Naturschutzes nach § 1 BNatSchG in Gefahr, aus Sicht der auf Zielverwirklichung angelegten Perspektive des konkurrierenden Fachrechts „weggewogen" zu werden.[72] Der frühere Präsident des Bundesverwaltungsgerichts *Eckart Hien* hat die aus solchen Integrationsversuchen erwachsende Notwendigkeit einer argumentativen Auseinandersetzung mit jenen Belangen, die letztlich gleichwohl eigenen fachlichen Präferenzen aufgeopfert werden, als Pflicht zur „nachhaltigen Trauerarbeit" charakterisiert.[73] Die Integration ökologischer Fachanliegen durch die punktuelle Hervorhebung von Nachhaltigkeitsbelangen führt insoweit gleichsam zu einer Art „Nachhaltigkeit light" und gegenüber der regelungstechnisch unscheinbareren Konzentrationswirkung zu einem reduzierten Entscheidungsprogramm.

---

[69] *Windoffer* (Fn. 21), S. 347.

[70] Vgl. *K. F. Gärditz*, Anforderungen an eine sachgerechte Schnittstellengesetzgebung zwischen Naturschutz- und Wasserrecht, W+B 2015, S. 65 (69).

[71] Vgl. für die Naturschutzklauseln etwa *M. Gellermann/M. Schreiber*, Schutz wildlebender Tiere und Pflanzen in staatlichen Planungs- und Zulassungsverfahren, 2007, S. 95; *H. Johlen*, Der Natur- und Landschaftsschutz in der Planfeststellung, WiVerw 2000, S. 35 (43, 49), m. w. Bsp.

[72] *Beaucamp* (Fn. 6), S. 265 f.; *E. Schmidt-Aßmann*, Grundsätze des Naturschutzes und der Landschaftspflege, NuR 1979, S. 1 ff.

[73] Näher *B. Stüer/M. Krautzberger*, Städtebaurecht 2004: Umweltprüfung und Abwägung. Vom schlichten Wegwägen zum Grundsatz der nachhaltigen Trauerarbeit, DVBl. 2004, S. 914 (923 f.); *Stüer* (Fn. 26), Rn. 1640 ff.

3. *Das Beispiel des Bergrechts*

Ein Beispiel für diese These liefert das seit langem reformbedürftige Bergrecht. Gewiss würde eine Reform zur Schaffung eines nachhaltigen Bergrechts weitreichende Korrekturen erfordern, insbesondere die Verankerung einer dem Genehmigungsverfahren vorgelagerten planerischen Bewirtschaftung von Rohstoffen.[74] Die spezifische bergrechtliche Genehmigungsform, das Betriebsplanverfahren, verdeutlicht indes die Stärken und Schwächen der materiellen Integration von Nachhaltigkeitsbelangen im Vergleich zur Konzentrationswirkung.

Nach § 55 Abs. 1 BBergG ist die Zulassung eines Betriebsplanes im Sinne des § 52 BBergG zu erteilen, wenn die in einem Katalog von 13 Punkten einzeln aufgeführten Voraussetzungen vorliegen, insbesondere die erforderliche Vorsorge gegen Gefahren für Leben, Gesundheit und zum Schutz von Sachgütern, Beschäftigter und Dritter „im Betrieb" getroffen (Nr. 3) und für den Schutz der Oberfläche im Interesse der persönlichen Sicherheit und des öffentlichen Verkehrs Sorge getragen ist (Nr. 5). Dieses abschließende bergrechtliche Entscheidungsprogramm öffnet sich nach der verfassungskonformen Auslegung des Bundesverwaltungsgerichts namentlich unter dem Sammelbegriff der „öffentlichen Interessen" außerbergrechtlichen Belangen wie jenen des Umweltschutzes und der Nachhaltigkeit. Solche Belange werden also bei der Auslegung des § 48 Abs. 2 BBergG als „überwiegende öffentliche Interessen" berücksichtigt[75], so dass das Vorhaben nur zulassungsfähig ist, wenn ihm im Rahmen einer tatbestandsimmanenten Gesamtabwägung wirtschaftlicher, sozialer und ökologischer Interessen[76] keine zwingenden Gründe entgegenstehen. Dies bedeutet freilich praktisch, dass die Grundsätze der Abwägungsfehlerlehre nicht zur Anwendung kommen und im Ergebnis kaum jemals gerichtliche Beanstandungen erfolgen, weil sich die bergbaulichen Interessen regelmäßig durchsetzen.[77]

---

[74] So zu Recht *F. Herrmann/J. Sanden/T. Schomerus/F. Schulze*, Ressourcenschutzrecht – Ziele, Herausforderungen, Regelungsvorschläge, ZUR 2012, S. 523 (527 f.); zurückhaltender indes *W. Frenz*, Neues Bergrecht?, RdE 2015, S. 55 ff.

[75] Die maßgebliche Vorschrift des § 48 Abs. 2 S. 1 BBergG, nach dem die zuständige Behörde bergbauliche Tätigkeiten untersagen kann, soweit diesen „überwiegende öffentliche Interessen" entgegenstehen, ist nach Wortlaut, Entstehungsgeschichte und Stellung im Gesetz zwar keine Genehmigungsvoraussetzung des Betriebsplanverfahrens. Das sog. Altenberg-Urteil BVerwGE 74, 315 (322 ff.) stellte indes fest, dass diese Ermessensnorm eine zusätzliche Voraussetzung für die – gleichwohl rechtlich gebundene – Zulassung eines Betriebsplans darstellen soll. Nach dem anschließenden Moers-Kapellen-Urteil BVerwGE 81, 329 ff. und der folgenden Rechtsprechung erfasst § 48 Abs. 2 S. 1 BBergG zudem sämtliche gegenläufigen Belange. Vgl. zu alledem zuletzt eingehend *F. Karrenstein*, Errichtung und Betrieb von Erdgasspeichern in unterirdischen Hohlraumstrukturen, 2016.

[76] So zusammenfassend *W. Frenz*, Bergrecht und nachhaltige Entwicklung, 2001, S. 57 ff. 100 ff.

[77] Vgl. bereits *Durner* (Fn. 29), S. 363 ff.; ähnlich *A. Guckelberger*, Tiefengeothermie, NuR 2015, S. 217 (222).

Allerdings entfaltet der *einfache* bergrechtliche Betriebsplan im Gegenzug auch keinerlei Konzentrationswirkung, so dass ggf. weitere umweltrelevante Genehmigungen einzuholen sind. Insgesamt mag das Bergrecht somit zwar eine – sehr begrenzte – Berücksichtigung ökologischer Belange zulassen und sich damit im Sinne des Nachhaltigkeitsgedankens handhaben lassen.[78] Gegenüber der durch die Konzentrationswirkung umfassenden Ausdehnung des Prüfprogramms bleibt die innertatbestandliche Berücksichtigung solcher Belange im Sammelbegriff der „überwiegenden öffentlichen Interessen" gleichwohl wenig greifbar.

4. Integration und Konzentration im Projekt des Umweltgesetzbuchs

Ansätze zur Entwicklung eines sehr viel anspruchsvolleren Integrationsregimes lieferten die Entwürfe für ein Umweltgesetzbuch (UGB), die zunächst durch zwei 1988 bis 1994 tätige Professorenkommissionen[79] und anschließend bis 1997 durch eine Unabhängige Sachverständigenkommission erarbeitet wurden.[80] Kernstück[81] beider Entwürfe waren zwei im Detail sehr unterschiedliche, in beiden Fällen kontrovers diskutierte Modelle einer integrierten Genehmigung umweltrelevanter Vorhaben.[82] Entsprechende Debatten wiederholten sich, als der Bund 2007 erneut einen Referentenentwurf für ein „Umweltgesetzbuch 2009" mit einer „integrierten Vorhabengenehmigung" vorlegte, die die Sektoralisierung des Umweltrechts überwinden und die Erteilung der Genehmigung an die Vermeidung von und Vorsorge gegen „schädliche Umweltveränderungen" knüpfen sollte.

Da das Umweltgesetzbuch an politischen Widerständen – und zwar gerade gegenüber der integrierten Genehmigung – scheiterte, konnten Trag- und Leistungsfähigkeit des Modells nie in der Praxis erprobt werden. Entsprechende Zweifel weckt jedoch der Umstand, dass lediglich der Entwurf der Sachverständigenkommission eine umfassende (interne) Integration des Genehmigungs-

---

78 So (allerdings bezogen auf den obligatorischen Rahmenbetriebsplan) *Frenz* (Fn. 76), S. 97 ff.

79 *M. Kloepfer et al.*, Umweltgesetzbuch – Allgemeiner Teil, Berichte des Umweltbundesamtes 7/90; *H.-D. Jarass et al.*, Umweltgesetzbuch – Besonderer Teil, Berichte des Umweltbundesamtes 4/94. In der Literatur werden beide Gremien meist einheitlich als *Professorenkommission* bezeichnet.

80 *BMU* (Hrsg.), Umweltgesetzbuch, 1998.

81 So die Einschätzung bei *E. Bohne*, Die integrierte Genehmigung als Grundlage der Vereinheitlichung und Vereinfachung des Zulassungsrechts und seiner Verknüpfung mit dem Umweltaudit, in: H.-W. Rengeling (Hrsg.), Integrierter und betrieblicher Umweltschutz, 1996, S. 105 ff.

82 Vgl. dazu im Rückblick das Rechtsgutachten von *R. Breuer*, Problematik der integrierten Vorhabengenehmigung auf der Basis des derzeitigen Entwurfs eines Umweltgesetzbuches (UGB), 2008; *W. Durner*, Die Reform des Wasserrechts im Referentenentwurf zum Umweltgesetzbuch, NuR 2008, S. 293 (294 f.); *C. Franzius* (Fn. 62), S. 113 ff.; *T. Siegel*, Entscheidungsfindung, S. 147 ff.; *B. Welke*, Die integrierte Vorhabengenehmigung, 2010, S. 80 ff., 357 ff.

rechts im Sinne einer ganzheitlichen Betrachtung der Umwelt erreicht hätte.[83] Zwar hielt auch der spätere Referentenentwurf äußerlich an der integrierten Genehmigung fest, beschränkte indes jedenfalls in seiner zuletzt diskutierten Fassung die Integration trotz eines äußerlich vereinheitlichten Zulassungstatbestandes weitgehend auf die Wirkungen der formellen Konzentrationswirkung, da der in dem Tatbestandsmerkmal der „schädlichen Umweltveränderungen" enthaltene weichenstellende Schädlichkeitsbegriff blankettartig auf die Anforderungen des sektoralen Fachrecht verwies.[84]

VI. Fazit: Die Konzentrationswirkung als Königsweg der prozeduralen Nachhaltigkeit

Nach alledem ist als Ergebnis dieses Beitrags festzustellen, dass die prozedurale und materielle Anreicherung von Verwaltungsverfahren – zumindest im geltenden Recht – meist nur eine begrenzte Form der Gewährleistung von Nachhaltigkeit darstellt. Demgegenüber bietet die regelungstechnisch schlichtere Konzentrationswirkung ein sehr viel umfassenderes Instrument, um Nachhaltigkeitsbelangen Geltung zu verschaffen. Gewiss erscheint die mit diesem Instrument verbundene umfassende Prüfung des sachlich berührten materiellen Rechts nur für nach Bedeutung und Auswirkungen größere Vorhaben sachgerecht. Dann jedoch führt die Konzentrationswirkung zu einer substantiellen Bindung an das gesamte einschlägige Nachhaltigkeitsrecht.

[83] Kennzeichen des bei *D. Sellner*, Die integrierte Genehmigung als neues Instrument für die Zulassung raumbedeutsamer Anlagen, in: H.-W. Rengeling (Hrsg.), Integrierter und betrieblicher Umweltschutz, 1996, S. 79 ff. ausführlich dargestellten Entwurfs waren medienübergreifend formulierte gesetzliche Anforderungen, die durch einen ebenfalls medienübergreifend bestimmten Stand der Technik konkretisiert sowie durch eine gesamtumweltbezogene Optimierungsklausel überhöht werden sollten. *Breuer* (Fn. 82), S. 7 f. spricht insoweit vom „Modell der echten ‚integrierten Vorhabengenehmigung' nach dem UGB-KomE".

[84] So die These bei *Durner* (Fn. 82), S. 295; dem folgend etwa *K. Faßbender*, Das neue Wasserhaushaltsgesetz, ZUR 2010, S. 181 (185); *K. Schönenbroicher/S. Gregor*, Der Streit um das UGB I – Verfahrenskonzentration im Allgemeinen und Besonderen Verwaltungsrecht, NWVBl. 2009, S. 329 (336); *Siegel* (Fn. 62), S. 151 ff.; ähnlich auch *W. Erbguth/M. Schubert*, Zum Scheitern des Umweltgesetzbuches – Ursachen und Folgen für das nationale Umweltrecht, JbUTR 2010, S. 7 (24 f.) („Jeder entschlossene Einsatz des Konzentrationsprinzips hätte ein deutliches Mehr an Wirkung erzielt."); *Franzius* (Fn. 82), S. 122 ff., sowie *Welke* (Fn. 82), S. 363 f.; anders jedoch dann *W. Kahl/B. Welke*, Über die unveränderte Notwendigkeit einer integrierten Vorhabengenehmigung und deren Regelungsstandort, DVBl. 2010, S. 1414 (1415 f.) und *S. Waskow*, Die integrierte Vorhabengenehmigung, in: W. Durner (Hrsg.), Umweltgesetzbuch – Ziele und Wirkungen, 2009, S. 21 (26); als konzeptionell „zwiespältig" wertet den Entwurf *Breuer* (Fn. 82), S. 11 ff.

Nachhaltigkeit durch Umweltprüfungen

Sabine Schlacke

I. Einführung

Das Umweltrecht kennt drei Umweltprüfungen. Die vorhabenbezogene Umweltverträglichkeitsprüfung (UVP), die strategische Umweltprüfung (SUP) für Pläne und Programme und die Fauna-Flora-Habitat (FFH)-Verträglichkeitsprüfung für Projekte, die geeignet sind, ein Natura 2000-Gebiet erheblich zu beeinträchtigen. Während UVP und SUP als unselbstständige Verfahrensbestandteile im Schwerpunkt dem prozeduralen Recht zu- und demzufolge als Verfahrensinstrumente einzuordnen sind, beinhaltet die FFH-Verträglichkeitsprüfung im Kern substantielle Prüfmaßstäbe für die Vereinbarkeit eines Projektes mit den Erhaltungszielen eines Schutzgebiets. Letztere ist Zulässigkeitsmaßstab für Vorhaben und damit materielles Kontrollinstrument. Die nachfolgende Analyse wird sich auf die im Schwerpunkt verfahrensbezogenen Umweltprüfungen beschränken. Die im BNatSchG geregelte FFH-Verträglichkeitsprüfung gehört einem sich strukturell und systematisch gänzlich von den im UVPG normierten Umweltprüfungen unterscheidenden Rechtsbereich an. Sie bedürfte einer gesonderten Analyse. Außerdem gilt es, die durch die deutsche Rechtsprechung und das überwiegende Schrifttum vorgenommene verfahrensrechtliche Einordnung von UVP und SUP zu hinterfragen, was nur bei einer Fokussierung auf diese gelingen kann.

Ausgangspunkt der folgenden Untersuchung ist der Befund, dass der Gesetzgeber im UVPG weder für die SUP noch für die UVP einen Nachhaltigkeitsbezug normiert hat. Während das Umweltrecht, insbesondere das Naturschutz- und Energierecht, und das Planungsrecht, speziell das Raumordnungs- und Bauleitplanungsrecht, durchzogen sind von wörtlichen Bekenntnissen zur Nachhaltigkeit, ist das UVPG insoweit nachhaltigkeitsneutral formuliert: Lediglich Anlage 4 zum UVPG, die die Kriterien für die Vorprüfung des Einzelfalls im Rahmen einer SUP statuiert, verweist unter Ziff. 1.3 darauf, dass „die Bedeutung des Plans oder Programms für die Einbeziehung umweltbezogener, einschließlich gesundheitsbezogener Erwägungen, insbesondere im Hinblick auf die Förderung der *nachhaltigen* [Hervorhebung durch die Verf.] Entwicklung" ermittelt und bewertet werden soll. Auch in den zugrundeliegenden EU-Richtlinien[1] sucht

[1] Richtlinie 2011/92/EU vom 13.12.2011 über die Umweltverträglichkeitsprüfung bei bestimmten öffentlichen und privaten Projekten, ABl.EU 2012 L Nr. 26, S. 1, zuletzt geändert durch

man vergeblich nach einem ausdrücklichen Nachhaltigkeitsbezug.[2] Die fehlenden direkten, ausdrücklichen Bezüge zur Nachhaltigkeit schließen indes nicht aus, dass auch SUP und UVP auf Nachhaltigkeit gerichtet sind und Funktionen des Nachhaltigkeitsgebots zu verwirklichen suchen.

Die hieraus resultierenden Untersuchungsfragen, ob und inwieweit Umweltprüfungen (UVP und SUP) durch ihre Zielsetzungen und rechtliche Ausgestaltung Funktionen des Nachhaltigkeitsgebots wahrnehmen, setzen eine Konturierung der Funktionen des Nachhaltigkeitsgebots voraus (dazu II.). Diese dienen gewissermaßen als Bewertungsrahmen für die Untersuchung der Umweltprüfungen, die zunächst in ihren Grundzügen vorgestellt werden (dazu III.). Aufbauend darauf wird methodisch ein funktional-instrumenteller Ansatz gewählt und gefragt, ob und inwieweit Umweltprüfungen als Instrumente des Umweltrechts zur Verwirklichung des Nachhaltigkeitsgrundsatzes beitragen (dazu IV.). Sollte dies der Fall sein, so kann davon ausgegangen werden, dass ihnen das Nachhaltigkeitsgebot als Strukturprinzip immanent ist (dazu V.).[3]

II. Funktionen des Nachhaltigkeitsgebots im Recht

Der aus der Forstwirtschaft stammende Gedanke der Nachhaltigkeit ist auf Ressourcenschonung und -erhaltung gerichtet: Zunächst der Wald – später sämtliche Umweltgüter – sollen dergestalt bewirtschaftet werden, dass wirtschaftliche und ökologische Funktionen auf Dauer, d.h. langfristig erhalten bleiben.[4] Ausgangspunkt der als Ressourcenschonung verstandenen Nachhaltigkeit waren regelmäßig Übernutzungen der Umweltgüter.[5] Der Ursprung des Nachhaltigkeitsgebots ist somit zunächst eindimensional auf Schonung und Erhaltung ökologischer Ressourcen durch Begrenzung ökonomischer Nutzensteigerung gerichtet.[6]

Über die ökologisch determinierte Ressourcennutzung hinaus hat die internationale Umweltpolitik – respektive die Brundtland-Kommission 1987[7] und

---

Richtlinie 2014/52/EU vom 16.4.2014, ABl.EU 2014 L Nr. 124, S. 1 und Richtlinie 2001/42/EG vom 27.6.2001 über die Prüfung der Umweltauswirkungen bestimmter Pläne und Programme, ABl.EG 2001 L Nr. 197, S. 30.

[2] Lediglich in den Erwägungsgründen 6, 9 und 17 der UVP-Änderungsrichtlinie 2014/52/EU (Fn. 1) finden sich Bezüge zum Nachhaltigkeitsgebot.

[3] Grundlegend *E. Rehbinder*, Das deutsche Umweltrecht auf dem Weg zur Nachhaltigkeit, NVwZ 2002, S. 657 (660); *ders.*, Neue Nachhaltigkeitskonzepte im Umwelt- und Planungsrecht – ein Beitrag zu einer nachhaltigen Wirtschaft und Gesellschaft, ZfU 2015, S. 257 ff.

[4] *P. Sieben*, Was bedeutet Nachhaltigkeit als Rechtsbegriff?, NVwZ 2003, S. 1173 (1173 f.).

[5] *M. Kloepfer*, Zur Geschichte des deutschen Umweltrechts, 1994, S. 10.

[6] *Rehbinder* (Fn. 3), S. 657, 660.

[7] *Sieben* (Fn. 4), S. 1174.

die Rio-Konferenz 1992[8] – das Leitbild der Nachhaltigen Entwicklung (sustainable development) entwickelt.[9] Es ist durch Mehrdimensionalität gekennzeichnet und erweitert den soeben erläuterten ressourcenschonenden, ökologiezentrierten Ansatz um soziale und ökonomische Belange. Während sich ökologische Belange als Beschränkung einer ökonomischen Nutzenmaximierung im ressourcenschonenden Ansatz auswirken, ist nunmehr ein weiterer Ausgleich zwischen regelmäßig konfligierenden Belangen gefordert. Die auch dem ressourcenschonenden Ansatz innewohnende zeitlich-räumliche Dimension wird um eine generationenübergreifende und globale Perspektive ergänzt: Eine dauerhafte und nicht lediglich punktuelle Entwicklung soll die Interessen gegenwärtiger und zukünftiger Generationen berücksichtigen. Die Industrieländer sollen ihren Ressourcenverbrauch senken, um den Entwicklungsländern eine umweltschonende Wohlstandsentwicklung zu ermöglichen.[10] Das internationale Gebot der Nachhaltigen Entwicklung in seiner mehrdimensionalen Ausprägung beinhaltet eine komplexe Abwägung zwischen den Interessen der Industrie- und Entwicklungsstaaten, gegenwärtigen und zukünftigen Generationen sowie ökologischen, ökonomischen und sozialen Belangen. Im Kern geht es um Verteilungsgerechtigkeit in Bezug auf knappe (Umwelt-)Güter.[11] Das Leitbild wirkt in diesen Dimensionen als politische Abwägungsstrategie,[12] die weit über das Umweltrecht hinaus zur Lösung globaler Probleme beitragen kann.[13]

Niederschlag hat das Leitbild der Nachhaltigen Entwicklung vor allem im Umweltvölkerrecht gefunden, so etwa in der Biodiversitätskonvention, der Konvention gegen Wüstenbildung und der Klimarahmenkonvention sowie im jüngst vereinbarten Pariser Abkommen zum Klimaschutz[14]. Funktionaler Kern des diesbezüglich statuierten Nachhaltigkeitsgrundsatzes ist die gerechte Verteilung und Nutzung ökologischer Gemeinschaftsgüter.

Die Mitgliedstaaten haben die Europäische Union (EU) ebenfalls zu einem Beitrag zu externer globaler[15] und interner Nachhaltiger Entwicklung[16] verpflichtet.[17]

---

[8] Grundsatz 3, 4 und 8 der Rio-Deklaration.

[9] Grundlegend vgl. *G. Beaucamp*, Das Konzept der zukunftsfähigen Entwicklung im Recht, 2002, S. 15 ff.

[10] Im Einzelnen vgl. *Sieben* (Fn. 4), S. 1174 f.

[11] Vgl. auch *F. Ekardt*, Theorie der Nachhaltigkeit, 2011, S. 209 ff.

[12] *Rehbinder* (Fn. 3), S. 657, 660.

[13] *W. Erbguth/S. Schlacke*, Umweltrecht, 6. Aufl. 2016, § 3 Rn. 2.

[14] Vgl. Art. 2 Abs. 1, 4 Abs. 1, 5 Abs. 2, 6, 7 Abs. 1; das Abkommen ist abrufbar unter https://unfccc.int/resource/docs/2015/cop21/eng/l09r01.pdf (zuletzt abgerufen am 31.12.2015); vgl. dazu *L. Morgenstern/M. Dehnen*, Eine neue Ära für den internationalen Klimaschutz: Das Übereinkommen von Paris, ZUR 2016, S. 131 ff.; *S. Schlacke*, Die Pariser Klimavereinbarung – ein Durchbruch? Ja(!), aber …, ZUR 2016, S. 65 f.

[15] Art. 3 Abs. 5 S. 2 EUV.

[16] Art. 11 AEUV.

[17] Beide Dimensionen abbildend: Art. 37 GRCh.

Das Sekundärrecht spiegelt diese externen und internen Beiträge zur Nachhaltigen Entwicklung wider.[18]

In Deutschland beinhaltet Art. 20a GG eine Teilfunktion des Leitbilds der Nachhaltigen Entwicklung: Sie ist auf einen generationenübergreifenden Schutz der natürlichen Lebensgrundlagen fokussiert und hebt damit eindimensional die ökologischen Belange hervor. Damit wird ein im Schwerpunkt an den Gesetzgeber gerichteter Optimierungsauftrag und ein Verbot der wesentlichen Verschlechterung normiert.[19] Als Staatsziel steht der verfassungsrechtliche Umweltschutzauftrag gleichrangig neben anderen Staatszielen und Grundrechten. Umweltbelange sind daher mit anderen, gegenläufigen Belangen – insbesondere sozialen und ökonomischen – abzuwägen, ohne dass ein Vorrang oder konkrete Ge- und Verbote ableitbar sind.[20]

Das Umwelt- und Planungsrecht nimmt in vielfältiger Weise auf das Leitbild der Nachhaltigen Entwicklung Bezug. Im Raumordnungs- und Bauleitplanungsrecht steht die dreidimensionale Funktion des Nachhaltigkeitsleitbildes im Vordergrund, ohne allerdings globale oder generationenübergreifende Bezüge aufzuweisen.[21] Dauerhafte umweltschonende Ressourcennutzung ist indes Kernzweck des Wald-[22] und Jagdrechts[23] sowie des Energiewirtschafts-[24] und Umweltenergierechts[25]. Auch das durch zahlreiche explizite Nachhaltigkeitsbezüge aufgeladene Naturschutzrecht ist auf Ressourcenschonung und -erhaltung ausgerichtet.[26] Ziel des Bodenschutzrechts ist, nachhaltig die Funktionen des

[18] So verpflichtet etwa die Richtlinie 2009/28/EG (Erneuerbare Energien-Richtlinie) in Art. 17–19 die Mitgliedstaaten zur Berücksichtigung und Kontrolle der dort verankerten Nachhaltigkeitskriterien für den Import von flüssiger Biomasse, die an einer mitgliedstaatlichen Förderung beteiligt werden soll.

[19] *Rehbinder* (Fn. 3), S. 658 f.

[20] *Rehbinder* (Fn. 3), S. 659.

[21] Vgl. etwa § 1 Abs. 2 ROG, der gebietet, die sozialen und wirtschaftlichen Ansprüche an den Raum mit seinen ökologischen Funktionen in Einklang zu bringen und zu einer dauerhaften, großräumig ausgewogenen Ordnung zu führen; ähnlich § 1 Abs. 5 S. 1 BauGB; dazu *W. Erbguth/M. Schubert*, in: W. Erbguth/T. Mann/M. Schubert, Besonderes Verwaltungsrecht, 12. Aufl. 2015, Rn. 835, 989; ferner *B. Stüer*, Der Nachhaltigkeitsgedanke als Kompensationselement in der planerischen Ausgleichsentscheidung, NVwZ 2005, S. 508 (509 ff.).

[22] Vgl. §§ 1 Nr. 1, 8 Abs. 1 und 11 BWaldG.

[23] §§ 1 Abs. 2, 22 BJagdG.

[24] So verpflichtet § 1 Abs. 1 EnWG zu einer umweltverträglichen Versorgung der Allgemeinheit mit Elektrizität und Gas, die gegeben ist, wenn „die Energieversorgung den Erfordernissen eines nachhaltigen, insbesondere rationellen und sparsamen Umgangs mit Energie genügt, eine schonende und dauerhafte Nutzung von Ressourcen gewährleistet ist und die Umwelt möglichst wenig belastet wird" (§ 3 Nr. 33 EnWG).

[25] § 1 Abs. 1 EEG.

[26] So ist u. a. die nachhaltige Nutzungsfähigkeit der Naturgüter zu gewährleisten (§ 1 Abs. 1 Nr. 2 BNatSchG), wozu auch der Aufbau einer nachhaltigen Energieversorgung dient, bei der der Nutzung erneuerbarer Energien eine besondere Bedeutung zukommt (§ 1 Abs. 3 Nr. 4 BNatSchG). Auch die Grundsätze der guten fachlichen Praxis für die Land-, Forst- und Fischereiwirtschaft sind dem Nachhaltigkeitsgebot verpflichtet (§ 5 Abs. 2 Nr. 1, Abs. 3, 4 BNatSchG i. V. m. § 17 Abs. 2 S. 1 BBodSchG).

Bodens zu sichern oder wiederherzustellen (§ 1 BBodSchG). Auch das Wasserrecht bezweckt, durch „eine nachhaltige Gewässerbewirtschaftung die Gewässer als Bestandteil des Naturhaushalts, als Lebensgrundlage des Menschen, als Lebensraum für Tiere und Pflanzen sowie als nutzbares Gut zu schützen" (§ 1 WHG).[27] Selbst in das Immissionsschutzrecht hat der Nachhaltigkeitsbegriff Einzug gehalten (nachhaltige Erzeugung von Biomasse).[28] Das Kreislaufwirtschaftsrecht bekennt sich zwar nicht explizit zur Nachhaltigkeit; Zweck des Gesetzes ist allerdings, eine Kreislaufwirtschaft zur Schonung der natürlichen Ressourcen, insbesondere durch Vermeidung und Verwertung von Abfällen, zu fördern (§ 1 KrWG).[29]

Den soeben zitierten Kerngesetzen des deutschen Umweltrechts (BNatSchG, BImSchG, WHG, BBodSchG und KrWG) ist gemeinsam, dass ihnen eine Nachhaltigkeitsorientierung innewohnt. Die weiteren rechtssatzförmigen Konkretisierungen – vor allem im Naturschutz-, Wasser- und Bodenschutzrecht – lassen den Schluss zu, dass über eine floskelhafte Nachhaltigkeitslyrik hinaus die Funktion der rechtlichen Nachhaltigkeitsbezüge darin besteht, sektorale Umweltgüter (eindimensional) dauerhaft zu schützen und zu schonen. Das „Ob" und „Wie" der Nutzung der Umweltgüter wird hierdurch nicht gleichsam im Sinne einer abschließenden Abwägung zugelassen oder verboten. Die dreidimensionale Zielrichtung kommt demgegenüber stärker bei räumlichen Nutzungen zum Tragen. Im Unterschied zu den, das deutsche Umweltrecht prägenden, (Umwelt-)Rechtsprinzipien (Verursacher-, Vorsorge- und Kooperationsprinzip) kann den Nachhaltigkeitsbezügen in den umweltbezogenen Fachgesetzen keine instrumentelle Ausprägung etwa in Form von Ge- oder Verboten oder indirekter Verhaltungssteuerung beschieden werden. Auch eine Vorrangigkeit der Ökologie gegenüber wirtschaftlichen und sozialen Belangen ist dem Nachhaltigkeitsgebot in seiner einfachrechtlichen Ausprägung grundsätzlich fremd. Stattdessen zeigen sich Überschneidungsbereiche: So wird die ressourcenschützende und -schonende Ausrichtung für stoffliche und nichtstoffliche Belastungen bereits durch das Vorsorgeprinzip abgedeckt.[30] Auch im Hinblick auf das Kooperationsprinzip, das auf einen koordinierenden und moderierenden Staat angewiesen und auf Koordination unterschiedlicher Akteure und Belange gerichtet ist, zeigen sich Überlappungen zum Nachhaltigkeitsgrundsatz.[31]

Sind die anerkannten Umweltprinzipien „eindimensional" auf den Umweltschutz gerichtet und „wenig komplex"[32], bleibt es bei einer gewissen Kon-

[27] Eine nachhaltige Gewässerbewirtschaftung bezweckt § 6 WHG.
[28] § 37d Abs. 2 S. 1 Nr. 1c), Nr. 3 BImSchG.
[29] Eingehend *U. Smeddinck*, Zur Funktion normierter Prinzipien im Umweltrecht, NuR 2009, S. 304 (309 ff.).
[30] *Rehbinder* (Fn. 3), S. 660 f.
[31] *Rehbinder* (Fn. 3), S. 665.
[32] *Rehbinder* (Fn. 3), S. 661.

turenlosigkeit des Nachhaltigkeitsgebots auch im deutschen Umwelt- und Planungsrecht.[33] Insgesamt kommt der rechtssatzförmigen Ausprägung des Nachhaltigkeitsgebots im deutschen Recht eine Vielfalt von Funktionen zu. Zusammengefasst handelt es sich um

- einen sich mit dem umweltrechtlichen Vorsorgeprinzip deckenden ökologieorientierten ressourcenschützenden Ansatz,[34]
- eine zeitlich-globale Langfristfunktion[35] und
- eine u. a. völker-, verfassungs- und planungsrechtlich gebotene dreidimensionale Abwägungsfunktion, m. a. W. das Herbeiführen eines angemessenen Ausgleichs von ökologischen und sozio-ökonomischen Belangen.[36]

Die Steuerungskraft dieser Ausprägungen des Nachhaltigkeitsgebots ist indes abhängig von der jeweiligen einfachrechtlichen Ausgestaltung durch den Gesetzgeber. Ob und inwieweit auch die Umweltprüfungen (UVP und SUP) nach dem UVPG in diesem Sinne eine Steuerungswirkung entfalten und Nachhaltigkeitsfunktionen erfüllen, soll im Folgenden untersucht werden (IV.). Dies setzt eine Darstellung der Grundzüge der Umweltprüfungen voraus (III.).

III. Umweltprüfungen nach dem UVPG

Umweltprüfungen sind gem. § 1 Nr. 1 UVPG die Umweltverträglichkeitsprüfung (UVP), die im Rahmen der Zulassung von öffentlichen und privaten Vorhaben durchzuführen ist, und die Strategische Umweltprüfung (SUP), die bei der Aufstellung von Plänen und Programmen Anwendung findet. Gemeinsamer Zweck dieser für eine wirksame und integrative Umweltvorsorge zentralen Instrumente[37] ist, dass Auswirkungen auf die Umwelt frühzeitig und umfassend ermittelt, beschrieben und bewertet und die Ergebnisse bei Vorhabenzulassungen sowie bei der Aufstellung oder Änderung von Plänen und Programmen berücksichtigt werden.

Entstehung, Prüfauftrag und -umfang sowie das Verfahren von UVP und SUP sind eng miteinander verzahnt und weisen inhaltlich und systematisch weitreichende Gemeinsamkeiten auf. Insofern werden im Folgenden die Grundzüge von UVP und SUP gebündelt vorgestellt, analysiert und Unterschiede aufgezeigt.

---

[33] *Sieben* (Fn. 4), S. 1176.

[34] *Rehbinder* (Fn. 3), S. 659.

[35] Sie kann argumentativ für eine Abschwächung der Rechtfertigungslast für Vorsorgemaßnahmen genutzt werden. Zwingend ist dies indes nicht.

[36] *Erbguth/Schlacke* (Fn. 13), § 3 Rn. 2, insb. Fn. 14.

[37] *R. Schmidt/W. Kahl/K. F. Gärditz*, Umweltrecht, 9. Aufl. 2014, § 4 Rn. 60.

1. Entstehung

Vorbild der Projekt-UVP war der amerikanische National Environmental Policy Act (NEPA) aus dem Jahr 1969.[38] Zweck der 1985 erlassenen UVP-Richtlinie 85/377/EWG[39] und ihrer Fortentwicklung[40] ist es, eine Zulassungsentscheidung durch Aufbereitung der Umweltrelevanz des Vorhabens vorzubereiten. Mit der Espoo-Konvention[41] gewann die Umweltverträglichkeitsprüfung auch völkerrechtlich an Bedeutung. Aufgrund der Notwendigkeit einer frühzeitigen Bestandsaufnahme der Umweltauswirkungen von Maßnahmen dehnte die seit 2001 unveränderte SUP-Richtlinie 2001/42/EG[42] die Umweltprüfung auf vorgelagerte Planungs- und Entscheidungsstufen aus. Die „Torsohaftigkeit"[43] eines auf die Zulassungsebene beschränkten Einsatzes der Umweltprüfungen wurde durch die SUP – jedenfalls zum Teil – beseitigt. Die völkerrechtliche Entsprechung enthält das sog. Strategic Environmental Assessment (SEA-)Protokoll[44]. Der deutsche Gesetzgeber ist seinen völker- und unionsrechtlichen Verpflichtungen durch Erlass des UVPG (1990) sowie durch Integration der SUP in das BauGB und ROG (2004)[45] und der Aufnahme als Teil 3 „Strategische Umweltprüfung (SUP)" in das UVPG (2005)[46] nachgekommen.

2. Prüfauftrag

Der den Umweltprüfungen zugrundeliegende Prüfauftrag[47] ist im Schwerpunkt auf Auswirkungen des Vorhabens oder des Plans/Programms auf Umweltgü-

---

[38] Dazu *W. Erbguth/A. Schink*, UVPG, 2. Aufl. 1996, Einl. Rn. 25 ff.

[39] Richtlinie 85/337/EWG vom 27.6.1985 über die Umweltverträglichkeitsprüfung bei bestimmten öffentlichen und privaten Projekten, ABl.EG 1985 L Nr. 175, S. 40.

[40] Vgl. ausf. *W. Erbguth*, Ziel, Konzeption und Entwicklungslinien der Umweltverträglichkeitsprüfung, ZUR 2014, S. 515 (517 ff.).

[41] Übereinkommen über die Umweltverträglichkeitsprüfung im grenzüberschreitenden Rahmen vom 25.2.1991, BGBl. II 2002, S. 1407, in Kraft getreten am 10.9.1997; vgl. hierzu *A. Rietzler*, Behörden- und Öffentlichkeitsbeteiligung bei ausländischen Vorhaben im Lichte der Espoo-Konvention, NVwZ 2015, S. 483 ff.

[42] Vgl. Fn. 1. Hierzu ausf. *A. Näckel*, Umweltprüfung für Pläne und Programme: Die Richtlinie 2001/42/EG des Europäischen Parlaments und des Rates über die Prüfung der Umweltauswirkungen bestimmter Pläne und Programme und ihre Umsetzung in das deutsche Recht, 2003.

[43] *Erbguth* (Fn. 40), S. 517.

[44] Protokoll vom 21.5.2003 über die strategische Umweltprüfung, BGBl. II 2006, S. 498, in Kraft getreten am 11.7.2010.

[45] Gesetz zur Anpassung des Baugesetzbuchs an EU-Richtlinien v. 24.6.2004 (Europarechtsanpassungsgesetz Bau – EAG Bau), BGBl. I 2004, S. 1359. Hierzu ausf. *M. Schubert*, Harmonisierung umweltrechtlicher Instrumente in der Bauleitplanung, 2005.

[46] Gesetz zur Einführung einer Strategischen Umweltprüfung und zur Umsetzung der Richtlinie 2001/42/EG (SUPG) v. 29.6.2005, BGBl. I 2005, S. 1746. Dazu *W. Erbguth/M. Schubert*, Das Gesetz zur Einführung einer Strategischen Umweltprüfung und zur Umsetzung der Richtlinie 2001/42/EG (SUPG), ZUR 2005, S. 524 (525 ff.).

[47] Er beinhaltet die Ermittlung, Beschreibung und Bewertung der unmittelbaren und mittelbaren Auswirkungen eines Vorhabens oder eines Plans/Programms auf Menschen, einschließ-

ter gerichtet („ökologiezentrierte (Vorab-)Prüfungen“[48]), aber nicht auf diese begrenzt.[49] Die Pflicht zur Ermittlung der Wechselwirkungen offenbart den integrativ-medienübergreifenden Prüfansatz, der eine bewusste Abkehr vom sektoralen Schutzansatz hin zu einem ökosystemaren Prüfauftrag zum Ausdruck bringt.[50]

3. *Prüfgegenstände*

Die Prüfgegenstände bestimmen zugleich den Anwendungsbereich von UVP und SUP: Im Rahmen der UVP sind es öffentliche oder private Vorhaben, die einer behördlichen Zulassung (z. B. Genehmigung oder Planfeststellung) bedürfen, im Rahmen der SUP Pläne oder Programme. Sowohl für UVP als auch für SUP gilt (zunächst) das Listenprinzip, das heißt, die Projekte bzw. Pläne und Programme, die UVP- oder SUP-pflichtig sind, werden gesetzlich enumerativ festgelegt (obligatorische UVP/SUP).[51] Auch Pläne und Programme, die in Anlage 3 Nr. 2 zum UVPG aufgeführt sind und für Entscheidungen über die Zulässigkeit von UVP- oder vorprüfungspflichtigen Vorhaben den Rahmen setzen,[52] sind SUP-pflichtig[53].[54] Daneben existiert ein komplexes Regelungssystem für UVP-pflichtige Vorhaben im Einzelfall (allgemeine und standortbezogene Vorprüfungen), kumulierende und nachträglich kumulierende Vorhaben, Entwicklungs- und Erprobungsvorhaben sowie Änderungs- und Erweiterungsverfahren.[55] Nicht der SUP, sondern der UVP unterliegen bestimmte, der Zulas-

---

lich der menschlichen Gesundheit, Tiere, Pflanzen und die biologische Vielfalt, die Umweltmedien (Boden, Wasser, Luft, Klima und Landschaft), Kulturgüter und sonstige Sachgüter sowie die Wechselwirkung zwischen den vorgenannten Schutzgütern (§ 2 Abs. 1 S. 2 i. V. m. Abs. 4 S. 2 UVPG).

[48] So *W. Erbguth* (Fn. 40), S. 516.

[49] Geschützt werden auch Kultur- und sonstige Sachgüter.

[50] *W. Appold*, in: W. Hoppe/M. Beckmann (Hrsg.), UVPG, 4. Aufl. 2012, § 2 Rn. 41.

[51] Eine obligatorische UVP ist bei Vorhaben, die in Anlage 1 Spalte 1 mit einem X gekennzeichnet sind, eine obligatorische SUP bei in der Anlage 3 Nr. 1 zum UVPG aufgelisteten Plänen und Programmen durchzuführen. Auch spezifische Vorschriften des Bundesrechts (z. B. 9. BImSchV, UVP-V Bergbau, § 2 Abs. 4 BauGB; § 9 SeeAnlV) oder Landesrechts können eine UVP-Pflicht anordnen (§ 4 UVPG).

[52] Etwa Lärmaktionspläne (§ 47d BImSchG) oder Luftreinhaltepläne (§ 47 Abs. 1 BImSchG).

[53] Die Rahmensetzung führt daher unmittelbar zur SUP-Pflicht, unabhängig davon, ob die Vorprüfung eine UVP-Pflicht nach sich zieht, vgl. *A. Schink*, Umweltprüfung für Pläne und Programme, NVwZ 2005, S. 615 (618 f.).

[54] Die Definition der Rahmensetzung in § 14b Abs. 3 UVPG, demzufolge Festlegungen der Programme/Pläne von „Bedeutung“ für besagte Zulassungsentscheidungen sein müssen, ist unionsrechtskonform dahingehend auszulegen, dass insoweit keine rechtliche Verbindlichkeit zur Aufstellung eines Plans bestehen muss, sondern eine Berücksichtigungspflicht auch bei behördlichem Ermessen besteht; vgl. EuGH, Rs. C-567/10 (Inter-Environnement Bruxelles u. a.), ZUR 2012, S. 486 ff.; dazu *W. Kahl*, Neue höchstrichterliche Rechtsprechung zum Umweltrecht, JZ 2014, S. 722 (725 f.); näher zum daraus resultierenden nationalen Änderungsbedarf *T. Bunge*, Zum Anwendungsbereich der strategischen Umweltprüfung, NuR 2012, S. 593 ff.

[55] §§ 3a–3f UVPG.

sung unmittelbar vorgelagerte planungsähnliche Entscheidungen wie etwa straßen- und wasserwegerechtliche Linienbestimmungsverfahren,[56] Genehmigungen von Flugplätzen[57] und Flugroutenfestlegungen.[58]

4. *Umweltprüfungsverfahren*

UVP und SUP sind Verfahrensinstrumente: Als unselbstständige Teile behördlicher Verfahren werden sie Zulassungs- und Planungsverfahren gewissermaßen aufgesattelt. Die Kernelemente der Umweltprüfungsverfahrens sind fast identisch: Sie beginnen mit einem Vorverfahren („Screening"), in dem die UVP- oder SUP-Pflichtigkeit geprüft wird.[59] Im anschließenden Scoping werden der Untersuchungsrahmen, der Umfang und der Detaillierungsgrad des Umweltberichts – ggf. im Zusammenwirken mit anderen Fachbehörden, Sachverständigen oder Dritten – festgelegt.[60] Im Rahmen der UVP obliegt es dem Projektträger, die entscheidungserheblichen Unterlagen vorzulegen (§ 6 Abs. 1 S. 1 UVPG), im Rahmen der SUP hat die Behörde einen frühzeitigen Umweltbericht zu erstellen und zwar – anders als bei der Projekt-UVP (vgl. § 11 UVPG) – vor der nachfolgenden Behörden- und Öffentlichkeitsbeteiligung. Die vom Vorhaben in ihrem Aufgabenbereich berührten nationalen und ausländischen Behörden[61] sowie die nationale und nachbarstaatliche Öffentlichkeit[62] sind am Verfahren zu beteiligen.[63] Anhand der Unterlagen des Projektträgers, der behördlichen Stellungnahmen, der Äußerungen der betroffenen Öffentlichkeit sowie eigener Ermittlungen erarbeitet die zuständige Behörde eine zusammenfassende Darstellung der Umweltauswirkungen des Vorhabens sowie der Vermeidungs-, Ver-

[56] § 16 Abs. 1 FStrG, § 13 Abs. 1 WaStrG.

[57] § 6 Abs. 1 LuftVG.

[58] In Bezug auf Letztere ist freilich eine unionsrechtskonforme Auslegung des UVPG geboten, vgl. *Schmidt/Kahl/Gärditz* (Fn. 37), § 4 Rn. 80; *S. Schlacke*, Klagebefugnis anerkannter Umweltverbände gegen Flugroutenfestlegung, NVwZ 2015, S. 563 (564), die bislang vom BVerwG verneint wird (NVwZ 2015, S. 596 [597]).

[59] Vgl. §§ 3c, 14a UVPG. Zum rechtlichen Maßstab für die Beurteilung, ob Vorhaben oder Änderungen erhebliche nachteilige Umweltauswirkungen auslösen, die eine Vorprüfung gem. § 3c UVPG bedingen, vgl. BVerwG, NVwZ 2015, S. 85 (87 Rn. 21 ff.).

[60] §§ 5, 14f UVPG.

[61] Vgl. §§ 7, 8 UVPG, §§ 14h, 14j UVPG. Im Fall erheblicher Umweltauswirkungen eines Vorhabens in einem anderen Staat bedarf es einer Beteiligung der dortigen Öffentlichkeit, § 9a UVPG.

[62] § 9 Abs. 1 S. 1 UVPG, § 14i UVPG. Wer Öffentlichkeit ist, legt § 2 Abs. 6 S. 1 UVPG fest. Gelegenheit zur Äußerung wird im Beteiligungsverfahren nur der „betroffenen Öffentlichkeit" gewährt, § 9 Abs. 1 S. 2 UVPG; erfasst ist damit jede Person, die in ihren Belangen – oder bei Verbänden in ihren satzungsgemäßen Aufgabenbereichen – durch die UVP- oder SUP-pflichtige Entscheidung berührt ist. Zur (gerade noch) Gemeinschaftsrechtskonformität *Erbguth/Schubert* (Fn. 46), S. 529, anhand § 6 Abs. 4 SUP-RL.

[63] Für die Öffentlichkeitsbeteiligung im vorgelagerten Verfahren sieht § 9 Abs. 3 UVPG erleichterte Anforderungen vor.

minderungs- oder Ausgleichsmaßnahmen – bis hin zu Ersatzmaßnahmen bei nicht ausgleichbaren, aber vorrangigen Eingriffen in Natur und Landschaft (§ 11 S. 1, 2 UVPG). Anschließend hat sie die Umweltauswirkungen des Vorhabens zu bewerten und im Rahmen der Vorhabenzulassung bzw. Abwägung über den Plan oder das Programm zu berücksichtigen (§ 12 Hs. 2 UVPG) (dazu sogleich unter VI.3.). Im Fall der positiven wie negativen Entscheidung über das Vorhaben ist diese entsprechend § 74 Abs. 5 S. 2 VwVfG öffentlich bekannt zu machen und der Bescheid samt Begründung und Rechtsbehelfsbelehrung analog § 74 Abs. 4 S. 2 VwVfG zur Einsicht auszulegen, § 9 Abs. 2 UVPG. Die Annahme eines Plans oder Programms muss, ihre Ablehnung kann öffentlich bekannt gemacht und entsprechend öffentlich ausgelegt werden (§ 14l Abs. 1 UVPG). Im Unterschied zur Projekt-UVP ist die anschließende Durchführung des Plans zu überwachen (§ 14m UVPG).[64]

IV. Nachhaltigkeitsorientierte Funktionen der Umweltprüfungen

Die Umweltprüfungen werden im Folgenden im Hinblick auf die drei oben aufgezeigten Funktionen des völker-, verfassungs- und einfachrechtlich geprägten Nachhaltigkeitsgebots (ökologieorientierter Ressourcenschutz, zeitlich-globale Langfristfunktion und dreidimensionale Abwägungs- und Ausgleichsfunktion) analysiert und bewertet.

1. Ökologieorientierter Ressourcenschutz durch Information, Beteiligung und Rechtsschutz

Völker- und unionsrechtliche Grundlagen sowie §§ 1, 2 UVPG qualifizieren UVP und SUP als ressourcenschützende und -schonende Instrumente. Indem sie zur umfassenden Untersuchung der Auswirkungen von Vorhaben sowie Plänen und Programmen auf die Umwelt verpflichten, schaffen sie eine valide Informationsgrundlage in Bezug auf den Belang „Ökologie" für die jeweiligen Entscheidungsträger. Die Pflicht zur Ermittlung, Beschreibung und Bewertung von Wechselwirkungen und Kompensationsmöglichkeiten impliziert einen Ausgleich zwischen konfligierenden ökologischen Interessen (integrativ-ökosystemarer Prüfauftrag). Aufgabe der Umweltprüfungen ist mithin, die Voraussetzungen für einen schützenden und schonenden Umgang mit den Umweltgütern, der menschlichen Gesundheit sowie Sach- und Kulturgütern zu schaffen. Die Umweltprüfungen fungieren insoweit als Instrumente zur Verwirklichung eines im Schwerpunkt ökologieorientierten Ressourcenschutzes.

[64] Allerdings sieht nunmehr die Änderungs-Richtlinie 2014/52/EU (Fn. 1) ebenfalls ein Monitoring vor. Diese Pflicht ist bis zum 16.5.2017 in nationales Recht umzusetzen (Art. 2).

Dreh- und Angelpunkt der Effektivität der Umweltprüfungen ist u. a. Umfang und Reichweite der UVP- bzw. SUP-Pflichtigkeit. Diesbezüglich hat die UVP-Änderungsrichtlinie 97/11/EG[65] durch Ausweitung der UVP-pflichtigen Vorhaben erheblich zum vorsorgenden Ressourcenschutz durch Umweltprüfungen beigetragen. Eine weitere Ausdehnung wird von der letzten Änderungsrichtlinie 2014/52/EU indes nicht intendiert. Stattdessen zielt sie auf Verfahrensvereinfachung und Präzision der in den Grundstrukturen unverändert gelassenen UVP.[66] Wenngleich der deutsche Gesetzgeber der Ausweitung aus dem Jahre 1997 durch Einführung des oben genannten komplexen (Vor-)Prüfungssystems von Einzelfällen und Kumulationen etc. begegnete,[67] bleibt hier noch Raum für Korrekturen, die z.T. durch die Rechtsprechung vorgenommen werden,[68] z.T. aber – um dem Unionsrecht ausreichend Rechnung zu tragen – vom Gesetzgeber zu fordern sind.[69]

Als Verfahrensinstrumente fordern UVP und SUP nicht nur die Erhebung vorhandener Informationen über den Status Quo der Umwelt, sondern sind auf Generierung neuer Informationen angewiesen, die geeignet sind, den Ist- und den zukünftigen Zustand zu ermitteln und zu prognostizieren. Erst nach den damit implizierten Risikoabschätzungen erfolgt die (Risiko-)Bewertung.[70] Eine integrative Prüf- und Informationsverpflichtung obliegt nicht (allein) dem Vorhabenträger oder Plangeber, sondern richtet sich an die zuständige Behörde, die hierfür auch Informationen aus den Behörden- und Öffentlichkeitsbeteiligungen zu verarbeiten hat. Durch Informations- und Beteiligungspflichten wird die behördliche Entscheidungsgrundlage in Bezug auf die Umweltbelange verbessert: Behörden werden in die Lage versetzt, Entscheidungen zu treffen, die Umweltschäden vermeiden oder zumindest so gering wie möglich halten.[71]

Gestärkt wird die ressourcenschützende und damit zugleich nachhaltige Funktion der Umweltprüfungen durch Eröffnung der gerichtlichen Kontrolle von UVP-Mängeln. Die unionsrechtlich veranlasste[72] Möglichkeit, wesentliche Verfahrensfehler[73] – dazu zählen u. a. das rechtswidrige Unterlassen einer

---

[65] Richtlinie 97/11/EG v. 3.3.1997, ABl.EG 1997 L Nr. 73, S. 5.

[66] *Schmidt/Kahl/Gärditz* (Fn. 37), § 4 Rn. 60a; *C. Sangenstedt*, Die Reform der UVP-Richtlinie 2014: Herausforderungen für das deutsche Recht, ZUR 2014, S. 526 (526).

[67] Durch Art. 1 des Gesetzes v. 27.7.2001, BGBl. I 2001, S. 1950.

[68] BVerwG, NVwZ 2015, S. 1458 ff. mit Anm. *S. Schlacke*, NVwZ 2015, S. 1461 ff. – zur nachträglichen Kumulation von Vorhaben.

[69] Im Hinblick auf Flugroutenfestlegungen vgl. oben Fn. 58 m. w. N.

[70] Ausf. *Appold* (Fn. 50), § 2 UVPG Rn. 54 ff.

[71] *M. Kment*, in: W. Hoppe/M. Beckmann (Hrsg.), UVPG, 4. Aufl. 2012, Einl. UVPG Rn. 21.

[72] Richtlinie 2003/35/EG vom 26.5.2003 über die Beteiligung der Öffentlichkeit bei der Ausarbeitung bestimmter umweltbezogener Pläne und Programme und zur Änderung der IVU- und UVP-Richtlinien, ABl.EG 2003 L Nr. 156, S. 17. Vgl. auch EuGH, Rs. C-201/02 (Wells), NuR 2004, S. 517.

[73] Dass die vorherige Beschränkung auf die Überprüfbarkeit einer rechtswidrigen Unterlassung einer UVP oder UVP-Vorprüfung das unionsrechtlich Geforderte nicht hinreichend

UVP/UVP-Vorprüfung oder Öffentlichkeitsbeteiligung – durch anerkannte Umweltverbände[74] oder Beteiligte[75] gerichtlich überprüfen zu lassen (§ 4 Abs. 1, 3 UmwRG 2015), führt dazu, dass der Verweis auf einen unselbstständigen Verfahrenscharakter der UVP[76] und damit die fehlende Kontrollfähigkeit nicht mehr haltbar ist.[77] Auch die Rügefähigkeit der Verletzung von UVP-Vorschriften nur in Zusammenhang mit der Verletzung einer sonstigen (regelmäßig materiell) drittschützenden Vorschrift anzuerkennen,[78] dürfte gegen den aus Art. 4 Abs. 3 EUV folgenden (prozessualen) Effektivitätsgrundsatz verstoßen, nach dem Anforderungen der UVP zu bestmöglicher Wirkung zu verhelfen ist.[79] Folglich sind auch Anordnungen der Unbeachtlichkeit von gravierenden UVP-Mängeln unionsrechtswidrig.[80] Dieser Auffassung folgt nunmehr auch der Gesetzgeber durch Einfügung des § 4 Abs. 1 und 1a UmwRG 2015.[81]

2. *Zeitlich-globale Langfristfunktion durch Frühzeitigkeitsgebot*

Der zeitlichen Optimierung des Ressourcenschutzes im Sinne einer dauerhaften Schonung dient insbesondere das beiden Umweltprüfungen zugrunde liegende Frühzeitigkeitsgebot (§ 1 Nr. 1 UVPG). Es gebietet, eine SUP oder UVP rechtzeitig, d. h. vor Eintritt faktischer oder rechtlicher Bindungen durchzuführen[82] und trägt dazu bei, langfristig wirkende, umweltschädigende Entscheidungen zu vermeiden bzw. ihre Auswirkungen zu minimieren.[83] Der deutsche Gesetzgeber trägt dem unionsrechtlich verankerten Frühzeitigkeitsgebot in doppelter Hinsicht in § 1 Nr. 1 und 2 UVPG Rechnung: Umweltauswirkungen sind frühzeitig zu untersuchen und so früh wie möglich zu berücksichtigen. Eine unionsrechtliche Verpflichtung, Umweltauswirkungen zum frühestmöglichen Zeitpunkt zu ermitteln, besteht indes nicht.[84] Mit der Einbeziehung der UVP in vertikale Ent-

---

umsetzte, hat der EuGH mit der Entscheidung in der Rs. C-72/12 (Altrip), NVwZ 2014, S. 49 ff., geklärt und bestätigt durch EuGH, Rs. C-137/14, ZUR 2016, S. 34 ff.

[74] Vgl. § 3 UmwRG.

[75] Vgl. § 4 Abs. 3 S. 1 UmwRG.

[76] OVG RP, NuR 2004, S. 817; NdsOVG, NuR 2004, S. 403.

[77] Vgl. *W. Kahl*, Neue höchstrichterliche Rechtsprechung zum Umweltrecht, JZ 2012, S. 729 (731), gegen NdsOVG, DVBl. 2010, S. 1039.

[78] OVG LSA, ZUR 2009, S. 36; OVG RP, NuR 2005, S. 474; offen gelassen durch BVerwG, ZUR 2009, S. 32; a. A. bereits *S. Schlacke*, in: K. F. Gärditz (Hrsg.), VwGO, 2013, § 4 UmwRG Rn. 42.

[79] Auch *Schmidt/Kahl/Gärditz* (Fn. 37), § 4 Rn. 75.

[80] EuGH, Rs. C-72/12 (Altrip), NVwZ 2014, S. 49 ff.; Rs. C-137/14, ZUR 2016, S. 34 ff.; vgl. dazu *S. Schlacke*, Zur fortschreitenden Europäisierung des (Umwelt-)Rechtsschutzes, NVwZ 2014, S. 11 (14) sowie Anmerkung von *C. Meitz*, ZUR 2014, S. 40 ff.

[81] Art. 1 des Gesetzes vom 20.11.2015, BGBl. I 2015, S. 2069.

[82] *Appold* (Fn. 50), § 1 UVPG Rn. 32.

[83] *Kment* (Fn. 71), Einl. UVPG Rn. 11.

[84] Der 2. Erwägungsgrund der UVP-Richtlinie fordert zwar, Umweltauswirkungen „so früh wie möglich" zu berücksichtigen. Im verpflichtenden Teil findet sich diese Formulierung indes

scheidungsverfahren sowie der Einführung der SUP für vorgelagerte Entscheidungsstufen trägt das UVPG zu einer Optimierung des Frühzeitigkeitsgebots im Sinne einer Rechtzeitigkeit bei.[85]

Globale Dimensionen weisen die Umweltprüfungen kaum auf. Lediglich Erwägungsgrund 13 der Richtlinie 2014/52/EU verpflichtet neuerdings dazu, die „Auswirkungen von Projekten auf das Klima (z. B. Treibhausgasemissionen) und ihre Anfälligkeit in Bezug auf den Klimawandel zu bewerten". Auch bei der Beschreibung des Projekts sind nach Anhang IV Ziff. 4, 5f Angaben zu Klimaauswirkungen (Treibhausgase, Anpassung) zu machen. Bei fehlenden wissenschaftlichen Erkenntnissen kann vom Vorhabenträger nicht verlangt werden, neue Untersuchungen zu den Klimaauswirkungen eines Vorhabens durchzuführen (Art. 5 Abs. 1 UVP-Richtlinie). Insoweit dürfte der Beitrag zur Verstärkung globaler Klimaschutzaspekte, den die Richtlinie 2014/52/EU bezweckt, eher – auch in der deutschen Umsetzung – gering ausfallen.[86]

3. Dreidimensionale Abwägungs- und Ausgleichsfunktion durch materielle Wirkung der Projekt-UVP

Eine dreidimensionale Abwägungs- und Ausgleichsfunktion im Sinne des Nachhaltigkeitsgebots entfalten Umweltprüfungen dann, wenn ihnen neben der auf Verfahrensrecht (Information, Beteiligung und Rechtsschutz) beruhenden Verbesserung der behördlichen Entscheidungsgrundlage eine materielle Wirkung zukommt. Dies wird von der Rechtsprechung[87] und der überwiegenden Auffassung im Schrifttum[88] mit Verweis auf den Wortlaut des § 2 Abs. 1 S. 1, Abs. 4 S. 1 UVPG, der UVP und SUP als unselbstständige Teile verwaltungsbehördlicher Verfahren beschreibt, abgelehnt.

Ob diese durch den deutschen Gesetzgeber erfolgte verfahrensrechtliche Funktionszuweisung der Umweltprüfungen unionsrechtlichen Vorgaben entspricht, wird – jedenfalls für die UVP – zu Recht angezweifelt. § 12 UVPG fordert die Berücksichtigung der Bewertung der Umweltauswirkungen „bei der Entscheidung über die Zulässigkeit des Vorhabens im Hinblick auf eine *wirksame Umweltvorsorge* [Hervorhebung durch Verf.] im Sinne der §§ 1, 2 Absatz 1 Satz 2 und 4 nach Maßgabe der geltenden Gesetze" und deutet eine über eine rein verfahrensrechtliche Funktion hinausgehende Wirkung der UVP an. Auch Art. 8 UVP-Richtlinie in seiner durch die Richtlinie 2014/52/EU geänderten Fassung legt nahe, dass die deutsche Umsetzung, die auf eine dienende Funktion

---

nicht. Erwägungsgrund 31 der Richtlinie 2014/52/EU spricht von einem „frühen Projektentwurfsstadium". Auch Art. 6 Abs. 2 SUP-Richtlinie fordert lediglich eine „frühzeitige" Ermittlung.

[85] *Appold* (Fn. 50), § 1 UVPG Rn. 33.

[86] *Sangenstedt* (Fn. 66), S. 530.

[87] BVerwG, UPR 2007, S. 33 (34); BVerwG, NVwZ 1998, S. 508; BVerwGE 100, 370 (376).

[88] *Kment* (Fn. 71), Einl. UVPG Rn. 7.

des UVP-(Verfahrens-)Rechts gegenüber der materiellen Entscheidung setzt, zu kurz greift: Nunmehr sind „die Ergebnisse der Konsultationen und die gemäß den Artikeln 5 bis 7 eingeholten Angaben […] beim Genehmigungsverfahren *gebührend* [Hervorhebung durch die Verf.] zu berücksichtigen." Eine „gebührende" Berücksichtigung der Ergebnisse der UVP bei der Entscheidungsfindung kann nicht auf eine ausschließlich verfahrensbezogene Kenntnisnahme reduziert werden, sondern verlangt eine kognitive und damit inhaltliche Auseinandersetzung mit dem UVP-Prüfergebnis im Rahmen der Entscheidung über die Zulassung des Vorhabens.[89] Darüber hinaus verpflichtet der neu eingefügte Art. 8a Richtlinie 2014/52/EU dazu, Umweltauflagen in die Genehmigungserteilung aufzunehmen. Bereits der integrative Prüfauftrag setzt voraus, dass konfligierende Belange zu berücksichtigen sind.[90] Schließlich leitet auch der EuGH aus Art. 3 und Art. 12 UVP-Richtlinie materiell-rechtliche Anforderungen an die UVP ab.[91] Dieser unionsrechtlich unmissverständlich materiell determinierte Ansatz der UVP[92] fordert nunmehr den deutschen Gesetzgeber heraus, die UVP durch Änderungen des UVPG oder des Fachrechts angemessen materiell zu stärken.

Für die SUP ist unionsrechtlich bislang keine dergestalt materielle Wirkung gefordert. So fehlt denn auch in § 14k Abs. 2 UVPG eine Rückbindung der Berücksichtigungspflicht an eine wirksame Umweltvorsorge. Die SUP folgt damit einem rein verfahrensrechtlichen Ansatz.[93]

Jedenfalls die UVP leistet einen materiellen Beitrag für die dreidimensionale Abwägungs- und Ausgleichsfunktion des Nachhaltigkeitsgebots. Dies wirkt sich insbesondere auf gebundene Entscheidungen aus. Die fehlende materielle Wirkung der SUP wird dadurch abgemildert, dass Entscheidungen über Pläne und Programme ohnehin durch Abwägung charakterisiert sind.

V. Das Nachhaltigkeitsgebot als Strukturprinzip der Umweltprüfungen?

Weder das den Umweltprüfungen zugrundeliegende EU-Recht noch das UVPG enthalten direkte Bezüge zum Nachhaltigkeitsgebot. Gleichwohl nehmen UVP und SUP zahlreiche Funktionen des Nachhaltigkeitsgebots wahr. Sie tragen dem ökologisch orientierten Ressourcenschutz durch verfahrensrechtliche Ausgestaltungen Rechnung, insbesondere durch Gewährleistung einer umfassenden, ökologieorientierten Informationsgrundlage, der Beteiligung aller relevanten

[89] Sehr deutlich *Erbguth* (Fn. 40), S. 520.

[90] Ebenda.

[91] EuGH, Rs. C-50/09 (Europäische Kommission/Irland), NVwZ 2011, S. 929 ff. mit Anm. *W. Erbguth*, NVwZ 2011, S. 935.

[92] So auch *Schmidt/Kahl/Gärditz* (Fn. 37), § 4 Rn. 60a.

[93] *M. Beckmann*, in: W. Hoppe/ders. (Hrsg.), UVPG, 4. Aufl. 2012, § 14k UVPG Rn. 10.

Akteure und gerichtlicher Kontrollmöglichkeiten. Die zeitliche Dimension des Nachhaltigkeitsgebots (Dauerhaftigkeit) stärken sie durch das Frühzeitigkeitsgebot, ohne indes globale Bezüge aufzuweisen. Die materielle Funktion der Projekt-UVP fungiert als Entscheidungsdirektive auch gegenüber nicht-ökologischen Belangen und verhilft so dem Nachhaltigkeitsgebot im Rahmen gebundener Zulassungen zur Wirksamkeit.

Umweltprüfungen strukturieren das Nachhaltigkeitsgebot und stärken seine rechtsprinzipielle Steuerungsfunktion.[94] Zum Steuerungsprinzip erwächst das Nachhaltigkeitsgebot kraft Umweltprüfungen indes nicht.

---

[94] Vgl. *Smeddinck* (Fn. 29), S. 309 f.

Nachhaltigkeit durch Partizipation der Öffentlichkeit

Klaus Ferdinand Gärditz

I. Nachhaltigkeit durch Partizipation der Öffentlichkeit: Standortbestimmung

Um zu klären, inwieweit der verfahrensrechtliche Ansatz der Öffentlichkeitsbeteiligung zur Nachhaltigkeit von Entscheidungen beitragen kann, bedarf es zunächst einer konkretisierenden Standortbestimmung. Nachhaltigkeit ist primär ein materielles Prinzip des Umweltrechts[1] und zielt auf vorsorgenden Nachweltschutz, um im Sinne intertemporaler bzw. intergenerationeller Gerechtigkeit Belastungen künftiger Generationen mit den Kosten gegenwärtiger Bedürfnisse so gering wie möglich zu halten.[2] Diesem abstrakten Leitbild lassen sich bestimmte Ressourcenbewirtschaftungsregeln zuordnen (Leitbild: § 11 BWaldG), namentlich die Orientierung der Abbaurate natürlicher Ressourcen an der Regenerationsrate, die Vermeidung von Umweltbelastungen, die die Aufnahmekapazität der Umwelt überlasten, und der Umgang mit nicht regenerationsfähigen Ressourcen nach den Grundsätzen der Substituierbarkeit und Sparsamkeit.[3] Wird der Nachhaltigkeitsgrundsatz zudem weit verstanden,[4] ist er holistisch auf übergreifende Integration ökologischer, ökonomischer und sozialer Determinanten angelegt („Drei-Säulen-Modell").[5] Etwa die Belastbarkeit sozialer Sicherungssysteme[6]

---

[1] Stellvertretend *R. Schmidt/ W. Kahl/K. F. Gärditz*, Umweltrecht, 9. Aufl. 2014, § 4 Rn. 28 ff.

[2] Eingehend *K. Gehne*, Nachhaltige Entwicklung als Rechtsprinzip, 2011, S. 163 ff.

[3] *A. Glaser*, Nachhaltige Entwicklung und Demokratie, 2006, S. 232; *W. Kahl*, Der Nachhaltigkeitsgrundsatz im System der Prinzipien des Umweltrechts, in: H. Bauer et al. (Hrsg.), Umwelt, Wirtschaft und Recht, 2002, S. 111 (126 f.); *D. Murswiek*, in: M. Sachs (Hrsg.), GG, 7. Aufl. 2014, Art. 20a Rn. 38; *H. Schulze-Fielitz*, in: H. Dreier (Hrsg.), GG, Bd. II, 2. Aufl. 2006, Art. 20a Rn. 39, 44.

[4] Hiergegen und für ein enges (ökologisches) Verständnis etwa *F. Ekardt*, Jahrhundertaufgabe Energiewende, 2014, S. 128 f.; *E. Rehbinder*, Das deutsche Recht auf dem Weg zur Nachhaltigkeit, NVwZ 2002, S. 657 (658). Zur Diskussion eingehend *W. Kahl*, Einleitung: Nachhaltigkeit als Verbundbegriff, in: ders. (Hrsg.), Nachhaltigkeit als Verbundbegriff, 2008, S. 1 (19 ff.).

[5] *W. Erbguth*, Konsequenzen der neueren Rechtsentwicklung im Zeichen nachhaltiger Raumentwicklung, DVBl. 1999, S. 1082 (1083 f.); *W. Kahl/A. Glaser*, Die Nachhaltigkeitsfähigkeit der parlamentarischen Demokratie, in: K. Lange (Hrsg.), Nachhaltigkeit im Recht, 2003, S. 9; *Glaser* (Fn. 3), S. 44 ff.; *P. Sieben*, Was bedeutet Nachhaltigkeit als Rechtsbegriff?, NVwZ 2003, S. 1173 (1175); *R. Sparwasser/R. Engel/A. Voßkuhle*, Umweltrecht, 5. Aufl. 2003, § 2 Rn. 23.

[6] *A. Glaser*, Nachhaltigkeit und Sozialstaat, in: W. Kahl (Hrsg.), Nachhaltigkeit als Verbundbegriff, 2008, S. 620 ff.; *W. Gitter*, Nachhaltigkeit und Sozialversicherung, ebd., S. 651 ff.

oder eine intergenerationell tragfähige Schuldenstandspolitik[7] können unter dem Topos der Nachhaltigkeit analysiert werden. Nachhaltigkeit ist damit zugleich ein tendenziell komplexes Anliegen, weil es sehr unterschiedliche Interessen zu einem angemessenen Ausgleich bringen soll, hierbei aber unvermeidbar – nicht immer nachhaltigkeits-eindeutige[8] – Prioritäten zu setzen sind. Ohne normative Nachverdichtung in konkreten Kontexten bleibt Nachhaltigkeit daher zu abstrakt, Entscheidungen rechtlich zu programmieren. Positiv gewendet ist Nachhaltigkeit gerade dort wirksam, wo sie nicht als abstrakte Formel intertemporaler Gemeinwohlverantwortung überhöht, sondern durch konkrete Gesetzgebung vertatbestandlicht wird. Nachhaltigkeit wird durch Zuordnung von Tatbestand und Rechtsfolge in einem überschaubaren Regelungskontext operabel gemacht, etwa im Naturschutz- oder Baurecht. Die abstrakte Leitidee tritt dann hinter konkreten Maßstäben zurück, erlangt dafür aber reelle Durchsetzungschancen im demokratischen Rechtsetzungsprozess.

In ökologischer Hinsicht entspricht dem der spezifische Nachhaltigkeitsauftrag des Art. 20a GG, der auf die herkömmliche funktionale Gewaltengliederung im demokratischen Rechtsstaat (vgl. Art. 20 Abs. 3 GG) verweist und damit einer gesetzesfreien – entpolitisierten – ökologischen Optimierung eine Absage erteilt.[9] Das Nachhaltigkeitsprinzip verwirklicht sich damit in den allgemeinen Formen abstrakt-genereller und konkret-individueller Rechtsetzung. Proprium von Nachhaltigkeitszielen, durch das sich diese von sonstigen Gemeinwohlbelangen unterscheiden, ist damit die systematische Integration einer besonderen Zukunftsverantwortung in das Recht.[10] Nachhaltigkeit ist insoweit begrifflich prospektiv. Diese spezifische Perspektive auf Zukunftsfolgen lässt sich auch prozeduralisieren. Planvollem Ressourceneinsatz ist ein planerisches Element immanent,[11] weshalb Nachhaltigkeit vor allem im Rahmen von planerischen

[7] *Glaser* (Fn. 3), S. 338 ff., 362 ff.; *W. Kahl*, Nachhaltige Finanzstrukturen im Bundesstaat, in: ders. (Hrsg.), Nachhaltige Finanzstrukturen im Bundesstaat, 2011, S. 1 (3 f., 13 ff.); *M. Koemm*, Eine Bremse für die Staatsverschuldung?, 2011, S. 181 ff., 209 ff.; *H. Neidhardt*, Staatsverschuldung und Verfassung, 2010, S. 2 ff.

[8] Wenn die Öffentlichkeit gegen einen Windpark oder Stromtrassen mobil macht, kollidieren kurz- und mittelfristige ökologische Erhaltungsinteressen mit langfristigen Erwartungen an eine klimafreundliche Energiepolitik. Wenn der letzte Rotmilan im Rotor einer Windkraftanlage umgekommen ist, mag man dies als Nachhaltigkeitsdefizit einer nachhaltigen Klimapolitik bewerten.

[9] Vgl. BVerfGE 118, 79 (110); BFHE, 181, 515 (519 f.); *K. F. Gärditz*, in: K. H. Friauf/W. Höfling (Hrsg.), Berliner Kommentar GG, 2012, Art. 20 Abs. 3 (Rechtsstaat) Rn. 226; *O. Lepsius*, Besitz und Sachherrschaft im öffentlichen Recht, 2002, S. 443; *K.-P. Sommermann*, in: I. von Münch/P. Kunig (Hrsg.), GG, 6. Aufl. 2012, Art. 20a Rn. 36; *H.-J. Vogel*, Die Reform des Grundgesetzes nach der deutschen Einheit – Eine Zwischenbilanz, DVBl. 1994, S. 497 (499); weitergehend aber *S. Huster/J. Rux*, in: V. Epping/C. Hillgruber (Hrsg.), GG, 2. Aufl. 2013, Art. 20a Rn. 28.

[10] *K. F. Gärditz*, Nachhaltigkeit und Völkerrecht, in: W. Kahl (Hrsg.), Nachhaltigkeit als Verbundbegriff, 2008, S. 137 (141); *Gehne* (Fn. 2), S. 168 ff.

[11] *W. Frenz*, Sustainable Development durch Raumplanung, 2000, S. 103; *K. F. Gärditz*, Umweltgesetzbuch und Umweltgesamtplanung, Die Verwaltung 40 (2007), S. 203 (215). Anschau-

Abwägungen eine strukturprägende Rolle spielt. Im vorliegenden Kontext wird es also darum gehen, inwiefern konkreten Regelungen über die Öffentlichkeitsbeteiligung im Verwaltungsrecht die Funktion zugeschrieben werden kann, durch Sensibilisierung für intergenerationelle Folgen zur Nachhaltigkeit der Ressourcennutzung beizutragen.

Auch ein prozeduraler Zugang zur Nachhaltigkeit ist – unabhängig von den Regelungszielen und Kontexten im Einzelnen – mit methodischen Schwierigkeiten behaftet. Nachhaltigkeit betrifft die sinnvolle Definition von Zeithorizonten im Verfahren der Entscheidungsfindung.[12] Je weiter der Zeithorizont gesteckt und damit die Nachhaltigkeitserwartung definiert wird, desto größer werden die Prognoseunsicherheiten. Damit verbunden sind epistemische wie legitimatorische Schwierigkeiten. Wir haben nicht nur keine sichere Kenntnis von der Zukunft. Auch die Interessen der Künftigen müssen als unbekannt definiert werden, weil die Gegenwärtigen kein Mandat haben, die Künftigen zu repräsentieren und in deren Namen zu entscheiden.[13] Zwar nehmen wir mit unseren heutigen Entscheidungen unvermeidbar Zukunftsfolgen in Kauf. Dies ist ein ubiquitäres Phänomen und jedweder gesellschaftlichen Entwicklung immanent (auch Nachhaltigkeit verursacht Kosten), obgleich die Folgen bisweilen umpflügend sein können.[14] Soweit hierbei Bestandsinteressen der Künftigen als relevante Größe eingesetzt werden, handelt es sich um eine normative Konstruktionsleistung der Gegenwart,[15] die die nächste Generation retrospektiv verwerfen kann.[16] Auch Nachhaltigkeit ist – anders gewendet – kontingent und damit Perspektivenfrage.

Der demokratische Rechtsstaat kalkuliert die Fehlbarkeit des Menschen ein, begrenzt Herrschaft auf Zeit,[17] eröffnet aber gerade insoweit die Möglichkeit selbstbestimmten Perspektivenwechsels. Die Verfahren eines freiheitlichen demokratischen Rechtsstaats ermöglichen gerade formgebundene *Veränderung*

---

lich *J. Maier/K. Goppel*, Nachhaltigkeit und Raumordnung, in: W. Kahl (Hrsg.), Nachhaltigkeit als Verbundbegriff, 2008, S. 269 ff.

[12] Vgl. *O. Lepsius*, Nachhaltigkeit und Parlament, in: W. Kahl (Hrsg.), Nachhaltigkeit als Verbundbegriff, 2008, S. 326 (342 ff.).

[13] Vgl. *Lepsius* (Fn. 12), S. 333.

[14] Luzide *J. Kersten*, Das Anthropozän-Konzept, RW 2014, S. 378 ff.; *ders.*, Das Anthropozän-Konzept, 2014.

[15] *K. F. Gärditz*, Ökologische Binnenkonflikte im Klimaschutzrecht, DVBl. 2010, S. 214 (220); *Lepsius* (Fn. 12), S. 333.

[16] Beispiele: Wer zum Zwecke intergenerationeller Gerechtigkeit einen materiell ausgeglichenen Haushalt dadurch herbeiführt, dass er den Wehretat kürzt, wird vielleicht von der nächsten Generation im Zeichen einer plötzlichen sicherheitspolitischen Bedrohung mit dem Vorwurf konfrontiert werden, nicht nachhaltig die äußere Sicherheit gewährleistet zu haben.

[17] BVerfGE 119, 247 (261); *E.-W. Böckenförde*, Demokratie als Verfassungsprinzip, in: J. Isensee/P. Kirchhof (Hrsg.), Handbuch des Staatsrechts der Bundesrepublik Deutschland, Bd. II, 3. Aufl. 2004, § 24 Rn. 50; *H. Dreier*, in: ders. (Hrsg.), GG, Bd. II, 2. Aufl. 2006, Art. 20 (Demokratie) Rn. 79.

als Ausdruck von individueller und demokratisch-kollektiver Selbstbestimmung. Nachhaltigkeit versucht diejenigen Wahrnehmungslücken zu schließen, die sich daraus ergeben, dass die Folgen legitimierter Entscheidungen weiter reichen als die temporale Taktung demokratischer Legitimationserzeugung. Langzeitfolgen treten hierbei nicht nur faktisch ein, sondern sind oftmals auch rechtlich flankiert: Verwaltungsakte werden bestandskräftig, Gesetze gelten auf unbestimmte Zeit, etablierte Nutzungen erlangen Grundrechtsschutz (Art. 12, 14 GG), auch weil eine freie Gesellschaft Orientierungssicherheit benötigt und das Recht damit Entscheidungshorizonte nicht beliebig verkürzen kann. Damit kommt es darauf an, *Zukunftsfolgen zumindest in gegenwärtigen Verfahren sichtbar zu machen*, was zum vorliegenden Thema führt: Nachhaltigkeit durch Partizipation der Öffentlichkeit bedeutet daher, Zukunftsfolgen von Entscheidungen öffentlich zu thematisieren und zum Gegenstand gegenwärtiger Entscheidungen zu machen, also *Zukunftsperspektiven* in Verfahren zu integrieren.

II. Öffentlichkeitsbeteiligung im Recht

Öffentlichkeit kann nur in konkreten Institutionen praktisch wirksam werden;[18] das Recht institutionalisiert aber sehr unterschiedliche Öffentlichkeiten, die unterschiedliche Funktionen erfüllen und disparate Legitimierungs- sowie Symbolisierungsbedürfnisse befriedigen. Das Bundesverfassungsgericht hat – ebenso wie im Übrigen der EuGH[19] – die Bedeutung der Öffentlichkeit für das parlamentarische Verfahren hervorgehoben,[20] aber insoweit auch dessen Besonderheiten unterstrichen: In grundsätzlich öffentlichen Beratungen werde Transparenz hergestellt, damit „Entscheidungen auch in der breiteren Öffentlichkeit diskutiert und damit die Voraussetzungen für eine Kontrolle auch der Gesetzgebung durch die Bürgerinnen und Bürger geschaffen werden […]. Schon deshalb geht Entscheidungen von erheblicher Tragweite grundsätzlich ein Verfahren voraus, welches der Öffentlichkeit auch durch die Berichterstattung durch die Medien […] hinreichend Gelegenheit bietet, Auffassungen auszubilden und zu vertreten, und das die Volksvertretung dazu anhält, Notwendigkeit und Umfang der zu beschließenden Maßnahmen in öffentlicher Debatte zu klären".[21] Öffentlichkeit ist hier Pluralismusfolge: Der auf pluralistischer Offenheit gründende demokratische Rechtsstaat akzeptiert die Kontingenz von Gemeinwohl[22] und

---

[18] *V. Gerhardt*, Öffentlichkeit – Die politische Form des Bewusstseins, 2012, S. 507 f.

[19] EuGH, Rs. C-237/11 und C-278/11 (Frankreich/Parlament), ECLI:EU:C:2012:796 Rn. 68.

[20] BVerfGE 85, 386 (403 f.); 95, 267 (307 f.); 108, 282 (312); 130, 318 (344).

[21] BVerfG, NVwZ 2015, 1370 (1372).

[22] Vgl. *H. Dreier*, Demokratische Repräsentation und vernünftiger Allgemeinwille, AöR 113 (1988), S. 450 (457, 460, 466 f.); *C. Engel*, Offene Gemeinwohldefinitionen, Rechtstheorie 32 (2001), S. 23 (25 ff.); *P. Häberle*, Öffentliches Interesse als juristisches Problem, 2. Aufl. 2006,

stellt daher ergebnisoffene Verfahren zur selbstbestimmten, änderbaren und damit stets vorläufigen Gemeinwohldefinition auf Zeit zur Verfügung. Entsteht Gemeinwohl mithin erst in Verfahren, ist es auf hinreichende Prozeduralisierung angewiesen,[23] was wiederum Politisierbarkeit und damit Öffentlichkeit voraussetzt.[24]

Wie Öffentlichkeit konkret in die Herstellung von Entscheidungen einbezogen wird, hängt von Handlungsform und Entscheidungswirkung ab. Abstrakt-generelle Gesetzgebung wirkt für und gegen jedermann, hat damit aber einen qualifizierten Öffentlichkeitsbedarf, der sich (zumindest) auf alle Mitglieder des jeweiligen Legitimationssubjekts erstreckt, das freilich repräsentativ mediatisiert wird. Einen Gegenpol bilden Gerichtsverfahren, die mit ihrer Parteibezogenheit Konflikte auf eine konkrete, inter partes entscheidbare sowie retrospektiv fixierte Rechtsfrage reduzieren. Verwaltungsverfahren sind ebenfalls adressatenbezogen, obgleich der Adressatenkreis gerade bei umweltrelevanten Großprojekten offen sein kann, was entscheidend von der funktional-räumlichen Breitenwirkung, aber auch von der Zukunftsoffenheit administrativer Gestaltung abhängt, die einen operablen Gegenstand erst zur Entstehung bringt. Komplexe Verwaltungsverfahren dienen dem Interessenausgleich mit allen Betroffenen, weshalb hier durchweg eine Einbeziehung der Öffentlichkeit vorgesehen ist.

1. Anwendungsfälle

Das geltende Recht kennt vielfältige Formen der Öffentlichkeitsbeteiligung.[25] Verwiesen werden kann auf das Planfeststellungsrecht (§ 73 VwVfG), UVP-/SUP-pflichtige Vorhaben (§§ 9, 14i UVPG), immissionsschutzrechtliche Anlagengenehmigungen (§§ 10 Abs. 3–6 BImSchG; §§ 10 ff. 9. BImSchV) sowie die gesamt-

S. 60, 208 ff., 499 ff., 709 f., 771; *G. F. Schuppert*, Gemeinwohl im kooperativen Staat, in: H. Münkler/K. Fischer (Hrsg.), Gemeinwohl und Gemeinsinn im Recht, 2005, S. 67 (74 f.). Anders *J. H. Klement*, Nachhaltigkeit und Gemeinwohl, in: W. Kahl (Hrsg.), Nachhaltigkeit als Verbundbegriff, 2008, S. 99 (104 ff.).

[23] *K. F. Gärditz*, Demokratische und rechtsstaatliche Verantwortlichkeit bei öffentlichen Großvorhaben, ZSE 2015, S. 4 (5); *F. Schorkopf*, Finanzkrisen als Herausforderung der internationalen, europäischen und nationalen Rechtsetzung, VVDStRL 71 (2012), S. 183 (214 f.).

[24] *G. Frankenberg*, Publizität als Prinzip der Republik, in: R. Gröschner/O. W. Lembke (Hrsg.), Freistaatlichkeit, 2011, S. 269 (280 ff.).

[25] Vgl. *T. Groß*, Überlegungen zur Reform der Öffentlichkeitsbeteiligung im Planfeststellungsverfahren, BauR 2012, S. 1340 ff.; *W. Durner*, Bewertung und Reformbedarf – Das maßgebliche Verfahrensrecht, in: Gesellschaft für Rechtspolitik Trier u. a. (Hrsg.), Wie Großprojekte mit Bürgerbeteiligung möglich werden, 2012, S. 21 (28 ff.); *R. Hendler*, Frühzeitige Öffentlichkeitsbeteiligung an der Standortplanung und Zulassung von Großprojekten, in: Festschr. f. Hans-Joachim Koch, 2014, S. 267 ff.; *B. Müller*, Die Öffentlichkeitsbeteiligung im Recht der Europäischen Union, 2010, S. 145 ff.; speziell zur Öffentlichkeitsbeteiligung bei der untergesetzlichen Rechtsetzung im Umweltrecht *T. Bunge*, Beteiligung in umweltbezogenen Verwaltungs- und vergleichbaren Verfahren, in: S. Schlacke/C. Schrader/ders. (Hrsg.), Informationsrechte, Öffentlichkeitsbeteiligung und Rechtsschutz im Umweltrecht, 2010, § 2 Rn. 494 ff.

planerische Aufstellung von Bebauungs- und Raumordnungsplänen (§ 3 BauGB; § 10 ROG). In jüngerer Zeit wurde dieser ohnehin breit aufgefächerte Kanon (mittelbar als Reaktion auf „Stuttgart 21") durch eine (optionale) frühe Öffentlichkeitsbeteiligung (§ 25 Abs. 3 VwVfG) ergänzt. Im Mittelpunkt stehen weiterhin Planfeststellungsverfahren, weil dies die typische Form ist, in der umweltrelevante Infrastrukturvorhaben zugelassen werden.[26] Über ein Vorhaben wird umfassend unter Einbeziehung aller öffentlichen Belange mittels Konzentrations- und Gestaltungswirkung entschieden (§ 75 Abs. 1 VwVfG).[27] Herzstück der Planfeststellung ist – als Proprium jedweder Planung und Folge der Offenheit des materiellen Normprogramms[28] – das Abwägungsgebot, also die Pflicht, konkurrierende Interessen zu erfassen, darzustellen, gegeneinander abzuwägen und hierdurch in ein angemessenes Verhältnis zueinander zu setzen.[29] In diesem Rahmen wird nicht nur über abwägungsrelevante Interessen der Gegenwärtigen, sondern auch der Künftigen entschieden, die von den Folgen einer Entscheidung betroffen sein werden. Planfeststellungen haben damit auch eine *intertemporale Integrationswirkung*, weshalb entscheidend ist, wie verfahrensrechtlich Zukunftsfolgen in das Entscheidungsprogramm einbezogen werden.

Öffentlichkeitsbeteiligung ist auf Nachweltschutz nicht spezifisch austariert. Die zu beteiligende Öffentlichkeit ist teils offen, sprich: nicht durch materielle Kriterien eingegrenzt (etwa nach § 9 Abs. 1 S. 1, Abs. 2–3 UVPG; § 10 Abs. 3 BImSchG; § 85 WHG i. V. m. Art. 14 WRRL),[30] teils regelungsbezogen auf Betroffene (§ 73 Abs. 4 S. 1 VwVfG; § 9 Abs. 1 S. 2, § 14i Abs. 3 S. 1 UVPG) begrenzt. Künftige werden in beiden Varianten nicht repräsentiert. Die Betroffenenöffentlichkeit vergegenwärtigt eine prozedurale Interessenrepräsentation sogar zusätzlich, weil sich Betroffenheit immanent auf gegenwärtig wahrnehmbare Entscheidungsfolgen bezieht. Der Sinn pluralistischer Öffentlichkeitsbeteiligung besteht zudem gerade in ihrer inhaltlichen Offenheit; ob und wie Nachhaltigkeitsthemen von der aktiven Öffentlichkeit überhaupt aufgegriffen werden, lässt sich also nicht steuern. Und inwieweit Nachhaltigkeitsinteressen, sollten sie artikuliert werden, in der planerischen Abwägung berücksichtigungsfähig sind oder über zwingende Rechtsvorschriften sogar äußere Grenzen der planerischen

---

[26] Etwa §§ 18 ff. AEG; §§ 14 ff. WaStrG; §§ 8 ff. LuftVG; §§ 68 ff. WHG; § 9b i. V. m. § 9a Abs. 3 AtG; §§ 43–43d EnWG; §§ 17–17c FStrG; §§ 52 Abs. 2a, 57a, 57c BBergG; §§ 28 ff. PBefG; §§ 18 ff. NABEG.

[27] Hierzu nur *H. Fischer*, Der Planfeststellungsbeschluss, in: J. Ziekow (Hrsg.), Fachplanungsrecht, 2. Aufl. 2014, § 2 Rn. 172 ff.

[28] *W. Hoppe/H. Schlarmann/R. Buchner/M. Deutsch*, Rechtsschutz bei der Planung von Verkehrsanlagen und anderen Infrastrukturvorhaben, 4. Aufl. 2011, Rn. 26.

[29] Eingehend *R. Steinberg/M. Wickel/H. Müller*, Fachplanung, 4. Aufl. 2012, § 3 Rn. 107 ff.

[30] Vgl. *J. Albrecht*, Umweltqualitätsziele im Gewässerschutzrecht, 2007, S. 405 f.; *Bunge* (Fn. 25), § 2 Rn. 23; *H. D. Jarass*, BImSchG, 10. Aufl. 2013, § 10 Rn. 72; *J. Wagner*, in: W. Hoppe/M. Beckmann (Hrsg.), UVPG, 4. Aufl. 2012, § 9 Rn. 25.

Gestaltung markieren,[31] ergibt sich erst aus dem anzuwendenden materiellen Recht: Es gibt keine Nachhaltigkeit ohne materiell-rechtliche Ermächtigung, auf Zukunftsfolgen abzustellen. Die ökologische Nachhaltigkeit wird hier durch ein ausdifferenziertes Umweltrecht konkretisiert. Zukunftssensibilität fehlt hingegen weitestgehend hinsichtlich der sozialen und ökonomischen Nachhaltigkeit, die beide eher politische Themen der Gesetzgebung, nicht aber Maßstab von vorhabenbezogenen Verwaltungsentscheidungen sind.[32]

2. Demokratische und rechtsstaatliche Funktion der Öffentlichkeit

Die Partizipation der Öffentlichkeit wurde bisweilen als ein (ergänzender) *Baustein demokratischer Legitimation* qualifiziert.[33] Überzeugend erscheint dies nicht.[34] Erstens ist eine kritische Öffentlichkeit kein Ersatz für demokratische Herrschaft;[35] Herrschaftsteilhabe vermittelt aber eine bloße Partizipation im Verfahren nicht. Zweitens bezieht sich Öffentlichkeit im Verwaltungsrecht auf eine durch Eigeninteressen und/oder Betroffenheit definierte Personenmehrheit, die kein demokratisches Legitimationssubjekt abbildet, was sich nicht zuletzt an der Inkongruenz zum Wahlrecht zeigt (anschaulich § 3 Abs. 1 S. 2 BauGB, wonach auch Kinder und Jugendliche Teil der Öffentlichkeit sind). Drittens wäre die funktionale Demokratisierung einer bloßen Verfahrensöffentlichkeit unvereinbar mit der formalen Gleichheit aller Mitglieder des Legitimationssubjekts, also mit einem Kernelement demokratischer Herrschaft. Denn gerade umweltrelevante Großvorhaben haben typischerweise Auswirkungen über den

---

[31] Hierzu allgemein BVerwGE 48, 56 (59 f.); 107, 1 (9); *F. O. Kopp/U. Ramsauer*, VwVfG, 15. Aufl. 2014, § 74 Rn. 44; *F. J. Peine*, Öffentliches Baurecht, 4. Aufl. 2003, Rn. 1198; *R. Wahl/D. Hönig*, Entwicklung des Fachplanungsrechts, NVwZ 2006, S. 161 (167 ff.); namentlich für das Naturschutzrecht *M. Gellermann*, Europäisches Artenschutzrecht bei der Zulassung von Investitions- und Infrastrukturvorhaben, in: Festschr. f. Bernhard Stüer, 2013, S. 3 ff.; *U. Storost*, Fachplanungsrecht in der Rechtsprechung des BVerwG, ebd., S. 481 (491 ff.).

[32] In diesem Sinne auch *U. Ramsauer*, Allgemeines Umweltverwaltungsrecht, in: H.-J. Koch (Hrsg.), Umweltrecht, 4. Aufl. 2014, § 3 Rn. 49. Vgl. namentlich zur Ausblendung von Finanzierungsaspekten in der Planrechtfertigung und Abwägung *G. Hermes*, Planfeststellung und die „Kosten" von Großprojekten, in: Festschr. f. Hans-Joachim Koch, 2014, S. 283 (288 f.).

[33] *F. Ekardt/K. Schenderlein*, Gerichtlicher Kontrollumfang zwischen EU-Bürgerfreundlichkeit und nationaler Beschleunigungsgesetzgebung, NVwZ 2008, S. 1059 (1063); *A. Fisahn*, Demokratie und Öffentlichkeitsbeteiligung, 2002, S. 331 f., 335 ff.; *V. Haug*, „Partizipationsrecht" – Ein Plädoyer für eine eigene juristische Kategorie, Die Verwaltung 47 (2014), S. 221 (234 f.); *G. Lübbe-Wolff*, Europäisches und nationales Verfassungsrecht, VVDStRL 60 (2001), S. 246 (278 ff.); *M. Röckinghausen*, Mehr Legitimation durch mehr Verfahren?, EurUP 2008, S. 210 (211, 219); analytisch *A. B. Kaiser*, Die Kommunikation der Verwaltung, 2009, S. 165 f.

[34] *K. F. Gärditz*, Europäisches Planungsrecht, 2009, S. 68; *T. Mann*, Großvorhaben als Herausforderung für den demokratischen Rechtsstaat, VVDStRL 72 (2013), S. 544 (561 ff.); *F. Ossenbühl*, Welche normativen Anforderungen stellt der Verfassungsgrundsatz des demokratischen Rechtsstaates an die planende staatliche Tätigkeit?, 1974, S. 125 f.; *W. Schmitt Glaeser*, Partizipation an Verwaltungsentscheidungen, VVDStRL 31 (1973), S. 179 (220).

[35] Vgl. *I. Maus*, Über Volkssouveränität, 2011, S. 386 f.

verwaltungsverfahrensrechtlich definierten Kreis einwendungsberechtigter Betroffener hinaus.[36] Dies schlägt gerade auf den Gesamtintegrationsanspruch der Nachhaltigkeit durch, wenn etwa lokale ökologische Abwehrinteressen auch in Ausgleich mit ökonomischen, sozialen und ökologischen Entwicklungsinteressen einer Region, eines Landes oder Europas (vgl. Art. 170 f. AEUV) zu bringen sind. Daher muss die Legitimationsebene, auf der demokratische Entscheidungen fallen, so gewählt werden, dass eine Verantwortlichkeit gegenüber dem gleichheitskonform repräsentierten Legitimationssubjekt besteht. Wenn etwa über ein Bahnhofsprojekt primär die baustellenbetroffenen Anwohner bestimmen dürften, würden Allgemeininteressen an einer ökologisch, ökonomisch und sozial nachhaltigen Verkehrsinfrastruktur zurückgesetzt, was sich zwar möglicherweise individualfreiheitsrechtlich rechtfertigen lässt, weil konkrete Abwehrrechte insoweit privilegiert sind,[37] aber kein Ausweis demokratischer Selbstbestimmung in gleicher Freiheit ist. Modelle einer „participatory democracy"[38] mögen daher sozialwissenschaftlichen Beschreibungswert haben[39]; sie können auch Indikator für einen funktionierenden demokratischen „Resonanzraum"[40] deliberativer Prägung sein, haben aber keinen theoretischen Mehrwert, der verfassungsrechtlich anschlussfähig wäre, Herrschaft adäquat zu legitimieren. Von vornherein demokratisch indifferent sind schließlich fiktive Interessen Zukünftiger, weil diese nicht Bestandteil eines Legitimationssubjekts und damit nicht demokratisch repräsentationsfähig sind. Damit lässt sich Nachhaltigkeit auch nicht über Öffentlichkeit demokratisieren.

Tragfähiger – nicht zuletzt im Kontext nachhaltiger Entscheidungen – ist das *Konzept der informierten Öffentlichkeit*.[41] Eine entinstitutionalisierte, damit

---

[36] *M. Böhm*, Bürgerbeteiligung nach Stuttgart 21, NuR 2011, S. 614 (617); *W. Durner*, Möglichkeiten der Verbesserung förmlicher Verwaltungsverfahren am Beispiel der Planfeststellung, ZUR 2011, S. 354 (361); *K. F. Gärditz*, Angemessene Öffentlichkeitsbeteiligung bei Infrastrukturplanungen als Herausforderung an das Verwaltungsrecht im demokratischen Rechtsstaat, GewArch 2011, S. 273 (275); *H.-J. Papier*, Einführung in das Thema, in: Gesellschaft für Rechtspolitik Trier et al. (Hrsg.), Wie Großprojekte mit Bürgerbeteiligung möglich werden, 2012, S. 11 (14 f.); *B. Stüer/D. Buchsteiner*, Stuttgart 21: Eine Lehre für die Planfeststellung, UPR 2011, S. 335 (337); *F. Wittreck*, Demokratische Legitimation von Großvorhaben, ZG 2011, S. 209 (218 f.). Zur Unsicherheit plastisch *S. Heselhaus*, Frühe Öffentlichkeitsbeteiligung und Energiewende, in: Festschr. f. Hans-Joachim Koch, 2014, S. 297 (300).

[37] Demokratietheoretisch auch *R. A. Dahl*, On Democracy, 2000, S. 52 f.

[38] *B. R. Barber*, Strong Democracy: Participatory Politics for a New Age, 2004; *J. Font*, Participatory Democracy in Southern Europe, 2014; *J. F. Zimmermann*, Participatory Democracy, 1986. Aufschlussreich auch *R. A. Dahl*, Democracy and its Critics, 1989, S. 225 ff.: Dialogischer Kontrast zur Polyarchie überdimensionierter Gemeinwesen.

[39] Vgl. *J. Habermas*, Strukturwandel der Öffentlichkeit, Neuaufl. 1990, S. 338 ff.

[40] *U. Di Fabio*, Der neue Art. 23 des Grundgesetzes, Der Staat 32 (1993), S. 191 (203); ebenso dann BVerfGE 123, 267 (359). Zuletzt wieder *F. Schorkopf*, Der Praxisschock, FAZ v. 17.9.2015, S. 8.

[41] Eingehend *J. Martin*, Das Steuerungskonzept der informierten Öffentlichkeit, 2012; *Müller* (Fn. 25), S. 153 ff.

diffuse Wissensbestände und Perspektiven bündelnde Gegenöffentlichkeit, der in einer repräsentativen Demokratie ein hoher freiheitsrelevanter Stellenwert zukommt,[42] kann den Informationshorizont der Verwaltung verbessern.[43] Öffentlichkeitsbeteiligung kann insoweit dazu beitragen, dass eine „Gemeinwohlkonkretisierung gerade auch in der Auseinandersetzung mit den Bürgern"[44] erfolgt. Die Partizipation der Öffentlichkeit als Instrument, die Qualität und Konfliktschlichtungseignung von Verwaltungsentscheidungen durch Information zu verbessern, hat lange – auch vordemokratische – Traditionen.[45] Partizipation in Verfahren dient hier nicht dem Leitbild einer Emanzipation der Bürgerinnen und Bürger als aktive Subjekte,[46] sondern stellt – gegenläufig – diese in den Dienst administrativer Wissensgenerierung im Verfahren[47] – ein Instrumentalisierungsansatz, der sich in dem Modell funktionaler Subjektivierung des europäischen Umweltrechts[48] spiegelt. Die ökologische Nachhaltigkeit kann hiervon profitieren, da gerade bei großen Infrastrukturprojekten lokales Detailwissen bei den Behörden nicht unbedingt vorhanden,[49] aber oft in engagierten Kreisen der Öffentlichkeit abrufbar ist.

---

[42] Vgl. *O. Depenheuer*, Bürgerverantwortung im demokratischen Verfassungsstaat, VVDStRL 55 (1996), S. 90 (118); *N. Urbinati*, Representative democracy and its critics, in: S. Alonso/J. Keane/W. Merkel (Hrsg.), The Future of Representative Democracy, 2011, S. 23 (26 f.).

[43] *Gärditz* (Fn. 34), S. 66 f.; *Haug* (Fn. 33), S. 239 f.; *A. Scherzberg*, Öffentlichkeitskontrolle, in: W. Hoffmann-Riem/E. Schmidt-Aßmann/A. Voßkuhle (Hrsg.), Grundlagen des Verwaltungsrechts, Bd. 3, 2. Aufl. 2013, § 49 Rn. 75.

[44] *Kaiser* (Fn. 33), S. 202; unter Bezugnahme auf *R. Wahl*, Verwaltungsverfahren zwischen Verwaltungseffizienz und Rechtsschutzauftrag, VVDStRL 41 (1982), S. 151 (164). Den Eigenwert gerade von Nichtexperten für nachhaltige Entscheidungen betonen *S. Kaiser/M. Rehberg/M. Schraudner*, Shaping Future: Nachhaltige Technologiegestaltung durch Partizipation, APuZ 31–32/2014, S. 28 (30 ff.).

[45] Eingehend *P. Cancik*, Verwaltung und Öffentlichkeit in Preußen, 2007, S. 360 ff., die insoweit auch auf den „staatstragenden Charakter" von Öffentlichkeit (S. 27) sowie die Verknüpfung mit der binnenorganisatorischen Frage der Kollegialität (S. 45 ff.) hinweist.

[46] Vgl. *S. Baer*, „Der Bürger" im Verwaltungsrecht zwischen Obrigkeit und aktivierendem Staat, 2006.

[47] Siehe *K. F. Gärditz*, Regulierungsrechtliche Auskunftsanordnungen als Instrument der Wissensgenerierung, DVBl. 2009, S. 69 ff.; *W. Kahl*, Grundrechtsschutz durch Verfahren in Deutschland und in der EU, VerwArch 95 (2004), S. 1 (27); *I. Spiecker gen. Döhmann/P. Collin* (Hrsg.), Generierung und Transfer staatlichen Wissens im System des Verwaltungsrechts, 2008; *B. Wollenschläger*, Wissensgenerierung im Verfahren, 2009.

[48] Dazu etwa *J. Masing*, Die Mobilisierung des Bürgers für die Durchsetzung des Rechts, 1998, S. 196 ff.; *ders.*, Der Rechtsstatus des Einzelnen im Verwaltungsrecht, in: W. Hoffmann-Riem/E. Schmidt-Aßmann/A. Voßkuhle (Hrsg.), Grundlagen des Verwaltungsrechts, Bd. 1, 2. Aufl. 2012, § 7 Rn. 91 ff.; ferner *M. Burgi*, Verwaltungsprozeß und Europarecht, 1996, S. 57; *M. Hong*, Subjektive Rechte und Schutznormtheorie im europäischen Verwaltungsrechtsraum, JZ 2012, S. 380 (383 ff.); mit Recht skeptisch *M. Nettesheim*, Subjektive Rechte im Unionsrecht, AöR 132 (2007), S. 333 (389).

[49] Dies ist insbesondere dort der Fall, wo zentrale Bundesbehörden als Planfeststellungsbehörden handeln, namentlich die BNetzA im Rahmen des NABEG und das Eisenbahnbundesamt bei Vollzug der §§ 18 ff. AEG i. V. m. § 2 BEVVG.

Ferner kann die Öffentlichkeit dazu dienen, gegenüber der Verwaltung eine „*Wächterfunktion*"[50] einzunehmen und damit die Durchsetzung des objektiven Rechts durch Kontrolle[51] zu verbessern. Mit der Pluralisierung der Akteure nehmen auch die potentiellen Kontrolleure zu, die das Verwaltungshandeln kritisch begleiten und etwaige Einwände gegen die Rechtmäßigkeit vorbringen können.[52] Öffentlichkeitsbeteiligung fungiert dann als sinnvolle Repräsentationsergänzung bei zunehmenden Eigenleistungen der Verwaltung im Prozess gestuft-arbeitsteiliger Rechtserzeugung.[53] Eine Rechtskontrolle ist freilich primär gegenwartsbezogen (im Verwaltungsrechtsstreit sogar retrospektiv); Nachhaltigkeit in Bezug auf Zukunftsfolgen lässt sich auch hierdurch nur insoweit stabilisieren, als das materielle Recht Nachhaltigkeitsanforderungen formuliert und kontrollfähige Maßstäbe bereitstellt.

Gerade in Verfahren zur Zulassung von Großvorhaben zeigt sich schließlich die *politische Funktion der Öffentlichkeit*.[54] Komplexe Entscheidungen erfordern eine angemessene Balance zwischen bürokratischer Formalität, Sachverstand und öffentlicher Politizität.[55] Die aktive Beteiligung einer Gegenöffentlichkeit verdeutlicht, dass die Zulassung eines großen Infrastrukturprojekts kein schlichter juristischer Subsumptionsvorgang ist, sondern ein politischer Akt, in dem Gemeinwohl gestaltet wird. Der demokratische Rechtsstaat gründet auf einem „prozeduralen Konzept, das die gegensätzlichen Gestaltungselemente der Distanz und Teilhabe nicht nur auf der Makroebene, sondern auch in der einzelnen Begegnung zwischen Bürgern und Verwaltung" gewährleistet,[56] also Kontakträume rechtlich institutionalisiert. Die Publizität öffentlicher Entscheidungen ist ein allgemeines Prinzip der Republik.[57] Öffentliches Entscheiden als Herstellungsprozess von Gemeinwohl wird ernst genommen und republikanische Öffentlichkeit hierzu gezielt symbolisiert.[58] Aus dieser Politizität ergibt sich ein konkreter Mehrwert für die Qualität von Entscheidungen. Öffentlichkeit ist

---

50 *Scherzberg* (Fn. 43), § 49 Rn. 72 ff.

51 Zur Öffentlichkeitskontrolle *W. Kahl*, Begriff, Funktionen und Konzepte von Kontrolle, in: W. Hoffmann-Riem/E. Schmidt-Aßmann/A. Voßkuhle (Hrsg.), Grundlagen des Verwaltungsrechts, Bd. 3, 2. Aufl. 2013, § 47 Rn. 136, 211, 243 ff.; *H. Rossen-Stadtfeld*, Kontrollfunktion der Öffentlichkeit – ihre Möglichkeiten und ihre Grenzen, in: E. Schmidt-Aßmann/W. Hoffmann-Riem (Hrsg.), Verwaltungskontrolle, 2001, S. 117 (152 ff.); *Scherzberg* (Fn. 43), § 49.

52 Vgl. *Müller* (Fn. 25), S. 160 ff.; *R. Wolfrum*, Durchsetzung von Umweltbelangen im Verwaltungsverfahren am Beispiel der Bauleitplanung, DÖV 1981, S. 606 (614).

53 *R. Pitschas*, Verwaltungsverantwortung und Verwaltungsverfahren, 1990, S. 569 f.

54 Vgl. *K. Waechter*, Großvorhaben als Herausforderung für den demokratischen Rechtsstaat, VVDStRL 72 (2013), S. 499 (522 ff.).

55 *Gärditz* (Fn. 23), S. 10 ff.

56 *E. Schmidt-Aßmann*, Zur Funktion des allgemeinen Verwaltungsrechts, Die Verwaltung 26 (1994), S. 137 (156).

57 *Frankenberg* (Fn. 24), S. 275 ff.; *R. Gröschner*, Transparente Verwaltung: Konturen eines Informationsverwaltungsrechts, VVDStRL 63 (2004), S. 344 (356 f.).

58 Vgl. auch *G. Frankenberg*, Die Verfassung der Republik, 1997, S. 130 f.

gerade dort notwendig, wo planerische Abwägungen nicht einfach geltendes Recht vollziehen, sondern in hohem Maße der Verwaltung politische Gestaltungsspielräume eröffnen, die politisch ausbalanciert werden müssen.[59] Öffentlichkeit kann andere Lösungswege aufzeigen, ist mitunter Ausweg aus der Alternativlosigkeit.

III. Nachhaltigkeitsspezifische Gehalte

Lässt sich hierdurch aber gerade auch die Nachhaltigkeit von Verwaltungsentscheidungen fördern? Das Modell der Nachhaltigkeit unterwirft – wie dargelegt – Entscheidungen einer zusätzlichen Folgenanalyse im Hinblick auf ihre Tragfähigkeit in die Zukunft, sensibilisiert also für intertemporale Folgen, die unvermeidbar jede Entscheidung zeitigt. Indem die Nachhaltigkeitsidee eine Distanzierung von den Zyklen demokratischer Legitimationsstiftung nicht nur in Kauf nimmt, sondern konzeptionell sogar intendiert, kann eine unterkomplexe Forderung nach Nachhaltigkeit in strukturelle Kompatibilitätskonflikte mit demokratischen Legitimationsmechanismen treten.[60] Demokratie vornehmlich als Zeitproblem wahrzunehmen, ist ein strukturell populistisches Argument.[61] Dies bedeutet keineswegs, die Idee der Nachhaltigkeit als für die Prämissen des demokratischen Rechtsstaats nicht anschlussfähig zu verwerfen, sondern ermahnt nur zu einem sorgfältigen Einsatz des Begriffs, um eine funktionale Abschichtung zu ermöglichen und – Art. 20a GG entsprechend – Nachhaltigkeit in die Legitimationsmechanik des demokratischen Rechtsstaats zu integrieren.

1. Prämissen des demokratischen Rechtsstaats

Nur formale Verfahren, an denen alle Bürgerinnen und Bürger – insbesondere unabhängig von Sozialisierung, Bildungsstand oder Professionalität – gleiche Beteiligungschancen haben (nicht zuletzt allgemeine Wahlen), ermöglichen Regelsetzung in gleicher Freiheit und können daher demokratische Legitimation generieren.[62] Formalität wiederum hält Verfahren inhaltlich offen und ist damit eine Voraussetzung, dass subjektive Freiheit als Bedingung einer offenen Gesellschaft nicht durch objektive Wahrheiten abgelöst wird.[63] Demokratische

---

[59] *Gärditz* (Fn. 34), S. 67 f.

[60] Hierzu (obgleich in den Folgerungen teils überzogen) *Lepsius* (Fn. 12), S. 341 ff.

[61] *C. Pinelli*, The Populist Challenge to Constitutional Democracy, European Constitutional Law Review 7 (2011), S. 5 (8, 11, 13 f.).

[62] Zur Gleichheit als Prämisse der Demokratie BVerfGE 44, 125 (142); *C. Möllers*, Demokratie – Zumutungen und Versprechen, 2008, S. 16 ff.

[63] Vgl. *D. Grimm*, Das Öffentliche Recht vor der Frage nach seiner Identität, 2012, S. 31.

Verantwortlichkeit folgt mithin nicht (legitimationsindifferenten[64]) materialen Parametern der Rationalität, Gerechtigkeit oder objektiven Sachrichtigkeit, sondern formal sowie arbeitsteilig zugewiesenen Verantwortlichkeiten, Kompetenzen und damit materieller Entscheidungsmacht von unterschiedlicher Politizität und unterschiedlichem Legitimationsbedarf. Hierin fügt sich auch die Partizipation von Öffentlichkeit ein, insoweit eine formelle Schnittstelle der institutionalisierten Verwaltung in eine pluralistisch zusammengesetzte Gesellschaft geöffnet wird, die keine Einsicht in Wahrheiten eröffnet, sondern Interessen artikuliert.

a) Keine demokratieinkompatible Materialisierung

Damit konfligieren Modelle der Nachhaltigkeit, die auf präter-prozeduraler (substanzieller) Richtigkeit gründen, also Verfahren nicht als kontingenten Herstellungsprozess begreifen, sondern als Erkenntnisprozess exogener Sachgesetzlichkeiten. Dies gilt auch für die in der politischen Diskussion populäre, in der Tradition deliberativer Demokratiemodelle stehende Variante, diskursive Öffentlichkeit zur Erzeugung guter/besserer Begründungen zu nutzen. Gute Gründe haben keinen eigenständigen demokratischen Legitimationswert;[65] sie reiben sich am demokratischen Voluntarismus, der wiederum Konsequenz demokratischer Gleichheit ist.[66] Das Verlangen von Gründen für einen Akt politischer Selbstbestimmung kann gerade die demokratische Gleichheit unterlaufen und hierdurch undemokratisch sein; Öffentlichkeitsbeteiligung ist daher kein demokratisch-normativer, sondern ein kognitiver Wert, ein „Mittel der wechselseitigen Information über kollektive Entscheidungen"[67].

Gerade hier läuft eine verbreitete – keineswegs begriffsimmanente – Nachhaltigkeitsrhetorik Gefahr, nicht nur einzelne Entscheidungen im öffentlichen Diskurs zu kritisieren (die Möglichkeit hierzu ist ein Proprium jeder freien Gesellschaft), sondern latent vordemokratische Bilder einer guten Ordnung zu ventilieren, die der demokratischen Gestaltung durch Mehrheiten vorgegeben sein sollen.[68] Dies kann – wie die bisweilen hysterische Auseinandersetzung

---

64 *Möllers* (Fn. 62), S. 43 f.; ferner *C. Gusy*, Verwaltung zwischen parlamentarischer Steuerung und Partizipation Privater, EuGRZ 2006, S. 353 (360 f.).

65 *Möllers* (Fn. 62), S. 43 f. Problematisch ist es daher, Sachverstand als Legitimationsgrund einzusetzen. So aber teilweise z. B. *T. Groß*, Ist die Wirtschaftskrise ein Katalysator für das Entstehen unabhängiger Behörden?, Die Verwaltung 47 (2014), S. 197 (218); *E. Peuker*, Bürokratie und Demokratie in Europa, 2011, S. 222 ff.

66 *C. Möllers*, Gewaltengliederung, 2005, S. 122; im Anschluss *Gärditz* (Fn. 23), S. 10.

67 *C. Möllers*, Expressive versus repräsentative Demokratie, in: R. Kreide/A. Niederberger (Hrsg.), Transnationale Verrechtlichung, 2008, S. 159 (173).

68 Siehe anschaulich *H. Schoen*, Nein zu „Stuttgart 21", Ja beim Volksentscheid? Eine Analyse zu Frageformulierung und Stimmverhalten beim Volksentscheid über das „S 21-Kündigungsgesetz", in: S. I. Keil/S. I. Thaidigsmann (Hrsg.), Zivile Bürgergesellschaft und Demokratie, 2013, S. 97 ff.

um den notwendigen Klimaschutz demonstriert – auch dadurch geschehen, dass Weltuntergangsszenarien aufgebaut werden, die alle anderen als die für nachhaltig befundenen Entscheidungen als „alternativlos" erscheinen lassen.[69] Öffentlichkeitsbeteiligung degeneriert dann zum bloßen Druckmittel mit edukativem Anspruch gegenüber den Uneinsichtigen. Nachhaltigkeit als holistischer Gesellschaftsentwurf[70] wendet sich in einen Aufguss des elitär-autoritären Modells von Freiheit als Einsicht in die Notwendigkeit. Öffentlichkeit ist dann nicht mehr als partizipative Camouflage expertokratischer Herrschaftsansprüche. Richtig verstanden ist die Idee der Nachhaltigkeit daher kein vorpolitisches Ordnungsmodell, sondern ein abstraktes Leitbild politischer Gestaltung, an der dann auch eine Öffentlichkeit ergebnisoffen partizipieren kann.

b) Nachhaltigkeit durch ergebnisoffene Verfahren

Eigenständige Bedeutung behält vor diesem Hintergrund die Idee der Nachhaltigkeit gerade dort, wo sie nicht als materiale Zielvorgabe, sondern als prozeduraler Mechanismus zur Integration einer spezifischen Zukunftsperspektive in die Entscheidungsfindung verstanden wird.[71] Verfahren sind konstitutiv ergebnisoffen, sonst wären sie ein bloßes Ritual, um die Symbolik bereits präter-prozedural getroffener Entscheidungen zu verstärken.[72] Insoweit lässt sich das Nachhaltigkeitsprinzip vor allem in einen Auftrag an Verwaltungsverfahren übersetzen, eine hinreichende Sensibilisierung für Zukunftsrisiken zu ermöglichen und daher Verwaltungsentscheidungen auch kognitiv offen für Probleme zu halten, die auf den an der Taktung von Wahlen orientierten politischen Entscheidungsebenen[73] nicht hinreichend präsent sind. Eine solche – die Politizität demokratischer Legitimationserzeugung balancierende – Verfahrensfunktion ist kompatibel sowohl mit der Rolle der Verwaltung innerhalb der Gewaltengliederung als auch mit der Demokratie als Herstellungsprozess.

Verwaltungsverfahren erbringen hierbei zugleich Legitimationsleistungen, die noch nicht durch die gesetzliche Programmierung der Verwaltung (Art. 20 Abs. 3 GG) abgedeckt sind: Indem Verwaltungsverfahren das abstrakt-generelle Recht konkretisieren und individualisieren, generieren sie individuelle Legiti-

---

[69] Problematisch daher auch *Ekardt* (Fn. 4), S. 130, 147 ff., der vor Bürgerkrieg, Existenzgefährdung und den potentiell totalitären Systemfolgen eines Versagens beim Klimaschutz warnt, damit aber ein Szenario aufbaut, mit dem sich konkrete Freiheitskonflikte nicht mehr angemessen in Relation setzen lassen. Der zutreffende Hinweis auf die Notwendigkeit von Abwägungen (S. 130) geht daher ins Leere, wenn die Größen inkommensurabel sind und zugleich Prognoseunsicherheiten ausgeblendet werden.

[70] Insoweit aus unterschiedlicher Perspektive kritisch *Ekardt* (Fn. 4), S. 128–130; *Lepsius* (Fn. 12), S. 331.

[71] Grundlegend *Kahl* (Fn. 3), S. 140 f.; ferner *Gärditz* (Fn. 10), S. 170, 172 f.

[72] *N. Luhmann*, Legitimation durch Verfahren, 4. Aufl. 1997, S. 38 f.

[73] So *Glaser* (Fn. 3), S. 352 ff.

mation, indem abstrakt-generelle Maßstäbe in konkrete Inhalte und Schranken der Freiheitsentfaltung Einzelner übersetzt werden.[74] Verwaltungsverfahren haben damit auch eine Pufferfunktion. Sie sollen die Bürgerinnen und Bürger davor bewahren, dem unmittelbaren Zugriff hochpolitischer Entscheidungen in den Zentren demokratischer Legitimationserzeugung ausgesetzt zu sein. Verwaltung ist nicht nur Umsetzung von gesetzlich formalisierten Mehrheitsentscheidungen, sondern eben auch Freiheitsschutz gegen die Tyrannei der Mehrheit, der durch Distanzierung erreicht wird, ein Markenzeichen der Gewaltengliederung in gemischt-republikanischen Systemen: „Würde das Gesetz Unterdrückung üben, so könnte doch die Freiheit in der Art, wie man es vollzieht, noch eine Zuflucht finden; die Mehrheit kann nicht in die Einzelheiten und die […] Kindereien der Verwaltungstyrannei hinabsteigen."[75] Die deutsche Verfassungstradition hat hier *Tocqueville* letztlich prussifiziert und in die staatsformneutral imaginierte[76] Tradition des Berufsbeamtentums übersetzt, dessen verfassungsrechtliche Garantie (Art. 33 Abs. 5 GG) gerade damit erklärt wird, dass ein rechtsstaatliches Gegengewicht zum politischen Kräftespiel notwendig sei, um die Gesetzmäßigkeit des Vollzugs sicherzustellen.[77] Als Instrument zur Sicherung von Rechtsstaat und Gesetzmäßigkeit der Verwaltung sei ein auf Sachwissen gegründeter, unabhängiger Beamtenapparat unerlässlich.[78] Eine vergleichbare, die politische Volatilität demokratischer Herrschaft balancierende Funktion kommt auch der zu beteiligenden Öffentlichkeit zu, wenn diese als Gegenöffentlichkeit – dem Normzweck entsprechend – Sand in das Getriebe des bisweilen zu reibungslosen Verwaltungsvollzugs streuen darf. Insoweit bietet es sich an, die Öffentlichkeit auch als mögliche Trägerin von Interessen künftiger Generationen einzusetzen, um die temporale Perspektivenverkürzung politischer Entscheidungsebenen aufzubrechen und der Verwaltung verfahrensrechtlich formalisiert eine ergebnisoffene Diskussion um gemeinwohlrelevante Zukunftsfragen aufzuzwingen, anders gewendet: Infrastrukturentscheidungen mit Blick auf ihre Nachhaltigkeit zu politisieren.

---

[74] *Möllers* (Fn. 66), S. 112 ff.

[75] *A. de Tocqueville*, Über die Demokratie in Amerika, 1835 [1985], S. 161.

[76] *H. Gerber*, Entwicklung und Reform des Beamtenrechts, VVDStRL 7 (1932), S. 2 (4).

[77] BVerfGE 39, 196 (201); 44, 249 (265); 99, 300 (315); 107, 218 (237); 114, 258 (288); *M. Kenntner*, Sinn und Zweck des hergebrachten Berufsbeamtentums, DVBl. 2007, S. 1321 (1326 ff.); *H. Landau/M. Steinkühler*, Zur Zukunft des Berufsbeamtentums in Deutschland, DVBl. 2007, S. 133 (135 ff.); *J. F. Lindner*, Zur politischen Legitimation des Berufsbeamtentums, 2014, S. 19 ff.; polemisch hiergegen *H. P. Bull*, Beamte – die vernachlässigten Hüter des Gemeinwohls?, DÖV 2007, S. 1029 (1031 f.).

[78] BVerfGE 119, 247 (261 f.).

2. Chancen prozeduraler Nachhaltigkeit durch Öffentlichkeitsbeteiligung

Die Organisation des öffentlichen Diskurses spielt naturgemäß in deliberativen Demokratiemodellen eine größere Rolle, um die Zukunftsfähigkeit von Entscheidungen zu gewährleisten.[79] Aber auch vom Ausgangspunkt eines prozedural-voluntaristischen Demokratieverständnisses, wie es hier zugrunde gelegt wird, ist ein Eigenwert bürgerschaftlicher Politisierung anderenfalls nicht hinreichend politisierter Themen[80] anzuerkennen. Auch wenn man dem katalysierten Diskurs keinen materialen Richtigkeitswert beimisst, ist die Pluralität und Offenheit der Kommunikationsbeiträge, mit denen die Verwaltung konfrontiert wird, jedenfalls geeignet, den erreichten Konfliktausgleich auf eine breitere argumentative Basis zu stellen. Eine kritische Öffentlichkeit kann namentlich zur Rationalisierung von Grundrechtseingriffen beitragen, indem der Wahrnehmungshorizont der Verwaltung angereichert und mit Gegenargumenten konfrontiert wird, die zu einer sensibleren Abwägung zwingen. Öffentlichkeitsbeteiligung befördert eine Autonomisierung von Subjekten im Verfahren,[81] soweit nämlich Öffentlichkeit eine Chiffre für die Pluralität einzelner Akteure ist, die sich der verfahrensrechtlichen Instrumente bedienen können, um Interessen zu artikulieren. Wird dieses Instrumentarium korrespondierend auch seitens der Verwaltung sensibel eingesetzt, kann dies das gegenseitige Verständnis und die Kooperationsbereitschaft der Öffentlichkeit fördern, um konfliktarm ökologische Gemeinwohlziele zu erreichen.[82]

Insoweit lassen sich Verwaltungsentscheidungen auch gezielt für Belange des Nachweltschutzes offenhalten. Soll prozedurale Nachhaltigkeit administrative Entscheidungen für zukünftige Folgen sensibilisieren, kann die Öffentlichkeitsbeteiligung einer vorzeitigen Verengung des kognitiven Entscheidungshorizonts – insbesondere durch eine politische Prädominanz aktueller Gegenwartsinteressen – entgegenwirken. Über verfahrensrechtliche Kommunikation,[83] insbesondere Einwendungsbefugnisse (§ 73 Abs. 4 VwVfG; § 4a BauGB), können nicht nur, aber eben auch Zukunftsfragen thematisiert und – falls relevant – zum Gegenstand planerischer Abwägungen (und korrespondierender Abwägungskontrolle[84]) oder materieller Prüfungsprogramme (etwa § 1 Abs. 1–2 BNatSchG;

---

[79] *Höffe*, Ist die Demokratie zukunftsfähig?, 2009, S. 290 ff.

[80] *Höffe* (Fn. 79), S. 296.

[81] Grundlegend *P. Häberle*, Grundrechte im Leistungsstaat, VVDStRL 30 (1972), S. 43 (47 ff.).

[82] *C. Fischer*, Grundlagen und Grundstrukturen eines Klimawandelanpassungsrechts, 2013, S. 144 ff.

[83] Zum Eigenwert grundsätzlich *Kaiser* (Fn. 33), S. 144 ff. und passim; zuvor bereits z. B. *C. Franzius*, Funktionen des Verwaltungsrechts im Steuerungsparadigma der neuen Verwaltungsrechtswissenschaft, Die Verwaltung 39 (2006), S. 335 (352); *T. Hebeler*, Verwaltungspersonal, 2008, S. 41 ff.; *A. Scherzberg*, Risikosteuerung durch Verwaltungsrecht: Ermöglichung oder Begrenzung von Innovationen?, VVDStRL 63 (2004), S. 214 (226); *Schmidt-Aßmann* (Fn. 56), S. 156. Konkret im vorliegenden Kontext *Kahl* (Fn. 3), S. 140.

[84] Eingehend *Gehne* (Fn. 2), S. 233 ff.

§ 1 Nr. 1, § 11 Abs. 1 S. 1 BWaldG; § 6 Abs. 1 S. 2 WHG) gemacht werden. Versteht man Nachhaltigkeit im Sinne des Drei-Säulen-Modells weit (und korrespondierend schwach hinsichtlich der inhaltlichen Determinationskraft), kann die Öffentlichkeitsbeteiligung insofern auch dazu dienen, einer einseitigen Dominanz von Interessen insbesondere an einer Projektverwirklichung entgegenzuwirken, indem etwa eine soziale oder ökologische Folgenverantwortung gegenüber ökonomischen Nutzenerwartungen gestärkt wird. Es ist eine klassische Kernfunktion der Öffentlichkeitsbeteiligung, Einseitigkeiten im Verwaltungsverfahren entgegenzuwirken[85] und insoweit einen angemessenen rechtsstaatlichen Interessenausgleich (nicht zuletzt auch durch Abbau von Machtasymmetrien) zu unterstützen.[86] Praktisch spielt insoweit vor allem eine Dominanz der Investoren/Projektträger eine Rolle,[87] und zwar weil diese zum einen oftmals über die Anziehungskraft von Arbeitsplätzen und Steuereinnahmen politisch durchsetzbare Interessen bedienen können, zum anderen weil die Projektträger bereits über die einzureichenden Antragsunterlagen (§ 73 Abs. 1 S. 1 VwVfG; § 6 UVPG; §§ 4–4e 9. BImSchV) von Anfang an über Wissensvorsprünge verfügen. Die Partizipation von Gegenöffentlichkeit kann hier dazu beitragen, Einseitigkeiten zumindest zu politisieren und Druck auf eine ausgewogenere Relationierung zu erzeugen.

3. *Risiken prozeduraler Nachhaltigkeit durch Öffentlichkeitsbeteiligung*

Mit der Beteiligung der Öffentlichkeit sind freilich keine inhaltlichen Präferenzen verbunden. Der Inhalt möglicher Eingaben und Einwendungen bleibt vielmehr kontingent, muss also nicht zu einer erhöhten Zukunftssensibilität unter den Auspizien des Nachhaltigkeitsparadigmas führen. Die beteiligte Öffentlichkeit ist weder ein homogener Akteur noch Garant eines diffusen Gemeinwohls. Sie ist Bündelungsbegriff für alle Akteure außerhalb der rechtsförmlich institutionalisierten Verwaltung. Und diese Akteure haben – gleich ob aggregiert[88] oder (unserer individualisierten Verantwortungskultur entsprechend[89]) atomisiert – Interessen[90] sowie divergente Problemwahrnehmungen[91]. Besitz-

---

[85] *Gärditz* (Fn. 34), S. 67 f.

[86] *Haug* (Fn. 33), S. 238 f.; *Lübbe-Wolff* (Fn. 33), S. 283.

[87] *M. Fehling*, Verwaltung zwischen Unparteilichkeit und Gestaltungsaufgabe, 2001, S. 305; *C. Franzius*, Stuttgart 21: Eine Epochenwende?, GewArch 2012, S. 225 (227); *Hendler* (Fn. 25), S. 281; *E. Hofmann*, Die Modernisierung des Planungsrechts: das Energierecht als neues Paradigma der Öffentlichkeitsbeteiligung in einer Planungskaskade?, JZ 2012, S. 701 (703); *Mann* (Fn. 34), S. 567.

[88] Betont bei *Wahl* (Fn. 44), S. 164.

[89] Vgl. *B. Schlink*, Erkundungen zu Geschichte, Moral, Recht und Glauben, 2015, S. 161 ff.

[90] Siehe analytisch die Beiträge in *P. H. Feindt/J. Newig* (Hrsg.), Partizipation, Öffentlichkeitsbeteiligung, Nachhaltigkeit – Perspektiven der politischen Ökonomie, 2005.

[91] *B. Peters*, Der Sinn von Öffentlichkeit, 2007, S. 15.

standsinteressen der Öffentlichkeit können dabei gerade Zukunftsfragen vergegenwärtigen, und zwar – die Nachhaltigkeit umkehrend – auch gegen eine zukunftsorientierte Politik. Wenn etwa gut organisierte Anwohner der Baustelle eines großen Bahnhofsbauprojektes (nicht illegitime, aber mit Rechtskraft zurückgesetzte) gegenwärtige Verschonungsinteressen in Stellung bringen und hierdurch eine langfristige, verkehrspolitisch nachhaltige Infrastrukturanbindung einer Region torpedieren, wird diese temporale Asymmetrie deutlich. Gerade periphere Außenseiterkritik und Bestandsinteressen gewinnen in einer politikverdrossenen Öffentlichkeit leicht die Oberhand.[92] Eine jüngere sozialwissenschaftliche Studie zu deutschen Protestbewegungen stellte fest, dass die aktive Öffentlichkeit, die Widerstand in und gegen Verwaltungsverfahren trägt, dominiert wird von Vorruheständlern, Rentnern, Pensionären und dem Milieu der Kinderlosen.[93] Dass gerade diese Gruppen besondere Gewähr dafür bieten, Interessen der kommenden Generation zu wahren, drängt sich nicht auf. Im Übrigen führt eine ausgebaute Partizipation nicht selten zu einer Verzerrung durch Überrepräsentation politisch interessierter Gruppen;[94] namentlich sozial Unterprivilegierte nehmen ihre politischen Teilhaberechte nur deutlich unterdurchschnittlich wahr,[95] wohingegen partizipative Formen politischer Artikulation von der gehobenen Mittel- und Oberschicht dominiert und als Instrument eigener Interessendurchsetzung gezielt eingesetzt werden.[96] Eine deutliche soziale Asymmetrie in der Interessenrepräsentanz kann dann, wenn sie auf das Entscheidungsergebnis durchschlägt, die Ausgewogenheit unterlaufen, die ein offen-prozedurales Nachhaltigkeitsmodell gerade befördern soll. Bezieht man in die soziale Nachhaltigkeit Fragen wie Stadtentwicklung und Segregation[97] ein, wäre die Nachhaltigkeitsbilanz praktizierter Partizipation der Öffentlichkeit wohl deutlich negativ.

Oftmals bedarf es zudem – was selten näher reflektiert wird – einer kritischen Gegenöffentlichkeit gerade auch deshalb, weil politische Entscheidungen, einem visionären, gegenwartsvergessenen Gestaltungsdrang folgend, große

---

[92] Konzise herausgearbeitet bei *R. Steinberg*, Die Bürgerbeteiligung bei Infrastrukturvorhaben, in: Festschr. f. Hans-Joachim Koch, 2014, S. 253 (265 f.).

[93] Institut für Demokratieforschung Georg-August-Universität Göttingen (Hrsg.), Bürgerproteste in Deutschland, 2013; *F. Walter et al.*, Die neue Macht der Bürger: Was motiviert die Protestbewegungen?, 2013.

[94] *E. Schmidt-Aßmann*, Das allgemeine Verwaltungsrecht als Ordnungsidee, 2. Aufl. 2004, S. 110.

[95] Eingehend *A. Schäfer*, Der Verlust politischer Gleichheit, 2015, S. 123 ff., 147 ff., 167 ff.

[96] *Schäfer* (Fn. 95), S. 188 ff.; ferner *ders.*, Krisentheorien der Demokratie: Unregierbarkeit, Spätkapitalismus und Postdemokratie, der moderne staat – Zeitschrift für Public Policy, Recht und Management Heft 1/2009, S. 159 (175).

[97] Mit Recht *J. Kersten*, Nachhaltigkeit und Städtebau, in: W. Kahl (Hrsg.), Nachhaltigkeit als Verbundbegriff, 2008, S. 396 (416 ff.); *ders.*, Segregation in der Schule, DÖV 2007, S. 50 ff. Vgl. auch § 171e BauGB.

Zukunftsentwürfe präferieren und hierbei legitime Gegenwartsinteressen zu marginalisieren drohen. Dies ist kein Problem der Öffentlichkeitsbeteiligung, denn diese zielt auf eine möglichst umfassende prozedurale Interessenintegration, was auch Gegenwartsinteressen als (zumindest) gleichberechtigt zulässt. Ein Problem entsteht vielmehr erst dann, wenn man die Öffentlichkeitsbeteiligung mit überzogenen Nachhaltigkeitserwartungen konfrontiert, die nicht der politischen Funktion von Öffentlichkeit in einer pluralistischen Gesellschaft entsprechen.[98]

Schließlich kann auch eine funktionierende Öffentlichkeit nicht die temporalen Legitimierungsasymmetrien beseitigen, die dem Gedanken des Nachweltschutzes inhärent sind: Künftige Menschen, die erst in der Zukunft gezeugt werden, haben keine Rechte und auch keinen Subjektstatus im geltenden Recht.[99] Soweit ihnen reflexartig Schutz zugutekommt (wie im Rahmen des Art. 20a GG), sind Interessen Künftiger eine soziale Konstruktion der Gegenwärtigen, ein verrechtlichter Wunsch nach Selbstbeschränkung.[100] Dass damit fingierte Interessen künftiger Generationen im Recht durchsetzungsschwach sind und mit Blick auf die subjektiven Rechte der Lebenden auch bleiben müssen,[101] lässt sich durch Partizipation der Öffentlichkeit nicht ändern. Als Öffentlichkeit an der Herstellung von Entscheidungen partizipieren können immer nur Gegenwärtige. Die Durchsetzungschancen einer Gegenöffentlichkeit hängen maßgeblich von den aktiven Kommunikationsbeziehungen innerhalb eines Verwaltungsverfahrens ab, die aber nur von präsenten Akteuren ausgefüllt werden können. Fiktive Interessen Künftiger werden in partizipativen Verwaltungsverfahren überhaupt nur dadurch artikulationsfähig, dass einzelne Akteure sie (altruistisch) zu ihren Gegenwartsinteressen machen. Garantiert ist dies nicht, im Gegenteil: Die Abstraktionsleistung, fiktive Nachweltinteressen zu konstruieren und als selbstauferlegte Grenze gegenwärtiger Entscheidungen zu opera-

---

[98] Durchaus problembewusst, jedoch mit anti-pluralistisch autoritärer Attitüde antwortend: Wissenschaftlicher Beirat der Bundesregierung Globale Umweltveränderungen (WBGU), Klimapolitik nach Kopenhagen – Auf drei Ebenen zum Erfolg, 2010, S. 218: „Die kolossale Herausforderung für die Modernisierung repräsentativer Demokratien besteht nun darin, zur Gewinnung von zusätzlicher Legitimation mehr formale Beteiligungschancen zu institutionalisieren, diese zugleich aber an einen inhaltlichen Wertekonsens nachhaltiger Politik zu binden, damit ‚mehr Partizipation' im Ergebnis nicht zu ‚weniger Nachhaltigkeit' führt." Hierzu dezidiert kritisch *K. F. Gärditz*, Die Entwicklung des Umweltrechts im Jahr 2010: Umweltschutz im Schatten des Klimawandels, ZfU 2011, S. 383 (399 ff.).

[99] *K. F. Gärditz*, Zeitprobleme des Umweltrechts – zugleich ein Beitrag zu interdisziplinären Verständigungschancen zwischen Naturwissenschaften und Recht, EurUP 2013, S. 2 (11); gegenläufig *F. Ekardt*, Das Prinzip Nachhaltigkeit, 2005, S. 189; *M. Kleiber*, Der grundrechtliche Schutz künftiger Generationen, 2014, S. 139 ff.

[100] Zum dahinter stehenden Verantwortungsmodell allgemein BVerfGE 132, 195 (240, 245, 246 f.). Vgl. bereits BVerfGE 79, 311 (343).

[101] Folge ist dann eine abwägungsrelevante Diskontierung fingierter zukünftiger Interessen, so *Gärditz* (Fn. 99), S. 12 f.

tionalisieren, setzt ein hohes Maß an Distanzierung voraus. Partizipation von Öffentlichkeit soll hingegen die formalisierte Distanz zwischen den Institutionen des repräsentativ-demokratischen Rechtsstaats und den Betroffenen mit ihren Eigeninteressen verringern. Erwartungen, dass sich ausgerechnet hierdurch der Nachweltschutz substantiell verbessern, also mehr materiale Nachhaltigkeit erreichen lässt, sollten daher eher zurückhaltend formuliert werden.

IV. Resümee

Zieht man Bilanz, ist die Öffentlichkeitsbeteiligung ein formal-technisches Instrument, die Verwaltung in formalisierte Kommunikationsprozesse mit den Bürgerinnen und Bürgern einzubeziehen sowie den administrativen Informationshorizont zu verbessern. Das romantische Bild populärer Selbstermächtigung, das im Zuge jüngerer Protestwellen erneut gezeichnet wurde, ist hierbei eher eine Projektionsfläche für vordemokratische Gemeinwohlsehnsüchte. Dies bedeutet natürlich nicht, der Öffentlichkeitsbeteiligung generell einen spezifischen Nachhaltigkeitswert abzusprechen, mahnt aber zur Vorsicht. Weil undeutlich bleibt, welche Interessen sich mit welchem Erfolg und mit welchen Zukunftsfolgen artikulieren, sollte die Funktion der Öffentlichkeitsbeteiligung, Nachhaltigkeit von Verwaltungsentscheidungen zu unterstützen, darauf beschränkt bleiben, durch Pluralisierung der Interessenartikulation die Ausgewogenheit des Interessenausgleichs und der Konfliktschlichtung zu fördern. Nachhaltigkeit durch Verfahren kann „dazu beitragen, Kommunikation und Diskurse zu arrangieren, verschiedene Subsysteme miteinander zu vernetzen und derart das notwendige praktische Wissen und die praktische Erfahrung“ zu generieren[102] – eine Kernfunktion partizipativer Öffentlichkeit. Die Verwaltung ist damit freilich nicht aus der Pflicht, die Nachhaltigkeit ihrer Entscheidungen auch *gegen* die Kurzzeitinteressen der Öffentlichkeit zu verteidigen.

---

[102] *Kahl* (Fn. 3), S. 140.

Nachhaltigkeit durch Innovation und Wissensgenerierung

*Martin Eifert**

I. Wissensgenerierung und Innovation als Voraussetzungen von Nachhaltigkeit

1. Nachhaltigkeit als Ziel und Handlungsmaßstab

„Nachhaltigkeit" hat sich als Orientierungsformel für die Ausrichtung aller Bereiche der Gesellschaft und als Handlungsmaßstab für ihre politische Gestaltung etabliert. Sie bezeichnet im Kern den angemessenen Interessenausgleich über die Zeit[1] und hat sich wie die Verhältnismäßigkeit mit ihrem Ausgleich (vor allem) gegenwärtiger Interessen als rationale Grundorientierung und Anleitung für die Auflösung der ubiquitären Interessenkonflikte moderner Gesellschaften etabliert.[2] Nachhaltigkeit kann dabei auf verschiedene Politikbereiche bezogen sein und hat sich hier von der Waldwirtschaft ausgehend über die Umweltpolitik insgesamt in die Finanzpolitik und zahlreiche weitere Politikbereiche verbreitet.[3] Im Kern geht es jeweils darum, dass die Erfüllung der gegenwärtigen Bedürfnisse die Fähigkeit zukünftiger Generationen zur Erfüllung ihrer Bedürfnisse nicht schmälern darf (vgl. die zentrale „Brundtland-Definition").[4] Diese Formel ist als Ziel und Handlungsmaßstab konsentiert – ungeachtet der intensiven wissenschaftlichen und politischen Diskussionen darüber, welche konkreten Maßnahmen jeweils daraus abzuleiten oder damit vereinbar sind.[5] Begriff und

---

* Für seine sehr wertvolle Unterstützung danke ich ganz herzlich Philipp Bauer.

[1] Hieran setzt auch die Kritik am Nachhaltigkeitskonzept an, wenn ihm vorgeworfen wird, die gegenwärtige Interessenbewertung notwendig in die Zukunft zu verlängern, so etwa *A. Holland*, Sustainability: Should we Start from Here?, in: A. Dobson (Hrsg.), Fairness and Futurity, 1999, S. 46 ff.

[2] Den Vergleich zwischen Nachhaltigkeit und Verhältnismäßigkeit hat aus der Perspektive der Herausbildung eines normativen Gehalts (konkret einer Nachhaltigkeitseffizienz als Rechtspflicht) jüngst auch fruchtbar gemacht *K. Gehne*, Nachhaltige Entwicklung als Rechtsprinzip, 2011, S. 184 ff., 252 ff.; für eine Reflexion der „grenzüberwindenden Passepartoutformel" der Verhältnismäßigkeit jüngst die Beiträge in *M. Jestaedt/O. Lepsius* (Hrsg.), Verhältnismäßigkeit, 2015.

[3] *D. Kippel/M. Otto*, Nachhaltigkeit und Begriffsgeschichte, in: W. Kahl (Hrsg.), Nachhaltigkeit als Verbundbegriff, 2008, S. 39 ff.

[4] *World Commission on Environment and Development*, Our Common Future (sog. „Brundtland-Bericht"), 1987, Rn. 27.

[5] *M. Jacobs*, Sustainable Development, in: A. Dobson (Hrsg.), Fairness and Futurity, 1999, S. 21 (23 ff.), hat die Nachhaltigkeit entsprechend zu Recht den „contestable concepts" zugerechnet, die auf einer ersten Ebene aus unbestrittenen Kernideen bestehen und auf einer zweiten Ebene in politischem Streit um ihre Umsetzung stehen.

Kern der Nachhaltigkeit wirken hier, wiederum ähnlich der Verhältnismäßigkeit, vor allem strukturierend, auch wenn sich mit der Nachhaltigkeit zugleich ein materieller Grundanspruch verbindet.

Nachhaltigkeit kann über Sachbereiche hinaus auch auf abstraktere Grundbedarfe der Gesellschaft bezogen werden, etwa eine angemessene Konfliktlösungskapazität[6], oder reflexiv werden und die nachhaltige Sicherung der Grundanforderungen von Nachhaltigkeit selbst einfordern.[7]

2. Abhängigkeit von Wissensgenerierung und Innovation

Unabhängig von allen sachbereichsbezogenen Streiten um die Maßnahmen zur Verwirklichung einer Nachhaltigen Entwicklung ist das Konzept immer notwendigerweise zentral auf die Generierung von Wissen und Innovationen angewiesen.

Die zeitliche Perspektive der Nachhaltigkeit setzt immer ein Wissen um die gegenwärtigen Zustände und die Fähigkeit zur Prognose der Auswirkungen konkreter Maßnahmen und zukünftiger Zustände voraus.[8] Besonders anschaulich wird dies im Umweltbereich.[9] Nachhaltigkeit bedeutet hier insbesondere, dass der Abbau natürlicher Ressourcen nicht über ihre Regenerationsrate und der Schadstoffeintrag nicht über ihre Absorptionsfähigkeit hinausgeht, was bei der Beurteilung konkreter Maßnahmen jeweils ein hinreichend belastbares Wissen um die ökologischen Zustände und Zusammenhänge voraussetzt. Ist dies schon hinsichtlich einzelner Fragestellungen nicht-trivial, wie die an Umweltqualitätszielen orientierten Nutzungs- und Bewirtschaftungsregime bei Luftreinhaltung, Lärm- und Wasserschutz eindrucksvoll belegen[10], so steigert sich die Komplexität des erforderlichen Wissens nochmals, wenn der Integrationsgedanke des Nachhaltigkeitsprinzips einbezogen wird. Hiernach bildet die integrierte Betrachtung der Politikfelder und insbesondere die Integration von ökonomischer und ökologischer Entwicklung einen wichtigen Baustein Nachhaltiger Entwicklung.[11]

---

[6] Vgl. nur als Verfahrenskomponente für die nachhaltige Sozialstaatlichkeit *A. Glaser*, Nachhaltigkeit und Sozialstaat, in: W. Kahl (Hrsg.), Nachhaltigkeit als Verbundbegriff, 2008, S. 620 (635).

[7] Siehe für die ökologische Nachhaltigkeit *M. Eifert*, Der Verfassungsauftrag zu ökologisch nachhaltiger Politik, in: KJ (Hrsg.), Verfassungsrecht und gesellschaftliche Realität, 2009, S. 211 (222 f.); ähnlich in Bezug auf die strategische Umweltprüfung *W. Kahl*, Der Nachhaltigkeitsgrundsatz im System der Prinzipien des Umweltrechts, in: Festschr. f. R. Schmidt, 2002, S. 111 (141).

[8] Vgl. nur *I. Appel*, Staatliche Zukunfts- und Entwicklungsvorsorge, 2005, S. 55 ff., 85 ff., 360 ff.

[9] Vgl. näher zum Inhalt und den Maximen der Nachhaltigkeit *Appel* (Fn. 8), S. 258 ff.; *W. Kahl*, Einleitung, in: ders. (Hrsg.), Nachhaltigkeit als Verbundbegriff, 2008, S. 1 (17 f.).

[10] Vgl. nur die kritische Analyse bei *W. Durner/R. Ludwig*, Paradigmenwechsel in der europäischen Umweltrechtssetzung, NuR 2008, S. 457 ff.

[11] *Appel* (Fn. 8), S. 366 f.; *Gehne* (Fn. 2), S. 75 ff. *Jacobs* (Fn. 5), S. 21 (26), benennt diese Integration als erste unter den Kernideen von Nachhaltigkeit.

Die anspruchsvolle Verknüpfung von Wissensbeständen ist dafür als Grundlage unverzichtbar.[12]

Der evident nicht auf Nachhaltigkeit ausgerichtete Ausgangszustand der Gesellschaft macht Innovationen zur Sicherung einer Nachhaltigen Entwicklung regelmäßig erforderlich. Auch dies kann beispielhaft am Umweltbereich veranschaulicht werden. So müssen umweltgefährdende Stoffe, die nicht absorbiert werden können, genauso substituiert werden wie fossile Energieträger, deren Verbrennung die CO_2-Belastungsgrenzen weit übersteigt und die als endliche Ressourcen nach dem Nachhaltigkeitsprinzip ohnehin möglichst sparsam zu nutzen wären. Auch wird Nachhaltigkeit allgemein nicht als stabiler Zustand verstanden, sondern über die „Nachhaltige Entwicklung" schon begrifflich mit einer gesellschaftlichen und insbesondere auch wirtschaftlichen Dynamik verbunden. Für diese entsteht wirtschaftlich ein nachhaltiger Raum nur durch Effizienzsteigerungen bei der Ressourcennutzung, die wiederum Innovationen voraussetzen. Hier wird der Fokus nicht nur auf technische Innovationen zur Produktivitätssteigerung[13] gelegt, von mindestens gleicher Bedeutung sind dabei auch soziale Innovationen.[14]

Wissensgenerierung und Innovationen sind als Voraussetzungen einer Nachhaltigen Entwicklung miteinander verknüpft. Innovationen basieren auf Inventionen und damit selbst auf neuem, problemlösungsorientiertem Wissen. Die politische Steuerung einer Nachhaltigen Entwicklung setzt zunächst das oben angesprochene problembezogene Wissen voraus und zielt dann oftmals auf Innovationen als Problemlösung.

Wendet man schließlich die Nachhaltigkeit reflexiv, benötigt sie nicht nur Mechanismen zur Wissensgenerierung und Innovation, sondern eine Informationsordnung und ein Innovationssystem, die sich selbst beobachten und damit selbst auf problemangemessene Fortentwicklung und Innovation hin ausrichten. Dies ist insbesondere erforderlich, um Pfadabhängigkeiten zu vermeiden oder wieder aufzubrechen.[15] Solche Pfadabhängigkeiten entstehen bei der Wissens-

---

[12] Vgl. nur *E. Richter*, Anforderungen an eine nachhaltigkeitsgerechte Informations- und Kommunikationsordnung im Umweltrecht, in: K. Lange (Hrsg.), Nachhaltigkeit im Recht, 2003, S. 199 (205 ff.); *Appel* (Fn. 8), S. 365 ff.

[13] Vgl. dazu nur die Beiträge in *M. Eifert/W. Hoffmann-Riem* (Hrsg.), Innovationsfördernde Regulierung, 2009.

[14] Siehe dazu bereits im „Brundtland-Bericht" (*World Commission on Environment and Development* [Fn. 4]) Rn. 27 ff. Vgl. dazu *W. Hoffmann-Riem*, Soziale Innovationen als Herausforderung der Moderne, in: Offene Rechtswissenschaft, 2010, S. 269 ff.; *M. von Hauff/A. Jörg*, Innovationen im Kontext der Nachhaltigkeit, in: H. Hagemann/M. von Hauff (Hrsg.), Nachhaltige Entwicklung – das neue Paradigma in der Ökonomie, 2010, S. 187 (192 ff.).

[15] Zur Pfadabhängigkeit insbesondere bei Innovationen instruktiv die Studie von *K. Fichter/J. Clausen*, Erfolg und Scheitern „grüner" Innovation, 2013; die mangelnde Innovationsdiffusion als zentrales Nachhaltigkeitshemmnis identifizieren aus rechtswissenschaftlicher Perspektive vgl. *A. Roßnagel*, „Technikneutrale" Regulierung: Möglichkeiten und Grenzen, in: M. Eifert/W. Hoffmann-Riem (Hrsg.), Innovationsfördernde Regulierung, 2009, S. 323 ff.

generierung, etwa wenn sich dort das weitere Forschungs- und Beobachtungsprogramm aus den offenen Fragen der vorangegangenen Tätigkeiten entwickelt, und bei Innovationen, wenn Anschlusszwänge technischer oder institutioneller Art die weitere inkrementelle Fortentwicklung prägen.

II. Gewährleistung von Wissensgenerierung und Innovationsfähigkeit

Weil Wissensgenerierung und Innovationen zentrale Voraussetzungen nachhaltiger Gesellschaftsentwicklung sowie der Nachhaltigkeit selbst sind, ist die Befähigung zu beidem von herausragender Bedeutung und verlangt nach rechtlicher Absicherung.

1. Grundrechte und rechtliche Infrastruktur als Basisschicht

Eine „Basisschicht" bilden hier die Sicherung gesellschaftlicher Freiheit durch Grundrechte[16] und die Bereitstellung einer rechtlichen Infrastruktur von Verfügungsrechten und Rechtsschutz[17] für deren produktive Ausübung. Sie schützen die autonome individuelle und kollektive Kreativität, schaffen Freiräume zur Erzeugung von Wissen und Innovationen sowie Mechanismen zu ihrer Verbreitung. Die grundrechtlichen Freiheitsverbürgungen garantieren einen weitgehend inhaltsneutralen Freiraum, der gerade für die reflexive Sicherung von Nachhaltigkeit unverzichtbar ist. Vor allem die Freiheit von Wissenschaft und Forschung bildet eine zentrale Sicherung gegen blinde Flecken und unproduktive Pfadabhängigkeiten und zielt auf einen maximalen Möglichkeitsraum gesellschaftlicher Entwicklung. Jede staatliche Ausgestaltung nimmt bereits erste gesellschaftliche Zwecke auf, kann aber noch zur Basisschicht gerechnet werden, soweit sie sich noch ganz vorrangig an einer inhaltsneutralen Sicherung von Wissensgenerierung und Innovationsfähigkeit orientiert. Dies ist bei grundrechtlich geschützten Forschungseinrichtungen ebenso der Fall wie bei der rechtlichen Infrastruktur von Eigentumsrechten, insbesondere der hier zentralen Ausgestaltung des geistigen Eigentums.[18]

Diese Basisschicht wird für eine Nachhaltige Entwicklung benötigt, kann sie aber nicht sichern. Hinzutreten müssen Schichten, in denen Wissensgenerierung und Innovationstätigkeit mit den gesellschaftlichen Bedarfen abge-

---

[16] Vgl. näher *H.-H. Trute*, Innovationssteuerung im Wissenschaftsrecht, in: W. Hoffmann-Riem/J.-P. Schneider (Hrsg.), Rechtswissenschaftliche Innovationsforschung, 1998, S. 208 ff.

[17] Vgl. nur die Beiträge in *M. Eifert/W. Hoffmann-Riem* (Hrsg.), Geistiges Eigentum und Innovation, 2008; *C. Möllers*, Kognitive Gewaltengliederung, in: H. C. Röhl (Hrsg.), Wissen – Zur kognitiven Dimension des Rechts, 2010, S. 113 (116).

[18] Vgl. *I. Schneider*, Innovationsfreiheit und Innovationsverantwortung, in: M. Eifert/W. Hoffmann-Riem (Hrsg.), Geistiges Eigentum und Innovation, 2008, S. 309 (314 ff.).

glichen und auf sie ausgerichtet werden. Die staatlichen Einrichtungen kennen entsprechend neben den grundrechtlich geschützten Wissenschaftsbereichen ein ganzes Spektrum von Forschungs- und Entwicklungseinrichtungen sowie Förderprogrammen, in denen die Wissens- und Innovationsproduktion unterschiedlich intensiv und unterschiedlich detailliert gesteuert wird.[19] Der Übergang von der Basisschicht eines noch nicht inhaltlich zweckgerichteten Rechtsrahmens für Wissens- und Innovationserzeugung zu einer offenen und weiter zu einer zielgerichteten instrumentellen rechtlichen Steuerung wird hier fließend. Die Fraunhofer-Gesellschaft mit ihren Instituten bildet hier eine wichtige Hybridorganisation.[20] Die Ressortforschungseinrichtungen bilden dann den politiknächsten Teil der Forschungen und die staatliche Wirtschaftsförderung zur Markteinführung bzw. -durchdringung neuer Technologien den marktnächsten Bereich der Innovationsförderung.

Die staatliche Rolle unterscheidet sich bei Wissensgenerierung und Innovationsförderung allerdings deutlich. Das für eine Nachhaltige Entwicklung erforderliche Wissen ist Voraussetzung seiner politischen Steuerung. Es muss deshalb vom Staat so organisiert werden, dass es auch ihm bedarfsgerecht zur Verfügung steht und kann auf spezifizierte Fragestellungen hin relativ verlässlich produziert werden. Insbesondere für das Wissen über die Problemlagen und Zielzustände muss und kann der Staat Vorsorge treffen. Innovationen hingegen entstehen und verbreiten sich in Wirtschaft und Gesellschaft und können nicht verlässlich produziert werden. Das Wissen um Problemlösungen liegt deshalb für diesen besonders wichtigen Bereich außerhalb direkter staatlicher Einflussnahme und ist dennoch staatlich zu fördern.

2. Wissensgenerierung als Aufgabe der staatlichen Informationsordnung

Die Generierung des für eine Nachhaltige Entwicklung und ihre politische Steuerung erforderlichen Wissens bedarf einer Informationsordnung, deren angemessene Strukturierung eine Aufgabe des Staates ist.[21] Für den Umweltbereich folgt dies unmittelbar aus Art. 20a GG[22], für die anderen gesellschaftlichen

---

[19] *Trute* (Fn. 16), S. 208 ff.

[20] Vgl. nur § 1 der Satzung der Fraunhofer-Gesellschaft.

[21] Vgl. nur *R. Pitschas*, Allgemeines Verwaltungsrecht als Teil der öffentlichen Informationsordnung, in: W. Hoffmann-Riem/E. Schmidt-Aßmann/G. F. Schuppert (Hrsg.), Reform des Allgemeinen Verwaltungsrechts, 1993, S. 219 (244 ff.); *G. F. Schuppert*, Verwaltungswissenschaft, 2000, S. 721 ff.; *M. Albers*, Zur Komplexität verfassungsrechtlicher Vorgaben für das Wissen der Verwaltung, in: I. Spiecker gen. Döhmann/P. Collin (Hrsg.), Generierung und Transfer staatlichen Wissens im System des Verwaltungsrechts, 2008, S. 50 ff.; *I. Augsberg*, Informationsverwaltungsrecht, 2014, S. 41 ff.; siehe zur Beeinflussung der Wissenserzeugung durch die rechtlichen Rahmenbedingungen nur *H. C. Röhl*, Der rechtliche Kontext der Wissenserzeugung, in: ders. (Hrsg.), Wissen – Zur kognitiven Dimension des Rechts, 2010, S. 65 (66 ff.).

[22] Vgl. *Eifert* (Fn. 7), S. 211 (222), m. w. N.

Bereiche kann sie als Grundvoraussetzung den jeweiligen normativen Verankerungen der Nachhaltigkeit entnommen werden. Analytisch lassen sich dabei verschiedene Ebenen trennen.

a) Ebenen und Bereiche der Wissensgenerierung

Auf einer ersten Ebene bedarf es der allgemeinen Beobachtung der gesellschaftlichen Entwicklung und der für die Nachhaltigkeit besonders relevanten Problemfelder. Dies reicht von der Erhebung statistischer Rohdaten bis zur Bewertung der Entwicklungen in konkreten Problemfeldern.[23] Hier sind die allgemeinen und fachbezogenen Statistiken und die vielfältigen Monitoringansätze, Berichtspflichten an das Parlament etc. einzuordnen und liegt einer der Treiber für die organisatorische Herausbildung von beratenden Institutionen[24] und wissensmächtigen Behörden, die auch allgemeine Forschungen durchführen.[25] Auf einer zweiten Ebene müssen Programme begleitet werden, insbesondere um ein steuerungsbezogenes Wissen nachzuhalten. Dies erfolgt durch vielfältige Rückkopplungsmechanismen im Rechtssystem, insbesondere durch Evaluationen, die teils rechtlich verankert sind[26], teils im Wege politischer Rechenschaft erfolgen.[27] Und auf einer dritten Ebene muss konkretes Entscheidungswissen bereit gestellt werden, um Einzelfallentscheidungen zu treffen. Dies erfolgt über die Strukturierung der Entscheidungsverfahren. Entsprechend ließen sich analytisch Wissensträger und -bereiche trennen.

Angesichts des umfassenden und integrativen Charakters der Nachhaltigkeit bedarf eine ihr gerecht werdende Informationsordnung aber gerade der Verschleifung der Ebenen und der Bereiche.

b) Verschleifung zu einem Wissensnetzwerk

Diese Verschleifung kann über verschiedene Mechanismen erfolgen. Einen Ansatz bildet die im Ausgangspunkt individuelle Pflicht zur Wissensgenerie-

---

[23] Vgl. *K. Herzmann*, Monitoring als Verwaltungsaufgabe, DVBl. 2007, S. 670 ff.; *H. C. Röhl*, Ausgewählte Verwaltungsverfahren, in: W. Hoffmann-Riem/E. Schmidt-Aßmann/A. Voßkuhle (Hrsg.), Grundlagen des Verwaltungsrechts, Bd. II, 2. Aufl. 2012, § 30 Rn. 42b.

[24] Zu diesen und ihren Grenzen *W. Kahl*, Nachhaltigkeit und Institutionen – eine rechtswissenschaftliche Perspektive, in: *ders.* (Hrsg.), Nachhaltigkeit als Verbundbegriff, 2008, S. 267 (268 ff.).

[25] Vgl. nur zu den Behörden im Umweltbereich ausf. *A. Braun*, Bundesbehörden und europäische Agenturen in Risikoverfahren des Umwelt- und Gesundheitsschutzes, 2013.

[26] Vgl. nur *W. Hoffmann-Riem*, Wissen, Recht, Innovation, in: H. C. Röhl (Hrsg.), Wissen – Zur kognitiven Dimension des Rechts, 2010, S. 159 (203 ff.), m. w. N.; besonders verbreitet und darin Spiegel der besonderen Legitimationslage ist die rechtliche Verankerung auf der europäischen Ebene (vgl. nur *M. Eifert*, Europäischer Verwaltungsverbund als Lernverbund, in: I. Spiecker gen. Döhmann/P. Collin [Hrsg.], Generierung und Transfer staatlichen Wissens im System des Verwaltungsrechts, 2008, S. 159 ff.).

[27] Vgl. zu den Mechanismen nur den Überblick bei *Appel* (Fn. 8), S. 134 ff.

rung, die über Pflichten zur Informationsteilhabe und Veröffentlichung aus dem Einzelfallkontext herausgehoben wird und so zum Teil eines allgemein verfügbaren Wissensbestandes und eines Informationsnetzwerks wird. Die elaborierteste Form dieser Verschleifung bildet die REACH-VO mit den darin vorgeschriebenen Anforderungen an die Wissensweitergabe bestimmter Erkenntnisse aus dem Anmeldeverfahren auch an potentielle Konkurrenten, der Organisation des Wissenstransfers entlang der Wertschöpfungsketten und den Pflichten zur Veröffentlichung in Sicherheitsdatenblättern.[28] Auf der Kontrollseite entsprechen dem v.a. herstellerbezogene Pflichten zur Produktbeobachtung.[29] Sie sind in differenzierter Form in allen risikobezogenen Produktbereichen anzutreffen. Ein konkretes Beobachtungsprogramm wird bei besonders risikobehafteten Produkten im Rahmen der Zulassung als Nebenbestimmung auferlegt. Daneben stehen allgemeine Informations- und Mitteilungspflichten, die eine private Produktbeobachtung voraussetzen, aber nicht ausdrücklich ausgestalten und unterhalb der Ebene konkreter vollziehbarer Pflichten bleiben. Für Produkte mit gesteigertem Risikopotential werden allerdings organisatorische Sicherungen in Form unabhängiger Beauftragter eingerichtet, die eine mittelbare Absicherung problemangemessener Beobachtungsprogramme darstellen. Für alle anderen Fälle bestehen nicht eigens durchsetzbare Beobachtungserwartungen in Folge der geregelten Informations- und Mitteilungspflichten.[30]

Einen anderen Ansatz bildet die gezielte Verknüpfung von wissensmächtigen Behörden mit den konkreten Genehmigungsverfahren im Umwelt- und Gesundheitsrecht. Vor allem im Bereich des Risikorechts hat sich in Folge der europarechtlich induzierten Trennung von Risikobewertung und -management eine organisatorische Verselbständigung und Zentralisierung der Risikobewertung in „Wissensbehörden" herausgebildet, die dann in differenzierter Form an den Zulassungsverfahren der für das Risikomanagement zuständigen Zulassungsbehörden beteiligt werden. Das Bundesinstitut für Risikobewertung bildet eine solche Behörde auf der nationalen Ebene, die europäische Behörde für Lebensmittelsicherheit eine solche auf Unionsebene. Diese Arbeitsteilung hat zentrale funktionale Vorteile für die Wissensgenerierung.[31] Der Wissensaufbau im Sinne der Risikobeobachtung ist ein kontinuierlicher Prozess, der nicht in binären Entscheidungen erfüllter oder unerfüllter Tatbestandsmerkmale ver-

---

[28] Vgl. näher *Röhl* (Fn. 21), S. 65 (79 ff.); *K. Bizer/M. Führ*, Innovationen entlang der Wertschöpfungskette, in: M. Eifert/W. Hoffmann-Riem (Hrsg.), Innovationsfördernde Regulierung, 2009, S. 274 ff.

[29] Vgl. ausf. *C. Hofmann*, Öffentlich-rechtlich statuierte Produktbeobachtungspflichten als Mittel der Sicherheitsgewährleistung im Produkt-, Stoff- und Technikrecht, 2014 und die Beiträge in *M. Eifert* (Hrsg.), Produktbeobachtung durch Private, 2014.

[30] Zur Analyse und dieser Kategorisierung nur *M. Eifert*, Einführung, in: ders. (Hrsg.), Produktbeobachtung durch Private, 2014, S. 9 (9 ff., 17 ff., 24).

[31] Vgl. dazu näher *M. Eifert*, Innovationsverantwortung in der Zeit, in: ders./W. Hoffmann-Riem (Hrsg.), Innovationsverantwortung, 2009, S. 369 (380 ff.).

läuft, sondern einen Verzicht auf die relevanzabhängige Stufung der Beurteilung sowie stufenlose Unschärfen in den Erkenntnissen zulässt. Er zielt nicht nur auf gegenwärtige intersubjektive Begründbarkeit, sondern orientiert sich an wissenschaftlichen Paradigmen und trifft damit auch Vorsorge angesichts der Brüchigkeit intersubjektiver Begründungskraft bei Skandalen etc.[32] Er bezieht schließlich vor allem auch die Metaebene der Methodik fortlaufend mit ein. Die (ebenfalls demokratische) Legitimation ist primär funktional im Sinne guter wissenschaftlicher Erkenntnisse und verlangt dadurch geradezu eine Unabhängigkeit von politischen und gesellschaftlichen Interessen. Die Weisungsfreiheit der „Wissensbehörden" bei wissenschaftlichen Bewertungen und Forschungen und ihre Orientierung an wissenschaftlichen Standards sind entsprechend zentrale Elemente der Organisationsdifferenzierung.[33] Sie sind angesichts des von der ganz herrschenden Meinung abgelehnten Grundrechtsschutzes der Ressortforschung[34] konstitutiv durch einfachgesetzliche Ausgestaltung sicherzustellen.

Neben dieser Verschleifung der Ebenen tritt jene der Bereiche und Funktionssysteme. So ist der Wissenstransfer sowohl zwischen den Funktionssystemen der Gesellschaft, also etwa aus den Sozialwissenschaften in das Recht[35] zu organisieren, als auch zwischen den unterschiedlichen Akteursgruppen, also etwa zwischen Wirtschaft, Zivilgesellschaft und staatlichen Stellen. Die „Installation von Kommunikationsprozessen"[36] zwischen den verschiedenen Bereichen und die Einrichtung von Schleusen zwischen den Funktionssystemen bilden hier zentrale Ansätze.[37]

---

[32] Vgl. nur *U. Beck*, Risikogesellschaft, 1986, S. 321; theoretisch: *N. Luhmann*, Ökologische Kommunikation, 3. Aufl. 1990, S. 237 ff.

[33] Siehe auch *M. Eifert*, Das Verwaltungsrecht zwischen klassischem dogmatischen Verständnis und steuerungswissenschaftlichem Anspruch, VVDStRL 67 (2008), S. 286 (328). Sie ist für die europäischen Agenturen breit (vgl. etwa Art. 22 f. VO [EG] 178/2002 [ABl.EG 2002 L Nr. 31, S. 1] für die Europäische Lebensmittelbehörde und Art. 57 VO [EG] 726/2004 [ABl.EG 2004 L Nr. 136, S. 1] für die Europäische Arzneimittelagentur), für die nationalen Behörden aber nur teilweise rechtlich verankert, so etwa für das Bundesinstitut für Risikobewertung (§ 2 Abs. 3 BfRG). Politisch ist sie aber auch darüber hinaus zumindest als Anforderung anerkannt. So formuliert das Konzept für eine zukunftsfähige Ressortforschung im Geschäftsbereich des Bundesministeriums für Ernährung und Landwirtschaft (BMEL) unter den Vorgaben auch, dass die Aufgaben der Forschungseinrichtungen unabhängig und frei von externen Interessen nach bestmöglichem wissenschaftlichem Standard erledigt werden sollen (S. 7) (www.bmel.de/cae/servlet/contentblob/382556/publicationFile/21991/KonzeptRessortforschung.pdf [zuletzt abgerufen am 4.1.2016]).

[34] *G. Britz*, in: H. Dreier (Hrsg.), GG, Bd. I, 3. Aufl. 2013, Art. 5 Abs. 3 Rn. 66, m. w. N.

[35] Vgl. zu dieser geradezu klassischen Diskussion nur die jüngsten Beiträge in *I. Augsberg* (Hrsg.), Extrajuridisches Wissen im Verwaltungsrecht, 2013.

[36] *Röhl* (Fn. 23), § 30 Rn. 35.

[37] Vgl. beispielhaft die Analyse in: *A.-K. Kaufhold*, Transfer und Transformation ökonomischen Wissens im Recht der Bankenaufsicht, in: I. Augsberg (Hrsg.), Extrajuridisches Wissen im Verwaltungsrecht, 2013, S. 151 (169 ff.).

Insgesamt kann die nachhaltigkeitssichernde Wissensgenerierung damit nur in einem Netzwerk erfolgen, das die Vielzahl der Wissensträger und -ströme miteinander verknüpft. Dieses Netzwerk bedarf der rechtlichen Strukturierung durch die Einrichtung von Organisationseinheiten als Knoten und Kommunikationsstrukturen als Verbindungswegen, wenngleich es nicht insgesamt rechtlich erfasst werden kann oder muss. Ein Beispiel für eine weitgreifende Vernetzung verschiedener Bereiche und Ebenen bildet die Europäische Umweltagentur mit dem EIONET.[38] Diese Vernetzung erfolgt vor allem sachbereichsbezogen, hier etwa für den Umweltbereich, in ähnlicher Weise aber auch für andere Bereiche von Wirtschaft und Gesellschaft. Die für integrierte Betrachtungen erforderliche Vernetzung zwischen den Bereichen ist deutlich weniger stark ausgeprägt. Eher in einzelnen Fällen, dann aber sogar auf der Ebene konkreter Einzelentscheidungen, wird gezielt Wissen verknüpft.[39]

An die Wissensgenerierungsnetzwerke kann eine Vielzahl von Mechanismen zum Schutz der Nachhaltigkeit anschließen, von zivilgesellschaftlichen und politischen Aktivitäten bis zu politischen Planungen und behördlichen Einzelfallentscheidungen.

3. *Innovationsfähigkeit als hybride Aufgabe*

Wissensgenerierung und Innovationen sind hinsichtlich aller riskanten Innovationen von vornherein eng miteinander verknüpft. Die moderne Gesellschaft ist notwendig eine „Gesellschaft der Selbstexperimentation"[40], in der die begleitende Wissensgenerierung ein wichtiges Element der Akzeptanzsicherung ihrer Innovationsoffenheit bildet.[41] Die voranstehend genannten Instrumente stehen unterhalb der Ebene allgemeiner Beobachtung meist im Zusammenhang mit riskanten Tätigkeiten oder Produkten. Es sei aber angemerkt, dass sich auch in anderen Bereichen, wie etwa der Wirtschafts- und Sozialpolitik, ebenso zahlreich Instrumente der Wissensgenerierung finden lassen, die deutlich machen, dass dieser risikobezogene Zusammenhang von Wissensgenerierung und Inno-

[38] Vgl. VO (EG) 401/2009 über die Europäische Umweltagentur und das Europäische Umweltinformations- und Umweltbeobachtungsnetz, ABl.EU L Nr. 126, S. 13.

[39] Ein Beispiel bilden die sozio-ökonomischen Analysen im Rahmen der Entscheidungen im Chemikalienrecht.

[40] *W. Krohn*, Rekursive Lernprozesse: Experimentelle Praktiken in der Gesellschaft, in: W. Rammert/G. Bechmann (Hrsg.), Technik und Gesellschaft Jahrbuch 9, 1997, S. 65 (71).

[41] Vgl. zur Wahrnehmung des technischen Fortschritts als *politisch* und den gesellschaftlichen Verarbeitungsstrategien *A. Evers/H. Nowotny*, Über den Umgang mit Unsicherheit, 1987, S. 79 ff., 190 ff.; zur Inanspruchnahme von Vertrauen, das durch Selbstbeobachtung abzustützen ist, und die systematisch begleitende Lernfähigkeit grundlegend *K.-H. Ladeur*, Das Umweltrecht der Wissensgesellschaft, 1995, etwa S. 142 ff., 161 ff.; vgl. auch *B.-O. Bryde*, Das Recht der Risikogesellschaft, in: H. Grabes (Hrsg.), Wissenschaft und neues Weltbild, 1992, S. 71 (81 f.) und konkret für die Risikosteuerung *A. Scherzberg*, Risikosteuerung durch Verwaltungsrecht – Ermöglichung oder Begrenzung von Innovationen, VVDStRL 63 (2004), S. 214 (234 f.).

vation nur ein Beispielsfall für die Selbstbeobachtung der Gesellschaft hinsichtlich ihrer Dynamik und politischen Steuerung ist.[42]

Wenig verknüpft sind Wissensgenerierung und Innovation demgegenüber hinsichtlich der Förderung von Innovationen zur Lösung allgemeiner oder konkreter gesellschaftlicher Probleme oder zur Ermöglichung gesellschaftlicher Freiräume für eine Nachhaltige Entwicklung.

a) Nachhaltige Entwicklung als Orientierung staatlicher Innovationsförderung

Während der Staat bei der Gestaltung der Informationsordnung eine zentrale Rolle einnimmt, ist seine Rolle bei der Innovationsförderung eher zurückgenommen. Hier fehlt es dem Staat regelmäßig an jedem unmittelbaren Zugang zur Innovationskapazität.[43] Entsprechend versucht er regelmäßig auch nicht, auf die Innovation als unmittelbaren Zweck zuzugreifen. Jenseits der Basissicherung von Innovationsfähigkeit durch Grundrechte und rechtlicher Infrastruktur versucht er aber durch Mechanismen einer innovationsfördernden Regulierung vor allem Innovationen in politisch final determinierten Innovationsräumen zu stimulieren. Die Nachhaltige Entwicklung ist hier eine der zentralen inhaltlichen Zielorientierungen, für die Innovationen instrumentalisiert werden sollen. Als zentraler Treiber für die Innovationen wird regelmäßig unter Rückgriff auf seine Funktion als „Entdeckungsverfahren“[44] der ökonomische Wettbewerb eingesetzt[45] und auf die Zielrichtung Nachhaltiger Entwicklung oder häufiger noch auf konkretere politische Unterziele ausgerichtet. Die Ausgestaltung kann allerdings höchst verschieden erfolgen. Auch hier soll wieder der Umweltbereich beispielhaft herangezogen werden.

b) Einrichtung von Märkten als Instrument

Besonders deutlich tritt dieser Zusammenhang von politischen Zielen und instrumenteller Nutzung des Wettbewerbs bei der Einrichtung von Märkten zu Tage. Hier werden konkrete politische Zielvorgaben mit dem ökonomischen Wettbewerb in verschiedener Art verknüpft. So wird etwa im Emissionshandel eine definierte Gesamtmenge der zulässigen Emissionen der Treibhausgase mittels Verbriefung in Zertifikaten handelbar und in der Folge nicht nur eine effiziente Verteilung, sondern auch die Ausschöpfung volkswirtschaftlich sinn-

---

[42] Vgl. etwa die Beiträge in *C. F. Sabel/J. Zeitlin* (Hrsg.), Experimentalist Governance in the European Union, 2010.

[43] Siehe näher dazu die Beiträge in: *Eifert/Hoffmann-Riem* (Hrsg.) (Fn. 13).

[44] Klassisch *F. A. von Hayek*, Der Wettbewerb als Entdeckungsverfahren, in: ders. (Hrsg.), Freiburger Studien, 1969, S. 249 ff.

[45] Vgl. bereits allgemein *R. Kurz/H.-W. Graf/M. Zarth*, Der Einfluss wirtschaft- und gesellschaftlicher Rahmenbedingungen auf das Innovationsverhalten von Unternehmen, 1989, S. 189 ff.

voller Innovationspotentiale erwartet.[46] Hier bewirkt der Preis einen Innovationsdruck. Umgekehrt kann der Preis auch einen pull-Effekt ausüben, wenn etwa bei der Förderung erneuerbarer Energien über feste Abnahmepreise ein Anreiz zur Innovation wegen der sich entsprechend steigernden Renditen gegeben wird.[47] Und im Vergaberecht werden über ökologisch orientierte Leistungsbeschreibungen Märkte für in diesem Sinne innovative Produkte geschaffen oder erweitert.[48] Im Energieeffizienzrecht wurde mit der Energiedienstleistungsrichtlinie[49] und mit der 2012 in Kraft getretenen Fortschreibung durch die Energieeffizienzrichtlinie[50] ein Markt für Energiedienstleitungen geschaffen. Zentrale Elemente sind die Schaffung eines Bedarfs an Energiedienstleistungen u. a. durch Energieverpflichtungssysteme (Art. 7 EnEff-RL) und die Verpflichtung auf bzw. Förderung von Energieaudits und Energiemanagementsystemen (Art. 8 EnEff-RL) einerseits sowie Hilfestellungen für eine funktionsgerechte Anbieterstruktur durch die Verfügbarkeit von Qualifizierungs-, Akkreditierungs- und Zertifizierungssystemen andererseits (Art. 16 EnEff-RL), die durch eine übergreifende Förderung des Marktes für Energiedienstleistungen insgesamt (Art. 18 EnEff-RL) ergänzt wird.[51] Hierdurch soll eine eigene Dynamik freigesetzt werden, weil die Anreize, der Wissensaufbau und der Wissenstransfer in diesem Beratungsmarkt frei sind von den Blockadeinteressen, die eine Ausschöpfung der Potentiale in den Unternehmen selbst und vor allem im Wechselspiel von Innovationen und nachziehender Regulierung hemmen können.[52] In den Unternehmen wird nämlich etwa hinsichtlich des dynamischen Standards „Stand der Technik" ein sogenanntes „Schweigekartell der Oberingenieure"[53] vermutet, also ein bewusstes Zurückhalten von Informationen der technischen

---

[46] Vgl. näher zu den Innovationsanreizen des Emissionshandels die Metauntersuchung von *N. Anger et al.*, Die Einführung von Emissionshandelssystemen als sozial-ökologischer Transformationsprozess, 2005, insb. S. 13 ff.

[47] Vgl. zur Nutzung eingerichteter Märkte für die Förderung erneuerbarer Energien *J.-P. Schneider*, Technologieförderung durch eingerichtete Märkte, in: M. Eifert/W. Hoffmann-Riem (Hrsg.), Innovationsfördernde Regulierung, 2009, S. 257 (260 ff.); zum Rechtsrahmen und den Ausgestaltungen näher die Beiträge in *T. Müller/H. Kahl* (Hrsg.), Erneuerbare Energien in Europa, 2015.

[48] Vgl. zum Ansatz allgemein nur *C. Franzius*, Gewährleistung im Recht, 2009, S. 493 ff.; zur Ermöglichung einer verstärkten Nutzung des Vergaberechts gerade auch für ökologische Ziele bei dessen jüngsten Reformen nur *M. Burgi*, Ökologische und soziale Beschaffung im künftigen Vergaberecht: Kompetenzen, Inhalte, Verhältnismäßigkeit, NZBau 2015, S. 597 ff.

[49] RL 2006/32/EG, ABl.EU 2006 L Nr. 114, S. 64.

[50] RL 2012/27/EU, ABl.EU 2012 L Nr. 315, S. 1.

[51] Vgl. näher zur EDL-RL *S. Jesse*, Instrumentenverbund als Rechtsproblem am Beispiel effizienter Energienutzung, 2014, S. 78 ff., 80 ff.

[52] Vgl. allgemeiner zur Notwendigkeit eines Wettbewerbs unter autonomen Produzenten und Entwicklern zur Dynamisierung technischer Anforderungen bei Produktionsanlagen *E. Gawel*, Technologieförderung durch „Stand der Technik": Bilanz und Perspektiven, in: M. Eifert/W. Hoffmann-Riem (Hrsg.), Innovationsfördernde Regulierung, 2009, S. 197 (204, 212 ff.).

[53] Der Ausdruck wird *H. Bonus* zugeschrieben. Er ist mittlerweile zur allgemeinen Chiffre für das Problem geworden (vgl. nur *Gawel* [Fn. 52], S. 197 [204]).

Wissensträger aller Unternehmen insbesondere gegenüber den Regulierern, um eine Verschärfung der Anforderungen zu vermeiden.

c) Lenkung von Märkten durch Subventionen und Informationen

Ein anderes Zusammenspiel politischer Zwecke und wettbewerblicher Mechanismen findet sich bei der Lenkung von Märkten durch Subventionen und Informationen. Die finanzielle Förderung von Innovationen zur Lösung gesellschaftlicher Probleme bildet ein politisches Standardvorgehen. Es wird deshalb selbstverständlich auch zur Förderung von Effizienzsteigerungen bei Energie und anderen Ressourcen als Element der Sicherung einer Nachhaltigen Entwicklung gefordert und eingesetzt.[54] Allerdings ist die Entwicklung eines angemessenen Förderdesigns hier ausgesprochen schwierig, weil es die bei heterogenen, kleinen Märkten anspruchsvolle Fähigkeit zur Beurteilung der vielversprechendsten Innovationen voraussetzt und die allgemeinen Probleme[55] von „lock-in-Effekten" bei pfadabhängigen Technologien und „free-rider-Effekten" bei ohnehin erfolgten Maßnahmen von Unternehmen nicht-trivial sind.

Geringer fallen Probleme, aber wohl auch Effektivität bei der Marktlenkung durch Informationen aus.[56] Hier wird durch Kennzeichnungspflichten nur eine Markttransparenz hergestellt und vor allem auf das Umweltbewusstsein der Konsumenten gehofft.

d) Dynamisierung von technischen Anforderungen

Eine dritte Art der Verknüpfung bildet die Dynamisierung der (meist technischen) Anforderungen. Hier wird etwa hinsichtlich der technischen Anforderungen im Anlagenrecht traditionell (und insgesamt wenig erfolgreich) darauf gesetzt, dass sich ein dynamischer Markt an Umwelttechnologie etabliert, bei dem jeweils die besten Anbieter die besten Marktchancen haben, weil auf Grund der dynamischen Standards die Antragsteller von Genehmigungen deren Produkte verwenden müssen. Eine Spielart für den Produktbereich bilden die Top-Runner-Ansätze, bei denen jeweils die besten (z. B. energieeffizientesten) Produkte den Standard vorgeben und entsprechend ihren Marktanteil verbessern.[57]

---

[54] Vgl. ausf. dazu nur *M. Eifert*, Ressourceneffizienz: Lektionen aus dem Energieeffizienzrecht, in: F. Reimer (Hrsg.), Ressourceneffizienz – Leitbild für das Umweltrecht?, 2016, i. E.

[55] Vgl. dazu nur *M. Rodi*, Innovationsförderung durch ökonomische Instrumente der Umweltpolitik, in: M. Eifert/W. Hoffmann-Riem (Hrsg.), Innovationsfördernde Regulierung, 2009, S. 147 (165 f.).

[56] Siehe exemplarisch zu den Maßnahmen im Energieeffizienzrecht nur *Jesse* (Fn. 51), S. 28 ff.; *F. Reimer*, Das Informationsmodell im Energieeffizienzrecht am Beispiel der Energieverbrauchskennzeichnung, in: G. Britz/M. Eifert/ders. (Hrsg.), Energieeffizienzrecht, 2010, S. 253 ff. Zum Ansatz und seinen Grenzen im Umweltrecht generell: *M. Eifert/P. Figge*, Produktbezogener Umweltschutz durch (ökologische) Produktkennzeichnung?, ZAU 1995, S. 360 ff.

[57] Siehe dazu näher *T. Schomerus/J. Sanden*, Rechtliche Konzepte für eine effizientere Energienutzung, S. 62 ff., 182 ff.

III. Problemlösungsorientierte Mechanismen zur nachhaltigkeitsorientierten Wissensgenerierung und Innovation

1. Traditionell lockerer Zusammenhang von Wissensgenerierung und Innovation

Es hat sich herausgestellt, dass Wissensgenerierung und Innovationsfähigkeit zwei Stränge zur Funktionssicherung einer Nachhaltigen Entwicklung sind, die auf unterschiedliche Voraussetzungen zielen, aber nur im Zusammenwirken diese auch realisieren können. Von besonderem Interesse ist deshalb, wie die problembeschreibende Wissensgenerierung und die problemlösende, ihrerseits auf Wissensgenerierung aufbauende, Innovation miteinander verknüpft werden.

Die problemorientierte Wissensgenerierung trägt vor allem bei ihren Einzelfallentscheidungen teilweise innovationsbezogene Züge. So dient insbesondere im Chemikalienrecht die Zulassung von Stoffen und Zubereitungen nach dem ausdrücklichen Regelungszweck auch der Substitution von Stoffen (Art. 55 REACH-VO)[58] und stimuliert damit innovative Zusammensetzungen und Verwendungen. In der Regel sind die Entscheidungen aber auf den Abgleich mit allgemeinen Standards bezogen – auch wenn diese ihrerseits als dynamische Technikstandards innovationsfördernd konzipiert sein können (s. u.).

Die staatliche Innovationsförderung wird ihrerseits jenseits ihrer Basisschicht und der Grundlagenforschung immer auf gesellschaftliche Problemlagen ausgerichtet. Die finanzielle Förderung erfolgt in Schlüsseltechnologien oder die Märkte werden zur Bewirtschaftung als knapp erkannter Ressourcen (z. B. Emissionshandel) oder mit begleitenden Anforderungen für Beiträge zu zentralen Problemlagen (z. B. umweltfreundliche Technologien im Rahmen der Beschaffung) eingerichtet. Die Problemlagen sind hier jedoch regelmäßig bereits manifest und bedürfen in dieser Hinsicht kaum weiterer Wissensgenerierung. Es gibt jedoch auch Tendenzen zu einer breiteren, systematischeren und engmaschigen Verknüpfung.

2. Engführung durch systematische Ausrichtung und problemfokussierte Maßnahmenprogramme

Diese Tendenz ist am deutlichsten wiederum in der Umweltpolitik zu beobachten. Sie vollzieht einen Übergang von der breit angelegten Verwirklichung umweltrechtlicher Prinzipien zu einer problemzentrierten Koordination umweltpolitischer Maßnahmen und deren Selbstprogrammierung. Gerade das Nachhaltigkeitsziel als das weitest ausgreifende umweltpolitische Konzept dürfte paradoxerweise diesen Umbau beschleunigt haben, wird es doch in der

[58] Vgl. näher *C. Calliess*, Innovationsförderung durch Kopplung von Genehmigung und Alternativenprüfung, in: M. Eifert/W. Hoffmann-Riem (Hrsg.), Innovationsfördernde Regulierung, 2009, S. 221 (230 f.); *K. Meßerschmidt*, Europäisches Umweltrecht, 2011, § 19 Rn. 94 ff.

Ökodesign-Richtlinie und in den Bestrebungen zur Steigerung von Energie- und Ressourceneffizienz als zentralen Mitteln einer Nachhaltigen Entwicklung besonders markant deutlich.

Eine konzeptionelle Basis erhielt die Orientierung auf eine konsequent problemzentrierte Umweltpolitik durch die thematischen Strategien, die erstmals Anfang des Jahrhunderts im Rahmen des Sechsten Umweltaktionsprogramms der EU entwickelt wurden. Bei diesen handelt es sich um die Festlegung und Fortentwicklung von Strategien zur Erreichung spezifizierter Umweltziele, die regelmäßig, wenn auch in unterschiedlichem Umfang, sowohl die weitere Wissensgenerierung über die Problemlagen und -lösungen anleiten als auch Instrumente unter Einschluss innovationsfördernder Maßnahmen benennen bzw. fördern.

Im Siebten Aktionsprogramm der EU[59] wird dieser Ansatz fortgeschrieben und die Verknüpfung besonders deutlich. Zu den Schlüsselzielen gem. Art. 2 gehört hiernach die Transformation der Union in eine ressourceneffiziente, grüne und wettbewerbliche CO_2-arme Wirtschaftsweise, die insbesondere auch durch die Verbesserung der Wissens- und Faktengrundlage verwirklicht werden soll. Im Erwägungsgrund 24, besonders stark aber im Anhang[60] wird dabei die Unverzichtbarkeit von Innovationen und die Notwendigkeit der Innovationsförderung zur Zielerreichung ausdrücklich hervorgehoben.

Dieser immer noch relativ grobe Zusammenhang im Sinne einer Selbstprogrammierung auf wissensbasierte Ziele und Maßnahmen mit einer besonderen Bedeutung von Innovationen wird in den konkreten Bereichen der Energie- und Ressourceneffizienz nochmals deutlich enger.[61] Die Herangehensweise folgt zunächst in beiden Bereichen einem Grundmuster rationaler Politikgestaltung, das den thematischen Strategien insgesamt zugrunde liegt.[62] In vereinfachter Form besteht das Grundmuster aus drei Schritten[63]: Sind zentrale Hebel mit hoher Problemlösungskapazität gefunden, erfolgt zunächst eine Potentialanalyse, werden anschließend die Probleme der Potentialrealisierung identifiziert und daraufhin die entsprechend erforderlichen Maßnahmen zur Realisierung der Potentiale ergriffen. Abgestützt werden kann dieser Prozess durch quantitative Ziele, die den Handlungsdruck aufrecht erhalten und eine fortlaufende Nachjustierung der relevanten Potentiale wie Instrumente ermöglichen.

---

[59] Beschluss 1386/2013/EU v. 20.11.2013, ABl.EU L Nr. 354, S. 171.

[60] Vgl. nur im Anhang Ziff. 9, 16, 29 ff., 36 ff.

[61] Vgl. auch bereits Erwägungsgrund 24 des 7. Umweltaktionsprogramms.

[62] Siehe nur *S. Pfahl*, Umweltpolitische Ansätze zur Steigerung der Ressourceneffizienz, in: S. Hartard/A. Schaffer/J. Giegrich (Hrsg.), Ressourceneffizienz im Kontext der Nachhaltigkeitsdebatte, 2008, S. 11 (15 ff.).

[63] Für die Energieeffizienz: *G. Britz/M. Eifert/F. Reimer*, Charakteristika des Energieeffizienzrechts, in: dies. (Hrsg.), Energieeffizienzrecht, 2010, S. 63 (68 f.).

Im Energie- und Ressourceneffizienzrecht ist dieser Prozess allerdings für das Produktrecht deutlich verfeinert, weil er auf viel detailliertere Fragen heruntergebrochen wird. Die zentrale Rechtsgrundlage bildet hier die Ökodesign-Richtlinie[64]. In der Operationalisierung hängt dabei das Ressourcen- dem Energieeffizienzrecht deutlich hinterher, und zeigt zugleich die Grenzen auf, die auch einer thematisch fokussierten Strategie gesetzt sind, wenn sie Querschnittsthemen adressiert. Ansatz und Operationalisierung werden entsprechend nachfolgend näher behandelt.

a) Potentialanalyse

Die Potentialanalyse kennt zwar die Ressourceneffizienz als gemeinsamen Bezugspunkt, muss angesichts der Heterogenität und Komplexität der Stoffströme aber bereits differenziert erfolgen.[65] Die von den öffentlichen Stellen in Auftrag gegebenen Studien zur Ermittlung von Einsparpotentialen nehmen entweder einzelne Rohstoffe oder ressourcenintensive Branchen und Produkte in den Fokus – etwa Baustoffe oder die Branchen Oberflächenveredelung bzw. die Herstellung von Metalltanks – oder zielen auf einzelne Bedürfnisfelder wie Bauen und Wohnen.[66] Dabei wird regelmäßig darauf verwiesen, dass Datenlage und verfügbares Wissen noch dringend verbessert werden müssen.[67]

b) Probleme der Potentialrealisierung

Auf die Potentialermittlung folgt die Analyse der ihre Realisierung hemmenden und der sie fördernden Faktoren. Bei der Ressourceneffizienz wird dieser Schritt noch erheblich durch die geringe Kenntnis der konkreten Potentiale gehemmt.[68] Entsprechend wird hier vor allem noch weitere Forschung ange-

---

[64] RL 2009/125/EG, ABl.EU 2009 L Nr. 285, S. 10; instruktiv zur Umsetzung der Ökodesign-RL im deutschen Recht: *S. Dietrich/F. Akkerman*, EU-Ökodesign-Richtline, ZUR 2013, S. 274 ff.

[65] Bereits für die im Vergleich weniger komplexe Energieeffizienz gilt: Die Indikatoren für die Messung bestehender und erreichbarer Effizienzgrade sind von einer Vielzahl von Faktoren abhängig, vielschichtig, nicht eindeutig und immer umstritten, kurzum: überkomplex. Instruktiv: *M. Pehnt*, Energieeffizienz – Definitionen, Indikatoren, Wirkungen, in: ders. (Hrsg.), Energieeffizienz, 2010, S. 1 (27 ff.); ein Überblick über zahlreiche Studien zur Potentialanalyse der Energieeffizienz findet sich bei *W. Irrek/S. Thomas*, Markttransformation und politische Instrumente, in: ebenda, S. 35 (39 ff.); eine Auflistung der Anforderungen an das Vorgehen bei Gestaltung der Energieeffizienz-Regulierung ebenda, S. 49 ff.

[66] Zum ausdrücklichen entsprechenden Vorgehen des BMUB vgl. *Pfahl* (Fn. 62), S. 11 (15); auf die notwendige Differenzierung nach einzelnen Güter- und Stoffflüssen weisen bereits hin: *P. H. Brunner/R. Obernosterer*, Differenzierung der Ressourceneffizienz, in: E. U. von Weizsäcker/J.-D. Seller-Hausmann (Hrsg.), Ökoeffizienz, 1999, S. 76 ff.

[67] Vgl. nur *Institut für Zukunftsstudien und Technologiebewertung (IZT)* (Hrsg.), Nachhaltige Bestandsbewirtschaftung nicht erneuerbarer knapper Ressourcen, 2004, S. 153 (277); zusammenfassend zur Forschungssituation *J. Sanden/T. Schomerus/F. Schulze*, Entwicklung eines Regelungskonzepts für ein Ressourcenschutzrecht des Bundes, 2012, S. 255 ff.

[68] Vgl. *Pfahl* (Fn. 62), S. 11 (15 ff.).

mahnt, eine Veränderung der rohstoffsensiblen allgemeinen Rahmenbedingungen vorgeschlagen und als konkrete Perspektive vor allem relativ generisch auf die Innovationsförderung verwiesen.[69]

c) Instrumente zur Realisation der Potentiale

Auf Grundlage der ermittelten Potentiale und der identifizierten Hemmnisse zu ihrer Realisierung werden schließlich die darauf abgestimmten konkreten Instrumente entwickelt und eingesetzt. Entsprechend dem problemzentrierten Vorgehen sind die konkreten Regelungen oft von relativ hoher Spezifität. So zielen im fortgeschrittenen Energieeffizienzrecht insbesondere die ordnungsrechtlichen Vorgaben von Mindeststandards und Kennzeichnungspflichten regelmäßig auf konkrete Produktgruppen oder Funktionen, für die besonders große Potentiale ermittelt wurden. Die Vorgaben sind dabei als innovationsfördernde dynamische Regulierung ausgestaltet[70] und bewirken so einen systematischen Abgleich von Problemen, Lösungspotentialen und Innovationssteuerung.

Die Ökodesign-Richtlinie als eine zentrale Rechtsgrundlage für Energie- wie potentiell auch Ressourceneffizienz ist auf diese Vorgehensweise besonders deutlich ausgerichtet. Sie verfolgt den ausdrücklichen Ansatz der Priorisierung von Politikzielen und adressierten Produktarten[71] und die EU-Kommission empfiehlt auch darüber hinaus ebenfalls ausdrücklich, dass die nationalen Maßnahmen und Programme sich „auf die Ressourcennutzungen mit den signifikantesten ökologischen Auswirkungen konzentrieren" sollten.[72]

Der Ansatz einer solchen engmaschigen Verknüpfung von problembezogener Wissensgenerierung und Innovationsanreizen hat mit seiner transparenten und rationalisierenden Vorgehensweise einen hohen konzeptionellen Charme. In der Durchführung erweist sich aber, dass insbesondere eine Übersetzung in ordnungsrechtliche Anforderungen in Folge des hohen Aufwandes zur Erarbeitung der jeweils spezifischen Vorgaben auch schnell an Kapazitätsgrenzen stößt. Angesichts der Spezifität von Produkten und Branchen erfordert er schon bei der Energieeffizienz einen hochtechnischen Ansatz,[73] der sich bei der Res-

---

[69] Vgl. beispielhaft *K. Kristof*, Was kann die Politik zur Steigerung der Ressourceneffizienz beitragen?, in: S. Hartard/A. Schaffer/J. Giegrich (Hrsg.), Ressourceneffizienz im Kontext der Nachhaltigkeitsdebatte, 2008, S. 117 (124 ff.).

[70] Vgl. *Britz/Eifert/Reimer* (Fn. 63), S. 63 (83 ff.); ausf. *A. Diehl*, Innovationsfördernde dynamische Regulierung, 2014.

[71] Zu den Politikzielen vgl. nur die Erwägungsgründe 14 f. und zu den Produktarten Erwägungsgrund 3 und vor allem die Kriterien für Durchführungsmaßnahmen in Art. 15 Abs. 2 der RL.

[72] KOM 2005 (670), S. 11.

[73] Siehe *F. Reimer/S. Tölle*, Ressourceneffizienz als Problembegriff, ZUR 2013, S. 589 (597). Die drohende „complexity trap" und die damit verbundene Gefahr einer ineffektiven und ineffizienten Regulierung sind bei der Ressourceneffizienz ungleich größer, vgl. dazu *R. Bleischwitz et al.*, Outline of a resource policy and its economic dimension, in: S. Bringezu/R. Bleischwitz (Hrsg.), Sustainable Resource Management, 2009, S. 216 (234).

sourceneffizienz nochmals erheblich steigert. Insofern bedarf es neben der Priorisierung über die Problem- und Potentialanalysen auch einer konsequenten Priorisierung auf der Ebene der Instrumente.

Nachhaltigkeit durch Wissensgenerierung und Innovation erweist sich damit als ein Zusammenhang, der in allgemeiner Form evident ist, in der Organisation des Zusammenspiels aber nicht-trivial wird. Die Entwicklung des Umweltrechts weist ein mögliches Muster einer systematischen Abstimmung der Bereiche aus, das eine priorisierende Bearbeitung von Problemen der Nachhaltigen Entwicklung erleichtert. Angesichts der ebenfalls deutlich gewordenen Leistungsgrenzen des spezifischen Abgleichs bilden die weiterhin nebeneinander bestehenden Instrumente der Wissensgenerierung und der Innovationsförderung, aber auch die vielfältigen Querverbindungen und Überlappungen allerdings nicht per se einen Missstand, sondern können Redundanzen und Reserven für die gesellschaftliche Entwicklung bereithalten. Vielfalt dürfte die Nachhaltigkeit letztlich am nachhaltigsten fördern.

Nachhaltigkeit durch Netzwerke

Ino Augsberg

I. Einleitung

Die Frage danach, was „Nachhaltigkeit durch Netzwerke“ besagen könnte, macht eine dem Konzept „Nachhaltigkeit“ zumindest implizit innewohnende Reflexivität manifest; sie fragt, auf welche Weise sich das Konzept selbst nachhaltig implementieren lässt.[1] Die Problematik, auf die eine Antwort gesucht werden soll, lautet demnach: Ist Nachhaltigkeit nachhaltig umsetzbar – und wenn ja: wie? Stellen insbesondere Netzwerke ein für diese Aufgabe geeignetes Organisationsformat dar? Im speziellen Kontext des Verwaltungsrechts bleibt dann darüber hinaus noch zu untersuchen, welche Netzwerkformen besonders adäquat erscheinen, um die nachhaltige Implementation des Konzepts zu gewährleisten,[2] ohne dabei die Erfüllung der klassischen Aufgaben der Verwaltung zu vernachlässigen.[3]

Diese Art der Fragestellung legt nicht nur ein bestimmtes, auf Organisationsstrukturen verengtes Netzwerkverständnis zugrunde.[4] Auch der Nachhaltigkeitsbegriff erscheint bereits in einer spezifischen, stärker formellen Lesart, die ihn in die semantische Nähe von Prädikaten wie „Stabilität“ oder „verlässliche Dauerhaftigkeit“ bringt.[5] Nachhaltig ist danach das, was in gewissem Sinne

---

[1] Vgl. zu den vielfältigen Aspekten des Nachhaltigkeitskonzepts etwa *W. Kahl*, Einleitung: Nachhaltigkeit als Verbundbegriff, in: ders. (Hrsg.), Nachhaltigkeit als Verbundbegriff, 2008, S. 1 ff. (8 ff.); ausf. zur (v. a. völkerrechtlichen) Genese des Konzepts ferner *K. Gehne*, Nachhaltige Entwicklung als Rechtsprinzip, 2011, S. 11 ff. Allg. zur rechtlichen Relevanz auch *C. Calliess*, Der Grundsatz der nachhaltigen Entwicklung, in: Festschr. f. Meinhard Schröder, 2012, S. 515 ff.

[2] Vgl. zur Relevanz der Netzwerke für das Recht insgesamt *K.-H. Ladeur*, Die Netzwerke des Rechts, in: *ders.*, Das Recht der Netzwerkgesellschaft, 2013, S. 363 ff.; mit Blick auf das Zivilrecht *G. Teubner*, Netzwerk als Vertragsverbund: Virtuelle Unternehmen, Franchising, Just-in-time in sozialwissenschaftlicher und juristischer Sicht, 2004.

[3] Vgl. zur speziell verwaltungs(rechts)wissenschaftlichen Sicht auf beide Konzepte etwa *W. Köck*, Nachhaltigkeit im Verwaltungsrecht, Die Verwaltung 40 (2007), S. 419 ff. einer- und *K.-H. Ladeur*, Was leistet die Netzwerkanalyse für die Verwaltungswissenschaft?, in: Festschr. f. Hans-Peter Bull, 2011, S. 639 ff., andererseits.

[4] Vgl. für eine entsprechende Engführung des Konzepts etwa *C. Möllers*, Netzwerk als Kategorie des Organisationsrechts – Zur juristischen Beschreibung dezentraler Steuerung, in: J. Oebbecke (Hrsg.), Nicht-normative Steuerung in dezentralen Systemen, 2005, S. 285 ff. Ähnlich *G. F. Schuppert*, Verwaltungswissenschaft. Verwaltung, Verwaltungsrecht, Verwaltungslehre, 2000, S. 384 ff.

[5] Vgl. zum Begriff ausf. *A. Glaser*, Nachhaltige Entwicklung und Demokratie, 2006, S. 44 ff., speziell zum zeitlichen Aspekt ebd., S. 48 ff.

den Zeitläufen trotzt – allerdings charakteristischerweise gerade dadurch, dass es sich ihnen nicht bloß entgegen-, sondern sich zugleich auf sie und die mit ihnen einhergehenden Veränderungen einstellt. Indem das Konzept die Analyse der gegenwärtigen Situation und ihrer Bedürfnisse mit dem vorausschauenden Blick auf künftige Generationen und deren Ansprüche vermittelt, soll sichergestellt werden, dass alle derzeit praktizierten Verfahren so ausgestaltet sind, dass sie – bzw. ihre zu entwickelnden funktionalen Äquivalente – auch künftig möglich bleiben.[6] Nachhaltigkeit meint demzufolge Dauer durch Wandlungsfähigkeit. Netzwerke wären dann der kongeniale Partner, der auf organisatorischer Ebene dieses Programm umzusetzen hilft.

Diese Lesart des Zusammenspiels des Nachhaltigkeits- und des Netzwerkkonzepts werde ich in einem ersten Schritt näher untersuchen. Dabei geht es dann allerdings auch um die Frage, ob die zunächst naheliegend erscheinende Zuordnung des Netzwerkkonzepts zu der Großkategorie „Organisationsformen" bei genauerem Hinsehen noch überzeugen kann oder das Netzwerk eine Konstellation umschreibt, die die geläufige Differenzierung zwischen Organisation und Verfahren (oder auch: zwischen Struktur und Prozess) zweifelhaft werden lässt (II.).

Angesichts des bekannt schillernden Charakters beider Begriffe liegt es auf der Hand, dass das Zusammenspiel von Nachhaltigkeit und Netzwerk aber auch anders gelesen werden kann.[7] So lässt sich zum einen nach dem Netzwerkcharakter des Nachhaltigkeitskonzepts selbst fragen, also analysieren, inwieweit diese Denkfigur von sich aus bereits auf Vernetzungsstrategien angelegt ist und diese reflexiv handhabt. Das Nachhaltigkeitskonzept ist damit weniger um den formellen Aspekt der Dauerhaftigkeit zentriert; im Vordergrund stehen nun vielmehr inhaltliche Fragen und Themenkomplexe. Die Einbeziehung des Netzwerkgedankens dient dann dazu, vor allem gegenüber dem geläufigen Drei-Säulen-Modell, das unter Nachhaltigkeit nur die Behandlung der drei Themenblöcke Ökonomie, Soziales und Ökologie versteht,[8] von vorneherein auf die konstitutiven Verbindungen und wechselseitigen Beeinflussungen der unterschiedlichen Gebiete hinzuweisen (III.).

---

[6] Vgl. die bekannte Definition der *World Commision on Environment and Development*, Our Common Future, 1987, S. 43: „sustainable development" bezeichnet danach ein „development that meets the needs of present generations without compromising the ability of future generations to meet their own needs." Zur Problematik dieser Definition und einer genaueren Unterscheidung zwischen einem starken und einem schwachen Nachhaltigkeitskonzept gerade mit Blick auf die zukunftsethische Komponente des Konzepts näher *K. Ott*, Umweltethik zur Einführung, 2010, S. 163 ff.

[7] Vgl. zur Vieldeutigkeit des Nachhaltigkeitskonzepts *Kahl* (Fn. 1), S. 5 f.; zur Problematik einer damit teilweise verbundenen „sprachlichen Inflationierung und konzeptionellen Konturlosigkeit" des Begriffs *Ott* (Fn. 6), S. 164. Zu den vielfältigen Verwendungsweisen des Netzwerksbegriffs *I. Augsberg*, Das Gespinst des Rechts. Zur Relevanz von Netzwerkmodellen im juristischen Diskurs, Rechtstheorie 38 (2007), S. 479 ff. Allg. zur Verknüpfung der Nachhaltigkeitsidee mit Netzwerkprozessen ferner *C. Berg*, Vernetzung als Syndrom, 2005.

[8] Vgl. zur Problematik dieses Modells etwa *Ott* (Fn. 6), S. 164 f.

Zum anderen kann man untersuchen, welche Nachhaltigkeit dem Netzwerkdenken zukommt oder ob dessen gegenwärtig zu konstatierende Konjunktur rasch wieder vorbei sein wird.[9] Das Problem betrifft dann wiederum nicht allein den Netzwerkbegriff, sondern ebenso das Nachhaltigkeitskonzept. Damit wird der reflexive Gehalt des Nachhaltigkeitsbegriffs noch einmal in anderer Hinsicht artikuliert. Der Blick auf seine historische Genese stellt die mit dieser Aufstiegsgeschichte notwendig verknüpfte Möglichkeit eines künftigen Niedergangs des Konzepts in Rechnung. Gerade der so bestimmte Nachhaltigkeitsbegriff gibt dabei überdies Anlass, an das erforderliche gewissermaßen „materiale Substrat" beider Konzeptionen zu erinnern und zu fragen, wie sich dieses Substrat so gestalten lässt, dass es für heutige wie für künftige Generationen verwendbar bleibt.[10] Wer Netzwerkkonzeptionen nachhaltig für das Verwaltungsrecht fruchtbar machen will, wird auch um solche Überlegungen kaum herumkommen (IV.). Ein knappes Fazit fasst die drei skizzierten Perspektiven zusammen und versucht einen Ausblick (V.).

II. Nachhaltigkeit durch Netzwerke

1. Netzwerk als Organisation und Verfahren

Wenn von „Nachhaltigkeit durch Netzwerke" die Rede sein soll, liegt es nahe, auf die bekannte Formel der „strenghth of weak ties" zurückzugreifen.[11] Mit dieser Wendung wird offenkundig die besondere Eigenschaft einer Konstruktion benannt, die sich aus je für sich genommen fragilen Elementen zusammensetzt, aber in und durch die Zusammenfügung im Sinne einer komplexen Verknüpfung dieser Elemente untereinander eine Belastbarkeit erreicht, die durch die ungeordnete Akkumulation einzelner, je für sich betrachtet wesentlich stabilerer Komponenten nicht bewirkt werden kann. Die Stabilitätserhöhung durch eine spezielle Zusammenfügung für sich genommen fragiler Komponenten trifft allerdings noch nicht den für Netzwerke charakteristischen Punkt; auch Röhren- und Wabenkonstruktionen wären damit erfasst. Genauer auf Netzwerke bezogen ist dagegen festzuhalten, dass es gerade die Flexibilität selbst ist, die die Haltbarkeit der Konstruktion bedingt. Der Attraktivität einer Umstellung auf Netzwerke liegt demnach auch eine semantische Verschiebung zugrunde. „Halt-

---

[9] Vgl. zu dieser Konjunktur etwa *Augsberg* (Fn. 7), S. 479 f.; *Ladeur* (Fn. 3), S. 639, jeweils m. w. N.

[10] Vgl. zu einer entsprechend historisch informierten Perspektive auf das Netzwerkkonzept umfassend *S. Gießmann*, Die Verbundenheit der Dinge. Eine Kulturgeschichte der Netze und Netzwerke, 2014, v. a. S. 117 ff.

[11] Vgl. *M. S. Granovetter*, The Strength of Weak Ties, The American Journal of Sociology 78 (1973), S. 1360 ff.

barkeit“ besagt nicht mehr im klassisch substanzhaften Sinn: unveränderte Fortdauer durch die Zeit. Das Verständnis von Haltbarkeit wird vielmehr mit einem Konzept permanenter Selbstmodifikation verknüpft. Bedenkt man, dass in der modernen Gesellschaft eine solche „Tendenz [...], in der Veränderung ihre Form von Beständigkeit zu suchen und so mit der Variabilität aufzuwarten, die notwendig ist, um die einzig noch mögliche Form von Beständigkeit herauszustellen“[12], jenes Phänomen charakterisieren soll, das wir „Mode“ nennen, gewinnt die geläufige Behauptung, sowohl bei Nachhaltigkeit wie Netzwerk handele es sich um „Modebegriffe“, einen rekursiv erweiterten Sinn.

Am klassischen Gegenmodell zu netzwerkförmig organisierten Konstruktionen ist der skizzierte Prozess näher zu verdeutlichen. Zentralisierte Systeme müssen jede Veränderung innerhalb der eigenen Konstruktion als grundsätzliches Problem begreifen, weil sie ihre Identität über die Vorstellung reproduzieren, dass das System eine (zumindest weitgehend) homogene Einheit bildet, deren Eigenart von der Zentrale repräsentiert und als Vorbild an die Peripherie (typischerweise in Gestalt normativer, nicht notwendig rechtlicher Vorgaben) weitergegeben wird. Diese Homogenität bleibt jedoch stets labil; jede partikulare Veränderung gefährdet sie, weil sie die einmal erreichte harmonische Balance der Systemteile, qua Übereinstimmung von zentralem Vorbild und provinziellen Nachbildern, zum Kippen zu bringen droht.[13] Das Problem besteht grundsätzlich für endogene wie exogene, von außen aufgezwungene Veränderungen gleichermaßen: Jede Anpassung einzelner Operationsweisen oder Teilstrukturen, die aufgrund sich ändernder Umweltzustände vorgenommen werden soll oder vorgenommen werden muss, stellt vor die Frage, ob und inwieweit damit die Identität des Gesamtsystems noch vereinbar ist. Sie muss in die Zentrale zurückprojiziert werden, wo dann untersucht wird, ob entsprechende Veränderungen nicht nur im einen Ausgangsfall, sondern in allen Systembereichen sinnvoll sind, also als Teil einer neuen, wiederum allgemeinverbindlichen Programmstruktur universalisiert werden sollen.

Die Fortdauer des Systems ist daher weitgehend identisch mit der Stabilität seiner wesentlichen Strukturen und Operationsweisen. In einer sich dynamisch wandelnden Umwelt können Anpassungsleistungen aber nur eine Zeit lang verweigert werden, ohne negative Effekte in Gestalt erschwerter Umweltkontakte hervorzurufen, die wenigstens langfristig auch die eigene Stellung in

---

[12] So *E. Esposito*, Die Verbindlichkeit des Vorübergehenden: Paradoxien der Mode, 2004, S. 15, mit Bezug auf *G. Simmel*, Philosophie der Mode, in: *ders.*, Gesamtausgabe Bd. 10, 1995, S. 7 (25).

[13] Vgl. zum Problem etwa *A. Koschorke*, Wahrheit und Erfindung. Grundzüge einer Allgemeinen Erzähltheorie, 2012, S. 383: „Während [...] Inkonsistenz ein kulturelles Gebilde elastisch hält und es erlaubt, zwischen den inkompatiblen Prämissen umzugewichten, sind in sich vollkommen schlüssige Gedankengebäude unflexibel und veränderungsfeindlich. Sie lassen keine Spielräume des Ungefähren zu und zerbrechen, sobald sich die Umstände ändern.“

der Gesamtgesellschaft gefährden. Das Unternehmen, das Produktinnovationen versäumt, oder das Individuum, das seinen Kleidungsstil immer noch an der Mode des vorletzten Jahrzehnts ausrichtet, illustrieren den allgemeinen Sachverhalt: Die zunächst als Positivum verbuchte stabile Systemidentität wird zum Problem, weil sie die für die erfolgreiche Funktionserfüllung unumgänglichen Außenkontakte untergräbt. Für den ökonomischen Kontext ergibt sich daraus mit Blick auf die gegenwärtige Lage ein drastischer Befund: „Wer nicht vernetzt operiert, verschwindet vom Markt."[14]

Stellt man diese Situation in Rechnung, wird deutlich, dass Dezentralisierung nicht nur die Funktion hat, Kontroll- und Steuerungsaufgaben in die Peripherie auszulagern. So sinnvoll eine solche Strategie sein mag, um bestimmte Strukturprobleme zu lösen, etwa die Zentrale zu entlasten oder eine „strukturschwache" Peripherie zu fördern, so wenig ist mit der für sich allein genommenen Auslagerung der primäre Mehrwert der Dezentralisierung getroffen. Dezentralisierung dient vielmehr auch dazu, der Peripherie größere Spielräume zur eigenen Entscheidung, also größere Abweichungstoleranzen gegenüber statischen Vorgaben der zentralistischen Organisationsform zu ermöglichen. Das kann (muss aber nicht zwangsläufig – auch andere Motivationen sind möglich) pragmatisch mit der Einsicht zusammenhängen, dass die Komplexität der Aufgaben eine aus der zeitlichen wie räumlichen Distanz erfolgende Erledigung, die stets nach demselben Skript oder Schema verfährt, nicht mehr zulässt. Wo etwa das für die Aufgabenerledigung erforderliche Wissen nicht zentral akkumuliert vorliegt, sondern nur lokal und ad hoc, mit Blick auf eine spezifische Problemkonstellation, für die kein allgemeines Erfahrungswissen zur Verfügung steht, generiert werden kann,[15] wird dezentrale Entscheidungsfindung unvermeidbar.[16] Das Beispiel macht deutlich, dass die Verlagerung nicht nur die Aufgabe, sondern ebenso das zu ihrer Lösung bereitgestellte Programm betrifft.[17] Dieses bezieht sich nun zumal auf die Aufgabe, überhaupt erst jene kognitiven Grundlagen zu erarbeiten und zur Verfügung zu stellen, die für die Entscheidungsprozesse benötigt werden.[18]

---

[14] *Gießmann* (Fn. 10), S. 314, mit Bezug auf *M. Castells*, The Rise of the Network Society, Vol. 1, 2. Aufl. 2009, S. 208.

[15] Vgl. aus juristischer Sicht *B. Wollenschläger*, Wissensgenerierung im Verfahren, 2009, S. 34 ff.; *T. Vesting*, Die Bedeutung von Information und Kommunikation für die verwaltungsrechtliche Systembildung, in: W. Hoffmann-Riem/E. Schmidt-Aßmann/A. Voßkuhle (Hrsg.), Grundlagen des Verwaltungsrechts, Bd. II, 2. Aufl. 2012, § 20 Rn. 11 ff.

[16] Vgl. mit Bezug auf die kognitiven Herausforderungen modernen Verwaltungshandelns *Ladeur* (Fn. 3), S. 645 ff.

[17] Vgl. zum entsprechenden Zusammenhang von kognitiven Anforderungen und normativen Programmen *I. Augsberg*, Konzepte rechtlicher Steuerung und die Verteilung von Wissen im Bereich der Administrative, in: H. C. Röhl/H.-H. Trute (Hrsg.), Wissen/Nichtwissen in Organisationen und Netzwerken, 2016 (i. E.).

[18] Vgl. zu diesem Prozess einer Verschleifung der normativen und kognitiven Anforderungen des Verwaltungsrechts näher *I. Augsberg*, Informationsverwaltungsrecht, 2014.

Es liegt auf der Hand, dass die hier zunächst nur exemplarisch eingeführte Fallkonstellation unter den Bedingungen der Umstellung von der Industrie- zur so genannten Wissens- oder Informationsgesellschaft weit mehr als nur ein Beispiel unter vielen anderen möglichen darstellt. Nicht von ungefähr erscheinen gelegentlich die Bezeichnungen Informations- und Netzwerkgesellschaft weitgehend austauschbar[19]: Information ist das wesentliche Gut, das im Netzwerk transferiert wird; umgekehrt werden netzwerkförmige Konstruktionen dort erforderlich, wo über eine Zentrale gesteuerte Wissensakkumulations- und -distributionsprozesse an kapazitäre Schranken stoßen.[20] Dennoch lässt sich auch diesseits dieser herausragenden Exemplarität der Konstellation die skizzierte Einsicht zum Aufgabenwandel generalisieren: Die Aufgabenübertragung lässt die übertragenen Aufgaben nicht gleich; sie verändert ihren Charakter. Die Entscheidungen erfolgen nicht nur woanders, sondern anders. Das klassische verwaltungsrechtliche Paradigma für diese Art der Verschiebung bildet der Übergang von vormals (angeblich) rigiden Konditional- zu sehr viel offeneren Finalprogrammen.[21] Wo jene (auf der Basis der Unterstellung eines gemeinsamen bzw. zumindest zentral vorgehaltenen, dann weitergeleiteten Wissens) noch durch starre Vorgaben die weitgehende Identität von Peripherie und Zentrum garantieren, gewähren diese dem einzelnen Normanwender sehr viel mehr Spielräume, die er bei seiner Entscheidungsfindung selbständig – wenngleich wiederum im Rahmen allgemeiner normativer Vorgaben, etwa des Verhältnismäßigkeitsgedankens – ausfüllen kann.[22]

Netzwerke dienen dann nicht allein dazu, die Kontaktstellen zur Umwelt zu multiplizieren. Ihre primäre Aufgabe liegt darin, zu verhindern, dass diese Vervielfältigung als unkontrollierte Streuung erfolgt. Dazu generieren sie eine Art Identität zweiter Ordnung, die nicht mehr über eine präexistente Struktur bzw. ein rigides, universal anwendbares Programm stabil vorgegeben ist, sondern durch Kommunikation der beweglicher gewordenen Außenstellen des Systems zustande kommt. Dass die Außenstellen miteinander in permanenten kommunikativen Beziehungen stehen und sich über diese Kanäle über ihre jeweiligen, nicht länger strikt vorgegebenen Entscheidungen informieren, bildet nicht nur den verbleibenden Restzusammenhang der im Übrigen entkoppelten Stellen. Die wechselweise Kommunikation ermöglicht vielmehr auch eine sekundäre Modellierung des Entscheidungsverhaltens, in dem voneinander gelernt und sukzessive

---

[19] Vgl. *Castells* (Fn. 14).

[20] Vgl. aus juristischer Sicht *Ladeur* (Fn. 2).

[21] Vgl. zur Differenz der Programmformen allg. *N. Luhmann*, Organisation und Entscheidung, 2000, S. 263 ff. Zur verwaltungsrechtlichen Verarbeitung *R. Schröder*, Verwaltungsrechtsdogmatik im Wandel, 2007, S. 110 ff.

[22] Vgl. etwa *H. Rossen*, Vollzug und Verhandlung, 1999, S. 16 ff.; *W. Hoffmann-Riem*, Eigenständigkeit der Verwaltung, in: ders./E. Schmidt-Aßmann/A. Voßkuhle (Hrsg.), Grundlagen des Verwaltungsrechts, Bd. I, 2. Aufl. 2012, § 10.

Anpassungen (aber natürlich ebenso: bewusste Abgrenzungen) möglich werden.[23] Wie stark diese Anpassungen im Einzelnen ausfallen, hängt von unterschiedlichen Faktoren ab. Sachzwänge im Sinne der Unmöglichkeit, bestimmte Aufgaben eigenständig an einem einzelnen Knotenpunkt zu erledigen, zählen dazu ebenso wie normative Vorgaben, die eine bestimmte Rezentralisierung etwa durch Vorgaben zur Informationspolitik der Knoten etablieren.[24] In jedem Fall kann man von Netzwerken nicht bereits dort sprechen, wo Verknüpfungen zwischen unterschiedlichen Punkten erfolgen. Netzwerke als ausgeformte Kulturtechnik setzen voraus, dass die Verknüpfung selbst reflexiv zum Thema wird.[25]

Ein Netzwerk im strengsten Sinne des Konzepts liegt danach dann vor, wenn die einzelnen Knotenpunkte ihre jeweilige Identität weder zentral vorgegeben bekommen noch autonom generieren, sondern sie erst über und durch ihre Stellung im Netzwerk erhalten und daher sich ihrer im kommunikativen Austausch mit den anderen Knotenpunkten beständig vergewissern müssen, also dann, wenn reflexive Mechanismen der Koordination und Kooperation nicht sekundäre Anforderungen an das Netzwerk bilden, sondern in gewissem Sinne das Primärphänomen bezeichnen, dem der einzelne koordinierte Punkt oder Knoten sich verdankt. Erst hier ist der Wandel von Substanz zu Funktion und Prozess so weit vollzogen, dass exogen oder endogen erfolgende Modifikationen an den einzelnen Knotenpunkten und damit am Gesamtnetzwerk als Normalzustand und nicht als bedrohliche Ausnahme wahrgenommen werden können. Konzepte wie Dauer und Stabilität sind hier nicht mehr mit Blick auf eine materielle Grundlage, sondern auf die Aufrechterhaltung von Funktionen bestimmt.

Für die so verstandenen Netzwerke ist nicht mehr ihre jeweilige zu einem bestimmten Zeitpunkt gewonnene Gestalt charakteristisch. Entscheidend ist vielmehr der Prozess der fortdauernden Selbstmodifikation.[26] Das legt es nahe,

---

[23] Vgl. *M. Eifert*, Europäischer Verwaltungsverbund als Lernverbund, in: I. Spiecker gen. Döhmann/P. Collin (Hrsg.), Generierung und Transfer staatlichen Wissens im System des Verwaltungsrechts, 2008, S. 159 (161), mit Verweis auf *K.-H. Ladeur*, Die Europäische Umweltagentur und die Perspektiven eines europäischen Netzwerkes der Umweltverwaltungen, NuR 1997, S. 8 (16).

[24] Vgl. für entsprechende Beispiele im Verwaltungsrecht *Augsberg* (Fn. 18), S. 98 ff. Für eine Typisierung der Netzwerkmodelle speziell mit Blick auf die Europäische Union *S. Augsberg*, Europäisches Verwaltungsorganisationsrecht und Vollzugsformen, in: J. P. Terhechte (Hrsg.), Verwaltungsrecht der Europäischen Union, 2011, § 6 Rn. 53 ff.; zu „Netzwerkstrukturen unter maßgeblicher Beteiligung der Kommission", die als Beispiel für Rezentralisierungen im genannten Sinne dienen können, ebd., Rn. 55 ff. Allg. zu entsprechenden Verdichtungstendenzen *Gießmann* (Fn. 10), S. 125: „Netzwerke benötigen Orte und Akteure, die privilegiert vermitteln. Wenn Handlungsmacht in verteilter und heterarchischer Form vorliegt, so heißt dies nicht, dass alle Agenten auf Dauer gleichberechtigt wären. Im Gegenteil, es bilden sich fast immer zentrale Knoten heraus."

[25] Vgl. *Gießmann* (Fn. 10), S. 9.

[26] Vgl. *Ladeur* (Fn. 3), S. 641. In medientheoretischer Perspektive ferner *T. Vesting*, Die Medien des Rechts: Computernetzwerke, 2015, S. 59: „In der Kultur der Netzwerke werden die Formen der Vergesellschaftung insgesamt flexibler und für die Beteiligten unberechenbarer.

sie eher als mit rein organisationsrechtlichen Mitteln als prozedurale Konstrukte zu beschreiben, oder noch genauer vielleicht, als Konstruktionen, die die klassischerweise saubere Unterscheidung zwischen Verfahren und Organisation unterlaufen, weil sowohl das Verfahren die Organisationsstruktur hervorbringt wie umgekehrt die Art und Weise der Organisation auf die Verknüpfungsprozesse zurückwirkt. Mit anderen Worten, im Kontext von Netzwerkanalysen ist das „und" in der Redewendung „Organisation und Verfahren" eher explikativ als alternativ zu lesen und meint demnach: Organisation als Verfahren.[27]

2. Netzwerk oder Rhizom?

Den Fluchtpunkt einer solchen Entwicklung, die Verfahren und Organisation nicht mehr als distinkte Phänomene erscheinen lässt, sondern beide Kategorien kurzschließt, bildet die Beschreibung des Netzwerks nicht mehr als Organisationsform, die immer noch eine gewisse Vorstellung von Ordnung und Berechenbarkeit impliziert, sondern als Rhizom im Sinne von *Gilles Deleuze* und *Félix Guattari*.[28] Mit der Vorstellung eines Ordnungssystems ist hier konsequent gebrochen; an ihre Stelle tritt ein „azentrisches, nicht hierarchisches und asignifikantes System ohne General"[29], in dem jeder „Punkt [...] mit jedem anderen verbunden werden [kann (und muss)]."[30] Noch schärfer gewendet gilt für das Rhizom sogar: „Anders als bei einer Struktur, einem Baum oder einer Wurzel gibt es in einem Rhizom keine Punkte oder Positionen. Es gibt nur Linien."[31] Noch die funktionale Perspektive einer allen Knoten des Netzwerks gemeinsamen oder wenigstens überhaupt irgendeiner Aufgabenerfüllung dient nicht länger als Kitt, um die Kohäsion der rhizomorphen Prozesse zu gewährleisten. Ausdrücklich gehören vielmehr auch Sackgassen zum Rhizom dazu.[32]

Laufend werden und müssen Entscheidungen über die Aufrechterhaltung, Veränderung oder den Abbruch von Beziehungen getroffen werden, innerhalb derer auch bislang füreinander getrennte Welten stärker miteinander in Kontakt treten. Neben der Zunahme der Offenheit und Unbestimmtheit der Relationen ist die neue Netzwerkkultur auch durch eine eigenartige und kaum kontrollierbare Dynamik der Grenzüberschreitung geprägt. Diese macht weder vor der Autonomie der sozialen Felder noch vor traditionellen Grenzen von Gruppen und Organisationen halt."

[27] Hier läge damit ein Einsatzpunkt, um genauer zwischen Netzwerkanalysen zu unterscheiden, die sich vor allem auf die „hardware", das heißt die technisch-materialen, historisch sich wandelnden Grundlagen der Netze, fokussieren, und Ansätzen, die im Gegensatz dazu den Netzwerkbegriff vor allem als Methode verstehen. Vgl. zu dieser Differenz näher *B. Latour*, Eine neue Soziologie für eine neue Gesellschaft, 2007, S. 244 ff.

[28] Vgl. *G. Deleuze/F. Guattari*, Kapitalismus und Schizophrenie. Tausend Plateaus, 1992, S. 11 ff. Zur Differenzierung zwischen Netzwerk und Rhizom aus juristischer Sicht *Augsberg* (Fn. 7), S. 489 ff.

[29] *Deleuze/Guattari* (Fn. 28), S. 36.

[30] *Deleuze/Guattari* (Fn. 28), S. 16.

[31] *Deleuze/Guattari* (Fn. 28), S. 18.

[32] Vgl. *G. Deleuze/F. Guattari*, Kafka. Für eine kleine Literatur, 1976, S. 8.

Legt man diese Beschreibung des Rhizoms zugrunde, lässt sich der Versuch einiger Beobachter einordnen, bereits bestehende Formen von Verwaltungsverbundstrukturen im Rahmen der Europäischen Union, namentlich das Umweltinformations- und -beobachtungsnetz EIONET, mit der Kategorie des Rhizoms zu erfassen.[33] Insofern den Verbundstrukturen trotz ihrer weitgehend heterarchischen Form immer noch zumindest inhaltliche Aufgaben als Vorgabe zugrunde liegen, also die gesamte Konstruktion zweckfunktional fundiert ist, und zudem zur Erfüllung dieser Zwecke immer noch bestimmte, wenngleich bereits sehr weitgehend aufgelockerte Ordnungsschemata genutzt werden, dürfte das den radikalen Sinn des Konzepts verfehlen.

Die Übertragung des Konzepts auf bestehende Netzwerke ist also in der Sache verfehlt. Aber auch eine Fortentwicklung jener Strukturen in Richtung rhizomorpher Modellvorstellungen erscheint problematisch. Zwar ist die Integration selbst von sackgassenförmig verlaufenden Wurzelarmen insofern interessant, als sie die kommunikativen Prozesse im Netzwerk als nicht länger zwangsläufig symmetrisch ausweist und damit auch einseitige Informationsstreuungen zulässt,[34] statt von vorneherein reziproke Austauschverhältnisse als unhintergehbaren Standard zu setzen.[35] Dass asymmetrische Beziehungen dem am klassischen Synallagma geschulten juristischen Denken fremd sind,[36] heißt nicht, dass dieses sich nicht wandeln kann oder sogar wandeln muss, um den erforderlichen Informationsflüssen im Netz gerecht zu werden (vielleicht versteht man sogar bereits das Synallagma falsch, wenn man darin nur den unmittelbaren Austauschakt sieht und nicht vielmehr dessen zeitlich-räumliche Entzerrung erkennt, also das Recht gerade als Mittel zur Vermeidung unmittelbarer Austauschbeziehungen begreift). Dennoch ist der sackgassenförmige Aspekt des Rhizoms prekär: Überall dort, wo noch mit funktionalen Anforderungen argumentiert und jede Organisationsform letztlich diesem Regime untergeordnet wird, das heißt: typischerweise im gesamten Bereich des Verwaltungsrechts, das keinen Selbstzweck verfolgt, sondern als Mechanismus zur Erfüllung der öffentlichen Aufgaben genutzt wird, die ihrerseits nicht an sich gegeben sind,

---

[33] Vgl. etwa *A.-B. Kaiser*, Wissensmanagement im Mehrebenensystem, in: G. F. Schuppert/A. Voßkuhle (Hrsg.), Governance von und durch Wissen, 2008, S. 217 (231).

[34] Vgl. *Ladeur* (Fn. 3), S. 647 ff.

[35] Dazu tendiert *G. Teubner*, „So ich aber die Teufel durch Beelzebub austreibe, ...": Zur Diabolik des Netzwerkversagens, in: I. Augsberg (Hrsg.), Ungewissheit als Chance, 2009, S. 109 ff., der die zu Recht als problematisch beschriebene Alternative „Vertrag oder Organisation?" leider nicht im Sinne eines „weder-noch", sondern eher eines „sowohl-als-auch" auflöst (vgl. v. a. a. a. O., S. 122: „Netzwerke sind austauschvertraglicher Natur und agieren dennoch wie formale Organisationen.").

[36] Vgl. exemplarisch für diese Sicht *L. Viellechner*, Können Netzwerke die Demokratie ersetzen? Zur Legitimation der Regelbildung im Globalisierungsprozess, in: S. Boysen et al. (Hrsg.), Netzwerke, 2007, S. 36 (43), der statuiert: „Nur als Vertragsverbund [...] lässt sich der äußerst konturlose Begriff des Netzwerks [...] überhaupt als Rechtsbegriff konstruieren."

sondern politisch induziert vorliegen, überall dort also, wo Recht als Transformationsmittel zur Umsetzung politischer Konzeptionen eingesetzt werden soll, dürfte das rhizomorphe Modell als zu weitgehend erscheinen. Die Loslösung von Organisationsstrukturen und sogar von jeder Form vereinheitlichter Teleologie im Sinne gemeinsamer Zielvorgaben sprengt nicht nur das Konditional-, sondern auch das Finalschema auf.

Anders liegt es mit Blick auf den Versuch, die Netzwerke der digitalen Kommunikation, also vor allem das Internet, anhand des Rhizoms näher zu bestimmen. Obwohl auch hier – normativ ausformulierte – Organisationsanstrengungen nicht zu verkennen sind,[37] besteht zugleich doch (noch) ein gewisser „Wildwuchs", der als solcher im Sinne eines Widerstands gegen politische Steuerungsversuche gewollt ist und damit dem Deleuze-Guattarischen Modell eher entsprechen dürfte.[38] So sehr Figuren wie die „Netzneutralität" angesichts manifester wirtschaftlicher wie politischer Interessen naiv oder illusionär erscheinen mögen, so sehr treffen sie doch einen bestimmten Punkt, der darin liegt, dass entsprechende spezifische Zwecksetzungen sich einem Verfahren anheften, das im ersten Zugriff Konnektivität durch Netzwerke erster, zweiter (als Netzwerk der Netzwerke) und (theoretisch) beliebig höherer Ordnung als Selbstzweck etabliert.[39]

Stellt man auf diesen Aspekt der Verknüpfung jenseits konkreter Zweckverfolgung ab, dürfte ebenso anders auch der Versuch beurteilt werden, in einer allgemein rechtstheoretischen Perspektive das juridische Verfahren als rhizomorphen Prozess zu beschreiben. Hier könnte das Modell umgekehrt Anlass bieten, die bekannte Figur „funktionale Ausdifferenzierung", die die Eigenständigkeit des Rechts weitgehend teleologisch und damit vielleicht zu starr konzipiert, durch eine stärkere Betonung der operativen Verknüpfungsweisen zu ergänzen und auf diese Weise zugleich herauszuarbeiten, wie unscharf die Ränder der angeblich autopoietisch geschlossenen Konstrukte sind.[40]

---

[37] Vgl. zu den bekannten Verfahren der ICANN *J. Voegeli*, Die Regulierung des Domainnamensystems durch die Internet Corporation for Assigned Names and Numbers (ICANN), 2006; zur Entwicklungsgeschichte *M. Hutter*, Global Regulation of the Internet Domain Name System: Five Lessons from the ICANN Case, in: K.-H. Ladeur (Hrsg.), Innovationsoffene Regulierung des Internet, 2003, S. 39 ff.; in theoretischer Perspektive *L. Viellechner*, Transnationalisierung des Rechts, 2013, S. 127 ff.

[38] Vgl. *M. Stingelin*, Metaphern des Netzes oder Wie deleuzianisch ist das Internet?, in: *ders.*, Das Netzwerk von Deleuze, 2000, S. 15 ff.

[39] Vgl. mit Blick auf die Entstehungsgeschichte des Internet näher *Gießmann* (Fn. 10), S. 329 ff., v. a. S. 360 ff.

[40] Vgl. für einen Versuch in diese Richtung *Augsberg* (Fn. 7); *ders.*, Die Lesbarkeit des Rechts. Texttheoretische Lektionen für eine postmoderne Methodologie, 2009, S. 168 ff. Ausdrücklich entsprechend ferner *Vesting* (Fn. 26), S. 49 ff., v. a. S. 60: „An die Stelle der systemtheoretischen Vorstellung einer operativ unüberschreitbaren Grenze tritt die Vorstellung der prinzipiellen Unvollständigkeit jeder operativen Schließung, die Vorstellung, dass eine Grenze zugleich Übergang ist, dass Grenze-Zu und Verbundenheit-Mit nur zwei Seiten derselben Medaille sind."

3. Netzwerkversagen

Netzwerke benennen also nicht allein oder sogar primär eine spezifische Organisationsform. Entscheidend ist ihr operativer Charakter, der Vernetzung als kommunikatives Geschehen betreibt und jede organisatorische Verfestigung nicht nur als Ergebnis des bisherigen Vorgehens ansehen muss, sondern auch als Hindernis für künftige Vernetzungsoptionen. Die Vorteile eines solchen Arrangements liegen auf der Hand. Netzwerke steigern die Umweltsensitivität, das heißt die interne Irritabilität und Flexibilität von Systemen, indem sie deren Kontaktstellen zur Außenwelt und damit ihre Beobachtungs- und Reaktionsmöglichkeiten vervielfältigen, ohne die Systemidentität preiszugeben. Retikulare Konstruktionen treten so dem Phänomen des „Hierarchieversagens" entgegen, das darauf beruht, dass die Sammlung aller systemrelevanten Informationen sowohl die sammelnde Zentralstelle überfordert als auch den stetig wachsenden Informationsbedürfnissen der Systemteile nicht gerecht werden kann.[41]

Diese offenkundigen Vorteile dürfen den Blick auf bestehende Gefahren des Konzepts nicht verstellen. Das Problem eines analogen „Netzwerkversagens" ist nicht zu gering zu erachten. Es betrifft nicht nur die pathologische Gestalt einer – im weiteren, nicht notwendig eng finanziell zu verstehenden Sinn – Korruption, bei der vorwiegend personal und/oder traditional fundierte Netzwerke – etwa gemäß dem bekannten Muster der „amici degli amici" – die Logik funktionaler Differenzierung unterlaufen.[42] Das Netzwerkversagen bezeichnet aber ebenso wenig nur den erhöhten Koordinationsaufwand zwischen den einzelnen Knoten, die eine zunehmend zentrifugale Kraft entwickeln.[43] Es umfasst vielmehr darüber hinaus paradoxerweise gerade jene Fähigkeit zum Umgang mit Umweltungewissheiten, zu deren Bewältigung die Netzwerke doch (auch) eingerichtet wurden. So geboten die Erhöhung der Flexibilität von Systemstrukturen angesichts einer sich immer rascher wandelnden Umwelt zunächst erscheinen mag, so wenig ist vor dem Hintergrund latenter wie manifester Unsicherheiten Flexibilisierung stets das Mittel der Wahl. Gerade übergroße Ungewissheit, die kognitiv nicht auflösbar erscheint, also nicht durch zusätzliches Wissen in Gewissheit umzuformen ist, kann durch rigide Organisations- und Verfahrensvorgaben zwar ebenso wenig endgültig beseitigt, aber doch zumindest auf eine Weise bearbeitet werden, die ihre potentiell paralysierenden Konsequenzen ausschließt.

In einem solchen Umgang mit Ungewissheit liegt der bleibende funktionale Mehrwert hierarchischer Ordnungssysteme, die demnach nicht das bloße

---

[41] Vgl. zum Problem etwa *M. E. Brun/P. Mastronardi/K. Schedler*, Hierarchie und Netzwerke, 2005.

[42] Vgl. *N. Luhmann*, Die Gesellschaft der Gesellschaft, 1997, S. 806 f., 810 f.

[43] Vgl. dazu umfassend *Teubner* (Fn. 35).

(möglicherweise gar noch theologisch tingierte) Relikt längst vergangener Zeiten sind,[44] sondern auch und gerade für überkomplexe Regelungssituationen der Gegenwart noch immer einen – möglicherweise auf andere Art kaum kompensierbaren – Nutzen aufweisen.[45] Hierarchie meint in diesem Kontext die Fähigkeit, Entscheidungen treffen zu können, ohne Gründe dafür angeben zu müssen; sie bezeichnet also ein Verfahren, das Autorität an die Stelle von ausgewiesener Fachkompetenz setzt.[46] Stark formalisierte oder institutionalisierte Verhaltensabläufe folgen demselben Muster, übertragen es aber von der Sozial- in die Sachdimension: Auch ihre Schematisierung entlastet den einzelnen Entscheider von der Notwendigkeit, (vollständige) Sachgründe für seine Entscheidung anzugeben.[47]

Darin liegt auf den ersten Blick ein Problem, weil sich die entsprechenden Techniken konträr zu der im Übrigen für die Moderne charakteristischen Idee verhalten, dass nicht Autorität Wissen ersetzt, sondern eher umgekehrt Autorität durch Wissen begründet werden muss.[48] Das Problem besteht aber nur so lange, wie jene Fachkompetenz ansonsten leicht verfügbar wäre, also wider besseres mögliches Wissen agiert wird. Wo dagegen entsprechendes Wissen nicht vorliegt und auch nicht hinreichend zeitnah beschafft werden kann, aber dennoch entschieden werden muss, ist autoritäres Entscheiden eine unentbehrliche Fähigkeit. Sie muss nicht zwangsläufig mit vertikalen Ordnungsstrukturen einhergehen – „das Chefbüro liegt nicht nur an der Spitze des Hochhauses, sondern auch am Ende des Flurs“[49] –, sondern impliziert mit Blick auf Entscheidungen und ihre Rechtfertigung lediglich eine spezifisch asymmetrisch verteilte Begründungslast. Schärfer noch: So wenig retikulare Formen symmetrisch konstruiert sein müssen, so wenig ist Asymmetrie für autoritätsgestützte kognitive Techniken unerlässlich. Selbst die asymmetrische Begründungslast lässt sich symmetrisieren, indem wechselweise Hinnahmepflichten für alle beteiligten Entscheidungsinstanzen statuiert werden.[50]

Dem Recht sind sowohl das Problem wie seine Lösung nicht primär aus dem Bereich des rechtlich gesteuerten Verwaltungshandelns, aber umso stärker aus der judikativen Kontrollperspektive vertraut.[51] In ihr impliziert das Institut

---

[44] Vgl. zum entsprechenden Kontext etwa *N. Luhmann*, Die Religion der Gesellschaft, 2000, S. 103: „Die klassische Form der Unsicherheitsabsorption trägt den Namen Autorität.“

[45] Vgl. *Luhmann* (Fn. 21), S. 20 f.; *D. Baecker*, Mit der Hierarchie gegen die Hierarchie, in: *ders.*, Organisation als System, 1999, S. 198 ff.

[46] Vgl. *D. Baecker*, Zum Problem des Wissens in Organisationen, in: *ders.*, Organisation als System, 1999, S. 68 (72).

[47] Vgl. *N. Luhmann*, Lob der Routine, in: *ders.*, Politische Planung, 1971, S. 113 ff.; *Koschorke* (Fn. 13), S. 269.

[48] Vgl. *N. Luhmann*, Die Wissenschaft der Gesellschaft, 1990, S. 149.

[49] *Deleuze/Guattari* (Fn. 28) S. 286.

[50] Vgl. *Teubner* (Fn. 35), S. 124.

[51] Vgl. zum Folgenden näher *Augsberg* (Fn. 18), S. 244 ff.

des Entscheidungsverweigerungsverbots, dass zur Not auch ohne zureichende objektive Entscheidungsgrundlage entschieden werden kann und muss. Mechanismen wie Beweislastregeln, Vermutungen, zureichende subjektive Überzeugungen etc. buchstabieren das aus, indem sie Verfahren zur Verfügung stellen, die die grundsätzlich defizitäre kognitive Grundlage verdecken helfen, indem sie das rein autoritäre Moment der Einzelfallentscheidung auf die Ebene der Gesetzesvorgabe zurückspiegeln. Damit wird das Autoritätsargument zwar zunächst nur verlagert; es gewinnt durch die Generalisierung und Verkopplung mit den allgemeinen Legitimationsmustern aber zugleich eine andere Qualität, die seine Ausübung im Einzelfall weniger deutlich hervortreten oder wenigstens leichter hinnehmbar erscheinen lässt. Die Präjudizienbindung erfüllt eine analoge Funktion; hier werden ebenfalls nicht nur normative, sondern zugleich kognitive Fragen ex auctoritate beantwortet. Aber auch für symmetrische Formen entsprechender Arrangements kennt die Judikatur Beispiele; sie finden sich etwa in Gestalt von Regeln der *default deference*.[52]

4. Ungewissheitsabsorption

Alle genannten Mechanismen, die zunächst als Beleg des Netzwerkversagens eingeführt wurden, bilden Untergruppen einer allgemeinen Technik, die in der modernen Gesellschaft unerlässlich geworden ist: Weil Ungewissheit nicht vollständig durch Gewissheit ersetzt werden kann, sondern jedes Mehr an Wissen auch ein Mehr an Unwissen produziert,[53] bedarf es anderer, organisatorischer wie prozeduraler Techniken, die Ungewissheit nicht beseitigen, aber binden oder, wie der aus der Organisationssoziologie stammende zuständige Terminus technicus lautet: absorbieren,[54] um sie so für den Fortgang der Entscheidungsprozesse unschädlich zu machen.[55]

Legt man diese Perspektive zugrunde, erscheinen klassischerweise als typische Probleme des Netzwerks bezeichnete Effekte, etwa die mangelnde zentrale Zurechenbarkeit und Verantwortlichkeit im retikularen Gefüge,[56] in einem anderen Licht. Die Diffusion von Entscheidungen entlastet den einzelnen Entscheidungsprozess, indem sie zum einen für jeden einzelnen Schritt sowohl die zu bedenkenden Voraussetzungen wie die möglichen Folgen reduziert und zum anderen für Folgeoperationen eine Basis des Vorentschiedenen zur Verfügung stellt, an die angeschlossen werden kann (nicht notwendigerweise:

---

[52] Vgl. *Teubner* (Fn. 35), S. 124.
[53] Vgl. nur *Luhmann* (Fn. 48), S. 103.
[54] Vgl. *J. G. March/H. A. Simon*, Organizations, 1958, S. 165.
[55] Vgl. *Luhmann* (Fn. 21), S. 183 ff.
[56] Vgl. allg. *Teubner* (Fn. 35), S. 113 ff. Zu konkreten Beispielen im Kontext des Europäischen Verwaltungsverbundes *F. Shirvani*, Haftungsprobleme im Europäischen Verwaltungsverbund, EuR 2011, S. 619 ff.

muss),[57] gerade weil sie zu Zwecken der Ungewissheitsabsorption von der situativen Bedingtheit der damaligen Entscheidung abstrahiert.[58] Auch damit gewährleistet die Netzwerkstruktur letztlich, dass eine bestimmte materielle Aufgabe nicht an unzureichenden kognitiven Voraussetzungen scheitert.

5. *Zwischenfazit*

Vor dem Hintergrund der so beschriebenen Netzwerkstrukturen wird deutlich, dass das Nachhaltigkeitskonzept nicht erst in einem zweiten, gegenüber der primär inhaltlichen Festlegung äußerlich erscheinenden Schritt mit entsprechenden Vernetzungsideen verknüpft ist. Netzwerke gewährleisten vielmehr, dass angesichts notorisch instabiler, sich beständig wandelnder Umstände auch weiterhin überhaupt entschieden werden kann. In diesem Sinne ist das Netzwerkmodell für jede Ausgestaltung des Nachhaltigkeitsgedankens von essentieller Bedeutung. Nur durch vernetzte Entscheidungsstrukturen können die jetzt und künftig anstehenden Aufgaben angemessen in Angriff genommen werden.

III. Nachhaltigkeit als Netzwerk

Diese notwendige Verknüpfung von Netzwerk und Nachhaltigkeit lässt sich auch aus der Richtung der Nachhaltigkeitskonzeption erläutern. Danach ist die Idee der Nachhaltigkeit von Anbeginn an durch die Vorstellung eines Interdependenzzusammenhangs der zu bewältigenden Probleme gekennzeichnet, dem nur durch entsprechend vielfältig verknüpfte Lösungsansätze zu begegnen sei. Charakteristisch ist die Fokussierung auf eine bestimmte Aufgabe, die ihrerseits aber bereits als so komplex verstanden wird, dass sie nur in einer multifokalen Optik überhaupt adäquat wahrgenommen und dann entsprechend bearbeitet werden kann. Das betrifft zunächst die Vernetzung der kommunalen, nationalen und internationalen Ebene,[59] umfasst aber ebenso funktional spezifizierte Perspektiven: Nachhaltige Entwicklung erfordert demnach einen „integrativen Politikeinsatz auf allen Ebenen", dessen Ziel die „Integration sozialer, ökonomischer, finanzpolitischer, ökologischer und menschenrechtlicher Regeln

---

[57] Vgl. zu entsprechenden Techniken der Ungewissheitsabsorption wiederum näher *Augsberg* (Fn. 18), S. 245 ff.

[58] Vgl. zur entsprechenden Strategie bewusster Dekontextualisierung *Luhmann* (Fn. 44), S. 103. Die bisweilen erhobene Forderung nach Rekontextualisierung im Umgang mit vor allem der bundesverfassungsgerichtlichen Judikatur (vgl. etwa *O. Lepsius*, Die maßstabsetzende Gewalt, in: M. Jestaedt et al. (Hrsg.), Das entgrenzte Gericht, 2011, S. 159 [171 ff.]) stellt diesen Aspekt m. E. nicht zureichend in Rechnung.

[59] Vgl. *Gehne* (Fn. 1), S. 32, mit Bezug auf den Bericht der Brundtland-Kommission, *World Commision on Environment and Development* (Fn. 6), S. 41.

und Prinzipien“[60] ist. Dass die unterschiedlichen Systemrationalitäten, etwa von Wirtschaft und Ökologie, nicht in ihrem potentiell konflikthaften Gegeneinander artikuliert, sondern auf mögliche Synergieeffekte und aus ihrem Zusammenspiel denkbare positive „trade-offs“ analysiert werden, wird ausdrücklich als Grundbedingung der Nachhaltigen Entwicklung bezeichnet: „to operationalize sustainable development, we need to recognize that one principle – integrated decision-making – holds the other principles together“[61]. Auch kognitiv stellen sich dabei spezielle Herausforderungen, zu deren Bewältigung erneut die systematisch betriebene Perspektivverknüpfung dienen soll.[62]

Damit ist zwar zunächst nur eine Vernetzung der verschiedenen Bereiche benannt, die von diesen selbst noch nicht internalisiert, das heißt als Konstruktionsprinzip der eigenen operativen Prozesse übernommen wird. Sie fungiert vielmehr als politische Vorgabe. Deutlich ist aber, dass eine effektive Umsetzung des Nachhaltigkeitsgedankens umso besser gelingen dürfte, je stärker eine derartige Internalisierung gelingt. Aus diesem Grund bietet sich eine Verknüpfung des zuerst auf (völkerrechts-)politischer Ebene erarbeiteten Konzepts mit der theoretischen Figur einer Reflexivierung der funktional differenzierten Subsysteme, auch und gerade des Rechts, an.[63] Sofern diese Verknüpfung glückt, wird daraus deutlich, dass die Idee einer Nachhaltigen Entwicklung nicht eine Bedrohung, sondern eine Ergänzung des Gedankens der funktional spezifizierten Teilbereiche der modernen Gesellschaft bilden kann. Sie weist darauf hin, dass die Teilbereiche verkoppelt werden müssen, um negative Externalitäten zu Lasten der Gesamtgesellschaft und insbesondere zu Lasten künftiger Generationen zu verhindern.

Der Zusammenhang lässt sich auch noch einmal mit Bezug auf die Situation der modernen Gesamtgesellschaft formulieren. Vor dem Hintergrund der Unmöglichkeit, diese Gesellschaft als ganze von einer Zentralstelle aus zu beobachten und zu steuern, besagt er dann, dass in dem Maße, in dem eine solche Verkopplung aufgrund der Komplexität der Einzelbereiche nicht länger von einer übergeordneten Spitze aus gelenkt, sondern Integration nur als Ziel

---

[60] So zu Recht *Gehne* (Fn. 1), S. 51 f., mit Bezug auf die sog. „Neu-Delhi-Erklärung“ des „Commitee on legal aspects of sustainable development“ (abgedruckt in: *N. Schrijver*, The Evolution of Sustainable Development in International Law: Inception, Meaning, and Status, 2008, S. 258 ff.).

[61] *International Law Association*, Report on the seventy-second conference, 2006, Committee on international law on sustainable development, S. 468; hier zitiert nach *Gehne* (Fn. 1), S. 52.

[62] Vgl. zum Problem *J. Hukkinen*, Sustainability Networks. Cognitive tools for expert collaboration in social-ecological systems, 2008, mit der Folgerung, der Nachhaltigkeitsansatz benötige „hybrid experts“ (a. a. O., S. 157 ff.).

[63] Vgl. zu diesem Konzept grundlegend *G. Teubner*, Reflexives Recht. Entwicklungsmodelle des Rechts in vergleichender Perspektive, ARSP 68 (1982), S. 13 ff.; *ders.*/*H. Willke*, Kontext und Autonomie. Gesellschaftliche Selbststeuerung durch reflexives Recht, ZfRsoz 6 (1984), S. 4 ff.; kritisch *N. Luhmann*, Einige Probleme mit „reflexivem Recht“, ZfRsoz 6 (1985), S. 1 ff.

benannt, aber nicht in ihren einzelnen erforderlichen Schritten programmiert werden kann, die Koordination und Kooperation im Netzwerk von vorneherein in die Strategie des Nachhaltigkeitskonzepts eingeschrieben ist. Diese Einsicht kann dann allerdings wiederum auf der Ebene der Politik als Programm reformuliert und auf diese Weise mit den Mitteln des politischen Codes, ohne diesen selbst anzuzweifeln, implementiert werden.[64]

IV. Nachhaltigkeit der Netzwerke

Erscheint damit der Bezug der Nachhaltigkeit zu Netzwerken geklärt, bleibt noch die Frage nach dem umgekehrten Bezug, als Nachhaltigkeit der Netzwerke, zu beantworten. Sie hat zwei entscheidende Aspekte: Zum einen betrifft sie die Problematik, inwieweit eine bestimmte Semantik und die mit ihr zum Ausdruck kommenden sozialen Wertvorstellungen einem so rapiden Wandel unterworfen sind, dass nach möglichen Verfahren gesucht werden kann, um sich auch auf diesen Wandel einzustellen und damit nicht nur jenen Sprachgebrauch, sondern vor allem die mit ihm transportierten Konzeptionen zu stabilisieren. Zum anderen hat die Frage aber auch eine gewissermaßen „handfeste" Komponente, die die materiale Basis der Netzwerke betrifft. Noch die „sozialen Netzwerke" der digitalen Kommunikationsgemeinschaft sind auf Hardware angewiesen, die die Vernetzung gewährleistet.[65] Die Umstellung von Substanz auf Funktion geht also nicht so weit, dass damit der materiale Untergrund der kommunikativen Prozesse jede Bedeutung verliert. Das Nachhaltigkeitskonzept dient hier dazu, auf die Endlichkeit von Ressourcen und die Notwendigkeit ihres sparsamen Einsatzes zu verweisen.

Die erste Dimension betrifft das Nachhaltigkeits- und das Netzwerkkonzept als Modephänomene, denen deswegen nicht weniger, aber auch nicht mehr als die „Verbindlichkeit des Vorübergehenden"[66] zukommt. Jenseits der Frage, inwieweit ihre primäre Aufgabe – vor allem das organisatorisch wie prozedural abgestützte Wissensmanagement – funktional äquivalent durch andere Konzeptionen ersetzt werden kann, wird die Problematik gegenwärtig vor allem durch institutionelle Lösungsansätze bearbeitet. Verankerungen des Themas in Gestalt von Studienfächern, Forschungsverbünden etc. schaffen dem Nachhaltigkeitskonzept insbesondere im akademischen Bereich einen festen Rahmen, der zumindest kurz- und mittelfristig verhindern dürfte, dass sich ein neues,

[64] Vgl. *Ott* (Fn. 6), S. 172.

[65] Vgl. *Gießmann* (Fn. 10), S. 119: „Netzwerke benötigen eine materielle Grundlage, um operieren zu können. Je immaterieller das ‚Werk' der Vernetzung, desto stärker erscheinen sie als heterogene, relationale, fluktuierende Quasi-Objekte."

[66] Vgl. *Esposito* (Fn. 12).

ähnlich wirkmächtiges Paradigma an seine Stelle setzt.[67] Entsprechende Strategien werden voraussichtlich in der Sache durchaus erfolgreich sein. Sie erscheinen aber gleichzeitig eigenartig paradox, weil sie die am Netzwerk- und Nachhaltigkeitsdenken gerühmte Flexibilität mit Lösungen bewahren wollen, die in institutionell bestimmte Pfadabhängigkeiten zurückführen und damit gerade im Versuch ihrer Bewahrung den konzeptionellen Errungenschaften entgegenarbeiten könnten.

Die zweite Dimension ist auch und insbesondere aus verwaltungsrechtlicher Sicht relevant. Denn hier kreuzt sich das zunächst abstrakt erscheinende Netzwerkkonzept, dem häufig der Status einer „bloßen" Metapher zugesprochen wird,[68] mit den „handfesten" Anforderungen dessen, was als Infrastrukturverwaltungsrecht auftritt und in jüngerer Zeit vorwiegend in Gestalt einer Gewährleistungsverantwortung des Staates für im Einzelnen dann auch durch Private aufzubauende und zu unterhaltende (technische) Netze, etwa im Bereich der Telekommunikation oder noch handfester der Eisenbahn, diskutiert wird.[69] Auch hier gilt, dass Netze noch keine Netzwerke sind, sondern die Etablierung von Netzwerken einen zusätzlichen Reflexionsschritt erfordert – etwa in Gestalt einer dezidiert auf Bau und Aufrechterhaltung der Netze zugeschnittenen rechtlichen Regulierung.[70] Aber jetzt wird stärker als zuvor akzentuiert, dass umgekehrt Netzwerke ohne Netze nicht funktionieren können. Gerade weil sie als „Quasi-Objekte" im Sinne von *Michel Serres* keinen unmittelbar materiellen Gehalt aufweisen, bleiben sie auf eine solche Grundlage angewiesen.[71] Die Gewährleistung der technischen Netze hat damit eine überschießende Funktion mit Blick auf nicht nur bereits bestehende, sondern ebenso sich möglicherweise künftig erst auf Basis der bestehenden Netze herausbildende Netzwerke. Nachhaltigkeit der Netzwerke besagt in diesem Kontext, dass die Netze so betrieben und bewirtschaftet werden müssen, dass ihre Funktion dauerhaft erhalten bleibt – etwa indem ein hinreichend großer Teil des erzielten Profits re-investiert wird.

---

[67] Vgl. exemplarisch die Leuphana Universität Lüneburg, wo der Nachhaltigkeitsidee nun eine ganze Fakultät verpflichtet ist: www.leuphana.de/ueber-uns/organisation/fakultaet-nachhaltigkeit.html (zuletzt abgerufen am 18.11.2015).

[68] Vgl. etwa *Ladeur* (Fn. 3), S. 639; ausf. *A. Kemmerer*, Der normative Knoten. Über Recht und Politik im Zeitalter der Netzwerke, in: S. Boysen et al. (Hrsg.), Netzwerke, 2007, S. 195 ff.

[69] Vgl. *G. Hermes*, Staatliche Infrastrukturverantwortung, 1998; sowie die Referate von *O. Dörr* und *H. Wißmann*, Die Anforderungen an ein zukunftsfähiges Infrastrukturrecht, VVDStRL 73 (2014), S. 323 ff. und 369 ff.

[70] Vgl. bereits zur rechtlichen Einrahmung eines internationalen Netzes für Telegraphie im Jahr 1865 *Gießmann* (Fn. 10), S. 165 ff.

[71] Vgl. *Gießmann* (Fn. 10), S. 119 f., mit Bezug auf *M. Serres*, Der Parasit, 1981, S. 344 ff.

V. Fazit

Das Fazit kann knapp ausfallen. Nachhaltigkeits- und Netzwerkkonzept eröffnen jeweils Perspektiven, die zwar nicht in dem Sinne kurzgeschaltet werden dürfen, dass beide Ansätze auf mehr oder minder dasselbe Verfahren und demgemäß auch dasselbe Ergebnis hinauslaufen. Sie hängen aber doch zumindest insoweit zusammen, als durch das jeweils eine das andere Konzept in seiner speziellen Funktionalität und sozialen Relevanz genauer erläutert werden kann. In dem Maße, in dem die gegenseitige Erklärungshilfe auch als wechselweise Stütze der beiden Konzeptionen fungiert, lässt sich von Nachhaltigkeit durch Netzwerke sprechen.

Verfasserverzeichnis

Prof. Dr. *Ivo Appel*, Lehrstuhl für Öffentliches Recht, Umweltrecht und Rechtsphilosophie, Universität Hamburg

Prof. Dr. Dr. *Ino Augsberg*, Lehrstuhl für Rechtsphilosophie und Öffentliches Recht, Christian-Albrechts-Universität zu Kiel

Prof. Dr. *Christian Calliess*, LL.M. Eur., Professur für Öffentliches Recht und Europarecht, Freie Universität Berlin, derzeit beurlaubt und als Legal Adviser des Planungsstabs des Kommissionspräsidenten der EU tätig

Prof. Dr. Dr. *Wolfgang Durner*, LL.M., Institut für Öffentliches Recht, Rheinische Friedrichs-Wilhelms-Universität Bonn

Prof. Dr. *Martin Eifert*, LL.M., Lehrstuhl für Öffentliches Recht, insbesondere Verwaltungsrecht, Humboldt-Universität zu Berlin

Prof. Dr. *Astrid Epiney*, Lehrstuhl für Europarecht, Völkerrecht und Öffentliches Recht, Universität Freiburg i. Ue.

Prof. Dr. *Klaus Ferdinand Gärditz*, Institut für Öffentliches Recht, Rheinische Friedrichs-Wilhelms-Universität Bonn

Prof. Dr. *Ekkehard Hofmann*, Professur für Öffentliches Recht, insbesondere Umweltrecht, Universität Trier

Dr. *Albert Ingold*, Privatdozent, Juristische Fakultät, Ludwig-Maximilians-Universität München

Prof. Dr. *Wolfgang Kahl*, M.A., Institut für deutsches und europäisches Verwaltungsrecht, Direktor der Forschungsstelle für Nachhaltigkeitsrecht, Ruprecht-Karls-Universität Heidelberg

Prof. Dr. *Jens Kersten*, Lehrstuhl für Öffentliches Recht und Verwaltungswissenschaften, Ludwig-Maximilians-Universität München

Prof. Dr. *Hanno Kube*, LL.M., Institut für Finanz- und Steuerrecht, Ruprecht-Karls-Universität Heidelberg

Prof. Dr. *Martin Leschke*, Lehrstuhl für Volkswirtschaftslehre V, insbesondere Institutionenökonomik, Universität Bayreuth

Apl. Prof. Dr. *Klaus Meßerschmidt*, Lehrstuhl für Steuerrecht und Öffentliches Recht (Prof. Dr. iur. Roland Ismer), Friedrich-Alexander-Universität Erlangen-Nürnberg

Prof. Dr. *Franz Reimer*, Professur für Öffentliches Recht und Rechtstheorie, Justus-Liebig-Universität Gießen

Prof. Dr. *Sabine Schlacke*, Institut für Umwelt- und Planungsrecht, Westfälische Wilhelms-Universität Münster

Dr. *Mathias Schubert*, Privatdozent, Juristische Fakultät, Universität Rostock

Prof. Dr. *Alexander Windoffer*, Professur für Öffentliches Recht, insbesondere Besonderes Verwaltungsrecht und Verwaltungswissenschaften, Universität Potsdam

Dr. *Thomas Wischmeyer*, Akademischer Rat am Institut für Staatswissenschaft und Rechtsphilosophie (Prof. Dr. Andreas Voßkuhle), Albert-Ludwigs-Universität Freiburg

Prof. Dr. *Fabian Wittreck*, Institut für Öffentliches Recht und Politik, Westfälische Wilhelms-Universität Münster

Schlagwortverzeichnis

Hauptfundstellen sind kursiv gesetzt.

Recht der Nachhaltigen Entwicklung

Herausgegeben von Wolfgang Kahl

Die Schriftenreihe *Recht der Nachhaltigen Entwicklung* (RNE) widmet sich einem neuen Leitprinzip des Rechts. Die Ausformung des Konzepts der Nachhaltigen Entwicklung (sustainable development) durch und infolge der UN-Umweltschutzkonferenz von Rio de Janeiro (1992) steht für eine tiefgreifende, weit in die Zukunft weisende Wende in der globalen Politik. Das traditionsreiche Konzept der Nachhaltigkeit erlebt seitdem eine Renaissance. Mittlerweile verkörpert es eines der zentralen Leitprinzipien des internationalen, europäischen und nationalen Rechts mit Ausstrahlungen in ganz unterschiedliche Bereiche, wie die Stichworte „Klimaschutz", „Staatsverschuldung" und „Finanzkrise" beispielhaft belegen. Das Nachhaltigkeitsprinzip steht damit heute in seiner Bedeutung bereits auf einer Stufe mit klassischen Prinzipien wie Rechtsstaat, Sozialstaat und Demokratie. Die Schriftenreihe rückt dieses Leitprinzip in das Zentrum der juristischen Forschung, um es in seinen theoretisch-begrifflichen Grundlagen zu schärfen sowie bereichs- und problemspezifisch zu konkretisieren. Sie behandelt hierzu Fragen der Schonung begrenzter ökologischer, ökonomischer und sozialer Ressourcen, des Ausgleichs zwischen den »drei Säulen« sowie der Generationengerechtigkeit und deren organisationsrechtlichen, auf das politische System bezogenen Voraussetzungen. Die Antworten auf diese Fragen werden auf unterschiedlichen Ebenen (Völkerrecht, Europarecht, Verfassungsrecht, Verwaltungsrecht) und mit unterschiedlichem Zugriff (Rechtsdogmatik, Rechtstheorie) gesucht. Sie beruhen auf einem offenen Verfassungsverständnis unter Einbeziehung insbesondere der Internationalisierung und Europäisierung, der Grundlagen des Rechts (Geschichte, Philosophie, Politik, Ökonomie) sowie der Rechtsvergleichung.

ISSN: 1862-0426
Zitiervorschlag: RNE

Alle lieferbaren Bände finden Sie unter *www.mohr.de/rne*

Mohr Siebeck
www.mohr.de